WERNER JETTER

Symbol und Ritual

Anthropologische Elemente im Gottesdienst

VANDENHOECK & RUPRECHT
IN GÖTTINGEN

CIP-Kurztitelaufnahme der Deutschen Bibliothek

Jetter, Werner

Symbol und Ritual : anthropolog. Elemente im Gottesdienst. – Göttingen : Vandenhoeck und Ruprecht, 1978.
ISBN 3-525-60347-9

Umschlag: Karlgeorg Hoefer

Satz: Carla Frohberg, Freigericht. Druck und Bindearbeit: Hubert & Co, Göttingen

Vorwort

Die Worte Symbol und Ritual benennen ein weitgespanntes Problemfeld. G. van der Leeuw's „Phänomenologie der Religion" hat mich vor Jahren am nachhaltigsten darauf gestoßen. Aus dem Versuch, für einen Kommentarband zur Gottesdienstumfrage der VELKD einen Beitrag darüber zu schreiben, ist dieses Buch entstanden. In dem dort vertretbaren Umfang ließ sich keine auch nur annähernd zureichende Orientierung über das Thema erstellen. Und doch sollte ja gerade den weniger mit den Problemen Vertrauten möglichst anschauliches Material zum Nachdenken über ihren Umgang mit den Symbolen und Ritualen des christlichen Gottesdienstes und über seine derzeitige Lage und seine Aussichten im ökumenischen Horizont vermittelt werden. Ich bin Herrn Kollegen Manfred Seitz dankbar, daß er mich nach Kenntnisnahme eines Teils des Manuskriptes verständnisvoll von meiner Zusage entbunden und zu ausführlicher Ausarbeitung und Veröffentlichung ermutigt hat.

In ihrer Thematik und Anlage spiegelt diese Arbeit einiges von den veränderten Fragestellungen wider, die heute für die Praktische Theologie durchgehend kennzeichnend geworden sind. Die Theologie insgesamt, besonders die protestantische, hat sich lange Zeit nur zögernd auf Fragenkreise wie den des Symbols und des Rituals, auf kulturanthropologische und religionssoziologische Forschungen einlassen wollen. Das spannungsvolle Verhältnis zwischen Glauben und Religion hat hier zu manchen Blockaden geführt. Wo man es dennoch versuchte, lag trotz einiger prominenter Namen der Argwohn nicht fern, es handle sich um ein eher unziemliches Liebhaberinteresse. Man fürchtete eine Überfremdung oder Verkehrung des theologischen Themas. Wem hätte es auch bei einer so undeutlichen, weil allzu bedeutungsvollen und nicht auszudefinierenden Chiffre wie dem Symbol recht wohl sein mögen? Man sah psychologische Traumdeuter und Ästheten der ersten und der zweiten Garnitur fleißig damit beschäftigt. Man erlebte, wie leicht man sich sowohl in der religiösen Konversation wie im Streit der Fakultäten gerade dann auf etwas „Symbolisches" hinausreden konnte, wenn nichts mehr so richtig klar war. Auch die Philosophie hat das unübersetzbare Wort überwiegend mit distanzierter Neugier betrachtet. Desgleichen sah man sich bei der Frage nach Ritualen eher an fremdreligiöse Praktiken erinnert, für die sich vor allem die Völkerkundler interessieren mochten. Oder an altisraelitische Bräuche, von denen Paulus das Neue Testament freigehalten wissen wollte. Oder an die Christenheit in den östlichen Kirchen, in denen die „Liturgie" die Mitte einer teils vitalen, teils symbolisch-mystischen, teils auch stark ritualistischen Frömmigkeit darstellt. Oder an katholisches Kirchenwesen, wie es sich nach den Erschütterungen der Reformationszeit u. a. dadurch wieder konsolidierte, daß es seinen Ritualen eine einheitliche und verbindliche

Form gab und die kuriale „congregatio rituum“ zu einer wichtigen Instanz für die Gesamtkirche machte. War nicht dem allem gegenüber nachdrücklich der Reformation zu gedenken, die den Protestantismus von der Last und der „Werkerei“ eines verordneten kultischen Zeremoniells freigemacht hatte? Konnte man, in der Luft der reinen Lehre gekräftigt, diesem ganzen Wesen und Unwesen gegenüber etwas anderes rufen als „Israel, zu deinen Hütten!“?

Inzwischen haben sich andere Wissenschaften um die Erforschung dieser beiden Elementarphänomene eines zugleich kognitiven wie intuitiven, expressiven wie suggestiven Umgangs der Menschheit mit ihrer eigenen Wirklichkeitserfahrung nach Kräften angenommen. In den Verhaltenswissenschaften begann man, nicht nur von Traumsymbolen, sondern z. B. auch von Statussymbolen und von Alltagsritualen, von symbolischer Kommunikation und symbolischer Interaktion zu sprechen. Viele einschlägige Erscheinungen wurden mit immenser empirischer Genauigkeit beschrieben und Theorien darüber entwickelt. Die Grenzzäune um die Theologie, die bisher fast nur zur Philosophie und zu den Sprachwissenschaften hin offene Türen besaßen, sind jetzt auch an zahlreichen anderen Stellen durchlässig geworden. Der Verdacht lag nahe, man schmücke sich, zumal in der Praktischen Theologie, willkürlich genug mit den fremden Federn popularwissenschaftlicher Modeworte. Doch hat es sich mittlerweile gezeigt, daß hier ernsthafte, weitgreifende und tiefgehende Aufforderungen zum Nachdenken und zur Selbstbeobachtung an Theologien und Kirchen ergehen und ihnen Gelegenheit geben, ihr Gesichtsfeld zu erweitern, ihre Fragestellungen zu verschärfen und ihre Glaubenseinsichten zu verdeutlichen. Dies wurde im selben Maß zur unausweichlichen Herausforderung, in dem sich dabei die wissenschaftstheoretische Problematik für die Theologie verschärfte und sich mit jenen Forschungen Elemente teils der älteren Religionskritik, teils auch einer neuen Einschätzung der Religion verbanden.

Die Arbeit der Praktischen Theologie hat sich dadurch um einige anstrengende Fleißaufgaben vermehrt, bei denen es nicht nur zu neuen Fragen und Einsichten, sondern auch zu Verunsicherungen, Schwerpunktverlagerungen, empfindlichen Einbußen an geschichtlichem Wissen und Urteil und zu Fehlsteuerungen in der Praxis, ja zum Verlust des theologischen Themas kommen kann. Der Erwerb von Mitspracherechten in anderen Wissenschaftszweigen vermehrt ja nicht automatisch das theologische Sprachvermögen. Ein Ausdruck der veränderten Fragestellungen ist die Verlagerung des Leitinteresses in der Praktischen Theologie auf die Seelsorge und dort auf die psychischen Vorgänge und auf das Erörtern und Einüben von Gesprächsmethoden. Wie weit dadurch auch in der kirchlichen Seelsorgepraxis ein neuer poimenischer Frühling bevorsteht, steht noch dahin. Andererseits haben sich jetzt zwischen den traditionell abgegrenzten Fächern der Praktischen Theologie die vermischten Problemfelder der kirchlichen Praxis in den Vordergrund der wissenschaftlichen Aufmerksamkeit geschoben. So fängt man beispielsweise an, das Gebiet der sogenannten „Amtshandlungen" stärker zu beachten und dort mit neuer Unbefangenheit auch von Ritualen zu reden: man wurde vor allem auf ihre psychologischen Möglichkeiten und Auswirkungen aufmerksam. So wird auch die gottesdienstliche Praxis der Kirchen nicht mehr nur unter den klassischen Gesichtspunkten der Liturgik behandelt: auch die gottesdienstliche Kommunikation spielt sich auf mehreren Manualen ab. In dieser Arbeit soll gerade darauf besonders aufmerksam gemacht werden.

Der kirchliche Gottesdienst ist vielerorts zu einem Sorgenkind geworden. Seinen Liebhabern macht nicht nur die Besucherstatistik Kummer; sie vermissen vor allem sehr häufig seine „kommunikative Kompetenz". Das theologische Interesse hat sich bislang fast ausschließlich auf die Wortverkündigung und die Feier der Sakramente gerichtet. Der Glaube folgt keinem Gesetz; Gehorsam ist besser denn Opfer; der Sabbat ist für die Menschen da und die Liebe ist mehr als der Kult: auf der Linie dieser Artikel liegt das kultisch-akultische Credo des Protestantismus. Das übrige konnte man haben, als hätte man's nicht: man hatte es ja.

Auch wenn dieser Prioritätensetzung nichts abgebrochen werden soll: muß im Gottesdienst bei der Besorgung des Wortes und bei der Feier der Sakramente nicht mehr bedacht werden? Hat man es nicht in jedem Fall mit Ritualen und mit viel sprachlicher Symbolik und, wenngleich in bescheidenem Maß, auch mit gestischer Symbolik zu tun? Gewiß: bloße Veränderungen am Ritual oder eine Vermehrung symbolischer Elemente genügen da schwerlich. Man kann einer kraftlos gewordenen Symbolik künstlich kaum aufhelfen. Das läßt sich aus theologischen Gründen vermuten und geht auch deutlich aus jeder sozial- und humanwissenschaftlichen Betrachtung hervor. Nur: hat man nicht vieles, was im Schatten der klassischen theologischen Themen blieb, im Gottesdienst allzu wenig beachtet und einer Freiheit überantwortet, die in Wirklichkeit oft bloß der Gewohnheit oder dem Belieben das Feld überließ? Der Gottesdienst will sowohl als Gesamtritual wie im Kontext der kirchlichen und gesellschaftlichen Lage bedacht werden. Für beide Betrachtungen haben Human- und Sozialwissenschaften wichtige Ergebnisse und Hypothesen und damit ein differenziertes Instrumentarium und schärfere Okulare zur Verfügung gestellt. Den Ausgangspunkt einer solchen Betrachtung bildet dann allerdings nicht eine konfessionell bestimmte theologische Gottesdienstlehre, sondern die Beobachtung des Gottesdienstes als kirchlicher Lebensäußerung, möglichst in ökumenischer Breite. Die eigene Standortbestimmtheit braucht dabei nicht verleugnet zu werden — dies wäre ein schlechtes ökumenisches Verhalten: sie bringt sich laufend selber mit ein. Es wäre schön, wenn man das hier Vorgelegte als Vorüberlegungen zu einer ökumenischen Verständigung über den Gottesdienst ansehen könnte.

Als Experte im Sinn eines wissenschaftlichen Spezialisten konnte ich hier freilich nirgends das Wort nehmen, weder in Sachen der Liturgik noch in Sachen der mit ins Auge gefaßten human- und sozialwissenschaftlichen Forschungsgebiete. Ich konnte es nur, von Erfahrungen mit dem Gottesdienst dazu gedrängt, als Liebhaber im doppeldeutigen Sinn dieses Wortes versuchen: als engagierter Dilettant, wenn man so will, und zugleich als ein aufmerksamer und lernwilliger Zuhörer der zu Rate gezogenen Autoren. Die Praktische Theologie kann sich nicht von der Aufgabe entbinden, der komplexen christlichen Praxis in den Kirchen möglichst begründete, durchdachte und überprüfte Anregungen, Kriterien und Einsichten oder wenigstens, wie im vorliegenden Fall, Vorarbeiten dafür zu vermitteln.

Da nicht zu erwarten ist, daß die verarbeitete Literatur dem Großteil der Leser erreichbar sein wird, und da man auch niemandem zumuten kann, um eines Buches willen zwei Dutzend andre zu lesen, habe ich nicht bloß auf die benützte Literatur verwiesen, sondern jeweils die Stimmen zitiert, die mir beim Nachdenken in den Ohren lagen. Der Leser sollte die Chance bekommen, selbst daran weiterzudenken. Das Literaturverzeichnis beschränkt sich auf die Literatur, die tatsächlich herangezogen wurde und in der Regel auch selber zu Wort kommt. Vieler, auch einiger unentschuldbarer Lücken, bin ich mir bewußt[1]. Wenn einige Leser, Kritiker oder Liebhaber des kirchlichen Gottesdienstes dieses Buch als eine Anregung zum Nachdenken und als Ermutigung in der gottesdienstlichen Praxis empfinden würden – sowohl beim herkömmlichen Sonntagsgottesdienst wie auch bei seinen experimentierenden Abkömmlingen –, dann hätte die Mühe sich gelohnt.

Ich möchte das Buch jetzt, an der Schwelle zu jenem Status, den man „Ruhestand" zu nennen übereingekommen ist, zwei Freunden zueignen, deren Freundschaft mich viele Jahre lang angespornt und begleitet hat: Gerhard Ebeling, dem Fünfundsechzigjährigen, mit dem mich seit den Jahren des Studiums und des Kirchenkampfs eine unverbrüchliche Freundschaft verbindet; und Dietrich Rößler, dem Fünfzigjährigen, der mir erst als Kollege und dann als unentbehrlicher Freund dazu geholfen hat, auch als Lehrer der Praktischen Theologie immer ein Lernender zu bleiben.

Darüber hinaus soll das Buch ein Ausdruck des Dankes für Frau Gertrud Schnürle sein, die aus engagiertem Interesse an Theologie, Gottesdienst und Gemeinde meine Arbeit als Pfarrer in Stuttgart und meine Lernschritte im wissenschaftlichen Beruf auf ganz ungewöhnlich selbstlose Weise unermüdlich gefördert hat.

Tübingen, im Sommer 1977. Werner Jetter

1 Eine Bibliographie zur Symbolkunde von M. Lurker, die R. Volp in der Zeitschrift „Kunst und Kirche" Jahrg. 1971, S. 180 beschreibt, umfaßt allein aus dem Zeitraum der letzten siebzig Jahre nicht weniger als 11 466 Titel, ohne Biologie, Kybernetik und analytische Sprachphilosophie.

Inhalt

Erstes Kapitel

Ritualismus im Christentum

Empirische Anfragen und Beobachtungen zur volkskirchlichen Religionsausübung

1.0 Der Befund im Forschungsbericht über die Umfragen zur Gemeinsamen Synode der Bistümer in der BRD

Beim Auswerten der Befunde aus den Umfragen zur Gemeinsamen Synode der Bistümer in der BRD[1] ist das Stichwort „Ritualismus" gefallen. Man hat eine Gruppe von „unwahrscheinlichen Kirchenbesuchern" ermittelt, die am Gottesdienst mit einiger Regelmäßigkeit teilnehmen, obwohl ihre innere Einstellung zu den kirchlichen Glaubenslehren dies nicht erwarten ließe[2]. In der Schematik der Befragung erscheint diese Gruppe als eine wenn auch „beträchtliche Minderheit". An sich spricht ja eine hohe Wahrscheinlichkeit dafür, daß mit der Glaubensfestigkeit normalerweise auch der Kirchenbesuch nachläßt. Bei der Mehrheit der Kirchenmitglieder ist dies deutlich der Fall[3].

Unter jenen unwahrscheinlichen Kirchenbesuchern stellen Jugendliche zwischen 16 und 20 Jahren eine besonders bemerkenswerte Teilgruppe dar. In dieser Altersgruppe gibt es, wie jedermann weiß, starke Vorurteile sowie das Bedürfnis, sich über persönliche Überzeugungen nonkonformistisch zu äußern. Es gibt aber dann für viele von ihnen zugleich Gründe und Vorteile genug, die es nahelegen, sich in der Praxis dennoch angepaßt zu verhalten und also im Rahmen der familiär oder kirchlich anerzogenen Gewohnheiten zu bleiben. Das Stichwort „Ritualismus" hat die deutende Kategorie dafür abgegeben, mit deren Hilfe man das Verhalten dieser ganzen Gruppe zusammenfassend gekennzeichnet hat[4].

1.1 Jugendliche und volkskirchliche „Ritualisten"

Der geschilderte Befund aus jenen Umfragen ist einer unter vielen, gewiß nicht der hervorstechendste. Es fällt jedoch auf, mit welcher ungewöhnlichen Aufmerksamkeit man sich ihm und dem Stichwort „Ritualismus" alsbald zugewandt hat. Im Kommentarband zu den Synodenumfragen hat

1 Zwischen Kirche und Gesellschaft. Forschungsbericht über die Umfragen zur Gemeinsamen Synode der Bistümer in der BRD, von Prof. Dr. Gerhard Schmidtchen, Ordinarius für Sozialpsychologie und Soziologie an der Universität Zürich. Verlag Herder/Freiburg 1972, 1973².

2 AaO S. 80 ff.

3 AaO S. 108 f.

4 Ebda.

sich dies besonders deutlich niedergeschlagen[5]. Man kann vermuten, daß das zur Deutung jenes Befundes vorgeschlagene Stichwort dazu nicht unerheblich beigetragen hat. Es liegt anscheinend irgendwie „in der Luft".

Der Befund als solcher kann eigentlich nicht überraschen. Die pastorale Erfahrung läßt nicht daran zweifeln, daß es eine Art von Verbundenheit mit der Kirche gibt, die sich vorwiegend oder ausschließlich in einer mehr oder weniger gewohnheitsmäßigen Teilnahme am Gottesdienst ausdrückt; zu einer Mitbeteiligung an sonstigen kirchlichen Aktivitäten führt sie meist nicht. Ein solches Verhalten sagt, wie die Umfragen zeigen, auch nichts darüber aus, ob und wie weit die Betreffenden den kirchlichen Glaubenslehren im ganzen oder im einzelnen zustimmend oder ablehnend gegenüberstehen. Auch dies ist für pastorale Erfahrung gewiß keine Neuigkeit. Es liegt nahe, in solchem Verhalten vor allem die Auswirkung der gesellschaftlich abgestützten Erziehungsmuster zu sehen; offensichtlich kommt darin sowohl die Stärke wie die Schwäche der volkskirchlichen Sozialisation zum Vorschein. Bei Jugendlichen sind deren Auswirkungen ja noch besonders frisch. Ihre Beeinflußbarkeit durch „signifikante Andere" ist relativ groß, und es gibt unter solchen „Anderen" für sie überall Beispiele genug, an denen sie sich nach beiden Richtungen orientieren können. Die kirchliche Alltagserfahrung legt es dann ebenfalls nahe, daß man hinter einer Bindung an die Kirche, die sich im wesentlichen auf einen gelegentlichen Kirchgang beschränkt und somit bloß „rituell" bleibt, ganz verschiedene Haltungen vermuten kann. Eine intellektuelle und religiöse Genügsamkeit kann da dieselben Folgen haben wie ein starkes Umgetriebenwerden von religiösen Fragen und schwierigen Lebensproblemen. Der letztere Fall dürfte bei Jugendlichen mit ihrer starken „Endlichkeitsproblematik" häufiger vorliegen[6].

Die Frage bestimmt immer mit, wie die Antwort lautet, und das Instrumentarium steuert die Produktion. So gelten nicht wenige kritische Rückfragen sowohl dem Frageansatz in der Synodenumfrage, der sich am sozial-

5 Befragte Katholiken – zur Zukunft von Glaube und Kirche. Auswertungen und Kommentare zu den Umfragen für die Gemeinsame Synode der Bistümer in der BRD, hrsg. v. Prof. Dr. Karl Forster, Verlag Herder/Freiburg 1973. Dort wird in den meisten Beiträgen auf das Thema der „Ritualisten" Bezug genommen, z. B. S. 19 f., 41, 61, 68, 77 ff., 83 ff., 108 f., 138, 146, 148, 157 ff., 199, 207, 228, 271 ff.

6 „Intellektuelle Indoktrination und wissensmäßige Vermittlung allein vermögen nur wenig, wenn nicht eine affektive Affinität zu Glaube und Kirche erzeugt wird. Die Prägung durch frühe Sozialisationsprozesse hat dabei einen hohen Rang inne . . . Religiöses Brauchtum, Lernvorgänge, familiäre Gewohnheiten, Gemeindebindung, sakramentale Initiation und gottesdienstliche Formen der Einübung in den Glauben sind . . . weniger ersetzbar als früher" (wenn man jetzt, wie man es tun muß, die Spannungen zwischen dem überlieferten kirchlichen und dem praktizierten gesellschaftlichen Wertsystem mitbedenkt). „Die ‚volkskirchlichen' Sozialisationsfaktoren wirken, wie die Umfrageergebnisse zeigen, lange und tief nach", K. Lehmann, aaO S. 60. Und zur „Endlichkeitsproblematik der Jugendlichen O. B. Roegele, aaO S. 149.

psychologischen Modell der affektiv-kognitiven Balance orientiert, wie auch dem Begriff Ritualismus als deutender Kategorie. Jener Frageansatz könnte den „unwahrscheinlichen Kirchgänger" sehr wahrscheinlich gemacht, ja fast hervorgebracht haben. Es ist ungewiß, ob er die betreffende Gruppe verläßlich genug abgrenzt. Die Diskrepanz zwischen äußerer Beteiligung und inneren Vorbehalten könnte viel weiter verbreitet sein. Man hat dabei mit sehr disparaten Motiven zu rechnen. Viele Kirchenmitglieder werden kaum willens oder fähig sein, ihre Differenzen gegenüber den kirchlichen Glaubenslehren im Raster von Befragungen zu artikulieren oder einzugestehen; auch freundliche Indifferenz kann sich als Zustimmung etikettieren. Traditionsgläubige Zustimmung zu den Glaubenslehren der Kirche kann stereotyp sein und aus Gewohnheit und aus Altersgründen erfolgen. Die entsprechende Kirchenbindung wäre dann oft mit mehr Recht als „ritualistisch" zu bezeichnen als dort, wo jugendliche Kirchenbesucher ihre eigenen Glaubensunsicherheiten auf Befragen bereitwillig einbekennen. In der religiösen Gesamtlage heute kann ein wacher, lebendiger Glaube manchmal fast zwangsläufig zugleich ein von kognitiver Problematik beunruhigter Glaube sein; es ist fraglich, ob dann die Beteiligung am kirchlichen Gottesdienst unter die Kategorie des Ritualismus fällt[7]. Kognitive Dissonanzen sind in vielen Altersschichten anzutreffen und schwanken auch oft je nach der aktuellen, öffentlichen Diskussionslage. Sie müssen die gottesdienstliche Praxis nicht jedesmal alsbald berühren[8]. Vor allem spielen auch konfessionelle Vorgaben mit: erscheint nicht die Integration in der Kirche beim Großteil des katholischen Kirchenvolks deshalb so hoch, weil sie sich vorwiegend „ritualistisch" äußert[9]?

Wie man sieht, wirft das Stichwort „Ritualismus" viele Probleme auf. Das Hauptproblem dürfte weniger in der Abgrenzung einer Gruppe von Ritualisten bestehen als vielmehr darin, wie man eine Kirchenbeziehung beurteilen und bewerten soll, die sich vorwiegend oder ausschließlich „ritualistisch" darstellt. Diese Bezeichnung besitzt unter aufgeklärten Gebildeten und vor allem in Theologenkreisen fast nur negative Untertöne[10]. Wenn

7 Cf. F. X. Kaufmann, aaO S. 195 ff.

8 J. Gründel, aaO S. 68, verbunden mit einem Hinweis auf die kritische, autoritätsbedrohliche Diskussion um die Enzyklika „Humanae vitae".

9 Cf. Fr. Fürstenberg, aaO S. 199: Das Aktivitätsprofil „läßt sich ... mit dem Mitgliedschaftsprofil in anderen freiwilligen Vereinigungen unsres gesellschaftlichen Lebens vergleichen. Gegenüber diesen säkularen Einrichtungen ist jedoch der Integrationsgrad innerhalb des katholischen Kirchenvolks immer noch als relativ hoch zu bezeichnen. Allerdings ist zu beachten, daß diese soziale Integration sich bei einem großen Teil der Betroffenen in vorwiegend ritualistischen Formen äußert." Auch H. Fleckenstein möchte „sehr ernsthaft annehmen, daß die Zahl der ‚Ritualisten' in Wirklichkeit beachtlich größer ist, besonders bei der älteren Generation", aaO S. 77 f.

10 E. J. Lengeling weist an drei schwerwiegenden widersprüchlichen Definitionen des Begriffs Ritualismus im Forschungsbericht „die Spannbreite des unter dem Begriff zusammengefaßten Kreises der Befragten" nach und meint, daß „der unglückliche Pauschalbegriff unbeabsichtigt diffamierend klingt", aaO S. 108 f.

man andre Befragte unter dem Kontrastbegriff „Gläubigkeit" einstuft, können in dieser Kategorie sehr leicht mehr positive Obertöne mitschwingen als dem Sachverhalt zumeist angemessen sein dürfte[11]. Ungebrochene Gläubigkeit kann ja selbst einen quasi rituellen Charakter besitzen, eine beunruhigte Gläubigkeit ein sehr positives Verhältnis zur Kirche ausdrücken. Ein Schema, das hier auf Grund von recht wenig sensiblen Indikatoren Dissonanzen in den Motiven mit dem Verhalten verrechnet, hat es nicht leicht, beidem wirklich gerecht zu werden[12].

Das religiöse Verhalten von Menschen mit stark konservativer Grundeinstellung wird besonders leicht als „ritualistisch" empfunden[13]. Aber so wenig solche Neigungen schon als solche ein Krankheitssymptom darstellen, so wenig wird man bei allem, was ritualistisch erscheint, sogleich an pathologische Beziehungsformen, an Veräußerlichung, Verkümmerung, Erstarrung und andre Verfallserscheinungen denken dürfen. Es könnte auch eine entschlossene Resistenz gegenüber Verkümmerungen und Verfallserscheinungen des kirchlichen Soziallebens im Gefolge der allgemeinen Säkularisierungstendenzen ausdrücken und ein Votum für Stabilität inmitten offener und ungelöster Probleme bedeuten[14].

So kann man hinter einer Beziehung zur Kirche und ihrem Gottesdienst, die sich vorwiegend ritualistisch darstellt, das beunruhigte Empfinden unausgestandener innerer Differenzen oder auch einen unangefochtenen Indifferentismus vermuten. Jedenfalls wird man eine solche Beziehung zur Kirche weder unkritisch empfehlen noch ohne weiteres als reine Abbauerscheinung bewerten. Man wird sich vielmehr zu fragen haben, ob da nicht eine normale Habitualisierung, eine Veralltäglichung des Verhältnisses zur Kirche vorliegt? Es kann eine vorläufige oder auch eine konstante Regulierung des Verhältnisses zur Kirche sein, die es mehr oder weniger bewußt vom Streß der Dauerreflexion freihalten will. Es kann eine ambivalente Situation umschreiben, die der Verinnerlichung und eines geistlichen Aufbaus bedürftig, aber dessen auch fähig ist und positive Möglichkeiten dafür

11 F. X. Kaufmann meint, daß der unbedenkliche Gebrauch dieses Wortes der kirchlichen Alltagssprache sich zu unkritisch von vornherein in den Grenzen der solche Gläubigkeit bisher definierenden kirchlichen Programme bewege, die Suche nach anderen Indikatoren von Gläubigkeit und eine Korrelation mit diesen beschränke und gerade so die fortgehende Sinnentleerung eines gewissen Traditionskatholizismus als einer „zukunftslosen Form volkskirchlichen Christentums" nicht verhindere, aaO S. 196 f.

12 Cf. E. J. Lengeling, aaO S. 108 f.

13 H. Fleckenstein, aaO S. 79.

14 Fr. Fürstenberg, aaO S. 207. Auch O. B. Roegele weist aaO S. 146 darauf hin, daß „das Phänomen der ‚Ritualisten' . . . im Zusammenhang der Umfrage nur beiläufig untersucht und offenbar auch nicht wirklich erfaßt werden konnte" und erinnert dann an die bemerkenswerte Haltbarkeit einer rituellen Klammer zur Kirche weniger im Gottesdienst als in Gestalt des auch bei sonst Nichtpraktizierenden vorherrschenden Wunsches, wenigstens des letzten kirchlichen Rituals, des Begräbnisses, teilhaftig zu bleiben.

enthält. In diesem Sinn wäre ein solcher „Ritualismus" sowohl für das theologische Urteil wie für die pastorale Bemühung beachtlich[15].

1.2 *Der analoge Befund in der Gottesdienst-Umfrage der VELKD*

Ungeachtet der geschilderten Problematik und anderer, damit zusammenhängender Fragen wird man wünschen, daß das immense Datenmaterial, das jene Umfragen eingebracht haben, nicht ein Massengrab unerweckter Einsichten bleibt, sondern in größerem Umfang ausgenützt werden kann, ehe es obsolet wird[16]. Man hat anschließend den lutherischen „Gottesdienst in einer rationalen Welt" nach demselben Befragungsmodell untersucht, wobei man natürlich das Instrumentarium der neuen Thematik etwas angepaßt hat[16a]. Dabei sind auch die vorhin besprochenen Probleme reproduziert und ein Stück weit vertieft worden. Man ist jetzt auch auf evangelischer Seite veranlaßt, sich über unwahrscheinliche Kirchgänger und jugendliche Ritualisten und deren Beziehungen zu Kirche und Gottesdienst Gedanken zu machen. Wie stehen die Befragten im Spannungsfeld der kirchlich vertretenen und der gesellschaftlich vorherrschenden Wertvorstellungen? Wie sehen sie sich selber dort stehen – als gläubige, hochverbundene Glieder ihrer Kirche oder über stark verspürte Distanzen hinweg? Fühlen Sie sich, „in zwei Ontologien lebend", einem „kognitiven Streß" ausgesetzt, der nach theologischer Reorganisation, nach einer zeitgemäßen Rekonstruktion des Deutesystems ihres kirchlich anerzogenen Glaubens verlangt? Hoffen sie darauf und kann man mit ihnen erhoffen, daß ein erneuerter Gottesdienst dazu rituelle und intellektuelle Hilfen bereitstellen würde?

Bei dieser Umfrage im Umkreis der VELKD tritt erwartungsgemäß die konfessionelle Seite der Problematik, die das Stichwort Ritualismus anschneidet, stärker heraus. Es ist von vornherein anzunehmen, daß sich eine gläubige Verbundenheit mit der Kirche im katholischen und im evangelischen Bereich u. U. sehr verschieden ausdrückt. Die rituelle Eingewöhnung in den Glauben der Kirche und die rechtgläubige Ausformulierung des Christenglaubens als fides explicita besitzen da und dort einen unterschiedlichen theologischen und gewohnheitsmäßigen Stellenwert. Man hat bei der VELKD-Umfrage den Unterschied zwischen einer gläubigen und einer bloß ritualistischen Beziehung zur Kirche genauer herauszuarbeiten versucht. Man hat als Indikator zur Feststellung rechtgläubiger Beziehungen die Frage nach der persönlichen Bedeutung der Zentralgestalt des christlichen Glaubens für die Befragten gestellt und insbesondere den Grad ihrer

15 Dies ist das besondere Anliegen der pastoraltheologischen Folgerungen, die H. Fleckenstein, aaO S. 78 f. mit den Umfrage-Ergebnissen verbindet.

16 Vgl. auch die Stellungnahmen von G. Schmidtchen im Kommentarband, aaO S. 164–184 und S. 258–276.

16a „Gottesdienst in einer rationalen Welt" – religionssoziologische Untersuchungen im Bereich der VELKD von G. Schmidtchen, Einführung und Nachwort von M. Seitz, Stgt/Freiburg 1973.

Zustimmung zum dogmatisch formulierten Christusbekenntnis ermitteln wollen. Wie weit die Befunde damit an Genauigkeit und Tragweite gewonnen haben, kann hier nicht weiterverfolgt werden[17]. Sicher aber regen beide Umfragen dazu an, sich neu und umfassender mit der Frage zu befassen, welche Bedeutung dem Rituellen in der kirchlichen und dort natürlich vor allem in der gottesdienstlichen Praxis zukommt.

Das Thema des Rituals ist natürlich in der theologischen Lehre vom veranstalteten Gottesdienst zu keiner Zeit gänzlich unbeachtet geblieben. Man hat es, wie jedermann weiß, auf evangelischer und katholischer Seite mit unterschiedlichem Nachdruck behandelt. Da Rituale mehr an ein Gesetz als an den Glauben denken lassen, mehr an die beharrliche Form als an die bewegte Geschichte erinnern, scheinen auch die verschiedenen konfessionellen Stellungnahmen sozusagen vorneweg theologisch vorprogrammiert zu sein. Man sollte sich aber nicht von vorneherein auf besondere konfessionelle Vorlieben für oder Allergien gegen das Rituelle versteifen. Schon Luther hat eben nicht nur von einer zermonialgesetzlichen captivitas Babylonica der Sakramentskirche gewußt und vor dieser gewarnt und sich gegen abergläubische Ritualvollzüge gewehrt. Er hat auch die positiven Momente im gottesdienstlichen Ritual durchaus zu schätzen vermocht und gewußt, daß sie z. B. der Gewöhnung, auch dem vergnügten Gewöhnen, der „Reizung" der Jugend zum Glauben und der Einübung in diesen dienen können. Und sowohl die Bemühungen um neue Kirchenordnungen, die Visitationen zumal, wie auch manche religionspolitischen Kämpfe haben immer wieder nachhaltig auf das Gewicht und das Doppelgesicht überlieferter Formen hingewiesen.

Doch muß man heute beim Nachdenken über die Bedeutung und Funktion des Rituellen für die kirchliche und besonders die gottesdienstliche Praxis umfassender einsetzen und mindestens zwei komplizierte, neue Fragehorizonte mit einbeziehen. Einmal wird man die veränderte kirchliche Gesamtlage und durchaus nicht nur die derzeitigen krisenhaften und besorgniserregenden Entwicklungen des Kirchenbesuchs zu bedenken haben. Es ist damit zu rechnen – und wird von den beiden hier vorliegenden Umfragen nahegelegt –, daß sich im Zug der gesellschaftlichen Entwicklungen und im Kontext dissonanter Wertsysteme das traditionelle, stark konfessionsverschiedene Profil der Beziehung zur Kirche für die volkskirchliche Frömmigkeit weitgehend verschliffen hat und die „rituellen" Beziehungen eine andere als die theologisch beargwöhnte Rolle spielen. Und zum andern wird man bei deren Beurteilung nicht mehr allein bei der kirchlichen Lehre vom Gottesdienst einsetzen können. Man wird vielmehr die inzwischen in Fülle vorliegenden und mehr und mehr verfeinerten human- und sozialwissenschaftlichen Einsichten in die Rolle der Ritualisierung und in deren

17 Kritische Bemerkungen dazu finden sich in den meisten Besprechungen; sie sind auch in dem im Erscheinen begriffenen Kommentarband zu erwarten und werden dort diskutiert werden.

Probleme beachten und mitbedenken. Zweifellos werden auch dabei die verschiedenen konfessionellen Frageweisen und Denktraditionen zum Tragen kommen. Man wird aber dadurch zugleich über manche zeitgebundenen Anschauungen und Abgrenzungen oder Vorurteile hinauskommen können[18].

1.3 *Zur Frage nach der Funktion des Rituellen im Gottesdienst und in der Glaubensvermittlung und zum Umgang der Kirchen mit „Ritualisten".*

In den kirchlichen Ritualen drückt sich stets das Bemühen aus, Glaubensfragen in Gestaltungsfragen zu übersetzen[19]. Es geht um den Wert habitualisierter Formen des Glaubensvollzugs und institutionalisierter Formen des religiösen Lebens in ihrer unvermeidlichen Ambivalenz. Einerseits sind sie zur Entlastung und zur Wahrung der Kontinuität nicht zu entbehren; andererseits sind sie stets in der Gefahr, zu gesetzlichen, „geronnenen" Strukturen zu werden und dann unbeweglich zu wirken und als heilsverbindlich betrachtet zu werden. Wenn dies eintritt, fristen sie häufig ein selbstgenügsames, rituelles, symbolisch oder sakramental überbesetztes Dasein abseits von den aktuellen Herausforderungen des gegenwärtigen Lebens. Sie wirken dann insular, statt die harte Konkurrenz anderer Wert- und Deutesysteme anzunehmen und in der Auseinandersetzung mit ihnen neue Einsichten und dialogische Verhaltensformen zu ermöglichen[20].

Ein solches „Abseits" kann sehr konkret zum Schicksal des veranstalteten Gottesdienstes werden. Dahinter steckt aber die grundsätzliche Frage, wie sich überhaupt Glaube vermitteln und weitergeben läßt; welche Rolle dabei die Doktrinen, welche die rituellen Vollzüge und welche die personalen

18 Wir geben K. Lehmann das Wort: „ ‚Volkskirchliche' Elemente im bisherigen Sinn – allein und für sich genommen – werden vermutlich langsam schwinden; das in ihnen niedergeschlagene und zur Erfahrung gekommene Potential an Sozialisations- und Habitualisierungsprozessen muß in behutsamer und zugleich kritischer Weise gerettet werden. Dieser umfassende Transformationsprozeß kann nicht mit den üblichen Schlagworten ‚Übergang von der Volkskirche zur Freiwilligkeitskirche' angemessen beschrieben werden ... Im besten Fall sind es Annäherungskategorien an eine höchst komplexe Situation und umfassendere Aufgabenstellung. Im übrigen wäre es vermutlich aufschlußreich, die Probleme ‚katholischer Kirchlichkeit' mit entsprechenden Ergebnissen aus dem Bereich der evangelischen Kirchen zu vergleichen. Es fragt sich nämlich, ob weitgehend dieselben Probleme existieren oder ob sich – eventuell wegen eines anderen ‚Kirchentyps' – doch merkliche Strukturdifferenzen anmelden. Für die oekumenische Theorie und Praxis wären solche Erkenntnisse von großem Nutzen. Diese Strukturverschiebungen kirchlicher Partizipation und Frömmigkeit und der damit notwendige Transformationsprozeß bilden eine Hauptaufgabe der kirchlichen Verkündigung, zuvor freilich schon der praktischen Theologie in allen ihren Dimensionen", aaO S. 62.

19 G. Schmidtchen, aaO S. 173.

20 Dazu noch einmal K. Lehmann, aaO S. 60 ff.

Momente spielen. Hier verschlingen sich praktische Detailfragen und tiefgehende Grundsatzfragen aufs engste. Wenn man fragt, wie sich Glaube vermittelt, stellen sich jedenfalls Alternativen wie die zwischen Doktrin oder Ritual schnell als wenig hilfreich heraus. Doktrinen wie Rituale können – wie jedermann sieht – durch die allgemeinen Entwicklungen weitgehend ungriffig oder fast unzugänglich werden. Dies kann die Lebensformen genau so wie alle Lehrformen betreffen; es verschont auch grundwichtige Symbole und Riten so wenig wie etwa die Credoformeln der Glaubenslehre. Man wird bei beidem nicht von ungefähr auf die Schlüsselstellung des Symbolbegriffs aufmerksam. Denn Rituale sind und wirken symbolisch; aber auch Glaubenslehren gehen mit Symbolen um, machen sich daran fest, erklären sie und wirken selber symbolisch. Wenn Rituale und Symbole unzugänglich werden, steht man vor der Frage, ob man sie erneuern oder wie man zu neuen Symbolen gelangen kann. Man entdeckt, daß man sie nicht konstruieren kann und in welch hohem Maß sie von ihrer sozialen Abstützung leben. Ihr ist es ja weithin mit zu verdanken, daß die überkommenen kirchlichen Symbole des christlichen Glaubens so lange Zeit selbstverständlich geblieben sind. Weil diese soziale Abstützung jetzt vielfach zerbröckelt, machen sie oft einen so verschwommenen, unsicheren und wenig wirksamen Eindruck. Die Frage erhebt sich dann, ob sich anstelle der so lang selbstverständlich gewesenen Integration der kirchlichen Glaubenswelt in die soziokulturelle Lebenswelt jetzt neue, partielle, soziale Lebenszusammenhänge auffinden lassen; ob jetzt nicht mehr und mehr christliche Gruppen von informeller Art im auseinanderstrebenden Sozialgefüge (und gegen die sozialen Notwehrreaktionen, die dann auf Gleichschaltung drängen und weltanschaulichen Diktaturen den Boden bereiten) gerade an den weltanschaulichen Leerstellen so etwas wie einen neuen vitalen Kontext darstellen und anbieten können. Ob sich nicht in diesen – unter Verzicht auf jedes schnelle gesamtkirchliche Reglement – auch neue Symbole und Rituale heranbilden und zu einer ausstrahlenden Auswirkung kommen könnten[21]?

Oder sind die Fragen so noch nicht radikal genug gestellt? Kündigt sich etwa in einem Zeitalter, das so sehr von der wissenschaftlichen Analyse beherrscht scheint (ohne es wirklich zu sein), der Verfall aller großen Synthesen an? Was hat dies dann für die Lehrsysteme der Glaubensvermittlung, für ihre Symbole und für die Verhaltensformen zu bedeuten, in denen der Glaube sich widerspiegeln will?

Das Stichwort „Ritualismus" schneidet die unabweisbare Frage nach dem Verhältnis von religiöser Praxis und glaubender Überzeugung (und also einem gesamten Welt- und Lebensverständnis), die Frage nach dem Zusam-

21 Ich gebe hier einige Gedanken und Probleme aus einem Beitrag wieder, der im Kommentarband „Befragte Katholiken . . ." die ritualistische Kirchgängergruppe als solche thematisiert: L. Bertsch SJ: „Die ‚Ritualisten' als Frage an die Riten und Symbole der Kirche", aaO S. 83 ff.

menhang von Frömmigkeit und Religionsausübung an[22]. Dies stellt die Kirchen vor schwierige praktische und auch strukturelle Probleme; sie müssen nach neuen praktischen Lösungen und vor allem nach zureichenden neuen Begründungen für sie suchen. Wenn es eine, minderheitliche oder mehrheitliche, Gruppe von Kirchenmitgliedern gibt, die ihre Beziehung zur Kirche ganz oder überwiegend „ritualistisch" praktizieren und teilweise auch so verstehen wollen: erfordert der Umgang mit ihnen dann nicht besondere pastoraltheologische Aufmerksamkeit und alles andere als eine vorschnelle, stramm dogmatische kirchliche Bewertung[23]? Muß man dann die Möglichkeit einer abgestuften Teilnahme am kirchlichen Leben unter Verzicht auf totale Identifikation mit den kirchlichen Institutionen erwägen? Müßte derlei nur als Notlösung, als Konzession erscheinen, oder könnte es vielleicht im Rahmen eines dem säkularisierten Bewußtsein gerechtwerdenden Verständnisses des Christentums auf eine neue Konzeption des Verhältnisses von Christentum und Kirchentum hinführen? Zu einer Konzeption, die nicht einfach die volkskirchlichen Zustände heiligspricht, die aber die volkskirchliche Wirklichkeit und deren ekklesiale Realitäten nicht mit plakativen Postulaten überspielt und ignoriert? Zu einer Konzeption, die umfassend und tragfähig wäre für sogenannte „Ritualisten" (was immer das sein mag) wie auch für jene engagierteren Gruppen, die auf der Suche nach neuen Symbolen für den alten und sich erneuernden Glauben der Christenheit sind[24]?

Man muß eine Ritualisierung des Verhältnisses zur Kirche nicht automatisch als latente und wachsende Entfremdung und Selbstdistanzierung von der christlichen Glaubensgemeinschaft deuten und behandeln. Man kann ihr vielleicht auch ein anderes Modell gegenüberstellen[25]. In dessen Hintergrund könnte das kulturanthropologische Konzept des Ritualismus stehen, das Basil Bernstein mit einem soziolinguistischen Instrumentarium erschlossen und das Mary Douglas dann z. B. auf afrikanische Stämme und

22 Im Kommentarband zur VELKD-Umfrage wird ein Beitrag von Eilert Herms erscheinen: „Gottesdienst als Religionsausübung". Das Manuskript wurde mir vom Herausgeber freundlicherweise zur Verfügung gestellt. Dieser Beitrag berührt sich z. T. nahe mit den hier angestellten Erwägungen. Vgl. auch K. Hemmerle, in: Befragte Katholiken . . . S. 4

23 Auch der Herausgeber des Kommentarbandes Befragte Katholiken, K. Forster, meint zu den Befunden hinsichtlich der sog. Ritualisten, „daß das Profil dieser Gruppe (die in sich heterogen ist und in fließenden Übergängen lebt) Beachtung in der gesamten Pastoral verdiene", aaO S. 19.

24 G. Schmidtchen, aaO S. 182: „Die selektive, themen- und aktionsgebundene Teilnahme dürfte . . . gegenüber einer Teilnahme, die auf tiefer religiöser Bindung basiert, nicht abgewertet werden. Oder anders und radikaler ausgedrückt: Die Kirche sollte sich mit den säkularisierten Bewußtseinsstrukturen einlassen, in denen christliche Denktraditionen aufgehoben sind, die sie also selbst mitgeschaffen hat.'

25 E. Herms (vgl. Anm. 22) arbeitet einem solchen Versuch in nachdenkenswerter Weise vor.

auf irische Slumbewohner in englischen Großstädten angewandt hat[26]. Ob es „Ritualisten" in Reinkultur im Umkreis der kirchlichen Gottesdienstteilnahme und also auf einem von viel Glaubensverkündigung und theologischer Reflexion umgeackerten Boden in der abendländischen Christenheit wirklich gibt, kann man offen lassen. Sicher gibt es eine nicht unerhebliche Anzahl von Menschen, die im Gottesdienst nicht jeweils neue und besondere religiöse Erlebnisse und neue Einsichten zu erfahren wünschen, die ihn vielmehr mit Schwerpunkt als Ritualvollzug, als ein Gesamtritual ansehen, nämlich als die sichtbare Form ihrer häufigen oder sporadischen Religionsausübung. Sie begnügen sich damit, in diesem „restringierten Code" mit der Glaubenswelt, der sie angehören wollen, zu kommunizieren. Eine solche Haltung dürfte auch gegenüber dem protestantischen Predigtgottesdienst verbreiteter sein als man denken möchte, keinesfalls nur gegenüber der katholischen Messe. Zweifellos kann und will der christliche Gottesdienst auch in anderer Weise in Anspruch genommen und ausgenützt werden. Er ist ja durch ein ständiges Beieinander von stark rituellen und von nicht oder weniger rituellen Bestandteilen gekennzeichnet, und für viele sind es denn auch gerade diese „elaborierten" Elemente, die den Gottesdienst für sie anziehend und bedeutsam machen. Man muß aber jedenfalls damit rechnen, daß der Gottesdienst gerade als das Gesamtritual, das er in jedem Fall ist, sowohl eine langfristige Funktion im kirchlichen Sozialisationsprozeß erfüllen kann und soll, wie er auch eine aktuelle Funktion im kirchlichen Kommunikationsprozeß wahrnehmen soll. Man muß sogar annehmen, daß er gerade mit dieser Doppelfunktion seinen wichtigen Platz in der vielgesichtigen Christenheit errungen hat und behauptet. Daß diese Sicht für die theologische Bewertung des Gottesdienstes und für den praktischen kirchlichen Umgang mit ihm von erheblicher Bedeutung ist, liegt auf der Hand.

Jedenfalls ist in diesem Gesprächsgang, den die beiden empirischen Umfragen und die Diskussionen über sie ausgelöst haben, deutlich geworden, daß und wie sehr das Stichwort „Ritualismus", das uns hier zugespielt wird, zu einem aufregenden und weitgespannten Nachdenken herausfordert. Rituale sind wiederholbare Handlungsmuster von symbolischem Charakter. Sie konzentrieren den, der sie vollzieht, ganz auf den Vollzug; sie verweisen aber dabei zugleich ganz von sich weg, über sich selber hinaus und auf das hin, das sie begehen. In dieser Weise können Handlungs- und Wortfolgen der verschiedensten Art wirken; aber selbst einmalige Gesten und einzelne Worte können ähnliches auslösen. Wer den Charakter des Rituellen verstehen will, muß deshalb zugleich nach dem Wesen und der Funktion des Symbolischen weiterfragen. Die bestürzende Hintergründigkeit und Reichweite dieser Frage ist freilich ebenso groß wie ihre Dringlichkeit. Sie entzieht sich jedem Versuch, sie ganz durchdringen oder be-

26 Zu Bernstein s. u. in, bei und nach 2. Kapitel, Anm. 38. Mary Douglas: Ritual, Tabu und Körpersymbolik – sozialanthropologische Studien in Industriegesellschaft und Stammeskultur, engl. 1970 u. 1973, deutsch Frankfurt 1974.

wältigen zu wollen. Man kann immer nur einiges aus dem immensen Material hervorheben, das hier heransteht. Das wissenschaftliche Nachdenken hat in den letzten Jahrzehnten dafür besonders viel zu Tage gefördert. Wir suchen es hier immer mit dem Blick auf den christlichen Gottesdienst zu überdenken. Vielleicht sehen sich dann andre veranlaßt, dieses Nachdenken mit größerer Kompetenz ihrerseits weiterzubetreiben. Die Aufgabe verlangt nicht nur nach eindringender human- und sozialwissenschaftlicher, aber auch theologischer Erörterung. Sie wartet auch auf das Echo von Erfahrungen mit dem Symbol[27].

27 Gedanken zum Ritual – auch im Zusammenhang mit den theologie geschichtlich einschlägigen Erörterungen – habe ich bei der Besprechung der kirchlichen Amtshandlungen vorgetragen: W. Jetter, Der Kasus und das Ritual – Amtshandlungen in der Volkskirche, in: WuPKG 6/1975 S. 208–223.

Zweites Kapitel

„Symbolisierung" – anthropologische Informationen

2.0 Die Vielschichtigkeit des Symbolischen

Was ist gemeint, wenn man von „Symbolen" redet oder sagt, daß etwas „symbolisch" sei?

Wer sich damit beschäftigt, steht einem verwirrend vielschichtigen und vielgesichtigen Bereich gegenüber. Man bekommt den Eindruck, daß sich der Gegenstand, mit dem man sich befassen möchte, nicht fassen lassen will und daß gerade dies eines seiner Hauptkennzeichen ist. Man mag zögern, sich der Parole Fausts, die auch Kurt Tucholskys Grabinschrift wurde, ganz zu verschreiben und alles Vergängliche nur als ein Gleichnis zu sehen. Daß alles Symbol und nur Symbol wäre, die ganze Wirklichkeit symbolischen Charakter und gerade darin ihr Wesen habe, Symbol für mehr zu sein als was in ihr erscheint: das könnte auch nach weltverklärender Selbstversicherung, vorsätzlichem Optimismus, willkommener Realitätsverleugnung oder allzu eingänglicher Abkehr von allem absurden Geschehen aussehen. Aber man muß gleichwohl sehen, daß es „Symbolisches" auf allen Gebieten des geistigen Lebens gibt oder geben kann; daß dem geistigen Leben der Menschen ein Bedürfnis nach Symbolisierung und die Fähigkeit dazu zu eigen und für es kennzeichnend zu sein scheint und daß ihm nahezu alles zu einem Symbol werden kann[1]. Der äußeren Grenzenlosigkeit, in der „Symbolisches" unter dieser Bezeichnung begegnen kann[2], entspricht, wie es scheint, eine innere Grenzenlosigkeit dieses Phänomens, die sich in

1 Alles kann zum Symbol werden: dann nämlich, wenn eine vordergründige Gegebenheit eine gemeinte Sinnwirklichkeit für einen Betrachter oder einen Kreis von solchen repräsentiert. In diesem Kreis ist es gültig, trägt es die gemeinte Wahrheit wirklich in sich, ohne daß doch der Unterschied zwischen ihm und ihr verwischt werden und die Wahrheit mit ihrem Symbol in eins fallen dürfte. Es bleibt Zugang zu seiner es übersteigenden Wahrheit. Es will keine Idolatrie, sondern einen verstehenden Umgang eröffnen, der im Symbol nicht den Himmel, sondern eine Himmelsleiter erblickt. Vgl. G. Mensching, Toleranz und Wahrheit in der Religion, Siebenstern TB 81/1966, S. 157 ff.

2 So trägt, als sprechendstes Beispiel solcher Grenzenlosigkeit, jedes Wort „durch alle Metamorphosen seiner Bedeutung . . . eine Spur von jeder Bedeutung, die es einmal hatte, wie einen Oberton mit sich, und jede Assoziation, die es erlangt hat, wie eine Aura, so daß in der lebenden Sprache so gut wie kein Wort ein bloß konventioneller Zähler ist, sondern immer ein Symbol mit einem ‚metaphysischen Pathos' . . . Teils hängt sein Sinn vom sozialen Brauch ab, teils von seiner Geschichte, von der Gesellschaft, in der es sich früher befand, auch vom ‚natürlichen Symbolismus' oder der Suggestivkraft seines Klanges". Susanne K. Langer, Philosophie auf neuem Wege – das Symbol im Denken, im Ritus und in der Kunst, Harvard 1942, 1951, 1957, Dt. Ausg. S. Fischer, 1965, aaO S. 277.

einer offenkundigen Schwierigkeit, es zu definieren[3], in einer Vielfalt der Klassifizierungen[4] und in einer oft gegensätzlichen Bewertung[5] niederschlägt. Auf der einen Seite sieht man, anthropologisch, in der Symbolik einen wichtigen, vielleicht den bezeichnendsten, am weitesten aufschließenden Zugang zu einem verstehenden Umgang mit der Weltwirklichkeit über-

3 „Es haben sich absolut unvereinbare Verwendungen dieses Wortes eingebürgert, unter denen es zu entscheiden gilt" P. Ricoeur, Die Interpretation – ein Versuch über Freud, in: Suhrkamp tbw 76, 1974, S. 21. – Ricoeur möchte „die äußerste Verwirrung des Vokabulars auf diesen Gebieten" durch den Entschluß beenden, Symbol und Interpretation so zu definieren, daß jeweils der eine Begriff den andern abgrenzt (ebda). – Auch im Blick auf die religionsphilosophische Erörterung des Symbolbegriffs sieht man denselben Sachverhalt bestätigt: „Das . . . Ringen um den Symbolbegriff in der neueren Religionsphilosophie spiegelt nicht nur die allgemeine Ungeklärtheit dieses Begriffes wieder, sondern in gleichem Maße die Ungeklärtheit und Verwirrung der gegenwärtigen religiösen Problematik, die sich in diesen Begriff flüchtet, um mit seiner Hilfe ihrer inneren Krise Herr zu werden" – Hans Loof, Der Symbolbegriff in der neueren Religionsphilosophie und Theologie, in: Kantstudien Erg. Heft 69, Köln 1955, S. 148.

4 Man spricht z. B. ganz schlicht von einfachen und von künstlichen, eigentlichen und uneigentlichen, durchsichtigen und undurchdringlichen Symbolen. Oder man unterscheidet Ursymbole, natürliche und geschichtlich gewordene, soziale, statutarische, nationale, konfessionelle Symbole. Man bedenkt die Lebensbereiche, in denen sie auftreten, und sondert dementsprechend psychologische, metaphysische, religiöse und ästhetische Symbole von einander. Man sucht ihr Wesen und ihre Funktion auszudrücken, indem man ontologische von funktionalen, repräsentative von expressiven, präsentative von diskursiven, verhüllende von aufschließenden Symbolen unterscheidet. Man kann von Statussymbolen, von einer Ausdrucks-, Assoziations-, Instrumental-, Hinweis- und Zielsymbolik, von Traum-, Gegenstands- und Sprachsymbolik, von Primär- und von Sekundärsymbolik sprechen und bei all diesen Versuchen dann doch feststellen, daß Symbole normalerweise konkrete, schlecht zu systematisierende Individualitäten sind, sofern man die logischen, in den mathematischen gipfelnden Symbole ausser Betracht lässt, „die willkürliche Symbole der formalen Logik mit ihrer artifiziellen Reinheit", die sie als die „klarste Form der rationalen Leistungen" erscheinen läßt (A. Lorenzer, Sprachzerstörung und Rekonstruktion, in: Suhrkamp tbw 31, 1973 S. 107 f. Vgl. auch Pierre Bourdieu, Zur Soziologie der symb. Formen, suhrkamp-theorie, 1970, S. 12).

5 Symbolisierung wird als das für den Menschen bezeichnendste Grundbedürfnis betrachtet, als der fundamentale, niemals stillstehende Prozeß des Geistes, seine wesentliche Tätigkeit, ebenso ursprünglich wie Essen, Schauen und Sich-Bewegen. Z. T. werden wir ihrer bewußt, gehen sie in unser diskursives Denken ein; z. T. aber bleiben Erfahrungen, die unser Gehirn durchlaufen und dort spontan verarbeitet werden, ein Vorrat, ein Reservefonds an Vorstellungen, der nur gelegentlich und immer nur partiell abgerufen wird und sich bemerkbar macht (S. Langer, aaO S. 49). Auch E. Cassirer nennt die „symbolischen Formen" „wahrhafte Urphänomene des Geistes, die sich zwar als solche aufweisen lassen, an denen sich aber nichts mehr erklären, d. h. auf ein andres zurückführen läßt" (Wesen und Wirkung des Symbolbegriffs, Darmstadt 1969, S. 81 f.) Er denkt dabei vor allem an die Phänomene der Sprache, des Mythos bzw. der Religion und der Kunst, „sofern jede von ihnen eine besondere Art des Sehens ist und eine besondere, nur ihre eigene Lichtquelle in sich birgt" (ebda). Vgl. Ders. Philosophie der symbol. Formen, Darmstadt 1973[6], S. 20 f.). Skeptischer war Fr. Th. Vischer, wenn er im Symbol einen „schwierigen Begriff, einen seine Gestalt wechselnden Proteus" sah

haupt[6]. Auf der andern Seite sieht man, erkenntnistheoretisch und -kritisch, nur Mittel in ihnen, die abstrakte Begriffe in indirekter Weise veranschaulichen, so wie sich diese u. U. auch direkt veranschaulichen, nämlich im Schema nachzeichnen und ausdeuten lassen: beides ergibt immer nur anschauliche Hinweise auf die zu begreifenden Sachverhalte, aber ohne jede beweisende Kraft[7]. Wenn man Glaubensaussagen als „symbolisch" gemeint bezeichnet, dann kann man darunter, religionsphilosophisch, ihre spezifische Art und Weise verstehen, umgreifende Wahrheit über die Wirklichkeit zu erschließen, oder auch, religionskritisch, die gänzliche Abschwächung ihres Wirklichkeitsgrades, den Rückzug auf die unangreifbare Bastion, daß derlei Behauptungen „nur" als symbolisch zu gelten hätten[8]. Ähnlich strittig, wenn auch natürlich anders gelagert, ist die Bewertung des „Symbols" in den psychoanalytischen Schulen geworden: hat man in der Symbolisierung vor allem eine Verdrängungserscheinung zu sehen, eine triebbesetzte Ersatzverkörperung von verbotenen Wünschen, die die Zensur nicht offen passieren durften, etwas, das nun der Durcharbeitung bedarf? Oder ist die Symbolbildung unter den seelischen Vorgängen in erster Linie als eine positive Ichleistung anzusehen[9]?

und in ihm eine Neigung vermutete, daß überall da, wo man Körperliches zu Geistigem, Seelisches zu Körperlichem in Beziehung setze, aus dem anfänglichen Eindruck der Unangemessenheit mehr und mehr das Gefühl des angemessenen Zusammenklangs werde. Er ironisiert im Faust III den Symboliker als einen „Sinnbilddeuterling" und läßt nach den „Stoffhubern" die „Sinnhuber" ihren Gesang anstimmen. Immer wieder umgibt das Symbolische ein kräftiges Mißtrauen, man werde da in verschwommenem Tiefsinn ertrinken, was zwar ein dekorativer Tod, aber doch eben das Ende des klaren begrifflichen Denkens sein würde. Viel Material bietet M. Schlesinger, Geschichte des Symbols, 1912.

6 Vgl. die Zitate von Cassirer und Langer in der vorigen Anm.!

7 Klassisch bei I. Kant formuliert, wenn er sozusagen in einer Nebenbemerkung das Symbolische vom direkt nachzeichnenden Schematischen abhebt: „Alle Anschauungen, die man Begriffen a priori unterlegt, sind also entweder Schemata oder Symbole, wovon die ersten directe, die zweiten indirecte Darstellungen des Begriffs enthalten" (Krit. d. Urt. § 59, Ausg. B 1793 S. 255).

8 Zu allen Zeiten der Kirchengeschichte stößt man immer wieder auf die Neigung, Aussagen der Bibel oder des Glaubensbekenntnisses statt buchstäblich lieber „geistlich" zu verstehen. Die Abwehr eines wissenschaftlichen Rationalismus, der sie „erledigen" will, nimmt ihre Zuflucht zur apologetischen Spiritualisierung. Man kann dies symbolisch oder allegorisch versuchen. Im einen Fall will man den Gegenstand sagen lassen, was er eigentlich meine, will ihn in einem tieferen oder gleichnishaften Sinn ausdeuten. Im andern Fall sagt man, der Gegenstand meine eigentlich etwas ganz andres; er erfährt eine Umdeutung, eine Fremddeutung. Der buchstäbliche oder gleichnishafte Sinn wird aufgehoben und höchstens ganz äußerlich mitverwendet. Der Gegensatz ist prinzipiell und unüberbrückbar. Dennoch kann der Übergang im Vollzug fließend sein, setzt man beim symbolischen Verstehen ein und kommt bei allegorischer Deutung heraus. Das Ergebnis wird dann als „symbolistische" Auffassung bezeichnet. Derlei steht wohl dahinter, wenn in der VELKD-Umfrage nach dem Verständnis Jesu Christi (aaO S. 54) zwischen symbolistischer Auffassung und der Bejahung der orthodoxen Lehrsätze unterschieden wird.

9 Hier kann nur auf die Tendenz dieses Umschwungs in der inner-psychischen Verortung des Symbols hingewiesen werden. Material dazu bei A. Lorenzer, aaO –

Immerfort spitzt sich, so scheint es, die Betrachtung des Symbolischen auf die Frage nach seiner Gewichtung und Bewertung zu, nach seiner Eigenständigkeit, nach dem Verhältnis zwischen Symbol und Wirklichkeit, nach der theoretischen Dignität und der praktischen Lebensbedeutung dieser menschlichen Weise, die Lebens- und Weltwirklichkeit zu erfahren, zu verstehen und mit ihr umzugehen. Und immerzu scheint es die vulgär verkürzende, vordergründige Alternative „Symbol *oder* Wirklichkeit“ zu sein, die in dieser Kernfrage steckt, ihr anhaftet, sie stimuliert, sie aber auch oft in die Irre führt.

2.1 *Symbole und Zeichen – enger und weiter Symbolbegriff*

Man muß mindestens drei Eigentümlichkeiten bedenken, die den Umgang mit dem Begriff des Symbolischen und mit den damit bezeichneten Phänomenen kompliziert machen.

Die eine Schwierigkeit besteht darin, daß das Symbol von einer großen Familie verwandter Begriffe umgeben ist, zu denen unterschiedlich enge Beziehungen bestehen, von denen es sich aber zugleich eigentümlich abhebt. Es ist die Großfamilie der Zeichen. Allem, was dazu gehört, ist gemeinsam, daß es etwas im Sinn hat, auf das hinzuweisen sein ein und alles ist und das doch etwas anderes ist als das „Zeichen“ selber. Manche haben ihren Sinn sozusagen selber im Sinn, natürlicherweise; andere bedeuten nur etwas, weil, soweit und solange sie durch besondere Umstände zu dessen Zeichen gemacht werden, während sie für sich genommen keine oder eine andere, jedenfalls nicht diese besondere Bedeutung besäßen. Diese – beabsichtigte oder unabsichtliche, natürliche oder ihnen geschichtlich zukommende – Signifikanz ist das verwandtschaftliche Band, das alles Zeichenhafte zusammenhält: das Signal, das Symptom, die Bezeichnung und die Benennung, die Gebärde, die Geste als Zeichenhandlung, das Ritual als geformtes Verhalten sowohl im Gewöhnlichen wie für das Ungewöhnliche; die Analogie, die Entsprechung, die Metapher, den Vergleich und die Gleichniserzählung; die Allegorie, die Chiffre, das Bild als Abbild, Vorbild, Sinnbild oder Urbild, die Imagination, das Traumbild, das Klischee, das Schema,

Vorabdruck zweier Kap. mit instruktiver Zusammenfassung in Psyche 12/1970, 898 ff. Im selben Heft auch D. Beres, Symbol und Objekt S. 921 ff. Neuerdings stellt Emma Mörsch in einem Aufsatz über Symbol, Repräsentanz, Primärprozeß, in: Psyche 6/1976 S. 503 ff. die kritische Rückfrage an Lorenzer, ob man dem Ich nicht wieder zuviel zuschreibe und es nicht auf eine „fiktive Normalität“ hinauslaufe, wenn er eine Erlebniswelt präsentiere, „in der ein Individuum im vollen Besitz der Bedeutungen seiner Lebensgeschichte an einem Schnittpunkt alles symbolisiert und nichts verdrängt.“ Vgl. auch J. Scharfenberg, Artikel „Symbol“ in: „Psychologie für Nichtpsychologen“, Stgt-Berlin 1974, S. 330 ff. Ferner vom selben Autor: „Kommunikation in der Kirche als symbolische Interaktion“ in: W. Becher, Seelsorgeausbildung, Göttingen 1976 S. 33 ff. und Ders. „Symbole des Glücks in theologischer und psychologischer Sicht“ in: R. Rieß, Perspektiven der Pastoralpsychologie, Göttingen 1974 S. 11 ff.

das Rätsel; das Gedankenspiel, das darstellende Vorspielen und das gesellige Mitspielen und Wettspielen. Auch Lautwerdendes zählt dazu: Anruf, Ausruf, Zuruf, Begrüßung und Abschied. Der Nachdruck oder die Verhaltenheit des Gesprächs, des Redestils kann zum Zeichen, zum lautstarken oder schweigenden Ausdruck vieler Gemütsbewegungen werden. Alles Erscheinungen, die ihre Bedeutung als Deutungsbedürftigkeit mit sich herumtragen, in der ganzen Variationsbreite zwischen dem, was sich fast wie von selber versteht, und dem, was uns gänzlich fremd bleiben kann. Man kann auch sagen, sie hätten alle mit einem, ihrem oder vielem Geheimnisvollen zu tun, das sie entweder erschließen, durchsichtig machen, oder als Geheimnis erkennbar machen oder uns in seiner Undurchdringlichkeit ausdrücklich entziehen.

In diesem Umfeld muß die Eigentümlichkeit des Symbolischen Umrisse bekommen. Es ist verständlich, daß dies immer wieder mit einem möglichst weiten oder mit einem möglichst engen Symbolbegriff versucht worden ist.

Der weite Symbolbegriff wird sich immer am Zeichen orientieren wollen und schließlich die ganze synthetische Tätigkeit des Geistes meinen, der sich von allem, was man sinnlich wahrnehmen kann, ein Bild macht, sich das Wahrgenommene abbildlich-sinnenhaft in Gedanken vorstellt und so die widerfahrende Wirklichkeit ins Bewußtsein vermittelt und abrufbar im Gedächtnis versenkt. Alle eindeutig fixierten bildlichen Vorstellungen und sprachlichen Bezeichnungen werden dann mit unter den weiten Symbolbegriff fallen.

Der enge Symbolbegriff dagegen wird von der Devise ausgehen, daß zwar alle Symbole Zeichen, aber längst nicht alle Zeichen Symbole sind: er wird sich streng auf die doppelsinnigen zeichenhaften Phänomene beschränken[10].

10 Hier ist vor allem wieder P. Ricoeur zu zitieren. Er gewinnt seinen Symbolbegriff in Anknüpfung an die Freudsche Traumsymbolik, dehnt ihn aber auf die ganze Region des Doppelsinnigen, auf das hermeneutische Feld aus und grenzt sich dadurch zugleich entschieden von dem weiten Symbolverständnis ab, als dessen Prototyp E. Cassirer gelten kann: „Der Traum und seine Analoga stehen in einem Bereich der Sprache, der sich als der Ort komplexer Bedeutungen ankündigt, wo in einem unmittelbaren Sinn ein anderer Sinn sich auftut und zugleich verbirgt; diese Region des Doppelsinns wollen wir Symbol nennen . . . Indem Cassirer alle Vermittlungsfunktionen unter dem Titel „Symbolisches" vereint, verleiht er diesem Begriff einen ebenso großen Umfang wie einerseits dem Begriff der Realität und andererseits dem der Kultur; und so schwindet ein grundlegender Unterschied, der in meinen Augen eine wirkliche Scheidelinie darstellt: der zwischen eindeutigen Ausdrücken und vieldeutigen Ausdrücken. Eben in diesem Unterschied gründet das hermeneutische Problem . . . Wenn wir die bezeichnende Funktion in ihrer Gesamtheit symbolisch nennen, haben wir kein Wort mehr für jene Gruppe von Zeichen, deren intentionale Textur das Lesen eines anderen Sinnes im ersten, wörtlichen, unmittelbaren Sinn erheischt . . . Etwas anderes sagen wollen als man sagt, das ist die symbolische Funktion" (aaO S. 19, 23 f.) Der manifeste, erste Sinn ist also nicht mit einem willkürlich anderen Sinn verbunden, sondern verlangt selbst nach Deutung und gibt dieser die Richtung vor. Es geht weder um allegori-

Und zwar will dann die Deutungsbedürftigkeit des doppel- und mehrsinnigen Symbols, seine intentionale Struktur, nicht auf zwei oder mehrere spezielle Bedeutungen hinweisen, sondern auf ein Bruchstück oder eine Spiegelung vom universaleren Sinn. Es ist immer ein Stück von der Expressivität der Welt selber, das im – so verstandenen – Symbol mitschwingt[11].

Innerhalb der Großfamilie der Bedeutungsträger, der sinnhaften Zeichen, heben sich also dann die Symbole als Phänomene ab, deren unmittelbar erkennbarer Sinn auf weiterführenden Sinn hindrängt. Und zwar nicht so, als wäre in ihnen ein ganz andrer Sinn versteckt, den man von anderswoher schon kennen, zu dem man mit einem Schlüssel von außen her gelangen müßte. Bei der Allegorie ist es so: gegenüber der allegorischen Bedeutung ist der unmittelbare Sinn der Vorlage eigentlich kein Sinn oder nur ein Schein-Sinn. Beim Symbol ist es sein unmittelbarer Sinn selber, der zur Deutung auf weiterführenden Sinn hindrängt und verhilft. Nicht notwendig so, daß er Zug um Zug ablesbar sein müßte, wohl aber so, daß er auf jeden Fall intuitiv erfaßt werden kann.

2.2 *Die symbolische Partitur der Erfahrung*

Die zweite Schwierigkeit, die hier zu bewältigen ist, kommt von der instrumentellen Vielstimmigkeit des Symbolischen her. Wo immer doppel- oder mehrsinnige Welterfahrungen gemacht werden, da werden sie ja als etwas bewußt, das nach Deutung verlangt; nur so kommen sie überhaupt zur Erfahrung. Das heißt, sie verlangen nach sprachlicher Bearbeitung. Die sprachliche Deutung macht zwar nicht erst ihre Symbolik aus, aber sie bringt sie heraus[12]. Doch kommt das Symbolische in einer sprachlichen

sche, künstliche Verkoppelung noch um strikte analoge Entsprechung, sondern um eine „intentionale Struktur"; der linguistische Ausdruck des „ersten" Sinnes gibt den Anstoß zu einem Anfang von Interpretation; dort, wo ein Mensch träumt, prophezeit oder dichtet, erhebt sich ein anderer, um zu interpretieren; die Interpretation gehört organisch zum symbolischen Denken und seinem Doppelsinn" (ebda 30 f.). Sehr genau trifft übrigens Fr. Th. Vischer einmal den Unterschied zur Allegorie: „Symbolisch heißt, was poetisches Leben hat, und allegorisch was unlebendiges Produkt der Fantasie im Dienst der Reflexion ist". (bei M. Schlesinger, aaO).

11 Schön exemplifiziert wieder P. Ricoeur, aaO S. 27, wie im Symbol des Fleckens die Beschmutzung, die verlorene Integrität der Welt, im Symbol des Himmels das unermeßlich und unwandelbar Mächtige, in den Vegetationssymbolen das Werden, Vergehen und Wiedererstehen, in den Wassersymbolen die Bedrohung, die Reinigung und die Belebung zum Ausdruck kommen will und auch kommt, sofern dies ausgesprochen wird – „immer ist es das Wort (als Konsekration, Beschwörung, mythischer Kommentar), welches dank dem Doppelsinn der *Wörter* Erde, Himmel, Wasser, Leben etc. die kosmische Expressivität *sagt*. Die Expressivität der Welt gelangt zur Sprache durch Symbole als Doppelsinn".

12 Noch einmal P. Ricoeur: „Es gibt keine Symbolik vor dem sprechenden Menschen, auch wenn die Kraft zum Symbol tiefer wurzelt, in der Expressivität des Kosmos, im Sagenwollen des Wunsches, in der imaginativen Mannigfaltigkeit der Subjekte. Doch stets kommt der Kosmos, der Wunsch, die Bilderproduktion in der Sprache zum Wort" (aaO S. 28).

Deutung nicht zum Verschwinden, läßt sich in einer solchen nicht ein für allemal festlegen[13], sondern begleitet sie, regt sie immer wieder an, hält sie offen. Es verbleibt jeweils in dem Erfahrungsfeld, in der Ausdrucksdimension, in der es sich der menschlichen Welterfahrung konkret und doppelsinnig bemerkbar gemacht hat. Und weil sich in jedem Erfahrungsbereich menschlichen Welterlebens das jeweils Besondere zusammen mit einem Anklang des allgemeinen Weltsinns, der universalen Bedeutsamkeit menschlichen Lebens in der Welt zur Geltung bringen und ausdrücklich machen kann, darum ist Symbolisches in jeder Ausdrucks- und Gestaltungsdimension des menschlichen Lebens zu finden. Man kann auch sagen: darum geht es durch alle Erfahrungsfelder als eine gemeinsame und sie verbindende Erscheinung hindurch: als Suche nach Erfahrung und Ausdruck von Sinnhaftem, das zugleich auf ein Sinnganzes hinzeigen und hinführen könnte.

So drückt sich Symbolisches z. B. aesthetisch aus, mit Hilfe von Lauten, Klängen, Tonfolgen, Farben, Lichterlebnissen, Raumgestaltungen, Bildern und Kunstwerken. Es drückt sich dramatisch aus mit Hilfe von Gesten, ausdrucksstarken Bewegungen, Tanzfiguren, Handlungsabfolgen oder in darstellendem, strengem oder spontanem Spielen, oder in ausgesonderten Zeitabläufen und deren Wahrnehmung. Es drückt sich geistig aus mit Hilfe von Wort, Satz, Sprache, Redestil oder Schweigen; selbst in elementaren Zahlen, die zum Berechnen und Beherrschen der Welt dienen und doch zugleich an Grundvorgänge des Entzweiens und Vereinigens, des Aufgliederns und Zusammenfassens erinnern. Es drückt sich seelisch aus in vielen Vorstellungen und allem, was diese an Erwartungen, Wahrnehmungen und Antrieben ermöglichen, durchlassen, umformen oder verstellen.

Diese Vielstimmigkeit macht die symbolische Partitur so breit. Und dem entspricht dann auch ihre nicht minder vielstimmige, differenzierte wissenschaftliche Erörterung.

2.2.1 *Das Symbolische, religionsphänomenologisch betrachtet*

Die Religion war schon immer die älteste Interessentin an allem Symbolischen. Ihre phänomenologische Darstellung setzt bei den Erfahrungen ein, in denen Gegenstände, Naturerscheinungen, Örtlichkeiten, Begebenheiten, Personen, ihre menschliche Machtfülle, Geschicklichkeit oder Gestaltungskraft, eindrücklich und durchscheinend werden für die Bedeutsamkeit oder Mächtigkeit, mit der das Leben dem Menschen überhaupt begegnet. Sie werden „hierophan" oder „kratophan": Grundgeheimnisse des menschlichen Lebens im Kosmos und des kosmischen Lebens im Menschen stellen

13 Daher beruhen z. B. Wörterbücher des universellen Symbolismus ebenso wie Sammlungen von Traumschlüsseln auf einem Mißverständnis des Symbolischen, das sich so wenig wie alles Mythische für eine Wort- für Wort-Übersetzung eignet. Man erzeugt dadurch im Grund nur „eine Rhapsodie von Fakten" und kann „einem pointillistischen Atomismus anheimfallen". So wichtig wie die Einzelbedeutung bleibt der Stellenwert im Ganzen (P. Bourdieu, aaO S. 12 ff.).

sich in ihnen dar, sind zugleich anwesend und doch stets im Begriff, sich zu entziehen[14]. Am ausdrucksvollsten tritt dies dem Menschen in gewissen Grundsituationen entgegen: in der Geschlechtsgemeinschaft, in der sich der Mensch mit fremdem Leben vereinigt, die Grenze berührt, Leben weckt und den Tod verschmeckt. In der Geburt eines Kindes mit allen mitreißenden Möglichkeiten bis hin zu der, eines Gottes Kind zu werden. Beim Gemeinschaftsmahl, bei dem man, wieder als geheimnisvollste Möglichkeit, „den Gott essen" kann. In allen großen Krisen und Übergängen des Lebens bis hin zum letzten Übergang, wenn es darum geht, daß der Mensch auf rechte Art sterben kann[15]. Dies alles ist symbolträchtig, wird von deutungsbedürftigem Brauch begleitet, hervorgehoben, begehbar gemacht. Es soll ausgedrückt werden, daß man im jeweils Gegebenen ein ihm mitgegebenes „Mehr" an Möglichkeiten erkennt. Man will so mit ihm umgehen, daß man jenes „Mehr" an Möglichkeiten nicht bloß zur Kenntnis nimmt, sondern an ihm teilnehmen kann. Das Begehen soll zu erfahren geben, daß jene Möglichkeiten nicht bloß gemeint sind, sondern statthaben. Heiligkeitserfahrung will auch als Heiligung, Machterfahrung auch als Er-Mächtigung erlebt werden[16]. Und da dies alles vorwiegend Gemeinschaftserfahrungen, auch als Einzelerlebnisse unentrinnbar in Gemeinschaft eingebettete Erfahrungen sind, muß der Umgang damit verwaltet, muß die Religionsverwaltung organisiert werden. Denn von hier können nicht nur die menschli-

14 Cf. Mircea Eliade, Die Religionen und das Heilige, Salzburg 1954, S. 31 ff. und passim. G. van der Leeuw, Phänomenologie der Religion, Tübingen 1956[2] passim und § 64,3. Fr. Heiler, Erscheinungsformen und Wesen der Religion, Stuttgart 1961: das Inhaltsverzeichnis kann in etwa als ein Katalog der Naturerscheinungen, künstlichen Gegenstände, Orte, Zeiten, Zahlen, Handlungen, Opfer, Mysterien, Wort- und Schriftformen, menschlichen und gemeinschaftlichen Gestalten und Vorstellungsweisen angesehen werden, die auf dem breiten Feld der Religion Träger symbolischen Doppelsinns wurden und werden können.

15 Vgl. G. van der Leeuw, Der Mensch und die Religion, S. 83 und Ders. Sakramentales Denken, Kassel 1959 S. 110,129. Man wird hier auch daran zu erinnern haben, daß auch in der Existenzphilosophie bei K. Jaspers in den Symbolen sich jenes sonst verborgene Grundwissen darstellt, in dem der Mensch selber gegenwärtig ist und die Existenz in die Tiefe ihres Seins blickt, dieses Sprache bekommt und der Mensch zu einer ihm angemessenen Grundhaltung gegenüber dem Sein gebracht wird – vgl. H. Looff, aaO S. 114–125.

16 „Das Symbol ist ein Teilhaben des Heiligen an seiner aktuellen Gestalt. Zwischen dem Heiligen und seiner Gestalt existiert Wesensgemeinschaft" – „Im Kult wird das Sein des Menschen und das Sein seines Gottes zusammengefaßt zu einem aktuellen So–Sein: das Sein des Menschen und seines Gottes wird wesentlich als Ergriffenheit und Ergreifung, als Geschaffenheit und Schöpfung gedeutet und gestaltet. Im Kult wird die Gestalt des Menschen bestimmt, die Gestalt des Gottes geglaubt, und die Gestalt ihres gegenseitigen Verhältnisses tätig erlebt. – Das gilt von jedem Kult, vom reichsten zum ärmlichsten. Auch der dürftigste kalvinistische Gottesdienst kann sich nicht damit begnügen, die „Ankunft des Königs feierlich zu verkündigen"; er muß doch auch seinen Einzug halten" G. v. d. Leeuw, Rel. Phän. S. 509 f. Auch für K. Jaspers wird das Symbol durch seine existentielle Verwurzelung mitkonstituiert: „Volles Symbolverstehen fordert in dem Symbol das eigene Leben" (cf. H. Looff, aaO S. 116, zit. aus Allg. Psychopathologie 1948, S. 277).

chen Grunderfahrungen bewältigt, sondern auch die Zustände in der Gemeinschaft legitimiert, beunruhigt oder notfalls domestiziert werden[17].

Jedenfalls: wo immer Symbole religiösem Verhalten und religiöser Erfahrung und Vorstellung Gestalt verleihen, erhebt sich die Frage, wie es um ihre interpretative, theologische oder philosophische Leistungsfähigkeit und um ihre integrative, soziale oder religionssoziologische Kraft und Wirkung bestellt ist[18].

2.2.2 *Zum psychologischen Symbolverständnis*

Die Psychologie hat wahrscheinlich entscheidend dazu beigetragen, daß die Erforschung des Symbolischen als wissenschaftliche Aufgabe einen unverdächtigen, selbstverständlichen Rang gewonnen hat und als legitimes anthropologisches Thema neu begriffen worden ist. Dies gilt, gleichviel ob man im Symbolischen Rückstauwirkungen der individuellen Biographie sehen will, eine verkleidete Wiederkehr ins Unbewußte abgedrängter Wünsche, oder ob man archetypische Vorgaben aus dem kollektiven Unbewußten darin vermutet. Das vielgesichtige Antriebswesen der menschlichen Vorstellungskraft, die die Bilder ihrer Erfahrungen in teils zugänglichen, teils unzugänglichen Kammern verwahrt, der Gesamtkomplex der vor, neben und zusammen mit dem genau Be- und Gewußten ablaufenden geistigen, seelischen, menschlichen und zwischenmenschlichen Vorgänge ist zu einem faszinierenden wissenschaftlichen Arbeitsfeld für das Interesse am gesunden und kranken Menschen und seiner Welt und die Kategorie des Symbolischen zu einer aufschlußreichen Verstehenshilfe für diese Szene geworden[19].

17 Die institutionalisierte Religion nennt auch J. Scharfenberg, derzeitiger Diktion folgend, „diejenige gesellschaftliche Agentur, der in besonderer Weise der Umgang mit Symbolen anvertraut ist", und sieht ihre Mitglieder zu Recht immer wieder in der Gefahr, das symbolische Kapital, das sie verwaltet, „literalistisch" mißzuverstehen, was neurotisierende Nebenwirkungen nach sich ziehen könnte (aaO S. 337).

18 „Solange der Ausdruck „symbolisch" äquivalent ist mit „nicht wirklich" (so wie es leider in unsrem täglichen Sprachgebrauch noch allzuhäufig geschieht), können wir über Sakramente kaum sprechen ... Ein Sakrament, das Symbol ist in dem modernen, leeren Sinn, ohne etwas mehr zu bedeuten, hat keine Theologie nötig. Es ist dann eine bloße Form, eine Bezeichnung, die man durch eine andre ersetzen kann oder auch weglassen darf". Dabei werde uns „die äußerst große Bedeutung von Symbolen ... durch die täglichen Ereignisse deutlich vor Augen gestellt". „Wer würde Hammer und Sichel oder noch deutlicher die Verbundenheit der Juden mit dem Hl. Land, obwohl sie doch viel leichter in Südamerika sich festsetzen könnten, zu „Symbolen" in dem modernen, sinnlosen Sinn machen wollen? Und wer wollte nicht anerkennen, daß sie schaffende Kraft besitzen? " G. v. d. Leeuw, Sakramentales Denken S. 12 f.

19 Das Faszinierende ist nicht das einzelne Symbol, sondern die Möglichkeit, Fähigkeit oder auch Notwendigkeit, Wahrgenommenes nicht nur auf den Begriff zu bringen, sondern auch symbolisch, auf weiterführenden Sinn hin zu verstehen. Das scheint sich auch im Sprachgebrauch anzudeuten: nach dem Grimmschen Wörterbuch der deutschen Sprache ist in dem dort überschauten Zeitraum, in dem die Vokabel breiter ins Deutsche eindrang, das Eigenschaftswort „symbolisch" in deutlichem Vorsprung vor dem Hauptwort „Symbol".

Das Phänomen der Symbolbildung kann vor allem erkennbar machen, wie Vorstellungen und Überzeugungen, z. B. auch religiöse Vorstellungen, als psychische Vorgänge im menschlichen und gesellschaftlichen Leben wirksam werden, wie sie dort Haltungen orientieren und bestärken, Verhaltensweisen anregen oder einschüchtern. Man hat mit seiner Hilfe das Zustandekommen solcher Vorstellungen bis zu einem gewissen Grad aufzuhellen gesucht, sie hantierbar und kritisierbar gemacht; man hat aufzudecken versucht, wo sie Fehlentwicklungen verfallen, solche verursachen oder selbst solche sind, sie als verkleidete Wünsche demaskiert, ihren illusionären Charakter denunziert, kurz man ist auf dieser Spur tief in das Dickicht des menschlichen Wünschens in jenem Grenzgebiet, wo sich Organisches und Psychisches überlagern, eingedrungen[20].

Unter und neben diesen teilweise unbewußten Funktionen der Symbolisierung finden jetzt, nicht unbeeinflußt von der Ausarbeitung und Verwendung eines weiten Symbolbegriffs in der zeitgenössischen Philosophie, vor allem auch die gegenläufigen Trends in diesem Vorgang vermehrte Aufmerksamkeit: es werden die bewußten Gestaltungsleistungen der Symbolisierung für das Zusammenspiel zwischen dem Ich und dem Es gewürdigt[21]. Besitzt die Triebverdrängung und Sublimierung nicht einklagbarer, ja oft nicht einzugestehender Wünsche in ein symbolisches Ersatzgebilde nicht auch eine heimliche Teleologie? Liegt hier nur ein Sediment vor, ein Überbleibsel, eine Maskerade der Archäologie unsrer Wünsche[22]? Liegt darin

20 Jedermann weiß, daß im psychoanalytischen Symbolverständnis lange Zeit religionskritische Anschauungen dominierten. Man sollte sich deren Stachel nicht zu mühelos ersparen wollen. Die Gegenwehr ist verständlich, doch muß man sich gerade dabei vor wunschgeleitetem Denken besonders in acht nehmen.

21 A. Lorenzer beruft sich (aaO S. 108 f.) auf die Entwicklungspsychologie, auf E. Cassirer, der den Menschen als animal symbolicum definiert wissen wollte, und auf S. Langer. Ein ähnlicher Hinweis bei D. Beres vgl. Anm. 23 l. c. S. 926.

22 „Ist das Symbol denn nur ein Überrest, ist es nicht auch ein Erwachen des Sinns?" P. Ricoeur, aaO S. 516. R. versteht im selben Zusammenhang das Symbol als das „gemischte Konkrete", „von dem wir Archäologie und Teleologie ablesen". Denn die Überdeterminiertheit und die Ambiguität des Symbols besteht „nicht in einem Mangel an Eindeutigkeit, sondern in der Möglichkeit, gegensätzliche und in sich kohärente Interpretationen zu tragen und zu erzeugen. Die beiden Hermeneutiken, von denen die eine dem Wiederauftauchen archaischer, zur Kindheit der Menschheit und des Individuums gehörender Bedeutungen, die andre dem Auftauchen von antizipatorischen Gestalten unsres geistigen Abenteuers zugewandt ist, tun nichts andres, als in entgegengesetzten Richtungen die Anfänge des Sinns zu entwickeln, die in der reichen und rätselvollen Sprache enthalten sind, welche die Menschen erfunden und zugleich empfangen haben, um ihre Angst und Hoffnung auszudrücken. Man müßte also sagen, daß ein und dieselben Symbole die Träger zweier Vektoren sind: auf der einen Seite wiederholen sie unsre Kindheit in allen ihren Richtungen, den chronologischen wie den nicht-chronologischen. Auf der anderen Seite erforschen sie unser Erwachsenenleben. „O my prophetic Soul", sagt Hamlet. Aber diese beiden Funktionen sind einander nicht mehr äußerlich; sie bilden die Überdeterminierung der authentischen Symbole; indem sie in unsre Kindheit eintauchen und sie auf traumhafte Weise neubeleben, stellen sie die Projektion unsrer Möglichkeiten im Bereich des Imaginären dar". (507). So wird die Symbolik „Ort der Identität von Progression und Regression" (504).

nicht auch ein erwachendes Sinnverlangen, das nicht verdrängt werden muß, sondern vorzeigbar ist? Bringt die Symbolisierung nicht eben deshalb unsre Wünsche ins Künftige am liebsten in schon vorliegenden, erinnerten, vertrauten, aussprechbaren Symbolgestaltungen unter, und kommt nicht gerade durch die Symbolisierung und die darin erfolgende Errichtung von Idealen der Komplex des Über-Ichs zustande[23]?

Kommt man nicht in die Tiefe der Symbolisierung, wenn man annimmt, daß der ursprünglichste Versuch, die widerfahrende Lebenswirklichkeit seelisch zu bewältigen, mit einem Dingfestmachen der rätselhaften, schicksalhaften, schuldhaften Kräfte begann, denen das Scheitern am Leben anzulasten wäre, mit einer Symbolik des Bösen? Sie mußte ja dann die Reflexion auf das Heilbringende, auf eine Symbolik der Versöhnung nach sich ziehen. Wo sich die unsäglichen Abhängigkeiten des Lebens enthüllen, wird auch das Thema seiner möglichen Freiheit angeschlagen. Die Erfahrung der unentrinnbaren Ananke muß nicht nur die Bitte um Schutz und resignierende Wünsche erpressen: kann sie nicht auch jene „Anrufung" hervorrufen, „bei der ich nichts mehr hoffe, sondern nur noch horche", welche Möglichkeiten mir dennoch gewährt werden könnten? Und wäre es da nicht die Aufgabe religiöser Symbole, die Imagination neuer Möglichkeiten zu schaffen?[24] [25].

23 Vgl. D. Beres, Symbol und Objekt, in: Psyche 12/1970 S. 921 ff.: „Es ist eine grundlegende seelische Tendenz, nach dem Vertrauten zu suchen, das Bekannte im Unbekannten zu entdecken" (930). „Der Regressionsvorgang besteht nicht in der Bildung von Symbolen, sondern die regredierten Denkvorgänge bedienen sich vorhandener Symbole" (933). „Die sogenannten universalen Symbole werden in jedem Individuum aus seinen eigenen Wahrnehmungen und Erlebnissen neugeschaffen. Ihre Universalität stammt aus den allen Menschen gemeinsamen Erlebnissen" (934). „Das Überich (als derjenige Teil der psychischen Struktur, dessen Funktion mit dem moralischen Verhalten des Menschen, seinen Idealen, seinem Gefühl für Recht und Unrecht, der Internalisierung der ethischen Forderungen der Gesellschaft und der Fähigkeit, Schuldgefühle zu empfinden, zu tun hat) beruht auf der Symbolisierungsfunktion des Ichs, insofern Symbolbildung für die Errichtung von Idealen, die Gewahrwerdung von Vergangenheit und Zukunft wie auch der Gegenwart und für die Aufnahme von Objektbeziehungen wesentlich ist. Diese begründen das Leben in der menschlichen Gesellschaft. Ohne die Symbolfunktion gäbe es also gar kein Überich". (939).

24 „. . . ein Zeichen dafür, daß die Disziplin der Realität nichts ist ohne die Gnade der Imagination" P. Ricoeur, aaO S. 563.

25 Als bewußte Ichleistung und wichtige Fähigkeit des menschlichen Geistes will A. Lorenzer (aaO) den Vorgang der Symbolisierung verstehen. Das Interesse an diesem Vorgang fällt bei Lorenzer zusammen mit seinem Interesse an umgangssprachlicher Kommunikation, an gelingender menschlicher Verständigung über die allen gemeinsam widerfahrende Welt. Es gibt, darin hat sich die Psychoanalyse nicht getäuscht, eine Symbolisierung als Verdrängungsprozeß. Dieser hinterläßt im Unbewußten einen Vorrat triebbesetzter Repräsentanzen, „Klischees" für eingeschliffenes Reagieren auf jede einen entsprechenden Reiz auslösende Szene. Ein so ausgelöstes Verhalten wäre nur aus der Erfahrung der individuellen Biografie zu erklären und bleibt oft genug auch dem Inhaber selber und erst recht jedermann sonst „privatsprachlich" verschlossen, ein Exponent einer gestörten Lebensbeziehung. Erklärungsversuche wirken dann nur „sprachverwirrend" und überdecken

2.2.3 *Soziologische und sozialpsychologische Deutungen des Symbolischen*

Der Beitrag der *Soziologie* und vor allem der *Sozialpsychologie* zum Symbolverständnis hat einen anderen Schwerpunkt. Es geht ihnen nicht darum, Symbole als Mittel und Ausdruck der Weltdeutung oder als Schlüssel zum verborgenen Lebenssinn zu betrachten, in ihnen die psychischen Instanzen zu entdecken, die angemessenes Handeln ermöglichen oder krankhaftes

die wirklichen Sachverhalte. Wenn man die originelle, zur Verdrängung führende Szene wieder auffinden kann, kann man versuchen, aus ihr die allgemeine „situative Struktur“ herauszuheben und deren affektive Überlagerungen abzufiltern. Der Analytiker wird probeweise aus seiner eigenen Erfahrung einsetzen müssen, worin er die psychische Bedeutung jener situativen Struktur sieht, und wenn dies einleuchtet, die Re-Symbolisierung der zum Klischee abgesunkenen Erfahrung also gelingt, wird statt automatischer Reaktion ein durch das Bedenken des „symbolischen“ Sinnes verzögertes, aufgehaltenes und damit besonnenes und begründetes Verhalten und eine Bereinigung der gestörten Lebensbeziehung möglich. Dan Sperber, Über Symbolik in: suhrkamp theorie 1975 will sich nicht auf die Bedeutung von Symbolen oder ihre kommunikative Funktion einlassen: „Es wäre falsch, wenn man glaubte, daß die semiotische Natur der Symbolik je nachgewiesen wäre . . . wenn die Symbole etwas bedeuten, dann fast immer nur Banalitäten“ (8). Die universelle Erscheinung der Symbolik meint vielmehr einen Symbol-Apparat, der zur menschlichen Ausstattung gehört und eine eigenständige Zugangs- oder besser Bearbeitungsweise des menschlichen Wissens von der Wirklichkeit darstellt. Kein interpretatives, sondern ein kognitives System. Die Menschen verfügen über ein begrenztes semantisches Wissen, das sie die Fülle ihres Einzelwissens kategorisieren läßt. Jene Fülle von einzeln Gewußtem ist ihr enzyklopädisches Wissen, das grundsätzlich unabschließbar ist und zum großen Teil als stummes, zum kleinen als gewußtes Wissen im Gedächtnis untergebracht ist. Darüberhinaus gibt es für die Menschen das symbolische Wissen – nicht eigentlich zusätzliche Wissensbestände, sondern eher eine eigene Art und Weise, das Gewußte zu wissen. Es meint die Fähigkeit und Nötigung, aus der Fülle des Gewußten Gegenstände, Namen, Vorgänge usw. in besonderer Ausdrücklichkeit anzusprechen, etwas sozusagen in Anführungszeichen zu setzen. Dadurch wird ein ganzes Vorstellungsfeld evoziert im Gedächtnis, nicht der Begriff und nicht die konkrete Einzelerscheinung, sondern alles, was man unter dieser Vorstellung erfahren hat, in der Gewichtung, wie man es in der Erinnerung hat, und so, daß was dabei nicht vorne liegt, doch mitgenommen und nicht ausgeschieden wird. Es ist eine Art Reorganisation des Gedächtnisses, ein Feedback zum sprachlich festgeschriebenen Wissen. „Der Symbolapparat ist der Bastler des Geistes“, der auch den Abfall der Begriffsindustrie noch mitnimmt, weil sich daraus evtl. noch etwas machen läßt. Die so evozierten, nicht völlig definierbaren Vorstellungen sind nach ihrer Bandbreite durch den kulturellen Erfahrungsraum determiniert, bleiben aber individuell variabel. Das Interesse gilt gerade dieser Spannung zwischen kultureller Determiniertheit und der individuellen Variabilität der jeweiligen Vorstellungen. Denn sie ermöglicht die menschliche Lernfähigkeit, im Grund die Reorganisation des Lebens. „Die kulturelle Symbolik fokalisiert die Aufmerksamkeit der Mitglieder einer Gesellschaft in dieselbe Richtung, . . . läßt dem Individuum jedoch die Freiheit, darin eine Evozierung nach seinem Geschmack vorzunehmen, die dann eher eine „Improvisation“ als eine „Imagination“ darstellt (S. 8). Die kulturelle Symbolik schafft eine Gemeinschaft von Interessen, aber nicht von Meinungen, was – nebenbei gesagt – die Männer der Kirche oder des Staates, . . . hartnäckige Veräußerer der Symbolik, schon immer gestört hat“ (191).

Verhalten verursachen können. Es geht ihnen auch nicht darum, Symbolisierung als die bedeutendste Leistung des menschlichen Geistes herauszustellen oder den menschlichen Symbolapparat als kognitives System differenziert zu beschreiben. Sie konzentrieren sich auf die symbolischen Phänomene, wie sie im wechselseitigen menschlichen Verhalten zum Vorschein kommen, auf die dieses hinzeigt, die es anerkennt, nach denen es sich richtet und die es auch umgekehrt zu erklären vermögen. Sie sehen darauf, wie Symbolisches im Gebrauch, als Verhaltensregler, in der sozialen Interaktion zu Stand, Wesen und Wirkung kommt und dort seine eigentliche Lebenssphäre besitzt.

Als Ausgangsbecken für das, was man dann Symbolischen Interaktionismus genannt hat, wird man die sozialpsychologischen und sozialphilosophischen Konzeptionen von Georg H. Mead anzusehen haben[26].

Mead will Geist und Bewußtsein überhaupt nicht an sich, sondern dort erfassen und verorten, wo sie sich aus dem zwischenmenschlichen Verhalten ergeben, in signifikanten Gesten und Symbolen greifbar werden[27]. Wenn ich mit andern interagiere, interagiere ich zugleich mit mir selber. Was ich den andern sage, sage ich auch mir, als wäre ich selber der andre. Ich tue es in der Erwartung, daß er auf das zu ihm Gesagte so erwidert, wie ich es gerne erwidert sehen möchte, daß also der von mir aufgezeigte Sinn allgemein genug ist, um auch von ihm in seiner Perspektive aufgenommen zu werden[28]. Das von ihm erwartete Verhalten wirkt so schon im voraus auf das meine zurück. Auch die Welt der Objekte, zwischen denen sich das Zusammenleben der Personen und Gruppen abspielt, ist nicht einfach gegeben, sondern wird als zugehörig erst hergestellt, indem sie ins Interagieren einbezogen wird: erst die Interaktion schafft es und läßt es merken, daß die Objekte für alle dieselbe Bedeutung besitzen, von allen in derselben

26 Vgl. hauptsächlich: Georg H. Mead: Geist, Identität und Gesellschaft", suhrkamp tbw. 28/1973. Dazu auch Konrad Raiser: Identität und Sozialität – G. H. Meads Theorie der Interaktion und ihre Bedeutung für die theologische Anthropologie, München u. Mainz 1971.

27 Aufschlußreich G. H. Mead, aaO S. 86 f.: „Nur durch Gesten qua signifikante Symbole wird Geist oder Intelligenz möglich, denn nur durch Gesten, die signifikante Symbole sind, kann Denken stattfinden, das einfach ein nach innen verlegtes oder implizites Gespräch des Einzelnen mit sich selbst mit Hilfe solcher Gesten ist. Dieses Hereinnehmen-in-unsre-Erfahrung dieser äußerlichen Übermittlung von Gesten, die wir mit anderen in den gesellschaftlichen Prozeß eingeschalteten Menschen ausführen, macht das Wesen des Denkens aus. Die so nach innen genommenen Gesten sind signifikante Symbole, weil sie für alle Mitglieder einer gegebenen Gesellschaft oder gesellschaftlichen Gruppe den gleichen Sinn haben, d. h. daß sie jeweils in dem die Geste setzenden Individuum wie auch in den auf sie reagierenden Individuen die gleiche Haltung auslösen: andernfalls könnte der Einzelne sie nicht nach innen hereinnehmen oder sich ihrer und ihrer Bedeutungen bewußt werden ... Der gleiche Vorgang, der für Genesis von Geist oder Bewußtsein verantwortlich ist – nämlich daß man die Haltung des andern sich selbst oder dem eigenen Verhalten gegenüber einnimmt – (setzt) notwendigerweise die gleichzeitige Genesis und Existenz signifikanter Symbole oder Gesten voraus".

28 AaO S. 129.

Weise gesehen und, soweit sie sich wandeln, im selben, sich mit-wandelnden „Sinn“ erfaßt und erfahren werden[29]. Und wie mit der Welt der Objekte, so steht es auch mit der Identität der einbezogenen Personen: wir sind nirgends nur das, was wir in unsrer unverwechselbaren Individualität sind; wir spielen uns unsre Identitäten in der jeweils mitspielenden Gruppe wechselseitig zu: die Positionen, die uns zukommen, die damit traditionell und interaktionell verbundenen Bedeutungen, die die andern uns zuerkennen und dann auch abverlangen und denen wir vor ihnen und vor uns selber nachkommen müssen; die Rollen, die sie uns zuspielen und die wir mit ihnen spielen und dabei möglichst positiv erscheinen lassen möchten[30]. Hier sind also überall Verhaltensregulatoren von symbolischem Charakter wirksam, die u. U. auch direkt mit Status-Symbolen verbunden sein können[31]. Sie schlagen sich meist in wiederholbaren Verhaltensmustern nieder. Durch sie steht unser Verhalten mit überliefertem oder herkömmlichem Verhal-

29 Cf. im Reader der Bielefelder Soziologen „Alltagswissen, Interaktion und gesellschaftliche Wirklichkeit“ Reinbek 1973, Bd. 1 Herbert Blumer, der methodologische Standort des symbolischen Interaktionismus, S. 90 f.: „Vom Standpunkt des symbolischen Interaktionismus aus ist, kurz gesagt, das menschliche Zusammenleben ein Prozeß, in dem Objekte geschaffen, bestätigt, umgeformt und verworfen werden“.

30 Vgl. auch Shelton Stryker, Die Theorie des symbolischen Interaktionismus. Eine Darstellung und einige Vorschläge für die vergleichende Familienforschung, in Kölner Zeitschrift für Soziologie und Sozialpsychologie, Sonderheft 14/1970, S. 59 f. Oder auch H. Gerth u. C. Wright Mills, Person und Gesellschaft, Athenäum 1970, S. 207–209: „das Vokabular, die Aussprache, Embleme, Formeln und Gesprächsweisen, die für eine institutionelle Ordnung typisch sind, machen die Symbolsphäre dieser Ordnung aus . . .“ Daneben gibt es die sog. Hauptsymbole, die das institutionelle Gefüge rechtfertigen, die Rollenkonfigurationen zusammenhalten und so auch aufs innerpsychische Leben der Personen einwirken: „Die raffinierten Symbolinterpretationen, wie sie Philosophen, Theologen, Pressechefs, Wissenschaftler oder Künstler geben, sind für das Verständnis einer geschichtlichen Periode so unmittelbar wichtig wie die Doktrinen . . . Die Menschen sehen in ihnen nicht nur eine richtige Meinung, da sie so sehr zu ihrem geistigen Eigentum gehören und in so tiefe Schichten reichen, daß sie ihnen niemals richtig bewußt werden. Sie sehen nicht sie, sondern andre durch sie“.

31 Interessant ist, was P. Bourdieu, zur Soziologie der symbol. Formen, suhrkamp theorie 1970, S. 57 ff. im Anschluß an Max Weber ausführt: über die durch „Haben“ und Besitz begründeten Klassen- und die am „Sein“ und am Stil orientierten Standes-Unterschiede; über die Notwendigkeit der Mitglieder jeder Klasse, in symbolische Beziehungen zu einander zu treten; über die Statussymbole als symbolische Verdoppelungen der Positionswerte, über ihren quasi sakramentalen Charakter, den dann die „Manieren“ bekommen können (nach Veblen), und über die Notwendigkeit des Stilwandels überall dort, wo dieser sich vollständig durchgesetzt hat: Unterscheidungszeichen dürfen nie ganz allgemein werden, weil sie dadurch ihren Wert verlieren. Gerade dies letztere kann nachdenkliche Assoziationen hervorrufen über das Schicksal, das z. B. christliche Unterscheidungssymbole wie die Taufe haben, wenn sie (in der Volkskirche) allgemein werden. Steht man nicht auch dort alsbald unter dem Zwang, innerhalb des allgemeinen Geltungsbereiches der Taufe nun noch neue, bekenntniskirchliche Unterscheidungsprofile zu entwickeln, sei es „entschiedenes Christentum“ oder „Kirchliche Sammlung“ (als volkskirchliche Scheidung) u. a. m.?

ten im Zusammenhang. Aber es bedarf immer wieder der Verständigung über seine Bedeutung, der Interpretation, damit es nicht Gleichgültigkeit oder Unzufriedenheit hervorruft. Ganz besonders bedarf es klärender Verständigung in den immer wieder auftretenden neuen und problematischen Situationen, in denen das „Netzwerk" der Institutionen nicht mehr selbstverständlich und sinnvermittelnd das Verhalten trägt, wo es vielmehr weiterentwickelt werden muß. Und die Verständigung über alte und neue Verhaltensweisen wird dann immer nur in dem Maß gelingen, in dem vom tragenden symbolischen Sinn her sozusagen Leben nachgefüllt und das Verhalten plausibel gemacht werden kann und als begründet und getragen erscheint; in dem Maße also, in dem sich das sinntragende System selber als wandlungsfähig und lebendig erweist[32].

Gerade in diesem Zusammenhang muß man darauf hinweisen, wie stark auch Mead, unter Rückverweis auf James, die faszinierenden „Möglichkeiten des Ich" für die Entwicklungsfähigkeit und Lernfähigkeit des symbolischen Systems hervorhebt, das die Gemeinschaft prägt[33]. Sie begründen es, warum einzelne Individuen zu Symbolen werden können, die eine neue Ordnung repräsentieren und einleiten, und warum es dann gerade die großen religiösen Gestalten der Geschichte sind, die, wie z. B. Jesus, durch ihre Rolle in der Gemeinschaft „deren mögliche Ausmaße erweitert" haben[34]. Man sollte festhalten, daß sich anscheinend die Frage nach der Of-

32 Vgl. H. Blumer, aaO S. 96–101.

33 „Die Möglichkeiten des „Ich" gehören zu den tatsächlichen Ereignissen und machen in gewissem Sinn den faszinierendsten Teil unsrer Erfahrungen aus. In diesem Bereich finden neue Entwicklungen statt, und hier liegen unsre wichtigsten Werte. Wir versuchen ständig, diese Identität zu verwirklichen (auch wenn sich ihre Inhalte nicht recht fassen lassen – vielleicht am ehesten, wenn wir im eigenen innersten Bewußtsein nach dem suchen, „wovon die Aufrechterhaltung unsres Selbstrespekts abhängt", wo wir unsre vorteilhaftesten Überlegenheiten erkennen, vielleicht auch in unsrer Zugehörigkeit zu Gruppen, Parteien, Völkern, Religionen) G. H. Mead, aaO S. 248 ff. Man wird unwillkürlich an den von Dan Sperber konstatierten Zusammenhang zwischen individuellem Symbolapparat und Lernfähigkeit erinnert – (vgl. in Anm. 25).

34 G. H. Mead, aaO S. 260 f. „Wenn sich ein Mensch an eine bestimmte Umwelt anpaßt, wird er zu einem anderen Wesen; dadurch beeinflußt er aber die Gemeinschaft, in der er lebt . . . Es mag den Anschein haben, als würde der Einzelne durch die ihn umgebenden Kräfte geformt, doch verändert sich die Gesellschaft in diesem Prozeß ebenfalls . . . in jedem Fall . . . Große Persönlichkeiten und charaktervolle Menschen haben oft die Gemeinschaft, auf die sie reagierten, in auffallender Weise verändert" (Genies unterscheiden sich von normalen Menschen in dieser Hinsicht nur durch ihre Originalität) . . . „Große religiöse Gestalten der Geschichte erweiterten durch ihre Rolle in der Gemeinschaft deren mögliche Ausmaße. Jesus verallgemeinert in seinen Gleichnissen über den Nachbarn den Begriff der Gemeinschaft am Beispiel der Familie. Auch der Mensch außerhalb der Gemeinschaft kann nun ihr gegenüber diese verallgemeinerte Familienhaltung einnehmen. Er macht die so mit ihm verbundenen Individuen zu Mitgliedern seiner Gemeinschaft, der Gemeinschaft einer Universalreligion . . . Einzelne Individuen werden hier zu Symbolen. Sie repräsentieren in ihren persönlichen Beziehungen eine neue Ordnung und werden dann repräsentativ für die Gemeinschaft, wie sie sein könnte,

fenheit und Entwicklungsfähigkeit, nach der Determiniertheit bzw. dem Spielraum der Möglichkeiten als ein Hauptmagnet bei der human- und sozialwissenschaftlichen Erforschung symbolisch stabilisierter Systeme herausstellt, in interdisziplinärer Breite. „Die anthropologische Wissenschaft verlohnte nicht die Mühe einer einzigen Arbeitsstunde, stellte sie sich nicht die Aufgabe, den Subjekten den Sinn ihres Verhaltens wieder verfügbar zu machen“[35].

Im übrigen muß an zwei inzwischen allgemein bekannt gewordene Sachverhalte erinnert werden: die Bedeutung der soziologischen Forschung für die Erkenntnis des Symbolischen in der menschlichen Gesellschaft hat ihren Hauptertrag darin, daß sie zu einem Verständnis der Religion als eines sozial geformten, mehr oder weniger obligaten Symbolsystems angeleitet hat, von dem Weltorientierung, Legitimierung der Ordnungen, individuelle und kollektive Sinngebung und verpflichtende praktische Anleitung zur Lebensführung ausgehen. Es kann dies auf der Basis einer sozial fest abgegrenzten, „kirchlichen“ Organisation wie auch auf dem Weg über im ganzen Sozialkörper verteilte religiöse Agenturen erfolgen, je nach der Gesellschaftslage. Nach diesem Verständnis steht dann das religiöse Symbolsystem in jener Lücke, die sich durch wissenschaftliche Aufklärung bislang nie schließen ließ. Wobei die Frage freilich offen bleibt, ob, wenn die Aufklärung die Religion aus dieser Lücke vertreibt, die ersatzweise sich dort einstellenden Sinngebungssysteme – auch wieder als „Religionen“ oder als anderweitige „Lückenbüßer“ zu betrachten wären[36].

wenn sie konsequent nach den von ihnen begonnenen Vorstellungen weiterentwickelt würde. Neue Auffassungen großer Persönlichkeiten brachten Haltungen mit sich, die die Umwelt, in der diese Menschen lebten, gewaltig ausdehnten ...“

35 P. Bourdieu S. 39 ff. Dort wird dann der Begriff des „Habitus“ ausgearbeitet (dem u. U. der Begriff der „Bildung“ vorzuziehen wäre) – als geometrischer Ort der Vermittlung zwischen dem System objektiver Regelmäßigkeiten und dem System direkt wahrnehmbarer Verhaltensformen, zwischen Determinismen und Entscheidungen, kalkulierbaren Wahrscheinlichkeiten und erlebten Hoffnungen, objektiver Zukunft und subjektivem Entwurf. Dieser Begriff des Habitus soll ebenso vor dem Rückfall in naiven Subjektivismus und vor der „so wohlbegründeten Illusion“ bewahren, man habe es je und dann mit Schöpfungen von unerhörter Neuartigkeit und spontanen Improvisationen zu tun, wie er auch eine bloß mechanistische Auffassung abwehren soll.

36 Sehr schön Th. Luckmann in der Einleitung zu Bron. Malinowski: Magie, Wissenschaft und Religion, Frkft. 1973: „Die kopernikanisch-galileische Wissenschaft hat sich nicht als wissenschaftliche Vernunft in der Gesellschaft etablieren können. In all ihren szientistischen Anläufen ist es ihr – aus einsichtigen Gründen – nicht gelungen, in der individuellen Praxis des gesellschaftlichen Alltagslebens sinngebend zu wirken. In dieser Hinsicht hat die Wissenschaft heute weniger Wirkung (man kann sogar sagen, leistet sie weniger) als die Astrologie oder der biblizistische Fundamentalismus, um zwei nicht gerade vorherrschende Konkurrenten zu nennen. Von den mächtigeren Systemen der Weltorientierung und Handlungsanleitung wie z. B. dem Nationalismus, dem Warenhedonismus und der (in den neuen breiten Mittelschichten westlicher Industriegesellschaften praktizierten) Seelenbeschauung brauchen wir gar nicht zu reden ... Als Theorie der Lebenspraxis – zu der sie schon die Aufklärer machen wollten – hat sie ... ein Debakel nach dem

Und zum andern ist daran zu erinnern, daß der Hauptertrag der sozialpsychologischen Erforschung des Symbolischen darin zu sehen ist, daß dort die Funktion und Bedeutung der alltäglichen und der emphatischen Rituale für das zwischenmenschliche Verhalten herausgearbeitet wurde, so wie dies instruktiv, beispielhaft und vergnüglich im Schrifttum von Erving Goffman vorliegt[37].

2.2.4 *Symbolisierung und Sprachvermögen*

„Schließlich glauben wir, daß Soziologen hinfort aufgefordert sind, bei ihren Analysen die Tatsache zu berücksichtigen, daß Menschen sprechen"[38]. Basil Bernsteins Desiderat ist in der soziologischen Forschung nicht ungehört verhallt. Es trifft sich mit dem, was sich jeder sozialpsychologischen Abklärung menschlicher Interaktions-Systeme ohnehin nahelegt. Alltagswissen und Umgangssprache haben sich als nicht zu umgehende Gegenstände der wissenschaftlichen Aufmerksamkeit aufgedrängt. Doch ist es nur natürlich, daß vor allem das schon lange betriebene, schließlich auf breiter Front und in vielen Marschsäulen vorangetriebene *philosophische Nachdenken über die Sprache* zur umfassendsten Rechenschaft über das Phänomen des Symbolischen führen mußte. Dafür ist das wiederholt erwähnte Werk von Susanne K. Langer ein eindrucksvolles Beispiel[39]. In ihrem 1942 erstmals erschienenen, ihrem Lehrer Alfred North Whitehead gewidmeten Buch wird „das Symbol im Denken, im Ritus und in der Kunst" nicht nebenher erörtert, sondern zum Thema der Zusammenschau gemacht. 20 Jahre zuvor hatten wichtige Arbeiten von Ernst Cassirer im deutschen Sprachgebiet Ähnliches in Angriff genommen[40]. Es geht um das Grundphänomen, sagt Cassirer, „daß unser Bewußtsein sich nicht damit begnügt, den Eindruck des Äußeren zu empfangen, sondern daß es jeden Eindruck mit einer freien Tätigkeit des Ausdrucks verknüpft und durchdringt (den bloßen Empfindungs- und Wahrnehmungsinhalt zum symbolischen Inhalt gestaltet). Eine Welt selbstgeschaffener Zeichen und Bilder tritt dem, was wir die objektive Wirklichkeit der Dinge nennen, gegenüber und behauptet sich gegen sie in selbständiger Fülle und ursprünglicher Kraft"[41]. Hinter jedem Formenkreis von Symbolen und Zeichen stehen also immer bestimmte

andern erlebt ... Volle wissenschaftliche Erklärbarkeit der Welt in einer konsistenten und objektivierbaren Sichtweise heißt noch lange nicht, daß sich Menschen mit den angebotenen Erklärungen ihr Leben zwischen Geburt und Tod mit anderen Menschen oder gegen sie sinnvoll einrichten können". AaO S. XII.

37 Erving Goffman: Wir alle spielen Theater, München 1969, 1973². Ders. Interaktionsrituale – über Verhalten in direkter Kommunikation, suhrkamp theorie, Frkft. 1971, 1973²; Ders. Interaktion: Spaß am Spiel, Rollendistanz, München 1973. Vgl. auch 4. Kapitel, in und bei Anm. 4, 7, 8 u. 23.

38 Basil Bernstein, Studien zur sprachlichen Sozialisation, Düsseldorf 1972, S. 256.

39 S. Anm. 2.

40 S. Anm. 5.

41 Wesen und Wirkung des Symbolbegriffs S. 175 ff.

„Energien des Bildens". Die Kraft des Geistes besteht nicht darin, von diesen Formen abzusehen und die rein gedankliche Substanz als solche herauszubringen, sondern sich sozusagen in den Gebilden seiner eigenen Energien, in diesen sinnlich-symbolischen Formen und Inhalten und gegen sie selbst zu behaupten. Denn nur so bleiben Leben und Form eine untrennbare, geistvermittelte Einheit[42].

Susanne Langer vertritt die These, daß das neue erkenntnistheoretische Thema der Philosophie für die Zukunft „die Macht des Symbolismus" sei. Der Empirismus, der in den Naturwissenschaften zum Sieg kam, hat ein Wissensgebäude errichtet, das aus einer ungeheuren Sammlung von Sinnesdaten besteht. Man hat sie auf ihre „End-Gültigkeit" hin getestet und in ihren Kausalzusammenhängen erforscht; sie haben im technischen Fortschritt die Probe aufs Exempel bestanden und eine lange vorhaltende optimistische Weltanschauung herbeigeführt. Auf das neue Thema hat nun einerseits die fortschreitende Mathematisierung der Physik hingeführt. Für sie ist das direkt Beobachtbare nur noch ein Zeichen, hinter dem die Bedeutung, die „physikalische Tatsache" erst noch durch Berechnung und Deutung aller Wenn-Dann-Relationen wissenschaftlich ermittelt und ausgedrückt werden muß. Das geschieht dann in jenen Symbolen, „hinter denen die kühnsten, reinsten, kühlsten Abstraktionen liegen, zu denen die Menschheit vorgedrungen ist". Und auf der anderen Seite hat der Fehlschlag kausalmechanischer Erklärungen beim Studium geistiger Phänomene, vorab in der Psychologie, auf die Macht der Symbolisierung hingeführt. Beides zusammen aber hat eine zentrale Einsicht thematisieren helfen: daß „die antwortende Reaktion des Menschen nicht passiv, sondern konstruktiv" verstanden werden muß[43].

42 Ebda S. 200: „Der Gang unsrer Betrachtung hat zu zeigen versucht, wie hinter jedem bestimmten Kreis von Symbolen und Zeichen – mag es sich nun um sprachliche oder mythische, um künstlerische oder intellektuelle Zeichen handeln – immer zugleich bestimmte Energien des Bildens stehen. Sich des Zeichens nicht nur in dieser oder jener, sondern in aller Form entäußern, hieße zugleich diese Energien zerstören. Die echte Substantialität des Geistes aber besteht nicht darin, daß er sich alles sinnlich-symbolischen Inhalts als eines bloßen Accidens entledigt, daß er ihn wie eine leere Schale fortwirft, sondern daß es (sic!) sich in diesem widerstehenden Medium behauptet. Für die Philosophie, für die denkende Betrachtung des Seins, kann daher niemals das Leben selber, vor und außerhalb aller Geformtheit, das Ziel und die Sehnsucht der Betrachtung bilden; sondern für sie bilden Leben und Form eine untrennbare Einheit. Denn erst durch die Form und ihre Vermittlung nimmt die bloße Unmittelbarkeit des Lebens die Gestalt des *Geistes* an: die Kraft des Geistes aber ist – nach einem Wort Hegels – „nur so groß, als seine Äußerung, seine Tiefe nur so tief, als er in seiner Auslegung sich auszubreiten und sich zu verlieren getraut".

43 AaO S. 32 f. „Erkenntnistheoretiker und Psychologen stimmen darin überein, daß der Symbolisierungsvorgang der Schlüssel zu diesem konstruktiven Prozeß ist – wenn sie sich auch am liebsten gegenseitig umbringen würden über der Streitfrage, was ein Symbol ist und wie es funktioniert. Der eine erforscht die Struktur der Wissenschaft, der andere die der Träume, und jeder hat im Hinblick auf das Wesen der Symbole seine eigenen Annahmen ..." Die Autorin vertritt eine hochgespannte Erwartung: „Die philosophische Untersuchung der Symbole macht keine

„Die vitalen Energien der Phantasie arbeiten nicht willkürlich", die Symbolisierung ist nichts Verschwommenes, sondern ein Vorgang von rationaler Natur, tendenziell sprachlich, aber substantiell vorsprachlich und sprachübergreifend. Wenn man den Löwen sieht, riecht oder brüllen hört, sagt der Ruf „Löwe" oder ein andrer, verabredeter Warnruf, daß er da und deshalb Gefahr im Verzug ist: ein solches Zeichen ist ein Symptom, ist Anzeichen seiner drohenden Nähe. Wenn man jedoch zur Steppenwanderung aufbricht, sagt der Zuruf „Vorsicht, Löwe", daß man gut tut, mit ihm zu rechnen, sich vorzusehen und zu bewaffnen, auch wenn er jetzt nicht da ist; der Ruf weckt die Vorstellung des Löwen und der mit ihm schon gemachten oder erzählten Erfahrungen auf, er präsentiert beides zusammen „symbolisch". Eigne und fremde Erfahrungen drängen sich darin also zusammen, veranlassen Nachdenken, machen überlegtes und vorsorgliches Handeln möglich. „Emsig und selbstgenügsam übersetzt (das Gehirn) Erfahrungen in Symbole", die sich dann z. T. im vernünftigen Denken kombinieren lassen, z. T. auch sich automatisch mit Träumen und Wachfantasien verweben[44].

Man muß hier an die Wurzeln der menschlichen Wahrnehmung und der Verständigung über sie zurückgehen. Was wir sehen, ist immer eine schier grenzenlose, bedrängende Fülle von vielem auf einmal. Das Auge fängt aber sofort an, diese Fülle zu „formulieren", sie in vereinfachenden Formen zu sehen und diese Formen mit den ihnen ähnlichen, schon erfahrenen, vermuteteten oder ihnen möglicherweise noch zuwachsenden Bedeutungen zusammenzusehen. So präsentiert sich dem Auge seine Welt in symbolischen Formen, die man mit Namen bezeichnen und unter diesen im Gedächtnis speichern oder dort wieder wachrufen kann. Dieser symbolische Transformationsprozeß ist bereits der elementarste Prozeß der Rationalität, auch wenn er sich eher in der Sphäre von Instinkt und Impuls als im expliziten Vernunftdenken abspielt. Die Sinnesorgane versorgen den Geist mit Formen, damit dieser mit den Bedeutungen arbeiten kann, die ihnen zuwachsen. Die konkreten Formen sprechen unmittelbar zu den Sinnen und erweisen sich als Träger vielschichtiger Vorstellungen, nuancierter Ideen, die man nicht in einem einzigen Begriff wiedergeben oder verbal ersetzen könnte; sie gehören der „präsentativen Ordnung" an – „die Photographie hat kein Vokabular". Das kann auch der Ausdruck bloßer Klänge nicht haben, die Musik: sie führt rein konnotative Bedeutungen mit sich und rührt doch gerade so vielleicht am spürbarsten ans Unsagbare[45].

technischen Anleihen bei anderen Disziplinen, auch nicht bei der Mathematik; sie ist in Bereichen entstanden, die der große Fortschritt des Wissens hat brach liegen lassen. Vielleicht enthält sie die Saat für eine neue Ernte des Geistes, die zur Reife zu bringen Sache der Zukunft ist".

44 „Symbolisierung ist vorbegrifflich, aber nicht vorrational . . . unser Gehirn nur ein leidlich guter Vermittler, aber ein unerhört starker Transformator". AaO 50 f.

45 „Sehen ist selber schon ein Formulierungsprozeß; unser Verständnis der sichtbaren Welt beginnt im Auge". „. . . visuelle Formen sind nicht diskursiv . . . Sie bieten ihre Bestandteile nicht nacheinander, sondern gleichzeitig dar . . ." „Eine

Man sollte nun diesen „präsentativen“ Modus des Symbolischen als die eine der beiden Manifestationen des menschlichen Grundvermögens der symbolischen Transformation ansehen, als den primären Prozeß des Geistes. Dann kann man auch Fantasie und Traum, Mythus und Ritual als geistige Aktivitäten, der Vernunft zugehörig, anerkennen und muß sie nicht auf dumpfe, irrationale Quellen zurückführen; dann ist man auch dagegen gefeit, die Vernunft selbst einseitig auf diskursive Intelligenz festzulegen[46].

Die andere Manifestation jenes menschlichen Grundvermögens ist dann freilich die diskursive Symbolik. Sie gehört zu den sekundären Prozessen des Geistes. Sie hat, wenn nicht den Anfang der menschlichen Sprache, über den wir nichts wissen, so doch ihre Entwicklung geprägt.

Vielleicht stand an der Wiege der Sprache die instinktive vokale Begleitung von Gesten, mit der nicht bestimmte Dinge angezeigt werden, sondern allgemeine Gefühle zum Ausdruck kommen sollten. Ein Singsang also, oder ein „Ojemine“; es bot vielen Konnotationen Raum, war mehr ein Verhalten als eine Mitteilung. Es ließ sich immerhin wiederholen; man konnte ein Erlebnis damit sozusagen umkreisen und es im Gemüt festhalten, ohne es schon wirklich bezeichnen zu müssen oder zu können. Die erste Stufe des Sprechens wird dann mit der Bezeichnung, mit der Namengebung, der Denotation erreicht. „Die Idee, etwas mit einem Namen zu belegen, ist der fruchtbarste Gedanke aller Zeiten“. Denn die Bezeichnung bleibt nun am Objekt haften und macht es verfügbar; die Beherrschung der Welt durch den Menschen beginnt (vgl. Gen. 2, 19 f.). Die Kommunikation, d. h. die soziale Verfügbarkeit des Bezeichneten, schließt sich dem alsbald an. Sie führt dann den weiteren Ausbau der Sprache herbei. Das bezeichnende Einzelwort muß den Kontext mitbenennen, in dem jenes Objekt erfahren wurde; und auch den, in dem jetzt praktisch darüber verfügt werden, mit ihm gehandelt werden soll. Und die Sprache muß dann auch gleich Möglichkeiten bereitstellen, daß man mit dem Objekt nicht bloß wie gehabt verfahren kann, daß man vielmehr auch Neues, Weiterführendes damit anfan-

Idee, die zu viele winzige, jedoch eng aufeinander bezogene Teilbestimmungen enthält, zu viele Beziehungen innerhalb von Beziehungen, läßt sich nicht in diskursive Form „projizieren“, sie ist für die Rede zu subtil . . .“ „Der Symbolismus, der unsrem rein sensorischen Sinn für Formen entspringt, ist . . . nichtdiskursiv, er ist besonders geeignet für den Ausdruck von Ideen, die sich der sprachlichen „Projektion“ widersetzen. Die Flut der Eindrücke in Vorstellungen zu fassen, so daß uns statt kaleidoskopartiger Farben und Geräusche konkrete Dinge gegeben sind, ist seine Hauptfunktion, und schon diese stellt eine Leistung dar, die kein sprachgeborenes Denken ersetzen kann . . . Zu allererst spricht die Natur durch die Sinne zu uns“, aaO 97–99.

46 „Rationalität ist das Wesen des Geistes, symbolische Transformation ihr elementarer Prozeß. Daher ist es ein entscheidender Irrtum, wenn man sie nur in der Erscheinungsform des systematischen, expliziten Vernunftdenkens erkennt. Dieses ist ein spätes und prekäres Produkt. Rationalität steckt jedoch in jedem geistigen Akt . . . Als geistiger Inhalt ist jedes Stück Erfahrung bereits mehr als ein partikularer Eindruck . . . (sondern) immer schon ins Leben des Geistes getaucht“. AaO S. 104 f.

gen kann. Die Sprache muß allgemeine Eigenschaften namhaft machen, kraft deren jenes bezeichnete Objekt auch in andre als nur seine zufälligen, ursprünglichen Erfahrungszusammenhänge übersetzt werden kann. D. h. neben die Syntax tritt die Metapher im Aufbau der Sprache. Die Metaphern, „die spontanen Gleichnisse der Sprache", sind das erste Zeugnis dafür, daß es sich bei den gleichen Objekten da und dort, im wechselnden Kontext, um etwas Gleiches, Ähnliches oder Entsprechendes handelt. Sie befähigen so die Sprache, mit einem geringen Vokabular Millionen Dinge zu umfassen, ihren Wortschatz immer mehr selbst zu erweitern und sich „mit phänomenaler Geschwindigkeit" zu entwickeln[47]. Freilich wird diese Entwicklung dann in dem Sinne verlaufen, daß die Sprache zunehmend diskursiv, genau, praktisch, prosaisch, utilitaristisch wird, immer mehr zur Verständigung über Handgriffe als zum Austausch über Erfahrungen und Erlebnisse taugt. Dies letztere wurde dann mehr und mehr zur Domäne der Poesie, oder es ließ sich sozusagen zwischen den Zeilen der Umgangssprache wiederentdecken, in ihren konnotationsreichen und manchmal humorverkrusteten Ober- und Untertönen.

Man muß aber festhalten, daß solche zweckrationalen Trends wohl in der Entwicklung des Sprachgebrauchs dominant werden konnten, daß sie aber an den Wurzeln der Sprache, an ihren wahren Möglichkeiten, am ursprünglichen Wesen der Kommunikation vorbeiführen. Denn dort findet man nicht zuerst zweckvolle Praxis, sondern eher jenes für das rituelle Verhalten wie für jede Art von Symbolisierung so kennzeichnende, für jedes Zweck-Mittel-Denken so unbegreifliche Mißverhältnis zwischen Darstellung und Ziel, zwischen emphatischem Ausdruck und erkennbarer Absicht. Der expressive Überschuß des Symbolischen läßt sich nicht praktisch verrechnen. Bei ihm geht es offenbar mehr darum, in die Ausdrücklichkeit der erfahrenen Weltwirklichkeit einzustimmen, als darum, sie hantierbar zu machen[48].

47 „Denotation ist das Wesen der Sprache, denn sie befreit das Symbol aus seiner ursprünglichen, instinktiven Äußerungsweise zu nunmehr vorsätzlicher Verwendung, losgelöst von der Gesamtsituation, der es seine Entstehung verdankt ... Man könnte sagen, daß, wenn das Ritual die Wiege der Sprache, Metaphorik das Prinzip ihres Lebens ist". AaO S. 135, 143.

48 „Wären unsre Grundbedürfnisse wirklich genau die gleichen wie die niedrigerer Geschöpfe, nur erheblich verfeinert, so hätten wir eine realistischere Sprache, als die unsere tatsächlich ist, entwickeln müssen. Wäre der Geist seinem Wesen nach wirklich ein Analogon zur Telefonzentrale, eine Einrichtung zur Aufzeichnung und Übertragung, wir müßten ganz anders handeln als wir es tatsächlich tun ... Alle magischen und rituellen Praktiken (sind) hoffnungslos ungeeignet zur Erhaltung und Förderung des Lebens ... Wenn ein Wilder in Unkenntnis der physikalischen Gesetze versucht, einen Berg dadurch, daß er ihn umtanzt, zum Öffnen seiner Höhlen zu bewegen, so müssen wir beschämt zugeben, daß keine Ratte im Experimentierkäfig des Psychologen eine so offenkundig unwirksame Methode anwenden würde, um die Türe zu öffnen. Auch dürften angesichts ihrer Nutzlosigkeit solche Versuche nicht jahrtausendelang fortgesetzt werden; selbst Schwachsinnige würden schneller lernen. „... Die Liebe zur Magie, die hohe Entwicklung des Rituals, der Ernst der Kunst und die charakteristische Tätigkeit des Träumens

Den sozialen und kommunikativen Horizont, innerhalb dessen die Symbolisierung sowohl in den primären wie den sekundären Prozessen des Geistes vor sich geht, wird man allerdings wohl etwas stärker mitveranschlagen müssen als dies bei S. Langer der Fall zu sein scheint. Wo es zu geformtem Verhalten kommt, da kommt es durch Übereinstimmung zustande, sei's aus innerer Einsicht, sei's unter äußerem Zwang. Wo Symbolisierung stattfindet, da wird sie nur durch den Konsensus der Mitagierenden fest. Symbolische Transformation ist als solche immer auch ein Akt der Verallgemeinerung; sie muß unter den Mitbetroffenen die verallgemeinerungsfähigen Interessen formulieren. Sie setzt also eine Kommunikationsgemeinschaft voraus, die eigentümlich zerbrechlich ist, weil in ihr ja in allen Diskursen de facto Geltungsansprüche der Partner mitdiskutiert und diskursiv, argumentierend eingelöst werden wollen. Vorstellungen rein monologischen Denkens wären in Wirklichkeit ebenso absurd wie die eines rein monologischen Handelns. Geltungsansprüche sind wertbefrachtet, mit vielleicht rivalisierenden Normen bewehrt. Abstrakt gesprochen stellt also die Symbolisierung als solche eine Kommunikationsgemeinschaft her und antizipiert darin zugleich „die Moral idealer Kommunikationsgemeinschaft"[49],

sind viel zu bedeutende Faktoren, als daß man sie bei der Konstruktion einer Theorie des Geistes außerachtlassen dürfte. Offenbar tut der Geist etwas ganz anderes, oder zumindest einiges mehr, als Erfahrungsdaten zu verbinden. Er funktioniert nicht bloß im Dienst der von der Entwicklungspsychologie anerkannten biologischen Bedürfnisse. Gleichwohl ist er ein natürliches Organ und tut vermutlich nichts, was nicht relevant wäre für das gesamte Verhalten, für jenes Antwortgeben auf die Natur, welches das menschliche Leben ausmacht . . ." AaO S. 44–47. Ähnlich Dan Sperber, aaO S. 16 ff.: „die intellektuelle Anstrengung . . . steht rational im Verhältnis zu ihrem Zweck . . . Die symbolische Rede hingegen kennt eine solche Oekonomie nicht, sie entnimmt der Erfahrung nur ein Minimum an Bruchstücken, um ein Maximum an Hypothesen aufzustellen . . . symbolisch ist jede Tätigkeit, bei welcher die ins Werk gesetzten Mittel in meinen Augen zu dem expliziten und impliziten Zweck in deutlichem Mißverhältnis zu stehen scheinen . . . Das Mißverhältnis zwischen Mitteln und Zweck, das im Fall der Mythologie offenkundig ist, wird im Fall des Rituals geradezu ungeheuerlich . . ." Dahinter dürfte die Erfahrung stehen, daß die visuell wahrgenommenen oder akustisch vernommenen Phänomene aesthetische Anziehungskraft entfalten oder noch öfter Furcht auslösen können, ja daß die Furcht geradezu als die treibende Kraft im menschlichen Gemüt angesehen werden muß – umso gebieterischer ist dann das Verlangen nach Sicherheit, umso unverhältnismäßiger und aufwendiger sind die Veranstaltungen, mit denen der antwortende Mensch der erregenden Transzendenz des Lebens zu entsprechen versucht. Auf diesen emotionalen Hintergrund verweist auch v. d. Leeuw, wenn er die Entstehung der Metaphorik zunächst auf die Furcht zurückführt, „die Dinge geradeheraus beim richtigen Namen zu nennen" – in jenem „thaumazein", das die widerfahrende Wirklichkeit im Menschen hervorruft, dürfte in der Tat die Furcht vor der Neugier den Ton angegeben haben. Die Entdeckung, daß man die angsteinflößenden Dinge auch umschreiben und damit verbal umgehen oder sie umspielen und so schließlich als harmloser hinstellen könne als sie in Wirklichkeit wären, folgte dann dem Primäreindruck nach. Vgl. Rel. Phänomenologie S. 459.

49 Ich versuche, hier Überlegungen von J. Habermas, Legitimationsprobleme im Spätkapitalismus, in: suhrkamp 1975[3] aufzunehmen – vgl. dort S. 152 f., vor

da Verallgemeinerung der Interessen im Grundsatz immer auf einen universellen Konsens hin tendiert. Konkret muß man sagen, daß die Symbolisierung einen kommunikativen Horizont faktisch immer schon zur Voraussetzung hat: die Möglichkeiten der Metaphorik, deren sie sich bedienen will und kann, die ganzen symbolischen Einkleidungen, mit deren Hilfe die Transformationen bewerkstelligt werden, kommen ja vom gruppenspezifischen Erlebnisrahmen her und bleiben an diesen gebunden, werden von den schon vorliegenden kulturellen Ausdrucksweisen und ihren spezifischen Erfahrungsvorgaben mitbestimmt.

Man kann dies wohl am besten veranschaulichen, wenn man an die Kommunikationsformen denkt, die durch bestimmte gesellschaftliche Situationen ermöglicht, geschaffen und dann allen Nachwachsenden und ihren intellektuellen, affektiven und sozialen Möglichkeiten zu einer nur selten aufzubrechenden, schicksalhaften Vorgabe werden. Basil Bernstein hat für alle solchen vorgegebenen Sprachhorizonte zwei jeweils wiederkehrende Strukturtypen herausgearbeitet, die er den „restringierten" bzw. den „elaborierten" Sprache-Code nennt. Sie haben zwar eine unverkennbare Affinität zu jenen beiden Symbolisierungsarten, die S. Langer herausgestellt hat, zu präsentativen und zur diskursiven Symbolik, fallen aber jedenfalls nicht mit diesen zusammen. Sie stellen in vielen Hinsichten eine bedeutsame und tragfähige Erkenntnishilfe dar.

Zuerst hatte Bernstein den Unterschied zwischen „öffentlicher" und „formaler" Sprache zu beschreiben versucht[50]. Dann hat er diesem die Unterscheidung der beiden genannten Codes vorgezogen, also einen vereinfa-

allem die Bemerkungen zu K. O. Apel: „das Apriori der Kommunikationsgemeinschaft und die Ethik" im 4. Kapitel, Anm. 10, aaO.

50 Eine Mutter ist ihrem Kind gegenüber auf die öffentliche Sprache beschränkt; persönliche Bezüge kann sie zunächst nur durch Auswahl, Tonfall und Haltung ausdrücken. Die öffentliche Sprache ist auf das Hier und Jetzt, auf erwartbare unmittelbare Antworten eingestellt, syntaktisch einfach und im Wortschatz begrenzt. Sie gibt dem Denken und Fühlen lediglich die Richtung vor, keine komplexe Systematik. Sie bringt die Beziehungen und die darin wirksamen Autoritäten gewissermaßen „hart" zum Ausdruck, stellt Gruppensolidarität her, ohne kompliziertere Zusammenhänge einsichtig machen zu wollen. Sie ist aber auch einfach, kraftvoll, emotionsstark und kann eine treffsichere Metaphorik entwickeln. Sie wird durch verschiedene soziale Schichten hindurch vor allem in solchen Gruppierungen entwickelt und gebraucht, in denen es stärker um Integration als um Individualität geht. „Wenn ein Kind eine ‚öffentliche' Sprache lernt, ... erscheint (diese) nicht als Mittel zur relativ präzisen Verbalisierung der Erfahrung von Getrenntheit und Verschiedenheit ... Es handelt sich um einen Sprachgebrauch, der die Unmittelbarkeit der Interaktion ermöglicht, Deskriptives dem Analytischen vorzieht, kurz um eine linguistische Form, in der das Unausgesprochene gleich wichtig und oft wichtiger ist als das Ausgesprochene" B. Bernstein, aaO S. 134. Die ‚formale' Sprache gibt eine differenziertere Organisation des Denkens und Fühlens wieder und ermöglicht sie so. Sie ist die Sprache der Mittelschicht, wird in ihr zum Gegenstand ausdrücklicher Erziehung, weil man einen Menschen wünscht, der zwischen den orientierenden Grundwerten individuell unterscheiden und wählen kann und in der Lage ist, die Begründungen von den Folgerungen zu trennen und so auch infragezustellen, ebda S. 120 ff.

chenden und einen differenzierteren Typ von Sprachlichkeit, an denen als wichtigstes zu sehen ist, daß sie jeweils von bestimmten Rollen und sozialen Schichten bestimmt und für sie typisch und vorhersagbar sind. Die Form der sozialen Beziehungen beeinflußt den Sprachgebrauch. Die soziale Schicht bringt einen für sie bezeichnenden Kommunikationscode selber hervor. Dieser wird dann für sie „symbolisch" und für die in ihrem Rahmen stattfindende Entwicklung der sozialen wie der individuellen Einstellungen schicksalhaft[51]. Die Beachtung des geltenden Kommunikationscodes gehört dann jeweils auch zwingend zum Erwerb einer entsprechenden Rollen-Kompetenz[52].

Der restringierte Code ist nicht so sehr geeignet, einzelne Absichten auszudrücken, er drückt soziale Gegebenheiten aus, ist vor allem für ritualistische Kommunikationsstereotypen kennzeichnend, tendiert und befähigt zu mehr unpersönlichen als individuellen, zu mehr erzählenden als analysierenden, zu eher verdichteten als entfaltenden Äußerungen mit stereotypen Füllseln. Er ist für eine fast mechanische Gruppensolidarität typisch und führt vergemeinschaftete Symbole mit sich[53]. Der elaborierte Code ist in solchen Schichten und Gruppen beheimatet, in denen sich Erfahrungen, Absichten und Bedeutungen nicht von selber verstehen, sondern man sich diese explizit übermitteln muß. Man ist dort am Ausdruck von Verschiedenheiten interessiert und dafür sensibel. Man kann sich individualisierte und tendenziell universelle Symbole, gesellschaftsfähige Symbole zumuten; man hat oder erstrebt Zugang zu den wichtigeren gesellschaftlichen Entscheidungsbereichen. Was ausgetauscht wird, soll möglichst umfassende Bedeutung besitzen. Die Art freilich, in der sich die Kommunikation vollzieht, ist dann eher anspruchsvoll, nicht jedermann, sondern nur gruppen- oder schichtspezifisch erreichbar. Während die Berufssprache herkömmlich eher zum restringierten Code zu rechnen war, ist jetzt gerade die berufliche Ausdifferenzierung auch an der Ausbreitung des elaborierten Codes

51 „Wenn eine soziale Gruppe aufgrund ihrer Schichtzugehörigkeit, d. h. als ein Resultat ihrer gemeinsamen Berufsfunktion und ihres Sozialstatus feste Gemeinschaftsbindungen entwickelt hat; wenn die Arbeitsverhältnisse dieser Gruppe wenig Abwechslung oder wenig Gelegenheiten bieten, sich im Treffen von Entscheidungen zu üben; wenn jede Behauptung eher ein kollektiver als ein individueller Akt sein muß, soll sie erfolgreich sein; wenn der Beruf eher physische Anstrengung und körperliche Kontrolle erfordert als symbolische Organisation und geistige Kontrolle; wenn die verminderte Autorität des Mannes am Arbeitsplatz sich zu Hause in autoritäre Gewalt umsetzt; wenn der Wohnraum zu eng ist und die mögliche Anzahl verschiedener Situationen begrenzt; wenn sich die Kinder gegenseitig in einer Umgebung sozialisieren, die wenig intellektuelle Stimuli bietet; wenn alle diese Attribute auf *eine* gesellschaftliche Lage zutreffen, dann leuchtet die Annahme ein, daß solch eine gesellschaftliche Situation eine spezielle Kommunikationsform erzeugt, die wiederum die intellektuelle, soziale und affektive Orientierung der Kinder gestalten wird" B. Bernstein, aaO 200.

52 „In dem Maße, wie eine Person ihr Verhalten dem linguistischen Code, durch den die Rolle realisiert wird, unterzuordnen lernt, werden ihr Ordnungen von Bedeutung, Relation und Relevanz verfügbar" B. Bernstein, aaO S. 203.

53 AaO z. B. 205 f., 241–256.

ursächlich mitbeteiligt, freilich auch an der sie begleitenden fachlichen Verengung[54]. Kurzum: „Das Kind versteht Sprache, bevor es selbst sprechen lernt". Aber „die sprachliche Form ist ein mächtiges Instrument zur Bestimmung des Lerninhaltes und der Lernweise und damit beeinflußt sie auch die zukünftigen Lernprozesse . . ." Oder (mit einer Formulierung von Sapir): „Sprache ist in dem viel weiter reichenden Sinne heuristisch . . ., daß ihre Formen gewisse Weisen der Beobachtung und der Interpretation für uns vorherbestimmen"[55].

2.2.4.1 Merkmale symbolischer Kommunikation

Man kann versuchen, abschließend die Bedeutung des jetzt kurz skizzierten philosophischen Nachdenkens über den Prozeß der Symbolisierung für die konkreten Kommunikationsbemühungen etwa im Gottesdienst zusammenzufassen. Man wird dann auch hier eine Trennung zwischen einem weiten und einem engen Verständnis von „symbolischer Kommunikation" vornehmen müssen. Auf psychologisch-hermeneutischem Feld wollte sich Paul Ricoeur aus guten Gründen nicht auf alles, was Bedeutungsträger sein oder werden kann, einlassen, sondern auf die Medien doppelsinniger Bedeutungen beschränken[56]. In Sachen der symbolischen Kommunikation wird man sich entsprechend ebenso entschlossen auf die Symbolik der präsentativen Ordnung konzentrieren müssen und also das weite Feld der rein begriffssprachlichen Verständigung, der diskursiven Verfeinerungen und oft auch Verflachungen des Symbolischen beiseitelassen. In anderer Terminologie läuft es dann auf die Frage der analogen im Unterschied zur digitalen Kommunikation hinaus[57].

Man kann dann wohl auf vier wichtige Kennzeichen der im Sinn der präsentativen Ordnung „symbolischen" Kommunikationsmöglichkeiten hinweisen.

54 Ebda.

55 AaO S. 106 und S. 122.

56 S. Anm. 10.

57 Jürg Kleemann in seinem Überredungsversuch für den Familiengottesdienst (WuPKG 10/1975 S. 474 ff.) macht denselben Vorschlag, statt von symbolischer lieber von analoger Kommunikation zu sprechen. Sein Interesse gilt dabei der interdisziplinären Verständigung mit der Kommunikationsforschung, vorab in Familien und Gruppen. Er rät zur Vorsicht gegenüber den unüberschaubaren theologischen Implikationen des Symbolbegriffs und sucht nach einem instrumentalen Verständnis der erstrebten Kommunikationsweise. Dazu u. a. auch H. D. Bastian, Kommunikation, Stuttgart 1972, S. 51 ff. „Die Wahrheit dieses Glaubens ist weniger Zeichenformel, eher Zeichenweg, nicht Code, sondern Leben; gerade darum gibt es christlichen Glauben nur in multiformen Kommunikationen" (S. 69 f.). „Analoge Kommunikationen sind semantisch stark, aber syntaktisch schwach" (ebda S. 73). In „didaktische Predigt – materialien aus dem Comenius-Institut" Münster 1975, 248 ff. sucht J. Kleemann die didaktischen Predigtschritte der „Predigtstudien" (hrsg. v. E. Lange u. a.) in Richtung auf eine „mehrspurige Kommunikation" anregend weiterzuführen.

1. Symbolische Kommunikation ist *einfach*: sie konzentriert sich auf ein begrenztes, anschauliches Vorstellungsmaterial und ist im Rituellen und in ihrer vereinfachten Gestik leicht nachvollziehbar, was freilich immer Eingeübte voraussetzt. Diese Einfachheit wird bewußt bei jedem Versuch, ihre vielfältigen Bedeutungen verbaliter auszudeuten. Sie kann und will zwar den Menschen nicht jene „Last des Verstehens" ersparen, die ihn zum Menschen macht, aber sie kann ihm diese Bürde erleichtern[58]. Sie kann allerdings auch die Verschlossenheit der in ihren Ablauf eingeweihten Gruppe verstärken und kann im depravierten Fall jene Last des Verstehens zum mechanischen Mitvollzug einer nicht artikulierten Gruppensolidarität verkümmern lassen.

2. Symbolische Kommunikation ist zugleich *komplexer* als die rein verbale. Wie der Mythus ein ganzes System von „Wahrheiten" in eine einzige Erzählung zusammendrängen kann, so das Symbol eine ganze Fülle von Bedeutungen in sein Zeichen. Hier wird so etwas wie eine ganze Welt ein- und ausdrücklich für den Menschen, der auch selber eine ganze Welt im kleinen, der in jedem Augenblick sein ganzes Leben ist. Hier wird die Zeit im Raum zusammen- und vorgebracht, nicht der Raum wissenschaftlich in die verlaufenden Zeiten zerlegt. Hier wird ganzheitlich kommuniziert und das Aussagbare in Richtung aufs Unsagbare hin dadurch erweitert, daß etwas von diesem ansagbar gemacht wird. Hier wird Bewußtes und Unbewußtes expressiv vermittelt. Auch wenn die symbolische Kommunikation rein verbal erfolgt, in verdichteter gehobener sprachlicher Form, reduziert sich diese nicht auf exakte Aussagen, sondern bringt auch „das Unregistrierte", das zwischen den Zeilen steht, mit[59].

58 „Ob zum Guten oder zum Bösen, der Mensch besitzt diese Kraft der Veranschaulichung, die ihm eine Last auferlegt, welche Geschöpfe, die nichts weiter als lebensmunter und realistisch sind, nicht tragen: die Last des Verstehens. Er lebt nicht nur an einem Ort, sondern im Raum; nicht nur in der Zeit, sondern in der Geschichte. Also muß er eine Welt und ein Gesetz der Welt, eine Weise des Lebens und des Sterbens begreifen" S. Langer, aaO S. 282.

59 „Der moderne Geist ist ein unglaublich komplexes Gebilde von Eindrücken und Umwandlungen, und das Produkt aus ihnen ein Gewebe von Bedeutungen, das den kunstvollsten Traum des eifrigsten Teppichwebers wie eine einfache Matte erscheinen lassen würde. Die Kette des Gewebes besteht aus dem, was wir ‚Daten' nennen, es sind die Anzeichen, auf die zu achten die Erfahrung uns gelehrt hat, und auf die hin wir, oft ohne uns dessen bewußt zu sein, handeln. Der Einschlag besteht aus Symbolen. Aus Anzeichen und Symbolen weben wir unser Gewebe der ‚Wirklichkeit' " . . . „Anzeichen und Symbole sind miteinander verknüpft bei der Hervorbringung jener festen Realitäten, die wir ‚Tatsachen' nennen, . . . Aber zwischen den Tatsachen laufen die Fäden der unregistrierten Wirklichkeit, die wir, in unsrer stillschweigenden Anpassung an Anzeichen, wo immer sie an die Oberfläche kommen, für den Augenblick erkennen; und auch die glänzenden, gewundenen Fäden symbolischer Veranschaulichung, der Einbildungskraft, des Denkens — Erinnerung und rekonstruierte Erinnerung, Überzeugung über Erfahrung hinaus, Traum, Vorspiegelung, Hypothese, Philosophie — der ganze schöpferische Prozeß der Ideenbildung, der Metapher, der Abstraktion, der das Menschenleben zu einem Abenteuer des Verstehens macht", aaO S. 274—276.

3. Symbolische Kommunikation ist *übergreifend.* Sie kann z. B. dort eintreten, wo die sprachlichen Deutungen gehemmt sind und die begrifflichen Aussagen zeitweilig versagen; wo keine einheitlichen Weltbilder die Gemeinschaft integrieren. Symbolische Kommunikation hilft die soziale Identität nicht allein durch die Köpfe hindurch bilden; sie kann ohne weltbildhafte Homogenität ein wahrheitsbezogenes Sinnversprechen repräsentieren, das die nicht wegzudeutenden Kontingenzwiderfahrnisse tragbar macht, sie engagiert auf sich nehmen lehrt[60]. Sie ist auch darin übergreifend, daß sie nicht an ein Weltbild oder ein ein für allemal festgeschriebenes System von Wahrheiten fixiert ist, sondern mit ihrem Vorstellungsmaterial am zeitbedingten Wandel der Vorstellungsweisen teilnimmt und so Hilfe zum Verstehen leistet. Sie übergreift auch schichtenspezifische Schranken und muß nicht an Bildungsvorgaben oder an deren Mangel scheitern, so wenig wie an Altersstufen. Und sie kann auch die Wandlungen, die den Formen der Frömmigkeit widerfahren, in etwa überbrücken, kann vom Wandel bedrohte Gehalte verwahren und kann inzwischen aufspüren und kommen lassen, was sich an neuem symbolischem Ausdruck heranbilden will, noch ehe es voll begrifflich aussagbar ist[61].

60 Vgl. J. Habermas, aaO S. 162 ff. über die Aufgaben der Religionssysteme: das Sinnversprechen der Religionssysteme hilft, die unaufhebbaren Grundrisiken der menschlichen Existenz zu verarbeiten. „Wenn heute weltstabilisierende Deutungssysteme unwiderruflich der Vergangenheit angehören ... und erkannte Kontingenzen nicht mehr durch Erzeugung eines rationalisierenden Scheins abgewehrt werden können (Einsamkeit und Schuld, Krankheit und Tod), dann könnte es immerhin sein, daß die fundamentale, theoretisch nicht lösbare Frage nach dem Fortbestehen eines für die Gesellschaft konstitutiven, wahrheitsabhängigen Sozialisationsmodus praktisch beantwortet würde: nämlich durch eine Parteinahme für die Vernunft und für eine menschenwürdige, von begründbaren Hoffnungen geleitete Mitwirkung der betroffenen Bürger am Kampf um vernünftige(re) Lebensverhältnisse ..."

61 S. Langer weist auf solche Wandlungen hin: „Das menschliche Leben in unsrem Zeitalter ist so verändert und verschiedenartig geworden, daß einige wenige ‚bedeutungsgeladene' Symbole, mit annähernd dem gleichen Bedeutungsreichtum für alle, an denen alle teilhaben, jetzt nicht mehr genügen. Der Verlust der alten, universalen Symbole gefährdet unsere sichere, unbewußte Orientierung. Die neuen Formen unsrer neuen Ordnung haben jenes reiche, wirre, geschichtliche Zusammenwachsen von Bedeutungen noch nicht erlangt, das viele vertraute Dinge zu geladenen Symbolen macht, auf die wir instinktiv ... reagieren" ... Wir haben allenfalls poetische Gleichnisse, aber keine Erfahrungsspeicher, wie es Natursymbole und soziale Symbole sind. Nur wenige gewinnen und haben ein solches Verhältnis zu ihrem Beruf, daß sie ihn nicht nur um des Nutzens, sondern um des „Sinnes" willen lieben können, daß man gewahr wird, „wie ein ganz realistisches Tun über sich hinausweisen und den Wert überpersönlicher Akte, wie Riten, annehmen kann. Das sind die Formen der Frömmigkeit, die Kniebeugen, Opfer und feierliche Tänze ersetzt haben" (aaO S. 283 f.) „Unsre Erfahrungen halten mit unsern Hoffnungen nicht Schritt". Das Fehlschlagen des symbolischen Prozesses, der Verlust von Ritual, Gestik und innerer Haltung kann das Leben richtungslos machen und den Mangel geistiger Verankerung enthüllen, es wird dann prosaisch bis zum Punkt totaler Gleichgültigkeit, rein zufällig ... Es sind die neuen Lebensweisen, Arbeitsweisen und Wohnweisen, die uns die alten Natursymbole, die

4. Symbolische Kommunikation ist auch *vorausgreifend*. Das Symbol formuliert nicht Ergebnisse, die man dann ablegen kann. Es beteiligt seine Partner an der Arbeit der Annäherung an die symbolisch ausgedrückte Wahrheit und bleibt ihnen darin dauernd voraus. Es verpaßt nicht abgepaßte Lehren, sondern gibt zu lernen. Es öffnet Sinnmöglichkeiten für das sich selber suchende Subjekt. Es gibt zu denken – z. B. daran, wie rasch wir an die „absurden Mauern" der Welterklärung stoßen und uns dort mit Bildern behelfen müssen[62]. Oder auch daran, daß es zum menschlichen Leben gehört, daß man mehr aus ihm machen will, als es ist und daß dieses Warten auf ein „Mehr", das es versinnbildlicht, menschliches Leben groß und die menschliche Kultur gewaltig und tragisch machen kann. Das Symbol öffnet den Boden des Lebens, so daß die Grundsituationen und Grundkonflikte durchscheinend werden: die vielversprechende Fülle des Lebens, das alles in Frage stellende Dunkel des Todes und das unheimlichste Geheimnis, das des Bösen. Das Symbol verstärkt durch seine Deutungsbedürftigkeit das aufhaltende Wesen der Sprache, die es den Menschen ermöglicht, nicht blind reagieren zu müssen, sondern ihr Handeln bedenken und wählen zu können, von ihrem Gewissen und ihrer Gewissensfreiheit den möglichen Gebrauch zu machen und das Risiko des Gewinns und des Irrtums auf sich zu nehmen. Und gerade hier wird man die eine Verwirrung namhaft machen müssen, die zur Grundgefahr alles Rituellen und Symbolischen gehört: daß es nur allzu leicht an die Stelle seines eigenen Grundes treten kann, den Menschen nicht weiterweist, sondern bei sich behält. P. Ricoeur hat dies klassisch ausgedrückt: aus Zeichen des Heiligen können im Nu heilige Objekte werden; was auf den unendlichen Horizont verweisen und ihm Profil geben soll, kann sich als eigenständige Wirklichkeit etablieren. Gerade weil die symbolische Kommunikation sich durch so vieles als Instrument religiöser Verständigung empfiehlt, bedarf es hier der besonderen, nachdenklichen Wachsamkeit: „Das Symbol gibt zu denken, aber es ist auch die Geburt des Idols; aus diesem Grund bleibt die Kritik des Idols die Bedingung für die Eroberung des Symbols"[63].

2.2.5 *Das Symbol in der Kunst*

Daß dem Kunstwerk im Bereich des Symbolischen eine bedeutende Rolle zukommt, hat man immer gewußt und oft erwogen. Daß hier gerade auch

Arbeit, die Heimstätte fremd machen. „Alle alten Symbole sind dahin und die Durchschnittsexistenz bietet der schöpferischen Einbildungskraft kein neues Material . . . eine Hauptursache der Zerstreutheit, Irreligiosität und Rastlosigkeit, die das Proletariat aller Länder kennzeichnen . . ." (S. 285 ff.)

62 Harry Pross führt bei einer Schilderung der in der Kommunikation so häufigen nichtssagenden Ausdrücke darauf hin, daß A. Camus im Mythos von Sisyphus an den absurden Mauern der Welterklärung den menschlichen Ausdruck an seine Grenzen kommen sah: „man erklärt mir die Welt mit einem Bild. Jetzt merke ich, daß wir bei der Poesie gelandet sind; nie werde ich wirklich etwas wissen" (Die Macht und die Meinungen – wozu sollen die Medien der Kommunikation dienen? in: LMH 12/1975 S. 657.)

63 P. Ricoeur, aaO S. 542 f. und 555 f.

die Vielgesichtigkeit des Symbolischen sinnenfällig wird, ist offenkundig. Auf dem Gebiet der Kunst wird auch noch einmal besonders deutlich, was die Breite der symbolischen Partitur ohnehin eindrücklich macht: wie schwierig es ist, einzelne Ausprägungen des Symbols mit anderen zu vergleichen, sie sozusagen ineinander zu verrechnen. Wie alle Stimmen in der Partitur je in ihrem eigenen Schlüssel notiert sind, so verkörpern insbesondere die Kunstgattungen, etwa Bildende Kunst, Wortkunst, Musik unvergleichbare Ausdruckswelten. Der Bereich der Kunst ist darüber hinaus für Erwägungen zum Symbolischen deshalb besonders interessant, weil ja jede einzelne künstlerische Hervorbringung immer als Kunst-*Werk* zu betrachten ist, als Ergebnis kunstvollen Schaffens. Hier wachsen nicht etwa einer Vorstellung, einem Gegenstand oder einer Verhaltensweise einfach die symbolischen Qualitäten zu; sie werden vielmehr von vornherein intuitiv gesucht, gefunden, geformt und hergestellt, gleichviel, ob dabei die bewußten Vorstellungen konstruktiv die Energien des Bildens anleiten oder ob seine Genialität dem Künstler instinktiv die Hand führt. Künstlerische Gestaltung spielt sich immer in der Spannung zwischen Kunstwerk und Machwerk ab. Und gerade das Symbolische kann dabei am Kunstwerk besonders leicht als etwas Gemachtes, als Beeinträchtigung der künstlerischen Geschlossenheit des Entwurfs, erscheinen. Es erscheint jedenfalls in dem Maße so, als es nicht eindringlich, sondern vordergründig aufgesetzt und deshalb aufdringlich wirkt. Man hat dann leicht den Eindruck eines nach Vorschrift gestalteten Ideogramms. Statt daß die Eindrücklichkeit seines Wesens ungewollt zum starken Ausdruck kommt, wird ihm eine gewollte Ausdrücklichkeit umgehängt, ein überzogenes Pathos, hinter dem es fast gänzlich verschwindet. Die Betrachter bemerken die Absicht und werden verstimmt. Man weiß ja, wie gewalttätig oder wie schal Kunstwerke gerade im Dienst ideologischer Propaganda zu wirken pflegen: Allegorien, die sich gekonnt der Kunstmittel bedienen, ohne deren Sphäre oder Atmosphäre wirklich zu erreichen; eine Diktatur verordneter Imaginationen, die freilich nach 50 Jahren schon als übriggebliebene Symbole ihrer Epoche wirken können. Symbole, heißt dies, lassen sich nicht machen. Als Retortenprodukte bleiben sie künstliche Gebilde und ebensoweit vom Kunstwerk entfernt wie jene vom wirklichen Leben[64].

Im übrigen werden am Kunstwerk viele bezeichnende Merkmale der „präsentativen Symbolik" beispielhaft ablesbar. Das Kunstwerk, gleich welcher Art, am auffallendsten aber jedes Bildwerk, läßt verweilen. Es verzögert das menschliche Handeln, indem es sich vorzeigt. Es wiederholt Gesehenes

64 Schon Herder hielt die Natursymbole, weil nicht „gemacht", für die ästhetisch vollkommensten und universellsten. Er empfand es als künstlich, als eine Verminderung des Kunstwerks, wenn sie irgendeinem Zweck dienen sollten, und als argen Notbehelf, wenn etwa Personen im Drama oder in der literarischen Schilderung sich nicht durch ihre Handlungen selbst kenntlich genug machten, sondern eigens beigelegter Symbole dazu bedurften, statt selber symbolstark genug zu sein – „ein Kunstwerk ist der Kunst wegen da, aber bei einer symbole (sic!) ist die kunst dienend, zu einem anderen zwecke" – zit. nach Grimms W. B., Art. Symbol.

und macht es durch die Wiederholung und gleichzeitig durch die darin wahrgenommene Arbeit der Gestaltung, der vereinfachenden Verallgemeinerung eindringlicher, bringt durch seine Formung etwas Bestimmtes oder Atmosphärisches am Gesehenen zum Ausdruck, hat eine eigenartig zeitbannende und richtungsweisende Macht[65].

Das Kunstwerk gehört in den Bereich des Spielerischen und Überflüssigen. Es hat gerade darin seinen Ernst, im Nicht-Ernstfall, im Spiel mit dem Ernst die diffusen Ängste der dumpfen, dauernden Schicksalsgetriebenheit des Menschen aufzufangen und etwas von einem Leben ohne den Druck der ehernen Notwendigkeiten vorwegzunehmen[66].

Auch im Spiel ist das Schicksal nicht ausgeschaltet, sondern eingelassen, aber gleichzeitig leichtgemacht: es öffnet die Möglichkeit, selber mitzuspielen, und wär's nur als betrachtend mit-erregter Zuschauer, während den

65 Zwei eindrucksvolle Stimmen zur „Wiederholung": „da sehe ich im Hintergrund der Kapelle zehn oder fünfzehn Novizen, die den Chor bilden. Jetzt höre ich: „Ora pro nobis – ora pro nobis – ora pro nobis – ora pro nobis". Es hat mich. Es kehrt immer wieder, und da Wiederholung die einzig wirkliche künstlerische Form ist, die es überhaupt gibt, was Buddha und sein genialer Übersetzer Neumann gewußt haben, weil das Ohr nach dem achten Mal nichts mehr zum Gehirn leitet, sondern eine feine Erschlaffung die Nerven befällt, so dringt das Gift in alle Poren ein. Durch Wiederholung wird das Wort fremd und kehrt verwandelt wieder." Kurt Tucholsky, ein Pyrenäenbuch, rororo 1962, S. 27. „Wiederholung! Dabei weiß ich: alles hängt davon ab, ob es gelingt, sein Leben nicht außerhalb der Wiederholung zu erwarten, sondern die Wiederholung, ausweglose, aus freiem Willen (trotz Zwang) zu seinem Leben zu machen, indem man anerkennt: das bin ich! . . . Doch immer wieder (auch darin die Wiederholung!) genügt ein Wort, eine Miene, die mich erschreckt, eine Landschaft, die mich erinnert, und alles in mir ist Flucht, Flucht ohne Hoffnung, irgendwohin zu kommen, lediglich aus Angst vor Wiederholung." Max Frisch, Stichworte S. 123.

66 „Gerade weil Schicksal eine Gegenkategorie des modernen Lebensgefühls darstellt, es aber Schicksal gibt, das, verdrängt, als diffuse Angst wirksam bleibt, sind Spiele Zeichen ihrer Zeit: Mittel, das Verdrängte im Symbol aufzufangen und abzuleiten . . . Es kommt hier offenbar ein spezifisch anthropologisches Potential ins Spiel. Zwar treibt in gewissem Sinne bereits die Natur zum Überflüssigen, so daß man versucht ist, mit Buytendijk zu formulieren: ‚die Vögel singen viel mehr, als ihnen nach Darwin erlaubt ist' Aber erst der Mensch ist das seltsame Wesen, das überall und mit Inbrunst das Überflüssige tut: Gedichte, Opern, Operetten, Ideologien produziert und konsumiert, sich schmückt und schminkt, maskiert, Eiswüsten durchwandert und Berge erklettert, in den Weltraum fliegt, auf waghalsige Wetten und Wettkämpfe sich einläßt, spielt – und sich bei alledem sogar noch wohl fühlt, . . . andererseits (wenn er alles Nötige hat) vollgestopft ist mit Futter in jedem Sinne, völlig verzweifeln und . . . Selbstmord begehen (kann). Daher, heißt es bei Ortega y Gasset, ‚ist für den Menschen nur das objektiv Überflüssige notwendig'. Es fehlt an dem, was man nicht kaufen kann . . . Der biblische Satz, daß der Mensch nicht vom Brot allein lebt, mag zur Gedankenlosigkeit verschlissen sein. Er kann dort, wo Menschen das Brot verweigert wird, sogar zum Frevel sich verkehren, und im Angesicht von Hunger und Gewalt mag eine ‚Theologie der Revolution' . . . notwendig werden. Gleichwohl bleibt die Frage, ob es nicht zugleich einer revolutionären Wendung zu einer Theologie des Überflüssigen bedürfte . . ." Chr. Graf v. Krockow, Faszination durch Sport, Radius 1/1975 S. 19 f.

Menschen vom Schicksal sonst fast immer nur mitgespielt *wird.* Und in dieser Möglichkeit wird etwas durchgespielt, was fast so etwas wie eine Gegenwelt größerer Freiheit darstellen kann: ein Leben als offener Prozeß, in dem nicht schon alles beschlossen ist, in dem der Mensch sich noch einmal selbst definieren kann[67].

Das Kunstwerk ist auch darin präsentatives Symbol, daß es kein Vokabular besitzt, nicht in erklärenden Sätzen festgeschrieben werden kann. Es lebt vom Betrachter, und dies genau so weit, als es in diesem selbst geistiges Leben in Gang setzen und in Bewegung halten kann. Es hält offen für das noch nicht An- oder Abgefertigte, für das noch nicht Aus- und zu-Ende-Gesagte[68]. Und es wird damit zur Herberge der noch „heimatlosen Gegenstände", des noch nicht Heraufgebrachten, das aber kommen will und kann und sich in ihm anzeigt[69].

67 Noch einmal Max Frisch: „Die einzige Realität auf der Bühne besteht darin, daß auf der Bühne gespielt wird. Spiel gestattet, was das Leben nicht gestattet: daß wir die Kontinuität der Zeit aufheben; daß wir gleichzeitig an verschiedenen Orten sein können; daß sich eine Handlung unterbrechen läßt und erst weiterläuft, wenn wir ihre Ursachen und ihre möglichen Folgen begriffen haben ... Leben ist geschichtlich, in jedem Augenblick definitiv, duldet keine Variante. Das Spiel gestattet sie." Stichworte S. 123.

68 Überspitzt könnte man – mit Peter Schneiders Lenz-Novelle – sagen, daß das Symbol mithelfen könnte, den „Haß auf die fertigen Sätze" wach zu halten – vgl. Hans-Eckehard Bahr, auf der Suche nach authentischem Leben, in: Radius 1/1975 S. 23.

69 „... Mit dem angeblichen Versiegen der Kunst versiegt zugleich eine große Quelle von Erkenntnissen, eben der heimatlosen Gegenstände und des noch unbestimmten, noch gärenden, nur in Bildern, Gleichnissen, Allegorien, Symbolen halbwegs adäquat nur Bezeichenbaren, noch nicht Erkennbaren in der Welt." Ernst Bloch: „Unsere Enkel fechten's besser aus – Hegel als Novum" (in idoc. 10/1971 S. 45 ff.).
Ähnlich schon im Prinzip Hoffnung (S. 275 f.): „Das Verweisen des Symbols ... geht ... auf eine Einheitlichkeit der Bedeutung; weshalb auch, zum Unterschied von der allemal vieldeutigen Mannigfaltigkeitsverweisung der Allegorien, die echten Symbole in ihrer Bedeutung schließlich konvergieren, nämlich eben im Zentralen ihrer Bedeutung. Die gesellschaftlich bedingte jeweilige Richtungslinie aufs Zentrale hat in der – lange Strecken durch Religion führenden – Geschichte des Symbols differiert, nicht differiert aber hat der jeweils immer wieder gemeinte Grundbezug des Symbol-Gleichnisses auf ein ‚Unum Verum Bonum' der Essenz. Indem jedoch gerade diese Essenz nur im andeutungsweise realisiert Möglichen liegt und noch nirgends anders liegen kann, ist das Symbolische – was nun entscheidend wichtig – nicht nur in seinem Ausdruck, sondern bei allen echten Symbolen ebenso in seinem Inhalt selber noch verhüllt. Denn der echte symbolische Inhalt selber ist noch im Abstand von seiner vollen Erscheinung ... (in) jenem Abstand also, der so vielfach erst Wunschbilder, Ideale, Symbole statt der Gelungenheit darbietet. Und der das essentielle Totum der Welt im schweren Prozeß seiner Heraufbringung zeigt, noch nirgends als Resultat".
Mir scheint, daß S. Langer bei der Erörterung des Kunstwerks als Symbol, die sie vornehmlich an der unanschaulichsten aller Künste, der Musik, verdeutlicht, etwas ähnliches wie Bloch im Auge hat, wenn dieser zwischen Ausdruck und Grundbezug im Symbol unterscheidet. S. Langer sieht in der aesthetischen Emotion, die künstlerisches Schaffen oder Betrachten erregt, ein intellektuelles Hochgefühl, das

Man wird das präsentative Symbol, am eindrucksvollsten im Kunstwerk vertreten, geradezu als Anwalt für das natürliche Recht auf Selbstdarstellung betrachten können, wenn man diesen Gedanken A. Portmanns aufgreifen will. Es ist ja nicht nur darin „symbolisch", daß es als dieser jeweils einzelne Gegenstand Verallgemeinerungsfähiges ausdrückt, etwas von der „zentralen Essenz" enthält, von der E. Bloch spricht. Es ist es auch darin, daß es gerade mit seiner unverwechselbaren, individuellen Gestaltung hervortritt und durch seine Qualität gerade für diese Geltung beansprucht, als Kunstwerk, nicht bloß als Kuriosität[70]. Und wahrscheinlich hat man gerade von hier aus noch einmal sich an die Eigentümlichkeit zu erinnern, daß das heutige Kunstschaffen in fast allen Sparten dadurch auffällt, daß es kaum „inhaltlich" ansprechbar ist: es orientiert sich vorrangig am Formalen, läßt das gebrauchte Material, oft ein verblüffend ungewohntes, allzu gewöhnliches Material sich nach seinen eigenen Formungsgesetzen, wenn auch zugleich nach einem individuellen Impuls, sozusagen selber ausspielen. Im Formenspiel wie im Sprachspiel, in der Bild- oder Klangmontage wird nichts mehr abgebildet, wird natürliches oder künstliches Material aus der Konsumwelt sozusagen „parallel zur Natur" oder zur Konsumwelt aus seinen eigenen Werkgesetzlichkeiten heraus „verdichtet", um dadurch neue Möglichkeiten der Freiheit, beides oft befremdlich genug, herauszuspielen; beides mit Vorliebe kontrafaktisch zum eh schon Bekannten, das ja immer auch und vor allem eine schon verbrauchte Freiheit verkörpert. Vieles, was oft

aus der Erfassung unausgesprochener Ideen entspringt, aber doch nur eine Begleiterscheinung oder Ausstrahlung der künstlerischen Gestaltung bleibt. "Der Gefühlsinhalt des Werks aber ist meistens etwas viel Tieferes als eine intellektuelle Erfahrung; er ist vorrational, wesentlicher und lebendiger, von der Art des Lebensrhythmus, den wir mit allen wachsenden, hungernden, sich regenden und furchtempfindenden Geschöpfen teilen: er betrifft letzte Wirklichkeiten, die zentralen Fakten unsres kurzen, bewußten Daseins". Er betrifft nicht die Tatsache, daß hier eine sinnhaltige Form in gestalteter Gelungenheit vorliegt, sondern ihre tatsächliche, völlig unübersetzbare, „implizite" Bedeutung, die dieses bleibt und deren Träger immer nur das Kunstwerk als Ganzes sein kann – die also z. B. nicht in einzelnen Worten eines Gedichts dingfest zu machen ist, sondern in der ganzen Art, wie es gedichtet ist. Vgl. S. Langer, aaO S. 254–257.

70 H. Ringeling ist in einem Aufsatz „Natürliches Recht – sozialanthropologische Vorfragen einer Familienethik" in: ZEE 5/1975 S. 271 in Anlehnung an A. Portmann als Konsequenz aus dem postulierten „Recht auf Schutz" auch für das „Recht auf Selbstdarstellung" eingetreten, im Interesse der oft proklamierten, aber durchaus nicht selbstverständlichen, sondern schutzbedürftigen ‚Offenheit' des Menschen. Nach Portmann gehört Selbstdarstellung ebenso zu den Grundtatsachen des Lebendigen wie Selbsterhaltung und Arterhaltung, da alle Gestalten des Lebens stets mehr seien, als sich durch die elementaren Lebensnotwendigkeiten erklären lasse. Das Humanum tritt nicht nur kulturell geprägt, sondern immer auch transkulturell und transsozial, in unnachahmlicher und unvertretbarer Individualität, im „An-Sich-so-Sein" des Individuums hervor (D. Claessens). Das anthropologische Novum, das mit jedem Menschen der Möglichkeit nach in die Geschichte eintritt, begründet einen Rechtsanspruch auf eigene Entwicklung. – Die Analogie zum Kunstwerk legt sich nahe: indem das individuelle Kunstwerk entsteht, nimmt es diesen Rechtsanspruch wahr und stellt ihn zugleich symbolisch dar.

wie ein verspieltes l'art pour l'art erscheinen will und oft auch trotzig mit diesem Schein kokettiert, ist ein viel ernsthafteres Spiel. Und gerade hier kommt noch einmal in fast übersteigertem Maße heraus, wie sehr das präsentative Symbol, vorab das Kunstwerk, dem Betrachter oder Hörer das Nachspielen und Mitspielen nicht abnehmen, sondern gerade zumuten will, wie sehr es in einem offenen Lernkreis stehen und wie wenig es sich von fremden Bezugssystemen aus aufbrechen lassen will[71].

Immer wieder steht man vor der eigenartigen „Dichte" und Abgeschlossenheit des Kunstwerks. Und immer wieder kann man gewahr werden, daß gerade sie der Schlüssel zur Öffnung seiner intentionalen Struktur als präsentatives Symbol ist. P. Ricoeur hat dies am Vergleich mit dem Traum, an der Dialektik von Verhüllung und Entschleierung verdeutlicht. Wenn die Lust ihre Wünsche träumend in Symbole verkleidet, dann ist dies gewiß ein schöpferischer Akt und ein Vorgang der Sublimierung, aber eben ein rückwärts gewandter, ein Ausfluß, eine Spiegelung unsrer archäologischen Szene. Wenn aber die Fantasie ihre Lust in ein hartes gegenständliches Material gießt und dieses bearbeitet, will sie es nicht für sich behalten, sondern vermitteln. Auch dies ist ein schöpferischer Vorgang, ist eine sublimierende Zielverschiebung, nämlich jene, die dann zum Motor des Kulturschaffens wird. Aber sie ist nicht nur rückwärts-, sondern primär vorwärtsgewandt, eine Vorwärtsstrategie, die Werte zur Geltung und das eigene Bewußtsein und das der Mitwelt in der schmerzhaften Arbeit an der Wahrheit weiterzubringen hofft. Hier tritt nichts in schwer greifbare Hüllen zurück, sondern Gestaltetes, die Möglichkeiten des Menschen entschleiernd, ans Licht. „Weil im Kunstwerk die Entschleierung dominiert, ist es eher ein prospektives Symbol der persönlichen Synthese und der Zukunft des Menschen und nicht nur ein regressives Symbol seiner ungelösten Konflikte"[72]. So

71 Viel Anregendes dazu bei Kurt Lüthi: Erfahrung mit Kunst als Fundort der Theologie, in: ZEE 2/1975 S. 73 ff.

72 „Wenn der Traum ein privater, in der Einsamkeit des Schlafs verlorener Ausdruck bleibt, so deshalb, weil ihm die Vermittlung der Arbeit fehlt, welche die Phantasie in ein hartes Material gießt und sie einem Publikum mitteilt. Aber diese Vermittlung der handwerklichen Arbeit und diese Mitteilung fällt nur solchen Träumen zu, die gleichzeitig Werte tragen, welche das Bewußtsein zu einem neuen Verständnis seiner selbst voranzutreiben vermögen ... insofern, als sie keine bloßen Projektionen der Konflikte der Künstler, sondern auch die Konturen ihrer Lösung darstellen ... Auch die bahnbrechendsten Gestalten, die der Künstler, Schriftsteller oder Denker zu erzeugen vermag, mobilisieren alle zuerst in archaische Gestalten investierte Energien; aber indem der Schaffende jene ... Gestalten mobilisiert, enthüllt er das am wenigsten verstrichene, am wenigsten geschehene Mögliche" ... Diese Bewußtwerdung vollzieht sich dann nicht in der Sphäre des Habens oder Herrschens, sondern des Geltens, d.h. als Suche nach gegenseitiger Anerkennung und Sanktionierung des Selbst in der Meinung des Anderen, und zwar an Hand von Kulturobjekten wie den um Geltung bemühten Werken des Rechts, der Kunst, der Literatur, der Philosophie: „In dieser Objektivität ... der eigentlichen Kulturobjekte oder ‚Werke' vollzieht sich die Erforschung der Möglichkeiten des Menschen. Die gemalten, gehauenen, geschriebenen Werke geben diesen ‚Bildern des Menschen' die Dichte des Dings, die Härte des Realen; sie

hat es, alles in allem, gleich viel Recht, wenn man im Symbolischen die niedrigste oder die höchste Stufe erblickt, die ein Kunstwerk erklimmen kann.

2.3 *Die Gezeiten der Symbolik*

Wir haben uns jetzt in einer gerafften Übersicht über die hauptsächlichen Erscheinungsbereiche des Symbolischen und seine derzeitige wissenschaftliche Erörterung eine Vorstellung verschafft von der verwirrenden Breite der Partitur des Symbols. Diese Übersicht kann eindrücklich machen, daß sich hier ein vielgestaltiges Stück menschlicher Lebens- und Welterfahrung in Erinnerung bringt, das auf den gängigen Zufahrtsstraßen des alles beherrschenden wissenschaftlichen Denkens der Neuzeit nicht zureichend erschlossen worden ist. Das wissenschaftliche Denken analysiert. Es bleibt auch dort wichtig, wo es um die Vermittlung zwischen Geschautem und Zählbarem, Bewußtem und Unbewußtem, Gegenständlich-Endlichem und den es übersteigenden Verweisungen und Bedeutungen geht. Aber es kommt dort an seine Schranken. Es ist total unsymbolisch und muß nun doch dem Symbol als einem Wirklichkeitszugang sui generis auf vielen Feldern zunehmend Reverenz erweisen. Es muß das Symbolische bestehen lassen, gebrauchen, muß mit ihm umgehen, ohne es auf- oder ablösen zu können. Die breite Partitur erinnert daran, daß da eine Fülle irgendwie zusammengehöriger Phänomene vorliegt, die doch nur schwer zusammenzuhalten und so wenig miteinander zu vergleichen sind wie eine Zahlenreihe, eine Tuschezeichnung aus China, der Totempfahl eines Südseeinsulaners, ein ideologisch programmiertes Parteiabzeichen, ein abstraktes Gemälde, eine liturgische Formel, eine Tanzfigur, eine Maskerade, eine Zeile Lyrik oder eine eingeschliffene Konvention abendländischer Geselligkeit. Jede Stimme in dieser Partitur ist in ihrem eigenen Schlüssel aufgezeichnet. Sie sind „konkrete Individualitäten", die weder in einer intuitiven Zusammenschau noch von einem pointillistischen Atomismus angemessen erfaßt werden[73].

lassen sie unter den Menschen existieren, indem sie sie im Material des Steins, der Farbe, der Partitur, des geschriebenen Wortes verkörpern. Durch diese Werke hindurch, vermittels dieser Denkmäler konstituiert sich eine ‚Würde' des Menschen, die wiederum das Instrument und die Spur eines Prozesses des verdoppelten Bewußtseins, der Anerkennung des Selbst in einem anderen Selbst ist" (P. Ricoeur, aaO S.532–535).

73 „Die Symbole, wie sie von den kulturellen Formationen, den Mythen oder Riten in noch stärkerem Maße als von der Sprache verwandt werden, besitzen nicht die artifizielle Reinheit der willkürlichen Symbole, wie eine formale Logik sie auffaßt. In höherem Grade noch als die Figuren der Geometrie stellen sie sich als konkrete Individualitäten dar, die eher an-und-für-sich-selbst als in Beziehung zur Gesamtheit der zur selben Klasse gehörigen Phänomene behandelt zu werden verlangen; die Mythen, Riten oder sogar philosophische und literarische Werke, die anderen Traditionen angehören, sind gegen ihre Entschlüsselung vielleicht weniger durch den Anschein von Absurdität und Inkohärenz geschützt, wie er oft bei denen

Dieser Eindruck verstärkt sich noch, wenn wir die dritte Schwierigkeit hinzunehmen, die jetzt noch ausdrücklich zu benennen ist, ohne daß sie einer sehr ausführlichen Erörterung bedürfte: neben die Breite der Partitur des Symbolischen tritt dessen Wandel im Fortgang der Zeit. Neben die instrumentale Vielstimmigkeit tritt ihre Vergänglichkeit, treten die Abfolgen einzelner Sätze, treten Wandlungen, Pausen, Umgruppierungen einzelner Bedeutungen; alte Klanggruppen verschwinden, neue treten auf. Die Symbole haben ihre Zeit und die Symbolik hat ihre Gezeiten.

2.3.1 Die wechselnde Szenerie

Die jetzt zu verhandelnde Schwierigkeit liegt auf der Hand. Wir wachsen im Symbolsystem einer Kultur und einer Religion heran, näherhin in einer spezifischen Schicht desselben, dank deren uns bestimmte Kulturzweige von vornherein ebenso offenstehen, wie uns dann auch umgekehrt andre verschlossen sind[74]. Sie sind schicksalhaft vorgegeben. Wir bleiben aber auch an ihrem Schicksal, an ihren Wandlungen, an ihren weitergehenden epochentypischen Selbstinterpretationen immer mitbeteiligt[75].

Symbole wandeln sich also teilweise so, daß die Art, sie zu sehen, zu erleben oder zu deuten, sich wandelt. So wie sich ein Landschaftsbild mit Wetter und Tageszeit oder ein Bühnenbild mit den Beleuchtungen wandelt: erstaunliche Verwandlungen, selbst solange dieselbe Grundszene bleibt. In

erweckt wird, die keinen Interpretationsschlüssel besitzen . . . als durch den Schein von Sinn, der bei einer bruchstück- und stichprobenhaften Lektüre entsteht . . ." P. Bourdieu, aaO S. 12 . . . (vgl. auch Anm. 13) . . . „Der Vergleich ist nur zwischen gleichwertigen Strukturen oder strukturell gleichwertigen Partien solcher Strukturen zulässig" ebda S. 47.

74 Die uns vorgegebenen Ordnungen geben einen allgemeinen Bezugsrahmen ab für das Feld, in dem, aber auch für die Art und Weise, wie wir unsre Erfahrungen machen. Dieser Rahmen ist für jeden einzelnen außerdem noch durch sich oft überlagernde Wirkungen gewisser Institutionen bestimmt: so pflegen z. B. Vokabular, Ansprache, Embleme, Formeln und Gesprächsweisen für eine spezifische institutionelle Ordnung typisch zu sein. Und diese Institutionen sind als Gesamtgefüge wieder von „Hauptsymbolen" und von tief ins Halb-Bewußte hineinreichenden „Doktrinen" geprägt und getragen. Sie selber sehen wir in der Regel gar nicht, aber wir sehen sozusagen fast alles durch sie – so H. Gerth / C. W. Mills, aaO S. 227–229.

75 Auch P. Bourdieu spricht vom kulturell Unbewußten, vom sensus communis einer Epoche, von dem „historischen Sammelbecken von Themen und Formen, die die kulturelle Tradition einer Epoche definieren" (aaO 221). Individualität und Kollektivität lassen sich deshalb nicht zu Gegensätzen machen; der „kulturelle Habitus" ist jenes „Kollektive", das man selbst noch im Zentrum des Individuellen entdeckt" (132, vgl. A 35). Ähnlich H. Loof aaO S. 175: „Paul Tillich hatte gesagt, daß Symbole wachsen und nicht willkürlich gebildet werden. Es ist richtig, daß historisch geprägte Religionen mit ihrer Symbolwelt das Schicksal der Menschen sind. Man wird in bestimmte Symbolwelten hineingeboren. So die abendländische Menschheit in das Christentum. Die Behauptung von Tillich muß aber dahingehend ergänzt werden, daß das geschichtliche Bewußtsein ständig an den überkommenen religiösen Symbolwelten arbeitet."

diesem Sinn ist gerade die Wandelbarkeit der Symbole der Grund ihrer Unerschöpflichkeit[76]. Symbole lösen sich aber auch äußerlich ab: wer die Mode als Symbol des jeweils Zeitgemäßen bejaht, der bejaht eben damit auch ihren Wechsel[77]. Auch die Sprache ist ja in fortdauerndem Wandel begriffen. Aber ihre anschaulichen Elemente haben im großen und ganzen eine kürzere Lebenserwartung als ihre abstrakten Begriffe: alle Metaphern nützen sich ab[78]. Naturerscheinungen können ihre Gemütskräfte verlieren, können sich auf Funktionsstörungen des großstädtischen Behagens reduzieren: wenn Sonne und Mond hinterm Smog bleiben, tritt die städtische Straßenbeleuchtung in die Lücke. Der geschmückte Erntedankaltar, unmittelbar miterlebt im ländlichen Raum, wird in der City-Kirche zur urbanen Idylle.

Daß die Symbolszene mit den verschiedenen Epochen wechselt, liegt vor Augen. Da wirkt immer vielerlei mit und zusammen. Die Symbole bringen ja selber mit der Fülle und Buntheit ihrer möglichen Bedeutungen einen unaufhörlichen Deuteprozeß in Bewegung, der ihre eigene Weiterbildung

76 Von H. G. Gadamer wird diese unerschöpfliche, unbestimmte Deutbarkeit des Symbols als der eigentliche Wertgegensatz gegenüber der „in genauem Bedeutungsbezug sich erschöpfenden Allegorie“ herausgearbeitet (Wahrheit u. Methode S. 68 ff.). Für P. Ricoeur ist in derselben Hinsicht das Symbol stets etwas „Metaphorisches“, „une entité cumulative“ (zit. n. PKemp, Phänomenologie und Hermeneutik bei P. Ricoeur, ZThK 3/1970 S. 344). M. Schlesinger aaO 227 hält etwas undifferenziert ein Symbol dann für besonders vorzüglich, „wenn sich möglichst viel Bedeutungsinhalt, wenn eine unübersehbare Menge von Sinn sich in ihm bergen läßt“, sodaß es „Vielen verständlich zu sein und Jedem etwas Bedeutendes zu bringen“ vermag. Er exemplifiziert dann aber diese problematische Empfehlung gut am Beispiel der Beschneidung, deren ursprünglicher Grund diese Sitte gewiß nicht erhalten hätte, wenn nicht die Gesundheitsregel zum Überrest des Menschenopfers hinzugetreten wäre – „ein Schulbeispiel für den stets fließenden Bedeutungswandel der Symbole“ aaO 296 f.

77 „Mode ist der Ausdruck eines Verhaltens, das auf der Anerkennung der Relativität des Zeitgemäßen beruht. Das Moderne ist neu genug, um sich deutlich vom ‚Modell des vergangenen Jahres‘ zu unterscheiden, und dennoch alt genug, um nicht die Konventionen der Schicklichkeit zu verletzen“ Gerth/Mills, aaO S. 199.

78 W. v. Humboldt, „Über die Verschiedenheit des menschlichen Sprachbaues und ihren Einfluß auf die geistige Entwicklung des Menschengeschlechts“ (Berlin 1836/Bonn 1960) rühmt an den Sprachen, daß sie „. . . der Vollendung in ihrem Fortgange . . . fähig“ sind: „Die Sprache hat damit das Verdienst, der Mannigfaltigkeit der Wendungen Freiheit und Reichtum an Mitteln zu gewähren, wenn sie oft auch nur die Möglichkeit darbietet, diese in jedem Augenblick selbst zu erschaffen. Ohne die Sprache in Lauten und noch weniger in ihren Formen und Gesetzen zu verändern, führt die Zeit durch wachsende Ideenentwicklung, gesteigerte Denkkraft und tiefer eingreifendes Empfindungsvermögen oft in sie ein, was sie früher nicht besaß . . . Geistvolle Schriftsteller geben den Wörtern gesteigerten Gehalt, und eine regsam empfängliche Nation nimmt ihn auf und pflanzt ihn fort. Dagegen nützen sich Metaphern, welche den jugendlichen Sinn der Vorzeit wunderbar ergriffen zu haben scheinen, im täglichen Gebrauch ab.“ v. H. konstatiert hier also einen gleichzeitigen Fortschritt und Rückgang der Sprachen, der für die Entwicklung des menschlichen Geistes von erheblicher Bedeutung ist. aaO S. CXVI f.

befördert. Sie werden, wo immer sie wirken, nicht nur zum Gegenstand des Erlebens, sondern auch zu einem historischen Objekt und nicht selten zu einem Exponenten der allgemeinen Zustände. Wenn die menschliche Erlebnisfähigkeit und die gesellschaftlichen Erfahrungen über sie hinausgegangen sind, werden sie erst zu Gegen-Symbolen und dann zu kraftlosen Bildern, die man zerschlägt: die Bilderstürmer besiegeln überall nur noch, daß das unersetzliche Kunstwerk, das sie zerschlagen, schon seit längerer Zeit im Begriff war, seine unmittelbare, unantastbare religiöse Kraft zu verlieren[79].

Häufiger freilich ist (zum Glück) der Ausweg, der Historisierung von Symbolen durch ihre Vergeistigung entgegenzuwirken. Sie werden dann transponiert. Dem natürlichen Symbolzerfall wird eine vorsätzliche symbolische Über-Determinierung entgegengesetzt, so wie es die talmudischen Weisen mit den alttestamentlichen Opfern, dem Tempel, der Unabhängigkeit Israels und der Messiasgestalt taten: sie verwandelten sie „in reine Symbole der messianischen Zeit"[80].

Der Verfall der Symbolkraft des Christentums ist ein ebenso offenkundiger Vorgang. Man kann ihn auf theoretischer Ebene konstatieren wie auch in der Familie erleben, so oft der Versuch, die eigene Glaubenshaltung den Nachwachsenden weiterzuvermitteln, aus dem Beredbaren auswandert und sich allenfalls noch auf Verhaltensweisen wie Kirchgang und Tischgebet reduziert, von denen man es nicht sicher zu sagen vermag, was sie für die erhoffte Vermittlung noch austragen können[81].

Wie mir scheint, ist die Frage durchaus offen, wie dieser Vorgang als ganzer zu deuten ist. Liegt hier eine Dialektik des Religiösen vor, nach der die Geschichte immer wieder alte symbolische Vorstellungen und Praktiken

79 „Die Bilderstürmer, gleich in welcher Art und in welcher Religion, sind ebenso durch ihr eigenes religiöses Erlebnis gerechtfertigt wie durch das historische Moment, in dem sich dieses Erlebnis vollzieht. Zeitgenossen einer vollständigeren Offenbarung, die ihren geistigen und kulturellen Fähigkeiten besser entspricht, können die in der abgelaufenen religiösen Phase gültigen Hierophanien nicht glauben, können sie nicht als religiös werten." M. Eliade, aaO S. 50 f.

80 So Erich Fromm, die Herausforderung Gottes und des Menschen, 1970, S. 139 f. Eliade weist auf die Neigung zur archetypischen Selbstvervollkommnung hin, die in allen religiösen Gestalten stecke: „Es gibt tatsächlich keine religiöse Gestalt, die nicht dahin tendiert, sich ihrem eigenen Archetypus zu nähern, d. h. sich von ‚historischen' Anschwemmungen und Ablagerungen nach Möglichkeit zu befreien. Jede Göttin strebt danach, eine Große Göttin zu werden, indem sie alle Attribute und Funktionen, die zum Archetypus derselben gehören, verkörpert" (aaO S. 522).

81 H. Looff spricht aaO S. 86 vom „ungeheuren Symbolverfall der kirchlichen Sprache". W. Hähnle erinnert an die familiäre Situation: „Die Worte, Zeichen und Symbole sind so vieldeutig geworden, daß sie oft zur Verständigung nicht mehr taugen. Die Antwort darauf sind ‚Zimmerschlachten' . . . oder aber stillschweigende Vereinbarungen über die Ausgrenzung wichtiger Themen zwischen den Ehegatten, zwischen den Eltern und den Kindern. Es ist sehr schwierig geworden . . . den eigenen Kindern die kulturellen, ethischen, religiösen ‚Werte' zu vermitteln, von denen man selbst geprägt zu sein glaubte." (Radius 1/1975 S. 37).

abbaut, um immer wieder neuen Werten die Tür zu öffnen[82]? Oder liegt hier eine unumkehrbare Entwicklung vor, die Überschreitung einer Schwelle, hinter der das Symbolische wie das Mythische für den Menschen keine echte Möglichkeit mehr darstellt? Bleibt ihm dahinter und nach der Selbstentlarvung seiner Surrogate, seiner symbolischen Reliquien und seiner restlichen Deutesysteme nur noch die prinzipielle Trostlosigkeit des wissenschaftlichen Zeitalters beschieden[83]? Können die Menschen aus diesem Schicksal der unabwendbaren Entmythisierung und Entsymbolisierung einen entschlossenen, vielleicht elitären Durchbruch zur bildlosen Transzendenz werden lassen und so in die gesteigerte Existenzform eines philosophischen Glaubens gelangen[84]? Oder wird es gelingen, die „Symbolisierung" nicht als einen Eingang in die neuen Unmündigkeiten des Irrationalen, als Versteckspiel hinter „Geheimnissen" ohne Deckungskraft, sondern als eine rational zu verantwortende „synthetische" Weise des Weltverstehens und der Lebensbewältigung mit der analysierenden wissenschaftlichen Weltbemächtigung oder auch Weltvergewaltigung ergänzend, umfassend koexistieren zu lassen? So, daß der Glaube seine erzählten Geschichten, die Frömmigkeit ihre selbstverständlichen Verhaltensformen und die Sittlichkeit ihre bestärkenden und bestätigenden Vor-Bilder behält? So, daß das Symbolische wie das Mythische zwar nicht mehr unbewußt oder unbekümmert, aber immerhin in einer Art zweiter Naivität, durch die

82 Dies ist M. Eliades Meinung: Zarathustras Widerstand gegen blutige Tieropfer lag auch im wirtschaftlichen und gesellschaftlichen Interesse, hat aber vor allem eine neue Perspektive für die Kontemplation ermöglicht. „Historisation" ist unvermeidlich: „Die Geschichte tritt hinzu, sobald der Mensch . . . das Heilige erlebt." Der „Synkretismus" gehört überall zum religiösen Leben als eine Möglichkeit für die religiösen Gestaltungen, sich zu veredeln. Die Dialektik der Hierophanien ist immer dieselbe, fast alle religiösen Haltungen der Menschen sind seit den ältesten Zeiten gegeben. Freilich ist die Geschichte fähig, sie zu lähmen oder zu stützen, religiöse Vorstellungen sich wunderbar oder auch wunderlich fortentwickeln zu lassen, doch kann sie „niemals die Notwendigkeit religiösen Erlebens beseitigen". Denn die Geschichte der Religionen ist das Drama vom Verlorengehen und Wiederentdecken der religiösen Werte, das nie endgültig ist und dies auch nicht sein kann (aaO S. 522–525).

83 Es sei noch einmal erinnert an Th. Luckmanns These vom Versagen der Wissenschaften in der sinnvermittelnden Weltorientierung, an seinen Hinweis auf die relativ höhere Sinnvermittlung durch eher obskurantische Deutesysteme oder durch die große Überredungskraft psychologischer Deutungen (vgl. in Anm. 36). Wo wird morgen der lautlose Auswanderungsprozeß aus der Kirche enden, der sich heute als religiöses Drama im Bewußtsein vieler Menschen abspielt, unter dem Eindruck der Inkongruenz der kirchlichen Verkündigung und der faktisch alles beherrschenden Wertsysteme? Lassen sich die alten Glaubensfragen in neue Gestaltungsvorschläge übersetzen? (so G. Schmidtchen, Befrage Katholiken S. 164 ff.). Wird man sich wenigstens gesellschaftspraktisch mit vorläufigen Wertsystemen behelfen können, nachdem die weltstabilisierenden großen Deutesysteme unwiderruflich der Vergangenheit angehören (J. Habermas, aaO S. 166 u. 194)? Ruft das Thema Symbol nur noch die Erinnerung an unwiderbringlich Verlorenes wach – „keine Zeit hat solche Sehnsucht nach Verkleidung wie die, die keine hat" schrieb K. Tucholsky (Pyrenäenbuch S. 78)?

84 vgl. H. Looff, aaO S. 192, wo er auf Jaspers verweist.

Schleuse der Reflexion hindurch anerkannt und in seiner Wirkung belassen oder wieder eingesetzt werden kann[85]? So, daß – um auf den Spuren Erich Fromms ein biblisches Bild noch etwas weiterzuspielen –, der brennende Dornbusch (als Symbol der sich im Gebrauch nicht selbst verzehrenden geistigen Existenz des Menschen oder besser: der Unerschöpflichkeit des Lebens unter dem Schutz Gottes) nicht bloß die wissenschaftlichen Dornen, sondern auch die symbolischen Blätter, die Zeichen der Lebensfülle, behält[86]?

2.3.2 Das beharrliche Thema

In der Wandlungsfähigkeit der symbolischen Szene spiegelt sich die Beharrlichkeit des Bedürfnisses nach Symbolisierung wider. Die bewegte Szenerie färbt auch auf ihre wissenschaftliche Erörterung ab: die symbolischen Phänomene wurden z. B. nicht immer, und auf weite Strecken hin vor allem nicht unter diesem Titel diskutiert. Der Symbol-Erörterung haftet deshalb zuweilen etwas vom Geruch, aber auch von der Anziehungskraft und Aussagefähigkeit eines modischen Themas an[87]. Aber auch die Beharrlichkeit dieser Thematik durch die wechselnden Szenerien hindurch hat etwas Eindrucksvolles an sich: einmal durch den griechischen Geist ins menschliche Bewußtsein erhoben konnte das Thema des Symbols unter seinem ursprünglichen, griechischen Namen nicht mehr aus der Geschichte des menschlichen Geistes verschwinden. Der Begriff des Symbolischen war augenscheinlich geräumig genug für jeden denkbaren Zuwachs an anschaulicher Erfahrung; er erwies sich jedenfalls als geräumig genug, um die Zeiten zu überdauern[88], ja auch, um auf diesem Wege unübersetzt oder sogar unübersetzbar zu bleiben[89].

85 Mythos und Symbol sind schon nicht mehr unmittelbar lebendig und wirksam, wenn sie als solche bewußt werden. Freilich mag zwischen beiden ein zusätzlicher Unterschied walten und das Symbol der Abstraktion um einen Schritt näher sein als der Mythos.

86 vgl. E. Fromm, aaO S. 96.

87 „Das Wort Symbol haben wie im Wettstreit heute alle sich zum Gegenstande des Gebrauchs genommen, die aus der Mitte unsrer Landsleute sich nur in der Anwendung dieses einen Wortes klug vorkommen“, schrieb Friedr. Creutzer, der Chef-Mythologe des beginnenden 19. Jahrhunderts 1809 (zit. nach M. Schlesinger, aaO). Anders S. Langer: „. . . ist es das Natürlichste und einzig Angemessene, was einem neuen Problem oder einer neuen Terminologie widerfahren kann, so en vogue zu sein, daß sie für kurze Zeit alles andre verdrängen. Ein Wort, das jeder aufschnappt, oder eine Frage, die jeden erregt, birgt höchstwahrscheinlich eine fruchtbare Idee – den Ansatz zu einer völligen Neuorientierung in der Metaphysik oder zumindest das ‚Sesam öffne dich‘ irgendeiner neuen positiven Wissenschaft. Daß eine solche Schlüsselidee plötzlich so hoch im Kurs steht, rührt daher, daß alle wachen und aktiven Köpfe sich sofort mit ihr beschäftigen . . .“ aaO S. 31.

88 Nach den lexikalischen Befunden ergeben die Bedeutungen von symballein/symballesthai geradezu ein Kaleidoskop der zwischenmenschlichen Kommunikationsvarianten: zusammen- werfen, -binden, -stoßen, -schütten, -tragen, -schlagen, -schließen, -zählen, -rechnen, -halten, -stellen, -fließen, -hängen; vereinigen, versammeln, befreunden; vermuten, schließen, folgern, erraten, deuten, auslegen, erklären, vergleichen; sich besprechen, unterhalten, aufstellen, Geschäfte machen, Ver-

Was den Begriff des Symbolischen für die theologische Reflexion heute so diskussionswürdig und -dringlich macht, scheint mir einerseits die unbestreibare Verständigungsschwierigkeit zu sein, die derzeit die Kommunikation im Gottesdienst, in und zwischen den Kirchen und im wissenschaftli-

träge schließen, Verabredungen treffen, verkehren; erfassen, hinzufügen, unterstützen, fördern, beisteuern, beitragen, helfen, mitgeben, leihen, nützen, anführen; begegnen, treffen, sich entzweien, schelten, streiten, schmähen, hetzen, zusammengeraten, kämpfen, handgemein werden . . . Alle diese Bedeutungen führen die ursprüngliche, technische Grundbedeutung „flechten, drehen oder verbinden" weiter: die früheste und wichtigste Arbeit beim menschlichen Anlauf, die Welt zu bewältigen. Angesichts dieser ganzen Skala wird es zur Selbstverständlichkeit, daß symbolisches Wahrnehmen, von seiner kommunikativen Struktur her verstanden, nicht einsame Intuition über die Tiefe der Welt, sondern wurzelhaft auch Verständigung darüber bedeutet. Kommunikatives ist wesenhaft in der Sozialität verortet. Auch jeder Versuch, sich mit etwas über dieses zu verständigen, verläuft zugleich über die andern.

Im übrigen wird ad vocem Symbol immer wieder mit Recht an die tessara hospitalis erinnert (zerschnittene Holzplättchen oder zerbrochene Täfelchen, vielleicht auch Würfel, Ringe, Halbkugeln). Es sind Erinnerungszeichen an gewährte Gastfreundschaft, die ihre Wiedergewähr verbürgen sollen. Sie gehören trotz ihrer Getrenntheit zusammen und funktionieren auch über räumliche, zeitliche und sogar sprachliche Distanzen hinweg. Sie veranschaulichen mit dem ein- auch das ausschließende Moment aller Gemeinschaft: wer die tessara nicht hat, gehört nicht dazu; wer sie hat und nicht kennt, kann den Partner nicht finden. Nach Plato bringt der Eros zusammen, was unterschieden und getrennt ist und sich dennoch entspricht.

89 Nur die Griechen haben es in der Wortfamilie „symballein" zu einem Hauptwort gebracht; symbolon findet sich von Theognis (um 540) an bei fast allen bekannten griechischen Schriftstellern und in fast allen Literaturgattungen. Andere Substantivbildungen sind weniger häufig: symbolé, das den Anstoß, das Zusammentreffen, die Vereinigung, den Beitrag oder auch das Gelenk bedeutet: symbolos, wie man den gebetenen oder ungebetenen Tischgenossen, Nutznießer oder Vermittler nennt; symboleus, der aus Stricken Seile flicht oder in ähnlicher Weise Freunde zusammen- und wieder auseinanderbringt; schließlich symbólaion für den Handelsverkehr und seine Requisiten. Zu Hauptwörtern kommt es, wenn man ihrer bedarf; beim Symbol war der Bedarf für das griechische Denken gegeben. Im Lateinischen zögerte man. Man übernahm das Fremdwort symbolum, gelegentlich mit dem Beiklang des Komischen, in die Alltagssprache. In der klassischen Literatur taucht es erst n. Chr. auf. Die konstruktive Genauigkeit der lat. Sprache entwickelte kein Aequivalent und der lat. Sprachgebrauch keinen Bedarf für das weiträumige, wenig genaue Wort, bis sich dann die Denkweisen ums Mittelmeer vermischten. Auch im Deutschen ist das Symbol ein Fremdwort, das „Symbolische" eine oft etwas unklare Eigenschaft geblieben. Trotz der sonst häufigen Auf-, Ab-, An-, Ent-, Ein- oder Vorwürfe hat man sich die exakte Wortwiedergabe „Zusammenwurf" glücklicherweise erspart. In die Lücke trat, vielleicht schon in der spätmittelalterlichen Rechtssprache, das „Wortzeichen", das nach Jak. Grimm später zum „Wahrzeichen" entstellt worden sei. (Auch gegenteilige Meinungen, die das Brenz'sche Katechismuswort „Wortzeichen" – dort in den Sakramentserklärungen – für einen altfränkischen Hörfehler von Wahrzeichen halten, sind im Umlauf).

Der Eindeutschung „*Sinnbild*" durch K. W. Ramler im 18. Jh. stand von Anfang an ihre eigene Definitionsbedürftigkeit im Weg. Daß sich hier Sinn für die Sinne abbilde, konnte dem griech. Pendant nicht voll genügen. Angesichts der befrachte-

chen Gespräch der Theologie beschattet. Andererseits stecken jene unabweisbaren Einsichten dahinter, die den Symbolbegriff jetzt auf den verschiedensten Feldern als einen Schlüsselbegriff zur umfassenderen Erkenntnis der Humanität und der Sozialität erscheinen lassen. Die praktizierende Christenheit sollte, die nachdenkende Christenheit *darf* daran nicht achtlos vorübergehen.

Noch hindert ja gerade das sehr verschwommene Phänomen des „Christentums" die Kirchen und die Theologien daran, sich sprachlich und gesellschaftlich zu isolieren und hinter die ihnen überall freundlich oder hämisch angebotenen Schutzzäune zu begeben. Wenn das Leben der Kirche und das Denken der Theologie insular werden würden, dann würden sie ihre Sache nicht mehr auf eine ihr angemessene, sondern auf eine kümmerliche und bekümmernde Weise vertreten[90].

Freilich, alles bisher Aus- oder Angeführte hat doch wohl gezeigt, wie umfangreich und schwierig die Aufgabe ist, in Tuchfühlung mit dem übrigen Wissen nach einer angemessenen theologischen Verständigung über die Bedeutung des Symbolischen für das Denken und Leben des Glaubens zu suchen. Man kann versucht sein, hier mit B. Bernstein scherzweise zu sagen, diese Aufgabe gleiche doch wohl der Frage, „welches lose Ende einen Haufen verknoteter Schnur entwirren wird"[91]. Vielleicht steht man aber tatsächlich vor einem weiterführenden losen Ende in diesem verknoteten Haufen, wenn man sich mit seinem Nachdenken nicht in der Vielgestalt von Symbolen verliert, sondern vorab von der Fähigkeit zur Symbolisierung und der Sensibilität für Symbolik als einem Urdatum menschlicher Welterfahrung und zwischenmenschlicher Verständigung darüber ausgeht. „Im fundamentalen Begriff der Symbolisierung – gleichviel ob mystischer, praktischer oder mathematischer Art – liegt der Schlüssel zu aller menschlichen Existenz. Er impliziert einen neuen Begriff des ‚Geistes', der geeignet sein kann, Licht auf die Probleme des Lebens und des Bewußtseins zu werfen, anstatt sie zu verdunkeln, wie dies durch die traditionellen ‚wissenschaftlichen Methoden' geschehen ist"[92]. Auch wenn man sich zur Zurückhaltung gegenüber so weitgehenden Erwartungen entschließt: die Theologie wird sich den Versuch gönnen sollen, nachzusehen, wie weit sie mit dem hier angebotenen Schlüssel gelangt.

ten Bedeutungsgeschichte des Wortes Symbol schien dies zu leichtgewichtig. Seit 1727 findet man „Symbol" in den deutschen Wörterbüchern. Ein Sinnbild sei „so konkret nur sich selbst gleich wie das Bild, und doch so allgemein und sinnvoll wie der Begriff", meinte Schelling (zit. bei H. G. Gadamer, aaO, S. 73), und charakterisierte es damit in etwa nach dem griechischen Aequivalent.

90 J. Moltmann hat einmal die Gegenwart als eine Situation charakterisiert, „in der die verfaßten Kirchen das Monopol auf Christentum verlieren und das Christentum das Monopol auf Religion verliert" (Vorwort zu V. Gardavsky: Gott ist nicht ganz tot, S. 9). Zur drohenden Möglichkeit gesellschaftlicher „Insulation" der Kirche, mit Hilfe einer Zwei-Welten-Dichotomie, vgl. W. Marhold, „Die Gesellschaft im kirchlichen Bewußtsein", in: ZEE 6/1973 S. 368.

91 B. Bernstein, aaO S. 116.

92 S. Langer, aaO S. 33.

Drittes Kapitel

„Symbolisierung" – theologische Erwägungen zum anthropologischen Befund

3.1 Die Gestalt auf der Brücke oder die Offenheit des Konkreten

Wir versuchen, den Vorgang der Symbolisierung in seinen hauptsächlichen Aspekten theologisch zu reflektieren. Daß hier ein wesentliches Thema der theologischen Anthropologie zur Erörterung steht, kann niemand verkennen. Wie immer man die religionswissenschaftlichen, psychologischen, soziologischen, sprachphilosophischen und aesthetischen Thesen und Theorien zur Symbolik im einzelnen beurteilen mag: daß man es hier nicht mit einer Sonderbegabung, mit einer Liebhaberei einzelner Individuen, Schichten und Gruppen zu tun hat, ist unbestreitbar. Symbolisierung benennt ein spezifisches Vermögen des Menschen, das für seinen Umgang mit seiner Welt und mit seinesgleichen vor und neben anderen Fähigkeiten besonders kennzeichnend ist; eine fundamentale Eigentümlichkeit dessen, wie Menschen die Wirklichkeit wahrnehmen können.

Menschliche Wahrnehmung der Wirklichkeit ist, so scheint es, vor allem durch das Vermögen bestimmt, einzelnes zu unterscheiden und nach seinen Ursachen zu fragen. Dieses Vermögen ist aber nur die eine Seite der Sache. Zum Gesamtvorgang menschlicher Wahrnehmung gehört auch das gegenläufige, das synthetische Wahrnehmungsvermögen. Wo man etwas wahrnimmt, da fällt immer vieles zusammen: Empfindungen und Beobachtungen, Erinnerungen und Vorstellungen vermengen sich da. Wo Entsprechungen ansprechen, ergeben sich kumulative Assoziationen. Wahrnehmungen können intuitiv und suggestiv sein. An unseren Intuitionen ist unsre improvisierende Fantasie mitbeteiligt. Bei Assoziationen wirkt auch das Dissoziationsvermögen mit, und umgekehrt ist es genau so. Jede Kollektion eines Teilbilds der Wirklichkeit ist gleichzeitig ein Selektionsvorgang. Um etwas zusammenzusehen, muß man von der Überfülle des gleichzeitigen Bildangebotes absehen können. Bei jeder Gestalt-Wahrnehmung spielen immer beide Tendenzen zusammen: nur was man verkörpert sieht, kann man zergliedern, und nur was man noch weiter zergliedern kann, sieht man auch genauer verkörpert. Wenn man die Teile in einem Ganzen unterscheidet, bedeutet dies, daß man die unterschiedenen Teile mit etwas anderem oder auch untereinander etwas anders verbindet oder zumindest verbinden könnte. Man hat sie nicht wirklich für sich – die Vorstellung stellt sie in einen anderen Kontext. Jedes Zerlegen wird immer von einem (neuen) Zusammenlegen begleitet. Jede auseinanderlegende Artikulation ergibt einen Satz, eine (neue) Zusammensetzung. Das Abstrahieren, das Wegziehen eines vom andern ruft nach dem Konkretisieren, nach dem, daß etwas (neu) zusammenwächst. Die Verflüchtigung in den Begriff ruft nach der Verdichtung in einer neuen Gestalt. „Symbolisierung“ meint das Wahrnehmen einer konkreten Gestalt und aller Vorstellungen, die mit ihr verwachsen sind, in deren „Bild-Raum“ sie sich selber darstellt. Wer symbolisiert, sieht jede Gestalt in ihrem situativen Kontext, der weiterverweist. Er sieht eine konkrete Gestalt, umgeben von allen einschlägigen Vorstellungen, sozusagen auf einer Brücke stehen und von dort weiterverweisen[1].

Symbolisches Wahrnehmen ist also gestalthaftes, erfahrungsgesättigtes Sehen; die selektive Wahrnehmung eines Objekts, das man sogleich zusammensieht mit vielem, was zu ihm gehört und in ihm schon widerscheint, sich aber noch nicht in ihm darstellt. Die Aufmerksamkeit auf die Offenheit der Gestalten ist seine hervorstechendste Eigentümlichkeit. Symbole können also alle natürlichen, künstlichen oder gedanklichen, gegenständlichen, persönlichen oder fantastischen Gestaltungen sein, Bilder, Worte, Tonfolgen oder Verhaltensweisen, die sich dem Betrachter in ihrem Verweisungszusammenhang zeigen und darin als Bedeutungsträger erscheinen. Sie wollen als Brücke dienen, die die Vorstellungen zu einem Ufer leitet, dessen Konturen sich immerhin abzeichnen und das als Brückenkopf dienen soll für ein Land, das sich offen und weit dahinter erstreckt. Das Symbolische am Symbol ist diese Brückenfunktion, in der es in seinem klar umrissenen Hier und Jetzt auf ein schon erkennbares anderes Ufer verweist und für das weite Land hinter ihm gutsteht.

3.1.1 Herrschaftsgestalt und Wunschgestalt

Wenn man spekulieren will, kann man vermuten, daß das synthetisierende dem differenzierenden Vermögen vorausgeht. Der Mensch sieht, ehe er denkt. Zuerst sieht man das Ganze, ehe man Einzelheiten erfaßt. Der Mensch ist das Wesen, das in seine „Unterscheidungsjahre“ immer erst kommen muß. Auch phylogenetisch dürfte die Symbolik der Analytik vorausgehen. Die Zusammenschau ist der naturgegebene Erstversuch, mit der Fülle der Wirklichkeit zurechtzukommen. Das „divide et impera“, die Klugheit der Imperatoren, wird unter dem Eindruck der Bedrohtheit des Lebens erlernt.

Das Geschenk des Lebens ist freilich ab ovo Geschenk eines bedrohten Lebens: eine Prioritätenspekulation trägt deshalb nicht allzuviel aus. Man kann ruhig annehmen, daß der Eindruck der Bedrohtheit des Lebens über-

1 „Die Sprache der Symbole ist eine Brücke“ (H. O. Wölber, die Eigenart des Auftrags. in: LMH 2/1975 S. 88). „So ist die Symbolsprache die Brücke zwischen den beiden Welten, deren Bürger der Mensch ist – der Welt, die bereits besteht, und der kommenden Welt, die die Hoffnung gibt, die Unzulänglichkeiten der anderen würden wieder gutgemacht“ (Carl E. Braaten, die Bedeutung der Zukunft, in: Ev. Theol. 4/1972 S. 328). „Im Erlebnis des Symbols ereignet sich ein Brückenschlag über den Graben der Sprachlosigkeit, und durch diesen Brückenschlag erst wird das Jenseits der Sprachgrenze entdeckt“ (H. Ott, Symbol und Wirklichkeit. Über das symbolische Sagen und die Wirklichkeit des Unsagbaren, in: ThLZ 8/1974, S. 567).

wältigend ist. Es bedarf der Notwehr gegen das unheimlich und überall drohende Böse, das sich in vielen Übeln versteckt. Die Notwehr fängt mit der Kunst des Unterscheidens an, setzt sich im Teilen fort und vollendet sich im Beherrschen. Wo aber aus dem Unterscheiden das Beherrschen wird, da schlägt die Not des Unterscheidenmüssens in den Stolz auf das Unterscheidenkönnen um und ordnet sich dann die Kunst des Wiederverknüpfens nach. Je mehr man das Unterscheiden als etwas Notwendiges erlebt, desto mehr wird dann die Kunst des Verknüpfens zu etwas Erwünschtem. Der homo faber beginnt, sich in das Land der unbegrenzten Möglichkeiten hineinzuträumen; der homo ludens beginnt, den Zauberteppich der Wünsche zu knüpfen. Unterscheiden und trennen, differenzieren und teilen zu müssen und dies auch beständig zu tun: so vertieft sich der Zwangs- und Herrschaftscharakter des Lebens. Zusammenschauen und ineinanderfügen, verbinden und integrieren zu können oder dies doch beständig zu wollen: so bleiben der Wunsch- und Freiheitsgestalt des Lebens die Türen geöffnet.

3.1.2 Selbstdarstellung und Selbstentfaltung

Was bei der Symbolisierung vor sich geht, das kommt beispielhaft im Grundbedürfnis nach Selbstdarstellung heraus, das der menschlichen Individualität in ihrem sozialen Bezugsfeld eignet. Der Einzelne bringt darin die Notwendigkeit zum Ausdruck – aber auch seinen Wunsch und seine Kraft –, nicht bloß seine Art erhalten, sondern sich selber in seiner Individualität behaupten zu wollen. Dabei will aber jeder in Wahrheit immer mehr darstellen als sich selber: nicht sich in seiner momentanen, bruchstückhaften Realität, sondern in seiner ganzen „Potentialität". Die jetzige Realität braucht nicht dargestellt zu werden, sie zeigt sich von selber. Sie zeigt nüchtern vor, was dem da möglich war oder ist, oder auch hämisch, was ihm nicht mehr möglich erscheint. Wo man sich jedoch selber darstellen will, will man zeigen, daß früher Mögliches jetzt noch möglich ist und daß womöglich mehr möglich sein konnte und hoffentlich sein wird, als jetzt schon der Fall ist. D. h. man nimmt sein Grundrecht auf Selbstdarstellung als Recht auf Selbstentfaltung in Anspruch. Wo immer sich eine konkrete Individualität als solche selbst darstellen will, da will sie mehr vorzeigen als die schäbige Konkretheit (con-crescere: zusammenwachsen), die ihr bis dato zuwuchs; was könnte auch dazu veranlassen, sich gerade so mit allem Halbgelungenen oder Zurückgebliebenen zu zeigen? Allenfalls das Bedürfnis, wenigstens durch den rigorosen Abbau aller Vorspiegelungen den Rest von Selbstanerkennung zu retten. Die Selbstdarstellung der konkreten Individualität gilt dem Inbild dessen, was man sein oder werden möchte; sie gilt den gewesenen, den jetzt zutreffenden oder die jetzigen übertreffenden Möglichkeiten. Die Selbstdarstellung schreitet das jetzige Außenbild, den Raum und das Geheimnis der Individualität, erst dadurch voll aus, daß sie diese überschreitet, transzendiert. Selbstdarstellung geschieht tendenziell im Vorgriff[2]. Das synthetische und das expressive Vermögen, diese beiden

2 Zum Recht auf Selbstdarstellung vgl. 2. Kap., in und bei Anm. 70.

Brückenpfeiler sowohl des Gestaltens wie auch aller Symbolisierung, haben teleologische Struktur und antizipatorischen Charakter: sie sehen die werdende Gestalt sozusagen schon bei ihrer Grundsteinlegung als Brücke.

3.1.3 Das sich als Werden-wollen anzeigende Sein

Wo Gewordenes, Gegebenes, Gemachtes symbolisch verstanden werden soll, da wollen nicht nur seine gegenständlich vorliegenden Eigentümlichkeiten, sondern durch diese hindurch und über sie hinweg, aber nicht an ihnen vorbei andere, tiefere Qualitäten des Wirklichen, essentielle Möglichkeiten des Daseins erfaßt und übernommen werden. Das Land der weitergehenden, tieferen Möglichkeiten, auf das da verwiesen wird, hat offene Grenzen zum Land der unbegrenzten Möglichkeiten, der Wünsche und Träume hin. Nicht von ungefähr dient gerade das Traumsymbol immer wieder als Charons Nachen, in dem die Seele vom verdämmernden Ufer des Tages abstößt, um ins Land der Grenzvergessenheit überzusetzen. Auch der Tagträumer läßt sich auf Planken treiben, auf symbolischen Gestalten, in denen ihm seine verborgenen Wünsche begegnen. Es sind die „Erinnerungen an die Zukunft", die sich darin zeigen; Erinnerungen an jene „ungeheure Reise" (Kafka), auf die jeder sich immer wieder macht und deren Ziel es wäre, sich ganz an das Unverlierbare zu verlieren. Symbole sind also jene mehrsinnigen Gegenstände oder Verhaltensweisen, in denen sich, in den Begriffen Ricoeurs ausgedrückt, Archäologie und Teleologie des menschlichen Lebens verflochten zeigen. Das uns vorgegebene Undurchschaute und das, was wir als uns aufgegeben anschauen, wartet da auf seine Entflechtung, auf unser Verstehen, auf existentiellen Gebrauch. Sie sind Stationen des Nachdenkens, auf denen sich in einem Stück gewordenen Daseins das Sein als Werden-Wollen verwahrt und ausgeschildert zeigt[3].

3.2 Das Spiel an der Grenze oder die Lebensnotwendigkeit des Mehr-als-Lebensnotwendigen

Symbolisierung meint also die spezifisch menschliche, genauer die sozusagen „doppelläufige" Fähigkeit, zusammen mit der wahrgenommenen Wirk-

3 P. Ricoeur, aaO pass. betrachtet den Menschen im Geflecht seiner Triebe und befragt seine Symbole von daher nicht bloß nach ihrer Herkunft, sondern auch danach, wohin sie zielen. Das geheime Werden-wollen ist dort die eigentliche Ausstrahlung. H. G. Gadamer spricht bei der Betrachtung des Kunstwerks oder des Kultbilds von einer geheimnisvollen „Seinsausstrahlung, die dem Seinsrang dessen entspringt, was da zur Darstellung kommt" Wahrheit und Methode S. 142. G. Nebel spricht von einem Überschuß, der die Poesie möglich macht, von einem Mehr an Sein, das von keinem Gebilde aufgenommen und eingekörpert werden kann, und daß gerade der und nur der die Unendlichkeit ernst nehme, der eben deshalb mit der endlichen Form zu spielen vermöge, während jede rationalistische oder dogmatische Gleichsetzung des Seins mit einem seiner Bilder oder seiner konkreten Gestalten des wahrhaftigen Ernstes, den das Sein verlangt, ermangle — zit. b. H. Looff, aaO S. 182.

lichkeit sich selber in seinen Lebenszusammenhängen wahrzunehmen. Es geht dabei, wie man sich stets wieder klarmachen muß, nicht um den sogenannten „weiten“ Symbolbegriff, der ja nur darin so weit ist, daß er alle Bedeutungsträger umschließt, der sie in Wirklichkeit aber gerade auf ihren rein technisierten Gebrauch einengt. Es geht vielmehr um die Fähigkeit des Menschen, mit dem Bild von Objekten oder Personen zusammen auch die Erinnerungen und Hoffnungen zu verwahren, durch die er sich selber mit ihnen verbunden sah oder sieht, und so an den Symbolen das Bewußtsein für die Kontinuität seines unabgeschlossenen Lebens zu entwickeln und immer wieder zu erwecken. Sie helfen ihm dazu, nicht zusammenhangslos zu reagieren, sondern als dieser individuelle Teilhaber kontinuierlich mit seiner Umwelt umzugehen, aus ihr seine Mitwelt auszuwählen und aufzubauen[4]. Die Umwelt steht nicht zur Wahl, wohl aber, in gewissem Sinne, zur Auswahl, wenngleich auch die Auswahl von zahlreichen Vorbedingungen determiniert ist. Hier erscheinen Notwendigkeit und Freiheit, Müssen und Möglichkeiten miteinander verschränkt. Der Mensch konstituiert seine konkrete Individualität, seine Persönlichkeit samt seiner Mitwelt im auswählenden, aber kontinuierlichen Umgang mit dieser. Man kann in solcher Selbstkonstituierung der auswählenden Individualität in ihrer aus dem Vorgegebenen ausgewählten Mitwelt geradezu den menschlichen Geist sich formieren sehen. Man muß vor allem sehen, daß es sich dabei um ein Wählen unter Möglichkeiten handelt und nicht nur um ein Reagieren auf vitale Lebens- und Überlebensnotwendigkeiten: es steht dabei immer auch das „Mehr-als-Lebensnotwendige“ mit zur Wahl. Und erst das Verlangen nach Möglichkeiten aus dem Bereich des „Mehr-als-Lebensnotwendigen“ macht aus dem homo erectus den Menschen, und die Minimalisierung gerade dieser Wahlmöglichkeit durch die Formen des äußersten Elends ist deshalb ein fundamentaler Angriff auf die Menschlichkeit. Es stellt sich im vollen Doppelsinn dieser Redewendung heraus, daß gerade das Ergreifenkönnen solcher Möglichkeiten für den Menschen als Menschen „mehr als lebensnotwendig“ ist. Denn solche Wahl macht aus dem Menschen ein Stück weit einen Spieler und aus seinem Leben ein Stück weit ein Spiel an der Grenze: ein Spiel mit seinen Möglichkeiten, bei dem er zwar immer wieder an die unaufhebbaren Grenzen stößt, bei dem aber ebenso immer

4 „Durch Tradition von Generation auf Generation weitergegebene Symbole gibt es für das Tier nicht. Wenn man „das Tier“ vom Menschen überhaupt definitionsmäßig abgrenzen will, ist gerade darin die Grenze zu sehen“ (K. Lorenz, das sog. Böse, S. 104). K. Lorenz sagt aaO auch, daß „Persönlichkeit eben dort ihren Anfang nimmt, wo von zwei Einzelwesen jedes in der Welt des andern eine Rolle spielt, die von keinem andern Artgenossen ohne weiteres übernommen werden kann, m. a. W. wo persönliche Freundschaft zum ersten Male entsteht“ (S. 195). Man könnte versucht sein, über die Freundschaft als das natürliche Modell einer symbolischen Beziehung zu spekulieren! Nicht das macht das Symbol beachtlich, daß es etwas zum menschlichen Handeln beiträgt, vielleicht so viel wie das mathematische Symbol, sondern daß es etwas zu seiner Selbsterkenntnis beiträgt. Daß dies P. Ricoeurs Meinung ist, dazu bei diesem passim; vgl. auch P. Kemp, Phänomenologie und Hermeneutik bei P. Ricoeur, in: ZThK 3/1970 S. 345.

wieder unerwartete Möglichkeiten ins Spiel kommen können. Freilich, je mehr ihm dann seine „erspielten" Möglichkeiten selbst wieder nötig werden, muß er sie pflegen und brauchen, wird aus dem Mitspieler wieder der Knecht seiner selbst inszenierten Notwendigkeiten. Aus dem Spiel mit den Möglichkeiten wird ihre exakte Beherrschung und der Mensch immer mehr zum Zwangsvollstrecker seines eigenen Spiels.

Man kann leicht sehen, wie sich heute die Sinn-Suche mehr und mehr in die offenen Spielräume verlagert, an die Ränder der durchgerechneten, verwissenschaftlichten Welt, deren beherrschbare Möglichkeiten nunmehr auch wirklich beherrscht und d. h. dann eben: bedient werden wollen. Dort, wo man es mit dem immer noch Unbegreiflichen oder Unheimlichen, mit dem Noch-nicht-Beherrschten oder auch einfach mit dem Nicht-Notwendigen zu tun hat, dort kann der Mensch zeigen, welcher Sinn ihm erwünscht ist, worin Sinn erhofft, wovon er erwartet wird. Dort spielt der Mensch mit Symbolen, und im Spiel mit ihnen zeigt er sich selber: als einer, der Berge erklettert, Kunstwerke erschafft, Liebhabereien nachgeht; der um einen Zentimeter höher zu springen, um eine Zehntelsekunde schneller zu laufen versucht als sein Rivale, kurz, der „mit Inbrunst das Überflüssige tut"[5]. Aber er zeigt es auch dort, wo die Spielszene größeren Ernst gewinnt: wo er den Bann bloßen Funktionieren-Müssens bricht, aus Hoffnung handelt, aus Menschenliebe gegen Übermächtiges anlebt. Wohl wissend, daß auch dies „nur symbolisch" ist und jedenfalls keine endgültige Not-Wende im Ringen mit dem Übermächtigen und Unbegreiflichen darstellt.

Aber was heißt in solchem Kontext schon „nur symbolisch"? Wo das Wollen, Dasein und Handeln von Menschen sich nicht nur an ihren Tabellen, sondern an ihren Symbolen ausrichtet; wo es dadurch selbst kleine und manchmal auch große Symbole aufrichtet für ein Mehr an Hoffnung, an Liebe, an Vertrauen, an Freiheit; wo es die Liebe nicht aufhören läßt: bringt es da nicht unaufhörlich neue Potentialitäten in den alten Realitäten zur Geltung? Übertrifft und überschreitet es damit nicht diese? Stellt es sich dabei nicht so oder so als ein Handeln an den Rändern der Transzendenz heraus? Wird es dann nicht gerade mit all solchen „Spielen", die gewiß sehr verschiedenwertig und ganz verschiedengewichtig sein mögen, als ein Geflecht von unbegreiflichen Lebenswagnissen erkennbar, die sich im Grund nur auf dem Hintergrund der Unbegreiflichkeiten des Lebens begreifen lassen[6]?

Symbolisierung ist kein Gedankenspiel, auch wenn es zuweilen verspielte Symbole gibt und jedes gewissermaßen zum „Spiel-Zeug" des Lebens ge-

5 S. 2. Kapitel, Anm. 66.

6 „Wir sind und bleiben uns selbst in einem letzten Sinn unbegreiflich. Der Mensch ist mehr, als er von sich weiß und zu wissen vermag. Das Unbegreifliche ist eine Perspektive, die an jedem Punkt unsres Lebens über das hinausgeht, was wir begriffen haben. Darin zeigt sich der Sinn des Wortes „Transzendenz". Das Unbegreifliche am Menschen ist nicht der Rest, der bleibt, wenn wir alles Mögliche begriffen haben. Das Unbegreifliche ist eine Dimension der Menschlichkeit schlechthin". (D. Roessler, Der Arzt und das Recht des Kranken, in: Ev. Komm. 2/1976 S. 81).

hört. Das Symbol macht den, den es anspricht, zum Mitspieler. Es geht auf symbolgeleitetes Verhalten aus, in das der Spieler sich spielend und ernsthaft mit einbringt. Es gilt einem Spiel an der Grenze um befreiende Sinnerfahrungen, wobei der Ernst immer mitspielt. Dem Mut zum Spiel kann dort übel mitgespielt werden, wenn sich die Sinnerfahrung versagt. Wo sie sich einstellt, wächst der Mut, weiterzuspielen.

3.2.1 Verdichtung und Vermittlung – Annäherung an Erfahrungen

Die Frage liegt nahe, wo solche Symbolisierung entspringt; woher sie den Mut nimmt, ihr Spiel auf der Grenze zu inszenieren und die Menschen zum Mitspielen einzuladen? Woher sie die Orientierungssicherheit gewinnt, um Menschen, die unter Zwängen leben, ein Spiel mit neuen Möglichkeiten vorzuschlagen? Ist das Leben selber so „selbsttranszendent"? Trägt es, trägt alles Lebendige in seiner überwältigenden Vielfalt eine Kraft als den creator spiritus in sich, die das Lebewesen Mensch dahin inspirieren kann, im Transzendieren seiner selbst und seiner Schranken sein Leben zu suchen und zu gewinnen[7]? Wird am Ende das „Ausdrucksdenken" selber, bei dem der Mensch nicht zweckrationalen Plänen und Absichten nachdenkt, in dem vielmehr „das Sein selbst lebendige Stimme gewinnt", zur transzendenten, direkten „Stunde Gottes"[8]? Wird alles, was bei der Wahrnehmung der Weltwirklichkeit Menschen zum Symbol werden kann, auch zur orientierenden Weisung und Ermutigung für sie? Gibt es etwas anderes, als sich unter dem, was im oft hoffnungslos vermauerten oder grenzenlos abgründigen und immer verwirrenden Leben konkret gesagt, getan, erlitten und symbolkräftig geworden ist, an solches zu halten, was nichts einfach wegerklärt und auch nicht bloße Wunschbilder aufrichtet, sondern am überzeugendsten Tritt fassen hilft? Es gibt den titanischen Griff nach dem Feuer, das Tun und Leiden des Prometheus. Es gibt die Bitte von Gethsemane, die Testamentsvollstreckung von Golgatha, das Leiden und Tun des Jesus aus Nazareth: zwei grandiose Gegenbilder an der Grenze, Sage dort, Geschichte hier, aber beide zum Symbol geworden für sich selbst tranzendierendes Menschenleben, für die Überwindung der Grenze und ihren Preis. Man kann auch anderes nennen, das an den Wänden entlangtasten hilft und, einmal ausgesprochen, zum Symbol werden konnte: daß Saat und Ernte nicht aufhören sollen, sondern für immer das Wechselgeschäft des Lebens darstellen mit dem großen Überhang Gottes darin. Daß es in der vom Chaos bedrohten Schöpfungswelt immer wieder Stimmen und Erfahrungen gibt, die sie uns gleichsam mehr sein lassen als sie ist: eine Treue der Dinge, eine Treue von Mitmenschen, und daß der Mensch dort keinen Blick aufheben kann, ohne daß ihm nicht Zukunft begegnet, ein Mehr als er hat oder schon ist,

7 Ich beziehe mich hier auf einen Hinweis, mit dem S. M. Daecke in Ev. Komm. 9/1975, S. 523, die Pneumatologie von W. Pannenberg kennzeichnen wollte.

8 Gottfried Benn konnte so sagen, vgl. Dt. Pf. Bl. 17/1975 S. 550 f.

„ein Überhang Gottes gegen allen Zweifel und alle Angst, gegen Sterben und Vernichtung ringsum“[9].

Wenn die Schöpfungssymbole verblassen hinter den Kulissen einer allzu ausgedeuteten und allzu ausgebeuteten, erschöpfbaren und auch darin erschreckend gebliebenen Natur: gewinnen oder behalten dann solche Symbole orientierende Kraft, in denen sich geschichtlich gewagtes Spiel auf der Grenze verdichtet hat und widerspiegelt: die Geschichte Jesu – die Geschichte dessen, der sich für die neuen Möglichkeiten Gottes im Menschenleben über dessen Grenze wagte? Gewinnen sie an ermutigender Überzeugungskraft, je mehr sie im Einklang erscheinen mit den besten und im Widerspruch zu den selbstzerstörerischen Kräften und Möglichkeiten der ganzen geschaffenen Welt – je mehr diese Geschichten in einem die Geschichte des sich verlierenden und doch unverlorenen Menschen und die Geschichte der ihren Schöpfer loslassenden, aber von ihm nicht entlassenen Welt „symbolisieren“?[10]

Symbole haben Brückenfunktion auf der Grenze. Sie dienen aber dort primär der Grenzüberschreitung, und erst dann auch der Grenzziehung. Das macht sie auch im sozialen Feld zu wirksamen Instrumenten der Integration. Sie gehören der Ausdruckssprache zu und stehen nicht unter dem Gesetz größtmöglicher begrifflicher Exaktheit. Sie sind gerade so Medien der Annäherung an Erfahrungen. Das vermehrt ihre Eignung als Vehikel der Sozialität. Denn Erfahrungen sind immer individuell und deshalb einander nie vollkommen gleich, auch wenn sie Erfahrungen des Gleichen sind. Wenn sie symbolischen Ausdruck gewinnt, schlägt in der individuellen Erfahrung etwas von einer generellen menschlichen Grunderfahrung, in der konkreten Situation etwas von einer Ur-Situation durch. Das Symbol verliert die Besonderheit nicht, in der der Einzelne gerade diese Erfahrungen macht; es nimmt sie auf, greift aber zugleich hinter diese zurück[11]. Das verschafft ihm überall seine verbindende, übergreifende Kraft.

9 Die Formulierungen entstammen der eindrucksvollen Meditation von J. Chr. Hampe: „Saat und Ernte, Frost und Hitze . . .“, in: Radius 2/1975, S. 36–39.

10 Vgl. dazu Anm. 23!

11 „. . . das Symbol (ist) . . . nur ein approximativer Ausdruck der Erfahrung. Das muß so sein, weil die Erfahrung eines Menschen nie mit der eines andern identisch ist; sie kann sich ihr nur soweit annähern, um die Verwendung eines gemeinsamen Symbols . . . zu ermöglichen“ (E. Fromm, Die Herausforderung Gottes und des Menschen S. 25). „Religiös, d. h. in der Perspektive der christlichen Tradition und der Theologie stehend, entspricht den anthropologischen Grunderfahrungen die Verschlüsselung in Symbolen. Religiöse Symbole wie z. B. das der Schöpfung oder das der Erlösung repräsentieren menschliche Ur-Situationen, liefern Muster der Legitimation und der Bearbeitung von menschlichen Grunderfahrungen . . .“ (Brockmann/Stoodt: Schülerorientierung als Situationserschließung . . ., in: WuPKG 6/1976, S. 266). H. Ott, aaO setzt in seinem lehrreichen Aufsatz bei dem ein, was er „Primärerfahrung“ nennt. Er meint damit, daß ich nie nur die Dinge, mit denen ich umgehe oder das Miteinander, in dem das der Fall ist, erfahre – das sind Dinge, die ich identifizieren kann; ich erfahre darin aber auch mein Gestimmtsein (dessen Spektrum unendlich sein dürfte), das ich nicht eindeutig

Das macht sie freilich auch anfällig für ideologischen Mißbrauch. Wer sich gut auf Symbole versteht, kann sie auch zur Gleichschaltung von Gefühlen oder Verhaltensweisen gebrauchen. In Wahrheit werden dann freilich eher allegorisch deformierte Symbole aus ihnen. Ideologien zwingen die Individualitäten auf einen gemeinsamen Nenner mit der Vorgabe, sie über sich selber hinauszuführen. Symbole im Dienst der Ideologie werden daran erkennbar, daß sie aus Anzeichen zu Abzeichen werden, daß aus der offenen Brücke des Symbols ein geradliniger, breiter, umzäunter Anmarschweg zum Tempel ihres Idols gemacht wird und die freien Mitspieler sich in uniformierte Vollstrecker verwandeln. Wobei übrigens auch Doktrinen samt der Berufung auf ihre Wissenschaftlichkeit eine quasisymbolische Rolle im Rahmen der Ideologien spielen können[12].

3.3 Symbolisierung und religiöse Expressivität

Das Symbolische ist vorzugsweise als eine Eigentümlichkeit der religiösen Sprache betrachtet worden[13]. Darüberhinaus hat man es in diesem Bereich und zunehmend auch neben ihm vor allem als ein Element der künstlerischen Gestaltungskraft angesehen. Daß es sich jetzt auch in einer beinahe technisierten Verwendung zur Erklärung grundlegender interaktioneller Bewandtnisse, psychischer Vorgänge, ja geistiger Leistungen und Fähigkei-

identifizieren kann, das mir aber Indiz der einen, (vom Vf. bewußt singularisch verstandenen) menschlichen Grundsituation ist, deren Begriff selber Symbolcharakter hat und die jenes „mehr“ an Wirklichkeit ist, dem ich durch die Symbole begegne. Diese (unsagbare) Tiefenschicht seiner Wirklichkeit ist aber kein „monotones Geheimnis des Seins“, sondern, wie die Vielfalt der Symbole verrät, von vielen Einflüssen geprägt, und sie wird auch durch die verschiedenen Symbole in ganz verschiedener Weise in Anspruch genommen.

12 „Der Mensch will träumen und sich von Symbolen und Leitbildern führen lassen (und nicht bloß in Wachheit leben). Deshalb ist das Symbol unumgänglich für die Massenführung“ H. Looff, aaO S. 170 f. im Anschluß an R. Müller-Freienfels, der die unkluge Symbolarmut des Protestantismus und der modernen deutschen Demokratie beklagte. „Man könnte aufzeigen, daß für viele Marxisten, Freudianer oder Strukturalisten ihre Doktrin symbolisch funktioniert. Sie halten die Thesen für wahr, ohne genau zu wissen, was sie implizieren ... Allgemein hat in unsrer Gesellschaft eine große Zahl von symbolischen Sätzen die Form (‚p‘ ist wissenschaftlich) – wobei die Wissenschaft die Rolle der Vorfahren spielt“ (Dan Sperber, aaO S. 145).

13 H. Looff, aaO S. 167 zitiert den franz. Protestanten A. Sabatier (auch schon M. Schlesinger verweist auf diese Stelle, aaO S. 283): „Das Symbol ist die einzige Sprache, die für die Religion paßt. Wir haben das Bedürfnis, das kennenzulernen, was wir anbeten; denn man betet ja nicht das an, von dem uns alle Wahrnehmung abgeht. Aber es ist ebenso unvermeidlich, daß wir es nicht völlig begreifen; denn man betet hinwiederum wohl das auch nicht an, was man allzuklar begreifen würde, da ja begreifen so viel als beherrschen ist. Das nun ist die doppelseitige und widerspruchsvolle Lage der Frömmigkeit, der eben das Symbol zu entsprechen bestimmt zu sein scheint“. S. auch E. Blochs Äußerung, daß die Geschichte des Symbols über lange Strecken durch die Religion führt (vgl. 2. Kapitel, Anm. 69).

ten des Menschen überhaupt als aufschlußreich oder fast unentbehrlich aufgedrängt hat, stellt eine nach-aufklärerische, fast möchte man sagen, eine erst nach-moderne Erscheinung dar.

Offenkundig weist das Symbolische in seiner Struktur eine besondere Nähe zur religiösen Expressivität auf. Dadurch ist es für die Ausdruckswelt des christlichen Glaubens zu einem naheliegenden, wenn auch problematischen, ebenso unentbehrlichen wie gefährlichen Mittel geworden; zugleich zu einem unumgänglichen, nicht ohne Vorbehalt betrachteten und aufgenommenen Gegenstand theologischer Reflexion. Dadurch blieb aber auch sein Kurswert jeder grundsätzlichen wie auch jeder zeitbedingten Infragestellung des Religiösen empfindlich ausgesetzt. Das Interesse am Symbolischen und das Interesse an der Religionskritik dürften teilweise gegenläufige Gezeiten besitzen, sofern das erstgenannte Interesse nicht einer Fluchtbewegung vor dem ätzenden Zugriff religionskritischer Nachfragen gleichkommen soll.

3.3.1 *Die Unumgänglichkeit religiöser Symbolsprache*

Um zu sehen, weshalb die symbolische Expressivität sich für eine religiöse Glaubenssprache besonders nahelegt, genügt es, sich an ihre nunmehr wiederholt herausgearbeiteten Haupteigenschaften zu erinnern. Die Symbolik stellt eine Redeweise dar, die sich in Gleichnissen an das Unvergleichliche heranwagt und eben darin zugleich den angemessenen Abstand zu diesem hält. Symbolik ist eine Ausdrucksweise, in der die zum Ausdruck gebrachte Erkenntnis offen bleibt für verschiedene Weisen der Anerkenntnis und Aneignung, für kognitive wie für affektive Zugänge, für ganz verschiedene Verständnismöglichkeiten der Angesprochenen und Miterlebenden. Die Symbolik kann unterschiedliches Sprachniveau überbrücken, ja sich sogar über ausgeprägte Sprachgrenzen, wenn auch kaum über einschneidende Kulturgrenzen hinwegsetzen[14].

Die Symbolik könnte das Geheimnis der Gotteserkenntnis vor der Gleichsetzung mit fixierten und manchmal allzu fixen Formeln schützen. Sie könnte verhindern wollen, daß es in „fertige Sätze" abgefüllt, daß aus Offenbarung Offenbartheit gemacht wird[15]. Die Symbolik könnte zur Schonung der menschlichen Schwachheit dienen, die nicht zu viel „Wirklichkeit erträgt" und doch nach der Wahrheit verlangt; sie könnte psychi-

14 Wenn man Oekumenizität als regionalisierte Katholizität praktisch werden sieht und die „Regionen" dabei durch kulturelle Verwandtschaft bestimmt sind, dann sind für diese vermutlich Symbole Kommunikationsmedien von bemerkenswerter Bindekraft; als globales Symbol hat sich in der oekumenischen Christenheit nur das Kreuz uneingeschränkte Geltung verschafft.

15 „Und zwar bringt das Symbol die unsagbare Wirklichkeit als die unsagbare zur Sprache. Es löst deren Geheimnis nicht auf" (H. Ott, aaO S. 564). J. M. Lochman hat einmal, vielleicht im Nachgang zu Max Weber darauf hingewiesen, daß Symbole und Rituale nicht für das Haben, sondern für das Sein plädieren (und dieses repräsentieren (Ev. Komm. 9/1975, S. 526).

schen Klärungsprozessen behutsam und mitfühlend ihre Verkleidungen lassen[16].

Die Religionsgeschichte ist freilich nicht arm an Gegenbeispielen dafür, wie rasch jeder „symbolische Vorbehalt" entfallen kann, wie bald dann Gottheit und Gottesbild ineinanderfallen und aus Symbolen Idole werden. Das Bilderverbot des Dekalogs warnt vor solchen Fehlentwicklungen höchst versuchlicher Art. In seiner Erbfolge und wohl auch darüber hinaus ist die Spannung zwischen Kontemplation und Glaubensgehorsam, zwischen Bild und Wort, zwischen Kult und Prophetie, Erfahrung und Erwartung Gottes zur inneren Dynamik vieler religiöser Prozesse geworden[17]. Als Signatur des biblischen Glaubens hat sich dabei jedenfalls eine Haltung ausgearbeitet, die man als ein „Des Kommens Gottes Gewärtigsein" schildern kann.

Die nahe Verwandtschaft der symbolischen und der religiösen Expressivität hebt ihre Zwielichtigkeiten nicht auf. Als Vehikel der Glaubensäußerung ist das Symbolische ebenso zweischneidig wie unvermeidlich. Es bedarf immer wieder des die Situation eindeutig machenden Wortes, der Anrede, der Zusage. Gleichwohl bleibt das Symbolische unumgänglich, wo immer der Glaube umgänglich bleiben soll.

3.3.2 Die Umgänglichkeit religiöser Symbolsprache

Ein Merkmal der symbolischen Ausdrucksweise muß noch einmal besonders hervorgehoben werden: sie spricht nicht nur den Intellekt an, ihn vielleicht nicht einmal primär. Sie stimuliert auch und besonders die affektiven Vorstellungskräfte, die Fantasie der Befürchtungen und der Wünsche. Sie macht das Stück Wirklichkeit, das sie besonders beleuchtet,

16 „Es ist die Liebe Gottes, die dem Menschen die Bilder gab, um seine Schwachheit zu schonen, die nicht viel ‚Wirklichkeit' erträgt, und seinen Hunger zu sättigen, den nur die Wahrheit stillt" P. Schütz, zit. bei H. Looff, aaO S. 144. Zur Seelsorge hat V. Läpple einmal die Möglichkeit erwogen, ob man nicht bei besonders gelagerten Fällen auf der religiösen Sprachebene verbleiben, die religiösen Symbole aber bewußt so einsetzen könnte, daß ein psychischer Prozeß in Gang käme, bei dem dann auch die eigentlichen Probleme sozusagen unter der Hand mitbearbeitet würden. (Ev. Theol. 1/1975, S. 12 f.) Man wird freilich erwägen müssen, ob sich wirklich sozusagen fachmännisch decodierte religiöse Symbole nachher bewußt wieder als eine Art von psychagogischer Manövriermasse verwenden lassen.

17 „Das mythische Bewußtsein wird durchweg durch die Indifferenz von Bild und Sache bestimmt ... doch spielt sich eine Loslösung ab, wenn die Welt des Mythos der eigentlichen religiösen Welt zu weichen beginnt ... Aus dem Kampf gegen den Bilderdienst wird im israelitischen Prophetismus der Inhalt und die Form der Gottesidee gewonnen. Das Verbot des Bilderdienstes bildet die Grenzscheide zwischen dem mythischen und dem prophetischen Bewußtsein ... Aber es liegt in der Natur des Religiösen, daß dieser Kampf der Motive in ihm selbst nicht zum Abschluß geführt werden kann; denn eben dieser Widerstreit: dieser ständige Versuch, sich vom bloß Bildhaften zu lösen und die ständige Notwendigkeit, zu ihm zurückzukehren, bildet ein Grundmoment des religiösen Prozesses selbst, wie er sich in der Geschichte vollzieht" E. Cassirer, aaO S. 189.

dabei sozusagen durchscheinend für die ganzheitliche Erfahrung einer menschlichen Grundsituation[18], ist damit selbst ein Akt ganzheitlicher Kommunikation[19]. Da sie Wirklichkeit in einer sie andeutenden, nicht in einer sie ausdeutenden Weise ins Spiel bringt[20], bezieht sie den Adressaten nicht bloß existentiell mit ein, sondern macht ihn in stärkerem Maße zum Mitspieler, läßt ihm dabei mehr Raum, sich mit einzubringen. Diese beiden Elemente, die stärkere, in die psychischen Bereiche hineinreichende existentielle Inanspruchnahme[21], und die stärkere Herausforderung der interpretativen Eigentätigkeit, die Gewährung eines freieren Spielraums für diese, sind wohl die Hauptwurzeln der integrativen Kraft der Symbole. Symbole binden stärker als Definitionen. Zugleich sind sie geräumiger als ein Revers, den man zur Unterschrift vorgelegt bekommt.

Auch hier werden die starken Seiten des Symbolischen von einschlägigen Gefährdungen begleitet: was andre besonders nachhaltig zu integrieren vermag, fordert die manipulierenden Künste geradezu heraus. Daß Chef-Ideologen dies wissen und nützen, haben wir schon bedacht. Jetzt ist zu bedenken, daß dies den Glauben, der sich ausdrücken will, nicht davon abhalten darf, damit etwas bewirken zu wollen. Glaubensäußerung will, zumindest oder zuhöchst, Glauben hervorrufen. Sie wird ihre Ausdrucksmittel im klaren Bewußtsein ihrer Wirkungsmöglichkeiten einzusetzen haben und kaum Zeit daran wenden müssen, sich vom Verdacht, etwas manipulieren zu wollen, chemisch reinzuwaschen. Theologische Verantwortung wird aber dessen eingedenk sein, daß es um den persönlichen Glauben und nicht um eine emotional erschlichene Zustimmung geht. D. h. sie wird nicht auf die psychischen Sanktionen, sondern auf den interpretativen Freiraum abheben, um dem Glauben zu größerer Bewußtheit und Freiheit zu helfen. Daß man hier nichts selber machen, sondern dem Wirken des Geistes Gottes Raum schaffen wolle, formuliert nicht das Ende der eigenen Absichten, sondern umschreibt sie in angemessener Weise[22].

18 S. in Anm. 11!

19 „Im Symbol vollzieht sich, kurz gesagt, eine ganzheitliche Kommunikation" R. Rieß, die Krisen des Lebens und die Kasualien der Kirche, in: Ev. Theol. 1/1975, S. 77.

20 H. Ott, aaO S. 565 bemerkt zur „unkonturierten Konkretheit des Symbols": „Jedes Symbol oder jede symbolische Konfiguration hat ihren unverwechselbaren Ton, ihre einzigartige Nuance, ihre Konkretheit. Dennoch sind die Konturen, die Ränder unscharf: es ist nicht möglich, abzugrenzen, was alles durch das Symbol ‚gedeckt' wird, was alles an menschlich-geschichtlichen Regungen durch dasselbe ausgelöst und zum Klingen gebracht wird. Darum ist es auch nicht möglich, den Gehalt eines Realsymbols durch eine klar delimitierende Definition wiederzugeben oder zu ersetzen. Aus diesem Grunde sind die Symbole unersetzlich, im Gegensatz zu den willkürlich gewählten Zeichen".

21 In der religiösen Ordnung ist die Symbolsphäre besonders wichtig, denn der Inhalt der Religion und ihre Sanktionen sind ‚psychisch' Gerth/Mills, aaO S. 214.

22 Massenevangelisationen sind hier besonders gefährdet. Ein Indiz ist, wie stark sich

3.3.3 *Berichtendes Wort und symbolischer Ausdruck: die orientierte Offenheit der christlichen Symbolik*

Wo christlicher Glaube sich ausdrücken will, kann er schwerlich umhin, sich dazu vorgefundener religiöser Sprachformen zu bedienen. Sich diesen und ihren Implikationen mit der eigenen Ausdrucks- und Lebenswelt möglichst zu entziehen, scheint ein bemerkenswertes Bestreben der Urchristenheit gewesen zu sein. Doch konnte die Christenheit es natürlich nirgends verhindern, daß ihre Sprache, wovon immer geprägt, alsbald doch wieder als religiöse Sprache erlebt wurde. Forciertes Gegensteuern in vorsätzlich „weltlicher" Sprache führt nur selten zu tieferer Einsicht, sondern meist bloß in irgendeinen Jargon, der befremdet; die Jargonauten gewinnen das Goldene Vließ nicht, das sie begehren. Symbolische Expressivität kann, wenn weltlicher Jargon kein angemessener und erfolgversprechender Ausweg ist, es mit ihrer anziehenden Doppelsinnigkeit und ihrer verlockenden partiellen Unbestimmtheit schwerlich vermeiden, sich zur religiösen Sondersprache zu entwickeln. Den entscheidenden Widerstand gegen solche Entwicklungen wird immerzu die historische Herkunft des christlichen Glaubens leisten. Daß die Zentralgestalt des christlichen Glaubens auch als symbolische Gestalt von numinosem Charakter weiterwirkt, ist weder zu verhindern noch zu beklagen. Daß sie nicht zum beliebig deutbaren Symbol wird oder sich zu einer bloßen Manifestation des Numinosen verflüchtigt, dagegen setzt sich der historische Jesus zur Wehr, der in ihr steckt und den sie nicht abschütteln kann[23].

das Bedürfnis nach einheitlicher Sprachregelung auswirkt. Die Kraft, darauf weitgehend zu verzichten (z. B. auf Kirchentagen) wird oft uneinsichtig als „Pluralismus" denunziert, zum Schaden des Evangeliums.

23 Wenn historische Gestalten zu Symbolen werden sollen, muß der historische Abstand groß genug sein. K. Tucholsky bringt dies (aaO S. 76) einmal in die Form einer witzigen Bemerkung: „über Bernadette Soubirous, die Müllerstochter (von Lourdes), kann man heute noch kleine persönliche Bemerkungen machen, sie ist zu nah. Jeanne d'arc aber ist heilig und entlockt selbst einem so wilden Spötter wie Bernard Shaw – außen Stacheldraht, innen Gummibonbon – ein schönes Pathos". Die Feststellung, daß religiöse Verkündigung den numinosen und verpflichtenden Charakter der zu ihr gehörigen geschichtlichen Ereignisse nur so zum Ausdruck bringen kann, daß sie diese in die Form des Mythus oder des Symbols kleidet, dürfte zutreffend sein. (H. Looff, aaO S. 169). Mit vollem theologischem Recht hat aber das Inkarnationsdogma der Christenheit den Glauben an der nicht bloß prinzipiellen, sondern konkreten, individuellen, historischen Menschlichkeit Jesu immer festhalten lassen und so der völligen Resymbolisierung seiner Gestalt, die sie austauschbar gemacht hätte, eine definitive Schranke gesetzt. Wir verdeutlichen das Problem noch durch zwei Zitate, die nicht seine Lösung, sondern die Extrempositionen illustrieren, ohne deren Autoren auf diese festlegen zu wollen: „Die christliche Verkündigung stellt dem Menschen mit dem Jesus-Namen ein Symbol zur Verfügung, das es ihm ermöglicht, den auseinanderstrebenden Tendenzen, die als dunkle Mächte im eigenen Innern erfahren werden, ein einheitliches Ziel und einen Sinn zu verleihen. Unzählige Christen haben die Erfahrung gemacht, daß Christus befreit und daß man so die Tiefen im eigenen Innern furchtlos wahrnehmen kann, sie nicht mehr in den dunklen Ecken des Seelenlebens zu verstecken braucht, ja daß sie überhaupt ihren furchterregenden Charakter verlie-

Auch die Glaubenssätze des Apostolikums sind gewiß „symbolische" Aussagen und keine wissenschaftlichen Erklärungen. Die quasi-mythische Sprache als häufige Erscheinungsform religiöser Sprache schafft eine Art „Schwebedistanz" und dadurch Raum zur Einstimmung und Anbetung[24]. Aber auch dort sorgt der römische Statthalter dafür, daß das Ganze nicht in einem numinosen Inseits oder Jenseits versinkt, sondern die kontingente Externität eines herausfordernden historischen Gegenüber behält, von dem nicht nur in symbolischem Ausdruck, sondern auch im berichtenden Wort die Rede sein muß. Doch erzwingt die Qualität des Gegenüber, von dem zu berichten ist, alsbald wieder eine Sprache, die nicht bloß artikuliert, was jedermann weiß und hat, sondern die Erfahrung des hier gegenübertretenden, in sich ruhenden Seins und das Erfaßtwerden von diesem ausdrücklich macht.

MaW.Symbolisierung ist also die „Sprache", die etwas Gegebenes nicht ausdeutet, sondern zur Andeutung macht, es nicht abgrenzt, sondern in seinem Verweisungscharakter aufschließt, es zeigen läßt, daß mehr im Kommen und zu erwarten ist, als sich schon zeigt. Solche „Sprache" muß für den christlichen Glauben als angemessen erscheinen. Was ihm vorgegeben ist, weist auf mehr, öffnet für das, was in ihm zu erwarten ist. Freilich ist dies nicht die bezaubernde Wunschwelt von allem Möglichen oder Beliebigen. Seine Symbolsprache gilt einer „orientierten Offenheit". Was für ihn zu erwarten bleibt, ist die Mehrung der Herrschaft und Geltung des gekreuzigten Gottes. In das christliche Grundsymbol läßt sich auch unter der verlockenden „Kategorie Novum" keine Religion der Verklärung unsrer Wunschbilder einschmeicheln.

So bleibt die religiöse Sprache mit ihrem Drang zur symbolischen Ausdrücklichkeit für die Weitergabe des Glaubens eine zweischneidige Chance. Der Glaubensausdruck bedarf der Genauigkeit, um die ihn orientierende

ren, den sie unter der Herrschaft des Gesetzes haben, so daß sie als Quellen befreiender Lust und befriedigenden Glücks erfahren werden können" J. Scharfenberg, in: Ev. Komm. 3/1971, S. 131. „Ein Jesus, der im letzten Grund ein Symbol mit mehr oder weniger Realität ist, kann dem Glauben gleichgültig sein. Ein Symbol bringt zum Leben und Inhalt der Religion nichts Neues hinzu. Im Gegenteil. Es bindet Kräfte und verursacht Repräsentationskosten, die, wie die Geschichte lehrt, den geistigen Besitz des betreffenden Glaubens mit der Zeit aufs schwerste schädigen". Es ergibt eine wissentlich erfundene, mit Aesthetik übertünchte Wirklichkeit. „Eine Religiosität, die innerlich gesund ist, wird durch ihre Wahrhaftigkeitsinstinkte gewarnt werden, sich mit diesem Begriff und den ihm anhaftenden Vorstellungen einzulassen . . . Ist der historische Jesus, wie er in den beiden ältesten Evangelien geschildert wird und uns in seinen Aussprüchen entgegentritt, eine Persönlichkeit, die uns etwas zu sagen hat, als Kraft auf uns wirkt und unsre Religion bereichert? . . . Wenn ja, so hat sie es nicht nötig, mit dem ästhetischen Kleide des Symbols geziert zu werden; wenn nein; so ist dieses doch nur das Totenhemd, das man ihr anzieht" – Albert Schweitzer, bei H. Looff, aaO S. 188.

24 H. G. Gadamer spricht von jenem Charakter des Schwebens, der Unentschiedenheit zwischen Form und Wesen, der dem Symbol eigen sei und der Unangemessenheit von Form und Wesen entspringe (aaO S. 74).

Herkunft nicht aus dem Auge zu verlieren; er bedarf einer Theologie, die darauf achtet und sich nicht an irrationale Geheimniskrämerei und Willkür verliert, die sich so oft in der Symbolik versteckt[25]. Der warnende Finger des altisraelitischen Bilderverbots bleibt erhoben. Zugleich muß der Glaube die symbolische Ausdrücklichkeit suchen und wagen. Denn wo es um die Suche nach ermutigendem Sinn geht, der Angst bannen soll, um das, was Verheißung hat; wo man den Möglichkeiten Gottes nachkommen will, die unter den Menschen und für sie gelebt und ihnen eröffnet werden wollen, da bedarf es nicht nur der Sprache der Argumente, sondern der Kraft der Imaginationen. Wo die Kraft zur Imagination erlischt, kommt auch das freie Spiel der Improvisation zum Erliegen. Die Inkarnation meint und schafft konkrete Gestalt. Der Glaube erinnert sich an Geschichten, aber auch daran, daß er von Anfang an am eindringlichsten in Gleichnissen weitererzählt worden ist. Zwar geht Gott in kein Bild. Aber das Gleichnis und dessen „symbolischer Vorbehalt" hält den Glauben bei der Bescheidenheit des sich annähernden, lernbereiten Redens fest und von jener Scheinsicherheit fern, die meint, in ihren Glaubensdefinitionen das Heil ganz ausgedeutet und das Unbekannte ganz ausgeschlossen zu haben.

3.4 Imagination und Kontrolle

Der Glaube braucht eine Sprache, die die in ihm liegenden Kräfte der Imagination zum Ausdruck kommen läßt. Seine Sprache bedarf aber auch des kontrollierenden Denkens, das verhindert, daß seine Symbole zu Idolen herunterkommen oder zu solchen hinaufgesteigert werden. Neben dieser geschilderten Ambivalenz des Symbols als expressiven Mediums des Glaubens sind noch zwei Probleme zu nennen, die für die theologische Reflexion der Symbolisierung belangvoll erscheinen. Das eine liegt mehr an der Oberfläche und begegnet dort in vielen Gestalten ohne absonderlichen Tiefgang. Man könnte von Symbolisierungen im apologetischen Interesse reden. Das andre Problem liegt wesentlich tiefer und konfrontiert mit einer fundamentalen, ebenso gewichtigen wie schwierigen Aufgabe der Theologie. Denn der Vorgang der Symbolisierung führt auf eine ebenso reizvolle wie komplizierte Art in die Probleme der „natürlichen Theologie" hinein.

25 Was sich alles in mystagogische Erklärungen zu den kirchlichen Ritualen und Liturgien absonderlicher Weise hineingeheimnissen läßt, zumal wenn kein historisches Wissen hindernd im Weg steht, hat schon der 1674 verstorbene Kardinal Bona stirnrunzelnd bemerkt: „Hoc apparet quam verum sit, multa hodie pro lege haberi in his, quae pertinent ad ecclesiasticas observationes, quae sensim ex abusu irrepserunt; quorum originem cum recentiores ignorent, varias conantur congruentias et mysticas rationes invenire, ut ea sapienter instituta vulgo persuadeant" zit. bei J. A. Jungmann, Missarum sollemnia, Band I, Einleitung S. 6, 1962[5].

3.4.1 Apologetische Symbolisierungen

Von einer Symbolisierung in apologetischem Interesse ist dort zu reden, wo es sozusagen um den Versuch eines ontologischen Spurwechsels geht. Nicht wenige Bestandteile der christlichen Glaubensüberlieferung peripherer, aber auch zentraler Art lassen sich, wie es scheint, unter veränderten Denk- und Erfahrungsbedingungen nur noch in umdeutender Weise tradieren; die Umdeutung soll sie vor allem von dem Druck entlasten, dort wirklich und buchstäblich gerade so geschehen zu sein. Das kann Einzelereignisse wie gewisse Wundererzählungen betreffen, mythische Sageweisen wie das Sechstagewerk in der Schöpfungsgeschichte, aber schließlich so ziemlich alle Perfekta des apostolischen Glaubenssymbols. Es kann sich in zahlreiche Einzelfragen von unterschiedlicher Brisanz und Schwierigkeit auseinanderfalten. Es ist dies sicherlich auch eine allgemeine Begleiterscheinung jeglicher Aufklärungszeit, die Analogien auf manchen Gebieten hat. Doch spielt sie der einfachen Frömmigkeitssprache am härtesten mit. Gerade sie wird sich immer wieder an buchstäbliche Realitäten klammern, auch wo sie selber in Wahrheit „nur" deren reale Bedeutungen meint, und sie wird immer wieder die Größe des Glaubens am sacrificium intellectus messen wollen und zumeist nicht bemerken, daß sich da im Grund gar nicht ein buchstäbliches und ein „nur" symbolisches Verstehen gegenüberstehen, sondern daß da zwei unterschiedliche Weisen, in symbolischen Welten zu leben, nicht miteinander zurechtkommen können. Hier liegt ein nicht generell, sondern nur praktisch anzugehendes Problem mehr des Umgangs als der Umdeutungen vor, das freilich zuweilen von wenig hilfreichen Dunkelmännern nicht unerheblich verknotet wird. Die eigentliche, kritische Anfrage muß sich aber wohl auf die bequeme Scheinberuhigung richten, der ein ungeklärter Symbolbegriff als Fluchtburg dienen soll, um sich den schmerzhaften Wandlungsprozeß zu ersparen, in dem heute der Glaube, in alten Geborgenheiten verunsichert, sich auf „die Anfänge des Verstehens" zurückgeworfen sieht und gezwungen ist, neue Erfahrungen zu verarbeiten und unter hinfällig gewordenen Formen der Frömmigkeit nach solchen zu suchen, die lebensfähig und überlebenskräftig erscheinen[26]. Das echte apologetische Interesse am Symbol will die Glaubensgemeinschaft nicht als Symbolgemeinschaft in Sicherheit wiegen, sondern sie zu einer Lerngemeinschaft machen – was allerdings etwas anderes ist als eine Gemeinschaft, die sich fortwährend Belehrungen anhören muß[27].

26 „Es ist wahr, daß gewisse Formen religiösen Lebens und gewisse Arten religiöser Vorstellungen gegenwärtig im Zuge des Anwachsens der Allgemeinbildung dem Niedergang verfallen und daß die Bildung gewisse Arten von Religiosität fast unmöglich macht; gleichzeitig beobachten wir jedoch nicht erst seit heute innerhalb der einzelnen Bekenntnisse und jenseits von ihnen die Suche nach neuen Formen, über deren Lebensfähigkeit wir vorläufig zu keinem Urteil berechtigt sind" Leszek Kolakowski: Geist und Ungeist christlicher Traditionen 1971, S. 98 f.

27 M. Horkheimer hat sich kritisch mit einer sich vor allem auf Tillich berufenden „symbolischen Interpretation der entscheidenden religiösen Kategorien durch viele gegenwärtige Theologen" befaßt: „Was ist ein Symbol, von dem niemand

Und doch zeigt gerade unter dieser kritischen Rückfrage die symbolische Expressivität ihre Eigenständigkeit und Notwendigkeit an. Denn wenn das Symbol nur etwas besagte, was sich im begrifflichen Klartext auch und dann eben klarer und besser aussagen ließe, dann wäre es ja durch ihn zu ersetzen und im Grund nur seine in der Sache auch entbehrliche Illustration. Spräche es aber von etwas, worüber sich in anderen, etwa begrifflichen Ausdrucksweisen überhaupt nichts aussagen ließ, dann wäre es unverständlich und bliebe ganz sinnlos. Im Zwischenraum zwischen beidem hat es sein – verknüpfendes – Wesen.

weiß, was es symbolisiert ... Wenn das im Symbol Vermeinte sich denken läßt, läßt es sich ausdrücken, sonst wird das Symbol zum Zeichen für alles und nichts". Die symbolische Umdeutung bleibt ihm tief fragwürdig, „ein verzweifelter Ausweg, ohne die Verzweiflung sich einzugestehen" (Bedrohungen der Freiheit, Stuttgart 1965, S. 22 f.). Die Absicht ist nicht, wenn ich recht sehe, den Glauben sprachlos zu machen, sondern ihn zur Suche nach neuem, adäquaterem Ausdruck zu reizen. „Der an sich notwendige symbolistische Versuch gibt mehr preis, als er ahnt". Daß die Frömmigkeit buchstäblich beim Alten und Hergebrachten verharrt und auf Verständigung mit dem rationalen Denken verzichtet, ist erst recht kein Ausweg, denn diese Haltung vergißt, „daß der Sinn von geistigen Positionen sich nur erhalten läßt, indem er, der Veränderung historischer Realität gemäß, neuen, adäquaten Ausdruck findet. Nicht in der Wiederholung bewährt sich die Treue zum Alten, sondern indem es jederzeit in Wort und Tat neu sich bekundet. Um dasselbe zu bedeuten, bedarf das Überkommene immer wieder einer der Zeit je eigenen, ihr gemäßen und zugleich widersprechenden Gestalt. Treue, die der wechselvollen Welt nicht Rechnung trägt, ist keine Treue" (ebda 23 f.). Bleibt nur die Hoffnung, daß Kindern und Erwachsenen zu der Vokabel „Gott" mehr einfällt, Angemesseneres einfällt als die Vorstellungen, die sie mit dem Gedanken an ihre hier erlebten Obrigkeiten verbinden – „soll wirklich Gottes Macht im Sinn der politischen, nur allgemeiner, universeller verstanden werden?" (aaO). Auch H. Looff, aaO S. 192 ff. erinnert noch einmal daran, daß es nicht weit führe, den Symbolbegriff – oder neuerdings den Begriff des „Eschatologischen" – als deus ex machina bei dogmatischen Schwierigkeiten zu gebrauchen. Beides könne „gekünstelt" erscheinen. Die religiöse Symbolik entstammt der religiösen Erfahrung und ist nur durch diese zu legitimieren. Wenn es nicht zu einer schlichten Ablösung der positiven Religion durch einen philosophischen Glauben kommen soll, wird gerade die Glaubenserfahrung sich die symbolische Expressivität bei aller Einsicht in ihre Unangemessenheiten nicht nehmen lassen. Auf Wittgensteins berühmtes Schweigegebot für alles, was man nicht klar sagen kann, sucht auch der mehrfach genannte Aufsatz von H. Ott über das symbolische Sagen und die Wirklichkeit des Unsagbaren zu antworten. Alles in allem scheint es auf die Zumutung an jede christliche Glaubensgemeinschaft hinauszulaufen, ihre überkommenen Symbole offenzuhalten für neue Erfahrungen und sozusagen in dem spannungsvollen „Zwischenraum" zwischen der Symbolgemeinschaft, in der man gefühlsmäßig wurzelt und Kontinuität und Geborgenheit erlebt, und der Lerngemeinschaft, die mit der Bereitschaft für neue Erfahrungen auch Verunsicherungen auf sich nimmt, ihre sozusagen interpretierende Zwischenexistenz zu suchen. Denn Glauben meint „ein Austauschgeschehen von Geben und Empfangen". Glaubenserfahrung ist immer mit Lebenserfahrung verschränkt, Lernen im Glauben ist ein Lernen in diesem Beziehungsgeschehen; dort und nicht außerhalb erscheint das Proprium, das dem christlichen Glauben Eigentümliche: daß der Mensch, der Glaubende darin übergreifender, heilender Erfahrung begegnet – Vgl. Th. Vogt, Erwachsenenbildung in der Kirche, in: Ev. Theol. 4/1976, S. 373–380.

3.4.2 *Symbolisierung als Problem der „natürlichen Theologie"*

Die Symbolisierung ist zu einem anthropologisch interessanten Phänomen geworden; der breite Fächer ihrer humanwissenschaftlichen Erforschung spricht für sich selbst. Offenbar hat man es hier mit einem besonderen Kommunikationsmedium für besondere Wirklichkeitserfahrungen zu tun, die beide fundamentaltheologische Aufmerksamkeit verdienen. Nicht von ungefähr hat gerade auch die Religionsphilosophie sich immer wieder um das Symbol besonders angenommen. Im Symbolischen drückt sich eine begrifflich nicht auszudeutende Weise ganzheitlicher Wirklichkeitserfahrung aus. Es kommt da ein komplexes, ineinander verflochtenes Gebilde, ein mehrstimmig ineinander verschwebendes Echo der widerfahrenden Weltwirklichkeit zum Vorschein: im Zufälligen meldet sich Elementares zu Wort, in einzelnen Stimmen klingen kosmische Stimmen mit an, in der konkreten Selbsterfahrung zeichnet sich umfassende Welterfahrung mit ab; das von vielem Widerfahrendem sollizitierte Selbstverständnis sucht nach einem Weltverständnis, in dessen Horizont es sich ein-heimisch fühlen kann.

Die Frage erhebt sich, ob man sich auf der Brücke des Symbols nicht jener Stelle nähert, an der das Phänomen der Religion im Menschsein verwurzelt ist, diesem entspringt und sich auszugestalten sucht? Der Stelle, wo in besonderen Widerfahrnissen, Grenzerfahrungen vor allem, sozusagen die Lebenswirklichkeit als ganze die Betroffenen anrührt, als „Heiliges" oder „Mächtiges" durchscheint[28].

Kommt es in solchen Manifestationen des Heiligen oder Mächtigen zu einer „Manifestation des Geheimnisses" der Wirklichkeit überhaupt[29]? Jedenfalls wird ja die konkrete Art und Weise solcher Manifestation des „Heiligen", wird die jeweilige Struktur der kontingenten Religion maßgebend „für die Gesichtszüge, die das Geheimnis der Wirklichkeit in diesem Fall annimmt", für „die Augen, . . . mit denen es . . . einen anblickt", für „die Miene, mit der es schreckt oder tröstet", für „den Mund, der schweigt oder spricht". In allen Gestalten des Religiösen gewinnt ja die Wirklichkeit in gewisser Weise Gesicht; in ihnen wird „jenes Wechselspiel" greifbar, „wie die Dinge den Menschen ansehen und wie der Mensch die Dinge ansieht" und sich demgegenüber verhält. Wobei freilich fast alles darauf ankommt, wie sich das so wahrgenommene Geheimnis der Wirklichkeit, das Göttliche, zur tatsächlichen Wirklichkeitserfahrung verhält; ob es sich nur als das Großformat menschlicher Wünsche und Ängste darstellt oder sich diesen als Widerspruch gegenüberstellt[30].

28 Vgl. M. Eliade, aaO und G. v. d. Leeuw, aaO passim.

29 G. Ebeling hat es unternommen, den viel beargwöhnten Begriff des Geheimnisses in seiner Verwurzelung im Menschsein und nach seiner Struktur als Sprachphänomen, soziales Phänomen und Vertrauensphänomen herauszuarbeiten – „Profanität und Geheimnis", in: WuGl. Bd. II, 184 ff.

30 Zur Veranschaulichung greife ich hier auf Formulierungen aus einem Vorlesungsmanuskript von G. Ebeling zurück, das mir von Vf. freundlich überlassen wurde.

Auch P. Ricoeur erörtert die Zweideutigkeit des Heiligen, die Spannung von Glauben und Religion. Er sieht, wie die Phänomenologie des Geistes, das „sich setzende Cogito", das „auf das Aufgehen jeglicher Transzendenz in einem vollkommen vermittelten Selbstwissen" ausgeht, getroffen und gebrochen wird von einer „Phänomenologie des Heiligen". Er macht diese, von Hegel auf Kant zurückgehend, am Problem des Bösen fest. Darin vor allem wird für ihn das Geheimnis der Wirklichkeit konkret. Die Symbolik des Bösen als eines Unausforschlichen läßt sich nicht im absoluten Wissen unsrer Denksysteme unterbringen und auflösen. Sie steht damit gut für die Tatsache, daß die Symbolik überhaupt und als ganze etwas Unüberwindbares ist. Das Böse beunruhigt aber den Menschen nicht bloß, weil er es nicht begreifen kann, sondern mehr noch dadurch, daß es, als Böses, etwas nicht zu Rechtfertigendes ist. D. h. es bringt den „Horizont des Heiligen" mit, an das es gebunden ist und von dem es sich abhebt – wie sollte es anders als unausforschlich Böses erlebbar, erfahrbar sein? Der Glaube jedenfalls, durch den Anruf eines sich an ihn wendenden Wortes, einer Botschaft sollizitiert, ruft diesen Horizont des Heiligen herauf, „den die Reflexion nicht begreift, nicht umschließt, aber als das begrüßt, das sich ihr nähert". Er stellt sich in ihm als die „Symbolik der Versöhnung" vor und dar, die jetzt dem Bösen zum Trotz, ja dank ihm, mit seiner Hilfe und umsovielmehr als das Mächtigwerden des Bösen erwartet werden soll. Und gerade der Symbolik fällt dabei die (vernünftige) Aufgabe zu, dafür zu sorgen, daß der Horizont des Heiligen nicht innerweltlich ausgegrenzt und als heiliger Bezirk, als Unterabteilung Religion im Bereich der Gesamtkultur dingfest gemacht wird, sondern für den Glauben umgreifender Horizont der Gesamtwirklichkeit bleibt. Sie muß dafür sorgen, daß die Symbole der Versöhnung, die Ausdrucksformen der christlichen Versöhnungsbotschaft, nicht zu heiligen Religionsobjekten werden, sondern Anzeichen des sich nähernden Horizonts bleiben, in den sie einweisen[31]. Man kann nicht verkennen:

Die Formulierungen entstammen einem Kapitel, das die Religion zum Thema hat. Dort finden sich die nachstehenden Sätze: „Es kommt nun darauf an, welcher Zug – um weiter mit dem verwendeten Bild zu operieren – in dem unendlich variablen Mienenspiel des Geheimnisses der Wirklichkeit vorherrscht, ob der Eindruck einer unzugänglichen Hoheit, vor der der Mensch nichts ist, ob der einer beeinflußbaren Launenhaftigkeit, auf die man sich entsprechend einzustellen hat, oder der einer unbarmherzigen Rücksichtslosigkeit, in die man sich nur resignierend ergeben kann, oder der einer unerbittlich fordernden Strenge, die zu äußerster Anstrengung herausfordert, oder der einer hinreißenden Leidenschaft, an der sich ein Enthusiasmus entzündet, der sich gegebenenfalls zum Orgiasmus steigert, oder der einer unerschöpflichen und zugleich schöpferischen Liebe, die den verändert, den sie annimmt. In diesen und anderen Weisen schillert das Geheimnis der Wirklichkeit, wie es in der Manifestation des Heiligen Präsenz und Macht gewinnt, ergreift und demütigt, danken und hoffen läßt".

31 Vgl. dazu P. Ricoeur, aaO vor allem das Kap. IV, 4: „Glaube und Religion: die Zweideutigkeit des Heiligen S. 536 ff. „. . . die großen Symbole betreffend die Natur und den Ursprung des Bösen . . . lehren uns etwas Entscheidendes über den Übergang von einer Phänomenologie des Geistes zu einer Phänomenologie des

die beiden gedanklichen Zugriffe auf das Geheimnis der Wirklichkeit, des Bösen und des Heiligen, machen deutlich, daß sich die Wurzeln der Symbolik offenkundig auch selber nur in metaphorischer Rede bloßlegen lassen.

3.5 Die Frömmigkeit und ihre Symbole

Die konfessionellen Kirchentümer der Christenheit haben ihre verschiedenen Theologien entwickelt und in diesen recht unterschiedliche Bewertungen des Symbolischen hervorgebracht. In der Ostkirche sind Theologie und gottesdienstliche Praxis aufs engste verbunden; ihr Hymnus auf den Auferstandenen und ihre Hymnen der Hoffnung auf eine erneuerte Schöpfung sind in ihrer symbolischen Ausdruckssprache eng miteinander verflochten. Im Protestantismus zeigt sich die Theologie eher auf der kultkritischen Linie der alttestamentlichen Prophetie und des reformatorischen Protestes gegen die Überbewertung des kultischen Zeremoniells; sie macht den Zugang zur Welt der Symbolik mit den wohlbegründeten Warnungen vor ihren Gefahren eher zu eng[32]. Nirgends hat man jedoch

Heiligen ... das Scheitern aller Theodizeen, aller Systeme bezüglich des Bösen zeugt von dem Scheitern des absoluten Wissens im Hegelschen Sinne. Alle Symbole geben zu denken, aber die Symbole des Bösen zeigen auf exemplarische Weise, daß in den Mythen und Symbolen stets mehr enthalten ist als in unsrer gesamten Philosophie und daß eine philosophische Interpretation der Symbole niemals absolute Erkenntnis werden kann, – kurz das Problem des Bösen zwingt uns, von Hegel zu Kant zurückzukehren, ich meine von einer Auflösung des Problems des Bösen in der Dialektik zur Erkenntnis der Stellung des Bösen als eines Unerforschlichen ... Somit legen die Symbole des Bösen Zeugnis ab vom unüberwindbaren Charakter der gesamten Symbolik; zur gleichen Zeit, da sie uns vom Scheitern unsres Daseins und unsrer Kraft, dazusein, erzählen, verkündet sie auch das Scheitern jener Denksysteme, welche die Symbole in ein absolutes Wissen eintauchen möchten. Aber die Symbolik des Bösen ist auch eine Symbolik der Versöhnung ..." (aaO S. 538 f.). Man kann in diesem Zusammenhang an den verwandten Gedanken P. L. Bergers erinnern, nach dem dem Menschen, wenn er sich dem Schrecken des Chaos, der Anomie (Durkheim) gegenübergestellt sieht, jede Gesellschaft als eine Ordnung, als eine schützende Sinnstruktur und „jede Geste des Ordnens ... (als) ein Zeichen, gegeben in die und aus der Transzendenz erscheinen kann". (Zitat aus: Diakonie 6/1975 S. 345). Flach verstanden, ohne den Hintergrund des „Bösen", wäre dies gewiß eine Empfindung, die auch zur unbesehenen Verklärung jeder bestehenden Ordnung herhalten könnte.

32 G. Harbsmeier, „daß wir die Predigt ..." macht auf die Ambivalenz des Kultischen und auf moderne Schwierigkeiten mit dem Sakrament aufmerksam (z. B., aaO S. 46 ff., S. 61). M. Mezger „Der Glaube an den Ritus" (Ist der Glaube krank – Stuttgart 1966, S. 39 ff.) nennt den Ritus einen guten Knecht, aber einen bösen Herrn, und würdigt Ritus und Symbol, wenn sie in ihren Grenzen bleiben, als bewahrende Kräfte, aber auch als öde und blöde ohne den Puls und Atem des Schöpferischen. Nicht ganz von ungefähr haben sich als die dauerhafteste Form des Symbolischen im Protestantismus „die symbolischen Bücher" erwiesen, die nach einem Ausspruch vom Anfang des 19. Jahrhunderts Christus in protestantischen Ländern weder Pfarrer noch Schulmeister hätten werden lassen, weil er sie nicht hätte unterschreiben wollen.

verhüten können oder wollen, daß alle großen Kirchentümer, aber auch die kleineren, dem protestantischen Flügel entsprungenen denominationellen Gruppen zu mehr oder weniger geschlossenen Symbolsystemen geworden sind, die als solche nicht bloß in der Gesellschaft etabliert, sondern auch tief im Gemüt ihrer Mitglieder verankert erscheinen[33]. Das vermehrt mit ihrer Stabilität auch ihre Verschlossenheit. An der Oberfläche ist die Weltchristenheit im großen ganzen gegenüber den konfessionellen und ähnlichen Trennungen indifferenter geworden. Doch unter der Oberfläche fällt die Verständigung und der Austausch nicht leicht. Das liegt sicher daran, daß die symbolischen Verwurzelungen intrapsychisch und sozialpsychologisch wirksamer bleiben als die ausformulierten Unterscheidungslehren, die oft mehr und mehr die Gestalt theologischer Betriebsgeheimnisse annehmen.

Was den Bekenntnissen ihre kirchen- und gemeinschaftsbildende Kraft gibt, ist jedenfalls weniger ihre ausformulierte Doktrin, als deren symbolischer Tiefgang; dieser und nicht der artikulierte theologische Scharfsinn verleiht auch den in ihnen enthaltenen und sich meist früher abstumpfenden Verwerfungen ihr eigentliches Pathos. Im übrigen wird der Vorrang der Symbolik vor der Doktrin, was die praktische Auswirkung anlangt, noch von zwei anderen Seiten her anschaulich. Offenbar werden die Typen der Frömmigkeit nicht nur von der im betreffenden Kirchentum institutionalisierten Symbolwelt her geprägt. Andere, letzten Endes gleichfalls symbolisch verwurzelte und orientierte Lebenshaltungen können sich nicht nur mit ihnen verbinden, sondern auch über sie hinweg wirksam werden. Offensichtlich gibt es, mit den gängigen groben Schlagworten ausgedrückt, ein eher konservativ und ein eher progressiv geprägtes Grundmuster, das die konfessionellen Frömmigkeitstypen über-

33 „Man kann dem Schicksal nicht entgehen, einer Tradition anzugehören, in der die Antwort auf die Frage nach dem Sinn des Lebens in allen seinen Dimensionen, auch der geschichtlichen, in Symbolen ausgedrückt ist, die jede Begegnung mit der Wirklichkeit beeinflussen" (P. Tillich, Syst. Theol. Bd. III S. 346). Auf den gesellschaftlichen Außenaspekt weisen Gerth/Mills, aaO S. 214–218 hin: „Alle Rollen innerhalb der religiösen Ordnung – ob Prophet, Priester oder Gläubiger – werden mit . . . Symbolen gerechtfertigt . . . Theologie entsteht als Antwort auf Streitfragen über Symbole . . . Wenn durch Wettbewerb Hauptsymbole bewußt geworden sind, besteht die Gefahr der Aufspaltung in ‚Strenggläubige' und ‚Zweifler' . . . in Situationen, in denen Glaubenssymbole nicht mehr absolut befolgt werden, breitet sich Toleranz aus . . . Wenn die religiösen Institutionen nur eine einzige gültige ‚Religion' bilden und die religiöse Ordnung in der Sozialstruktur vorherrschend ist, werden deren Symbole nicht in Frage gestellt: absolute Unterwerfung ist der einzige Weg zum Heil. In Sozialstrukturen jedoch, in denen die religiöse Ordnung nicht vorherrschend ist und die Symbole religiöser Institutionen unterschiedlich und widersprüchlich sind, setzt sich die tolerante Meinung durch . . ." Ein argumentum e contrario bringt H. Looff, aaO S. 169 aus der Geschichte bei: „Die kurze Lebensdauer von auf rein rationalen Glaubensbekenntnissen aufgebauten Religionsgemeinschaften, die die religiöse Sprache von allen sinnlichen Anthropomorphismen reinigen wollten, beweist, daß ohne das sinnliche bzw. mythologische Element in der religiösen Mitteilung schlechterdings nicht auszukommen ist".

lagern, erst richtig starr, u. U. aber auch unwirksam machen kann und oft zur eigentlichen, unverrückbaren Barrière der Verständigung wird. Daneben erklärt sich von ihrer symbolischen Wirksamkeit her die Rolle, die die Gestalt des Pfarrers für die volkskirchliche Stabilität spielt. Zu dieser symbolischen Rolle gehört durchaus, daß sie auf persönliche Weise gespielt werden muß; sie hat ihren individuellen Spielraum, der in der Regel vor allem auch das Doktrinäre mit umfaßt, die Theologie, der sich der einzelne Pfarrer jeweils verschreibt. Mehr Gewicht hat, daß es in ihr um die Zuständigkeit für Glaubensfragen und um das Geltendmachen religiöser Gesichtspunkte in Lebensschwierigkeiten zu gehen hat – darauf ist die Rolle festgelegt, darin ist sie durchaus „symbolisch". Und das Problematische daran ist die damit unwillkürlich verbundene Verweisung dieser Rolle in die Grenzsituationen des Lebens: wo Realitäten kalkuliert werden, ist der Pfarrer ein Fremdling; wo uns das Leben befremdet, da ist er am Platz[34].

Auf jeden Fall zeigt die theologische Reflexion des Symbolischen, daß es sich dabei nie nur um eine kognitive Problemstellung handelt. Die Sprache des Glaubens will helfen, ihn zu verstehen; sie will ihn aber auch mitteilen. Wo das Symbolische ins Spiel gebracht wird, findet man alsbald Theorie und Praxis miteinander verschränkt. Der Zustand der Welt und der Stand unsrer Einsicht in sie gibt uns keine geschlossenen Deutesysteme mit global tragfähigen Symbolen mehr her. Symbole, die das Bild der Welt abschließen konnten oder sollten, müssen, in die Offenen Systeme dieser Welt hineingedacht, diese aufschließen helfen, sie begehbarer machen und sich darin selber aufs neue erschließen.

34 Vgl. dazu noch einmal H. O. Wölber, die Eigenart des Auftrags, in: LMH 2/1975 S. 89.

Viertes Kapitel

Der Gottesdienst als Ritual

4.1 Kommunikation des Evangeliums in rituellen Vollzügen

„Symbolisierung" ist ein Grundakt des Verstehens: eine für den Menschen bezeichnende Art und Weise, mit seiner Welt und seinen Erfahrungen umzugehen und sie sich verständlich zu machen; ein Stück Spekulation oder Theorie, wenn man so will. Symbolisierung ist zugleich aber auch ein Akt der Verständigung: eine typische Art und Weise der Menschen, mit ihresgleichen umzugehen, einander die Erfahrungen ihrer gemeinsamen Welt verständlich zu machen; ein Stück Kommunikation oder Praxis. Zusammenschau von Erfahrungen im Austausch über sie, so könnte vielleicht eine Formel lauten, die den Vorgang der Symbolisierung nach beiden gleich ursprünglichen und gleich wesentlichen Hinsichten zusammenfassend beschreibt.

Wenn die empirische Erforschung dieses Vorgangs und seine philosophische und theologische Reflexion verbreiterte und vertiefte Einsichten in ihn bereitgestellt hat, stellt sich die Frage von selber, welche Folgerungen sich daraus für die kirchliche Praxis, für jede Art christlicher Praxis ergeben. Gerade in der kirchlichen Praxis handelt es sich ja vorsätzlich und mit Schwerpunkt um Ermittlung und Vermittlung von Glaubenserfahrung, um zusammenschauenden Austausch darüber. „Kommunikation des Evangeliums" ist das, was die kirchliche Praxis als ganze in ihrem Kern immer leisten will. Man kann diese nicht ebenso knapp zu verdeutlichende Formel als eine bewegliche Kurzdefinition verwenden. Der lange vorherrschende Begriff der „Verkündigung" läßt ihr gegenüber an eine ziemlich einseitige, wenig umgängliche, ja beinahe inkommunikative Kommunikationsstruktur denken.

Als Kommunikation des Evangeliums hat man auch und vor allem die Hauptaufgabe der Predigt beschrieben[1]. Die Predigt sollte dadurch nicht mehr so isoliert erscheinen. Sie sollte so eingebettet werden in die kirchliche Praxis überhaupt, vor allem in den Gottesdienst. Denn er hat als ganzer kein anderes Ziel, und dies in besonderer Ausdrücklichkeit. Es ist in seinen einzelnen rituellen Elementen impliziert und er soll es durch den ganzen Ritualvollzug explizit machen.

1 Diesen Leitbegriff hat z. B. Ernst Lange programmatisch für die Lehre von der Predigt vorgeschlagen und dabei vor allem an deren Einbettung in den „viel breiter angelegten Kommunikationsprozeß" der kirchlichen Praxis als ganzer gedacht. Zur Theorie und Praxis der Predigtarbeit, Beih. 1 der „Predigtstudien" 1968, wieder abgedruckt in E. Lange, Predigen als Beruf, hrsg. v. R. Schloz, Stuttgart 1976; dort z. B. S. 11 f.

Damit kommt sogleich das Grundproblem gottesdienstlicher Praxis in Sicht: was bedeutet es, wenn die „Kommunikation des Evangeliums", unter der man sich ja bei spontaner Reaktion eher einen unmittelbaren, wenn auch wohlüberlegten Erfahrungsaustausch vorstellen würde, in einem Ritual verwahrt wird? Kommt die Einschließung der Predigt in einen rituellen Rahmen nicht auf deren Ritualisierung hinaus? Ist diese nicht längst schon im Gang?

Der gepredigte Glaube, die „viva vox evangelii", sei im Grund nur als „mündliches Geschrei" gedacht und die schriftliche Aufzeichnung der Evangelien eigentlich ein bloßer Notbehelf, ließ sich bekanntlich Luther vernehmen. Implizite Kommunikationsweisen passen zweifellos ebenso gut zu ihr wie die feierliche mündliche Predigt. In jedem Gespräch, in jeder hilfreichen Handreichung oder Zuwendung kann jene viva vox eindrücklich mitgeteilt werden, auch wenn sie darin nicht ausdrücklich wird. Die Frage ist, was der Kommunikation des Evangeliums widerfährt, wenn man sie wie im Gottesdienst in rituellen Formen, Formeln und Rollen festschreibt. Glaubensformeln sind nicht der Glaube selber; sie können für diesen zu einem Anhalt, aber auch zu einem Aufenthalt werden. Einrichtungen der Kommunikation sind ebenfalls nicht schon sie selber; sie können sie kanalisieren, ermöglichen, zu ihr anreizen, sie aber auch empfindlich beschränken oder versperren. Das Spontane bedarf freilich, wenn es dauern und sich wiederholen soll, des Anhalts am Instituierten. Die Institution soll dafür sorgen, daß es das Evangelium bleibt, was hier kommuniziert werden will. Wer aber sorgt dafür, daß es dann wirklich kommuniziert wird? Daß es mit sich selber identisch bleibt und doch immerfort „neu" wird? Wie muß das Ritual beschaffen sein, das dazu, soweit überhaupt möglich, helfen kann? Und wie muß der Umgang mit diesem beschaffen sein, damit es dies wirklich ermöglicht? Es dürfte ja Einverständnis darüber bestehen, daß es noch keine Kommunikation des Evangeliums wäre, bloß ein plombiertes depositum fidei ungerührt durch das Zeitgeschick weiterzureichen.

Die Theorie wird leicht zum blauen Montag der Postulate und die Praxis zur experimentierenden Fahrt ins Blaue. Man reißt weite Horizonte auf, in denen gut sein ist, und wundert sich, wenn der Hüttenbau auf dem Berg der Verklärung nicht recht vorankommen will. Die Aufforderung, von all den verschiedenen Mitteln einer „Kommunikation zwischen" und einer „Kommunikation von", die oft besser als alles Sprachliche „eine Welt von Bedeutungen schaffen" könnten, vermehrten Gebrauch zu machen und das Gebiet des Symbolismus neu zu erobern, ist alt und hat sich schon früh mit dem temperamentvollen Protest gegen eine „Vergötzung der Predigt" verbinden können[2]. Zu Versuchen mit „Gottesdiensten in neuer Gestalt" gab es über geraume Zeit hin kräftige Neigungen, viel schöpferi-

2 Z. B. H. Kraemer, die Kommunikation des christlichen Glaubens, Zürich 1958 S. 61.

sche Fantasie und Selbstvertrauen, einige behördliche Freiheit, einen mehr als offenen Buchmarkt und eine weit verbreitete Nachahmungsbereitschaft; der theologische Scharfsinn und das Gestaltungsvermögen hielten sich in erschwinglichen Grenzen. Haltbare Dauerformen und ein haltbares Publikum für sie ließen sich, wie es scheint, in der bisherigen Phase nicht dafür finden. Die neuen Versuche haben dies auch nicht vorrangig erstrebt. Da und dort ergaben sich erfreuliche Vermenschlichungen in den gottesdienstlichen Umgangsformen; da oder dort wurde dann auch der Ruf nach Bewahrung der guten Formen umso kräftiger laut. Daß, wie immer, so auch in den Gottesdienstexperimenten die gesellschaftlichen und politischen Zeitströmungen mit am Werk waren, darüber ließ sich leichter Klarheit gewinnen als über die Bewertung dieser Experimente und ihrer Bedeutung für die kirchliche Praxis. Am örtlich verschiedenen Rückgang der Teilnehmerzahlen hat sich wenig geändert. Der deutliche Umschwung im Kirchgangsverhalten – von der regulären zur eher kasuellen Gottesdienstteilnahme – geht weiter. Die Versuche mit Gottesdiensten in neuer Gestalt, für Zielgruppen oder unter einer bestimmten Thematik, stehen damit in einem deutlichen Zusammenhang. Doch ist jener Umschwung im Kirchgangsverhalten schon älteren Datums; er scheint so dauerhaft zu sein wie der allgemeine Rückgang der Teilnehmerzahlen. Deshalb setzt man den Schwierigkeiten der Praxis oft auch wieder ältere Ratschläge wie vor allem den Ruf nach einem vollen evangelischen oder ökumenischen Wort- und Sakramentsgottesdienst entgegen. Gerade für einen solchen „Vollgottesdienst" neue Formen zu finden war ja teilweise auch ein Ziel neuer Gottesdienst-Experimente gewesen.

Auch schon ältere liturgische Erneuerungsbewegungen wollten die symbolische Dimension des Gottesdienstes bereichern. Ihr Hauptinteresse galt in der Regel einer besseren Einordnung und Gewichtung der Abendmahlsfeier. Darüber hinaus wurden die rituellen Formen insgesamt mit historischer Akribie und ästhetischer Sorgfalt verbessert. Auch wurde die rituelle Haltung bei ihrem Vollzug mit Nachdruck bedacht und die gestische Symbolik soweit möglich vermehrt.

Wo man auf Veränderungen der gottesdienstlichen Praxis bedacht ist, darf man freilich nicht nur die gottesdienstlichen Formulare betrachten. Man muß vielmehr die Vorbedingungen solcher Veränderungen bedenken. Wenn man sich darauf beschränken würde, nur die Gottesdienstformen durch Schwerpunktsverschiebungen, Haltungsverbesserungen und zusätzliche Formen „symbolischer" oder kommunikativer zu machen, ginge man im Grund mit quantitativen Vorstellungen vom „Symbolischen" um und von einem additiven Vorhaben aus. Man denkt dann an zusätzliche und formale Ergänzungen, bedenkt aber nicht hinreichend, daß z. B. auch der protestantische Predigtgottesdienst mit seiner oft so beklagten Symbolarmut dennoch vor allem Ritual und deshalb als eine Veranstaltung der symbolischen Kommunikation eingewurzelt ist. Man muß sich daher klar machen, was überhaupt eine rituelle symbolische Kommunikation ist und wie sie vor sich geht, in welchen Schichten sie sich abspielt, worin ihre spezifische Lebendigkeit besteht und wo ihre besonderen Gefährdungen liegen. Es geht bei ihr durchaus nicht bloß um die Macht einer Gewohnheit, sondern, wenn dieses Wortspiel etwas erhellen kann, um die Einwohnung einer „Macht". In einem Ritual, das davon bestimmt ist, können Zutaten, die aus anderen Kontexten oder aus einer theoretischen Wunschliste stammen, oft sehr lange als störende Fremdlinge, als abstrakte Novitäten in den konkreten Traditionen erscheinen.

Und da berührt sich nun diese Vorbedingung symbolischer Kommunikation in rituellen Vollzügen, die einfach in der Beachtung ihres rituellen Charakters besteht, eng mit einer zweiten, die auf die Beachtung ihres konkreten Kontextes drängt. Man hat es bei Gottesdienstritualen in ihrem konkreten Vollzug nie nur mit Formularen, sondern immer mit einer konkreten Lebensgestalt in einem konkreten Kontext zu tun. Für die gottesdienstliche Kommunikation des Evangeliums gilt dies geradezu programmatisch: sie hängt mit ihrem ganzen gelebten Kontext zusammen und von diesem ab. Sie steht ständig unter der Frage, wie gut oder schlecht die Kommunikation des Evangeliums in der übrigen kirchlichen Praxis gelingt oder mißlingt[3]. Für die geistliche Dynamik, den theologischen Rang und die soziale Fruchtbarkeit des Gottesdienstes hat der Kontext der kirchlichen Praxis und der Lebenszusammenhang mit der ganzen christlichen Praxis mindestens ebensoviel wenn nicht noch mehr zu bedeuten, wie der Gottesdienstvollzug selber für die sonstige kirchliche oder christliche Praxis bedeutsam sein kann.

Was gibt hier den Ausschlag? Sicher ist, daß ein unaufkündbares Wechselverhältnis zwischen den rituellen Vollzügen und den Lebensvollzügen besteht. Sicher ist auch, daß für jede Kommunikation des Evangeliums sei's im Gottesdienst oder auf anderen Wegen eine geistliche Grundregel gilt: In jeder Praxis des Glaubens rangiert der Output stets vor dem Input. Gottes Verheißungen gelten nicht einer Kirche, die sich vorrangig mit sich selber beschäftigt und ihre Kommunikationsformen mit aller Sorgfalt vollkommen macht; sie gelten einer Christenheit, die sich in ihren Gottesdiensten, aber auch sonst mit den jeweils erschwinglichen bestmöglichen Kommunikationsformen leidenschaftlich den Nöten der Menschen zuwendet.

3 W. D. Marsch hat – z. T. unter Berufung auf H. J. Helle – die Funktion des Gottesdienstes als „die Möglichkeit zu einer ‚symbolischen Kommunikation' für Menschen verschiedener Herkunft, Mentalität, Aktionswilligkeit" beschrieben: Institution im Übergang, Göttingen 1970, S. 238. Daß zu ihren Bedingungen wesenhaft auch ihre Verortung im Kontext der Rituale und Mythologeme der jeweiligen Kultur gehört, darauf hat R. Volp „Liturgie als soziales Verhalten", in: WuPKG 1/1975 S. 29 f. hingewiesen: „Die Rede vom unkultischen Charakter des Gottesdienstes verfängt jedenfalls solange nicht, solange Kunst, Mythos wie überhaupt die Riten unsrer profanen Kultur theologisch unaufgearbeitet sind – was ja wohl der Fall ist". Vgl. ausserdem H. J. Helle, Symbol und Gottesdienst, in: Gottesdienst morgen, Wuppertal 1969 S. 24 ff. Ders. Soziologie und Symbol, Köln/Opladen 1969.

Ohne davon etwas abzustreichen: die Suche nach den jeweils erschwinglichen und bestmöglichen Kommunikationsweisen macht die Frage nach den Bedingungen ritueller gottesdienstlicher Praxis für die Kommunikation des Evangeliums im kirchlichen Gottesdienst dringlich und interessant.

4.2 *Rituale in alltäglicher Kommunikation*

Soziologie, Psychologie, Sozialpsychologie und Verhaltensforschung haben die Wahrnehmung der vielsträngigen und feinverästelteten Ritualisierungsvorgänge im menschlichen Gesamtleben ungemein sensibilisiert. Zuerst hat wohl die Religionsphänomenologie im Menschen den Ritualisten und in der Ritualisierung seine erste, ausdrückliche, vorsprachliche Verhaltensweise entdeckt. Mittlerweile hat man auch die lange Zeit hindurch wissenschaftlich unbeachtet gebliebenen Bereiche des Alltagswissens, der Alltagssprache, der ganzen Alltagswelt mit ihren sogenannten Selbstverständlichkeiten auf die dort wirksamen Mechanismen aufmerksam untersucht und ist in primitiven und in entwickelten Gesellschaften dabei überaus fündig geworden.

Es zeigt sich, daß die sozialen Begegnungen weithin rituell organisiert und daß jedenfalls alle sozialen Ordnungen im Grund rituelle Ordnungen sind: der einzelne Mensch bringt zwar eine angeborene Fähigkeit mit, sich durch moralische Regeln binden zu lassen, aber erst das soziale Miteinander bringt jedem wechselseitig in concreto die Regeln bei, nach denen man die Dinge wahrzunehmen, das eigene Selbst und seine Gefühle einzuschätzen, seine Partner zu beurteilen, das eigene Selbstbild in den Augen der anderen und vice versa zu erkennen und zu bewahren hat. Das schlägt sich in einem „Satz" von stereotypen Verhaltensweisen nieder, deren Erfolg von der Erfahrung bestätigt wird. Ihre Zusammenordnung und Variationsbreite bestimmt sich vom Einzelnen, von den für ihn maßgeblichen Gruppen und von der diese tragenden Kultur her. Die Einhaltung dieser rituellen Regelungen macht das soziale Leben zu einer „klaren, ordentlichen Angelegenheit". Sie macht den Menschen zu einem „selbstregulierenden" Teilnehmer an seinen sozialen Begegnungen und das „Image", in dem sich seine Einschätzung durch die andern mit seiner Selbstachtung verknüpft, zum Regulator. Das Image wird für den Einzelnen zum Symbol seines sozialen Verkehrswerts[4]. Er ist mit ihm in das „Netzwerk" all jener Institutionen, Einrichtungen, Absprachen und Erwartungen verflochten, in dem er seine aktive und seine passive Teilnahme am sozialen Prozeß und sich selber im einzelnen konkret und inhaltlich vordefiniert findet, in dem er freilich auch sich und dies alles fortgesetzt weiterdefiniert[5].

4 E. Goffman, Interaktionsrituale, Frankfurt 1971, S. 51 ff. S. in Anm. 7!

5 Dazu H. Blumer, aaO S. 98–100: Wiederkehrendes, stabiles gemeinsames Handeln hängt im Netzwerk eines ausgedehnten Zusammenhangs von interdependenten Handlungen, wie etwa bei der Arbeitsteilung (vom Getreidebau bis zum Brotver-

Auf diesem Hintergrund ist die kulturanthropologische Bedeutung der Ritualisierung zu sehen. Im Blick auf die rituelle Seite der Kommunikation im Gottesdienst heben wir aus der hier zu beobachtenden Fülle nur drei beispielhafte, grundlegende Eigentümlichkeiten heraus: man wird erstens davon ausgehen müssen, daß stereotypes, also ritualisiertes Verhalten ein gutes Stück weit zum normalen Habitus eines gesunden Menschen gehört[6]. Man muß zweitens beachten, daß für die Balance des sozialen Lebens nicht etwa ein Prinzip der Gleichheit, der distributiven Gerechtigkeit und dergleichen, sondern eher eine Art ritueller Organisation auf Gegenseitigkeit grundlegend ist, die sich wahrscheinlich vom Image, einem Ausdruck des Ungleichgewichts her, einreguliert[7]. Und man kann drittens schwerlich daran vorbeigehen, daß gerade die Kultur menschlichen Sozialverhaltens (und damit auch die Möglichkeit menschlicher Selbstachtung) bis in empfindlich intime Stellen wie etwa in die alltäglichen Gespräche hinein weithin von der wechselseitigen Einhaltung ungeschriebener und unausgesprochener ritueller Verabredungen abhängt[8].

kauf im Laden). Dadurch bekommt das menschliche Zusammenleben „System", begegnet im Bild von Institutionen. Nur darf man nicht meinen, daß diese Institutionen usw. nun Wesen wären, die sozusagen unbekümmert von sich aus, aus ihrer eigenen Dynamik handelten und alles regulierten. Auch in ihnen handeln Menschen, d. h. auch ihnen steht so etwas wie ein sozialer Interaktionsprozeß gegenüber, der sowohl für ihre Erhaltung wie ihre Weiterentwicklung ausschlaggebend ist. Es ist der soziale Prozeß des Zusammenlebens, der die Regeln schafft und aufrechterhält, und es sind nicht umgekehrt die Regeln, die das Zusammenleben schaffen und erhalten ... „Ein Netzwerk oder eine Institution funktioniert nicht automatisch aufgrund irgendeiner inneren Dynamik oder aufgrund von Systemerfordernissen; sie funktionieren, weil Personen in verschiedenen Positionen etwas tun – und zwar ist das, was sie tun, ein Ergebnis der Art und Weise, in der sie die Situation definieren, in der sie handeln müssen" ... Die mitgebrachten „Sets von Bedeutungen", die das Handeln der Einzelnen und der Gruppen in den von ihnen eingenommenen Positionen im Netzwerk leiten, werden „in einem sozialen Definitionsprozeß in Abhängigkeit von der augenblicklichen Lage gebildet, aufrechterhalten, abgeschwächt, verstärkt oder umgeformt ... Sowohl das Funktionieren wie die Weiterentwicklung von Institutionen werden durch diesen Interpretationsprozeß bestimmt, wie er zwischen den verschiedenen Gruppen von Teilnehmern stattfindet".

6 „Eine Person, die nicht ein bestimmtes Ausmaß an stereotyper Arbeit leisten kann, ist nicht gesund" G. H. Mead, aaO S. 256. – Man muß freilich daran erinnern, daß stereotype Arbeit nicht in jedem Fall unveränderlich erstarrte Arbeit sein muß und dass „rituelles" Verhalten dem in der vorangehenden Anmerkung beschriebenen weitergehenden Definitionsprozeß unterliegt.

7 „Die rituelle Ordnung scheint von Grund auf nach Anpassungsstrategien organisiert zu sein ... Soziales Leben ist eine klare, ordentliche Angelegenheit, weil man sich freiwillig von Orten, Themen und Zeitpunkten fernhält, wo man nicht erwünscht ist und verachtet werden könnte, wenn man sich einmischt. Man kooperiert mit anderen, um sein Image zu wahren, und wird merken, daß man viel gewinnen kann, wenn man nichts riskiert ... Vielleicht ist das Hauptprinzip der rituellen Ordnung nicht Gerechtigkeit, sondern Image ..." (E. Goffman, aaO S. 50–52).

8 „Wäre der Mensch nicht ein rituell feinfühliges Objekt, so könnten vermutlich Gesprächsgelegenheiten nicht in der üblichen Weise organisiert werden. Es ist kein

4.3 *Rituale als religiöses Ausdrucksverhalten*

Rituale gelten zu Recht als interessante kulturanthropologische „Texte“[9]: sie sind die Ursprache der Religion. Vermutlich hat aber die Unterscheidung von religiöser und nichtreligiöser Ritualisierung, wenn man die Ursprünge erwägt, höchstens einen behelfsmäßigen Sinn. Auch die – über arithmos? – ins Indogermanische zurückweisende etymologische Wurzel „rta“, die auf ein vorschriftsmäßig geregeltes Verhalten hindeutet, läßt an ein sozusagen gemischtes, ungetrenntes Erfahrungsfeld denken, auf dem sich göttliche, im Spiegel der Welt abgelesene oder erahnte Lebensgesetze und menschliche Sitten im persönlichen Regelverhalten miteinander verknüpfen. „Ursprünglich“ geht es ja doch immer darum, mit dem, was am Leben und Sterben unheimlich und furchterregend bleibt, besser fertig zu werden. Man sucht den düsteren, vielstimmigen Urwald oder die weiten Savannen des Lebens, wo man sich allseitig schutzlos vorfindet, bewohnbar, urbar zu machen, Vertrauensinseln und also Ordnungsinseln herauszuroden und abzugrenzen. Deshalb kann man auch überall mit annähernd gleichem Recht sagen, alles, was dazu diene, von der Ahnung einer göttlichen Sinnordnung bis zur Geschicklichkeit des menschlichen Einzelverhaltens, stehe irgendwie in einer „religiösen“ Dimension, wie umgekehrt, nichts davon wäre „spezifisch religiös“. Nur weil vermutlich bei allen Menschen die Furcht vor der Überfülle der unbewältigten Daseinsmöglichkeiten und vor dem überall darin lauernden Tod das Selbstgefühl des homo faber, der sich seine Werkzeuge schafft und sich

Wunder, daß ein Mensch, von dem man nicht sicher sagen kann, daß er das Spiel der Image-Wahrung beherrscht, Unruhe verursacht ... (38) ... Die Orientierung eines Menschen am Image, besonders am eigenen, ist der Punkt, wo die rituelle Ordnung Einfluß auf ihn hat, außerdem ist gerade in die Gesprächsstruktur das Versprechen eingebaut, rituelle Sorge für sein Image zu tragen“(48). Die leise ironisierte Darstellung dessen, was Ehrerbietung und Benehmen als säkularisierte Überbleibsel primitiven Ritualverhaltens fur den urbanisierten Menschen bedeuten können, sei immerhin noch geschildert. Darin werde impliziert, sagt Goffman (aaO S. 104 f.) „daß in einem gewissen Sinne diese säkularisierte Welt nicht so areligiös ist, wie wir denken. Viele Götter sind abgeschafft worden, aber der Mensch selbst bleibt hartnäckig als eine wichtige Gottheit bestehen. Er schreitet mit Würde einher und ist Empfänger vieler kleiner Opfer. Er achtet eifersüchtig auf die Anbetung, die ihm gebührt; wird er aber im richtigen Glauben angesprochen, dann ist er bereit, denen zu vergeben, die ihn beleidigt haben ... (alle empfinden) ... daß sie ihn mit ritueller Sorgfalt zu behandeln haben. Vielleicht ist das Individuum deshalb ein so zugänglicher Gott, weil es die zeremonielle Bedeutung seiner Behandlung verstehen kann und weil es mit Handlungen auf das, was ihm angeboten wird, reagieren kann. In Kontakten zwischen solchen Gottheiten bedarf es keiner Vermittler. Jeder dieser Götter ist in der Lage, als sein eigener Priester zu fungieren.“

9 Vgl. K. Kerényi: Umgang mit dem Göttlichen S. 24: Ausgeführte Riten bilden „gewissermaßen schon ‚religiöse Texte‘ “. „Magie ist ... keine Verfahrensweise, sondern eine Sprache; sie ist ein integrierender Bestandteil eines umfassenderen Phänomens, des Rituals, welches die Sprache der Religion ist. Das Ritual ist eine symbolische Transformation von Erfahrungen, die in keinem anderen Medium adäquat zum Ausdruck gebracht werden können“ S. Langer, aaO S. 57.

mit ihrer Hilfe behaupten will, ursprünglich und immer wieder aufs neue erschüttert und weil jeder wissen und erfahren kann, daß er sein Leben und Überleben nie nur sich selber verdankt: nur deshalb wird man so etwas wie ein urtümliches Übergewicht der religiösen Dimension oder, wie man wohl besser sagt, des Numinosen in der ursprünglichen menschlichen Lebenserfahrung vermuten können.

Vor diesem Hintergrund treten die Wesenseigentümlichkeiten und Leistungen ritueller Vollzüge und ihre Ambivalenzen heraus. Wir stellen einige davon zusammen, ohne sie zu einem System zusammenfügen oder klassifizieren zu wollen. Dabei legen wir keinen besonderen Wert darauf, prä- und außerverbale Ritualhandlungen von ritualisierten Wortfolgen zu unterscheiden. Dieser Unterschied fällt, wie es scheint, für das Wesen und die Funktion des Rituals nicht so sehr ins Gewicht. Am häufigsten hat man es immer mit einer Mischung von beidem zu tun. Jedes Ritual wirkt expressiv und wird deshalb mindestens implizit immer vom Wunsch nach wörtlicher Deutung begleitet. Es will verstanden werden, auch wenn es durch keine verbale Erklärung ersetzt werden kann.

4.3.1 Das Ritual als Sprachgewähr und als Raum der Verschonung

Jedes Ritual gewährt Sprache und Ausdruck und bindet zugleich daran. Erfahrungen werden von ihm vorformuliert, zum Ausdruck gebracht und den Teilnehmern zur Verfügung gestellt, sodaß sie nicht alles einzelne immer selbst suchen und sich mit den andern darüber verständigen müssen. Der Glaube kann sich in festgelegte Vollzüge, geformte Anrufungen, stilisierten Zuspruch, hervorgehobene, feierliche, von einem Einverständnis vorweg schon getragene Vokabeln kleiden und an deren Ort in umschriebenen Situationen begeben und sich darin wiederfinden. Er wird durch das ritualisierte Angebot von der Daueraufgabe entlastet, sich in jeder persönlichen Lebensschwierigkeit und in jeder neuen Lebenslage neu definieren zu müssen. Er kann das rituelle Angebot als Hilfe zur Bearbeitung und Bewältigung neuer Lebenserfahrungen gebrauchen. Zugleich kann gerade der Einzelne sich in einem übergreifenden rituellen Gehäuse in seinem Persönlichsten und Intimsten geschützt fühlen. Es läßt ihm die Freiheit, den bloßen Mitvollzug als Signal seiner Zustimmung gelten zu lassen, ohne ins einzelne gehen zu müssen. Für die stets von Stimmung, Biographie und Begabung beeinflußten Nuancen und Varianten des persönlichen, besonders des religiösen Erlebens bietet sich damit so etwas an wie ein Raum der Verschonung[10].

10 H. O. Wölber, aaO S. 89: „. . . es geht in der Sache Glauben auch um den Schutz des Menschen. Das hat zur Ritualisierung religiöser Kommunikation geführt. In dieser Ritualisierung religiöser Seelenvorgänge bleibt der Mensch verschont. Ritualisierung ist die Form der Freiheit auf diesem Gebiet. Sie gibt Verhaltenssicherheit, das gemeinsame Vorverständnis ist klar (?), die Signale des Einverständnisses sind gegeben. Die Verobjektivierung des Partners zum Zweck methodischer Funk-

Die umgekehrte Auswirkung ist freilich nicht von der Hand zu weisen: Rituale können ebensogut die gemeinsame und die persönliche Entfaltung des Glaubensverständnisses und seiner freieren Ausdrucksmöglichkeiten beschränken, das Nach- und Weiterdenken behindern, statt Sprachgewähr Sprachverarmung bewirken. In einer vorschriftsmäßig vollzogenen religiösen Form kann sich nicht bloß der Glaube bergen, sondern jederzeit auch der Halbglaube und der Unglaube verbergen. Jede Art von Selbsttäuschung oder von Vortäuschung kann sich dort einnisten. So wird auf die Länge gesehen mit dem Altern des Rituals gerade die Zeit wahrscheinlich zum natürlichen Bundesgenossen seiner depravierenden Wirkungen.

4.3.2 Das Ritual als Verhaltenshilfe – die Manieren der Frömmigkeit

Jedes Ritual ist in Form und bringt in Form. Es kann Menschen sowohl verhaltenssicherer wie auch unfreier machen und das Lebendige formalisieren: das zeitlose Doppelgesicht des Zeremoniells und der Etikette!

Verhalten wird durch Nachahmen gelernt, auch Sprachverhalten. Rituale üben in Rollen ein und verschaffen so auch der Frömmigkeit ihre Manieren. Wieder bedarf hier gerade das Innerste immer des äußersten Schutzes: sich Gott zu nähern ist immer gefährlich. Der Fromme weiß sich von der Übermacht des unheimlichen Gottes genau so bedroht wie vom Übergewicht seiner eigenen Verfehlungen. Im Äußerlichen keine Fehler zu machen kann Ausdruck des Wunsches nach einer weitergehenden, wesentlicheren Fehllosigkeit sein: man zieht seine Schuhe aus auf dem heiligen Land, muß aber gerade auf diesem Boden, an dieser Schwelle erfahren, daß auch die Lippen – und also das Herz, das sich dort äußert – von der glühenden Kohle gereinigt werden müssen. Das Ritual schützt die Ehrfurcht – oder schützt sie bloß vor, bewahrt sie lebendig oder läßt sie erstarren. Verhaltenssicherheit vor Gott kann zur Selbstsicherheit pervertieren. Auch hier liegt im Fortgang der Zeit ein fast zwangslaufiger Sog, daß religiös eingeübtes Verhalten zur bloßen Gewohnheit verdorrt. Der flammende Protest der alttestamentlichen Propheten hat sich dagegen gerichtet: Tempelvertrauen statt Gottvertrauen führt ins Verderben. Doch es bleibt immer dabei: wer sein Gewissen beschwichtigen will, versucht's mit Methode. Das unerfüllte Gebot wird dann unter den peinlich beachteten Ritualen versteckt.

tionsgerechtigkeit wird aufgefangen. So räumt Ritualisierung die Last der durch und durch zu verantwortenden Diskussion über das, was den Menschen im Innersten bewegt, hinweg. Das soll kein Widerspruch zur notwendigen Reflexion sein. aber es weist doch hin auf die Gesamtheit der religiösen Vorgänge". Nur würde ich darin nicht so gerne eine Ursache der Ritualisierung sehen wollen; onto- oder phylogenetisch wird man dieses eher moderne Bedürfnis nicht leicht nachweisen können. Doch bleibt es eine beachtliche Einsicht, daß gerade die Ritualisierung dem Glaubenden solchen Schutz- und Freiheitsraum bereitstellen kann.

4.3.3 Das Ritual als Traditionsvermittler

Rituale binden ans Alte und setzen es fort: sie lassen im Gestrigen einheimisch werden. Wo Rituelles entsteht, ist vorher schon Rituelles gewesen. Die Ritualisierung muß niemand erfinden oder einführen wollen: es gibt immer schon Vorgänge auf allen Gebieten und Nachbargebieten. In allen neuen Gestaltungen spiegeln sich ältere wider. Rituale wollen Dauer und schließen sich gerne an etwas an, das schon dauerhaft scheint. Sie sind im buchstäblichsten Sinn die geborenen Traditionsmittler. Darum haben sie meist etwas an sich von der Vertrautheit des Elternhauses. Sie erinnern daran, daß Religion das Leben an seine Herkunft bindet und von dort her das Zukunftsvertrauen schafft. Die Frömmigkeit haust meist gerne in den rituellen Gewändern der Mutter Kirche; im Längsschnitt der Kirchengeschichte sind die Liturgien vermutlich die haltbarsten und die wirksamsten Vermittler des Glaubens gewesen. Und sie gewinnen, wie sämtliche Traditionen, dann rasch Autorität: nicht nur, daß sie in Geltung stehen, sondern daß sie's schon so lange tun, läßt sie für viele maßgeblich werden. Ihr Alter muß keineswegs abgestanden, es kann auch altehrwürdig wirken.

Darum haftet die Religion auch durch ihre Rituale am besten: sie sind die unterirdischen Kanäle, durch die immer wieder ältere religiöse, auch „heidnische", synkretistische, aber auch abergläubische Zu- und Einflüsse in die späteren Zustände eindringen können. Sie sind aber auch jene Zonen, in denen sich die konkreten geschichtlichen Ausformungen der positiven Religion, auch die konfessionellen Sondergestalten der Christenheit, am längsten erhalten. Die alte Religion haftet durch ihre Rituale zäh in den Gemütern; sie tragen das Gewicht der Geschichte an sich und vor sich her. Sie können freilich auch alle Einflüsse, die sich darin eingenistet haben, Aberglauben wie Fremdglauben, unversehens in sich hochkommen lassen. Und sie halten oft manche Entwicklungen auf; leidenschaftliche Freunde der Liturgie sind nicht immer ebenso leidenschaftliche Freunde des ökumenischen Fortschritts. Was im Gestrigen einheimisch macht, hält auch gerne im Gestrigen fest.

Im Rituellen ist damit freilich auch ein gesunder Widerstand gegen das Modische aufgespeichert, eine nützliche Unempfänglichkeit für Dinge, die schwerlich von Dauer sein können. „Das Neue macht Eindruck, aber nicht den, den die Liturgie machen soll"[11]. Das macht die Rituale zu einer keineswegs vorrangigen und wenn, dann zu einer äußerst empfindlichen Ansatzstelle für versuchte Reformen. Veränderte oder neue Rituale machen allerdings unüberhörbar, daß sich hier ein ernstgemeinter Reformwille durchsetzen will. Aber erst wenn sie angenommen worden sind, signalisieren die neuen Rituale, daß sich ein weitergehender Reformwille durchgesetzt hat, und lassen ihn nahezu unwiderruflich erscheinen. Die neuen Rituale der Reformationszeit, die ja Luther nur zögernd ein-

11 F. D. Schleiermacher, Praktische Theologie, ed. Frerichs, S. 164.

geführt hat, sind ein klassisches Beispiel dafür, daß eine Reform schwerlich mit Ritualen beginnen kann, aber in ihnen durchbrechen muß, um in ein anderes Kirchenwesen zu führen. Die neuen Gottesdienstordnungen der Reformationszeit sind nach den neuen theologischen Einsichten in der Predigt, aber vor den neuen theologischen Bekenntnissätzen die ersten nachhaltigen Wegemarken der neuen Konfessionalisierung gewesen.

4.3.4 *Rituale als Bürgen für Ordnung und Sinn*

Rituale spiegeln Ordnungen wider, stellen sie her und dar und geben damit dem Gemeinschaftsleben eine tragfähige Basis sowie seinen nötigen, wohlgeordneten Ausdruck im Lebensganzen.

Das Leben braucht Schutz und Raum, der den dort immerzu andrängenden Bedrohungen abzuringen ist. Und es braucht Haltepunkte in der Zeit, die man der immerzu weitergehenden Zeit einprägen muß. Sie spiegeln wider, was im offenen Raum eine Bergung und in der vergehenden Zeit dennoch Dauer verspricht: dort den Berg, die Höhle, das Freiland, hier den beständigen Wechsel von Tag und Nacht und die verläßliche Wiederkehr der Jahreszeiten und der Gestirne. Man merkt, daß sich so in der Zeit deren Vergänglichkeit bannen oder zurückdrängen läßt: Saat und Ernte, Frost und Hitze, Sommer und Winter, Tag und Nacht hören nicht auf. Und was immer die Arbeit dem Chaos abrackert, das bleibt zwar gefährdet, weil der Acker stets wieder versteppen kann. Und doch geschieht darin eine fortwährende Überredung zum Sinnvertrauen, die aller Mühe auf dem Acker einen heimlichen Sinn verleiht und alle Mühe um eine Ordnung der Zeit öffentlich lohnt. Die Arbeits- und Feierrituale grenzen Räume und Zeiten aus und machen das menschliche Zusammenleben verläßlich. Sie lassen die konkreten Gemeinschaften in eine gegliederte Welt und die Nachwachsenden in ein konkret geformtes Gemeinschaftsleben und seine Rhythmen hineinwachsen und so das Vor-Geordnete nachlernen.

So verankern die Rituale sich als Angeld von Sinn in den Seelen[12]. Sie wachsen sich dabei zu Lebensgewohnheiten aus und mit solchen zu-

12 Die Bedeutung der Riten für die geschichtliche Einnistung der Religion in der Gesellschaft ist groß. Sie kann große politische oder weltanschauliche, freiwillige oder erzwungene Wandlungen überdauern. Das wird verblüffend deutlich, wenn man sich die Formen vergegenwärtigt, unter denen Reste des Christentums in atheistischen Diktaturen fortleben. Der eine Strang ist der freie Geist, der sich nicht aus den Katakomben der religiösen Kleingruppen austreiben läßt. Der andre Strang sind die Rituale, die dann freilich oft auch rasch zu halbabergläubischen Kümmerformen regredieren. Eine Untersuchung dazu am Beispiel der bulgarischen „Ritualisten" bietet Wolf Oschließ „Überwundene Religion? " (Ev. Th. 5/1975 S. 447 ff.). Dort tritt eindrücklich heraus, daß die Verdrängung der Religion dazu zwingt, analoge Rituale zu schaffen und daß gerade diese wegen ihrer Neuheit fast hoffnungslos im Hintertreffen bleiben. Andererseits bleiben auch dort das kirchliche Beerdigungsritual und die Erinnerungen an die weit über das Gottesdienstliche

sammen. Sie stellen sich den Ausbruchsversuchen der Einzelnen in den Weg, entwickeln Sanktionsregeln für ihre Verletzung und Integrationsweisen für ihre Wiederherstellung. Sie laden sich auf mit Autorität: das Gemeinsame geht dem Einsamen vor. So aber schaut hinter ihrem Ordnungsgesicht immer wieder auch das Zwangsgesicht hervor: Eindämmung kann zur Einzwängung, Ordnung kann selbstzwecklich werden. Erzwungene Ordnung betrachtet sich selber am liebsten als Spiegelung einer heileren Welt und macht sich zur heilsnotwendigen Vorbedingung für diese.

4.3.5 Initiations- und Kommunionsrituale als Medien und Indikatoren des Gemeinschafts-, Geschichts- und Wertbewußtseins

Rituale grenzen eine Gemeinschaft der Zugehörigen ab, orientieren sie und strukturieren sie in sich selber. Man kann auch sagen: sie erst machen aus Bluts- und Stammesverwandtschaft das geschichtliche Bewußtsein der Zusammengehörigkeit. Sie geben der rituellen, der geschichtlich-kontingenten Verbundenheit den Primat vor den angeborenen Zusammenhängen. Sie werden zum vorrangigen Kriterium der Integration; sie verbinden zuerst die Familien zum Stamm und denn die Stämme zum Volk.

Allerdings hängt mit der Anschaulichkeit der Rituale noch eine andere Grenze zusammen: sie bleiben dadurch den Räumen und Zeiten verhaftet. Ihr Wesen läßt sie eher Kulturräume und Epochen abstecken als ins Universell-Menschliche weiterdrängen. Denn was immer für Menschen anschaulich und darin einleuchtend wird, ist schon im voraus durch das mitbestimmt, was man in einem bestimmten Kultur- und Zeitraum so anschauen kann.

Umfassende menschliche Einheit ist jedenfalls nicht primär auf dem Weg über Rituale erreichbar. Dem Christentum schärft es die Pfingsterzählung ein, daß dazu der Geist, der spiritus creator, in die Sprachen eingehen muß. Die Rituale der Taufe und des Mahls können ihn stets nur begleiten und stellen dann dar und heraus, was er selbst schon an Einheit bewirkt hat.

Rituale sind im Vollzug immer konkret; das liegt ebenso an ihrer Anschaulichkeit wie an ihrer Geschichtlichkeit. Sie wirken orientierend in einer konkreten geschichtlichen Gemeinschaft. Sie sind geschichtlich im aktiven wie im passiven Sinn: sie spiegeln ihre Zeit und sie haben ihre Zeit. Auch

hinausgehenden, zu nationalen Sitten gewordenen Weisen, die großen Feste zu feiern, eindeutig das rituelle Réduit der Kirche. Es wird aber auch deutlich, und hängt sicher nicht bloß damit zusammen, daß man sich dort auf dem Boden der Ostkirche befindet, wie sehr bei den meisten Gläubigen die psychischen und rituellen Gewohnheitsbindungen an die Religion vor jeder intellektuellen und dogmatischen Bindung rangieren und daß es auf diesem Weg dauerhafte Bindungen an die Religion geben kann, die mit dem persönlichen Glauben wenig oder fast nichts mehr zu tun haben. H. Gödan, Die Unzuständigkeit der Seele, schlägt vor, nicht im Willen zur Macht oder zum Leben, sondern im fundamentalen „Trieb des Menschen nach Hause“, „im Willen zu Heimat“ den letzten, nicht beeinflußbaren und nicht beherrschbaren Antriebsmotor des Menschen zu sehen (S. 48).

da, wo sie Bildern der Natur oder Elementarbewandtnissen des Lebens nachgebildet sind, auch da wandelt sich ja mit der Zeit und der kulturellen Entwicklung sowohl die Art, wie man sie anschaut wie das, was sie anschaulich machen. Die „symbolische" Orientierung, die in ihnen niedergelegt ist, will jeweils mit den Mitteln der Zeit verstanden werden[13]. Sie heben bestimmte Lebensgesetze und Lebenswerte, Kräfte, Ziele oder Leitgedanken hervor. Sie anerkennen und interpretieren diese durch ihren Vollzug und setzen sie gleichzeitig unter den Mitvollziehenden in Geltung. Ihr unsymbolisches, rein mechanisches Verständnis wäre ihr Unverständnis und würde sie zu Instrumenten einer magischen Praxis im bedenklichsten Sinne des Wortes machen.

Weil Rituale die Werte und Ziele und das Geschichtsbewußtsein einer Gemeinschaft anschaulich machen und ausdeuten, grenzen sie damit die Teilnehmer von all denen ab, die sich nicht daran orientieren. Das ergibt Grenzen nach außen und innen. Sie stellen somit im klassischen Sinn so etwas wie „notae ecclesiae" dar: sie sind die Grenzmarkierungen und die Integrationssymbole der positiven Religion. Und weil sie die Gemeinschaft so anschaulich abgrenzen und zugleich integrieren, verwachsen sie auch so leicht und fast zwangsläufig mit ihren allgemeinen Lebensgewohnheiten[14].

Sie führen allerdings ihre Abgrenzungsfunktion dann auch innerhalb der Gemeinschaft in mehrfacher Hinsicht und oft sehr folgenreich weiter: an ihnen brechen gewichtige Unterscheidungen auf. Sie bringen ja eine fundamentale Unterscheidung offensichtlich von vornherein mit: sie scheiden

13 H. Kairat, Professions oder Freie Berufe, Berlin 1969, stößt bei seinen berufssoziologischen Erwägungen darauf, daß „Riten Handeln in objektiv unsicheren Situationen möglich" machen und diese strukturieren (aaO S. 36). Vor allem aber läßt die Beschäftigung mit der Wortgeschichte von cultus/colere etwas davon einfangen, wieviel „Kulturimpulse" mit dem Kultischen verbunden waren. Aller Kultus will aus der Bewegung zu geregeltem Tun, zu größerer Seßhaftigkeit, zu immer nachdrücklicher durchgehaltenen äußeren Ordnungen kommen. Diese Ordnungen gelten vor allem den Lebensschwellen, an denen das Leben aus den Fugen zu geraten droht und die deshalb besonders bewahrender Übergangsordnungen bedürfen. Die rites de passage helfen dem seßhaften Leben, seine Übergänge zu Durchgängen zu machen. Das nomadische Bewußtsein dagegen hat stets mit der Abkehr vom Acker auch eine Abwehr gegenüber den Tempeln verbunden und seine Götter lieber den heiligen Zeiten als den heiligen Orten zugedacht.

14 Hier kommt noch einmal in den Blick, daß religiöse Rituale nicht bloß grundsätzlich religiöse Ausdrucksmittel sind und der Kategorie der religiösen Sprache angehören, sondern daß sie dies konkret sind. Auch die religiöse Sprache gibt es konkret nur in Gestalt zahlreicher Sprachen! Und so sind die religiösen Riten die Texte ihrer Religion; sie stellen ein Stück jener religiösen Welt- und Lebensdeutung dar, die sich in dieser Religion verkörpert und von ihr praktiziert wird. „Der Ritus ist selber schon eine Interpretation. Er weist gänzlich über sich hinaus, auf etwas, das er nur als einen Ausschnitt aus oder als Wiederholung von etwas Größerem andeutungsweise enthalten kann und woraufhin er verstanden und vom Religionsforscher auch interpretiert werden soll" (K. Kerényi, aaO S. 13). Vgl. Anm. 9!

die Eingeweihten von denen, die draußen bleiben. Die Gruppen der Einweihungsanwärter – sei's durch Geburt, durch Erziehung oder durch Werbung – stehen dazwischen. In solcher Funktion unterscheiden die Rituale sich gleichzeitig selber: es muß Einweihungsriten geben, die in sich oder in einer Stufenfolge einmalig bleiben und darin ihren besonderen Rang gewinnen. Und es muß reine Kommunionsrituale geben, deren besondere Dignität gerade darin besteht, daß sie nur Eingeweihten zugänglich werden.

Neben dem Fundamentalunterschied zwischen äußerlich Drinnen- und Draußenstehenden, den die Initiationsrituale einschärfen, gehen von den Kommunionsritualen andere, schwerer greifbare Unterscheidungen aus: man kann ja in verschiedener Intensität an ihnen teilnehmen, sie ganz unterschiedlich verstehen, ja sie sogar im Widerspruch zum common sense deuten. Fast-nicht-Teilnehmer stehen dann bald neben durchschnittlichen Kommunikanten und Dominikanten, brave Ritualisten neben ganz eigenwilligen und neben überschwänglichen Partizipianten. Integrationssymbole und -rituale setzen häufig verschiedene Teilnahme-Normen aus sich heraus und interpretieren sich dadurch auch selber verschieden. Wenn sie diese Normen verschärfen, können sie Desintegrationen bewirken. Es grenzt sich dann in der Lebensgemeinschaft der Mitglieder mehr und mehr eine Bekenntnisgemeinschaft des authentischen Glaubens aus, die sich als Fortsetzung früherer, „echterer" Zustände empfindet und auch oft mehr innere Einheit vortäuschen kann als sich nachweisen läßt, und die sich aus sehr vielen Strömungen speist, die man am liebsten ganz undurchschaut läßt, um das Pathos des reinen Bekenntnisses nicht zu gefährden.

4.3.6 Darstellung und Durchdringung

Die Rituale sind auch an zwei weiteren, tiefgehenden Unterscheidungen in fast jeder religiösen Gemeinschaft beteiligt. Äußerlich kommen diese am deutlichsten darin zum Vorschein, daß sie überall zwangsläufig eine Trennung zwischen den Ritualkundigen und den Empfängern, zwischen Klerus und Laien bewirken. Ein solches Gegenüber tritt ja ganz unvermeidlich ein, selbst gegen die ausgesprochene Absicht. Jedes Ritual braucht seinen Leiter, vor allem soweit es sollennen Charakter besitzt. Brauchen ja selbst die ungeschriebenen und sich selbst regulierenden Alltagsrituale von Zeit zu Zeit ihren „Knigge".

Das Zeremoniell braucht und erzeugt seinen Meister. Es macht dann aber sehr schnell mehr aus ihm als technisch notwendig wäre. Besonders die religiöse Aura verdichtet sich rasch um den Virtuosen, der seine Rituale kunstvoll zu verwalten versteht.

Darin kommt aber eine viel tiefer- und weitergreifende Unterscheidung heraus: gerade an den Ritualen und ihren Verwaltern macht sich die für alles Religionswesen schicksalhafte Unterscheidung zwischen einem heiligen und einem profanen Tun fest. An ihnen grenzt sie sich ab und sie lassen dann rasch, absichtlich oder unabsichtlich, zwei getrennte Sphären daraus werden.

Man hat diese Abgrenzung einer heiligen und einer profanen Sphäre mit gewichtigen Gründen und doch oft zugleich etwas leichthin und allzu selbstverständlich als durch das Christentum aufgehoben erklärt. Der Eifer solcher Erklärungen verdeckt es zuweilen, daß es auch da um die Theorien und um die empirischen Erscheinungsweisen des Christentums oft etwas zwiespältig bestellt ist. Unbestreitbar hat der christliche Glaube ein neues Verhältnis zum Kultischen und zu seinem Ritualwesen eingeleitet. Er hat die Gemeinschaft der Glaubenden zum Haus Gottes und zum Leib Christi und den Leib des Glaubenden zum Tempel des Heiligen Geistes erklärt. Er hat die rituelle Beschnittenheit nichts mehr gelten lassen wollen. Er wollte, daß die Glaubenden in der Freiheit und im Gehorsam der vorbehaltlosen Liebe und in der Kraft ihrer Hoffnung sich allen Problemen der Menschen im Alltagsleben ohne Sonderinteressen zuwenden sollten. Er schloß eine selbstgenügsame Religion aus, die Gott durch besondere Leistungen auf einem religiösen Sektor zufrieden stellen wollte. Doch wäre es unbillig, die Religion nur auf ihre verzerrten und den christlichen Glauben nur auf seine idealen Möglichkeiten hin festzulegen. Religion will in ihren elementaren Tendenzen und in ihren großen Formen immer dem Leben als Ganzem gelten. Auch mit ihren Ritualen will sie sich nicht von Haus aus eine religiöse Sonderwelt bauen, sondern sich gerade im Leben und vorzugsweise an seinen krisenanfälligen Lebensschwellen festsetzen. Und gerade dabei tritt allerdings eine ganz unauflösbare Grundspannung heraus, die ebenso zu ihrem Wesen wie zum menschlichen Leben überhaupt gehört und für beide schicksalhaft bleibt. Es ist die Spannung zwischen Darstellung und Durchdringung.

Will nicht alle Religion etwas darstellen, was das ganze Leben mit Sinn, Vertrauen und Hoffnung durchdringen soll? Was sie darstellt, soll helfen, daß Menschen mit dem Unerklärten, mit dem Unheimlichen, mit dem Rätsel des Bösen, mit der Undurchdringlichkeit des Todes besser fertig werden, sich einen Reim auf das Ungereimte machen lernen oder wenigstens besser mit diesem zusammenleben können. Gerade im „Kult", in der rituellen „Begehung" geht man auf einem Stück Leben sozusagen hin und her und stellt dabei auf diesem Boden das dar, was es durchdringen soll. Was die Menschen mit Hilfe ihrer Religionen dann konkret daraus machen, ist eine andere Frage. Die erstrebte Durchdringung des Lebens kann zu einer machtvollen oder gewaltsamen Durchsetzung, zur ideologischen Überfremdung, zur illusionären Verklärung, zur Rechtfertigung des Bestehenden führen, zur trügerischen Selbsttäuschung und zur bloßen Beschwichtigung werden. Was die Religion darstellt, insbesondere in ihrem Kult, kann die machtvolle Repräsentation dessen sein, was sich mehr äußerlich oder auch innerlich weithin durchgesetzt hat; es kann einen Brückenkopf des Sakralen im gottverlassenen Leben bilden wollen, eine Insel der Zuflucht und der Hoffnung sein wollen; es kann zur Sicherung der Religion und zugleich zur persönlichen Absicherung durch sie, aber auch gegen sie dienen und als fromme Ersatzleistung für das profane Versagen fungieren. Die Geschichte der Religionen veranschaulicht diese und viele Varianten des Gebrauchs und des Mißbrauchs im Bilderbuch ihrer Riten und Gottesdienste, und die Geschichte der Christenheit zeigt in zahlreichen Formen und Fehlformen, daß auch ihr Gottesdienst von all diesen Möglichkeiten und Gefährdungen immer wieder betroffen wird.

Der christliche Glaube ist eindeutig an der Durchdringung des Lebens orientiert und interessiert. Die Gotteserfahrung, von der er seinen Ausgang nimmt, ist die einer vorbehaltlosen Annahme des menschlichen Lebens in seinen Schuld- und Todesverhängnissen und der hilfreichen Zuwendung zu diesem Leben. Es ist die Gotteserfahrung, die von der Geschichte Jesu herkommt, die damit zur Christus-Geschichte geworden ist. Der christliche Glaube erkennt und bekennt, daß sich hier und so der creator spiritus, der Schöpfergeist Gottes zu erfahren gibt, sich erbitten und erwarten läßt. Das verschließt ihm die Flucht in ein verklärendes Jenseits, in ein beschwichtigendes Inseits, in ein sakrales Abseits. Die Erfahrung der gnädigen Macht des so an und mit und für uns leidenden Gottes versperrt jeden Gedanken an einen Sonderbereich, in dem man seine Übermacht mit frommen Ersatzleistungen begütigen könnte.

Und doch bedarf gerade diese Gotteserfahrung, bedarf jenes Mitleiden Gottes, sein Annehmen des menschlichen Lebens inmitten all seiner Verstrickungen, seine Zuwendung zu ihm immerzu und immer wieder der Darstellung, die es begeht, die es symbolisch nachvollzieht und dadurch hilft, mit Zuversicht um das Kommen des Schöpfergeistes zu bitten und darauf zu warten. Darum hat die Christenheit sich der unaufhebbaren Grundspannung jeder religiösen Praxis nicht entziehen können. Es ist kein Rückfall in depraviertes Religionswesen, sondern die Annahme seiner historischen Aufgabe gewesen, wenn sich der Glaube dem Lebensgesetz der Religionen, der Spannung von Darstellung und Durchdringung gestellt hat. Der Glaube muß sich dem Leben, das er durchdringen will, vor- und in ihm darstellen. Er tut dies nicht nur mit Belehrungen und Erklärungen, die sich an das Erkenntnisvermögen richten. Er geht von Erfahrungen aus, die ebenfalls mehr als Belehrungen waren; von der Begegnung mit einem gelebten und erlittenen Lebensweg, der geschichtsträchtig wurde in den Gewissen und in der Geschichte. Deren Gedächtnis ist eingegangen in Erzählungen und Lehren, aber auch in Begehungen, in die orientierende Ausdrücklichkeit einweihender, ausgrenzender und kommunikativer Rituale. In solcher Darstellung verwahrt und erschließt der Glaube die Möglichkeiten der eigenen Regeneration.

Die Darstellung kann diese Möglichkeiten auch in sich verschliessen. Sie kann zur sakralen Sonderwelt und zum frommen Alibi werden. Sie bleibt aber nötig. Sie soll helfen, daß nicht statt der Durchdringung der Profanität mit den Kräften des Glaubens ein anmaßendes Beherrschenwollen herauskommt – es wäre die Klerikalisierung der Welt und des Glaubens selber. Sie kann und muß auch verhindern, daß es statt einer Durchdringung des Lebens mit dem Glauben auf eine Selbstauflösung des Glaubens im Leben hinauskommt – dies wäre eine Banalisierung der Welt und des christlichen Glaubens.

Rituale sind der gestalthafte Kern der Darstellung, Profilierung und Orientierung einer Glaubensgemeinschaft. Sie ziehen sehr ambivalente Folgeerscheinungen fast magnetisch hinter sich her. Sie wollen konkrete Konformität herstellen. Das kann zu starr, um einen zu hohen Preis geschehen, wenn die Konformität streng eingehaltener Formen den Ausschlag gibt. Es kann auch sehr lax, unter zu großen Preisgaben vor sich gehen, wenn man die Formen nur noch formal nimmt. Schwärmerisches Christentum einerseits, aber auch aufgeklärtes Bildungs- und Kulturchristentum andererseits setzen sich beide in unterschiedlichen Höhenflügen am liebsten über das Rituelle hinweg. Konfessionalistische und sektiererische Strömungen machen oft ihren Streit um die Behauptung und Verwirklichung des echten Christentums und ihre schmerzhaften Trennungen gerade am Rituellen fest. Ein rituelles Kirchenwesen, das nur noch dies ist, ist so oder so in der Tat unzulänglich. Orthodox ritualistisches wie auch enthusiastisches Christentum kann zu einem befremdlichen Sonderdasein, aufgeklärtes „Kulturchristentum" zu einem allzu freundlichen Allerweltsdasein ihres Kirchenwesens führen[15]. Das Christentum kann dann nur allzuleicht entweder in anspruchsvollen Unverständlichkeiten versickern oder in anspruchslosen Selbstverständlichkeiten verschwimmen[16].

4.3.7 Wiederholung

Rituale leben von der Wiederholung. Das kann sie ebenso stark wie ermüdend machen[17].

Zu allem Kult gehört Wiederholung. Eigentlich ist dies sein Wesen. Was man begeht, will und muß man immer wieder begehen, umschreiten,

15 Auf die eine Seite dieser Entwicklung weisen Beobachtungen an Gruppen hin wie etwa die von R. Battegay, Der Mensch in der Gruppe Band I S. 37: „. . . daß die Verminderung der Kontaktdichte zwischen den Angehörigen einer Gruppe und den Außenstehenden zu einer Intensivierung des Kontaktes und der Sympathie in der Gruppe selber und zu einer wachsenden Abneigung gegenüber den Außenstehenden führt. Darin liegt einer der Gründe, weshalb es beispielsweise in einer religiösen Gruppe zu einem oft sehr intensiven Kontakt der Beteiligten kommt und die Außenwelt durch sie häufig in steigendem Maße als negativ, als „sündhaft" erlebt wird. Es werden sich dann etwa weltferne Ansichten und Rituale entwickeln. Dadurch werden sie einerseits immer enger aneinander gekettet, andererseits aber immer mehr der Außenwelt entfremdet. Sie werden schließlich ein weltfremdes Sonderdasein führen". Vgl. auch noch einmal in Anm. 12!

16 Sehr zugespitzt wird auf diese Seite der Sache hingewiesen bei H. Cox, Das Fest der Narren, 1970 S. 107 f. Vgl. in Anm. 24!

17 Karlfried Graf Dürckheim, Der Alltag als Übung, S. 17 erinnert an eine altjapanische Weisheit: „damit etwas religiöse Bedeutung gewinnt, sind nur zwei Bedingungen nötig: Es muß einfach sein und wiederholbar". A. u. M. Mitscherlich, die Unfähigkeit, zu trauern 1967, S. 285 ff. beklagen die andere Seite der Sache: daß rituelle Wiederholung zum Mittel werden kann, sich einer zugemuteten Ichleistung zu entziehen und sich ein unwahres Gleichgewicht zu erschleichen, manchmal gerade auch unter falsch verstandenen „christlichen" Neigungen.

umtanzen, umgänglich machen. Das zu Begehende meint ja im Grund etwas Unbetretbares, Unzugängliches, etwas, das sich nur selber zugänglich machen kann. Darum muß man es immer wieder tun. Man muß sicherstellen, daß es noch da ist; man muß ihm zeigen, daß man auch selber noch für es da ist. So ist es der Bann der wechselseitigen Verfügbarkeit, des Beschwörenden, der als Tiefstes in den wiederholenden Ritualen lebt. Dazuhin nimmt in der Wiederholung von Altüberkommenem auch das Neue und Unvertraute einer unsicheren Gegenwart mit allem, was darin auf uns zukommt, vertraute Züge an; das Ungeformte gewinnt Form. Außerdem wird es durch Wiederholung praktikabel, nachahmend erlernbar, unreflektiert nachvollziehbar: alles Instituierte äußert sich immer am liebsten so.

Gerade diese „Stärke" des Rituals macht es zum Problem für die Kommunikation des Evangeliums. Denn dabei gibt es vermutlich zwar manches zu „bannen"; aber ist das Evangelium nicht noch etwas mehr als ein Stück altüberlieferten Lebens, das man wieder beschwört?

Dennoch bleibt die Wiederholung überall der Griffel, der die Texte des Rituals am tiefsten ins Gemüt schreibt. Auch die Evangelientexte sind so in die Gemüter gekommen. Die Wiederholung macht das Ritual zum Gemeingut für viele, das sich einzelne, aber auch Massen aneignen können, das Bildungs- und Altersschichten und sprachliche Grenzen umgreift. In der rituellen Wiederholung geht es immer ums gleiche, „als ob nichts geschehen wäre" – wie im gregorianischen Stundengebet. Und doch kann das, was sie ins Spiel bringt, vielstimmig und facettenreich wirken: jede veränderte Situation rückt den alten Ritus in eine neue Beleuchtung. Um der Wiederholung willen muß das Ritual einfach sein; gerade so bleibt es geräumig für die vielen Bedeutungen, die ihm im Leben vieler zukommen können. Komplizierte Rituale schreiben auch ihre speziellen Bedeutungen fest und verlangen nach Virtuosen, die sie beherrschen. Daß Rituale einem Überschuß an Bedeutung Raum geben können, nur dies macht ihre Wiederholung sinnvoll: es bleibt darin ein Spielraum der Freiheit, in dem Neues zum Zug kommen kann. Ohne solchen Spielraum könnten die Rituale der Christenheit deren Glauben nicht darstellen. Wenn die Wiederholung nicht den lebendigen Nachvollzug, sondern die Dressur meint, ist das Ritual in falschem Gebrauch. Es muß nicht so starr sein, wie man oft denkt, gerade auch unter dem Eindruck der alten, großen Rituale der Religionen. Die ungeschriebenen Rituale der alltäglichen Interaktion zeigen, daß nicht die korrekte Nachahmung, sondern der Habitus über den Vollzug und die Wirkung der Rituale entscheidet. Der Habitus hält die Wiederholung lebendig. Der ungekonnte Nachvollzug, der gern seine Schwächen durch Kleinlichkeit kompensiert, macht es erst starr und ist der Anfang seiner neurotischen Entstellung. Wer es gekonnt gebraucht, versteht es „symbolisch": er hat das Sinnversprechen im Sinn, dem es Ausdruck verleiht. Er erkennt dann auch rechtzeitig, wann ein Ritual sich erschöpft hat – ob teilweise oder auch ganz. Ein erschöpftes Ritual wird zur Mumie, die kein Volk mehr, sondern nur noch Besucher besitzt. Es ist zur absonderlichen oder ästhetischen Konserve geworden. Dann beginnen jene Wiederholungen, die dem Alten nicht aufhelfen und die das Neue gefährden. Sie werden zur furchtbesetzten Abwehr all dessen, was die Zeit ändert, oder zum Werkzeug eines infantilen Verlangens nach Sicherheit[18].

4.3.8 Vertretung

In Ritualen gewinnt Inneres als Äußeres, Eigenes als Gemeinsames, Empfindung als Handlung, Eindruck als Ausdruck Gestalt. Man kann dann auch sagen: Ungeformtes, Ungestaltetes läßt sich da von Geformtem, Gestaltetem vertreten. Was Menschen gemeinsam gestaltet haben und behalten wollen, tritt ihnen in der rituellen Wiederholung gegenüber, als wäre daraus etwas Andres, oft geradezu etwas Fremdes geworden. Es ist der zwiespältige Vorsprung des Ausgestalteten, das Glück und der Schmerz des Fragments, daß es ein Stück der zerronnenen Zeit als geronnene Zeit festhält und zugleich bei jeder Wiederholung mit den schon abgegoltenen auch die unabgegoltenen Erwartungen erneuert, ein Mehr an erwartbaren Möglichkeiten mit sich führt. Religionsphänomenologisch gesprochen: das Ritual lebt im und vom Geheimnis der Vertretung. Das ist seine heimliche Mächtigkeit, seine offene Grenze zum Numinosen. Das Ritual tritt als Vertretungshandlung denen, die es begehen, zugleich gegenüber; es wird für sie wie zu einem Fenster, durch das die Gemeinschaft sehen kann, wie sie selber, wie man in ihrer Mitte die alle berührende und tragende Lebensmächtigkeit, Gottes Lebensmächtigkeit in unsrem Leben schaut und erfahren hat. Die rituelle Handlung ist wie eine Tür, durch die man „vertretungsweise" in ein anderes Leben eintritt oder, was im Grund dasselbe ist, durch die anderes Leben ins eigene Leben hereinkommt[19].

Das kommt nirgends stärker heraus als darin, daß das Ritual seinen Leiter, der andere einweiht, nicht bloß als den schon Eingeweihten, den Kön-

18 Siehe 2. Kapitel, Anm. 65.

19 Dazu vgl. G. v. d. Leeuw, Religionsphänomenologie, bes. § 25 ff. – „der Mensch, der Gott sucht, wird von Gott getrieben" (235) oder § 50: „Geben ist etwas von sich selbst in das fremde Dasein bringen" (395) „man veräußert immerhin in der Gabe einen Teil seiner selbst" (401). Der Empfänger, der solche „Vertretung" annimmt, begibt sich selbst in ihren Kreislauf hinein. Auch der rituelle Tanz und das Kunstschaffen sind Versuche, ein anderes Leben vertretungsweise ins eigene Leben hineinzulegen. In der Ritenbildung und allen damit zusammengehörigen „kulturellen Betätigungen" des Menschen steckt ein solches stellvertretendes Herstellenwollen eines „Mehr an Leben" drin: „Der moderne Mensch hat diese Zusammengehörigkeit von Kultur und Riten vergessen . . . auch heute versucht der Mensch ja, wenn er ‚sich kulturell betätigt', etwas anderes zu erreichen . . . und wir alle, insofern wir anders leben als die Tiere, was tun wir andres als aus diesem Leben etwas machen, das es nicht ist? Denn eben deshalb ist die Kultur gewaltig und tragisch, nicht weil sie ein Versuch ist, sich auf der Welt häuslich einzurichten, sondern über die Welt hinauszukommen, die Grenze zu überschreiten, aus dem Leben ein „ewiges Leben" und aus dem Tode ein neues Leben zu machen." (Ders. Der Mensch und die Religion, S. 84).

ner und Macher, sondern unweigerlich auch als „Vertreter" erscheinen läßt. Die Eigentümlichkeit solcher Vertretung wird auf mannigfache Weise gedeutet und praktiziert: als geheimnisvoller „character", der ebenso unantastbar wie unkündbar die überpersönliche Autorität des Vertreters begründet. Als ein Rollenspiel, mit dem er sich identifizieren kann, das er aber immer auch bloß wie eine fremde Rolle durchspielen kann, wie der Haruspex mit seinem Augurenlächeln. Der „Vertreter" kann sich als Funktionär eines überkommenen Glaubens gerieren oder sich im Wissen um die Macht religiöser Gedanken als manipulierender Religionstechnokrat verhalten; als Liebhaber der eigenen Macht unter dem Schein einer größeren Vollmacht. Er kann auch als aufgeklärter „Religionsdiener" den ganzen Nimbus solcher „Vertretung" zerstören wollen und ganz solidarisch mit den andern erscheinen wollen. Aber auch in der Solidarität steckt „Vertretung". Er kann ganz und nichts als menschlich sein wollen; aber auch Menschlichkeit, die für andere da sein will, übernimmt „Vertretung" – das Gebot der Nächstenliebe läßt sich auch als das allgemeinste Ja zur „Vertretung" begreifen[20].

Das religiöse Ritual nimmt seinen Leiter nicht bloß für seinen Vollzug, sondern auch in Person mit in Anspruch. Als wiederholter Vollzieher einer symbolischen Handlung wird er auch außerhalb des Vollzugs selber zu einer symbolisch wirksamen Figur. Darin liegt gewiß eine Dauerversuchung zu einer quasi übermenschlichen Unmenschlichkeit, zur schieren Heuchelei, zur gedankenlosen und rückfragefreien Routine, zum provokanten und letztlich sterilen Protest. Darin liegt aber auch die Aufforderung zur Annahme dieser Konfliktsituation und zur Wahrnehmung einer Chance der Freiheit.

Das Ritual steht zwar nicht einfach in der Verfügung seines Leiters oder seiner Empfänger. Aber sein Vollzug schließt den Gebrauch in verantworteter Freiheit bis hin zu einverständlich erreichten Veränderungen im Grundsatz mit ein. Die „Amtlichkeit" bindet den Leiter, macht ihn aber zugleich auch frei vom Einfluß zufälliger und wechselnder Wünsche. Der Umgang mit dem Ritual verlangt zwar die Menschlichkeit des Leiters – aber als Menschlichkeit in „Vertretung"[21]; es schützt zugleich die Mit-

20 Wie sehr ein solidarisches Wollen sozusagen ein Rollenheft guter „mitmenschlicher Vertretung" hervorbringen kann, wie sehr beabsichtigte Solidarität dann eine „qualifizierte Mitmenschlichkeit vertritt und darin in der betreffenden Situation etwas vertritt, was von anderswoher kommt und über die Situation auch hinausführt, dafür können die Versuche mit einer neuen Kasualagende als Beispiel dienen, die von F. K. Barth, G. Grenz und P. Horst publiziert worden ist unter dem programmatischen Titel „Gottesdienst menschlich" – Taufe, Komfirmation – Abendmahl – Eheschließung – Beerdigung, eine Agende Wuppertal 1973, 1974[2].

21 Es ist eigenartig, daß man auch bei der Beobachtung der Ritualisierungen im Berufsleben auf eine säkularisierte Form des Gedankens der „Vertretung" und seiner Ambivalenz stößt, nämlich in Gestalt des „Berufsgeheimnisses". „Die Grenze zwischen rituellem und betrügerischem Handeln des professional ist schwer zu ziehen. Eine Rechtfertigung für rituelles Handeln könnte darin bestehen, daß ...

beteiligten davor, daß diese allein zu ihrem Schicksal wird. Sich dieser Spannung redlich und menschlich zu stellen, sich ihr weder durch prüde übersteigerte noch durch rüde verweigerte „Geistlichkeit" zu entziehen, das könnte zum Zeichen dafür werden, daß man jenes „wahrhaftige Menschsein" bejahen und weitergeben will, von dem die christlichen Rituale herkommen und auf das sie hinweisen wollen.

4.3.9 Vergewisserung

Rituale dienen in ihrem Vollzug nicht der diskursiven Erklärung, sondern der elementaren und darum zugleich auch der emotionalen Vergewisserung.

Daß sie auch „Texte" darstellen, die der Interpretation fähig sein müssen und ihrer bedürftig sein können, ist darin eingeschlossen. Erklärungen sind aber nicht ihr Ziel, Argumente nicht ihre Methode. Sie sind umfassende Ausdrucksmedien. Auch wenn sie rein sprachlich verlaufen, meinen sie immer die Sprach-Handlung, den Wort-Vollzug. Darum liegt auch das Schwergewicht aller Einweisung in sie nicht in der katechetischen Ausdeutung, sondern eher in einer mystagogischen Einübung – so wenig sich beides zertrennen läßt, wie schon jene berühmten „mystagogischen Katechesen" des Jerusalemer Kyrill deutlich machen. Gerade die Einweisung in die gelebte Ritualgestalt der Kirche gipfelt bekanntlich nicht in einer vollendeten intellektuellen Aufklärung darüber, sondern in einem Initiationsvollzug. Die Kindertaufe widerlegt – ungeachtet der damit gegebenen Fülle von Problemen – doch immer wieder mit fast umwerfender Beharrlichkeit die Meinung, als ob das Ganze und die Fülle des Glaubensbezugs zur Kirche in der Katechese und ihren Früchten bestünde. Und die Bemühungen um die Konfirmation, die viel Schweiß der Edlen gekostet haben und diesen auch wert sind, überanstrengen alle Beteiligten hoffnungslos, solange sie so etwas wie eine Vorwegnahme oder die Minimalgestaltung einer Erwachsenenbildung für die zur Mündigkeit berufenen Gläubigen verwirklichen wollen. Ganz ohne selbstkritische Rückfragen wird man sich da auch nicht auf den glasklaren Grundsatz der Reformationszeit völlig festlegen lassen können: confirmatio est catechesis. Es war dies – die Folgezeit hat es gezeigt – die These einer Kirche, die im Begriff war, sich in eine Schulstube und die Kanzel zum Katheder eines Magisters zu transformieren. Hier sind anthropologische Anfragen nicht von der Hand zu weisen. Unverstandene Rituale können zum toten Ballast werden. Doch eine absolute Verständlichkeit für jede denkbare Ver-

für die Gesellschaft . . . eine übermäßige Problembelastung vermieden wird." Dabei wäre aber eine vertrauenswürdige Treuhänderschaft vorauszusetzen. Wo diese nicht im Glauben an geheiligte Traditionen verankert ist, bleibt nichts übrig als sich mit dem ambivalenten Phänomen des Berufsgeheimnisses abzufinden, „denn die Wirksamkeit solcher Riten beruht auf der Geheimhaltung gegenüber dem Klienten" H. Kairat, aaO S. 36 f.

ständnisstufe ist nicht das Proprium des Rituellen. Man sollte es auch nicht zum ein und alles seines evangelischen Gebrauchs machen wollen. Das Ritual ist, anthropologisch, ein eigenständiges Medium der Selbst- und der Gemeinschaftsvergewisserung. Wenn es der Integration dienen und nicht Gegensätze perpetuieren soll, sollte es mit den in seinem Bereich geltenden Doktrinen zusammenstimmen. Es muß sich selbstverständlich auch von der Doktrin her kritisieren, modifizieren und im Extremfall bedrohlicher Fehlentwicklung sogar beseitigen lassen. Aber es ist selber kein doktrinäres Konstrukt noch durch Belehrungen zu ersetzen. Wo der Gottesdienst ganz dem Medium der Doktrin verfällt, erschöpft er sich und die Teilnehmer in einer atemlos eifrigen Dauerbelehrung. Dann fangen auch die Gebete zu predigen an. Rituelle Kommunikation kann aber und will auch dort greifen und sich wiederholen lassen, wo das belehrende Wort noch nicht recht oder schon nicht mehr recht greift. Sie kann für die Menschen ein erstes und letztes Viaticum bleiben, das ihnen den Weg des Glaubens entsiegeln und besiegeln, sie und ihre Nächsten, denen sie zugehören, der Zugehörigkeit und des Weges vergewissern kann.

4.4 Die Theologie und die rituelle Praxis des Glaubens

Alles Rituelle hat ambivalenten Charakter. Bei jedem Versuch, es theologisch und praktisch zu würdigen, stößt man darauf. Dieselben Merkmale eines Rituals können als Lichtseiten und als Schattenseiten erscheinen. Man kann dem schwerlich entgehen. Wahrscheinlich auch nicht dadurch, daß man zwei Kategorien von Ritualen oder rituellen Phänomenen unterscheidet: eine, die für die Kommunikation des Evangeliums besonders angemessen erscheint, und eine andere, von der man fast nur Erschwernisse für sie zu befürchten hätte; lebendiges Spielverhalten hier, strenge Rituale dort, bewegliches Formenspiel auf der einen, fast gänzlich erstarrtes Zeremoniell auf der anderen Seite[22].

22 O. Seydel hat (WuPKG 12/1971, S. 508 ff.) bemerkenswerte Überlegungen zur Gottesdienstreform unter dem Titel Spiel und Ritual angestellt. Er hat dort versucht, den engen Begriff des Rituals als eines Elements voraufklärerischer Religionspraxis durch den weiteren eines für alle Gruppen konstitutiven ritualisierten Verhaltens abzulösen, im Einklang mit neueren humanwissenschaftlichen Einsichten, und hat dann vier wichtige Wesensmerkmale des Rituals zusammengestellt: die geschichtliche Kontinuität, die es her- und darstellt, seinen (symbolischen) Hinweis-charakter, seine Gemeinschaftsbedeutung und seine Ordnungsfunktion, vor allem im Gruppenprozeß (die Behauptung, daß es kein individuelles Ritual gebe, muß wohl angesichts mancher einsamer Vollzüge von Gebets- und Beschwörungsriten und auch mancher höchst individueller Ausprägungsmöglichkeiten ritualisierten Verhaltens im sozialen Prozeß etwas modifiziert werden). Natürlich ließen sich diese vier Aspekte ebenso gut zu zweien komprimieren wie in ein gutes Dutzend zerlegen. Die positive Leistung des Rituals wird vom Vf. darin gesehen, daß es Hilfe zur sozialen, kognitiven und emotionalen Geborgenheit vermitteln, die negative darin, daß es zur Unterdrückung, zur Indoktrination und zur Diskriminierung Außenstehender mißbraucht werden kann. Dem Versuch Seydels, mit Hilfe der Unterscheidung Huizingas zwischen Wettspiel und „Kinderspiel" das

Daß es verschiedene Kategorien des rituellen Verhaltens gibt, die auch verschiedene Umgangsweisen mit ihnen nahelegen, hebt seine grundsätzliche Ambivalenz nicht auf. Diese läßt, wie mir scheint, nur die eine Folgerung zu, daß allein der Gebrauch über den Charakter der Rituale entscheidet.

Rituelles stellt sich mit Naturnotwendigkeit ein. Es ist ein die menschliche Sozialität (und in ihr die menschliche Individualität) mitkonstituierendes Element. Bei Chestertons Satz, daß der Mensch ein Ritualist war, ehe er sprechen konnte, hat man nicht nur an primitive Urzustände zu denken; der Mensch bleibt ein Ritualist, auch wenn er noch so gut sprechen gelernt hat. Im sozialen Prozeß wird eine rituelle Formation des menschlichen Verhaltens aus vielerlei Gründen unumgänglich. Es kommt dann stets darauf an, wie man im Einzelfall mit dem Unumgänglichen umgeht. Und es kommt bei allem Rituellen, das sich in jeder christlichen, kirchlichen und vor allem in jeder gottesdienstlichen Praxis einstellt, darauf an, daß der Umgang damit unter der Selbstkontrolle der Glaubenden bleibt. Es soll heils- und glaubensbehilflich, nicht glaubenshemmend und heilsbehindernd wirken. Rituelle Verhaltensweisen mögen noch so begründet und nützlich sein, sie dürfen nicht als heilsnotwendig verstanden werden. Gerade bei Gottesdiensten muß man sich besonders davor hüten, daß das Gesetz auf dem Weg über das Ritual nicht doch noch zu seinem beherrschenden Faktor gemacht wird. Dies bleibt ein unaufgebbarer evangelischer Grundsatz und muß deshalb auch Gegenstand dauernder theologischer Wachsamkeit sein. Alles Rituelle hat eine natürliche Neigung zum religiösen Ausdrucksverhalten; seine besondere Eignung dafür legt es gefährlich nahe, daß man es als religiös verbindlich, ja stärker noch, als heilsverbindlich betrachtet.

Gottesdienstliche Versammlungen und Handlungen können nicht ohne Rituale sein; sie bestehen aus solchen, gebrauchen stets überkommene For-

freie Spielverhalten als eine Art Gegentyp dem streng rituellen Verhalten ergänzend gegenüberzustellen und diesen Gegentyp den Experimenten mit neuen Gottesdienstformen als evangelische, aber auch gesellschaftlich erwünschte oder förderliche Möglichkeit zu empfehlen, mag ich mich einstweilen noch nicht voll anschließen. Mir scheint es sich beim Spiel in jedem Fall um rein rituelles Verhalten zu handeln, das seine Regeln beachten muß, und auch solennere Rituale scheinen mir nicht grundsätzlich einen strengen Ritualtyp verkörpern zu müssen – die gut differenzierenden Beobachtungen Goffmans und Blumers zum Interaktionsverhalten haben dort spielerische Sensibilitäten aufgezeigt. Vor allem vermag ich nicht anzunehmen, daß die evangelische Glaubensfreiheit im Umgang mit Rituellem dem spielerisch-spontanen Experimentieren mit Ordnungen eine so unbedingte Prävalenz zuerkennen muß. Gerade auf diesem Weg kommen ja dann auch sehr starke Zumutungen an die weniger spielfrohe Gemeinde heran. Vermutlich besteht nicht das leichteste Stück evangelischer Freiheit vom Ritualgesetz auch in einem verantwortlichen Gebrauch der fester verbindlichen und tiefer verankerten überkommenen Rituale. – Eine ausgewogene praktische und theologische Würdigung der Riten im Zusammenhang mit dem Begräbnis und sechs Kriterien für ihre Bewertung findet sich neuerdings bei Fr. Winter, Seelsorge an Sterbenden und Trauernden, Göttingen 1976, S. 105–107.

men, gestalten sie um und geben sie weiter. Die Kirche muß sich über die Ritualisierungen in ihrer Praxis klar sein; sie muß sie verantworten können. Und die Theologie wird dabei besonders darauf zu achten haben, wie die kirchlichen Rituale mit dem gesamten sozialen Kontext verflochten sind, ihm entsprechen und von ihm mitbestimmt werden.

Man muß dann aber noch einmal unterstreichen: theologische Rechenschaft über die kirchlichen Rituale kann weder meinen, diese müßten aus theologischen Entwürfen hervorgehen, noch, sie müßten in ihrem Gebrauch andauernd erläutert werden. Aus theologischen Konstruktionen gehen in der Regel weder sonderlich schöne noch sonderlich haltbare Rituale hervor. Treibhausgewächse fallen selten sehr wetterfest aus. Auch Agendenkommisionen bringen oft nur einen dünnen Setzling hervor; Deo volente wird später vielleicht eine Staude daraus, in deren Zweigen die Vögel Nistplätze finden. Gewiß sind auch ehrwürdig und wetterhart gewordene Rituale irgendwann von irgendwelchen Personen gemacht worden. Aber sie sind wohl stets dann am besten gelungen und haltbar geblieben, wenn man sie schuf, weil man sie dringend brauchte. Daß die Not immer am besten beten lehrt, gilt auch für Rituale. Gerade den großen Ritualen der Christenheit ist das meiste viel eher konkret zu-gewachsen als abstrakt zu-gedacht worden. Daß oft auch der religiöse Synkretismus den Wurzelboden der kirchlichen Rituale mitgedüngt hat, war theologisch weder vorgesehen noch durchaus erwünscht. Dennoch hat wie auch sonst solcher Zuwachs oft dazu beigetragen, daß das Christentum historisch so vital und in der Kulturgestaltung so potent geworden ist. Seine Kultus-Gestaltung fällt mit darunter. Die theologische Verantwortung ist daher nur gut beraten, wenn sie die Rituale der frommen Praxis sowohl herkunftsmäßig wie auch bestimmungsmäßig in ihrer kulturanthropologischen Verwurzelung und Bedeutung zu würdigen weiß. Sie wird dann manchmal Anlaß haben, an das Unkraut unter dem Weizen, aber auch an das Schlußwort aus jenem Gleichnis zu denken: „. . . lasset beides miteinander wachsen bis zur Ernte . . .“.

Dieser Rat kann nicht als Freibrief für rituelle Häresien gemeint sein. Er muß freilich, wenn auch oft ungern, als eine Art Toleranzedikt für die Grauzone des Kitsches fungieren, der ja, wie jeder weiß, gerade die rituelle Praxis in den Kirchen nur zu rasch überwuchert. Vor allem aber sollte er daran erinnern, daß es zwar ganz orthodoxe Lehren, aber keine ganz orthodoxen Pflanzen gibt, jedenfalls keine schönen, und daß theologische Beckmesserei den Gestalten der Frömmigkeit selten bekommt.

Gewachsene Rituale funktionieren normalerweise im Kreis derer, für die sie bestimmt sind, ohne Erklärung. Der Umgang mit ihnen ernährt sich von so etwas wie einem „stummen Wissen“, das sich zum Teil in ihrem Vollzug reaktiviert. Wenn sie erklärungsbedürftig werden, muß man nachfragen, woher das kommt. Wenn die erläuternden Rubriken zunehmen, ist dies fast immer ein Anzeichen dafür, daß die Kraft der Rituale, sich selbst zu verdeutlichen, abnimmt. Das muß nicht immer an veralteten

Formeln und Vokabularen liegen. Es kann z. B. auch davon herkommen, daß dem in ihnen implizierten Teilnahmeverhalten plötzlich neue soziale Erwartungen und Gewohnheiten entgegenstehen. Der geschichtliche und gesellschaftliche Wandel kann manchmal ganz schlicht den Bezugsrahmen, in dem sie erwachsen waren, wegrutschen lassen. Sie verbal anzureichern, ungriffig gewordene Rituale und Symbole mit theologisch purifizierten Erklärungen nahezu zuzudecken, ist weder eine Lösung noch auch nur ein Notbehelf, sondern läuft schlicht auf einen Verzicht auf diese hinaus[23].

Die protestantische Theologie hat etwas vom antiritualistischen Erbe im Blut. Man fühlt sich da gern als Nachfahre der prophetischen oder als Sachwalter einer neutestamentlichen Kultkritik. Wahrscheinlich folgt man zugleich und oft stärker noch einem Trend aufgeklärter, bürgerlicher Religiosität. Man sollte aus der gebotenen kritischen Sorgfalt keine unkritische Allergie werden lassen. Daß christlicher Glaube sich nicht aus menschlichen Bedürfnissen herleiten läßt und die Theologie ihn auch nicht vor diesen zu rechtfertigen hat, ist gewiß. Daß die Praxis des Glaubens alles, was Menschen nötig haben, bedenkt und betrachtet, ist ebenso sicher berechtigt. In der rituellen Praxis des Glaubens wird man sich immer in beiden Richtungen vorsehen müssen. Das grundsätzlich pejorative Verständnis des Rituellen sollte jedenfalls nicht länger unbeeindruckt von allen anthropologischen Einsichten Gegenstand eines gesteigerten protestantischen Selbstgefühls sein.

4.4.1 Rituelle Glaubensvermittlung?

Auch wo man im Christentum Mühe hatte, die paulinische Theologie und die Freiheit des Glaubens vom Gesetz radikal zu begreifen – daß ein neues Zeremonialgesetz nicht seine Sache sein konnte, war dem Grundsatz nach unbestritten. Unbestreitbar war und ist aber gleichfalls, daß die Kontinuität der Kirche in der Geschichte nur in der Vermittlung des Glaubens und so auch jener Glaubensfreiheit bestehen konnte, und daß zu solcher Vermittlung auch die Frage nach den ansprechenden Darstellungsweisen des Glaubens und ihrer angemessenen Gestaltung gehört. Die Darstellung muß der Anamnese des gekreuzigten Christus gelten und zugleich auf die Antizipationen des Glaubens ausgehen, auf die kühnen Vorwegnahmen alles dessen, was die Glaubenden auf Grund der Auferweckung des Gekreuzigten sich zu erhoffen und ins Werk zu setzen getrauten. Beides konnte und sollte nicht nur durch Belehrung erfolgen. Damit aus dem Glauben lebendiges, mutiges Zeugnis, aber auch tragfähige Fröm-

23 R. Volp, aaO stellt im Blick auf verbale Übersetzungsversuche religiöser Symbole im katholischen Raum allgemein fest: „Durch verbale Erklärungen über religiöse Symbole wird noch keine Identifikation mit ihnen erreicht. Ein Symbol, das uns als Gegenstand des hermeneutischen Interesses betrifft, lenkt von dem, was es meint, ab" (l. c. S. 30).

migkeit kommen kann, faßt er, was er darstellen, kontinuierlich bewahren und antizipieren will, in Erzählformen, die erwartungsvolles Gedenken auslösen, in Lehrformen, die zur Durchdringung des Lebens anleiten, und in Begehungen, die der Vergewisserung dienen, zusammen. Alle Einsichten in die Vorgänge der Kommunikation und der Tradition schärfen es ein, daß rituelle Vehikel dafür ebenso unentrinnbar wie unentbehrlich sind. Nur Gott schafft aus dem Nichts. Was Menschen neugestalten, schließt sich im Zuspruch und Widerspruch immer an Vorgegebenes an, und was Menschen sich zeigen lassen, wird bewußt oder unbewußt alsbald mit dem bisher Gezeigten verglichen.

Rituale sind gefährliche Unentbehrlichkeiten. Die neurotischen Zwangsrituale erinnern daran, nicht nur wie tief auf Wiederholung und Vertretung angelegtes Handeln ins Psychische eindringt und sich dort einprägt, sondern auch, was alles sich in sie verlagern, von ihnen vertreten und durch sie abführen lassen kann. Ein theologisch verantworteter Umgang mit Rituellem wird darauf aus sein, daß sie zu praktischen Hilfen und nicht zu einengenden geistlichen Zwängen werden. Theologischer Umgang mit Rituellem wird dieses umso mehr anthropologisch zu würdigen wissen, je weniger man etwas Heilsverbindliches von ihm erhofft. Seneca hat vermutlich die zuständige Dimension der Rituale scharfsinnig getroffen, wenn er, aller zeremoniellen, religiösen Geheimniskrämerei abhold, erklärte, daß aller Kult, alle rituelle Religionsausübung mehr ad mores quam ad rem gehöre. Das ist kein Votum gegen die Darstellung, wohl aber eines für die Durchdringung! Religiöse Rituale wirken nicht vorrangig als Doktrinen, sondern als Sitten und sind mit diesen in einem Grundkonsens, in einem tragenden Wertsystem verankert.

Weithin auf dieser Linie wird man die vielbesprochene relative „Stabilität" der Volkskirche heute zu sehen haben. Das Gefühl der Zugehörigkeit stellt sich bei der großen Mehrheit als im wesentlichen rituell verankert dar: man bezieht sich auf das volkskirchliche Gottesdienstangebot, das in großer Breite und Regelmäßigkeit vorliegt. Es beruhigt gewissermaßen schon dadurch, daß es vorhanden ist, als potentielle Offerte für den Bedarfsfall. Es wird konkret in Anspruch genommen, wenn ein Ritual an der Zeit ist, sei's im Begräbnisfall, oder an Weihnachten. Vor allem also in solchen Fällen, in denen die Gefühlsmomente sehr stark und die sonst angebotenen Alternativen sehr schwach sind. Die öffentliche rituelle Verankerung, in der das volkskirchliche Christentum seine Darstellung findet, gehört zu den „Sitten" und verweist auf den Unterboden der öffentlichen Moral, in dem sie festgemacht ist. Auf jenes Wertsystem also, das einigermaßen vom Unterschwelligen her, wenn auch ohne nennenswerte Sanktionen, den Herrn Jedermann mores lehrt. Daneben kommt für das volkskirchliche Christentum das Interesse an der „Durchdringung" des Lebens mit der Religion vor allem in der charitativen Bereitwilligkeit zum Ausdruck, in der Annerkennung und Unterstützung der sozialdiakonischen Praxis der Kirche.

Ansonsten nimmt der Einfluß der kirchlichen Rituale auf die allgemeinen Sitten, wie man fürchten muß, ab. Die deutenden Antworten, die das gottesdienstliche Angebot regelmäßig und kasuell bereithält, werden eher mitgenommen als dringlich angefordert – fast jeder setzt sich auf seine Weise irgendwo mit ihnen auseinander, ohne das Bedürfnis, sich darüber zu äußern. Familiensitten und Lebensgewohnheiten kristallisieren sich immer weniger um die kirchlichen Rituale herum, vielleicht weniger aus Abneigung, als weil sie zugleich zu einem anderen Lebensrhythmus und einem anderen Lebensstil gehören. Die allgemeinen „Sitten" formen sich weit mehr um die merkantilen Freizeitsuggestionen her. Die Kirchen agieren irgendwie mit auf dem Feld der öffentlichen Moral und der persönlichen Gewissensbelehrung; ihr rituelles Leben repräsentiert sozusagen ihr Proprium, ihre besondere, insulare Lebendigkeit, auf die sie mehr oder weniger beschränkt und mit der sie dann auch durchaus erwünscht sein können. Sie können dort ihre Rituale verwalten und sie gewissermaßen betriebsintern verbrauchen. Rituelle Reformen sind ihre Sache; von außen her besteht wenig Neigung dazu und wenig Interesse daran. Die Kritik an der Kirche macht sich zwar gern an ihren veralteten und verbrauchten Ritualen fest, ohne jedoch die Forderung nach ihrer Veränderung zu ihrer Sache zu machen oder eine solche gar selber zu fördern.

Man könnte die volkskirchliche Stabilität als eine Art kirchlichen Wartestand mit großinsularen Konturen beschreiben: die Darstellung des kirchlichen Glaubens geht ungehindert vor sich. Was die rituelle Weitervermittlung des kirchlichen Glaubens leistet; in welchen Umsetzungen und Abschattungen es bei einer fortgehenden Durchdringung des persönlichen und des öffentlichen Lebens bleibt, oder wie weit die insulare Isolierung der kirchlichen Praxis zunimmt, ist schwierig zu sagen. Denn die rituelle Praxis der Kirchen ist ja nicht nur von einer Fülle widerständiger oder selbständiger Weiterentwicklungen des menschlichen Weltverstehens und Weltverhaltens, von einer gigantischen Zunahme der menschlichen Möglichkeiten und Abhängigkeiten umgeben, sondern auch von ihren eigenen Folgen. Die rituelle Weitervermittlung des christlichen Glaubens durch die Kirchen samt allen Bemühungen, sie zum lebendigen Zeugnis zu machen und die Schranken des bloß Rituellen zu durchbrechen, hat eine bunte Menge von Einsichten, Überzeugungen und Haltungen hervorgebracht, die sich mehr oder weniger christlich fühlen und auch mehr oder weniger selbständig gemacht haben. Die Kirchen sind von einem Gemenge teils christlicher, teils auch nur scheinbar christlicher Selbstverständlichkeiten umgeben. Eine Zone von Christlichkeit oder Nach-Christlichkeit, die die kirchliche Praxis teils weiterträgt, teils aber auch isoliert. Ihre rituelle Praxis ist darin selber zu etwas Selbstverständlichem geworden. Ihre Glaubensvermittlung geht darin teils vielgesichtig und indirekt fort, teils kommt sie auch darin zum Stehen.

Kirchliche Aktivitäten können daran nur wenig ändern. Die Christenheit kann ihre eigene Geschichte nicht ungeschehen machen. Das Bedürfnis, die christliche Praxis in diesem gemischten Kontext stärker zu profilieren, ist groß. Es kann redlicher Leidenschaft für den Glauben entspringen, und doch zugleich in der Gefahr sein, einer religiösen Profilneurose zu erliegen, die Dinge zu sehr zu vereinfachen, und der Versuchung zu verfallen, in der veränderten Lage die Rituale und Emotionen vergangener Bekenntnissituationen zu wiederholen[24].

Aus dem undurchsichtigen und ambivalenten volkskirchlichen Wartestand mit seiner weithin rituellen Glaubensvermittlung führen weder rituelle Veränderungen noch gewaltsame Frontklärungen heraus. Die Entscheidungen fallen weder in Versuchen mit neuen noch im Rückzug, im Heimweh nach alten Ritualen der Glaubensvermittlung. Sie fallen vermutlich dort, wo es zu einem mitreißenden Zusammenspiel überzeugend neu gelehrten und überzeugend neu gelebten Glaubens kommt. Es könnte sein, daß die allgemeinen Zeitentwicklungen den „Bedarfsfall Religion" im transsubjektiven Rahmen wieder unabweisbarer machen. Dies wird von der kirchlichen Christenheit vermutlich mehr kognitive und mehr kommunikative Beweglichkeit fordern als sie gegenwärtig erkennen läßt. Vereinfachungen pflegen fast nur neue Sackgassen zu öffnen, aber keine neuen Brücken zu bauen.

Die Lage der Kirchen wird vermutlich so kompliziert bleiben wie so manche Problematik der Theologie. Vielleicht muß und kann man damit rechnen, daß die Suche nach einer echteren Darstellung des christlichen Glaubens und nach einer stärkeren Durchdringung des persönlichen und gemeinschaftlichen Lebens mit ihm sich mehr und mehr in das Le-

24 Aggressiv pointiert gibt H. Cox, aaO beide Haltungen wieder: Man solle oder wolle „in gar keiner Weise die dürftigen Erbstücke verteidigen, die gegenwärtig in den meisten Kirchen als Ritual geboten werden. Derartige Liturgien dienen höchstens als perfekte Beispiele für das, was ich die ‚ideologische Verzerrung' des Rituals genannt habe. Sie sind oft zu Techniken entartet, mit deren Hilfe eine bestimmte Gruppe das Bewußtsein ihrer Mitglieder definieren, Kreativität verhindern und der Welt eine Phalanx trügerischer Einmütigkeit darbieten möchte. ‚Ideologische Zeremonien' verdienen in Kirche und Staat nur unsre Verachtung" (S. 107 f.) Und noch schärfer (S. 97). „Ideologie ist die soziale Entsprechung zur Neurose und die Zeremonien sind ihre Symptome – spastische Gesten, von verängstigten Gruppen gebraucht, um ihrem kollektiven Schwachsinn Ausdruck zu geben". Doch fährt er eben dort fort: „Nun ist aber keineswegs jegliches Phantasiegebaren bei Individuen neurotisch. Manches davon ist bahnbrechend, ist die persönliche Verleiblichung unerprobter Einsichten. Ebenso ist nicht jedes Zeremoniell ideologisch. Deshalb, weil eine Handlung durchgeformt ist oder von mehr als einer Person ausgeführt wird oder symbolische Zutaten erhält, ist sie noch lange nicht repressiv oder neurotisch. Das Ritual kann befreiend wirken". Man wird das Ritual vermutlich nicht erst dort lobenswert finden sollen, wo es noch unerprobte Einsichten verleiblichen will. Sicher enthalten Rituale nicht nur eine Archäologie, sondern auch eine Teleologie, um es mit diesen fruchtbaren Begriffen P. Ricoeurs zu sagen. Aber ein Experiment ist schwerlich als Ritual zu definieren, vor allem nicht, wenn es im rituellen Bereich selber abläuft, falls man nicht nur noch das als ein Ritual theologisch für möglich hält, was uns in seinem Vollzug vor allem auch von sich selber „befreit". Wo nur seine paradoxe Selbstaufhebung den Ritualgebrauch theologisch legitimieren kann, ist es schwierig, Ungereimtheiten zu vermeiden.

ben von Gruppen am Rand oder in der Mitte der Kirchen verlagert. Ihr Leben spielt sich unterhalb der großkirchlichen rituellen Glaubensvermittlung und weithin in rituellen Freiräumen ab. Sie tragen zur anstrengenden und konfliktreichen Mannigfaltigkeit der kirchlichen Lage bei. Es könnten sich aber, eingebettet in ihre Gemeinschaftssitten und also nicht als Konstrukte aus der theologischen Schatulle dort rituelle und symbolische Neuansätze und Weiterentwicklungen ergeben und dann vielleicht über diese Gruppen hinaus ansteckend werden. Es ist mindestens denkbar, daß sich so die Behelfsbrücken oder die Fähren zwischen den großen Kircheninseln und ihrer Umwelt vermehren. Die derzeitigen Strukturen in Kirche und Gesellschaft und das immer unabweisbarere theologische Nachdenken über die Kirchen im ökumenischen Horizont und in empirischer Offenheit könnten einer solchen Entwicklung einige Chancen verschaffen.

4.5 Das Ritual als symbolische Integration

Die Behauptung, daß das Gefühl der Verbundenheit mit der (Volks)kirche – wie stark oder schwach auch immer – ganz automatisch auf ihre rituelle Praxis bezogen sei, mag überraschen. Denn gerade die Beteiligung an dieser Praxis ist ja vorwiegend gering, nicht selten ganz minimal. Es hängt zwar sicher mit dem tatsächlichen Ausmaß der persönlichen Teilnahme an der kirchlichen Praxis zusammen, wie intensiv man sich mit der Kirche verbunden fühlt und wie bewußt man zu ihr gehören will. Offenbar sieht man aber in Wirklichkeit in jedem Grad der persönlichen Teilnahme doch lediglich graduelle und keine prinzipiellen Unterschiede begründet. Das kommt u. a. einerseits daran heraus, daß gerade die spärlichen Teilnehmer das Ausmaß ihrer Beteiligung auf Befragen in der Regel wohlwollend überschätzen. Das ergibt eine Selbstkorrektur in der positiven Richtung, die mehr von innen, vom eigenen Verbundenheitsempfinden her wunschgesteuert als von außen, vom Prestige und einer kaum mehr vorhandenen sozialen Kontrolle her aufgenötigt sein dürfte. Und es kommt umgekehrt auch daran heraus, daß die regelmäßigen Teilnehmer viel weiterreichende Erwartungen an die Gottesdienstteilnahme knüpfen als nur die Absicht, ihre Verbundenheit mit ihrer Kirche zu bekunden.

Offenbar bleibt da ein Grundgefühl innerer Zugehörigkeit wirksam. Es mag in seinen abgeblaßtesten Formen nur noch darin bestehen, daß man gegebenen- oder erforderlichenfalls eine gottesdienstliche Feier oder Handlung für die eigene Person nicht ausschließen möchte. Oder sogar, wenn man sich faktisch, wie häufig, dann doch nicht entschließt („das ist doch nichts für mich"), – daß man das darin Gemeinte wenigstens noch irgendwie gelten zu lassen bereit ist („für die, die es brauchen und brauchen können"). Man mag seine Zustimmung zur Kirche und seine Zugehörigkeit zu ihr trotz aller Vorbehalte und allem persönlichen Abstand argumentierend mit einigen als positiv beurteilten Leistungen der Kirche begründen. Im Grund genommen ist sie jedoch in einer anderen, kaum formulierbaren Schicht begründet: mit ihrer rituellen Praxis stellt die Kirche eben nicht nur ihren Glauben als Angebot artikulierter Erkenntnis und Einsicht und als eine kognitive Zumutung dar. Vielmehr stellt sie mit ihr immer auch sich selber als ein Haus des Glaubens, als Bereich und Werkzeug symbolischer Integration in den Lebensraum dieses Glaubens dar.

Im Grundgefühl der Zugehörigkeit zu dieser Kirche selbst in der abgeblaßtesten Form kommt vermutlich so etwas wie ein fast stummes Wissen um dieses noch unaufgekündigte symbolische Einbezogensein in den Lebens- und Ausstrahlungsraum, in das „Haus" des kirchlichen Glaubens zum Vorschein. Selbst wenn man das eigene Leben nur noch durch das vollzogene kirchliche Taufritual an seinem Anfang, durch einige punktuelle Begegnungen in seinem Verlauf und durch das erwartete kirchliche Begräbnisritual an seinem Ende darin einbezogen sieht.

Dieser symbolische Mehrwert des Rituellen ist von entscheidender Bedeutung. Er macht die Rituale zu Vehikeln der symbolischen Integration. Rituelle Glaubensvermittlung hat genau diesen Charakter.

Unsre abschließenden Erwägungen über das Rituelle haben sich also, bisheriges zusammenfassend und wiederholend, jetzt ganz auf diese Eigenschaft des Rituellen, auf seinen „symbolischen Mehrwert" zu konzentrieren.

4.5.1 Der symbolische Charakter des Rituellen

Nicht jedes eingefahrene Verhaltensmuster ist ein Ritual. Der Wille zum Überleben zwingt alle Menschen zum Erproben der aussichtsreichsten Verhaltensweisen. Er schließt den Willen zum Zusammenleben zwangsläufig mit ein. Man ist dazu genötigt, sein Verhalten im Zusammenspiel zu erproben, es in der Interaktion einzuspielen. Man kann und muß sich über die möglichen Weisen, die Natur zu beherrschen, verständigen; man muß sich aber auch über die besten Arrangements auf dem Feld der sozialen Konflikte verständigen.

Rituale beginnen dort, wo die reine Verhaltenstechnik, die geradlinige Zweckmäßigkeit endet; wo nicht nur etwas erreicht, sondern zugleich und vor allem etwas ausgedrückt werden soll. Es kommt im alltäglichen Zusammenspiel dazu: unser Verhalten soll den andern ein Bild von uns selber vermitteln, das dem Eindruck, den wir machen möchten, entspricht und den Eindruck, den sie von uns haben, verbessert. Von diesem – erwünschten – Bild aus wird dann unser Verhalten durchweg reguliert. Es bekommt rituelle Züge, denn es muß immer, in jeder neuen Situation jenem selben Bild entsprechen, das es in und mit anderen Absichten zusammen den Partnern verläßlich vermitteln will. Das macht unser Verhalten zu einem „Text" für unsre Partner, in dem sie im Hintergrund immer einige „Kontexte" mitlesen sollen. Und unser Gesamtverhalten, selbst ein kompliziertes Produkt von Interaktion, wird dann auch für uns selber zu einem Ritualienbuch: es kommt darin zusammen, wie wir sind, wie wir uns zeigen möchten, in welchem Weltbild oder Sinnzusammenhang wir uns und unser Verhalten und unsre Verhältnisse und unsre Mitspieler sehen; in welcher Tonart, in welchem Kontext, in welchem den Augenblick übergreifenden Sinn wir sie uns als Mitspieler wünschen.

Rituale können zu Verhaltenstechniken regredieren, zu bloßen Gewohnheiten und Praktiken verflachen. Ihr Wesen haben sie aber von ihrer Expressivität. Rituelles Verhalten wird nicht aus der bloßen Zweck-Mittel-Relation erklärbar. In ihm führt das darstellerische Interesse Regie. Es hat etwas Emphatisch-Unverständliches an sich; ein Mehr an Sinn, ohne das es unbegreiflich bleibt[25].

Das macht sozusagen den innersten Nerv ihrer Ambivalenz, ihrer Zwiegesichtigkeit aus. Sie sind fixierte, strikt geordnete, auf Wiederholung und genaue Beachtung angelegte Handlungen oder Verhaltensweisen, in die sich jeder einüben kann. Sie machen einen ganz unpersönlichen, objektiven Eindruck, der Willkür und Überraschungen ausschließt. Und doch sind sie zugleich hochempfindlich und sehr verletzlich und leicht zu zerstören. Denn ihre Lebendigkeit liegt nicht in ihrem Vollzug, sondern in dem, was sie durch ihren Vollzug über diesen hinaus ausdrücklich machen.

Es ist die Lebendigkeit des Symbols, die ihnen eignet: auch das Symbol ist, was es ist, nur zusammen mit seiner Interpretation, die zu ihm gehört, nach der es verlangt und die ihm entspricht. Das Ritual lebt davon und darin, daß es Mitspieler findet. Es ist nicht unempfindlich gegenüber der Haltung dessen, der es veranstaltet und leitet. Er kann es so mechanisch vollziehen, daß es wie leblos erscheint. Er kann es mit so viel absichtlichem Nachdruck vollziehen, daß es aufdringlich und deshalb abstoßend wirkt. Er kann es beeinträchtigen oder stören, aber doch nicht zerstören. Die Teilnehmer können dennoch im Vollzug unter den Eindruck seiner Symbolik geraten. Oft passiert dies gerade, wenn der Leiter sich selber eher zurücknimmt und unterkühlt wirkt: dann kann der Eindruck der Symbolik besonders stark werden.

Es hängt aber völlig von der Empfänglichkeit seiner Mitspieler ab, ob seine Ausdrücklichkeit bei ihnen durchschlägt und für sie eindrücklich wird. Der Leiter kann von der Symbolik des Rituals fasziniert sein; wenn

25 Wenn beispielsweise das militärische Reglement bloß erreichen wollte, daß eine militärische Gruppe irgendwo gleichzeitig ankommt und mit dem Gewehr oder anderen Waffen und Geräten umgehen kann, dann wären weder ein Gleich- noch ein Stechschritt noch Präsentiergriffe nötig und selbst Wachablösungen ließen sich relativ einfach bewerkstelligen; im Ernstfall entfällt das meiste davon. Der militärische Drill ist aber nicht nur pragmatisch, sondern auch semiotisch konzipiert und deshalb annähernd genau so „symbolisch", wie er verwunderlich ist – nicht wenige reißt sein symbolischer Charakter auch in gegensätzlich ideologisierten Staatlichkeiten unwiderstehlich zur gleichen Bewunderung hin. Vgl. 2. Kapitel, Anm. 48.

sie seine Partner nicht selber erfaßt, bleibt es in sich verschlossen und behält seinen „Mehrwert“ für sich. Der Sinn, den es aufschließen und in dessen Zusammenhang es sie integrieren will, bleibt ihnen fremd.

4.5.2 Beschwörung unheimlicher Macht oder Begehung verborgenen Sinnes?

Wer in religiösen Ritualen nur Handlungen sieht, durch die die Menschen ihre Götter beschwören, sich dienstbar machen und beeinflussen wollen, wird ihren Gebrauch im christlichen Gottesdienst mit unverhohlenem Mißtrauen betrachten. Die Beschwörung, durch die man die unheimliche Übermacht einer Gottheit in Raum und Zeit bannen, sich gegen ihre Willkür abschirmen und die eigene Lebenskraft zugleich durch sie steigern will, ist die eine, oft und viel belegte und geschilderte Seite der Sache. Man vergißt darüber nicht selten die andre: die Begehung, in der man die Gottheit nicht beeinflussen, sondern sich selbst ihren Einflüssen aussetzen will und sich in ihren Machtbereich begibt. Irgendwie steht man zwar immer darin. Das Leben hat überall und zu jeder Zeit offene Flanken, an denen das Übermächtige schicksalhaft drohend bereitsteht. In der Begehung begibt man sich ausdrücklich dorthin, um diese Übermacht zu erkennen, anzuerkennen, mit ihr umzugehen und das ungeschützte Leben gerade dort, wo es ständig bedroht ist, begehbar zu machen.

Es kann nicht zweifelhaft sein, daß Rituale im christlichen Gottesdienst nur diesen zweiten Sinn meinen und haben können. Man will da wieder und wieder begehen, was sich begeben hat; in Formen und Weisen, die schon selber von dorther bestimmt sind. Man läßt sich in der Taufe einbeziehen mit seinem dem Tod verfallenen Leben in die Wirklichkeit eines neuen Lebens, das den Tod nicht beseitigt, aber aufgehoben und um seine Herrschaft gebracht hat: in die Schüler- und Jüngerschaft dieser neuen Möglichkeiten des Lebens. Man gedenkt im Abendmahl der Gottesmacht, die sich in der äußersten Hingabe an das in Schuld verstrickte Menschenleben verkörpert hat, es annimmt und festhält und nicht in seinen Unzulänglichkeiten, Unerlöstheiten und Zerissenheiten stecken und verkommen läßt. Man betet im Gottesdienst im Namen Jesu, unterbreitet ein Stück des eigenen und gemeinsamen, beglückenden, notvollen, verworrenen Lebens mit Dank oder leidenschaftlicher Bitte den Augen dessen, dem man in diesem Namen vertraut. Man schickt sich in der Predigt zum Hören und möchte aus den Erzählungen, Gleichnissen und Ermahnungen jener Ursprungszeiten vernehmen, was unter dem dort erschienenen Glaubenssinn sich als verheißungsvoll, als heute zu wagender Sinn eindrücklich macht. Man sucht einzustimmen in die Weisen, in denen Vorfahren, Väter und Weggenossen alles, was sich durch das „Kommen des Glaubens“[26] eröffnet hat, was von den Christen begangen wird und das Leben begehbarer macht, loben, bekennen und feiern.

26 Gal. 3, 25.

Daß die Teilnehmer einbezogen werden in den weiterreichenden Sinn dessen, was in ihnen vollzogen wird, das ist die symbolische raison d'être der Rituale, ihr Symbolcharakter, ihr symbolischer Mehrwert. Für die Christen werden so auch ihre gottesdienstlichen Begehungen und Vollzüge zu einem Stück des „vernünftigen Gottesdienstes“: man setzt sich auch und gerade so, expressis verbis ac ritibus, vom Schema der Welt ab, um sein Denken und seine Haltung erneuern zu lassen; um zu prüfen, was Gottes Wille, was gut, gottgefällig und vollkommen sein kann, und sich so leibhaft, in Raum und Zeit, als lebendiges Opfer für Gott verfügbar zu halten[27].

Solche Begehungen bringen von dem her, was sich da als verheißungsvoll zu erkennen gibt, das Dasein ihrer Teilnehmer in Form: sie orientieren es auf den heute im Glauben zu wagenden Sinn hin. Man lebt dann mit dem hier überkommenen Sinn-System gegen die Komplexität des scheinbar Sinnlosen an, auf einer Rodung des Lebens, in der Gnade eines begrenzten und begrenzenden Weges, inmitten einer unheimlichen Natur und eines grenzenlosen Alls, dessen Fülle durch seine Leere paralysiert wird. In einer Geschichte, deren Produkte die Zeit selber wieder zerstört. In einem Horizont, der vom Rätsel des Bösen oder durch das „Anomische“, wie Emile Durckheim es sagte, außen und innen chaotisch bedrängt ist. Behaupten sich hier nicht die Menschen meistens mit Pseudoritualen, die in Wirklichkeit nur die Vorteils- und Geschicklichkeitsregeln, die Dressate des Überlebenswillens sind und deshalb „Symbole der Unfreiheit“ darstellen? Hält dann aber die Einsicht, daß die Bannung des Anomischen den Preis der Unfreiheit fordert, nicht die Frage nach einem besseren, einem zugleich göttlicheren und menschlicheren Nomos wach? Und drängt nicht das Rätsel des Bösen, das nicht bloß überall den Horizont verschattet, sondern ebenso überall als trojanisches Pferd bereits mitten in der Stadt ist, drängt dies nicht zur Ausschau nach einem erlösenden Sinn?

4.5.3 Symbolische Maskerade

Wie Texte stets nur zusammen mit ihrem Kontext verstanden werden, so auch und erst recht Rituale. Sie werden nur in ihren Verweisungszusammenhängen lebendig. Für sich genommen bleiben sie soziale Kuriositäten, kulturanthropologische Findlinge, Mondgestein aus dem symbolischen Himmel. Sie formen konkretes Verhalten so, daß es kein bloß individuelles Verhalten mehr ist, sondern, bei aller historischen und kulturellen Bedingtheit, ein generalisierender Verweisungstext wird. Die Gesichter verschwimmen im Ritual hinter den Masken des Rollenspiels. Jede Maske ist die Selbstdarstellung eines symbolischen Charakters. Insofern sind Rituale zur Maskerade des menschlichen Lebens zu rechnen[28]. Das Nach-

27 Rm 12, 1 f.

28 Man erinnere sich nochmals an E. Goffmans Buchtitel: „Wir alle spielen Theater“, das einige unbeachtete Rituale nicht ohne Humor für das Paradox dieser demaskierenden Maskerade beschreibt.

denken über sie gehört dann in ausgezeichnetem Sinn zur Kunst der Erschließung des Lebens: worin es sich verhüllt, darin zeigt es sich auch.

Man lernt bei Paul Ricoeur, daß die Interpretation der allein mögliche, nötige und sachgemäße Umgang mit dem Symbol ist, seine Lebensweise gewissermaßen. Mit Interpretation meint man einen offenen Umgang, keinen abgeschlossenen oder abschließbaren Vorgang. Symbolisches wird nicht ausgedeutet, sondern behält seinen andeutenden Verweisungscharakter; solange es noch auf etwas verweist, verweist es auch immerzu weiter. Die Deutungen gehen seinen Bedeutungen nach.

Beim Ritual spielt sich aber die Interpretation nicht im deutenden, sondern im handelnden Nach- oder Mitvollzug ab. Seine „Interpretation" ist in Wirklichkeit immer eine Interaktion, besteht in handelnder Partizipation. Seine ständige Wiederholung setzt den abgeschlossenen rituellen Vorgang als solchen voraus, und sie zeigt zugleich die Unabschließbarkeit des Umgangs mit ihm.

Dies macht seine Stärke und seine Problematik sinnenfällig: Wenn sich der Umgang mit ihm auf die bloße Teilnahme beschränkt, werden dann die darin eingeschlossenen Verweisungszusammenhänge noch mit gelesen? Wieviel kognitive Substanz gehört zum geheimnisvollen Leben der Masken des Rituals, damit keine starren Totenmasken draus werden? Der Grundsatz, daß sich der Charakter des Rituals in seinem Gebrauch und nur in diesem entscheidet, zwingt dazu, weiterzufragen, wie dann die rituelle Praxis der Christenheit beschaffen sein muß, um ihren rechten Gebrauch zu ermöglichen und zu bewahren.

4.5.4 Das Ritual als engagierende Darstellung

Alle Symbolik ist angewiesen auf Interpretation und offen für diese. Sie kann sich als Widerspiegelung von Naturerscheinungen darstellen, in einem künstlichen oder künstlerischen Gegenstand, in einfachen Zeichenhandlungen oder in einem zusammengesetzten Handlungsverlauf, in Bildern, Tönen, oder in einer Folge von beidem, in einer Farbe oder einer Farbenzusammenstellung, in Lauten, Worten oder Wortfolgen. Ihre Offenheit, ihr Verweisungs-charakter auf weiterführenden Sinn macht sie zur naheliegendsten Ausdruckskategorie für religiöse Erfahrung und für deren Kommunikation. Denn solche Erfahrung hängt ja mit dem Erlebnis erschreckender, übermächtiger Umweltkomplexität zusammen. Sie sucht die Über-Macht zugleich als heilige Gegen-Macht und als helfende Innen-Macht zu erfassen. Sie sucht sie auf so etwas wie ein tragendes Sinnversprechen hin zu erschließen, das sich trotz allem in alldem verbergen könnte.

Auch christliche Glaubensverständigung kann das Medium der Symbolik in all ihren Kommunikationsformen, nicht nur den meditativen, weder vermeiden noch ohne Schaden entbehren, wenn der Glaube nicht in einem System von Erklärungen erstarren soll. Die Symbolik bleibt der Mantel der Unergründlichkeit Gottes. Sie macht ihn zwar den Erfahrungen zugänglich, entzieht ihn aber zugleich jeder Gnosis, die ihn in Besitz nehmen will.

Das Ritual bringt darüber hinaus etwas mit, das es zu einem fast naturwüchsigen, vorzugsweisen Kommunikationsinstrument religiöser Praxis prädestiniert. In ihm wird die Interpretation der Symbolik in mithandelnder Teilnahme vollzogen. Darum schließt es zugleich auf und zusammen, wirkt es immer integrierend und engagierend.

Christliche Glaubensdarstellung kann nicht bloß deshalb nicht darauf verzichten, weil alle Gestaltung ihre Ordnung in Raum und Zeit finden, der Reihe nach und wiederholt vor sich gehen muß. Sie braucht und gebraucht auch die symbolische Expressivität ihrer geordneten Kommunikationsweisen, ihrer „Rituale" nicht, um verschlossene Mysterien aus ihnen zu machen, sondern gerade, damit sie verweisungsstark und offen und so auch veränderlich bleiben und nicht zu heilsgesetzlichen Vollzügen erstarren. Nicht nur daß sie ordentlich ausgeführt werden, ist wichtig, sondern daß sie zum Ausdruck bringen, was sie ausdrücken sollen. Und die christliche Darstellung des Glaubens braucht gerade auch seine rituelle Selbstdarstellung, damit der Glaube nicht bloß als Theorie erscheint, sondern zur repräsentativen darstellenden Handlung sowohl die betrachtende Deutung wie die persönliche Beteiligung ausdrücklich hinzukommt. Die beiden christlichen Grundrituale der Taufe und der Mahlfeier haben dies deshalb für jede christliche Glaubensüberlieferung unabdingbar gemacht.

Das Ritual ist eine darstellende symbolische Handlung. In ihr stellen sich auch die Beteiligten selber mit dar und auf symbolische Weise dem Gott ihres Glaubens und ihrer Glaubensgemeinschaft zur Verfügung. Die Kommunikation des christlichen Glaubens kann sich als Kommunikation des Evangeliums in einer symbolischen Selbstdarstellung gewiß nicht erschöpfen; sie geht auf Durchdringung des Lebens aus. Gerade um ihretwillen wird sie sich aber vielfältig darstellen müssen.

Fünftes Kapitel

Die Bedeutung des Gottesdienstes

Historische Zwischenbemerkungen

5.1 *Symbolik im Gottesdienst – die Mannigfaltigkeit der ökumenischen Szene*

Der kirchliche Gottesdienst in seiner dem Anspruch nach repräsentativen sonntäglichen Normalgestalt wie in all seinen regulären und kasuellen Varianten vollstreckt ein Ritual. Er folgt einer agendarischen Vorschrift und tut dies meist ziemlich genau, gelegentlich auch etwas freier. Der Ablauf, die nötigen, die um der Sollennität willen üblichen und die auswechselbaren, die streng gebundenen und die frei zu gestaltenden Stücke liegen als solche fest; teils von alters her, teils seit Generationen, teils auch erst seit kürzerer Zeit. Die offiziellen und die faktischen Möglichkeiten einer Veränderung dieser Vorlagen und des Umgangs mit ihnen und das Fehlen ernsthafter Sanktionen gegen Verstöße zeigen an, daß solche Rituale im evangelischen Verständnis nicht als ein strenges Zeremonialgesetz aufgefaßt werden sollen. Sie sind dort der pastoralen Besonnenheit anvertraut. Doch muß man sofort unterstreichen, daß diese agendarische Elastizität im wesentlichen nur für den protestantischen Flügel der ökumenischen Christenheit bezeichnend geworden ist; anderwärts verhält man sich strenger. Und auch im protestantischen Raum sind die Theorien meist freier als die Praxis dann sein kann: rituelle Praxis drängt mit ihrem eigenen Schwergewicht auf Verläßlichkeit.

Auch die protestantischen Gottesdienstrituale leiten zum Umgang mit Symbolen an. Freilich bezeichnet man dort nur eines von seinen teils regelmäßig, teils wechselnd gebrauchten Stücken selbst als „Symbol“: das Glaubensbekenntnis. Daß das apostolische, oder im sollenneren Fall, das nizänische Credo, das Tauf-, Glaubens- und Lehrsymbol als einziges Stück im protestantischen Gottesdienst den Namen „Symbol“ usurpiert hat, ist nicht ohne Signifikanz. Auch sonst kann man ja dort einiges als „symbolisch“ empfinden, vor allem die meisten Gestaltungs- und Verhaltenselemente: eine gewisse Feierlichkeit formelhaft wiederholter Wendungen; die Körperhaltung und die Gemessenheit der Bewegungen; den Tonfall der öffentlichen Gebete und die geordnete Stille, in der vieles vor sich geht; die Art, das heilige Buch zu tragen und aus ihm vorzutragen; die Segensgesten, den Gesang und den Wechselgesang; die Glockenklänge, das Orgelspiel, das liturgische Kleid, die Kerzen und die Geräte; die Orientierung und den Schmuck des Gesamtraums und wie sich in diesem die Bilder und Fenster präsentieren; den beherrschenden Platz für das Kreuz – vom Altar und dem Mahl, das man dort feiert, vom Taufstein und der Handlung an diesem zu schweigen. All dies kann und soll ja Verweisungszusammenhänge eröffnen und wirkt darin „symbolisch".

Derlei wird auch im protestantischen Raum fast selbstverständlich gebraucht, meist ohne daß man ein ausgeprägtes Verhältnis zu diesen symbolischen Dingen besitzt. Man steht ihnen frei gegenüber, wenn auch nicht ganz unbefangen, und hat in der Regel nicht viel mit ihnen im Sinn. Wo sie fester und selbstverständlicher in der rituellen Praxis verankert sind, wird mit der größeren Feierlichkeit und Verhaltenssicherheit meist auch die menschliche Unbefangenheit größer.

Gegenteiliges findet sich selbstredend überall ebenfalls vor und muß kein Spezifikum protestantischer Nachlässigkeit in liturgicis sein: treuherzige Banalitäten und Jovialitäten in Benehmen und Ausdruck; Allzugespreiztes neben Anläufen zu einem bewußt zwanglosen Verhalten, die dann auf halbem Weg in einer kleinen Verlegenheit enden; Herumliegendes; Technika, wie ein elektrischer Lichtschalter hinten am Stamm des Kreuzes, wo man nicht hinsieht; Mikrophonpannen, aggressive Orgelmodernitäten; das breite Idiom des Liturgen – Menschliches, Halbgelungenes, wie es in vielen Tempeln der Welt begegnet.

In dieser Umgebung trägt also einzig noch jenes liturgisch fast am wenigsten „symbolisch" wirkende Stück, das Credo, das liturgiegewordene Dogma, den Namen Symbol. Daß es ehrwürdig ist, verneint niemand. Daß man im Gottesdienst Gott mit ihm lobe, ist sicher sein Skopus, doch hört man's ihm häufig auch dann noch nicht an, wenn man es mit Nachdruck versichert. Es klingt oft sehr viel eher wie die verpflichtende Rezitation eines Grundgesetzes, das den christlichen Kirchen gemeinsam ist, sie aber nicht eint, und das in lehrgesetzlicher Geltung steht, ohne als solches zu funktionieren. Es wirkt fast unfreiwillig symbolisch, wenn in einer Kirche, deren Umgang mit ihrer Symbolik wenig gegründet und zufällig ist, nur noch das Verhältnis zu ihren „Symbolischen Büchern" geregelt erscheint ...

Das unsichere Verhältnis zum Symbolischen und die schwankende, vorzugsweise abwertende Beurteilung des Rituellen in der protestantischen Theologie und Kirche hängen eng miteinander zusammen. Damit geht in Theorie und Praxis oft ein eigenartig zwiespältiges Verhältnis zum veranstalteten Gottesdienst selber Hand in Hand. Wer immer dem veranstalteten Gottesdienst gegenüber die Frage nach dem Gottesdienst eines gelebten Glaubens für vorrangig hält, kann sich auf neutestamentliche Impulse berufen. Gerade im Protestantismus hat man sich immer wieder besonders um einen möglichst unkultischen Typus der gottesdienstlichen Versammlungen bemüht, der den Vorstellungen, die man sich vom Urchristentum machte, besser entspräche. Im Grund zeigt man sich immerfort auf der Suche nach einer Institution, die kultische Aufgaben wahrnehmen könnte, ohne selbst zum Kultus zu werden. Das läßt dann die häufig wechselnden, manchmal bekümmernd wortreichen protestantischen Liturgien nicht immer sehr eindrucksvoll in der ökumenischen Szene erscheinen: neben der grandiosen, von der Hoffnung auf eine erneuerte Schöpfung getragenen Unmittelbarkeit, der Formenfülle und der unbefangenen Formenschönheit des ostkirchlichen Gottesdienstes und neben dem hochreflektierten, pädagogisch klugen, religiös erfahrenen römischen Umgang mit dem Kult und seinen Symbolen und Ritualen.

Zweifellos soll hier eine liturgische Zurückhaltung, ja eine vorsätzliche kultische Armut kritisch eingebracht werden. Doch ist es stets leichter, eine strenge Form zu verlassen als eine größere Freiheit zu realisieren. Auch behelfsmäßige Ordnungen erstarren sehr rasch und auch magere Rituale sind oft sehr zäh. Und überall wirken die Formen des Gottesdienstes sich auch auf das Formempfinden der Teilnehmer aus.

Dennoch darf man bei aller angezeigten Skepsis gegenüber manchen Ergebnissen nicht übersehen, daß hier eine biblisch begründete, religions- und kirchengeschichtlich reich belegte und illustrierte theologische Sorge wirksam ist, die sich nicht einfach von selber erledigt. Rituale schlagen leicht um. Aus Bittgängen können sich zwangshafte Manipulationsversuche entwickeln. Symbole, die zur Glaubensvermittlung dienen und taugen, können dem Denken ihre Doppelsinnigkeiten auch als spekulativen Heilsweg vorsuggerieren. Jedes sogenannte „Realsymbol“ kann sich im Religionswesen wie in den Seelen der Glaubenden rasch als Idol etablieren. Aus dem Gottesdienst kann im Nu frommer Bilderdienst oder heimlicher Götzendienst werden, er ist nirgends dagegen gefeit. So steht hinter der verschiedenen Rolle, die die rituelle Symbolik im kirchlichen Gottesdienst spielt, und besonders hinter mancher rituellen Sparsamkeit im protestantischen Gottesdiensttyp, die ja nicht überall bis zur liturgischen Nulldiät geht, nicht nur Unachtsamkeit oder versagendes Formempfinden, sondern eine viel grundsätzlichere Beunruhigung. Sie verweist den Betrachter an die Geschichte und läßt danach fragen, wie sich in der Geschichte der Christenheit ihre Einsichten in die Bedeutung des Gottesdienstes mit den Fragen nach seiner Gestaltung verbanden.

5.2 Biblisches Erbe und symbolische Gestaltung

Nirgends wird man so sehr dazu verleitet, sich in Details zu verlieren, als wenn man sich mit der Geschichte des Gottesdienstes beschäftigt. Wer versucht, am Historischen grundsätzliche Einsichten anschaulich werden zu lassen, darf sich nicht vor pauschalen Durchblicken scheuen und kann nur hoffen, daß der Nutzen der gewonnenen Anschaulichkeit die Nachteile der riskierten Verkürzungen aufwiegt.

Allem Einzelnen muß ein Gesamteindruck vorangestellt werden: von der Bibel Alten und Neuen Testamentes her gerät, so scheint es, jeder veranstaltete Gottesdienst in der Christenheit unter eine ebenso charakteristische wie hartnäckige Alternative, die ihn zu einer in solcher Radikalität religionsgeschichtlich ziemlich einzigartigen kritischen Selbstbefragung veranlaßt. Es ist die Alternative Gottesdienst oder Götzendienst. M. a. W. die Frage nach dem wahren Gottesdienst ist hier konstitutiv und wird mit polemischer Schärfe gestellt. Sie betrifft auch seine Gestaltung, aber in erster Linie seine Theologie und seine Teilnehmer. Wem wird hier in Wahrheit anbetend gedient? Was ist der angemessene Umgang mit einem solchen Kult, wenn er wirklich als cultus divinus, als Dienst des wahren Gottes erlebbar und erkennbar werden soll?[1]. Ausdrücklich und unausdrücklich sieht sich da jeder Gottesdienst nach dem Recht seiner anspruchsvollen Selbstbezeichnung gefragt: ob man nicht Glaubensvergewisserung sage und in Wahrheit nur fromme Selbstvergewisserung meine? Rivalitäten, Überlegenheitsgefühle und Ausschließlichkeitsansprüche sind im Erscheinungsbild der geschichtlichen Religionen nicht selten. Daß diese Frage jedoch in der Christenheit wie schon im Judentum so radikal, so grundsätzlich und so selbstkritisch zugespitzt wird, muß man als ein unverwechselbares Merkmal, als ein Erbteil des biblischen Denkens betrachten. Es ist vermutlich sogar einer der Züge, die es erlauben, überhaupt so pauschal von einem „biblischen Denken" zu sprechen.

Wo man wie in Israel seinen Gott inmitten einer gemeinsamen Geschichte erfuhr und dort weiter erfahren will, als berufende und beanspruchende, richtende und helfend begleitende Macht, da muß es im Gottesdienst um die Kunde davon, um die Bekundungen seines Willens, seiner Treue und seiner Gerichte zu tun sein. Da wird er zum Ort feiernden Gedenkens und fragenden Hörens. Da wird man ihn dort nicht in Bildern auf der Schwelle zur Überwelt oder in Vorstellungen auf der Schwelle zur Innenwelt festschreiben, sondern danach fragen, was er will, was er wirkt und worauf sein verheißener Segen liegt. Da bewahren die gottesdienstlichen Formen das Gedächtnis der Taten Gottes. Doch kann sich dann das Gedenken nicht mit dem Vollzug dieser Formen begnügen. Es hält vielmehr dazu an, weiterzudenken; die Gegenwart und die Zukunft daraufhin zu bedenken, was der Gott der Väter heute und morgen tut und getan haben will. Vor die Frage, ob man im Gottesdienst Gott auf die rechte Weise diene, schiebt sich die andere, ob man dem wahren Gott und nicht einem falschen Gottesbild diene. Der Gottesdienst bleibt keine Zone für sich; er wird zur Brücke, auf der man dazu gebracht wird, dem wahren Gott und dem wahren Leben im wirklichen Leben zu dienen.

Auch der christliche Gottesdienst ist wie der christliche Glaube aus einer geschichtlichen Gotteserfahrung erwachsen. Darin besteht seine spannungsvolle, strukturelle Kontinuität mit der Gotteserfahrung und dem Gottes-

1 Diese Frage ist auch für Luthers Verständnis des Gottesdienstes bestimmend: wenn das Leben und Wesen des Gottesdienstes im Glauben besteht und der Glaube so sein Leben und Wesen im „Gottesdienst" hat, dann ist der Gottesdienst wie der Glaube unter die ständige Alternative zwischen Gott und Abgott gestellt und das erste Gebot das für beide grundlegende Axiom. Vgl. V. Vajta: Die Theologie des Gottesdienstes bei Luther, Göttingen 1954^2 passim. Dazu auch F. Kalb: Die Lehre vom Kultus der lutherischen Kirche zur Zeit der Orthodoxie, Berlin 1959, z. B. S. 27.

dienst Israels. Die christliche Gotteserfahrung und in ihrem Gefolge der christliche Gottesdienst zeigt sich allerdings ganz und gar auf ihren einen Träger und Repräsentanten konzentriert: auf die geschichtliche Erscheinung Jesu, auf die Kunde vom Werk seines Lebens und Sterbens, die sich zum „Bild" seines Sterbens im Dienste Gottes und seines Lebens in der Macht Gottes verdichtet hat. Von dort geht, so wurde und wird es erfahren, die Ermöglichung und Ermächtigung aus, mitten unter den äußeren und den inneren Gottesfinsternissen aus der Freiheit des Glaubens im neuen Gottesverhältnis der Gotteskindschaft zu leben. Veranstalteter christlicher Gottesdienst ist dazu nötig geworden, damit der Erfahrungen, die zu solchem Glauben ermächtigen, und dessen, der sie verkörpert und möglich macht, immer wieder „gedacht" wird. Veranstalteter christlicher Gottesdienst ist nötig geblieben, damit jenes kühne, erwartungsvolle und angefochtene Leben in der Freiheit des Glaubens und im Schutz der Gotteskindschaft nicht zum Erliegen kommt, sondern gestärkt wird und weitergeht.

Der christliche Gottesdienst hat sich dabei mit seinen Formen, so wie sich's ergab, teils – etwas schwächer – nach rückwärts an die synagogalen Gebetsversammlungen und Gesetzesauslegungen angelehnt, teils auch – meist stärker – nach seitwärts an andere öffentliche oder auch religiöse Versammlungsmuster gehalten. Seine Mitte galt von Anfang an der zentralen Gestalt, auf die sich der Glaube beruft, dem Geschehen, das sie verkörpert und ausgelöst hat. Er besaß vom Ursprung her in der Feier des Mahls seinen Kristallisationsmittelpunkt und betrachtete immer die Handlung der Taufe als Einweihungs- und Ermächtigungsritual an seiner Schwelle. Zusammen mit der gebrochenen, kritischen Kontinuität zwischen Jesus und Israel sind auch die kultischen Vorbehalte des Israelglaubens ins Wurzelgeflecht der christlichen Gottesdienste eingegangen und dort mehr oder weniger wirksam geblieben: die Vorbehalte gegenüber den Bildern, in denen die menschliche Frömmigkeit Gott vorstellen, haben, verehren und festhalten will[2]; gegenüber jedem Ritual, das Gott und sich selber genügen soll[3]; und der – nachexilisch-spätjüdische – Vorbehalt gegenüber der Ausgrenzung oder Höherbewertung eines sakralen Bereichs und der Ansiedlung der Glaubenspraxis in diesem[4].

2 Ex. 20. 4 f. (Bilderverbot). 3 1 Sam 15,22 (Gehorsam ist besser als Opfer).

4 Den Notizen über einen Vortrag von Arnold Maria Goldberg über das Judentum am 16.10.70 vor dem Volkacher Bund entnehme ich folgende Hinweise auf den synagogalen Gebetsgottesdienst: „In der Betergemeinde ist Gott, die Schekhinah, gegenwärtig. Aber es ist keine sakrale Gegenwart, keine Gegenwart, der durch besonderes Gebet oder durch besonderes rituelles Verhalten Ausdruck verliehen wird ... Zwar ist das Gemeindegebet geordnet ... aber der jüdische Gottesdienst kennt keine symbolische Handlung. Es geschieht im Kult nichts, was einer höheren oder tieferen Wirklichkeit durch Wort, Gesten oder Zeichen Ausdruck verleiht, was dem Auge nicht sichtbar ist ... Man darf sagen, das Symbol ist dem Judentum fremd. Das ist auch verständlich, wenn man daran denkt, daß das Judentum Geschichtsreligion ist. Historisches Geschehen ist einmalig und unwiederholbar. So hat das Zeichen im Judentum immer die Funktion ... des Gedenkenmachens".

Diese Vorbehalte geben der mitverordneten Frage nach dem wahren und dem falschen Gottesdienst immer die Richtung vor. Sie machen wachsam gegen Einflüsse von außen und Entstellungen von innen, die den Gottesdienst unversehens wieder zum Götzendienst werden lassen. Sie machen auch spröde gegen alles „Symbolische“: das Christentum ist eine Geschichtsreligion, der das Symbolische von Haus aus so wenig naheliegt wie dem Judentum.

Die Frage nach dem veranstalteten Gottesdienst wird vom Neuen Testament dann allerdings noch radikaler gestellt. Man steht nicht umsonst unter dem Eindruck des Wollens und des Schicksals Jesu, seiner Predigt im galiläischen Bergland, seines Endes auf dem Hügel von Golgatha, seiner Verstoßung aus Tempel und Synagoge, seiner Opferung vor den Mauern der Heiligen Stadt. Wo der Glaube an ihn zum wahren Gottesdienst wird, wird da nicht alles religiöse Kultwesen überhaupt problematisch? Führt dieses kultische Wesen nicht prinzipiell dazu, das Christentum wieder ins Gehäuse einer Religion mit ihren kultischen Einrichtungen einzuspannen, dem christlichen Glauben seine Freiheit und seine Universalität zu nehmen und ihn den allgemeinen religiösen Gestaltungsgesetzen und -kräften zu unterwerfen? Wird dann nicht die Gefahr handgreiflich, daß man doch einen religiösen Sonderbereich zum christlichen Interessengebiet macht, den Glauben auf religiös plausible Funktionen beschränkt und daß aus der alten, unausrottbaren und nötigen Unterscheidung zwischen dem Heiligen und dem Profanen in ungebrochener Naivität wieder zwei getrennte Bereiche gemacht werden? Der religiöse Bereich mit der gottesdienstlichen Veranstaltung in seiner Mitte kann dann als Zone des wesentlichen und eigentlichen Geschehens gelten. Man hält dort die „religiösen Belange“ hoch und zugleich von sich fern. Der Glaube mag dort ungestört seine Rituale zelebrieren, seine Symbole betrachten und seiner kultischen Selbstdarstellung obliegen. Er kann dort vieles erklären, manches verklären und etliches auch kritisieren. Wie er dort beim „Eigentlichen“ ist, so bleibt auch das Eigentliche immer bei ihm und damit bei sich selber.

Der christliche Glaube hat diese radikale Anfrage an alles kultische und religiöse Wesen im Erbe. Hat er sie beiseitegeschoben und widerrufen, als er seinen eigenen Gottesdienst zu entwickeln hatte und sich daran machte, der Christenheit zu einem qualitativ anderen Verhältnis zum Gottesdienst zu verhelfen?

Die neutestamentliche Grundproblematik samt den älteren Vorbehalten der Israeltradition ist in den Untergründen des werdenden christlichen Gottesdienstes vielfach latent geblieben. Sie trat selten in voller Breite heraus. Meist hat sie nur einige christliche Randgruppen und Erneuerungsbewegungen mitbewegt. Einen veranstalteten Gottesdienst zu entwickeln und sich weiterentwickeln zu lassen war unumgänglich. Das glaubengründende Geschehen, das hinter dem Glauben der Christenheit stand, verlangte danach, nicht bloß indirekt weiterzuwirken, sondern sich darzustellen. Dies konnte stets nur mit Texten und in Formen geschehen, die zunächst in die Vergangenheit wiesen. Man mußte versuchen, auch deren gegenwärtige und in die Zukunft weisende Kraft zu entbinden und mit darzustellen. Man mußte Formen schaffen, um aufmerksames Hören, konzentriertes Betrachten und beteiligtes Mitgehen sicherzustellen. Sie sollten Gelegenheit geben, die innere und die äußere Zustimmung, ein feierndes und ein tätiges Einverständnis, eine zugleich persönliche und gemeinschaftliche Teilnahme auszudrücken. So mußten vier Leitinteressen konstitutiv werden: die Präsentation (traditio) und die Rekonstruktion (interpretatio) einerseits, die Rezeption (meditatio) wie die Partizipation (confessio) andererseits. Dies blieben in einer zugleich produktiven wie rezeptiven Struktur die vier entscheidenden Grundinteressen des christlichen Gottesdienstes. Durch die gottesdienstliche Kommunikation des Evangeliums soll der Glaube gewisser, die Gemeinschaft stärker und die Umwelt durch Früchte der Liebe und Taten der Hoffnung heller gemacht werden. In diesen Hauptaufgaben oder Grundinteressen wird das Wesen des christlichen Gottesdienstes beschrieben und zugleich seine Notwendigkeit begründet. Die Formen seiner Gestaltung müssen dann freilich erst noch gesucht werden. Man wird sie lieber auffinden als frei erfinden wollen, damit sie nicht konstruiert und aufgesetzt wirken. Denn was für das gemeinsame Leben bedeutsam gemacht werden soll, muß den Beteiligten im Rahmen ihrer Erfahrungen einleuchten können. Es mußte sich zeigen, wie weit das gottesdienstliche Gedenken mit seinen berichtenden Grundtexten und die aufgegriffenen Ansätze gottesdienstlicher Gestaltung sich im Material des von allen gelebten Lebens zu repräsentativen Symbolen großkirchlicher Glaubensdarstellung verdichten ließen.

5.3 *Die symbolische Bedeutung der großkirchlichen Rituale*

In der sich ausdehnenden Christenheit hat sich die Kirche unaufhaltsam und unausweichlich die Gestalt einer religiösen Großorganisation geben müssen. Ihre eigenen Erfolge ließen ihr gar keine andere Wahl. Man konnte die vakanten Funktionen der durch den neuen Glauben mehr und mehr entwerteten Religionsbildungen und -mischbildungen nicht unbesetzt, die Menschen im drohenden religiösen Vakuum nicht unversorgt und damit jedem heimlichen Aberglauben anheimfallen lassen. Der amtlich veranstaltete Gottesdienst ist aber überall das organisierende Lebenszentrum der organisierten Religion. Hier trafen sich also die geistlichen Notwendigkeiten der christlichen Glaubensgemeinschaft mit den Erfordernissen, die von außen her kamen. Hätte man das Stattfinden und die Gestaltung des Gottesdienstes schlicht den jeweiligen Groß- oder Kleingruppenbedürfnissen überlassen, hätte man ein sektiererisches und enthusiastisches Konventikelwesen riskiert. Dazu stand aber die Kirche schon zu breit und gewichtig in der Öffentlichkeit. Die organisierte Kirche konnte ihre öffentliche Mitverantwortung für das gesellschaftliche Leben nicht mehr aufkündigen, die ihr zuwuchs, je stärker sie selbst wuchs. Niemand kann sagen, ob hier eine „große Verweigerung" die Christenheit zu einem stärker wirksamen religiösen Ferment von Veränderungen gemacht hätte oder ob sie dann nicht vielmehr rasch im Kuriositätenkabinett der Religionsgeschichte versickert wäre. Das erstaunliche Wachstum der Kirche war ja schon selber nicht bloß die Frucht ihrer in den Verfolgungszeiten bewiesenen geistlichen Stärke. Es hat sich vielmehr gerade mit Hilfe des wachsenden gesellschaftlichen Einflusses und der öffentlichen Mitverantwortung der Kirche und also durch viele undurchschaubare Faktoren so potenziert.

Der kirchliche Gottesdienst mußte repräsentative, großkirchliche Züge annehmen. Er mußte damit unter all die brisanten Spannungen geraten, die für die großkirchliche Entwicklung des Christentums selber kennzeichnend und schicksalhaft wurden. Vielleicht trat die grundsätzliche, die „religiöse" Problematik des Gottesdienstes unter dem Eindruck seiner unerhört großen öffentlichen und persönlichen Bedeutung im staatlich und kirchlich gemeinsam verwalteten christlichen Körper etwas zurück. Aber Mönchtum und Mystik zeigen hinlänglich an, daß die ursprüngliche Spannung zwischen einem glaubend gelebten und einem kultisch veranstalteten Gottesdienst nicht vergessen war. Wesen und Unwesen der Religion konnten in vielen Zerreißproben zwischen Kaiser und Papst überdeutlich erfahren werden. Auf eine praktische, mehr schiedliche als friedliche Trennung der beiden Bereiche war nicht zu verzichten. Sie konnte aber zugleich von der Sache, von den beiderseitigen Voraussetzungen her nicht bis zur haltbaren Lösung gelingen; mehr als ein arbeitsteiliger Waffenstillstand war kaum zu erreichen. Der lange schwelende und gelegentlich aufflammende Hegemoniestreit, auf den es hinauslief, zeigt an, daß das Leben den Glauben, dem es weithin seine gesellschaftliche Form und sein Gewissen verdankte, nicht loslassen konnte. Es konnte dies ebensowenig, wie auch der Glaube und die Frömmigkeit von ihrem eigenen Wesen her sich nicht in eine religiöse Sonderwelt abdrängen lassen durften, in der sie nur noch sich selber zum Thema gemacht hätten. Das Thema der organisierten christlichen Religion blieb jedenfalls gerade auch bei einer solchen, letzten Endes imperial ausgedeuteten großkirchlichen (Fehl? -) Konstruktion immer das öffentliche und das private Leben als ganzes. Und der Gottesdienst dieser Kirche konnte dann jedenfalls nicht auf eine Insel der Seligen abdriften, sondern mußte seinen Platz mitten im Leben zu behaupten versuchen.

Bei der Gestaltung und Entwicklung ihres Gottesdienstes hat sich die Kirche anfänglich unbefangen und dann mit wachsender Kunstfertigkeit des Rituals und auch der Symbolik bedient. Es wäre ganz töricht, zu meinen, daß diese Gestaltungselemente kultischer Formgebung sich irgendwo völlig umgehen ließen. Auch Israels Vorbehalte und die wachsende Abneigung der Synagoge gegen das Sakralwesen, das sich mit jenen Elementen fast natürlich verband, haben sie nicht völlig fernhalten können, vom Tempelkult gar nicht zu reden; sie haben nur den bemerkenswert sparsamen Gebrauch veranlaßt, den das Judentum von ihnen machte. Die

Rituale sollten nicht eigengesetzlich werden, die gottesdienstlichen Versammlungen nicht ihren verständigen Zielen entfremden und kein Bedürfnis nach einer Sakralsphäre, kein Bewußtsein davon und keine Theorien darüber aufkommen lassen. Man kann mit Zeichen, Bildern und mit Symbolen zurückhaltend umgehen. Aber wo immer eine Versammlung religiöser Natur einer auf Dauer angelegten Ordnung bedarf, die der Anrufung Gottes, der Erfragung seines Willens und der Befolgung dieses Willens dienen soll, bekommt diese Ordnung von selber rituell-symbolischen Charakter: die Gesten, Worte und Verhaltensweisen, die sie regelt, fangen an, durchlässig zu werden für weiterverweisende Sinnhaltigkeit[5].

Im kirchlichen Gottesdienst ging man wohl von vornherein freigebiger mit Symbolen und Riten um. Die Symbolik mochte dem griechischen Sprachgebiet, das strengere Ritual dem lateinischen näher liegen. Der Areopagite zeigt, wie gerne und manchmal überschwänglich man sich am Geheimnis der frommen Formen erbaute; die Rituale bekamen dort eine ebenso dramatische wie geräumige Art. Auf römischer Seite blieb man auch im Ritual zeremonieller: man hielt sich gerade auch in der Gottesverehrung am liebsten nüchtern an strikte, verbindliche Regeln. Überall war man sich – theoretisch – dessen bewußt, daß das alttestamentliche Zeremonialgesetz für die Kirche nicht mehr verbindlich war. Aber wenn man in diesem das Anstößige und historisch Zufällige typologisch verstand, konnte man es als Fundgrube für die eigene Gottesdienstgestaltung benützen; es gewann dann zu seiner alten Anziehungskraft eine neue hinzu, wenn sich Symbolik und Allegorese miteinander verknüpften.

Im übrigen wußte man sich weit von der Synagoge geschieden. Man repräsentierte als die Ecclesia, als die Großkirche, deren Glauben in den Zentren der Städte und auf den offenen Märkten der Dörfer. Wo repräsentiert wird, braucht man ansehnliche Rituale und bedient sich stets gern der Symbolik. Was davon jeweils substantiell von Bedeutung war und was dabei bloß zum Dekorum gehörte, das wußten die Theologen zu unterscheiden. Man überließ ihnen wie auch sonst die Subtilitäten. Für die religiöse Praxis im Volk war das eine so wichtig wie das andre[6].

Lange vor Konstantin bahnte die Vorrangstellung der Kirche sich an. Die hohe synkretistische Aufnahmefähigkeit des neuen Glaubens und die Gunst der historischen Konstellationen machten sie zum wichtigsten Ferment der abendländischen Kultursynthese. Ihre Rituale, schon an und für

5 Der Kult in Israels Tempel ist bis zu dessen letzter Zerstörung ein Zentrum strenger und hochsymbolischer Ritualisierung gewesen. In den Riten der Beschneidung und des Passa-Mahls haben Symbole und Rituale ihrer Religion die frommen Juden bis in ihre Häuser, in Gestalt der Gebetsriemen und Gebetszeiten auch auf die Straßen begleitet – doch verlief dies in einer gesetzlichen Atmosphäre, die Symbolik verwies auf Geschichte, die Aura sakraler Hintersinnigkeit blieb dem allem sehr fern.

6 Die Geschichte der Sakramente und Sakramentalien, der Sakramentsfrömmigkeit und des Sakramentsglaubens hält dafür – nicht bloß im Mittelalter – viele anschaulichen Beispiele bereit.

sich Instrumente von großer anthropologischer Valenz (und deshalb ebenso großer Ambivalenz), weil sie Theorie und Praxis verzahnen, Kognitives erschließen und Affektives umfangen und stark auf die Seelen einwirken, mußten in den mächtigen und kundigen Händen der Kirche unerhört breite und tiefe Wirkungen haben. Diese Rituale gestalteten ja fast alle wichtigen Lebensgewohnheiten und Gebräuche der ins kirchliche Christentum einbezogenen Menschen mit. Sie waren an den eminenten kritischen Lebensschwellen genau so zur Stelle wie an beinahe allen Punkten, wo die Geselligkeit und die Öffentlichkeit einer kleinen Emphase, einer rituellen Begehung bedurfte oder derlei gerne zusätzlich zulassen wollte. Und wo keine besonderen Anlässe danach verlangten, da verbanden die großen Symbolaussagen des christlichen Glaubens sich festlich und regelmäßig mit dem Zyklus des Jahreslaufs, schufen neue Festgewohnheiten oder widmeten die vorhandenen um. Nicht bloß der Kirchengesang, auch der Jahreskalender wurde gregorianisch.

Hier zeigt sich ein Tatbestand, der Beachtung verdient. Die Vitalität eines religiösen Rituals und die Lebensfähigkeit seiner Symbolik hängt nicht nur davon ab, wieviele Glaubensansichten sie anschaulich weitervermitteln. Wahrscheinlich hängt sie stärker damit zusammen, wieviel vom vitalen und sozialen Leben sie mit integrieren können; welche Wegstrecken des natürlichen Lebens sie erwartungsvoller, griffiger, begehbarer zu machen verstehen. Wo er Leben liebenswürdig in Form bringt, kann der Glaube selbst liebenswürdiger werden. Jedenfalls haben die kirchlichen Rituale ihre liturgische, gestalterische, hindeutende Kraft von der Vitalität der Lebensbereiche, die sie so strukturierten, und der Sitten, die sie damit initiierten oder integrierten, mit Zinsen zurückerhalten. Es wird sich schwerlich entscheiden lassen, wem hier mehr zu verdanken ist: der Struktur, die die Rituale dem Leben aufprägten, oder dem Leben, das sie so strukturierten; auf jeden Fall der gelungenen Koinzidenz von beidem[7].

Die kirchlichen Rituale und die Symbole des christlichen Glaubens haben sicherlich deshalb so lange Zeit aufs stärkste kulturbestimmend gewirkt, weil sie gleichzeitig ein Stück Christenglauben darstellen und ein Stück Christenleben in erfreuliche oder jedenfalls würdige Form bringen konnten. Sie machten die Kirche stark in den Gemütern, und die Kirche ihrerseits legitimierte die öffentlichen Sitten durch den herrschenden Glauben und gab ihnen dadurch Gewicht. Auf jeden Fall haben sich die meisten abendländischen Sitten und Verhaltensweisen ebenso im Zusammenspiel mit den kirchlichen Ritualen entwickelt, wie sich der wohl größte Teil des abendländischen Bildungsguts aus der christlichen Bilder- und Symbolwelt oder durch deren Vermittlung ergab.

7 Wenn man den hier geschilderten Sachverhalt weiterbedenkt, sind vielleicht Antworten auf die bemerkenswerte Frage zu finden, die R. Volp (WuPKG 1/1975 S. 32) gestellt hat: „warum . . . der Einfluß religiöser Riten auf die Gesellschaft fast ganz nachgelassen hat – ein erstaunliches und mit der Säkularisierungsthese nicht erklärbares Phänomen".

Im Zentrum der kirchlichen Rituale und des öffentlichen Interesses stand schon lange das sacrum theatrum der Messe und baute sich dort auch immer mehr aus. In ihr wird das eminenteste Stück jener eminenten Geschichte, der sich der christliche Glaube und die ihn feiernde Kirche verdankt und die sie in den festlichen Daten des Kirchenjahrs auslegt und auseinanderlegt, als das zentrale Heilsgeschehen symbolisiert. Diese maximale öffentliche Heilsdarstellung des Glaubens ist dabei mit einem Minimum an persönlicher Partizipationszumutung verbunden: mit der begrenzten zeitlichen Anwesenheitspflicht.

Gerade dies hat sie zur populärsten, universalsten, repräsentativsten und schier überall anwendbaren christlichen Feiergestalt des Abendlands werden lassen. Diese sakramentale Symbolisierung, diese gottesdienstliche Anrufung, ja „Beschwörung" und die kirchen- und frömmigkeits- wie auch weltgeschichtliche Breiten- und Tiefenwirkung der so gefeierten Person Jesu, ihres Lebens und Sterbens samt der Ausarbeitung der Dogmen, die sie fixierten, haben die Hauptgestalt des christlichen Glaubensbekenntnisses zu einem beinahe alles umfassenden Menschheitssymbol „erhöht". Und diese Symbolisierung hat ihre ebenso umfassende Konzentration im Zeichen seines Endes, im Kreuzeszeichen gefunden. Die konkrete Geschichtlichkeit seiner Erscheinung, das „factum est in diebus illis" verflüchtigt sich, wenn man sie so formuliert, ebensowenig wie das „passus sub Pontio Pilato" oder auch wie das „tertia die resurrexit a mortuis" in ein „bloßes Symbol". Aber nur Toren können bestreiten, daß sich die Heilswirksamkeit und die Glaubensbedeutung der Erscheinung Jesu auch und vor allem im Medium der Symbolik fast in der ganzen Menschheit verbreitet hat. Die Worte, die von seiner menschlichen Erscheinung und davon berichten, wie er Gott zu erfahren gab, haben nicht nur sich selber den Gewissen eingeprägt: sie haben vor allem seine Gestalt als Symbol dessen, der in Gottes Macht und Erbarmen Heil bringt, in ungezählten Seelen versenkt. Daß Jesus als der in Armut Geborene und Verfolgte, als Lehrer der Jünger, als Prediger, Ratgeber, Dämonenaustreiber und helfender Heiland des Volks, als Gepeinigter und Gekreuzigter, in Verlassenheit Sterbender und gerade so zum göttlichen Leben Erweckter zur Symbolgestalt in der Menschheit und so in ihr wirksam werden konnte, ist sozusagen das historische Echo darauf, daß ihn die betende und feiernde Christenheit als ihren erhöhten und wiederkommenden Herrn bekennt und anruft, seine Herrschaft in der Taufe bekräftigt und sein Erbarmen im Abendmahl austeilt[8]. So sehr sich die großkirchlichen Rituale dem öffentlichen und dem

8 Historische Gestalten sind einmalig und insofern im üblichen Sprachgebrauch keine „Symbole" – vgl. oben in Anm. 4. Anders Dan Sperber, aaO (2. Kapitel, Anm. 25): nur etwas individuell Gegebenes, kulturell Vorgeprägtes und Eingeschränktes, aber keineswegs etwas Universelles kann zum Symbol werden. Ausführlicher zeigt G. H. Mead (aaO S. 261), wie historische Gestalten und nicht nur solche des religiösen Lebens, aber sie ganz besonders und sie gerade auch im Gottesdienst ihrer Glaubensgemeinschaft zum Symbol werden können. Kraft ihres Ranges und ihrer Individualität, also gerade kraft ihrer historischen Größe können

persönlichen Leben widmen und hingeben können, so sehr leben sie doch in ihrem religiösen Kern von dieser einen Symbolgestalt, in der ihr ganzer Verweisungszusammenhang wurzelt und auf die er auch stets wieder zuläuft.

5.4 *Rückfragen der Reformation*

Über eine lange Phase hin hat das großkirchliche Symbolsystem unbestritten in Geltung gestanden und sich mit seinen Ritualen in den Jahreslauf und die Lebensläufe hinein erstreckt. Die Erinnerung daran, daß sich mit dem Aufbruch des Christentums eine grundsätzliche Infragestellung jeder etablierten gottesdienstlichen Praxis verbunden hatte, blieb in dieser Phase auf weite Strecken latent. Die Sorge um den geistlichen Verfall der gottesdienstlichen Praxis, die in der Reformationszeit wieder erwachte und so stark wurde, bezog ihre Argumente zum Teil aus kraß zutage tretenden Alterserscheinungen der rituellen Gewohnheiten. Wenn Rituale ermüden und ihre Symbolik nicht mehr weiterverweist, wenn sie überflüssig erscheinen und man ihrer überdrüssig wird, dann sind dies im Einzelfall mehr oder weniger zufällige, im ganzen jedoch sehr natürliche Vorgänge. Sie bekamen in der geschichtlichen Stunde der Reformation aber besondre Brisanz. Denn die Kirche als ganze, als große Symbolgestalt, hatte nun selber viele heilige Masken verloren; sie hatte in den politischen und den innerkirchlichen Auseinandersetzungen, die ja meist eng miteinander verkoppelt waren, mancherorts allzuoft teils ein feistes, teils ein fanatisches Machtgesicht zum Vorschein gebracht. Aus den Rissen im ptolemäischen Weltbild begannen kühle Fragen einzusickern und das sich langsam von der Theologie emanzipierende Wissen ließ sich nicht mehr von ihnen abbringen. Ein neuer Lebenswille bäumte sich auf und begann, die kirchlichen Positionen im allgemeinen Wertsystem, ihre dogmatischen Garantien und ihre ethischen Sanktionen abzulehnen.

Die Reformation hat von einem elementaren Neuerfassen des alten Glaubens aus ein neues Selbstverständnis der Kirche und ihrer Aufgaben auszuarbeiten versucht. Sie ist auch für die gottesdienstliche Praxis zu einem Testfall im kirchengeschichtlichen Großformat geworden. Man mußte die Probe darauf machen, wie weit die alten Rituale die neuen Interpretationen des Glaubens aufnehmen und ausdrücken konnten; wie weit sie erneuerungs- und veränderungsfähig, ersetzbar, entbehrlich oder nicht mehr tragbar erschienen. Was konnte passieren, wenn man sie beließ und nur uminterpretierte; was, wenn man sie veränderte oder wenn man sie gänzlich beseitigte? Stand für die Freiheit des Christenmenschen, die man proklamierte, jetzt alles wieder zur Disposition? War jetzt eine freie und neue Gestaltung unter Abwägung des gemeinen Nutzens aufs neue befohlen?

sie in ihrer „symbolischen“ Rolle die Möglichkeiten des Ichs bei vielen und in der ganzen Gemeinschaft erweitern. Mead nennt als Beispiel dafür vor allem die Gestalt Jesu.

Ein wieder zwischeneingekommenes zeremonialgesetzliches Wesen hatte um des Gehorsams gegenüber der Kirche willen deren Rituale beinahe, deren sieben Sakramente ganz und gar heilsverbindlich gemacht. Wie weit konnte jetzt in der gottesdienstlichen wie in der kirchenleitenden Praxis die neue Freiheit des Glaubens gehen? Wie stark schlug die Rücksicht auf die Kontinuität mit den liturgischen und den organisatorischen Ordnungen dabei für den zu Buch, dem vornehmlich an der geistlichen Kontinuität mit der wahren Kirche und am heilsam rechtfertigenden Glauben gelegen war?

Weder die miterlebte Zeitgeschichte noch die mühsame Entwicklung der neuen theologischen Einsichten hat den Erneuerern den Aufbau einer erneuerten kirchlichen und gottesdienstlichen Praxis auf einem unter tiefen Verfallserscheinungen sozusagen versteppten Gelände leicht gemacht. Einige Grundeinsichten in Sachen des Rituals sind bei dem dann doch tapfer und treu geleisteten Aufbau einer solchen Praxis immerhin zum Gemeingut im protestantischen Flügel der Christenheit geworden. Sie sind mit diesem als Frage in die ökumenische Szene der Christenheit eingegangen. Wir müssen es uns hier versagen, sie im einzelnen zu erklären, und versuchen nur, sie summarisch zusammenzustellen.

1. Die Verständigung über das Evangelium geht der Verständigung über die Rituale voran. Nur die erstere kann die Kirche erneuern, die letztere kann sie bewahren helfen.

2. Es ist nicht gut, wenn sich die Kirche ein rituelles Unisono zumuten will. Ein verbindliches Zeremonialgesetz gibt sich in der Praxis allzurasch einen fast heilsverbindlichen Charakter. Das entstellt und behindert die Freiheit des Glaubens und verengt auch die guten Möglichkeiten des Rituals.

3. Die Alternative zum rituellen Unisono ist nicht das liturgische Chaos, sondern die Mannigfaltigkeit, die jeden Zwang, aber auch jede Willkür ebenso zu vermeiden sucht, wie sie dabei stets nach Verständigung trachtet. Man kann und muß immer abwägen, wie weit etwas für den Glauben und das christliche Leben hinderlich oder förderlich ist. Manches wächst besser zusammen, wenn man's nicht erzwingt.

4. Rituale sind wichtig. Ein neues Verständnis des Glaubens gewinnt häufig erst dann eine tiefere Wirkung und breitere Aufmerksamkeit, wenn es auch rituelle Veränderungen nach sich zieht.

5. Rituale sind ambivalent, besonders wenn sie den Rang konfessioneller Unterscheidungsmerkmale bekommen. Sie sind populärer und leichter lesbar als die Artikel der konfessionellen Unterscheidungslehren. Sie sind hilfreich, wenn sie die Christen daran gewöhnen, sowohl ihre artikulierten wie ihre ritualisierten konfessionellen Unterscheidungsmerkmale nicht ausschließend, sondern einladend zu lesen. Sie wirken beschwerlich, wenn man ihnen den Anspruch zumutet und wenn sie den Argwohn bestärken, als trennten sie von der wahren Kirche und damit vom Heil.

6. Auch an Ritualen können Glaubensentscheidungen fallen. Wenn die Einführung, Abschaffung oder Wiedereinführung von Ritualen nicht mehr eine Begleiterscheinung des Erneuerungs- oder Beharrungswillens ist, sondern zu dessen Symbol gemacht wird, dann steht sie in strittigen Situationen nicht mehr zur Disposition, sondern nur noch zur Entscheidung.

7. Rituale sind hilfreich, soweit sie die Tuchfühlung mit den guten Möglichkeiten des natürlichen Lebens und des Zusammenlebens nicht verlieren: sie können diese in gute Sitten verwandeln, einer natürlichen vor einer künstlichen Form den Vorzug geben und die Menschen nicht mühseliger und beladener, sondern verhaltenssicherer und vielleicht auch ein wenig fröhlicher machen.

Man könnte auf diese sieben Gesichtspunkte, zu denen die Reformation bei ihren Rückfragen an die überkommene gottesdienstliche Praxis und bei ihren Wiederaufbauversuchen einer solchen Praxis kam, im Stil der alten Scholastiker noch ein Notandum, ein Quaeritur und ein Dubium folgen lassen:

Zu vermerken wäre: wenn eine rituelle Praxis die Verständigung über das Evangelium fast nur noch erschwert, statt sie zu fördern, hat man an langsame, wenn sie sie nur noch verhindert, an schleunige Abhilfe zu denken.

Zu fragen wäre: Ist die Predigt im protestantischen Gottesdienst nur die Alternative zum Ritual und nicht auch selber ein solches? Sie ist nicht identisch mit dem lebendigen Wort, sondern eine Institution für dieses. Ist sie gegen die rituellen Ermüdungs- und die natürlichen Abnützungserscheinungen nicht ebensowenig gefeit wie alle sonstigen Rituale?

Und als strittig wäre zur Diskussion zu stellen, ob nicht die Rituale für die Kommunikation des Evangeliums besonders bedeutsam sein können, wenn sie sich nicht der Diktatur der Interpreten und dem Hochmut der Intellektuellen unterwerfen und verhindern, daß die Kirche zu einer Schulstube wird?

Daß man den Gottesdienst in erster Linie als den Dienst Gottes an den Menschen und nicht als einen Dienst der Menschen an Gott verstehen solle, ist eine hilfreiche und wichtige Denkfigur zur Beschreibung dessen, was in ihm geschehen will und erwartet werden soll. Sie beschreibt im Grund nur den ernsthaftesten Grundzug und die angemessenste Erwartung, die jeden hochstehenden religiösen Kult auszeichnen kann: Man will den Dienst und die Macht Gottes erfahren. Nur ein verkümmertes Religionsverständnis macht daraus den Versuch, sich die Macht Gottes selbstsüchtig dienstbar zu machen. Ungeachtet dessen bleibt jedes von Menschen veranstaltete Handeln auf Gott hin und deshalb auch seine Gestaltung den sich wandelnden Einsichten, der Vernunft, dem Takt und der Freiheit des Glaubens befohlen.

5.5 *Das Grundgeschehen des Gottesdienstes*[8a]

In der Sorge für den wahren Gottesdienst hat die Reformation das Kernstück der Erneuerung der Kirche, ihrer Lehre und ihrer Praxis gesehen. Sie hat die Frage nach dem wahren Gottesdienst, dem Gottesdienst des rechtfertigenden Glaubens, nicht nur an die gottesdienstlichen Veranstaltungen gerichtet, sondern umfassend gestellt. Sie hat aber natürlich die gottesdienstlichen Veranstaltungen dabei nicht außer Betracht lassen können. Wenn irgendwer, dann mußte doch gerade der veranstaltete Gottesdienst diese Grundfrage zu seiner Sache machen. Alles drängt sich dann freilich in die eine Frage zusammen: ob sich wenn nicht ein Grundritual für den wahren Gottesdienst, so doch sein Geschehenskern, seine elementare Dynamik in evangelischer Sicht herausarbeiten läßt. In ihr müßten sich die produktiven bzw., rezeptiven Leitvorstellungen der traditio und der interpretatio bzw. der meditatio und der confessio, auf die wir gestoßen sind, im Konzentrat wiederfinden.

Daß der veranstaltete Gottesdienst ein Ritual oder ein Bündel von Ritualen darstellt, gehört zu seinem Begriff[9]. Mit der regelmäßig zu wiederholenden Feier des Mahls ist der Christenheit von Anfang an ein zentrales Ritual mit auf den Weg gegeben worden, gleichviel ob man dieses Mahl als ihren eigentlichen Gottesdienst oder als einen Bestandteil in diesem oder als einen Gottesdienst eigener Art neben andern betrachtet[10]. Und mit der einmaligen Taufhandlung sollte gleichfalls von Anfang an bei allen Neugewonnenen das Christsein besiegelt werden.

8a Vgl. G. Ebeling: Das Grund-Geschehen von Kirche, in: MPTh 1962, Heft 1, S. 1–4 – wieder in Wort und Glaube III, S. 462 ff.

9 Der beste Beleg dafür ist immer wieder der Sprachgebrauch: cultus und ritus kommen häufig synonym vor. – Kommunikationstheoretisch wird jetzt das ganze Ritualbündel eines Gottesdienstes einschließlich aller ausgesparten, geplanten oder erhofften Spontaneitäten in dem von G. Schiwy u. a. herausgegebenen Arbeitsbuch „Zeichen im Gottesdienst" München 1976, als ein „semiotisches Syntagma" bezeichnet, das ähnlich mehrdimensional verlaufe wie etwa auch eine Darbietung im Fernsehen. In dem interessanten Buch werden sorgfältige und überraschende Analysen eines schon der älteren Experimentiergeneration zugehörigen „Jugendgottesdienstes in neuer Gestalt" aus Nürnberg sowie einer ganz experimentell angelegten Aktionsfolge mit einem locker angegliederten Meditationsgottesdienst teils in Wien, teils in Oberwart (und mit einem von höherer Hand improvisierten Schneetreiben dazwischen) vorgeführt. Ein angekündigter zweiter Band soll dann die interdisziplinäre Diskussion darüber enthalten. Den interessierten Leser mag manchmal der Wunsch ankommen, es möchte sich zur Einführung in diese Betrachtungsweise und zum Nutzen der Praxis vielleicht einmal auch eine mit ähnlicher Akribie unternommene Analyse der Partitur eines gewöhnlichen Sonntagsgottesdienstes durchführen lassen.

10 Die Historiker haben ja hier wie so oft den Liturgikern die Last der Entscheidungen nicht abnehmen wollen und dies auch nicht können. Die Hypothesen über die ursprünglichen Verhältnisse zwischen Mahlfeier und Gottesdienst im Urchristentum unterscheiden sich im Grund nur wenig von den Varianten der heute im Protestantismus anzutreffenden Praxis. Der Tunnel, aus dem eine bereits mehr oder weniger etablierte Kirche nach ihrem bewegten urchristlichen Anfang plötzlich herauskommt, ist nach wie vor spärlich erleuchtet.

Doch läßt sich die elementare Dynamik dieser beiden Hauptrituale, aber auch jeder Art von denkbarer gottesdienstlicher Versammlung in der Christenheit auf einen Vorgang zurückbringen, der vor-rituell ist und zugleich das Gottesdienstritual in statu nascendi darstellt.

Der Ursprung des christlichen Glaubens in einer historischen Einzelgestalt und deren konkreter Geschichte macht den elementarsten Vorgang der menschlichen Sprache zum Geschehenskern des christlichen Gottesdienstes: das Benennen. Es wird da der Name jener Ursprungsgestalt des Glaubens genannt. Der Name einer Gestalt, an der freilich ungefähr alles von der Namensetymologie bis zur letzten Abschiedsgeste zum Symbol werden konnte. Das Nennen dieses ebenso geschichts- wie symbolträchtigen Namens ist schon an sich mehr als ein bloßes Aussprechen. Es ist nachdrücklich, emphatisch, eine Sprachhandlung, und wird dies erst recht als Kernvorgang in einer Veranstaltung, die zur Wiederholung bestimmt ist. Da wird nicht ein Ding mit einer Bezeichnung versehen, sondern eine Person beim Namen gerufen. Da wird das Benennen von selber zum Anrufen, Ansagen und Anerkennen.

Die Reformation, in mancher Hinsicht Nachlaßverwalterin ermatteter kirchlicher Rituale, hat aus dem Gespür für deren dynamischen Kern heraus für den Vorrang des Wortes in der gottesdienstlichen Praxis der Kirche votiert. Im Notfall könnten die Glaubenden, so war Luthers Meinung, auch ohne Rituale, selbst ohne Taufe und Mahl, allein mit und aus dem Wort leben und überleben – im freilich fast nur theoretischen Notfall. Der Ritus, die zu einer Handlung „geronnene", festgehaltene Zeit mit dem zur Formel „geronnenen", rezitierbaren Wort könnte zwar auch in einer entstellten Kirche ein Unterpfand der wahren Kirche und des wahren Gottesdienstes fortdauern lassen – in den Wiegen der getauften Kinder zum Beispiel. Aber Wiederaufleben würden Kirche und Gottesdienst nur durch das in der gegenwärtigen Zeit lebendig wirkende Wort.

Das Benennen, das sich im Gottesdienst als ein Anrufen, Ansagen und Anerkennen entfaltet, ist schon „rituell"; zur Wiederholung bestimmte Worte sind bereits „Texte" und damit selbst schon ein Stück der Geschichte geworden, die sie erinnern und herholen wollen. Ritualisierte Gedenktexte machen das Historische nicht lebendig, sondern lassen es erst recht historisch erscheinen. Das gottesdienstliche Benennen bliebe auch als Anrufen, Ansagen und Anerkennen rückwärts gewandt, wenn es nicht zu einem Anruf, zur Ansage und zur Anerkennung im gegenwärtigen Leben der Beteiligten würde. Jenes historische, einmalige und konkrete Leben wird da benannt, um über die Brücke von Text und Namen ins jetzige, lebendige Leben zu kommen. Das Tradieren des Namens besteht nicht im Rezitieren, sondern in einem Vermittlungsakt, der im jetzt zu lebenden Leben seinen Kairos wahrnimmt. Die historische Gestalt, selbst eine Person bekanntlich ohne schriftlichen Nachlaß, verkörpert in allen Stadien ihrer Überlieferung den Kairos eines jetzt von Gott ermächtigten Wortes. Sie lebt nicht in der Bibliothek der Texte, die ihren Namen überliefern, sondern in dem „Heute

Gottes", in das ihr Name Menschen hineinruft[11]. Um dieses „Heute Gottes" ist es ihr zu tun, nicht um Rezitation, sondern um Kommunikation des Evangeliums, wenn die Reformation für die viva vox evangelii als für die Mitte des Gottesdienstes votiert.

Damit gleicht der Geschehenskern, die elementare Dynamik des christlichen Gottesdienstes, seine prozessuale Struktur, wenn man sich an P. Ricoeur erinnert, jenem indefiniten Prozeß, der zwischen Symbol und Interpretation unabschließbar hin und her geht. Und vielleicht kann man, freilich nicht metaphorisch, sondern spekulativ, auf seinen Spuren hinzufügen: es komme zu diesem und bleibe bei diesem unabschließbaren Prozeß, weil und solange es Böses gibt.

Man hat also als die aktive Mitte der gottesdienstlichen Kommunikation des Evangeliums das Nennen des Namens zu betrachten. Das Ziel, das diesem Prozeß sein produktives Gefälle gibt, ist, daß der zu nennende Name so ins Heute gebracht wird, daß das kultische Heute zum Heute Gottes für die Betroffenen wird. Alle drei Grundformen des Benennens, das Anrufen, das Ansagen und das Anerkennen, stehen dabei unter der Spannung von Tradition und Interpretation. Diese Spannung wird lebendig, wo es zum Beten unter Berufung auf diesen Namen inmitten der Bedrängnisse und Erfahrungen der Gegenwart kommt, und sie löst sich zugleich in solchem Beten auf. Sie verdichtet sich, wo es zum Bezeugen dieses Namens kommt, wo das mit ihm umschriebene Heil ins Vokabular und in die Grammatik des jetzt herrschenden und drohenden Unheils übersetzt und in diesem entfaltet werden will. Und sie spitzt sich aufs äußerste zu, wo aus Bitten und Erörterungen ein Entschluß werden und es zu einem Bekennen des Namens kommen und man mit alten und neuen Sätzen Ja oder Nein zu dem sagen muß, was heute in diesem Namen zu bejahen und zurückzuweisen ist. *Beten – Bezeugen – Bekennen* – diese drei Planken eines kommunikativen Geländers kommen in Sicht, wenn man fragt, welche elementaren Tätigkeiten das Grundgeschehen des Gottesdienstes ausmachen.

Und ihnen stehen dann spiegelbildlich drei rezeptive Erfahrungen gegenüber. Wer ins Beten einstimmt, nimmt sein Angenommensein an. Wer dem Bezeugen zustimmt, nimmt die dort an- und zugesagte Wahrheit entgegen, wo sie ihn ermutigt und wo sie ihn schmerzt. Wer mit dem Bekennen übereinstimmt, nimmt etwas an, zu dem er da selber gerufen wird. Annahme–Zuspruch–Berufung – diese andern drei Planken des kommunikativen Geländers stellen sich dar, wenn man fragt, welche elementaren Erfahrungen zum Grundgeschehen des Gottesdienstes gehören. Denn der Name, der da zu nennen ist, nennt eine Person, die mit ihrem ganz kon-

11 Das „Heute Gottes" ist der Begriff, in dem sich nach dem Alten wie dem Neuen Testament (Psalm 95, 7 ff. – Hb 3, 7 ff. und Hb 4,7) die kultische Realpräsenz Gottes und die gottesdienstliche und Gott dienende alltägliche Präsenz der Christen in einander verflechten: hodie Christus natus est – apparuit – resurrexit. „Das Heute Gottes" heißt die Selbstvorstellung der Communauté von Taizé aus der Feder von Roger Schutz, Gütersloh 1961[1].

kreten, zeitverhafteten und vom Leiden gezeichneten Menschsein zugleich das wahre Menschsein vor Gott verkörpert und auf dieses verweist. Wo diese Person genannt, angerufen, angesagt und anerkannt wird, da wird Person zu Person gerufen. Was sich hier zu erfahren gibt, das sind die Grunderfahrungen, die zum Personsein gehören und die nur persönlich gemacht werden können. Wer sich angenommen sieht, wer einen Zuspruch erfährt, wem eine Berufung zugetraut wird, der wird in sein Personsein eingesetzt.

Lebenserfahrung ist weithin die Erfahrung der Zusammenhänge, in die jeder verstrickt ist; die weit über alles hinausgehen, worüber man selber verfügen und was man erledigen oder abhaken kann. Alle wesentlichen Lebenserfahrungen kann man nur in Person auf sich nehmen, mit seinem Personsein bestehen oder erleiden. Von der Freude am Dasein bis zur Verzweiflung daran; von der Erfahrung der Liebe bis zur Erfahrung der Schuld; vom Lebensvertrauen bis zur Todesangst; von der Zuflucht, die man in der Gemeinschaft sucht und den Zwängen, die man dort antrifft, bis zur Flucht in die Einsamkeit und zur Verlassenheit oder zum Frieden, den man dort findet. Daß der Mensch vor Gott nur als Person in Betracht kommt und vor Gott deshalb jeder Mensch als Person in Betracht kommt, das wird dort geltend gemacht, wo jener Name genannt und das Evangelium in seinem Namen kommuniziert wird. Niemand muß sich oder irgendwen auf seine Versuche und seine Erfolge und auch nicht auf die Fülle des Halb-, Nicht- oder Fehlgetanen festlegen lassen. Jeder, auch jeder andre, soll als Person gelten, hoffen und Mut finden können.

So werden die elementaren Erfahrungen im Grundgeschehen des Gottesdienstes, das Sich-Gelten, Sich-Sagen und Sich-Rufen lassen von der Spannung zwischen meditatio und confessio, zwischen Rezeptivität und Engagement durchzogen. Dem Benennen entspricht da das Vertrauen, dem Beten, Bezeugen und Bekennen das *Warten, Hören* und *Wagen*. Das aber heißt: das Minimum an Produktivität und an Rezeptivität, das die elementare Dynamik des Gottesdienstes, sein Grundgeschehen ausmacht, ist zugleich sein Optimum. Es sind die Tätigkeiten und Erfahrungen, zu denen es in den schlichtesten und spontansten Gottesdiensten kommen kann, unter den zweien oder dreien, die sich „in seinem Namen" versammeln, und die von keinem liturgischen Superlativ, auch vom solennesten Hoch- oder Pontifikalamt nicht überboten werden können.

Von seinem Grundgeschehen her betrachtet ist der Gottesdienst ein Stück von und für Gott beanspruchter Zeit, in der der Hörende Zeit gewinnt, das Moralisieren enden soll und die Freiheit und das Vertrauen sich mehren will. Ein hilfreiches Ritual für etwas, das sich nicht im Ritual auffangen läßt: für das lebendige Wort und die Zeit, es zu hören. Gerade diese Unabschließbarkeit macht den christlichen Gottesdienst zu einer Institution von hoher Symbolik.

Sechstes Kapitel

Der Gottesdienst als symbolische Kommunikation

Jedes religiöse Tun hat einen symbolischen Einschlag. In der begrenzten Handlung steckt ein weitergreifender Sinn. Als Motiv, das sie rechtfertigt, als Erwartung, die sie begleitet, als Ziel, dem sie über die nächstliegende Absicht hinaus gilt. Soweit sie etwas von dem, worauf sie verweist, auch erkennbar machen und mitteilen will, stellt sie zugleich ein Stück symbolischer Kommunikation dar.

Jeder Kult ist, anthropologisch betrachtet, symbolische Kommunikation par excellence: er hat keinen konkreten Zweck, auch wenn er sich mit vielen Zwecken verbinden kann – er ist symbolische Kommunikation, die sich selber begeht. Darin hat er sein Ziel. Das Ensemble religiöser Motive, Erwartungen und Ziele, das sich bei ihm einstellt, verdeutlicht sich zwar beispielshalber an konkreten Lebensfragen und einzelnen Handlungszwecken und will dort anschaulich werden. Aber im Kern ist es der religiöse Glaube selber, der im Gottesdienst darstellt, was er ist und was ihn hervorruft; der dies dort feiert und dabei sozusagen sich selber begeht.

Wo immer dies bei einem Kult nicht mehr als selbstverständlich angesehen wird und aus sich selber als sinnvoll erscheint, da werden dann immer mehr die besonderen, sekundären Zwecke, denen er sich zu widmen pflegt, zu seiner Stütze. Ein Gottesdienst, der nicht mehr von selber anziehend ist, wird dann durch besondere Widmungszwecke für einen bestimmten Kreis von Betroffenen und Engagierten attraktiver gemacht. Soweit er nicht mehr selber als Beitrag erlebt wird, fängt er an, Beiträge zu diesem und jenem leisten zu wollen.

Darum wirken in Zeiten, in denen der Gottesdienst problematisch erscheint, diejenigen Gottesdienste besonders stabil, die besonderen Zwecken gelten: kasuelle Gottesdienste für den Kreis der persönlich Betroffenen; Festgottesdienste auf den verbliebenen Bastionen der kirchlich veranlaßten öffentlichen Sitten; Feiern zu besondern Anlässen, die sich einen „symbolischen" Akzent geben möchten – vom Tag des Straßenverkehrs bis zu Vereinsjubiläen. Man kann sich dann fragen, ob ihre besondere Stabilität nicht mehr von den Lücken des Lebens herkommt, die sie ausfüllen sollen, als von der Stärke des Glaubens, den sie ausstrahlen können. Der Glaube wird dabei eher in die Situation eingebracht als diese in den Glauben.

6.1 Symbolische Kommunikation als „sinngerichtetes" Handeln

Der Gottesdienst hat die Struktur darstellenden Handelns, wie immer man ihn theologisch definieren mag[1]. Der „symbolische Interaktionismus"[2] hat herausgearbeitet, wie sich das alltägliche soziale Leben gerade durch die darstellenden, expressiven Verhaltensbestandteile meist mit unreflektierter Selbstverständlichkeit als eine Art von sozialem Mechanismus auf Gegenseitigkeit abspielt. Wo die expressiven Momente bewußt und gezielt sich darstellen wollen, kommt es zu einem „sinngerichteten" Ausdruckshandeln[3]. Mit dieser Bezeichnung kann man zugleich die repräsentative und die orientierende Absicht eines solchen Handelns zusammenfassend auf den Begriff bringen.

Wenn man den Gottesdienst als symbolische Kommunikation und diese als sinngerichtetes Handeln versteht, dann bekommen zwei Dimensionen, die zu ihm gehören und bei ihm nicht ausfallen dürfen, ein deutlicheres Profil. Als symbolische Kommunikation tritt er der drohenden Intellektualisierung des Gottesbilds und des Glaubens, zu der die Theologie nur allzuleicht neigt, nachdrücklich entgegen. Philosophisch engagierte Theologenfrömmigkeit, aber auch rationalistisch aufgeklärte Bürgerfrömmigkeit siedelt Gott gern auf der Höhe des frommen Bewußtseins an, auf der sie selber thront[4]. Der Gottesdienst kann und soll dafür sorgen, daß der Glaube nicht bloß erkennen und hören und belehrt werden will, sondern betender Glaube bleibt. Er hält als symbolische Kommunikation die religiöse Dimension in ihrer Vielschichtigkeit offen. Symbolische Kommunikation geht nicht bloß in Form von Belehrungen vor sich. In Lehrgebäuden kann der Mensch als lebendige Seele nicht wohnen; dort üben sich nur die Gedanken. Darum lebt der Glaube im christlichen Gottesdienst weder allein noch primär von den Argumenten, denen er selbstredend Raum geben will. Der Gottesdienst verkörpert vielmehr die Autorität jener Geschichte, der sich der Glaube verdankt, und den Raum, in dem man sich auf sie berufen und sie anrufen kann.

Daneben bekommt eine andere, gleich wichtige Dimension durch die symbolische Kommunikation, die im Gottesdienst vor sich geht und sein Wesen ausmacht, ein klares Profil. Als sinngerichtetes Handeln stellt er sich der Diktatur des „sachgerichteten", zweckhaften Handelns entgegen, von dem das alltägliche Leben dauernd bedroht und meist völlig beherrscht wird – in zunehmendem Maß auch bis weit in seine Freiräume hinein. Der

1 Auf die Aktualität dieses zentralen Begriffs der Schleiermacherschen Gottesdienstlehre hat u. a. P. Cornehl wieder hingewiesen und gleichzeitig auch an den symbolischen Interaktionismus erinnert in: Liturgie im Übergang – eine Zwischenbilanz, in: Th. Pract. 4/1971 S. 388 f.

2 S. o. Abschnitt 2.2.3.

3 Mit der Unterscheidung von „sinngerichtetem und sachgerichtetem Handeln" arbeitet z. B. H. J. Helle, Symboltheorie und religiöse Praxis, in: Religion im Umbruch, hrsg. v. J. Wössner, 1972 S. 200 ff. Man hat da ein etwas weiterführendes Konzentrat seiner größeren Arbeit „Soziologie und Symbol", Köln/Opladen 1969 vor sich. Vom selben Autor auch „Symbol und Gottesdienst", in: H. G. Schmidt, Zum Gottesdienst morgen 1969, S. 24 ff.

4 Vgl. den Aufsatz von D. Hoffman-Axthelm über Alfred Loisy, in: ZThK 3/1968 S. 30 f.

Gegenpol zum darstellenden ist das organisierende Handeln, und im Abendland ist, wie jeder sieht und erfährt, das Wort „Arbeit" zu dessen von vielen Ober- und Untertönen besetztem Inbegriff geworden. Der christliche Glaube hat diesem Wort lange Zeit selber fast religiöse Züge gegeben. Der Berufsgedanke hat ihm nachdrücklich eine sinnstiftende Expressivität aufzuprägen vermocht. Noch immer können sich Sinn-Erwartungen mit ihm verbinden. Das hat dazu geführt, daß die durch Arbeit und Berufspraxis erbrachte Lebensleistung sich aus einer Bewährung des Glaubens zu einer Alternative zur Glaubenspraxis fortentwickeln konnte. Diese Funktion sucht sie beizubehalten, auch wenn man sie jetzt in der Regel fast nur noch als anstrengenden, ganz und gar zweckbestimmten und weithin „entfremdenden" Tätigkeitszwang zu erleben vermag. Die „Wissenschaftlichkeit", die technische Rationalität, mit der alle Arbeit geplant, ihrem Zweck unterworfen und dadurch auch legitimiert wird, spielt dabei oft eine hintergründige Rolle: sie wird zu einer beinahe geheimnisvollen, weil nur von Experten durchschauten Instanz, der man sich in der totalen Arbeits- und Leistungswelt anvertrauen muß und unterworfen weiß. Sie kann geradezu als Surrogart für den einstigen Ahnenkult oder als eine Art Schutzpatron für so manche Ideologien und sinnversprechende Theorien dienen, die diese Arbeits- und Leistungswelt ihren entfremdenden Zwängen entreißen wollen[5].

Freilich, je mehr das wirksame, sachgerichtete Handeln, das die Arbeitswelt kennzeichnet, zum Raster des täglichen, gemeinsamen Lebens und die vorhersehbare Effizienz zum Ziel wird, das ihm voranleuchten soll, desto mehr gerät auch alles darstellende, sinngerichtete Handeln in seinen Schatten und fällt gleichfalls dem Sog des Leistungsdenkens anheim. Der Wunsch, einen nicht durch Zweckmäßigkeiten geheiligten oder entheiligten Lebenssinn unmittelbar zu erleben, findet immer weniger anerkannte Formen, in denen er sich ausdrücken könnte. Wo man dann nicht langfristig in den Sinnfragen überhaupt resigniert, da kann das verdrängte Verlangen danach zu sinnlosen und zerstörerischen Eruptionen führen. Wo Arbeit und Leistung das Denken beherrschen, da wird der Sonntag suspekt. Da können sich Mitteilungen nahelegen wie die: „Ich hasse Sonntage, weil in ihnen offenbar wird, wie wenig übrig bleibt, wenn die Arbeit fortfällt"[6].

Vernichtender kann man es dem Gottesdienst nicht bescheinigen, daß das darstellende, expressive, sinngerichtete Handeln, das er vertritt, in den Lücken und offenen Fenstern der vergitterten Arbeitswelt zur Abfuhr von unerfülltem Sinnverlangen und zur Vermittlung von Freude, Hoffnung, Sinn oder Mut nicht entgegengenommen und nicht als zureichend empfunden wird. Er wirkt wie eine ergebnislose Flucht aus der Arbeit oder wie eine allzu kraftlose Gegenwelt. Für einige bleibt es der Zauber der Liturgie, daß sie so etwas wie eine in sich ruhende Welt widerspiegelt.

5 S. o. den Hinweis von Dan Sperber im 3. Kapitel, Anm. 12.
6 Alexander Kluge, Lebensläufe, suhrkamp tb. 186, S. 89 („Manfred Schmidt")

Aber sie droht die Selbstdarstellung der Sonderwelt einer Sondergemeinschaft zu bleiben oder doch immer mehr dazu zu werden. Eine insulare Welt der privaten Sinn-Wiedererstattung. Eine Welt, eingeschlossen in Mauern, über die ihr Sinnangebot nicht mehr hinausreicht. Keine Gegenwelt, die spürbare Gegenkräfte und Gegenwirkungen zeitigt. Die Arbeitswelt ist zur Domäne ihrer Experten geworden. Bleibt auch die gottesdienstliche Feiertagswelt eine Angelegenheit für Spezialisten, denen die Kompetenz fehlt, den dort gefeierten Sinn sachgerecht weiterzugeben?

Wofür ist dann aber eine symbolische Kommunikation, die sich selber begeht, noch symbolisch? Soll sie weiter dem common-sense seine kaum mehr von ihm benötigten und verlangten Verklärungen liefern? Oder kann sie eine kritische Proexistenz symbolisieren, in der sie dem verdrängten Sinnverlangen Stimme verleiht? In der Bedrängte, die in der Welt der Macht und der Arbeit stimmlos geworden sind, eine Stimme bekommen? In der unablässig das Gewissen der Gemeinschaft beschworen wird, um in einer Arbeitswelt, die trotz ihrer Experten vom sinnlosesten Produkt der Leistungswelt, von der Arbeitslosigkeit heimgesucht wird, und die mit der Arbeitsruhe nichts Sinnvolles anfangen kann, ein neues Verhalten aufzubauen? Will sie nicht eine Zuwendung zu den Menschen symbolisieren, die sich nicht abfindet mit den Gesetzen und Aporien der Leistungswelt, sondern unentwegt dazu anhält, auch Probleme, die sich nicht lösen lassen, für die am stärksten Betroffenen wenigstens unter Opfern erträglicher zu machen?

6.2 *Symbolische Kommunikation als veranstaltete Situation*

Der Gottesdienst ist symbolische Kommunikation in einer eigens veranstalteten Situation. Er stellt einen Raum eigenen Rechtes dar, in dem überkommener Sinn gelten soll, der durch Alter und Herkunft legitimiert wird. Ein Haus, das seine derzeitigen Bewohner und Gäste nicht selbst gebaut haben, in dem sie jedoch in der Regel herangewachsen sind. Ein Haus von eindrucksvoller Abgeschirmtheit; eine Kommunikation in Formen von unerhörter Beständigkeit. Der Horengesang der Mönche geht weiter, „als ob nichts geschehen wäre“, gleichviel, wer draußen die Macht behält oder ergreift[7].

Dieser abgeschirmte Raum hebt sich durch seine geregelten Ordnungen als etwas Besonderes aus dem Alltäglichen und Zufälligen heraus. Es geht ihm nicht um eine Absonderung, wohl aber darum, eine Unterscheidung einzuschärfen, die in der Entgegensetzung von Heiligem und Profanem zum zwielichtigen Grundproblem aller Religion geworden ist

7 Man denke an den berühmt gewordenen Hinweis K. Barths auf die Horen der Mönche von Maria Laach. Fast ein Symbol für den Aufbruch der „Theologischen Existenz heute“ und dafür, wieviel Zukehr zur Welt die Abkehr von ihr enthalten kann. Gerade die Weigerung, sich durch das Aktuellste hinreißen zu lassen, war hier kirchengeschichtlich und politisch brisant.

und bei aller Erstarrung und Verzerrung einen lebensnotwendigen Vorgang meint[8]. Man ist Gott in den Formen des Gottesdienstes nicht näher als man ihm sonstwo im Leben nahesein kann. Wenn der Tod einfällt, wenn uns Liebe erfaßt, wenn uns Schuld oder Einsamkeit quält, wenn wir Treue erfahren, wenn wir Geduld bewahren können, Hilfe finden oder gewähren, dann kann uns Gott in solcher „Profanität" näher sein als wenn wir uns in frommen Formen und frommen Texten bewegen. Doch soll der Gottesdienst darstellen, was die Nähe Gottes bedeutet. Die Erinnerung aus den vorgegebenen Texten soll der Vergeßlichkeit wehren, Hoffnungen aufwecken, Illusionen verschwinden lassen. Wenn die symbolische Kommunikation sich sozusagen selber begeht, schirmt sie in der Tat ab: sie sammelt, wo das Leben zerstreut, macht zuversichtlich, wo es entmutigt. Sie hat aber nicht den Abstand im Sinn, den sie damit schafft: erst auf der Brücke zum ganzen Leben ist das Symbolische in seinem wahren Geschäft. Wird der Abstand vergessen, dann wird aus der Durchdringung der Welt durch den Glauben der anspruchsvolle Versuch, sie zu beherrschen. Bleibt es nur beim Abstand, dann wird die Entfremdung zum beider-

8 Auch P. Brunner, Zur Lehre vom Gottesdienst, Leiturgia I, Kassel 1954 hält zu differenzierter Beurteilung des heidnischen „Kultus" an: „Der heidnische Kultus ist nicht auf die rationalistische Formel do-ut-des zu bringen, er reicht in wesentlich tiefere Dimensionen hinein. Jene Begehungen und Opferdarbringungen lösen einen geheimnisvollen Machtstrom aus, in den auch das Handeln der Götter einbezogen ist und von dem der Bestand des Daseins überhaupt letzten Endes abhängt ... Der echte heidnische Kultus, der noch nicht zu einem „gottlosen" magischen Werk des selbstsicheren Menschen entartet ist, ist nach dem Neuen Testament kein leeres Spiel, sondern mit einer unheimlichen Realität geladen (1 K 8,5; 10, 20; 12,2; Röm 1,18 ff.)" aaO S. 109. Der Kult als der Ort, an dem man sich der Nähe Gottes und seiner Macht vergewissert und damit umgeht, schärft an heiliger Stätte ein, mit welcher Gottesmacht im profanen Leben zu rechnen sei. Er ist ein gefährlicher und gefährdeter Ort. Er verleitet fast zwangsläufig dazu, entweder dort der Macht rauschhaft und fast selbstzerstörerisch für die eigene Person zu verfallen, oder, persönlichkeitsspaltend, sie dort hantierbar zu machen, abzugelten, sie sich und zugleich sein Leben vor ihr zu sichern. Das ändert nichts an der lebenswichtigen Funktion, die der Kult faktisch wahrnimmt: auf die Unterscheidung nicht zweier Lebens-Sphären, sondern der zwei Lebensbetrachtungen und -erfahrungsweisen hinzuweisen, die mit der Spannung des Heiligen und des Profanen ins Spiel kommen. P. Brunner fährt dann fort: „Aber gerade deswegen ist er (sc. der heidnische Kult) von dem christlichen Gottesdienst durch einen Abgrund getrennt. Er ist ein ‚Greuel', vor dem der Christ nur zurückschaudern kann. Das zeigt sich auch darin, daß selbst das Wort für diese Sache, cultus, abgewiesen wird. Die Ablösung dieses Wortes von der damit gemeinten Sache war erst dem Humanismus möglich" (ebda). Mittlerweile ist das Wort Kultus da und dort auch wieder unbefangen zur Bezeichnung für den veranstalteten Gottesdienst in der Christenheit geworden. Die neutralere Beobachtung des heidnischen Kultes, die seit dem Humanismus möglich geworden ist, dürfte es auch möglich machen, jenen christlichen „Schauder" vor dem heidnischen Kult in ein Stück theologischer Wachsamkeit gegenüber dem christlichen kultischen Gottesdienst zu verwandeln, der ja nicht bloß unentrinnbar, sondern notwendig geworden ist und der sich seitdem andauernd von nicht wenigen dieser erschreckenden Gefahren des heidnischen Kultes bedroht und der dauernden Nachfrage ausgesetzt zeigt, ob und wie weit er zum wahren Gottesdienst helfe.

seitigen Schicksal. Wenn der Glaube nicht aus dem Abstand kommt und sich schlicht darüber hinwegsetzt, kann er nichts unterscheiden und bringt er nichts mit. Er will in den Alltag, aber wenn er nur noch Alltäglichkeit wäre, hätte er aufgehört, Glaube zu sein. Er muß in der vollen Diesseitigkeit des Lebens seine Jenseitigkeit wahren[9].

Darum stellt der Gottesdienst als ganzer und mit all seinen geregelten Formen diese besondere Situation her, in der die symbolische Kommunikation als solche der einzige tragende Zweck ist. Gerade in ihm soll alles, was er in Formen und Texten aus der ihn tragenden Überlieferung anspricht, aber auch alles, was er aus der ganzen bunten oder düsteren menschlichen Lebenswirklichkeit, aus ihrer Fülle, ihren Zwängen, ihrem ein wenig geordneten Durcheinander damit zusammen bespricht, durchscheinend werden für den hier zu bezeugenden Sinn: ein Stück Wirklichkeit, in dem die alten und neuen Möglichkeiten Gottes aufscheinen. Spekulativ gesagt ginge es um die Erfahrung, daß in etwas Endlichem etwas Unendliches als seine transzendente Wirklichkeit faßbarer wird. Dann wäre der Gottesdienst keine Rückzugsinsel des Glaubens, sondern ein Erwartungsland der unbegrenzten Möglichkeiten Gottes. Und so hätte man bei dieser symbolischen Kommunikation das Interesse an dieser besonderen, ausgegrenzten Situation sozusagen in den Händen und unter den Füßen, und gleichzeitig läge das Interesse an ihrer größtmöglichen Offenheit für alle allgemeinen, besonderen, elementaren und zufälligen Situationen des Lebens und des Zusammenlebens allen vor Augen und auf dem Gewissen.

Das Ritual hat den Sinn, diese veranstaltete Situation herzustellen und abzugrenzen, in der solche symbolische Kommunikation sich selber begeht. Der Ritualisierung folgt freilich wie ein Schatten die Gefahr der Sakralisierung, der Abgrenzung die Gefahr der Verschlossenheit auf dem Fuß. Darum muß hier, im christlichen Gottesdienst, das Wissen darum, daß der Sinn solcher Abgrenzung in der Ermöglichung einer qualifizierten Offenheit liegt, sowohl in die Rituale wie in den Umgang mit diesen eingehen. Es muß dazu helfen, daß hier nichts zeremonialgesetzlich festgeschrieben wird und ein besonnener, freier, menschlicher Umgang jederzeit möglich bleibt.

Dies ist bei der Erwägung der gottesdienstlichen Praxis sozusagen Punkt für Punkt zu beachten. Im einzelnen geht es dabei seit eh und je vor allem um den Ort und die Zeit des Gottesdienstes, um seine Träger und seine Teilnehmer, und um das ganze Verhalten in ihm. Damit hat es jede kultische Praxis schon immer zu tun gehabt. Das Christentum hatte sich zwangsläufig damit auseinanderzusetzen, als es daranging, seinen Gottesdienst zu gestalten und auf Dauer zu stellen. Gottesdienstformen fallen nicht plötzlich vom Himmel. Auch die Christenheit hat hier nichts frei

9 „Wenn alles Kult ist, ist nichts Kult“ R. Panikkar, in: Gottesdienst in einem säkularisierten Zeitalter (hrsg. v. K. F. Müller) Kassel/Trier 1971 S. 79.

erfunden, sondern sich an das Vorgefundene angelehnt. Die Umwelt hielt eine Fülle von solchen Formen bereit. Sie waren alles andere als unbeschriebene Blätter, diese Dokumente der Religionsgeschichte und Religionsvermischung im damaligen Mittelmeerraum. Es konnte da nirgends um neue Konstruktionen von Formen zu tun sein, sondern nur um eine angemessene Veränderung und Neugewichtung von Vorlagen, die verwandten Elementarbedürfnissen dienten oder zufällig am nächsten lagen, sowie um den angemessenen Umgang mit ihnen. Darin hatte der neue Glaube seine Ausdruckskraft, seine kritische Treffsicherheit, seine Gottesgewißheit und seine Menschenfreundlichkeit zu erweisen.

6.2.1 Der symbolische Ort

Der christliche Gottesdienst kann seinen Ort überall finden. Kein besonderer Ort und keine besondere Gestaltung des Ortes ist für ihn zwingend. Wenn er als symbolische Kommunikation in sich stark ist, kommt er mit allen lokalen Vorgegebenheiten zurecht.

Für den regelmäßig veranstalteten Gottesdienst legt man allerdings einen Ort fest. Man vereinbart sich über diesen und will ihn auch angemessen gestalten. Wenn er als symbolische Kommunikation in sich selbstgewiß ist und sich stark fühlt, drückt sich dies in der Gestaltung der Örtlichkeit aus: er prägt sie dann stärker. Je mehr sich der Gottesdienst freilich von der gebauten Symbolik abhängig fühlt und sich eng an sie bindet, desto weniger scheint er seiner eigenen symbolischen Überzeugungskraft zu vertrauen. Er lebt dann weniger von der eigenen als von der gebauten Symbolik – von den ästhetischen Zinsen, die er zurückbekommt[10].

Die Entwicklung jeder gebauten Symbolik folgt rasch ihrem eigenen Schwergewicht. Die Elemente ihrer Ausdruckssprache können sich selbständig machen. Christliche, fremdreligiöse, weltliche Stilelemente vermischen sich, soweit es die kulturelle Gesamtsphäre irgend erträgt und nicht als exotisch abstößt. Symbole sind von anderer Währung als Begriffe. Begriffe sind Blätter am Baum des Systems, von dem sie leben, durch das sie verständlich werden und das man mit ihrer Hilfe erkennt. Symbole sind eher Früchten vergleichbar, die man vom Baum löst und die dann auch anderswo eine Zeitlang genießbar bleiben.

An der gebauten Symbolik des christlichen Gottesdienstes wird eine doppelte Tendenz ablesbar, die nach den bisherigen Überlegungen nicht überraschen kann: man sucht überall den besonderen Ort und Raum ganz vom überlieferten Grundgeschehen des christlichen Gottesdienstes zu gestalten, also für Taufe, Mahl, Wortzeugnis und Gebet – und man sucht

10 „In den Religionen ist jeder Ort, seine Anlage, seine Ausstattung und sind alle mit dem Kult in Verbindung stehenden Gegenstände von tiefer symbolischer Bedeutung. Sie sind nie nur das, was eine profane Vernunft an ihnen rein funktional auszumachen vermag". H. Bürkle: Spiritualität in der missionarischen Praxis, in: Ev. Komm. 3/1976, S. 146.

ihn zugleich hineinzubauen ins Zeitgefühl, wobei es freilich auch zu entlarvenden Anachronismen kommen konnte und kann. In seinem gebauten Raum umgibt den christlichen Gottesdienst etwas von seinem eigenen Alter. Es verkörpert sich in ihm der Anspruch auf öffentliche Repräsentation. Man schließt sich an deren Stilelemente an und macht sie dadurch vollends beherrschend. Auch wo Neues gewagt wird und zuweilen gewagt ausfällt, ist es nirgends ein völlig neuer Entwurf. Jeder Besucher des Raums sucht instinktiv nach den Elementen der Kontinuität. Jeder Erbauer solcher Räume hat sich mit den Vorlagen älterer „Texte" auseinanderzusetzen. Gewohnheit und Gebrauch können nicht selten vom schwer aufhellbaren Untergrund her steuernd gewisse zeitbedingte Gestaltungs- und Stilmerkmale autoritär als Modell für jede Nachgestaltung erzwingen. Die Erinnerungen an die besonderen, „hohen" Zeiten der Kirchengeschichte haben häufig auch deren Baustil für die Nachfahren „sakralisiert". Der neuere Kirchenbau dürfte anschaulich zeigen, wie schwierig es ist und wieviel Mühe es macht, in neuen Materialien neue Ausdrucksmittel für eine alte Symbolik zu finden. Es ist oft unsicher, wie weit die alte Ausdruckskraft der Symbole in den neuen Formen fortlebt und wieweit neue Formen die verblaßte Ausdrücklichkeit der alten Symbole aufs neue eindrucksvoll machen. Was die Räume als ganze anlangt, so drückt sich – nicht nur auf katholischer Seite – teils die Suche nach einer gewandelten Sakralität aus, teils auch – und nicht nur auf protestantischer Seite – die Suche nach einem Stil, der dem Glaubensausdruck im zweckfreien Kultraum seine besondere Ausdrücklichkeit lassen will, ohne ihn vom profanen Erleben zu trennen. Selbst ein gottesdienstlicher „Mehrzweckraum" ist noch symbolisch – entweder für die Freiheit, die den Gottesdienst ganz auf sein symbolisches Eigenkapital verweist und ihn sich unabhängig wünscht vom Beistand der Äußerlichkeiten, oder auch bloß für eine ungelöste Verlegenheit.

6.2.2 Die symbolische Zeit

Gott bevorzugt keine besonderen Zeiten; er kann jede Zeit zu seiner Zeit machen. Der Mensch freilich muß sich Zeit nehmen, um an Gott zu denken. Wo dies zum Interesse einer Gemeinschaft wird, geht es um gemeinsam auszugrenzende Zeit. Man errichtet Stationen der Erinnerung, die ein Leben in der Erwartung ermöglichen sollen. Man strukturiert den Jahreslauf und den Tageslauf, um den Festsitten und den Gebetssitten angemessene Plätze zu geben. Die Zeit macht Eindruck durch ihr Vergehen – sie entzieht sich jedem gestaltenden Zugriff. Die Wiederholung, die Wiederkehr des Gleichen ist die gewaltige, an der Natur abgelesene Entdeckung, wie man im Mittel der Zeit etwas ausdrücklich machen kann. Wiederholend baut das Kind die Welt nach und seine Welt auf.

Daß man für den Gottesdienst gerne nach Zeiten gesucht hat, die die Teilnahme erleichtern, sich aber zugleich symbolisch erschließen lassen, ist begreiflich. Entscheidend ist nicht, wie man zu einer gegliederten Zeit kommt – das läßt sich überall technisch erreichen. Entscheidend ist das Einhalten in der vergehenden Zeit. Die Zeit muß so gegliedert werden, daß sie das Einhalten nicht nur ermöglicht, sondern auch stark dazu motiviert – so wie sie es auch durch ihre natürlichen Rhythmen im Tages- und Jahreslauf tut. Das Einhalten ist der eiligen Zeit stets nur mühsam abzugewinnen. Es ist ein symbolischer Akt und braucht starke Symbole, die den Einhalt gebieterisch machen. Symbole müssen die „Pause" mit Bildern erfüllen und besetzen, damit sie nicht als Vakuum, als leere Zeit wegschwimmt. Die rhythmisch gegliederte Zeit muß sich in ihren Einschnitten verweisungsstark darstellen, mit einer Symbolik, die dem Sein Raum läßt, das Tun sein läßt und zum Personwerden Zeit läßt[11].

Wenn Zeit ausgegrenzt wird, ist dies immer ein Stück Abwehr gegenüber der Unheimlichkeit der sich unaufhaltsam entziehenden Zeit. Der Rhythmus des Jahreslaufs in der Natur suggeriert eine wiederkehrende, zyklische Zeit, aber der Duktus des Lebenslaufs führt jeden Menschen unerbittlich ans Ende der Zeit; er kennt nur die kasuellen Zäsuren, und diese sind immer und vor allem Merkzeichen des Vergehens. Die ausgegrenzte, die ritualisierte, die symbolische Zeit will nicht erst dann einhalten lassen, wenn dies ein kasueller Ernstfall erzwingt. Man kann dem Zufall nicht trauen; man sollte ihm deshalb nicht ungerüstet begegnen.

Allerdings kann die veranstaltete Situation mit ihrer rituell eingefangenen, plötzlich sozusagen wiederholbar gewordenen Zeit auch gespenstische Züge annehmen – wie alles Rituelle. Sie kann zur Gelegenheit werden, sich den einmaligen Situationen zu entziehen. Das Einhalten kann zu einem Aufenthalt werden, in dem man das Zufällige erleichtert vorübergehen läßt. Wenn die Not zu verunstalten droht, was die Religion veranstalten will, muß deren Zuflucht oft als erwünschte Ausflucht herhalten. Es gibt auch das schreckliche Transzendieren, das den Priester und den Leviten an dem Halbtoten, der zufällig daliegt, vorbeigehen läßt. Sie bleiben in ihrem Rhythmus, während der Samariter anhält und sich dabei selbst transzendiert, in Richtung auf die guten Möglichkeiten Gottes.

11 „In Zeitnot geraten – wie in ein Netz – ist der Mensch. / Atemlos hetzt er durch sein Leben und wischt sich den Schweiß. / Ein Fluch des Jahrhunderts ist diese Eile. Es wird ganz eilig gezecht und ganz eilig geliebt. Ganz tief sinkt die Seele dabei; man martert ganz eilig, vernichtet ganz eilig, ganz eilig sind später Reue und Buße vorbei. / Halt ein, bleib doch stehen, der du wie auf Laub über Gesichter stampfst und sie nicht ansiehst! / Blind bist du, ganz blind durch den Irrsinn der Eile. / Töte nicht durch sie deine einzige Chance, jetzt innezuhalten. Halt ein, bleib doch stehen / du hast Gott vergessen und schreitest ja über dich selber hinweg!" Ein Gedicht von J. Jewtuschenko, 1968 in der Moskauer Prawda veröffentlicht. Die pervertierte Alternative des verweigerten Transzendierens: der Mensch, der sich nicht selbst überschreitet, geht über sich selbst und seinesgleichen hinweg.

6.2.3 Das symbolische Rollenspiel

Die veranstaltete Situation stellt Raum und Zeit für ein Rollenspiel zur Verfügung, zu dem Träger, Teilnehmer und ein angemessenes Verhalten gehören. Die Variationsbreite ist hier besonders groß. Sie reicht vom Mysterienspiel bis zur Sonntagsschule, vom sorgfältig durchstilisierten Verlauf bis zur offenen und betrachtenden Stille und zum einfachen Abendmahl einer darbistischen Brüderversammlung. Hier kommt so deutlich wie in der Gestaltung des Raums und deutlicher als in der Strukturierung der Zeit heraus, daß sich jede symbolische Kommunikation auf einem vorgegebenen kulturellen Wurzelboden abspielt und zugleich diesen pflegt. Die Symbole sind nicht so systemabhängig wie die Begriffe, aber auch nicht so abstrakt: sie können nur selten so universal gebraucht werden wie diese. Ihr soziokultureller Ort gibt ihnen weitgehend jene konkreten geschichtlichen Verhaltensformen vor, innerhalb deren sich ihre Doppelsinnigkeiten bewegen können. Der Symbolraum ist einerseits geräumiger, andererseits bodenständiger als der Sprachraum. Lateinamerikanische Symbole können hierzuland vielleicht ein soziales Mitgefühl, zentralafrikanische Symbole vielleicht ein problematisches Überlegenheitsgefühl wecken, aber nicht angeeignet werden[12]. Was dort symbolisch in Kraft steht, wird hier nur noch als ästhetisch und als Folklore genossen. Und um eine soziokulturell aufgedrängte Symbolik pflegt sich viel Zündstoff aufzustauen. Auch akzeptierte christliche Symbole können vom Schicksal der in der Kolonialzeit zwangsimportierten abendländischen Symbole betroffen und mit ihnen fortgerissen werden.

Am anschaulichsten wird die historische und soziokulturelle Gebundenheit des symbolischen Rollenspiels im Gottesdienst an seiner Hauptfigur. Die Reformation hat beispielsweise das priesterliche Rollenbild, diese religiöse Ur-Rolle schlechthin, verwandelt. Sie hat es, etwas zu sarkastisch ausgedrückt, zu einer Mischung von prophetischem Verkündiger, religiösem Volksschulmeister und theologischem Privatgelehrten gemacht; diese drei Vorstellungen haben sich im Habit des pastoralen, kinderreichen Familienvaters zum kulturell weit ausstrahlenden Rollenbild des evangelischen Pfarrers verbunden. Der evangelische Pfarrer kann sich nicht nachträglich wieder als Priester gerieren, obwohl er auch dessen Part teilweise weiterzuspielen hat. Er hat die ihm zugedachten problematischen religiösen Qualitäten in einem fröhlichen Wechsel gegen menschlichere eingetauscht. Er hat sich keine besondere, amtliche Spiritualität zuschreiben lassen neben der, die Glaube und Taufe allen Gläubigen zueignen sollten.

12 „Symbole haben, sofern sie lebendig sind, einen festen sozialen Ort und damit eine Beschränkung ihrer Geltung. Je universaler ein Symbol verständlich ist, desto weniger hat es eine spezifische Situation, desto weniger emotionale Intensität hat es. Ein Symbol in Südamerika mit einem eigenen, politischen, sozialen und kulturellen Geltungsbereich kann nicht übertragen werden z. B. in eine Situation in Deutschland" F. Steffensky: Glossolalie-Zeichen-Symbol, in: JLH 1972, S. 85.

Nur: eine symbolische Figur ist der protestantische Pfarrer auch so noch geblieben. Der Gottesdienst als symbolische Kommunikation, in der er die führende Rolle spielt, entläßt ihn nicht mehr aus dieser. Er muß sie, sei's mit, sei's ohne Talar dort spielen, sie ist seines Amtes. Er kann sie noch so aufrichtig mit anderen teilen, sich völlig zurücknehmen und nur noch einer unter den anderen sein wollen: sie läßt ihn nicht los. Andernfalls fällt das Rollenspiel aus oder geht auf Ersatzsituationen mit Charismatikern über. Die symbolische Rolle bleibt am Pfarrer haften, solange er sein Amt ausübt. Was er im Gottesdienst sagt, das verklingt wieder mit dem Amen, was manchmal erwünscht und manchmal betrüblich erscheint. Aber die Rolle, in der er es sagte, begleitet ihn weiter, auch wenn er die Amtstracht abgelegt hat. Das volle weltliche Inkognito steht ihm nirgends mehr zur Verfügung. Wenn er sich trotzdem dessen bedient, kann es taktisch wirken oder als Rollenentzug aufgefaßt werden. Das Gewicht dieser symbolischen Rolle zeigt sich besonders auffällig dort, wo mancher Pfarrer sie zwar mit ernstlichen theologischen Gründen in seiner Gemeinde abbauen und den Talar möglichst ausziehen will, um unscheinbar unter ihnen zu wirken – und wo er ihn dann plötzlich bei einer Straßendemonstration doch wieder anzieht. Im einen Fall demonstriert er Solidarität, um nicht die symbolische Rolle zu spielen, im andern Fall spielt er die Rolle aus, um Solidarität zu demonstrieren ... Seine symbolische Rolle meint in jedem Fall die „Vertretung" des „kirchlichen Glaubens". Sein „Amt" meint dasselbe.

Das liegt als stillschweigende Vorerwartung auf allem, was der Pfarrer vor allem im Gottesdienst tut. Danach bestimmt es sich, welche Teilnehmer fernbleiben oder sich einstellen, und auch, wie sie sich äußerlich und innerlich dabei verhalten. Wer wegbleibt, erwartet von diesem Rollenspiel grundsätzlich nichts mehr oder sieht keine Gründe, gerade jetzt danach zu verlangen. Manchem paßt auch die Teilnehmer-Rolle nicht, auf die er hier festgelegt wird: sie verlangt von denen, die nicht mehr recht mitspielen können oder mögen, zu viel, und von andern, die stärker mitspielen wollen, zu wenig. Viele haben die Mitspielerrolle nie richtig gelernt, viele sie bald wieder verlernt. Gerade weil man weiß oder empfindet, daß dieses erwartete Rollenspiel zu einer symbolischen Kommunikation gehört und also weiterverweisende Bedeutung besitzt, gerade deshalb werden die Hemmungen derer so groß, denen diese Symbolik fremd geworden ist und nur noch für „Eingeborene" nachvollziehbar erscheint und die sich selbst darin völlig ungeübt fühlen[13].

13 Y. Spiegel: Der Gottesdienst unter dem Aspekt der symbolischen Interaktion, in: JLH 1971, S. 105 ff. hat viele Einzelheiten zusammengetragen, um die an sich einleuchtende und wegen ihrer Selbstverständlichkeit oft übersehene These zu erhärten, daß gerade die non-verbale Kommunikation (auf die sich ja die symbolische Interaktion nicht beschränkt) im Gottesdienst ein nur durch regelmäßigen Kirchenbesuch zu erreichendes Maß an Einübung verlange, sodaß das fehlende Vertrautsein mit dem dort selbstverständlichen Benehmen den gelegentlichen Besuchern nur ihre ohnehin eingetretene Entfremdung zum Bewußtsein bringe und

Der Gottesdienst kann auf sein besonderes, nicht-alltägliches, repräsentatives Rollenspiel nicht verzichten. Es muß anders sein als das Rollenpotpourri, das jeder tagtäglich durchläuft. Eine gewisse, hoffentlich unstarre Feierlichkeit des Verhaltens unterstreicht die Bereitschaft, die Rolle zu übernehmen. Sie ist nicht ausdefiniert; sie will nicht von der persönlichen Interpretation eines einzelnen oder einer eng umschriebenen Zielgruppe abhängig werden: da soll nicht Jude noch Grieche, nicht Mann noch Frau, nicht Unmündiger oder Erwachsener, nicht Ungebildeter oder Gebildeter sein[14]. Da soll mehr zu Herzen gehen als eine Reihe von Belehrungen und Erklärungen. Da sollen gerade die Teilnehmer mit ihren verschiedenen Gesichtern den gleichen Status bekommen: den der Mitspieler in einer Interaktion, die weit über sich selber hinausweist. Da soll sich jeder in der Rolle dessen bestätigt, gewürdigt, ermutigt und ernstgenommen finden, der mit Gott interagiert; der jetzt ein Gespräch des Herzens mit Gott führen soll in „Bitte und Fürbitte, Dank und Anbetung“[15], und der darum auch bei den anderen Anerkennung findet. Dazu bedarf's aber im Regelfall jahrelanger Gewöhnung[16].

Symbolische Kommunikation braucht ein Rollenspiel, dessen unausgesprochene Verabredungen verläßlich erscheinen. Zum geregelten Gottesdienst gehört für jeden ein erlernbares, vorhersagbares Benehmen. Mutwilliges oder fahrlässiges Verhalten verstößt gegen die Verabredungen und sollte sich lieber nicht als vorsätzlicher Abbau von falscher Sekurität oder als Beitrag zur menschlicheren Gesellschaft deklarieren. Zunächst wird man festhalten müssen: wo kein Rollenheft gilt, da werden nur die Könner vergnügt, aber die Nichtkönner werden entmutigt. Denn die Könner können sich helfen, im Parterre jedoch braucht man Hilfen. Es

sie noch mehr abschrecke. In der Tat: die hier erstrebte Festlichkeit ist keine Jedermannsfestlichkeit, die hier gepflegte Innerlichkeit keine Jedermanns-Individualität. Nur: wird lediglich dies dort erstrebt? Wenn die dortigen non-verbalen Modi symbolischer Interaktion sozusagen bruchlos und selbstverständlich mit den auch sonst gewohnten Verhaltensweisen zusammengingen, dann wäre die Brücke der symbolischen Kommunikation allerdings breiter und leichter begehbar, aber kaum kürzer geworden.

14 Man beginne jetzt den Sinn liturgischer Formen und die Funktion des christlichen Kultus wiederzuentdecken, „die Möglichkeit zu einer symbolischen Kommunikation für Menschen verschiedener Herkunft, Mentalität, Aktionswilligkeit“, meinte W. D. Marsch, Institution im Übergang 1970, S. 238.

15 Man sollte sich von der hier verwendeten Denkfigur des Rollenspiels und von der möglichen und dann allerdings fatalen Erinnerung an ein frommes Theater nicht abhalten lassen, die Bedeutung der stilisierten Vorgänge im Gottesdienst zu erwägen. Nur was anthropologische Realität hat, kann auch theologisches Gewicht haben oder bekommen. Die grundlegende Beobachtung, um die der symbolische Interaktionismus kreist, ist kaum zu bestreiten: „solche gegenseitige Rollenübernahme ist das sine qua non von Kommunikation und wirksamer symbolischer Interaktion“ H. Blumer, Alltagswissen, Bd. I, S. 89.

16 „Wechselseitige Anerkennung – das ist ein langer Prozeß. Er findet im Ritus eine symbolische Verdichtung“ P. Cornehl: Frömmigkeit, Alltagswelt, Lebenszyklus, in: WuPKG 9/1975, S. 399.

gehört zur Menschenfreundlichkeit des geregelten Rollenspiels und sogar seiner – oft umstrittenen – Feierlichkeit, daß Spieler und Mitspieler dadurch vor mutwilliger oder vor widerwilliger Entblößung in Wort, Ton und Benehmen geschützt werden können. Form ist nicht nur äußerer Zwang, sie kann auch Inwendiges schonen.

Dazuhin ist das Rollenspiel im Gottesdienst, ist die symbolische Kommunikation in den Institutionen tief nicht bloß in der Gewohnheit, sondern auch in der Herkunft des Glaubens verwurzelt. Wo es um organisierendes, sachgerichtetes Handeln geht, sucht man die größere Effizienz durch Verbesserung seiner Funktionen. Wo es um Institutionen und sinngerichtetes Handeln geht, wird man sich dort, wo die Sinnvermittlung überzeugender, glaubwürdiger werden soll, um die besseren Traditionen bemühen und auf diese berufen. Im christlichen Gottesdienst hat der Rückverweis auf die bessere Tradition nie bloß historische Bedeutung, sondern immer auch theologischen Rang: für den Glauben, der sich hier darstellt, ist die Ursprungsgeschichte nicht nur die Entstehungsgeschichte, sondern die Heilsgeschichte[17]. Wenn man hier durch Erneuerungen oder Veränderungen weiterzukommen versucht, muß dies immer gleichzeitig heißen, daß man den ursprünglichen Zielen so näherzukommen bestrebt ist. Erst dies gibt den Veränderungen ihre symbolische Qualität.

Nun macht freilich die Lage des Gottesdienstes in den meisten Kirchen heute fast überdeutlich, wie problematisch diese Weise symbolischer Kommunikation des christlichen Glaubens für viele geworden ist. Ihre Symbolik ist zur Gewohnheit verflacht oder hinter veränderten Weltvorstellungen oder Lebensgewohnheiten ungriffig oder unpraktikabel geworden. Es scheint manchmal, als könnte die ganze veranstaltete Situation des Gottesdienstes mit Orten und Zeiten fast nur noch ihre Vergangenheit für sich geltend machen. Besonders das gottesdienstliche

17 Wenn die Reformatoren sich gegen die längst geschehene Einrichtung immer neuer Kulte (Heiligenkulte u. a. m.) zur Wehr setzten, wandten sie sich zwar direkt gegen die Schaffung immer neuer Heilserwerbsquellen durch die Götzenfabrik einer einfallsreichen frommen Vernunft. Sie wollten aber zugleich gegen immer neue Einfälle und für die Einfachheit und die Autorität des Ursprünglichen votieren und dafür, daß nicht das Alter oder die Neuheit entscheidend sein kann, sondern allein, ob sie dem Willen Gottes und der am Evangelium ablesbaren Struktur der Glaubensvermittlung entsprächen. Der Zusammenhang wird in der Apologie der CA im Cap. XV verhandelt, wo viel über Kultus, Riten und Zeremonien nachgedacht wird. L. c. S. 300: si nobis licuit instituere cultus utiles ad promerendam gratiam aut justitiam, cur non licuit idem gentibus et Israelitis? . . . unde reddimur certi, quod cultus ab hominibus instituti sine mandato Dei justificent, siquidem de voluntate Dei nihil affirmari potest sine verbo Dei? Quid si hos cultus non approbat Deus? . . . Cum autem hi cultus nullum habeant testimonium verbi Dei, dubitare conscientiam necesse est, utrum placeant Deo". Eine Regelung, die gleich leicht und gleich schwer gegen Neuerungen und für sie geltend gemacht werden kann und im Grund nur besagt, daß man Gewißheit über die möglichen und die nötigen Kommunikationsweisen des Glaubens nur durch die Interpretation des Glaubensverständnisses selber gewinnt.

Rollenspiel leistet, so scheint es, bei weitem nicht mehr, was es soll. Sind die Teilnehmer an ihm nicht allen umfassenden und integrierenden Absichten zuwider faktisch zu einer umschreibbaren und erwartbaren Gruppe oder einem sozial relativ homogenen Ensemble von Gruppen geworden, ohne daß der Gottesdienst sie zu einer tragfähigen Gemeinschaft zu machen vermöchte? Setzt die ganze veranstaltete Situation, ihre Räume, ihre Zeiten, ihr Rollenspiel im Grund nicht noch immer Möglichkeiten einer „repräsentativen Öffentlichkeit" voraus, der die gesellschaftlichen und religiösen Entwicklungen mittlerweile schon längst den Boden entzogen haben[18]? Sind nicht auch Entwicklungen eingetreten, die das hier selbstverständliche Spiel zwischen dem Liturgen und seiner Gemeinde empfindlich betreffen? Wird in dem allem nicht das Grundproblem des veranstalteten Gottesdienstes erneut virulent: ob und wie sich der Glaube überhaupt rituell bewahren und weitervermitteln läßt? Bedarf es dazu nicht anstelle des Rollenspiels stets und vor allem der persönlichen Weitervermittlung, zumal wenn das repräsentative Rollenheft so deutlich die Handschrift vergangener Jahrhunderte trägt? Die amtliche Leiter-Rolle im Gottesdienst wird mit Mißtrauen betrachtet: ist sie nicht von Erwartungen überlastet, denen sie nicht nachkommen kann? Wird sie nicht zu einem Ort der extremen Identitätsgefährdungen? Hier kann alles zum bloßen Rollenspiel werden: der aggressive Prophet, der pathetisch oder unterkühlt und ästhetisch zelebrierende Könner, die pastorale Persönlichkeit, die sich selber darstellt und der Evangelist, der von Ort zu Ort seine probate Manier repetiert ... Das Verlangen, nicht vor-geschriebene, spontane, kreative und also zugleich persönlichere und gemeinschaftlichere Möglichkeiten symbolischer Kommunikation zu entwickeln, wird nur allzu verständlich.

Irreguläre Möglichkeiten sind überall eigenen geistlichen Rechts, solange die Kirche den Geist nicht verwaltet, sondern ihm zu dienen sucht und ihn erwartet. Nur läßt sich das Irreguläre nicht regulieren. Die losere Form ist meist nicht die freiere, sondern die schwerere Form. Jeder Versuch, Veranstaltungen der unorganisierten Spontanitäten zu organisieren, evoziert nicht nur Reichtum, sondern deckt auch Armut oft schonungslos auf. Je mehr von den Personen erwartet werden muß, desto verletzlicher werden die Rollen. Vieles lebt von den Inspiratoren, und gerade neben ihnen fällt es andern oft schwer, zu entdecken, daß sie auch etwas können. Auch der Enthusiasmus gebraucht und entwickelt Rituale. Die Erinnerung

18 Man erinnere sich an die bekannte Stelle bei J. Habermas, Strukturwandel der Öffentlichkeit, Neuwied 1968^3, S. 18: „Nur die Geistlichen unter den Herren haben, über die weltlichen Anlässe hinaus, ein Lokal der Repräsentation – die Kirche. Im kirchlichen Ritual, in Liturgie, Messe, Prozession überlebt heute noch repräsentative Öffentlichkeit. Einem bekannten Wort zufolge waren das englische Oberhaus, der preußische Generalstab, die Französische Akademie und der Vatikan in Rom die letzten Säulen der Repräsentation; am Ende ist nur die Kirche übriggeblieben, ‚so einsam, daß, wer in ihr nur äußere Form sieht, mit epigrammatischem Spott sagen muß, sie repräsentiere nur noch die Repräsentation' ".

ist angezeigt, daß es Formen gibt, die persönliche Regungen anregen und solche, die sie fast sicher verhindern. Aber es spitzt sich auch dann das meiste doch nicht auf die Formen selbst zu, sondern auf ihren Gebrauch. Symbolische Kommunikation braucht die Selbstbewahrung in Formen. Denn als darstellendes Handeln darf sie gerade nicht zur Selbstdarstellung der Darsteller werden. Die Subjektverschiebung, die für den Gottesdienst überall gleich verhängnisvoll ist, kann eintreten, wenn einer den Gottesdienst hält oder wenn eine Gruppe ihn verantwortlich gestaltet und sich dann unvermeidlich in ihm darstellen muß. Hier muß jede Darstellung vorgegebene Formen gebrauchen, damit nicht die Virtuosen der Selbstdarstellung die Szene beherrschen, sondern der Glaube der Christenheit Gegenstand und die Kirche als eine „Bekenntnisgruppe" das Subjekt seiner Darstellung bleibt[19].

So läuft hier alles auf ein empfindliches, unter verantwortlicher Selbstkontrolle bleibendes Zusammenspiel zwischen Formen und Personen hinaus. Wenn gottesdienstliche Formen der viva vox evangelii dienen und sie nicht erdrücken sollen, müssen sie stark genug sein, um der subjektiven Willkür Grenzen zu ziehen, aber auch stark genug, um dem persönlichen Umgang mit ihnen Freiheit zu geben. Um persönlich zu werden, braucht man nicht aus der Rolle zu fallen; man kann es auch so versuchen, daß man sie damit gerade recht ausfüllt. Symbolische Kommunikation des christlichen Glaubens kann der kirchliche Gottesdienst in Wahrheit nur sein, wenn er dem persönlichen Mitspielen, der persönlich engagierenden Teilnahme an seinen Formen nicht nur Raum läßt, sondern dies notwendig macht. Er wird dann kein selbstwirksamer Ritualvollzug werden, sondern ein Spiel mit offenem Ausgang bleiben. Aber gerade so kommt dieses Spiel in seinen Ernst.

19 Gerade Schleiermacher als Protagonist der Kategorie der Darstellung und auch der Selbstdarstellung im Gottesdienst hat zwar unbefangen den „Virtuosen" auftreten lassen können, aber doch einer Subjektsverwechslung instinktsicher vorgebeugt und die hier gültigen Schranken negativ deutlich beschrieben: z. B. in der Theorie der religiösen Rede: „Als Organ seiner Kirche darf er (sc. der Prediger) nicht in Widerspruch sein mit dem, was ihre Einheit constituiert . . . gibt es nichts, was seines Inhaltes wegen aus dem Gebiet der religiösen Rede ausgeschlossen werden müßte; nur das unchristliche und das der Kirchengemeinschaft widerstrebende kann ausgeschlossen bleiben" (Fr. Schleiermacher, Praktische Theologie (hrsg. v. J. Frerichs) Berlin 1850, S. 203 f. Es wird nicht überflüssig sein, zu sagen, daß hier mit „Bekenntnisgruppe" nicht eine besondere Gruppierung in kirchlichen Auseinandersetzungen gemeint ist: der Gottesdienst wird beschädigt, wenn irgendeine in kirchliche Auseinandersetzungen und Durchsetzungskämpfe verwickelte Gruppe ihn zur selbstgefälligen Selbstdarstellung absichtsvoll mißbraucht, was leider oft der Fall ist. Der Begriff „Bekenntnisgruppe" ist H. J. Helle entnommen; er meint damit eine Konfessionskirche als ein abstraktes Kollektiv, als „definiertes Subjekt eines Wertewissens".

6.3 *Symbolische Kommunikation und Interpretation – überliefernde Form und erklärende Deutung*

Der christliche Gottesdienst ist sicher richtig beschrieben, wenn man in ihm wie in jedem religiösen Kult eine Veranstaltung sieht, die der symbolischen Kommunikation dient. Es geht in ihm um ein sinngerichtetes Handeln. Er ist ein Handeln in einer institutionell hergestellten Situation. Er bedient sich der Kultformen, die auch sonst für die Gottesverehrung bemerkenswert sind: besonderer Orte, ausgesonderter Zeiten und eines mehr oder weniger festliegenden Rollenspiels. Und er ist ein Handeln in einem Verweisungszusammenhang: er verweist auf die geschichtliche Herkunft des Glaubens zurück und zugleich mit seinen Begehungen über die Welt rationalen Denkens und sachgerichteter, zweckhafter Arbeit hinaus. Das alles sind bezeichnende Merkmale symbolischer Kommunikation.

Doch ist der christliche Gottesdienst weder vollständig noch genau genug beschrieben, wenn man ihn in diese Kategorie einordnet. Es kommt dabei eine für ihn besonders bezeichnende, vielleicht seine bezeichnendste Eigenart noch nicht recht zum Vorschein. Er besitzt eine Eigentümlichkeit, die sich aus den Besonderheiten symbolischer Kommunikation keineswegs zwingend ergibt, ja die eher dazu etwas quersteht, ihren Charakter jedoch nicht aufhebt.

Wenn man darauf zu sprechen kommt, trifft man freilich nicht einfach eine neutrale und allgemein akzeptierte, sondern eine strittige Feststellung. Es ist nicht einhellig auszumachen, worin eigentlich im Formalen exakt die Besonderheit des christlichen Gottesdienstes inmitten der Fülle religiöser Kulte besteht; was das genau auf ihn und nur auf ihn, aber auf ihn auch durchweg zutreffende Kennzeichen ist. Ein Grund-Geschehen im christlichen Gottesdienst läßt sich sozusagen als sein kleinstes gemeinsames Vielfaches herausstellen. Wir haben uns auf das emphatische Nennen des Namens, auf das Anrufen, Ansagen und Anerkennen des „onoma tou Iäsou“ als des Christus verwiesen gesehen und darin das Kerngeschehen der gottesdienstlichen Kommunikation erblickt. Produktiv hat es sich uns als Beten, Bezeugen und Bekennen, rezeptiv als Warten, Hören und Sich-dran-Wagen entfaltet. Aber dieses Grundgeschehen stellt sich konkret in der Geschichte von Anfang an in verschiedenen Formen und mit verschiedenen Schwerpunkten dar. Wer Formen nennt, die dafür bezeichnend und konstitutiv sein sollen, nimmt immer schon innerhalb ihrer konkreten geschichtlichen Formenwelt Stellung. Er läßt sich von einem Gottesdienstverständnis leiten, das sich offenbar bis in seine historischen Keimzellen hinein verschieden ausgebildet, dargestellt und ausgewirkt hat.

Starke Stränge im Christentum haben sich mit Schwerpunkt auf die Feier des Mahles konzentriert. Daß darin – in diesem ganz großen oder ganz schlichten Ritual – das Anrufen, Ansagen und Anerkennen des Namens, des Christusnamens Jesu, gipfle; daß dort das Beten, Bezeugen und Bekennen, aber auch das Warten, Hören und Sich-wagend-Drangeben in weiten Gebieten der Christenheit seine dauerhafteste, im Kern unveränderliche, geheimnisvolle und hochsymbolische Gottesdienstform bekommen hat, ist vor Augen. Die Geschichte dieses in der Mahlfeier, in Messe oder Eucharistie verdichteten Gottesdienstes ist in weiten Zonen der Christenheit auf lange Strecken hin schlechterdings imponierend geworden. Man hat es da mit einem Musterbeispiel für die Geschichtsmächtigkeit symbolischer Kommunikation, für die Haltbarkeit ihrer Rituale und überhaupt für die Integrationskraft großer Formen zu tun.

Davor und dahinter sind freilich die Hinweise nicht verstummt, die auf ein anderes Merkmal des christlichen Gottesdienstes und dessen Bedeutung aufmerksam machen. Nicht nur der sterbende und auferweckte Christus, der in seinem letzten Mahl testamentarisch sich selber verschenkt, in den Gaben von Brot und Wein seinen Leib und sein Blut für die Seinen und für viele austeilen läßt – auch der lehrende Christus, der heilt, Jünger beruft und aussendet, lebt gleichfalls seit eh und je in der Christenheit weiter und will sich so auch in ihrem Gottesdienst dargestellt finden. Man kann viele ursprungsnahen Beobachtungen dafür geltend machen: den lehrenden Christus der evangelischen Erzählungen, seine Aufträge an die Jünger, den briefeschreibenden Apostel, die Paränesen in den Gemeinden, die Notwendigkeit überzeugender Logoi nach außen, die Spiegelbilder aus den Gemeindeversammlungen, die Fülle der Sageworte im Neuen Testament, die predigenden Diakone in der Apostelgeschichte, die ganz überwiegend wortbezogenen Dienstleistungen, die „Sprachenrede"; dazu synagogale und hellenistische Einflüsse und schließlich, nicht zuletzt: daß alle Kultbegriffe entfallen und nur zur Deutung des Opfergangs Christi verwendet werden und daß es keine angeordneten Kultformen und kein vorgeschriebenes Zeremoniell für die Rituale, wohl aber Formeln für Gebete, bezeugende Hymnen und für Bekenntnisse gibt.

Wo man dies akzentuiert, da bekommt dann das Bezeugen, das Bekennen, das Hören und Sich Dranwagen in den gottesdienstlichen Ritualen und darüber hinaus eine andere institutionelle Ausformung, eine stärkere Bedeutung und ein freieres, sich persönlicher artikulierendes Profil. Man kann dann in dem mehr oder weniger freien Wortdienst entweder eine charakteristische Möglichkeit im Ensemble der christlichen Gottesdienstformen und Kommunikationsweisen sehen. Oder man kann ihn als das bezeichnende, signifikante Merkmal des Gottesdienstes betrachten. Oder man kann ihn gar als den eigentlichen und unentbehrlichen, als den konstitutiven Wesenszug jeder Kommunikation des christlichen Glaubens bewerten, vorab im Gottesdienst. So oder so formuliert man damit ein Gottesdienstverständnis, das dann auch für die Gestaltung der gottesdienstlichen Praxis und für ihre Beurteilung bestimmend bleibt. Ein Gottesdienstverständnis, das auf jeden Fall zu der sich auf die Mahlfeier konzentrierenden Gottesdienstauffassung in einer gewissen Spannung steht.

Das muß keine sich ausschließenden Gegensätze ergeben. Auch auf den

Spuren des lehrenden Christus kommt man unausweichlich zum Testament seines Mahls. Desgleichen lehrt und bezeugt man bei jeder Feier dieses Mahles den, der es gestiftet und besiegelt hat. Hier etwas auseinanderzuschneiden wäre schlechterdings sinnlos. Symbolische Kommunikation bleibt das Ergebnis in jedem Fall. Symbol und Interpretation gehören zusammen, und eine symbolische Kommunikation schließt diese wesensnotwendig mit ein: sie kommt nicht zustande, wo sie nicht ankommt. Was sie darstellen will, soll das Leben durchdringen. Was da rezitiert wird, soll Einsicht und Hoffnungen evozieren. Überall drängt hier das Bild zur Seele, das Wort zum Gewissen, die Feier zum Leben, die Form zur Person, die Handlung zum Spiel um den erwartungsvoll offenen Ausgang.

Daß da alle Vorgänge fortgehen wollen, alle Vorlagen sich auslegen sollen, alle Vollzüge sich selbst interpretierend weiterdrängen: das wird im evangelischen Verständnis des christlichen Gottesdienstes für das bemerkenswerteste formale Kennzeichen dieser Kommunikationsform gehalten. Das soll daher auch in ihm selber formell, institutionell, ja geradezu auf eine „symbolische" Weise dargestellt werden und festgestellt bleiben: die Predigtinstitution wird nicht bloß zum wichtigsten Mittel, sondern auch zum Symbol dieser Gottesdienstauffassung. Sie sagt, worauf sich die Aufmerksamkeit hier fast ausschließlich konzentriert: auf das spannungsvolle Beieinander fest überlieferter Form und frei erklärender Deutung.

Symbolische Kommunikation lebt von ihrer eigenen Unmittelbarkeit, mit der sie ihre Partner in die Verweisungszusammenhänge hineinnimmt, welche sie darstellt. In der Art, wie der Gottesdienst seinen Teilnehmern mitspielt, sie zu seinen Mitspielern macht und mit ihnen zusammenspielt, legt das symbolische Kommunikationsgeschehen, das sein Wesen ausmacht, sich selber aus. Das Geheimnis der eindrucksvollen Wirksamkeit der Meßfeiern oder der eucharistischen Gottesdienste liegt in dieser integrierenden Selbstinterpretation, in ihrer Unmittelbarkeit, mit der sie die Mitfeiernden in ihr Geschehen einzubeziehen und sich ihnen dadurch auszulegen vermögen.

Das Problem ist, wie dabei immer die Lebensbewandtnisse, an die der Glaube rührt – die Sinn-, Schuld-, Schicksals- und Endlichkeitsfrage, die Not der Einsamkeit und die Frage nach der beglückenden und der mißlingenden Gemeinschaft – sich mit der konkreten Geschichte des Glaubens und seiner Herkunft verschlingen. Auf den ersten Blick drücken die gottesdienstlichen Rituale fast nur ihre Vergangenheit aus und nehmen die Teilnehmer in diese hinein. Messe und Eucharistiefeier machen einen abständigen Eindruck und wirken nach außen zunächst ganz verschlossen. Aber diese Geschlossenheit macht sie gerade so anziehend: sie umschliessen jenes einzigartige Leben, das in dem hier gefeierten Mahl sich selbst gekrönt, vollendet und „begehbar" gemacht hat. Sie feiern den genau namhaft zu machenden und zugleich so geräumigen Glaubenssinn jenes

Lebens als tragenden Boden für alle, die ihn mitfeiernd „begehen", mitten in einem von der Sinnleere und von vielen verhängnisvollen „Sinngebungen" gezeichneten Leben. Sie können es jenem Leben selbst überlassen, sich ins Leben seiner Teilnehmer hinein auszulegen, weil der Glaubenssinn, den es verkörpert, eine einzige gottermächtigte, erbarmende Zuwendung zu allem menschlichen Leben ist und bleibt. Daß diese Feiern so „in sich gekehrt" wirken, gerade dies macht sie so stark und so aufnahmefähig für alles menschliche Erleben, vom Jahrmarkt bis zum Leichenbegängnis. Denn was helfen soll, das Geschehen im Vordergrund zu überbrücken, muß starke Widerlager im Hintergrund haben. Symbolische Kommunikation ist am stärksten, wo sie ganz in und auf sich selber beruht. Symbolik ist zeitübergreifend: sie verbindet mit überkommenem Sinn. Das allzu Zeitbeflissene wirkt meist aufgesetzt, und das allzu eilfertig Angepaßte verschwimmt in Kürze und gewinnt keine Ausdruckskraft.

Die Rituale im christlichen Gottesdienst, beispielhaft in der Feier des Mahls, sichern die Wiederkehr der Erinnerungen: sie sondern Geschehnisse aus dem Strom des Geschehenen aus, damit ihrer immer wieder gedacht werden kann. Wenn der Glaube im Gottesdienst der Erscheinung Jesu gedenkt, will er nicht an seine eigene historische Herkunft erinnern, sondern an die in jener Erscheinung begründete Lebensverheißung und Lebensermächtigung, an den dort eröffneten, umfassenden Lebens- und Zukunftshorizont. Der Gottesdienst erinnert die Glaubenden an die Möglichkeit, ihr empfangenes Leben in diesen Horizont einzubringen, ihr Geschick in ihm zu verstehen und ihren Lebensentwurf in ihm zu wagen. Die vorgegebenen Rituale wollen nicht ein erstarrtes Glaubensgut aufbewahren, sondern die darin verwahrten Glaubensimpulse und Sinnvorgaben dem sich wandelnden Leben aufschließen. Darum müssen sie Raum haben und Raum lassen zur weitergehenden Selbstauslegung des Glaubenssinnes, an den sie erinnern.

Wenn der rituelle Gesamtvorgang sich selbst interpretiert, mag im einzelnen dies und das unverstanden bleiben. Es muß sich nicht unbedingt alles in actu ausdeuten lassen. Wenn freilich Rituale ohne Erläuterungen nicht mehr sinnvoll vollziehbar erscheinen, wenn sie nur noch der Erinnerung dienen, aber keine Erwartung mehr wecken, fallen sie an die Vergangenheit zurück, der sie entstammen. Denn eine historisch einfühlsame Ausdeutung des Rituals und seiner Details ist natürlich überall möglich und kann aufschlußreich sein, vor allem für den außenstehenden Betrachter. Sie ist aber nicht diejenige Interpretation, in der die symbolische Kommunikation ihren Sinn hat oder findet und zum Ziel kommt. Bei dieser geht es um einen Lebensvorgang, nicht um die Beschreibung der rituellen Vollzüge und ihrer Tiefsinnigkeiten. In ihr geht es darum, daß das Leben in den Verweisungszusammenhang hereingeholt wird, den der Gottesdienst darstellt; daß das in ihm investierte Erwartungs- und Hoffnungspotential das Leben erreicht. Symbolische

Kommunikation begeht im Gottesdienst zwar sich selber, aber sie kann sich nicht selber genügen. Sonst wird dort nur noch an die Kommunikation des Evangeliums erinnert, ohne daß es zu dieser selbst kommt.

Als Träger der Überlieferung und Vehikel der Erinnerung sind gottesdienstliche Rituale von hoher Bedeutung. Nicht in der Abwertung des Rituellen oder in der aufklärerischen Perhorreszierung seiner Gefahren hat das evangelische Gottesdienstverständnis seine Spitze. Erst recht nicht im potentiellen Verzicht auf das Sakrament, auf die Mahlfeier, zugunsten der Predigt. Sein Lebensinteresse gilt dem Lebensvorgang der Interpretation, in dem allein die symbolische Kommunikation des Gottesdienstes ihre wahre Lebendigkeit gewinnt. Darum der leidenschaftliche Eifer um die viva vox evangelii: daß sich aus dem formellen hieros logos der liturgischen oder der biblischen „Texte" das informelle, ins Leben eindringende und zum Leben bringende, das Leben aus Gottes Verheißungen deutende Wort entbinde[20]. Daher die Konzentration im Gottesdienstritual auf eine Einrichtung, die für das Ziel der Interpretation ausdrück-

20 Man darf an Luthers Ceterum censeo der Gottesdienstreform erinnern, das er jedem zum bloßen Ritual erstarrten Kult entgegenstellte: „die Summa sey die, das es ia alles geschehe, das das wort ym schwang gehe und nicht widderumb eyn loren und dohnen draus werde, wie bis her gewesen ist. Es ist alles besser nach gelassen, denn das wort. Und ist nichts besser getrieben denn das wort. Denn das das selb sollt ym schwang unter den Christen gehen, tzeygt die gantze schrifft an, und Christus auch selb sagt Luce 10 „Eyns ist von notten". Nemlich das Maria tzu Christus fussen sitze und hore seyn wort teglich, das ist das beste teyl, das zurwelen ist, und nymer weg genomen wirt. Es ist eyn ewig wort, das ander mus alles vergehen, wieviel es auch der Martha zu schaffen gibt. Datzu helff uns gott. Amen". Von Ordnung Gottesdiensts in der Gemeinde, 1523, W 12, 37, 27–35. Daß dem Sakrament-zentrierten ein Predigt-zentrierter Gottesdienst gegenüberzustellen war, ergab sich aus der neuen konfessionellen Situation und macht es historisch verständlich, wenn es vom reformatorischen Schrifttum an, aber erst recht in der epigonalen Praxis zu einer schier unbesehenen Gleichsetzung des „Wortes", das zu treiben wäre, mit dem Predigtwort auf der Kanzel gekommen ist. Manche Überspitzungen und Einseitigkeiten einer protestantischen Wort-Theologie sind heute problematisch geworden. Aber daß man beharrlich den Schwerpunkt der kirchlichen Kommunikation im bezeugenden Wort sieht, wird der oekumenische Beitrag des protestantischen Flügels der Christenheit bleiben müssen. In dem oft mit verqueren Fronten ausgetragenen Streit um die Bibel heute geht es schwerlich um eine Bestreitung der grundlegenden Bedeutung der biblischen Texte für das kirchliche Leben. Die geschichtlichen Erstinterpretationen der ursprünglichen Christuserfahrungen bleiben unentbehrlich und grundlegend. Man wird sich aber fragen können, ob sich nicht bei den Auseinandersetzungen darüber, wie man sie zur Geltung bringen soll, häufig Variationen eines ritualistischen solchen eines spiritualistischen Verständnisses gegenüberstehen. Der Frömmigkeit liegt es etwa gleich versuchlich nahe, entweder mit dem einfach und buchstäblich Gegebenen ritualistisch umzugehen oder sich vergeistigend mehr oder weniger davon zu lösen: auf beiden Wegen erspart sie sich viel von der Mühe des Interpretierens. Nach dem reformatorischen Ansatz ist daran zu erinnern, daß die im „Wort" gegebene Wahrheit und das darin beschlossene Heil Gottes den Glaubenden nicht in der Eindeutigkeit des „Habens", sondern in den Wagnissen des Deutens zuteil wird, so daß sie Gott suchend, seinen Willen erfragend, seinen Verheißungen trauend zum Leben gelangen.

lich gutstehen sollte – sozusagen eine rituell gewährleistete Überbietung des Rituals: die Predigt! Ein Vorhaben, das seine Gefährdung ebenso in sich trug wie der Zustand, gegen den sich die Reformation mit dem neuen, evangelischen Gottesdienstverständnis wandte.

Daß uninterpretierte Formen vielen Mißverständnissen und dem Aberglauben zur Herberge dienen können, wird oft unterstrichen. Daß Rituale, die das Leben begehbar machen wollen, indem sie Erfahrungen zu Verhaltensweisen umformen, das allgemeine Lebensgeschick teilen und also altern und starr werden können, wird ebenfalls immerfort deutlich. Doch auch die „interpretierende" Predigt kann als Routineaufgabe formelhaft werden und zu einem wortreichen, standardisierten Ritual eigener Prägung verkümmern. Sie fügt sich dann zwar umso besser in den Rahmen einer symbolischen Kommunikation, aber sie behindert dann deren Unmittelbarkeit eher statt sie zu befördern.

Schwerwiegender ist es freilich, wenn die Predigt der Hypertrophie des Erklärens, Ausdeutens und Argumentierens verfällt und dann auch den ganzen Gottesdienst dieser Hypertrophie anheimfallen läßt. Der Gottesdienst ist mehr als der zufällige liturgische Rahmen der Predigt. Kommunikation des Evangeliums ist für sie wie für ihn der gemeinsame Skopus. Es gibt mancherlei Sage- und Gesprächsweisen, die der Kommunikation des Glaubens oder des Evangeliums gelten, sei's direkt, sei's indirekt: im Zusammenhang mit Informationen oder Problemerörterungen, durch Zuspruch, durch Belehrungen, durch Meditationen. Die Predigt kann vielen von diesen Möglichkeiten, auch bloß außergottesdienstlich gebräuchlichen, Raum in sich geben – sie wird selber informieren, Probleme erörtern, zusprechen, belehren und meditieren wollen und können. Sie sollte nur eines nicht: sie sollte die gottesdienstliche Situation und die dort erwartete Audrücklichkeit nicht ignorieren. Denn der Gottesdienst ist die mit dem Ziel der Kommunikation des Evangeliums ausdrücklich veranstaltete besondere Situation, die die Beteiligten mit den gottesdienstlichen Mitteln symbolischer Kommunikation in den hier gefeierten Verweisungs- und Verheißungszusammenhang einholen will. Die symbolische Expressivität dieser Situation mutet der Predigt keineswegs zu, selber liturgisch, feierlich oder unnatürlich zu werden, wohl aber, im Medium, in der Dimension symbolischer Kommunikation zu bleiben, und wär's selbst mit verfremdendem Trend. Läßt sie dies außer acht, dann geht es zu beiderseitigen Lasten. Dann macht sie den Gottesdienst zur dekorativen Kulisse für ihre wie immer geartete Rede. Dann wirkt der Gottesdienst erst recht als ein fremder Sakralrahmen und der Prediger bemüht sich dann eilends, alles mit zuviel Beredsamkeit zu überbrücken. Dann droht die Predigt, eine Rede über die Sache statt aus der Sache zu werden. Dann wird aus Anzudeutendem Ausgedeutetes, wird Vernommenes vom Erdachten verdeckt. Dann treten Appelle und Definitionen an die Stelle der metaphorisch vergegenwärtigten Möglichkeiten eines verheißungsvollen, ermächtigten, freieren Lebens im Glauben, im

Anruf Gottes. Dann droht aus der klaren, verständlichen Predigt eine flache Rede zu werden, die ein Bukett von Banalitäten, einen Blumenstrauß gefällig aufgemachter Selbstverständlichkeiten anbietet. Dann kann die Angst vor Sakralität oder Enthusiasmus aus der Kommunikation des Evangeliums eine Schulstunde über diese machen. Dann wird aus der Predigt statt der Interpretation ihrer Symbolik eine Interpretation, die ihren symbolischen Gegenstand eingebüßt hat und durch sich selber ersetzt[21].

Nicht wenige protestantische Gottesdienstrituale sind vom Trend einer alles interpretieren-wollenden Beredsamkeit angekränkelt. Oft genug impliziert ein agendarisches oder freies Gebet eine ganze Predigt. Das betrifft nicht nur die Barockzeit. Manchmal scheint es, als sei die evangelische Kirche der symbolischen Kommunikation ganz unkundig geworden und wage kein gottesdienstliches Handeln mehr, ohne es durch Predigten oder „Vermahnungen" auszudeuten und fast gar zu legitimieren. Agenden werden nur selten besser, wenn sie wortreicher werden. Und das Bedürfnis, den seltenen und sporadischen Kirchgängern alles zu erklären, was man jeweils im Gottesdienst macht, macht ihnen diesen auch nicht vertrauter[22]. Selbst bei Experimenten, die nach meditativen, spontanen, emotionalen, stärker symbolischen oder aktionsnäheren Weisen den Gottesdienst zu gestalten suchen, entziehen sich ihre Veranstalter dem Bedürfnis nur selten, dies alles zugleich ausführlich zu erklären – der Liturg wird sein eigener Kastellan. Über unverständlich gewordene Formen klagt man mit Recht. Aber im Raum der Religion ist nicht alles, was Theologen für unverständlich erklären, auch disfunktional. Relevanzschwierigkeiten symbolischer Kommunikation lassen sich nicht durch Erklärungen wirksam beheben. Jedes Übermaß an Ausdeutung ist der Tod der Symbolik.

Das Zusammenspiel von Gedenken und Glauben, von Erinnerung und Erwartung im christlichen Gottesdienst hängt davon ab, daß die Spannung von überliefernder Form und erklärender Deutung nicht einseitig aufgelöst, sondern wechselseitig in Funktion gebracht wird.

21 Wenn die reformatorischen Dokumente das „Wort" in der Praxis der Kirchen gerne als „doctrina" bezeichnet haben, so wollten sie damit nicht die viva vox evangelii durch ein depositum von Doktrinen ersetzen und ablösen, sondern die Weise ihres theologisch kontrollierten Wirksamwerdens verdeutlichen. Doch war der Schritt von der nüchternen Rechenschaft über „das Wort", an der man gegenüber der Sakramentsmystik wie gegenüber enthusiastischen Ansprüchen festhalten wollte, in einen doktrinär anmutenden Gottesdienst klein.

22 Katholische Dominikanten finden ihre Meß-Erklärung, ihren „Schott", im eigenen Gesangbuch und können mit seiner Hilfe der Messe folgen. Im protestantischen Gottesdienst fällt der predigende Pfarrer als Liturg gelegentlich in die Rolle eines Rubriken-Erklärers. Gewöhnlichstes, unscheinbares Beispiel: „als Schriftlesung hören wir jetzt ...": als was denn sonst? Statt rubriziert zu agieren, zeigt man erst die Rubriken selbst vor. Aus dem Kultus als dem „narzistischen Uterus" der religiösen Gemeinschaft, wie man ihn psychologisch genannt hat, wird so etwas wie das Schaufenster, hinter dem die Besucher (der Klinik) unter Aufsicht die Kindlein gezeigt bekommen.

6.3.1 *Darstellung und Vorstellung*

Jeder rituelle Vorgang trägt eine Spannung zwischen vorgegebener Form und (in Grenzen) variabler Deutung in sich. Eine geschriebene oder ungeschriebene Vorlage wird von bestimmten Personen an bestimmten Orten konkret vollzogen. Man folgt einem Rollenheft, das freilich nicht völlig starr ist: es gibt Vorgänge und Vorgänger, die es auf ihre Weise praktiziert und deutend geprägt haben. Wer die Rolle jetzt darstellt, ist davon beeinflußt. Zugleich zeigt er unwillkürlich etwas davon an, wie er sich das Überkommene selber vorstellen möchte.

Im Grund geht es um das Problem, auf welche Weise individuelles religiöses Verhalten innerhalb der generellen Regelungen, die es auslösen und ermöglichen, sich zurechtfinden, Raum schaffen und auswirken kann. Es ist ein Problem für die „Veranstalter", die einen Gottesdienst „halten": jeder weiß, daß ihr individuelles Verhalten trotz des vorgeprägten Rahmens manche Teilnehmer anziehen, aber auch abhalten kann. Doch auch unabhängig davon ermöglicht die Form jedem eine Teilnahme von mehr oder weniger individueller Intensität. Sie kann sich von der Begeisterung über die Langeweile bis zur gänzlichen Unbewegtheit erstrecken und wenn auch nicht unbedingt sichtbar, so doch überaus spürbar werden.

Hier hängt nicht alles, aber sehr vieles von der Darstellung durch die Vollzugsperson ab. Der Nachvollzug religiöser Gesten, das Nachsprechen religiöser Sprache kann diese um Nüancen, aber auch auffällig wandeln. Das kann die Haltung beim Sprechen wie auch die Wortwahl betreffen, je nachdem, über welche Varianten und Differenzierungsmöglichkeiten der einzelne verfügt. Darstellung ist nie bloß Nachvollzug, sondern immer auch Deutung. Vorlagen und Vorstellungen vermischen sich miteinander. Das gilt sonntags wie werktags: „wir alle spielen Theater"[23]. Die Selbstkontrolle seiner gottesdienstlichen Darstellung ist deshalb für jeden Veranstalter unerläßlich. Sie wirkt in jedem Fall selektiv: was sie den einen näherbringt, befremdet die andern.

Fast jedes Ritual besitzt Teile, die feststehen, und andre, die leichter veränderlich scheinen. Wer sie vollzieht, muß wissen, wo die strenge Form gewahrt werden muß, wo der Spielraum minimal ist, wo man die Form großzügig handhaben darf und wo persönliche Ausdrücklichkeit nicht bloß möglich, sondern erwünscht oder notwendig ist. Hier liegt aber nichts schlechterdings fest: gerade symbolische Kommunikation ist besonders kontextempfindlich. Je fremder sie insgesamt oder mit einzelnem im allgemeinen Lebenszusammenhang wirkt, umso mehr wird die Darstellung deuten und deshalb auch variieren müssen.

Das wird dann besonders schwierig, wenn die Beteiligten keine definierte Bezugsgruppe, sondern ein Konglomerat unterschiedlicher Gruppen mit

23 Vgl. Erving Goffman: „Wir alle spielen Theater" – die Selbstdarstellung im Alltag, München 1973^2; amerikanischer Originaltitel: The Presentation of Self in Everday Life, New York 1959.

ganz verschiedenen Verarbeitungsmöglichkeiten bilden. Einige der heutigen Schwierigkeiten des Haupt- oder Gemeindegottesdienstes haben sicher hier ihre Wurzel[24]. Die starke Hinneigung zu differenzierteren Gottesdienstangeboten, die für besondere Zielgruppen thematisiert werden, ist eine Folge davon. Sie kann eine so stark zweckgebundene Absichtlichkeit und Exklusivität in den Gottesdienst bringen, daß sie mit seinem generellen Skopus in Spannung gerät. Andererseits muß aber symbolische Darstellung in der Tat ein Minimum an „gehöriger" Deutung im einschlägigen Lebenszusammenhang leisten.

Die besondere Liebenswürdigkeit und leichte Hantierbarkeit der sogenannten „Alltagsrituale" besteht darin, daß in ihnen die individuelle Darstellung als Deutungsfaktor in den konkreten Begegnungen ausreicht. Sie ist hinreichend anpassungs- und veränderungsfähig, um das Alltagsleben vor starrer Eintönigkeit zu bewahren und ihm eine heitere Beweglichkeit zu erhalten. Das ist freilich unerläßlich: gerade Alltagsrituale ertragen keine Erklärungen zusätzlicher Art. Wo man sein Verhalten umständlich erklären muß, liegen Kommunikationsstörungen vor. Es ist dann „zum Davonlaufen". Vielleicht nicht nur bei Alltagsritualen.

6.3.2 Präsentative und diskursive Symbolik

Susanne Langer hat zwischen diskursiver und präsentativer Symbolik unterschieden und unter der letzteren vor allem die nicht-sprachlichen Weisen symbolischer Ausdrücklichkeit verstanden[25]. Wenn man den Gottesdienst betrachtet, fällt auf, daß vor allem auf dem protestantischen Flügel die präsentative Symbolik extrem spärlich vertreten scheint. Auch die protestantische Gottesdienstlehre übt sich, nicht nur vereinzelt, in der Zurückhaltung, wenn nicht im theologischen Argwohn gegenüber allen präsentativen Elementen[26]. Die „Sprache des Raumes", die Lichtführung, die Farbgebung an den Wänden und in den Fenstern, die Gestik und die Bewegungen, der Schmuck und die Kleidung, Kerzen, Geräte, Glocken- und Orgelklang gehören trotz (oder wegen?) ihrer Beliebtheit bei den „Besuchern" zu dem, was man zulassen und dessen man sich etwas verschämt bedienen kann, doch der Vorbehalt ist mit Händen zu greifen: es soll kein Eigengewicht bekommen. Auch die Kirchenmusik, die Haupt-

24 Man muß sich fragen, woran es wohl liegt, daß diese grundsätzlich immer bestehenden, weil strukturell bedingten Schwierigkeiten des sogenannten „Hauptgottesdienstes" heute so viel stärker empfunden werden als dies in früheren Zeiten anscheinend der Fall war.

25 Vgl. S. Langer, aaO S. 86 ff. Diskursive und präsentative Formen. Dort insbesondere S. 102–105.

26 Das Bilderverbot des Dekalogs, die fremdreligiöse Bilderverehrung, der „Bilderdienst", der sich in breiten konfessionellen Heersäulen der Christenheit üppiges Heimrecht geschaffen hat: die theologische Beunruhigung darüber kann sich leicht mit einer aufgeklärten Rationalität in der gemeinsamen Abneigung gegen Äußerlichkeiten verschwistern.

domäne der Kunst im protestantischen Gottesdienst, nimmt sich bescheiden vor allem den Schmuck und die Begleitung der Gemeindechoräle zum Ziel.

Die Hintergründe solchen Argwohns sind bekannt und verständlich: einfache Frömmigkeit macht sich gerne an Äußerlichkeiten fest und wird im Nu davon abhängig. Die reformatorische Grundeinsicht, daß, was nicht die Substanz der Glaubenslehre berührt, in die Freiheit des Glaubens gestellt ist, hat nicht bloß viele kultische, liebgewordene Formen, die jedermann als Bestandteil des „Heiligen", als sakrale Sphäre empfand, als Adiaphora erwiesen, sondern auch ihre protestantische Freiheit in vorsätzlicher Nüchternheit und Enthaltsamkeit praktiziert. Der Bildersturm war der extreme Protest gegen Symbole, die – nicht zu Unrecht – unter Idolatrieverdacht geraten waren.

Bei der Neigung, die präsentative Symbolik herunterzuspielen, ist es geblieben. Leider spielt man ihr dabei nicht selten auch übel mit – die Bilderstürmerei ist zum warnenden, unglücklichen Beispiel dafür geworden. Die protestantische Theologie ist sehr kritisch gegen kitschige Auswüchse der Devotionalienfrömmigkeit, zu der es freilich in der protestantischen Wohn- und Schlafstuben-Bilderwelt Analogien gibt. Sie ist aber nicht immer selbstkritisch genug geblieben, wenn sich eine vorsätzliche Formlosigkeit als besonders protestantisch vorkommt oder als Zeichen für den Eifer um die Sache und als Beweis des Geistes und der Kraft betrachtet.

Die Angst vor falscher Sakralität kann auch zu unappetitlichen Nachlässigkeiten verführen, die nicht für die Sache, sondern kräftig gegen ihre Vertreter sprechen. Eine ungezwungene Formsicherheit ist ein selten erreichtes Ziel – sicherlich keines, dessen man sich im Gottesdienst zu schämen hätte.

Doch reicht die Beobachtung keineswegs zu, der protestantische Gottesdiensttyp sei eine gebärdenarme, aber umso wortreichere Form. Man kann im Gottesdienst nicht alles Verbale kurzerhand der diskursiven und alles Nonverbale der präsentativen Symbolik zurechnen. Selbst wenn man die Gestik, die Bewegungen im Raum und die ganze Klangwelt außer Betracht läßt: auch die verbalen Formteile wirken, soweit sie fixiert sind, nicht eigentlich als verbale Einzelmitteilungen; sie wirken als Stücke der geprägten Gesamtgestalt auf Gemüt und Gedächtnis ein. Sie machen sowohl als Einzelstücke wie im Gesamtvollzug einen summarischen Eindruck. Gruß, Bittruf, Lobpreis, biblische Lesung, Gebet, Fürbitte, Herrengebet, Segenswort oder Amen: dies alles hat seine Bedeutung im Wortlaut oder mag darin deutungsbedürftig erscheinen. Aber vor allem und über dies alles hinaus präsentieren sie sich als Ensemble. Sie imponieren durch ihre Stellung und ihre Funktion im ganzen, durch ihre geformte Wiederholbarkeit. Dieser Eindruck wird nur wenig beeinträchtigt von der vorgesehenen und immer möglichen Auswechslung einzelner Stücke – sofern die Varianten nicht bloß auf Schockwirkung abheben wollen. Zumal der Gemeindechoral macht es deutlich: als gesungenes Lied, in der Präsentation, läßt er die diskursiv oft wenig befriedigenden Einzelmitteilungen seiner Strophen weitgehend vergessen.

Kurzum: auch die liturgisch verfestigten Wortfolgen wirken wie Gestik, Mimik oder Musik als präsentative symbolische Formen. Trotz des Übergewichts der Worte hat die Kommunikation des Evangeliums im veranstalteten Gottesdienst symbolischen und – genauer, soweit sie sich fester Formen bedient – präsentativen Charakter. Diese festen Wortformen müssen nicht ein für allemal und immer gleich formuliert sein. Sie haben aber eine stets gleiche, erkennbare, ausgeprägte Funktion zu erfüllen, die Abwechslungen ermöglicht, aber auch eingrenzt. Ihr präsentativer Charakter zeigt sich auch darin, daß man sie weder durch anderes definieren noch ersetzen noch wirklich „übersetzen" kann. Natürlich kann man ritualisierte Wortfolgen dem Wortlaut nach übersetzen, diskursiv auseinandernehmen und, eins zum andern fügend, erklären. Aber bei ihrer Variation im Vollzug kann immer nur Gleichartiges an ihre Stelle treten. Ihre Bedeutung geben sie nicht nacheinander oder stückweise zu erkennen, sondern nur im geschlossenen Handlungsvollzug. Symbolübersetzung ist etwas anderes als Wortübersetzung[27].

Man kann von einem „präsentativen Überhang" der wiederholbaren Formen sprechen. Das ist auch für den Teil des protestantischen Gottesdienstes bedeutsam, der vor allem der vergegenwärtigenden Deutung zu dienen hat, diskursiv vorgeht, argumentiert, übersetzt, für seine Text-

27 S. auch Leszek Kolakowski: Geist und Ungeist christlicher Traditionen, Stuttgart 1971, S. 90 f.: K. möchte „die verzwickten Fragen rund um die Definition des „Symbols" ... beiseite" lassen und, unter Berufung auf P. Tillich Ges. Werke Bd. V, auf „eine bestimmte, besondere Symbolgattung" hinweisen, „die mit anderen ... jenes relative Merkmal gemeinsam hat, daß sie verstanden wird, d. h. kraft eines eingeführten Kommunikationssystems auf etwas anderes, von ihr selbst verschiedenes verweisen kann, die sich hingegen von beliebigen Wortzeichen dadurch unterscheidet, daß sie als Repräsentant von etwas gilt, was prinzipiell nicht anders repräsentiert werden könnte, wobei dieses Symbol nicht einfach Zeichen dafür ist, sondern etwas daran Teilhabendes oder eine Verkörperung davon ... Diese Gattung von Symbolen ist durch Unübersetzbarkeit gekennzeichnet. Zu ihr gehören künstlerische und religiöse Symbole. Ein Kunstwerk kann ‚verstanden' werden, wir wissen jedoch, daß sich zu der Wirklichkeit, die es zu ‚repräsentieren' scheint, unmöglich anders hingelangen läßt als durch seine Vermittlung; insbesondere läßt sich das nicht durch ‚Nacherzählen' des Werks tun, und auch nicht durch seine Übersetzung in die Sprache von Symbolen, deren empirisches Äußeres anders wäre; das künstlerische Bild schafft Zugang zu gewissen Qualitäten der Welt, die sich alle durch verbale Beschreibung (im Falle der nichtsemantischen Künste) oder durch diskursive Auslegung des ‚Inhalts' nicht vergegenwärtigen lassen. Religiöse Symbole haben eine ähnliche Eigenschaft. Sie sind Werkzeug der Kommunikation, aber sozusagen nicht codierbar; sie machen etwas offenbar, was nicht übersetzt werden kann, da es sich einzig durch dieses Symbol enthüllt; das Symbol wiederum übermittelt nicht nur – monopolistisch – diese Wirklichkeit, sondern es gilt auch als ihr realer Träger, Teilnehmer oder Vertreter, als die Form körperlichen oder persönlichen Offenbarwerdens eines bestimmten Ausschnittes aus der Welt; demnach existiert keine unmittelbare Perzeption des Gegenstandes, die verschieden ist von der Perzeption des Symbols".

vorlagen sprachliche und vorstellungsmäßige Aequivalente einsetzt und dabei durchaus nicht nur Gleichartiges verwendet, sondern auch kontrastreiche und verfremdende Elemente zur Verdeutlichung gebraucht. Denn die Predigt kann man nicht einfach als eine beliebige Rede betrachten; als einen zufälligen Gesprächsbeitrag, wie sich derlei spontan aus unvorhersehbaren Situationen ergibt. Sie kann etwas davon an sich haben und sollte es vielleicht sogar anstreben; gerade die individuelle Reaktion des Predigers in einer Situation, die er auf seine Weise sieht, auf einen Text, den er auf seine Weise deutet, kann der Predigt ein Überraschungsmoment verschaffen, sie frisch erhalten und zu einer Neuigkeit machen. Doch ist dies meist eher zu schwach als zu kräftig entwickelt – überraschende Neuigkeiten werden nur selten von einer Predigt erwartet. Wenn dieser Zug sie völlig bestimmte, hörte sie freilich auf, eine Predigt zu sein.

Denn wo immer sie auftritt, ist sie mitbestimmt von vorgegebenen Formen oder, im rein missionarischen Fall, von einer ihr mitgegebenen Absicht. Sie ist Rede im Auftrag: was sie darstellen soll, steht nicht in ihrer Willkür. Wie sie es darstellt, bleibt immer ihr Wagnis; ihre Situation bestimmt ihre Form, und Form ist nie nur äußere Form: sie „formiert" auch den Inhalt. Das wird konkret im Verhältnis der Predigt zu ihren Texten. Die Predigt hat ihre Texte. Auch die sogenannte textfreie Predigt ist auf Überliefertes bezogen. Sie will es nicht sozusagen verschlossen zustellen, sondern in Zugriffe auf das Leben der Hörer und in Vorgriffe auf ihre Zukunft verwandeln. Aber sie löst sich damit nicht vom Überlieferten los; sie will ihm diese Potenzen entlocken.

Das aber heißt: auch die Predigt steht unter dem präsentativen Überhang jener Wirklichkeit, der ihre Hörer in ihr neu oder wieder begegnen, an der sie teilhaben sollen. Sie präsentiert sich symbolisch in Gestalt ihrer Texte. Man erinnere sich: Symbole der präsentativen Ordnung sind „konkrete Individualitäten"[28], genau so wie z. B. die Mythen. Sie haben ein Eigenleben und einen Eigennamen, ein nomen proprium. Es steht vieles in ihnen, was man sachlich, begrifflich erklären, übersetzen, codieren und konvertieren kann und auch muß, um ihre Bedeutung zu erschließen. Aber sie lassen sich nie ganz verallgemeinern; sie entfallen nicht, wenn man sie deutet. Die Situation, die sie hervorgebracht hat, bleibt an ihnen haften, bewahrt ihre Individualität – Situationen sind nie völlig generalisierbar. Gerade ihre nicht weiter herleitbare Fähigkeit, andern in deren Situationen hinein ein Mehr an Sinn zu vermitteln, metaphorisch für neue, andere Möglichkeiten gutzustehen, hängt irgendwie mit ihrer individuellen Eigenart, ihrer kontingenten Situationsverwurzelung zusammen. Sie sind keine Schemazeichnungen zur Beschreibung und Diagnose der Erfahrungswelt. Sie zählen nicht deren Sinn nach, sondern erzählen ihre

28 Über Symbole als „konkrete Individualitäten" und über ihre vom Lebenskontext getragene und geliehene „Vitalität" vgl. oben bei und im 2. Kapitel, Anm. 73 und im 4. Kapitel, Anm. 15.

Sinnerfahrung in sie hinein, so wie sie sind; bis sie erschöpft sind und ihre Stimme verlieren – dann sterben sie ab[29].

Predigttexte sind also nicht bloß historische Vorlagen und Dokumente von kanonischem Rang für den Glauben. Sie gehören zur präsentativen Symbolik des Gottesdienstes. Sie werden übersetzt, erklärt und gedeutet.

29 Zur Zukunft der religiösen Symbole stellt Kolakowski bedenkenswerte Erwägungen an: „Eine willkürliche Entscheidung über das Ändern von Symbolen kann erst dann fallen, wenn das Symbol faktisch zu existieren aufgehört hat, wenn der entsprechende ‚Beschluß' schon vorher im Tribunal der ‚Historischen Vernunft' gefallen ist, gegen das es keine Berufung gibt. Das Leben des religiösen Symbols ist nicht von Konventionen abhängig: das Symbol entsteht, blüht, nützt sich ab und stirbt ganz wie alle überpersönlichen historischen Realitäten – und in gewisser Weise doch auch wie eine Person, die ihre endliche Lebensfähigkeit bis auf den Grund erschöpft. Solange es lebt, bildet das Symbol als etwas so und nicht anders Gestaltetes den Gegenstand der Verehrung und drückt etwas aus, was andern Übermittlungsmedien nicht zugänglich ist. Wörter können selbstverständlich die Funktion religiöser Symbole erfüllen (Tabu-Worte, heilige Worte, Beschwörungsworte, rituelle Worte), aber dann beruht ihre Rolle nicht darauf, daß sie irgendetwas bezeichnen; sie haben gewisse Eigenqualität, die sie ihren möglichen Übersetzungen nicht abtreten können, und enthalten in sich die Heiligkeit, die ihnen von der Wirklichkeit verliehen wird, auf die sie sich beziehen ..." (aaO S. 93). ...„nichts wird zum Symbol durch rationale Abmachung, durch beliebige Entscheidung, durch einen willkürlichen Einfall; um irgendetwas mit Symbolkraft zu begaben, ist authentische Aufnahme durch die Gesellschaft nötig, ursprüngliche Zustimmung durch die Gemeinschaft der Gläubigen. Das religiöse Symbol läßt sich auch nicht beliebig mittels wirksamer Beeinflussungstechniken aufdrängen ..." (ebda) ...„Der Aufschluß darüber, daß Christus als Waffe in den vielfältigsten Kämpfen und Konflikten gedient hat, als Werkzeug, diese oder jene Interessen voranzubringen, läßt stets noch die Frage unbeantwortet, warum diese Interessen und warum die Kämpfenden das Christus-Symbol überhaupt benötigt haben. ... Es nützt nichts, die religiösen Phänomene auf diejenigen Faktoren oder Kräfte des Gemeinschaftslebens zurückzuleiten, die den ständigen Wandel der religiösen Symbole verursachen: denn das Bedürfnis nach dem Gebrauch dieser Symbole selbst wird bei dieser Rückleitung nicht erklärt" (S. 96) ... Man muß „den polyvalenten Charakter der religiösen Symbole aufgrund seiner nicht weiterreduzierbaren Qualitäten" verstehen ... „Letztlich ist es ... nicht wesentlich, ob man religiöse Vorstellungen für eine Art des ‚Wissens' oder eher der ‚Unwissenheit' erklärt: in beiden Fällen werden sie als Werkzeug zum erkennenden Deuten der Erfahrungswelt oder zu ihrer Beschreibung aufgefaßt" (S. 100) ... Es „besteht kein Grund zu der Annahme, religiöse Symbole könnten sich als Produkt gesellschaftlicher Werte von nichtreligiösem Charakter behandeln lassen ... Die Religion kann beliebige Phänomene mit Heiligkeit bekleiden oder ihnen sakrale Sanktion erteilen, aber zu dieser Funktion ist sie nur dadurch befähigt, daß ihre eigene Heiligkeit im Bewußtsein der Gläubigen von diesen Phänomenen unabhängig und ihnen gegenüber primär ist ... Anders gesagt – die Religion existiert tatsächlich" ... und „die spezifischen religiösen Werte (können) ... instrumentale Funktionen nur demzufolge erfüllen, daß sie selbst gerade nicht-instrumental sind. Durch die Feststellung, daß religiöse Vorstellungen und Symbole die Projektionen verschiedener menschlicher Situationen aus allen Bereichen des Gemeinschaftslebens bilden, wird in keiner Weise die Frage entschieden, warum diese Projektionen gerade solche, nämlich von sakralem Fluidum durchdrungene Formen aufweisen. Man darf annehmen, daß ein Bereich des Lebens und der menschlichen Bedürfnisse existiert, der eigentümlich mit den religiösen Symbolen korreliert oder auch in-

Wo man sie erschließt, geht von ihnen Anstoß, Einladung, Berufung zur Teilnahme an den Erfahrungszusammenhängen aus, für die sie einstehen. Wenn die Predigt sie deutet und es in die Gegenwart ihrer Hörer vermittelt, was sie zu erfahren geben, läßt sie ihre konkreten Textvorlagen jeweils auch hinter sich. Sie setzt dann Erfahrungen frei, die von dort herkommen, aber auch darüber hinausgehen, und macht sich damit auch selber frei von ihnen. Und doch bleiben die Texte der Predigt zugleich immer voraus – sowohl als konkreter Einzeltext, über den wieder und dann anders zu predigen sein wird, wie auch und vor allem als Phänomen, als Institution eines „Textes", der, selbst einmal „Predigt" gewesen, jetzt für das gutsteht, was aller Predigt voraufgeht, sie weiter nötig und möglich macht, sie begleitet und ihr immer vorausbleibt. Ist er nicht mit der Predigt zusammengespannt wie das Symbol mit seiner Interpretation? Hat *er* nicht in erster Linie als symbolisches Phänomen aus der Predigtinstitution ein Symbol werden lassen? Bleibt sie seitdem nicht im Gottesdienst selber ein präsentatives Symbol, wieviel oder wie wenig auch immer sie in der Textinterpretation und in der Selbstdeutung diskursiv leistet?

6.3.3 Analoge und digitale Kommunikation

Die kommunikationstheoretische Unterscheidung zwischen analoger und digitaler Kommunikation ist mit der zwischen präsentativer und diskursiver Symbolik verwandt, wenn auch nicht identisch[30]. Sie weist darauf hin, daß die menschliche Verständigung sich sozusagen auf verschiedenen Wel-

tentional auf eine bestimmte Wirklichkeit bezogen ist, die ausschließlich durch diese Gattung von Symbolen zugänglich wird" (S. 102 f.) . . . „Die Versuche, in theologischen Konstruktionen den Glauben zu rationalisieren, sind in immer schwächerer Position . . . Die Religion, die sich . . . als gutes Mittel zu intellektuellem Verstehen der Erfahrung präsentiert, wird bestimmt abnehmen zugunsten einer Interpretation, wonach die religiösen Symbole als nicht-rationales Verfahren zum Nahebringen einer grundsätzlich durch die Sprache der überprüfbaren Annahmen nicht beschreibbaren Wirklichkeit als Hilfsmittel akzeptiert werden, um aus der Welt der Überzeugungen in eine Welt grundsätzlich der Beschreibung nicht zugänglicher Transzendenz ‚umzuspringen' . . ." (S. 106 f.) . . . Wir können „nicht voraussehen, ob die bestehenden religiösen Organismen die eigenen Interpretationen und die eigenen Verfahren zur Übermittlung der Symbole diesen Wandlungen anzupassen imstande sind, oder ob sie zu wenig Umstrukturierbarkeit aufweisen, zu langsamem Absterben verurteilt sind und irgendwelchen anderen Formen organisierten religiösen Lebens das Feld räumen werden . . . Hingegen ist anzunehmen, daß das Erlöschen realer religiöser Symbole unter dem Einfluß zunehmender Unterrichtung für die nahe Zukunft wenig wahrscheinlich ist . . ." (S. 108 f.) „Die Standards unserer Zivilisation schwächen tatsächlich die Lebensfähigkeit religiöser Symbole, aber in der Weise, daß sie den Leuten gestatten, die Zeit auszufüllen und vor den Grundfragen des Lebens zu flüchten. Solchermaßen entsteht eine Art von falscher Religionslosigkeit, die nicht aus der Überwindung der Denkweise in religiösen Symbolen, sondern aus der Betäubung der Situationsbewußtheit erwächst, die religiöse Symbole hervorbringt. Daher ist diese Art des Einwirkens der heutigen Zivilisation auf den religiösen Glauben irreführend und kurzfristig." (S. 111).

30 Jürg Kleemann hat in seinem Lob des Familiengottesdienstes auf die „analoge" Kommunikation hingewiesen – siehe oben im 2. Kapitel, Anm. 57.

lenlängen oder besser in spezifischen Frequenzbereichen abspielt, und daß die Verständigungsmittel dann auch die Art des erreichten Einverständnisses, seinen Sitz im Leben, seine Verankerung in den Personen bestimmen. Im einen Extrem kommt man mit digitaler Kommunikation auf eine rein intellektuelle Zustimmung, im andern, mit analoger Kommunikation, auf eine rein affektive Bindung hinaus. Präsentative und diskursive Symbolik benennen Grundkategorien des menschlichen Symbolisierungsvermögens und die ihnen entsprechenden Verständigungsmittel. Auch im Modus der analogen bzw. der digitalen Kommunikation arbeitet man mit verschiedenen Mitteln, doch interessieren dabei nicht in erster Linie die Mittel, sondern die komplexen Kommunikationsvorgänge als solche. Die menschliche Kommunikation spielt sich nur selten in einem einzigen Medium ab. Das Übergewicht kann beim digitalen bzw. beim analogen Kommunikationsmodus liegen. Oft wird der eine vom andern begleitet; sie können sich kombinieren. Jedenfalls schließen sich beide nicht aus[31].

Die wichtigste Einsicht, die sich mit ihrer Hilfe erschließt, gilt der Komplexität der Kommunikationsvorgänge. Wo Menschen miteinander umgehen, läuft vieles unbewußt mit. Was man von Kind auf als sympathisch oder als unsympathisch empfand; worauf sich Ängste fixierten: dies und noch vieles andre kommt mit und wird als kommunikative Potenz oder Barrière in unsren Beziehungen wirksam. “Menschen erfahren nicht nur *was*, sondern immer auch *wie* etwas vermittelt wird“[32].

Im Gottesdienst soll es zur Kommunikation des Evangeliums kommen. Dies soll dort nicht nur geschehen, sondern auch ausdrücklich werden. Wieder fällt auf, wie wenig man vor allem im protestantischen Raum auf Vorgänge im Modus der analogen Kommunikation zu achten pflegt. Sie werden kaum je bewußt gemacht oder sachkundig einbezogen. Man konzentriert sich fast ganz auf das Predigtkonzept, auf Begriffe und Argumente. Auch die Aufmerksamkeit der Gottesdienstteilnehmer hat herkömmlicher- und verständlicherweise zumeist dort ihren Fokus[33].

31 Analoge Kommunikation „nutzt Bild- oder Indexzeichen, um Bindungen und Beziehungen herzustellen. Sachliche Inhalte spielen hier eine geringe . . . Rolle . . . Analoge, bildhafte, imitative, rituelle Zeichensysteme stiften Bindungen, sind bedeutungsstark, aber logisch schwach. Digitale Kommunikation (englisch digit – Zahl) operiert mit sachlichen, urteilsfähigen und logischen Aussagen. Sie ist schwach in bindenden Beziehungsformen, aber stark bei jeder Entscheidung.“ Die menschliche Kommunikation ist mehrpolig; sie „bedient sich beider Prinzipien ineinander, miteinander und nebeneinander.“ Bei Störungen kann man den Schwerpunkt verlegen, von der analogen auf digitale Kommunikation umschalten, von einem laufenden, gestörten Zeichenprogramm auf ein anderes umspringen und so „blockierte Kommunikationswege wie ein Hindernis umfahren“. H. D. Bastian, Kommunikation, Stuttgart–Berlin 1972 hat den Unterschied zwischen analoger und digitaler Kommunikation dort S. 51–59 für nicht fachlich geschulte Interessenten beschrieben. Daraus auch die Zitate im Text.

32 H. D. Bastian, aaO S. 56.

33 „Innerhalb einer Liste vorgegebener Motive des Gottesdienstbesuchs wird das Interesse an der Predigt auf den höchsten Rangplatz gesetzt. Insgesamt ergeben sich

Nur wenn statt der üblichen Gottesdienstgemeinde eine komplexe, aber klar definierte Zielgruppe ins Auge gefaßt wird wie beim Familiengottesdienst, sieht man instinktiv ein, daß man die Kommunikationsprobleme durchdenken und gegebenenfalls mit neuen Mitteln angehen muß und sie nicht als mit den herkömmlichen Formen hinreichend vorweggelöst ansehen kann. Bei der Zielgruppe „junge Familie" ist ja eine Kommunikation des Evangeliums mit Begriffen und Argumenten allein nicht zu leisten; man muß sich auf Mittel und Vorgänge im Modus analoger Kommunikation besinnen.

Der protestantische Gottesdienst ist vom Übergewicht digitaler Kommunikationsanstrengungen bestimmt. In anderen ökumenischen Gottesdiensttraditionen werden andere Kommunikationsfrequenzen stärker, manchmal auch fast wieder übergewichtig benützt[34]. Auch die biblischen Erinnerungen an jene Ursituationen der Jüngerschaft Jesu, die zu Keimzellen für den urchristlichen Gottesdienst wurden[35], können die Frage

hier vier Dimensionen einer Teilnahme-Motivation: ‚Glaubensstärkung', ‚Orientierung im Leben', ‚musisch-ästhetische Gründe' und ‚Wortverkündigung' " – Ingrid Lukatis, Gottesdienstbesuch und religiös-kirchliche Sozialisation – materialien der pastoralsoziologischen arbeitsstelle Hannover, abgeschlossen Herbst 1976.

34 „W. J. Hollenweger hat in den „Predigtstudien" Band IV/1 zur Perikopenreihe IV 1969, S. 203 ff. auf andere Kommunikationsmöglichkeiten in den Gottesdiensten z. B. der lateinamerikanischen Pfingstler hingewiesen . . . er . . . zeigt, wie die Grammatik des Gottesdienstes die spontane Erzeugung von jeweils passenden verbalen und averbalen Handlungszügen ermöglicht: Chorus, Predigtstücke, Tänze, Bibelzitate . . . Ein Pfingstprediger sieht es nicht nur den Augen seiner Zuhörer an, wenn sie ihn nicht verstehen, er hört den Protest seiner Zuhörer mit dem Magen, selbst wenn sie sich akustisch still verhalten . . . Wir verlassen uns auf unser Manuskript statt auf das Signal, das in unserem Körper eingebaut ist". Darauf weist J. Kleemann hin in „didaktik der predigt" – Modelle zur homiletischen Ausbildung und Fortbildung, Comenius-Institut Münster 1975, S. 278 f. Kleemann fährt dort fort: „Kommunikative Kompetenz äußert sich also auch in der Fähigkeit, mehrere Kanäle für die Vermittlung des Evangeliums zu aktivieren und dies zunächst in der sogenannten Körpersprache, in Mimik, Gestik und Motorik. Die Rubriken der Agenden und Rituale sind Anweisungen zur Benutzung solcher Mehrspurigkeit menschlicher Verständigung. Ich möchte jedoch noch weitergehen und den Niederschlag der Predigtgrammatik in Holz, Stein und Farbe berücksichtigen: kontrollieren nicht Art und Anordnung der Sitze, Licht und Schatten samt Farben und eben der Versammlungsraum sehr nachdrücklich den Spielraum, den Prediger und Hörer teilen? " Die Frage der Spontaneität für einzelne, Gruppen oder alle Teilnehmer am Gottesdienst bedarf besonderer und weitergehender Erwägungen, die wahrscheinlich zur Gleichberechtigung zweier verschiedener Grundmodelle des veranstalteten Gottesdienstes in der Christenheit hinführen müssen. Denn Agenden und Rituale ermöglichen dort, wo sie gelten, zwar eine mehrspurige, aber kaum eine spontane Kommunikation; ihre Kontrollfunktion schränkt die spontanen Möglichkeiten aufs äußerste ein.

35 „Jesus hat den neuen Menschen nicht nur beschrieben. Der neue Mensch ist im Umkreis von Jesus s i c h t b a r geworden. Jesus hat durch seinen Umgang mit Zöllnern, Sündern und Dirnen nicht nur damalige politische und soziale Tabus durchbrochen, sondern er hat – um den Willen Gottes zu tun – das verletzt, was man damals für den Willen Gottes hielt. Dadurch, daß er nicht kultfähige Personen zu seinen Mahlfeiern einlud, hat er neu bestimmt, was Gottes-

nach den geeignetsten Kommunikationsweisen im Gottesdienst einschärfen. Muß die gottesdienstliche Kommunikation des Evangeliums ausschließlich auf die Wege der sprachlichen Weitervermittlung bedacht sein? Gibt es in diesem Rahmen andere, angemessene Weisen? Soll man hier immer nur Aufklärung über den Glauben leisten und Zustimmung zu ihm fordern? Muß man sich dabei nicht mit vielen vorgeprägten, mitgebrachten und ringsumher anbrandenden Haltungen und Einstellungen anlegen? Geht es hier nicht neben der besseren Einsicht auch um Verbindlichkeit und Verbundenheit im Freiraum des Glaubens? Geht es nicht um eine „bandstiftende Kommunikation", um ein beteiligtes Einverständnis? Wird dazu nicht etwas von menschlicher Zuwendung und jedenfalls mehr als nur eine kognitive Bemühung gebraucht?

Sicher sind zur Glaubensvermittlung auch detaillierte kognitive Hilfestellungen nötig und im Gottesdienst zu erwarten. Aber hat er nicht auch und vielleicht vorrangig einen anderen Schwerpunkt und andere, ihm gemäße Mittel? Er stellt ja selber ein bildhaft-rituelles, imitatives Zeichensystem dar und zur Verfügung. Man kann fragen, wie dies praktiziert wird, wie es wirkt und ob man es hinreichend ausschöpft. Die vom Gottesdienst – doch wohl zu Recht – erhofften Bindungen und Beziehungen und das sie tragende Glaubensvertrauen herzustellen ist nie allein Sache seiner kognitiven Brillanz, sondern immer auch seiner kommunikativen Atmosphäre, seiner Ausstrahlung, der Haltung seiner Akteure und Teilhaber[36].

Damit wird aber aus einer Anfrage an einzelne Gottesdienste und Gottesdienstformen die viel grundsätzlichere Frage nach Umfang und Grenze der gottesdienstlichen Kommunikationsmöglichkeiten überhaupt.

Der gottesdienstlichen liegen wie jeder kirchlichen Kommunikation zwei Fehlformen besonders nahe. Vermittlung des Evangeliums meint in jedem Fall „bandstiftende" Kommunikation. Versucht man dies voll guter Absichten, aber ohne Kenntnisse der „Grammatik" und des Instrumentariums analoger Kommunikation, dann kommt man nur zu leicht bei jener

dienst ist . . . Auch im urchristlichen Abendmahl werden bis anhin verbotene Wege in unbekanntes Terrain erschlossen . . . So fielen in der urchristlichen Mahlgemeinschaft die Schranken zwischen Sklaven und Freien (ein Sklave konnte Bischof sein!), zwischen Armen und Reichen, zwischen Männern und Frauen – nicht logisch, auch nicht gesellschaftstheoretisch, sondern im Gottesdienstvollzug. Das, was in diesem Gottesdienst augenfällig geschah (und nicht nur, was geredet wurde), erwies sich als missionarische, vorwärtsweisende Kraft. Hier wurde eine Heilserfahrung vorweggenommen, die die Welt nicht kannte. Niemand kann ausdenken, was geschähe, wenn die Christen in ihren Gottesdiensten Hoffnungsalternativen gegen den grauen Hintergrund der Gesellschaft sichtbar machen würden. Niemand kann ausdenken, was geschähe, wenn wir unsre Missionsinstitutionen zu Hoffnungslaboratorien umgestalteten . . ." W. J. Hollenweger, Evangelisation gestern und heute, Stuttgart 1973, S. 61 f.

36 „Die Gleichgewichte im Selbstwertgefühl verlieren und finden sich vorwiegend mit analoger Kommunikation" H. D. Bastian, aaO S. 58.

allzupersönlichen und aufdringlichen Betulichkeit heraus, die vielen den Geschmack an der Kommunikation in der Kirche verdirbt. Wenn sie das Klima des Gottesdienstes bestimmt, wird er zu einer Strapaze. Der absichtsvolle Wille zum persönlichen Zeugnis läßt die erstrebte Eindringlichkeit aufdringlich werden. Zur Glaubensvermittlung gehört auch ein kognitives Pensum, für das nach der Sache und in der Form digitale Kommunikation angezeigt ist. Sonst wird leicht statt des Gewissens nur der Eindruck erweckt, man habe es nur mit gut gemeinten, aber wenig fundierten Versicherungen zu tun.

Die andere Fehlform liegt ebenso nahe. Man ruft nach Versachlichung, um nicht in eine schwüle oder schwülstige Atmosphäre zu geraten. Der Begriff der Information wird dann faszinierend, weil er so technisch und so neutral wirkt. „Nur" informierend überläßt man, so scheint es, den Entschluß dem Hörer. In Wirklichkeit tritt da aber oft nur an die Stelle einer schwer weiterzuvermittelnden Erfahrung ein leichter hantierbarer Vorsprung des Wissens, der „Informationsvorsprung". Die Abhängigkeit vom besser informierten Sachverständigen ist aber nicht kleiner, sondern nur unpersönlicher als die von sonstigen Autoritäten. Die Interpretation ist in der Auswahl und Aufbereitung der Informationen bereits vorweg erfolgt. Der kirchliche Lebenszusammenhang, der den Gottesdienst jeweils umgibt, bestimmt in der Regel als vorgegebener Kontext das Verständnis oder das Mißverständnis sämtlicher Interpretationen. Je mehr der Gottesdienst mit neuesten Aktualitäten umgeht, desto rascher bekommt man den Eindruck, daß es ihm doch bloß um den dekorativen Schein geht, auf der Höhe der Zeit zu sein. Die Fragen an den Glauben bleiben dann ganz unausgearbeitet. Was so folgenlos dem kirchlichen common-sense einverleibt wird, wird in Wahrheit der raschen Vergeßlichkeit überantwortet: morgen gibt's Neueres. Zumal ja der Gottesdienst von seiner Struktur her keine sofortige Weiterverarbeitung der Informationen ermöglicht.

Solide Glaubensinformationen ohne Verschleierung ihrer Probleme können der frommen Aufdringlichkeit wehren; sie sind da am Platz und gereichen dem Prediger als Theologen zur Ehre; sie sind aber nicht alles. Aktuelle Informationen sind beliebt und gefragt, kommen aber als Mitteilungen auf der Kanzel zu spät; sie wirken bloß schein-aktuell, wenn sie nicht um des Rates, des Zuspruchs, der Stellungnahme willen vorgebracht werden. Wenn es jedoch gilt, das informative Pensum in performative Anmutungen zu transformieren – und dies gilt im Gottesdienst eigentlich immer –, dann sollte man sich in den angemessenen Kommunikationsweisen und ihrer Grammatik auskennen[37].

37 „Mit einem naiven Begriff von Information sind in den letzten Jahren viele Versuche von Gottesdienstreformen gescheitert, weil sie etwas anboten, was andere Medien viel besser und schneller anbieten können, oder weil sie fälschlich sozialethisch-politische Wertfragen wie logische Urteile behandelten. Eine Vielzahl innerkirchlicher Kommunikationsstörungen gründet auf Mißverständnissen: Was analog gemeint ist, wird digital ausgelegt und umgekehrt". Ders., aaO S. 55.

Im evangelischen Gottesdienst liegt es in erster Linie dem, der ihn „halten" soll, also dem Prediger ob, sich vor den naheliegenden Fehlformen zu hüten und seinen Verhaltensspielraum zu gebrauchen. Dieser Handlungsspielraum ist durch das Gewicht, das der Predigt zukommt, beträchtlich. Auch andre Bestandteile des Gottesdienstes, die Gebete vor allem, kann er nach Inhalt und Umfang, sprachlich und tendenziell zwar nicht beliebig, aber doch in gewissen Grenzen verändern. Auch die sogenannten „Abkündigungen" gehören dazu[38]. Selbst die „festeren" Stücke werden in der evangelischen Gottesdienstpraxis häufig mit einiger Freiheit gebraucht.

Wer nach Umfang und Grenze der gottesdienstlichen Kommunikationsmöglichkeiten fragt, muß sich also vor allem über den Sinn dieses Ineinandergreifens von verfestigten und freier zu gebrauchenden Stücken, von kirchlichen und persönlichen Elementen Klarheit verschaffen – über das Standardproblem also, das man in der evangelischen Gottesdienstdiskussion meist etwas vergröbernd als die Frage nach dem Verhältnis von Liturgie und Predigt bezeichnet.

Das Evangelium bezeugt die Erfahrung einer freien, umfassenden Zuwendung Gottes zum Menschen, der, in eigene und überkommene Verschuldung verstrickt, sein Geschöpf bleiben, ja es erst recht und aufs neue werden soll; es will solche Erfahrung aufs neue zu erfahren geben. Die Kommunikation dieses Evangeliums, die Vermittlung dieses Glaubens ist ein vielschichtiger Vorgang menschlicher Zuwendung, in der jene Zuwendung Gottes widergespiegelt, konkret werden und auch gefeiert werden will. Die gottesdienstliche Kommunikation soll dazu auf ihre, in der Regel hoch institutionalisierte Art und Weise mitwirken. Sie soll alte Glaubensverbundenheit erneuern und bestärken, das gegenwärtige Tun und Erleiden der Christen erhellen und sie zu neuen Hoffnungen ermutigen. Sie will die Zuwendung Gottes als das unveränderliche Urdatum des Glaubens feiern, ausdrücklich und dadurch eindrücklich werden lassen. In den gottesdienstlichen Formen, die sich verfestigen, hat sich alte Glaubenserfahrung mit jenem Urdatum, mit jener Zuwendung Gottes, zu nachvollziehbaren Gestalten verdichtet. Nicht nur, um sie festzuhalten und als Besitz zu verwalten, sondern um sie aufs neue erfahrbar zu machen. So, daß man neue Erfahrungen machen und die alten in ihnen wiedererkennen kann. Darum ist es dabei auch zu gänzlich geschlossenen Formen gekommen wie dem Herrengebet, der Taufe und dem Mahl. Darum liegen bewahrende Formteile vor in biblischen, wiederkehrenden Lesetexten; in der Gestalt von Gebetsteilen und Gebetswendungen und von Segensworten, die über die Partikularkirchen hinaus- und ins Ökumenische weisen. Darum bedurfte es aber immer auch offener, freier zu gestaltender, persönlich zu wagender Formen des Gebets, der Lieder, der Predigt vor allem, und der schlichten Mitteilungen, die das Gebetete und das Angesagte

38 Auch Abkündigungen werden bald rituell. Sie werden fast unvermeidlich in kurzer Zeit sozusagen in einem liturgischen Kleingärtnerformat standardisiert; ihre Halbfeierlichkeit wirkt oft besonders ermüdend.

mit dem Ergehen vor Ort verbinden. „Bandstiftend" wirken vor allem die fester gestalteten Formen, in denen sich alte Glaubenserfahrung ihren Ausdruck verschafft hat. Stünden sie allein, dann drohte Erstarrung, die kein Band mehr stiftet, sondern nur noch Gewohnheiten pflegt. Lösten sie sich völlig von ihnen, dann wäre kaum zu verhindern, daß der Gottesdienst seine Teilnehmer religiös und intellektuell überforderte, bloße Empfänger von neuen Informationen oder Appellen, unentwegt Lernende und Belehrte aus ihnen machte.

Die Gestalt des christlichen Gottesdienstes, die auf einem solchen Zusammenspiel fester und freierer Formen beruht, hat sich so – keineswegs immer im ausgewogenen Gleichgewicht – in der Geschichte der abendländischen Christenheit herausgebildet und selber an deren Geschichte mit-gebildet. Das Feste und deshalb sowohl Verläßliche wie Praktikable war über große Zeiträume hinweg weit in der Vorhand. Es gab genügend historische, praktische, aber auch theologische Gründe, die dafür sprachen, die Risiken freierer Formen klein zu halten. Auch nachdem sich im Umkreis der Reformation der Schwerpunkt stark auf die Predigt, vom strengen Ritual auf die freie Rede verlagert hatte, kam nicht etwa bloß die zu erwartende gegenläufige Gefährdung des Gottesdienstes an den Tag: die subjektivistische Entartung. Vielmehr konnte man jetzt auf eine unaufhebbare gemeinsame Schranke der Kommunikation des Glaubens im veranstalteten kirchlichen Gottesdienst nur umso deutlicher stoßen: auf das unüberwindliche Schwergewicht des Instituierten. Auf jene „Amtlichkeit", die dem kirchlichen Gottesdienst eignet, weil sie zwangsläufig und wesensnotwendig mit einer auf öffentliche Repräsentation ausgerichteten symbolischen Kommunikation verbunden ist.

Es träfe den Sachverhalt nicht genau genug, wenn man nur von der Einweg-Kommunikation spräche, die jedem amtlich veranstalteten Gottesdienst – ob Meßfeier oder Predigtgottesdienst – sein Gepräge gibt. Das Problem liegt weniger in der Balance der festen und freieren Formen als vielmehr darin, wieviel Partizipation zu solcher Kommunikation überhaupt gehören oder in ihr freigesetzt werden kann. Der „Amtlichkeit" dieser Gottesdienstform liegt – so oder so – das Gefälle zur autoritativen Versorgung sehr nahe, und das grundmenschliche Bedürfnis, sich von amtlicher, zumal religiöser Autorität versorgen zu lassen, kommt diesem Gefälle entgegen. Wenn einige Formen mehr Freiheit und die Predigten größeres Gewicht bekommen, dann wird dadurch *diese* Schranke der gottesdienstlichen Kommunikation noch nicht durchbrochen. Mit den Freiheiten nehmen stets auch die Risiken zu. Man kann ja gerade auch mit den freieren Formen und mit der Predigt in peinliche Nähe zur Manipulation oder zu Agitationen geraten. Religiöse Kultformen stehen dem Mißbrauch, dem Anheizen zweifelhafter Emotionen, der Fixierung von Vorurteilen, der Aufputschung von Fanatismen überall sehr weit offen. Es gibt auch eine Demagogie des öffentlichen Gebets.

Solange und wo immer die Stellung der Kirche es mit sich bringt, daß sich in ihrem Gottesdienst der kirchliche Glaube öffentlich darstellt, solange gehört eine gewisse Amtlichkeit, wie auch immer, zu seinem Charakter. Die jahrhundertelange öffentliche Autoritätsstellung der Kirche hat daran gewiß kräftig mitgearbeitet. Dennoch hängt dieser „amtliche" Charakter ihres Gottesdienstes nicht allein von seinem gesellschaftsöffentlichen Ansehen ab, sondern in seiner Ausprägung auch ganz schlicht mit der institutionellen Größenordnung und der Organisationsgestalt des ganzen Kirchenwesens zusammen; ja sie verweist zuinnerst auf tiefe theologische Wurzeln. Und mit dieser Amtlichkeit sind den Kommunikationsformen des Gottesdienstes Schranken auferlegt, die sich strukturell nicht beseitigen, sondern nur im Gebrauch, nur „geistlich" durchlässig machen lassen. Sie grenzen die Teilnahmemöglichkeiten der Mitbeteiligten ein. Sie müssen nicht, aber sie können den amtlichen Gottesdienst zu einer einsamen Amtssache machen. Sie erschweren es mit Sicherheit, in ihm und mit ihm gemeinsame Sache zu machen.

Damit aber wird es auch hier wieder zur entscheidenden Frage: wie nun mit den kommunikativen Möglichkeiten innerhalb der nicht aufzuhebenden Schranken umgegangen wird. Welchen Umgang, welches Verhalten der Glaube, der hier kommuniziert wird, das Evangelium, mit dem man da umgeht, bei den Beteiligten selber hervorruft und zuwegebringt. Das ist dann aber nicht mehr eine Frage des Gleichgewichts oder Übergewichts der festen und der freieren Formen.

Feste Rituale sind nicht schon von selber ein zureichendes Gegengewicht gegen subjektivistische Willkür in Gebet oder Predigt; wenn dort ein fanatischer Wille dominiert, dann verstärken die Rituale nur noch dessen Schubkraft. Die Formulierung der Predigt mag eine Frage der theologischen Verantwortung und der Selbstkontrolle sein. Die Endformulierung öffentlicher Gebete ist sicher vor allem eine Frage des christlichen und des sprachlichen Taktes; beides kann mehr oder weniger gut gelingen. Aber ob der Prediger seine Zuhörer, der Liturg die Mitfeiernden als seine Partner oder als seine Objekte behandelt, ist eine Frage, die sich in jedem Fall wieder neu stellt und an der sich sehr viel von der kommunikativen Atmosphäre beim Gebrauch der gottesdienstlichen Formen entscheidet. Wenn sie gut ist, kann man nach der einen oder der anderen Seite des Guten zuviel tun – man wird dann auf alle Fälle die strengeren Formen in ihrer Tragfähigkeit oder die freieren Formen in ihrer Beweglichkeit als hilfreich erleben.

Und hier vermehrt allerdings die Predigt nicht bloß die Gefahren des subjektivistischen Mißbrauchs oder der Agitation; hier kann sie zu einer großen Chance des Gottesdienstes werden. Es kommt dann nämlich sehr viel, ja fast alles darauf an, ob der Prediger seine theologischen Leitvorstellungen dialogisch einsetzt oder sie fast nur noch doxologisch versteht. Im einen Fall kann die Predigt brüderlich, im andern Fall kann sie starrer werden als alle Agenden.

Das hat nichts zu tun mit der erwünschten Klarheit und Gewißheit der

Predigt und der theologischen Zuversicht in der Verantwortung ihrer Aussagen. Die Predigt hat – in der Sache – stets assertorischen Charakter. Luthers Kernsatz gegen Erasmus gilt ohne Abstrich[39]. Was man als wahr und dem Glauben gemäß zu erkennen meint, soll man auch mit Gewißheit vertreten. Zur Frage steht aber die kommunikative Grundhaltung des Predigers. Nicht sein Gehabe. Es gibt eine beflissene Brüderlichkeit und Demut, die dies keineswegs ist. Es geht bei dem hier in Frage stehenden Habitus auch nicht um den persönlichen Charakter und die Geschicklichkeit, mit der einer sich gibt – da laufen wir alle in spürbaren Schranken. Es geht, viel sachlicher, darum, wie der Prediger seine Sache den Hörenden gegenüber vertritt. Das kann sich dann allerdings von der Predigt her dem ganzen Gottesdienst mitteilen. Dieser Habitus steuert vor allem die „analogen", die bandstiftenden Frequenzen zu den „digitalen" Bemühungen des Predigers bei. Ihn hat auch Paulus gemeint, als er den Christen in Korinth ihren selbständigen Glaubensstand zubilligte und sich nicht zum Herrn ihres Glaubens, sondern zum Gehilfen eines – im Licht des Letzten – erfreulichen Lebens in ihrer Mitte machen wollte[40].

Ob die Predigt erwartungsvoll der geistlichen Autorität Gottes bei den Hörenden Raum schafft und läßt oder ob sie die Zuhörer anspruchsvoll mit der Autorität des geistlichen Predigers konfrontiert: die Grenze ist hauchdünn, aber auch messerscharf. Es hängt viel davon ab, wie einer das „ubi et quando visum est Deo", die Generalklausel über dem Predigtamt aus dem Augsburger Glaubensbekenntnis praktiziert[41] – ob er einen Restvorbehalt besserer Belehrbarkeit zu erkennen gibt oder ganz in geborgten Gewißheiten aufgeht. Ob die Amtlichkeit dieser Gottesdienstform den Willen und die Verheißungen Gottes mit Ernst erfragen hilft oder als kirchliche Herrschaftsstruktur ausgenützt wird.

Die kommunikative Grundhaltung spielt bei jeder Kommunikation eine erhebliche Rolle. Im Gottesdienst wird sie besonders deutlich und dann auch besonders wirksam. Man kann mit ihr auch ziemlich viel „machen", manipulieren und heucheln. Sie besteht nicht nur aus dem guten Willen des Predigers und seinem persönlichen Charisma. Sie ist vielmehr das Ergebnis eines Wechselspiels vieler Faktoren, sieht selber nicht immer gleich aus und kommt auch keineswegs immer in gleicher Weise ins Spiel. Alles, was die Aussagen einer Predigt bestimmt, wirkt auch auf den Habitus ihres Predigers ein: das Sachthema seines Textes, der Einfluß des Kirchenjahrs und der Dogmatik, sein Verständnis der Gegenwart, der Großwetterlage; kasuelle, lokale Erlebnisse; die geistliche Erfahrung, die

39 „Tolle assertiones, et christianismum tulisti" Luther, De servo arbitrio 1525, W 18, 603.

40 2. K 1, 24.

41 Conf. Aug. Art. V: De ministerio ecclesiastico. Ut hanc fidem consequamur, institutum est ministerium docendi evangelii et porrigendi sacramenta. Nam per verbum et sacramenta tamquam per instrumenta donatur spiritus sanctus, qui fidem efficit, ubi et quando visum est Deo, in his, qui audiunt evangelium.

Urteils- und Sprachfähigkeit, überkommene oder erworbene Frömmigkeitsbindungen, Imponderabilien aus den Tageserlebnissen und den persönlichen Beziehungen. Das alles wirkt mit bei dem, was der Prediger sagt, wie er es sagt und wie es ankommt. Und das alles läuft im Gottesdienst nicht bloß mit, sondern stellt sich im Habitus seines Leiters und im Echo der Partner ausdrucksvoll dar. Denn zur Kommunikation des Evangeliums, die dort stattfinden und sich zugleich darstellen soll, gehört der kommunikative Habitus der Beteiligten immer mit hinzu.

Die gottesdienstliche Kommunikation hat stets einen „emphatischen“ Einschlag. Man kann dem, und der sich oft daran anhängenden falschen Feierlichkeit und dem geistlichen Pathos, entgegenwirken und den „Gottesdienst menschlich“ machen wollen[42]. Seine völlige Veralltäglichung käme auf seine Selbstauflösung hinaus. Und jene „Emphase“, jene Absichtlichkeit und jener Nachdruck kann den kommunikativen Habitus allerdings kräftig beeinträchtigen. Sie kann zur Manier werden. Wo immer die Eindringlichkeit zum Programm wird, da wird die Echtheit zu ihrem Problem. Wer nicht ein hohes Maß von Identifizierungsbereitschaft schon von vornherein mitbringt, oder wer nicht in einer Situation ist, in der er unabweisbar danach verlangt, der wird sich einer emphatischen religiösen Expressivität lieber entziehen als sie aufsuchen wollen[43]. Dialogische Sachlichkeit und brüderliche Mitbetroffenheit können zum Echtheitskriterium für den Habitus, feste Formen und deren unpathetischer Gebrauch zu einer Hilfe für diesen werden.

Der Glaube lebt von der Erfahrung. Das gibt der Kommunikation des Glaubens ein rezeptives Grundgefälle. Die gottesdienstliche Kommunikation stellt es dar. Sowohl ihre „Amtlichkeit“ wie die ihr vorgegebenen „festen“ Formen erinnern daran. Erfahrungen kommen vom Widerfahrenden her. Überlegene Andersartigkeit wird erfahren: das ist die Quintessenz religiöser Erfahrung, in der die Erfahrung von „Macht“ und von „Heiligkeit“ sich mit einander verschlingen. Wahrscheinlich ist religiöse Erfahrung der Inbegriff qualifizierter Erfahrung schlechthin. Religion ist eine gewisse Empfänglichkeit für andersartige, übermächtige, vieldeutige, heimlich-un-

42 Vgl. F. K. Barth/G. Grenz/P. Horst: „Gottesdienst menschlich“ Kap. 4, Anm. 20

43 Nicht wenige bleiben vermutlich dem Gottesdienst fern, weil sie nach einer veranstalteten Selbstdarstellung religiöser Ausdrücklichkeit ohne Not kein Bedürfnis empfinden. Andere lassen sich davon besonders gern mitreißen und beeindrucken. In Evangelisationsveranstaltungen beispielsweise, die von den festen Formen und gewohnheitsmäßigen Begleiterscheinungen des Sonntagsgottesdienstes entlastet sind, an ungewöhnlichem Ort und für befristete Zeit stattfinden, können die Veranstalter ihre religiöse Expressivität viel uneingeschränkter zur Darstellung bringen. In ihr konzentriert sich dort alles, was sonst an Erwartungen vom sakralen Rahmen des Gottesdiensts aufgefangen wird. In ritualisierter Zwanglosigkeit wird ein verbales Zeremoniell oft ganz meisterlich zelebriert. Das Argumentationspotential ist kognitiv manchmal dürftig, aber dafür affektiv umso stärker. Eine Studierstube für analoge Kommunikation, trotz der Fülle von Worten. Bandstiftend wird mehr für die Gläubigkeit der Glaubenden als für ihre Selbständigkeit geleistet.

heimliche Lebenserfahrungen, die sich besonders in den Grenz- und Schwellenerlebnissen konzentrieren. Religiöser Kult ist das Bemühen, diese Empfänglichkeit zu pflegen. Man setzt sich von neuem dem aus, was einst widerfuhr, um es neu zu erfahren. Religiöse Aktivitäten sind deshalb immer hervorgerufene Aktivitäten – sie haben eine Neigung zur „Passivität" in sich. Man hofft, von der Macht erfaßt, von der Übermacht hingerissen oder von der – leiseren – Gnade ergriffen zu werden.

Der Glaube läßt sich im Christenleben auf vielerlei Weise erfahren. Das Evangelium und der Glaube haben sich schon seit langem ins Alltägliche eingebracht und darin ihr Echo gefunden. Er kommt in Begegnungen, Gedanken, Gesprächen, geistigen und geistlichen Einflüssen mittelbar oder unmittelbar zu Gehör und zur Erfahrung. Die kirchlichen Lebensäußerungen sind daran beteiligt, ursächlich und aktuell: sie suchen ihn zu artikulieren und sind um seine Echtheit bemüht. Dabei liegen Darstellung und Entstellung immer sehr nahe beisammen. Die Gottesdienste der Kirchen spielen dabei eine wichtige Rolle. In ihnen stellt sich dar, wie der Glaube und was als Evangelium erfahren werden soll. Als Kern aber schält sich hier wie in allen sonstigen Lebenserfahrungen stets jenes Grundgefälle heraus: daß der Glaube vom Hören und die Frömmigkeit vom Empfangenen lebt. Es kommt dann, schlicht gesagt, zuletzt überall darauf hinaus, daß man das Wort, die Taufe, das Brot und den Wein empfängt. Und die dafür angemessene, die hier zuletzt einzig einschlägige menschliche Aktivität ist dann jene, bei der der Mensch ganz auf Empfang geht: das Gebet.

Und gerade mit dem Gebet, in dem alle menschliche Aktivität zur Ruhe kommt, überschreitet der veranstaltete Gottesdienst zugleich die Grenze zum täglichen Leben. Was veranstaltet wird, wird auch wieder beendet. Die simpelste Schranke der gottesdienstlichen Kommunikation ist zugleich ihre nachhaltigste Begrenzung: er ist punktuell, eine Unterbrechung des täglichen, tätigen Lebens – und gerade dies, nur dies soll er nicht bleiben. Das einzige aber, was die besondere Feier mit dem gewöhnlichen Leben, den kleinen mit dem großen, den begrenzten mit dem unbegrenzten, den „scheinbaren" mit dem „unscheinbaren" Gottesdienst sichtbar verbindet, ist das Gebet. Es ist gewissermaßen die Probe aufs Exempel, der Testfall für den Ernstfall. In ihm kommt zum Vorschein, wie weit dem Gottesdienst eine bandstiftende Kommunikation der Glaubenden mit dem, zu dem sie dort beten, den sie bezeugen und bekennen, gelungen ist.

Man kann an das Gebet aller Gebete, an das Herrengebet denken. Durch seinen umfassenden Inhalt macht es im „kleinen", veranstalteten Gottesdienst den großen, gelebten Gottesdienst des Glaubens gegenwärtig: den universalen Horizont, in dem das Evangelium immer kommuniziert werden will und wird. In seiner prägnanten Form, als Ritus, der überall Raum hat, kann das Herrengebet auch, wo immer es laut wird, überall den kleinen, den veranstalteten, den besonderen und ausdrücklichen Gottesdienst gegenwärtig machen: im Sterbezimmer so gut wie am Morgen eines Geburtstags, wo immer einer, zwei oder dreie vom Leben ergriffen werden oder vor seinen Rätseln, vor ihren Verfehlungen, vor dem Sterbenmüssen erschrecken.

Es mag Gottesdienste in der Christenheit geben, in denen sich etwas von einer zugleich ganz offenen und ganz gesammelten Gemeinschaft verwirklichen kann. Gottesdienste, in denen bis in die Formen hinein eine Ahnung von so etwas wie einem herrschaftsfreieren Umgang der Menschen mit einander spürbar wird. In der abendländischen Christenheit gewiß eine große Ausnahmeerscheinung. In ihr sind im wesentlichen zwei repräsentative Grundmodelle zum Vorschein gekommen. Im einen stellt sich ein in sich geschlossener Gottesdienstvollzug lapidar, selbstbewußt und öffentlich dar, als ebenso offizielles wie offenes Angebot des gefeierten Heils, das bis zum Empfangen führt und dort dann auch fast abrupt endet. Man sieht es klassisch immer wieder in der römischen Messe verwirklicht. Eine grandiose, bei aller dekorativen Ausbaufähigkeit von der Stillmesse bis zum Pontifikalamt eine konzentrierte, man könnte auch sagen eine „restringierte" Selbstdarstellung des rezeptiven Grundgefälles des Glaubens im feierlichen Rahmen einer gottesdienstlichen Handlung, auf empfangendes Mitfeiern ausgerichtet. Im Abendland ist dieses Modell zu der „großkirchlichen" Gottesdienstvorstellung schlechthin geworden.

Daneben steht ein variableres Grundmodell. Es ist gleichfalls beherrscht vom vorgegebenen, unumkehrbaren rezeptiven Grundgefälle und ganz auf empfangendes Hören eingestellt. Zugleich aber scheint es im ständigen Versuch begriffen, die wechselseitigen Kommunikationsmöglichkeiten zu erweitern, auf dem Weg vom Angebot zum Empfang zu stärkerem, gemeinschaftlichem Austausch zu kommen, die Schwelle zwischen dem veranstalteten und dem gelebten Gottesdienst niedriger, ihre Verzahnung konkreter und den Übergang leichter zu machen. Wenn man so will, ein Veranstaltungstyp, der sich dauernd mit der Veranstaltungsschranke auseinandersetzt, sich nicht mit ihr abfinden und am liebsten aus ihr eine Tür machen will. Eine Veranstaltung, die sozusagen über sich selber hinaus führen will und sich dadurch immer wieder selber problematisiert: wie notwendig kann sie sein, wenn sie sich gleichzeitig selber entbehrlich zu machen bestrebt ist? Ein Modell, das zwar durchaus auch „großkirchlich" ausgeformt worden ist, aber insgeheim doch mehr oder weniger stark zu einer intimeren Weise der Glaubensgemeinschaft und Glaubenserfahrung hindrängt. Was da zum Empfang angeboten wird, ist ebenso wie die Weisen des Empfangens differenzierter auszuarbeiten, tendiert, wenn man so sagen will, auf eine „elaborierte" Weise des Gottesdienstes hin.

Die Unterschiede in Ansatz und Intention sind gewiß erheblich. Man kann vom tendenziellen Überwiegen der analogen Kommunikationsmodi da, der digitalen dort reden. Die Meßfeier ist in sich rituell streng geschlossen und scheint zugleich nach außen hin schier unbegrenzt teilnahmeoffen und integrationsfähig zu sein: die Teilnahmezumutungen sind im Grund minimal. Der Predigtgottesdienst ist nach innen zwar sehr viel offener und gewagter, doch muß dies zwar nicht, kann aber sehr wohl nach außen hin umso abgeschlossener wirken: die Teilnahmezumutungen sind hier erheblich.

Beide Gottesdiensttypen bringen das unumkehrbare rezeptive Grundgefälle zum Ausdruck. Beide müssen sich in die Schranken der gottesdienstlichen Veranstaltung schicken, die den Glauben nur unter den Bedingungen institutioneller Allgemeinheit und zeitlicher Begrenztheit darstellen und erfahrbar machen kann.

6.3.4 Restringierter und elaborierter Code

Bei Symbolisierungen geht es um menschliche Äußerungen. Menschen geben wieder, was sie erlebt und erfahren haben; mit Ausdrucksmitteln, die dem Erfahrenen und ihrer Erlebnisweise entsprechen, sodaß sie etwas vom erlebten Sinn wiedererlebbar machen. Was als präsentative Symbolik erscheint, ist an einer allgemeinen und umfassenden Ausdrücklichkeit interessiert. Was in diskursive Symbolik umgesetzt wird, nimmt auf speziellere, genauere, ins Einzelne gehende Verständlichkeit Bedacht.

Wer Kommunikationsvorgänge untersucht, fragt, wie Beziehungen hergestellt und erhalten werden; wie es zu welchen Beziehungen kommt und bei diesen dann auch bleibt[44]. Es kann auf analogem Weg dazu kommen, durch einen Gesamteindruck, der dazu führt, daß man sich auf einen Sachverhalt und auf die, die diesen vertreten, einstellt, sich damit verbinden läßt. Es ist eine Art Ganzwort-Methode, sowohl wenn man die Erfahrungen macht wie wenn man sie weitervermittelt. Es kann auch auf digitalem Wege geschehen, durch Einzelfeststellungen, aus denen dann die Sachen zusammengesetzt werden. Ungefähr so, wie man aus Buchstaben ein Wort oder aus Wörtern einen Satz zusammensetzt. Man läßt da nicht das Widerfahrende seinen Logos selber erzählen, sondern zählt, was man erfährt, sozusagen zusammen und gibt es auch so, in den zusammensetzbaren Teilen weiter.

Mit einem etwas anders gelagerten Vergleich gesagt: wo man es mit Symbolik gleich welcher Art zu tun hat, da liegen Sachverhalte wie „Texte" vor und wollen aus ihrer Sprache heraus übersetzt und in ihren Gehalten erfaßt werden – man „exponiert" sie so, wie sie sich exponieren. Wo man mit Kommunikation zu tun hat, gleich auf welche Weise, da wollen vorliegende Sachverhalte zu entsprechenden „Texten" gemacht werden, in eine ihnen entsprechende Ausdrucks- oder Begriffssprache gebracht und so auch weitervermittelt, „hin-übersetzt" werden.

Kommunikationsvorgänge sind aber natürlich nicht bloße Text-Übertragungen, sondern komplexe Übermittlungsvorgänge. Sie haben eine beträchtliche Bandbreite. Es läuft immer viel anderes in und neben dem Ausgesprochenen mit. Zur weitergegebenen Information gehört auch das

44 Das lateinische Wort com-munio bedeutet nicht Vereinigung, sondern gemeinsamen Besitz, gemeinsame Sorge – R. Berger, Kleines liturgisches Wörterbuch, Freiburg 1969. Vgl. auch die Lexika.

Ausdrucksverhalten. Bei digitaler Kommunikation wird man alles wenn nicht auf der verbalen Ebene vor sich gehen lassen, so doch von dieser aus zu dirigieren und zu verantworten haben. Bei analogen Kommunikationsvorgängen sucht man vor allem das Ausdrucksverhalten sprechend, ansprechend zu machen. Vielleicht kann man es an einem Beispiel etwas verdeutlichen: ein gesprochenes Bibelwort ist eine Mitteilung, die man sich anhören kann. Wird derselbe Satz „kantilliert", im Sprechgesang mitgeteilt, dann wird etwas andres daraus: er bringt eine andere kommunikative Potenz mit ins Spiel, einen anderen Kontext; er bezieht in einen Lebensraum ein, in dem auf die gesungene Antwort, die Responsion gewartet wird oder in dem diese, auch wenn sie ungesprochen oder ungesungen bleibt, irgendwie mit zugegen ist. Die kognitive Seite ist dabei nicht aufgehoben, aber relativiert; sie ist von der ausdrucksstarken Erwartung und Ermöglichung einer Beziehung überlagert. Der stimmungsmäßige Gemeinschaftswert übertrifft den informativen Mitteilungswert erheblich[45].

Wenn man zwischen einem restringierten und einem elaborierten Code unterscheidet, hat man es zweifellos gleichfalls mit den jetzt angesprochenen Ausdrucks- und Kommunikationsdimensionen zu tun. Doch liegt der Schwerpunkt dabei ganz auf den sprachlichen Verständigungsmitteln, und der Blick richtet sich dabei hauptsächlich auf die Adressaten. Auf den Verständigungsraum, in dem die Partner ein Einvernehmen herstellen oder in den die Adressaten einbezogen werden sollen. Es geht darum, mit welchen sprachlichen Mitteln man sich mit wem über was verständigen kann. Zu den sprachlichen Mitteln muß man allerdings immer das ganze Sprachverhalten und seine Bedingungen einschließlich der Körpersprache rechnen. Wenn man im Blick auf die gottesdienstliche Kommunikation vom Bedenken der symbolischen Ausdrücklichkeit über die Untersuchung der Kommunikationsmodi zur Frage nach der angemessenen Codierung kommt, dann ist das ein Durchgang durch drei sich verengende Fragehorizonte. Man kommt dabei auch immer konkreter an die Fragen nach der angemessenen Gestaltung der gottesdienstlichen Ausdrucksformen heran.

Bei der Frage der Codierung geht es um ein Sprachverhalten, das einem konkreten Empfängerkreis Rechnung trägt. Man kann sich da völlig auf einen gängigen, gebräuchlichen, weithin verfestigten, geschlossenen, gruppengeprägten und deshalb auch gruppenbeschränkten Index von Worten und Gesten verwiesen sehen. Oder man kann zu einem überraschenden, veränderlichen, ziemlich offenen, immer wieder neu zu gewinnenden, persönlich gehaltenen Sprachverhalten und Wortgebrauch herausgefordert werden. Im einen Fall wäre ein restringierter, im andern ein elaborierter Code nötig. Damit steht nicht der Unterschied zwischen

45 Musizierte Bach-Arien erleichtern es glücklicherweise sehr, gesungene Choräle machen es immerhin möglich, vom Nachvollzug aller einzelnen Wendungen ihrer Wortvorlagen zu abstrahieren. Ihre „symbolische" Dimension greift weit über die sprachlichen Informationen hinaus.

einer allgemeinverständlichen einfachen Sprache hier und einer Fachsprache oder einer literarisch und wissenschaftlich geprägten Gebildetensprache dort zur Debatte. Ein Fach-Jargon ist nur eine etwas anspruchsvollere Variante des restringierten Codes. Es ist eher der Unterschied zwischen Gruppensprache und Publikumssprache. Das heißt, es geht dabei um das grundsätzliche Problem, wie sich die Zugehörigkeit zu einem durch seine soziale Herkunft oder durch eine bestimmte Situation definierten Personenkreis auf den Verständnisrahmen, mit dem man dort rechnen kann, und auf die sprachlichen und sachlichen Mitteilungen, die man dort machen kann, auswirkt[46].

Im traditionellen christlichen Gottesdienst kennt man das „Ordinarium", das aus festen Stücken besteht, und das „Proprium" mit seinen mehr oder weniger beweglichen Teilen. Alles, was zum liturgischen Gerüst des Gottesdienstes gehört, liegt in seiner Grundrichtung, in den ihm zugedachten Funktionen fest. Darunter sind Stücke, die völlig oder weithin auch im Wortlaut festgeschrieben erscheinen: Gruß und Segen, Kyrie und Gloria, Vaterunser, Credo und Einsetzungsworte. Aber auch die wechselnden Stücke sind weder völlig beliebig noch überraschend, sondern werden von der Gesamtorientierung bestimmt. Sie wiederholen sich in unterschiedlich langen oder kurzen Abständen, längstens im Kirchenjahr oder im dreijährigen Perikopenturnus: Lieder, biblische Lesungen, Predigttexte, Gebete. Vor allem aber „ähneln" sie sich: niemand kann sich, selbst in einer neu und aus dem Augenblick gestalteten Predigt den vorliegenden Sprachmustern, den geschriebenen und den ungeschriebenen Vorlagen, die der

46 Dazu s. o. Kap. 2, in und bei Anm. 38, 50–52. Vgl. außerdem von B. Bernstein Sprache, symbolisches Verhalten und soziale Schichtung, in: Kommunikation, hrsg. v. O. W. Haseloff, Berlin 1969, S. 108–117, bes. S. 113: „Wir könnten eingeengte Codes als Status- oder Positions-Codes ansehen, während ausgebaute Codes an Personen orientiert sind. Bei einem ausgebauten Code ist die Orientierung auf den verbalen Kanal gerichtet, denn nur dieser übermittelt das Durchdenken der Absichten des Sprechers. Bei einem eingeengten Code sind es dagegen mehr oder weniger außersprachliche Kanäle, die zum Gegenstand spezieller Wahrnehmung werden. Aber – und das ist wichtig – die Benutzung eines eingeengten Codes erfolgt keineswegs auf nichtverbaler Ebene, sondern die Sprache ist von anderer Art als die eines ausgebauten Codes. Während ein ausgebauter Code Möglichkeiten zur Übermittlung individueller Symbole bereitstellt, schafft ein eingeengter Code Übermittlungsmöglichkeiten für gemeinsame Symbole . . . Hierzu müssen wir zwei grundlegende Klassen von Bedeutungen unterscheiden; eine steht für inter- und intrapersonelle Beziehungen, die andere für Beziehungen zwischen Objekten. Wir unterscheiden also Personenbedeutungen und Objektbedeutungen. Ein Rollensystem, das den Umfang alternativer Möglichkeiten zur Realisierung verbaler Bedeutungen einschränkt, nennen wir ein geschlossenes System. Je eingeschränkter der Umfang alternativer Möglichkeiten, je kollektiver die verbalen Bedeutungen, je niedriger deren Rang und je starrer ihre syntaktische und lexikalische Auswahl, desto stärker eingeengt ist der Code. Demgegenüber bezeichnen wir ein Rollensystem als offen, wenn es eine große Breite alternativer Möglichkeiten zuläßt. Entsprechend ist ein Code umso stärker ausgebaut, je zahlreicher die vom System zugelassenen Alternativen, je individueller die verbalen Bedeutungen sind, je differenzierter und flexibler die syntaktische und lexikalische Auswahl ist".

Gebrauch geschaffen hat, völlig entziehen. Sie gehören zum gemeinsamen Erwartungs- und Verständigungsbestand der Beteiligten. Überkommene Formen und darstellende Individualitäten begrenzen sich gegenseitig. Auch die Situationen, die erheblich wechseln und zufällig geprägt sind, sind dennoch selten ganz neu und großenteils typisch. Das ist ein ganz normaler, unvermeidlicher Tatbestand. Selbst wo man sich vom traditionellen Gerüst freizumachen versucht, stellt sich bei mehrfacher Wiederholung ein latentes Ordinarium ein. Abwechslung macht zwar Vergnügen, aber wo man sie zum Prinzip macht, werden die Partner verwirrt – je nach Bildungsschicht und persönlicher Mentalität teils früher, teils etwas später. Nur das völlig Einmalige braucht kein Ordinarium. Wo man auf Kontinuität nicht verzichten kann, drückt sich diese in wiedererkennbaren Grundformen aus.

Das Bedürfnis nach Kontinuität, nach Gemeinsamkeit und Zusammenhang ist mit dem Gottesdienst gegeben: es ist seine kommunikative Elementarfunktion, Beziehungen und Bindungen her- oder wiederherzustellen, zu erhalten und zu pflegen.

Man wird die festen Stücke des Gottesdienstes und die bleibende Funktion und Intention, die sie im ganzen haben und ausdrücken, als den restringierten Code betrachten müssen, der dort unter den Eingeweihten, den darin irgendwie ganz oder noch Einheimischen das vorgegebene und erwartete Einvernehmen ausdrückt und reaktiviert. Man wird wissen und damit rechnen müssen, daß auch die abwechselnden Stücke der Tendenz nach zum restringierten Code gehören und je länger desto mehr als Bestandteile der gottesdienstlichen Binnensprache empfunden werden. Man wird auch nicht übersehen können, daß selbst die ganz freien Bestandteile eines Gottesdienstes sowohl bei zunehmendem institutionellem Alter des Gesamtrituals wie vor allem bei zunehmender Gewöhnung der Partner daran einem Trend zur Restriktion, zur zunehmenden Binnensprachlichkeit unterliegen. Freilich halten sie auch ein Stück weit die ihnen zugedachte Hauptfunktion durch und wirken teils als belebendes, teils als aufschließendes, die Kommunikation öffnendes Element. Auch sie beeinflussen dann das Ganze und haben Rückwirkungen auf die kommunikative Funktion der rituell festliegenden Stücke.

In dem Maß, in dem ungewohnte Varianten in das Gerüst der festen Stücke eindringen oder gar diese teilweise ersetzen, verändert sich auch deren kommunikative Leistung: sie reaktivieren dann nicht mehr automatisch die schon bestehenden Bindungen; sie machen sie vielmehr bewußt. Sie wollen sie festigen und verfeinern – und problematisieren sie damit zugleich. Aus der selbstverständlich fortwirkenden Bindung wird so etwas wie eine Aufklärung über diese.

Die Kommunikation im elaborierten Code funktioniert anders als die restringierte. Die Predigt stellt der Idee nach fast in Reinkultur eine Kommunikationsbemühung im elaborierten Code dar. Sie argumentiert und differenziert sowohl hinsichtlich der Mitteilungen, die sie macht, wie auch hinsichtlich ihrer Adressaten. Aber sie wirkt in Wirklichkeit keineswegs *nur* erklärend und aufklärend, in der Weise der digitalen Kommunikation. Sie ist ein Stück einer festen symbolischen Ordnung, eines Gesamtrituals, und wird mit der Zeit immer stärker als solches empfunden.

Über ihren subjektiven Möglichkeiten, die ja oft in erstaunlichem Umfang wahrgenommen werden können, vergißt man zu leicht, wie sehr auch der freieste Redevollzug in diesem Rahmen auf die vertrauten Symbole angewiesen und durch die dort herrschenden überindividuellen Sprachmuster und Sprechweisen mitbestimmt ist. Der Predigtvollzug verstärkt dann schon einfach als solcher alles, was sonst auf den Wegen analoger Kommunikation im Gottesdienst vor sich geht. Gleichviel was sie kognitiv übermitteln kann – durch eine befriedigende Predigt wird im protestantischen Gottesdienst immer auch, meist unbemerkt, das latente konfessionelle Protestantenbewußtsein befriedigt.

Freilich bleibt die Predigt ein Kommunikationsinstrument mit erheblichen Risiken. Was sie „elaboriert", kann manchen Hörern zur Verarbeitung von Schwierigkeiten mit dem Glauben, mit der Überlieferung, mit dem Leben helfen – vor allem zur Überwindung der Schwierigkeiten, die ihnen die Diskrepanzen zwischen dem Glauben, der ihnen überliefert ist, und dem Leben, dem sie sich ausgeliefert sehen, bereiten. Sie kann aber auch ein bloßes, mühsames „Elaborat" bleiben; ein fast rituelles Nachsprechen binnenkirchlicher Wendungen über das, was man glaubt, daß man es glaube. Oder sie kann auf eine Sammlung willkürlicher Eklektizismen aus Tradition, Zeit und Leben hinauskommen.

Codes sind Systeme sprachlicher Selektion und kommunikativer Organisation, die an den Verständnismöglichkeiten und den Verständigungsbedürfnissen der Kommunikationspartner und an den Bedingungen ihrer besonderen Situation orientiert sind. Wenn der Gottesdienst durch gleichbleibende, feststehende Elemente überwiegend bestimmt wird, dann bezieht sich in ihm fast alles sozusagen auf die gleichbleibende Situation, die er selbst herstellt. Er kann dann – zunächst – als ein fast zeitloses Vorhaben erscheinen; als ein geschlossenes Rollensystem mit genormter Gestalt, begrenztem Wortschatz und gleichbleibender Syntax. Fast alle Verhaltensweisen und Äußerungen sind in ihm vorhersehbar und vorhersagbar[47]. Die zeitlose kultische Situation, die er herstellt, überlagert die

47 Sehr anschaulich ist auch der Abschnitt aaO S. 112: „Ein eingeengter Code entsteht da, wo die Form sozialer Beziehungen auf Identifikationen beruht, die von nur wenigen geteilt werden, wo gemeinsame weitgesteckte Erwartungen und gemeinsame Auffassungen herrschen. Ein eingeengter Code tritt dort auf, wo eine Kultur, oder eine Subkultur das „Wir" über das „Ich" erhebt. Derartige Codes entstehen sowohl zur Steuerung wie zur Übermittlung der Kultur, und zwar vor allem in besonderen Gruppensituationen, wie im Gefängnis, in der Altersgruppe Heranwachsender, in der Armee, unter langjährigen Freunden und zwischen Eheleuten. Die Verwendung eines eingeengten Codes erzeugt soziale Solidarität auf Kosten der verbalen Gestaltung individueller Erfahrungen. Die Kommunikationsform verstärkt eher die Art der sozialen Beziehungen, als daß sie eine Sprache

historische Situation, in der er sich darstellt. Änderungen sind fast nur im Zeitlupentempo, im Zeittakt von ganzen Epochen denkbar.

Es kann sich auf diese Weise ein Gottesdienst von eindrucksvoller Objektivität und in sich selbst ruhender Kraft ergeben. Eine Feierform, weithin unabhängig von den Situationen, die ihn umgeben, geschützt gegen subjektive und individuelle Willkür und auch gegen Identitätsprobleme und -krisen im Zeitenwandel. Ein Gottesdienst von sehr umfassender kommunikativer Potenz; der ideale Typ für eine ecclesia catholica universalis.

Und doch enthält dieses universal angelegte Instrument zugleich einen gegenläufigen, exklusiven Grundzug: die kultische Aussonderung, die ihn nach überallhin transportabel macht, bleibt gleichzeitig das Wesen dieses Gottesdienstes. Alles trägt da seinen Grund und seinen Zweck in sich selbst: hier und so wird Gott gedient. Das aber heißt zwangsläufig: nur hier, in diesem besonderen Bereich, und nur so, auf diesem Boden, auf dem man seine Schuhe auszieht, ist heiliges Land. Man muß dann zu denen gehören, denen das hier praktizierte Zeichensystem mit seinen tragenden Überlieferungen etwas sagt, die sich auf Grund angeborener oder anerzogener Haltung, persönlicher Neigung und Einsicht oder kollektiver Rücksicht damit irgendwie identifizieren können.

Keine Gemeinschaft kann sich der selbstverständlichen Nötigung entziehen, Abgrenzungen vorzunehmen. Wenn der Gottesdienst für eine Gemeinschaft konstitutive Bedeutung hat, dann macht sich die Abgrenzung der Gemeinschaft automatisch an der Teilnahme oder Nichtteilnahme am Gottesdienst fest und diese zu einem Abgrenzungsakt von religiöser Qualität. Natürlich kann der Rückzug in die Zeitlosigkeit dieses „heiligen Landes" nicht völlig gelingen. Die Geschichte gibt niemanden frei; das Geschick, das sie schmiedet, verbindet alle, die es erfahren. Es wird dann fast immer ein Rückzug in die Vergangenheit daraus. Der christliche Gottesdienst bleibt dieser Gefahr besonders stark ausgesetzt, weil sein „heiliges Land" in der Tat in der Vergangenheit liegt, eine Geschichte ist, der man dort zu gedenken hat.

Man muß sich hier aber vor vereinfachenden Alternativen hüten. Daß sich eine Glaubensgemeinschaft ausgrenzt, ist normal und unvermeidlich. Daß ihr Gottesdienst in seinen Vollzügen in sich selbst ruht und selbstzweck-

notwendig erscheinen läßt, die den jeweils treffendsten Ausdruck für die Absichten des Sprechers bereitstellt. Eingeengte Codes lassen kein verbal differenziertes Ich erstehen. Wenn wir an die kommunikativen Muster unter lange Verheirateten denken, erkennen wir, daß die Bedeutungen nicht ganz eindeutig ausgedrückt werden müssen. Eine leichte Veränderung des Tonfalles, eine Anspannung oder eine kleine Geste kann komplexe Bedeutungen übermitteln. Die Kommunikation vollzieht sich vor dem Hintergrund enger gemeinsamer Identifikationen und affektiven Einvernehmens. Damit wird die Durchgestaltung verbaler Bedeutungen und logischer Vollzüge in der Sprache überflüssig. Die Orientierung innerhalb solcher Beziehungen erfolgt tatsächlich weniger über sprachliche als über außersprachliche Kanäle, und diese außersprachlichen Kanäle können auch benutzt werden, um Absichten, Meinungen und Bewertungen zu übermitteln".

lich ist, gehört zum Wesen jeder starken Religion. Es geht in ihm darum, Gott zu dienen und nicht darum, diese Veranstaltung durch etwas, was sie zugleich für andere Zwecke leistet, auszuweisen. Genau so normal und unvermeidlich ist auch der Drang jeder starken Religion, das Leben mitzugestalten; nicht bloß bei feierlichen Anlässen, sondern alltäglich. Der entscheidende Punkt ist immer die eine Frage, ob der – selbstzweckliche – Gottesdienst selbstgenügsam wird, sich als eine, als die entscheidende, die grenzziehende Leistung der Frömmigkeit betrachtet und gerechtfertigt sieht, und nicht mehr durch das, was er *für* die Frömmigkeit leistet. In der Christenheit hat sich aus guten Gründen und mit institutioneller Notwendigkeit nicht etwa eine Alternative zwischen der gottesdienstlichen Veranstaltung und dem werktäglichen Gottesdienst des Glaubensgehorsams, dem Gottesdienst im Alltag der Welt ergeben, sondern ein unumkehrbares Gefälle vom einen zum andern. Es besteht im Christentum von seinen Ursprüngen her eine klare Priorität des sich ins Leben wagenden und einmischenden Glaubens vor dem sich im Gottesdienst feiernd selbst darstellenden Glauben. Diese eindeutige sachliche, finale Priorität besteht spannungsvoll zusammen mit der ebenso eindeutigen zeitlichen und kausalen Priorität des hörenden Glaubens. Die veranstaltete Feier des Glaubens ist dem Gottesdienst des gelebten Glaubens zugeordnet und in diesen hineingestellt. Sie trägt ihren geistlichen Rang in sich selber und ist kein bloßes Mittel zum Zweck, wird auch nicht an ihrem erweislichen Nutzen gemessen. Aber gerade was ihr den geistlichen Rang gibt und was sie feiernd begeht, weist die Feiernden weiter und über sich selber hinaus. Es geht, schlicht gesagt, um die Bewegung, die vom hörenden Feiern zum Tun und vom Tun ins feiernde Hören verläuft.

Denn der christliche Gottesdienst will nicht das Leben und seine Unerschöpflichkeit verklären oder die guten Ordnungen der Welt und deren Sinntiefe garantieren. Er will das Geschehen feiern, dem sich der christliche Glaube verdankt, und sein Gedächtnis lebendig erhalten. Das Geschehen, das sich im Weg und Werk Jesu Christi erschließt: eine Zuwendung Gottes, die der zerrissenen Menschheit und ihrem vom Bösen unheimlich bedrohten Leben heilsame Hilfe verheißt und vermittelt. Wovon und wofür der glaubende Christ lebt, das soll er auch verdanken und feiern. Diese Zuwendung Gottes will sich widerspiegeln in den Vollzugsweisen des Gottesdienstes und sich dann weiterspiegeln in den Umgangsweisen der Glaubenden mit ihren Nächsten und mit ihrer Umwelt. Die Unbegreiflichkeiten des Lebens werden da nicht beseitigt, Welt und Gesellschaft nicht in einem unbedrohten Zustand wiederhergestellt. Wohl aber wird darin Sinn erschlossen, wird guten Ordnungen Vorschub geleistet, wird Leben befreit und neuen, noch unausgeschöpften Möglichkeiten entgegengebracht. Es wird da Menschen angesonnen und zugemutet, es im Widerstreit vieler Wünsche und im Zwiespalt unzureichender Kräfte auf den hier verheißenen und besiegelten Sinn zu wagen; unter der Hülle und dem Siegel des Kreuzes, auf jene Zuwendung Gottes hin, die im Leben und Sterben Jesu verkörpert ist und ihm den Namen des Heilbringers gab.

Der Gottesdienst verschafft als Feierstatt ihres Glaubens den Glaubenden Ruhe, in der sie diese Zuwendung Gottes zum Leben aller Menschen bedenken und feiernd begehen. Er wird zur Quelle der Unruhe, er wird zu ihrem Verkläger, wenn sie dort nur noch nach Ruhe verlangen, statt sich auch ihrerseits mit leidenschaftlicher Hoffnung dem Gottesdienst in der Lebenswerkstatt des Glaubens, dem Zeitgeschick und den darunter leidenden Menschen zuzuwenden.

Dieses unumkehrbare Gefälle, diese sachliche Priorität des sich dem Leben zuwendenden und dort einmischenden vor dem sich darstellenden Glauben prägt sich in alledem aus, was sich ansatzweise an Gottesdienstformen im Neuen Testament auffinden läßt. Man kann an die Stellung Jesu zum Tempel Israels, zum Sabbath oder auch zu den nicht als kultfähig geltenden Personengruppen in Israel denken, an seine Tisch- und Mahlgemeinschaft mit „Zöllnern und Sündern". Man kann den paulinischen Leib-Christ-Gedanken und sein Gemeindeverständnis erwägen. Man kann sich an die gottesdienstlichen Versammlungen in Korinth erinnern, in denen auch der zufällig hinzukommende Laie, der Privatmann oder der Herr Jedermann sollte verstehen können, was da gespielt wird[48]. Man mag sich die dortigen Hausabendmahlsfeiern und ihre Probleme vergegenwärtigen und was immer sonst ansatzweise von urchristlichen Mahlfeiern sichtbar wird. Man kann auf den Gebrauch der kultischen Begriffe als Metaphern für das Heilswerk Christi und für die Glaubensbelehrung und die Paränese der Christengemeinden im Hebräerbrief hinweisen. Der Befund ist eindeutig: überall ist die Zuwendung, nirgends die Abgegrenztheit das letzte Wort und die Besonderheit des christlichen Gottesdienstes. Nirgends wird er als Mysterienfeier beschrieben oder wird so etwas wie kultische Betretenheit bewirkt, selbst dort nicht, wo es die Umstände und die Umwelt besonders nahelegten, wie bei Taufe und Hl. Mahl. An ein spekulatives Abseits des Lebens, an ein Geviert frommer Versunkenheit oder Vergeßlichkeit ist nirgends gedacht. Seiner Entrückungen in den Himmel will sich auch Paulus nicht rühmen[49]. Damit hängt auch das zusammen, was man gelegentlich den „anti-kultischen" oder vielleicht noch immer etwas zu grob den „unkultischen" Charakter des Neuen Testaments genannt hat und vor allem die Tatsache, daß in ihm jedenfalls keine konkreten Gestaltungsformen des Gottesdienstes vererbt und verbindlich gemacht worden sind.

In allen christlichen Kirchen sind allerdings zwei Grenzmarkierungen gottesdienstlicher Art ausgesteckt worden, die sie unmittelbar mit der im Neuen Testament bezeugten Geschichte Jesu verbinden und die von daher ihre bleibende Geltung behaupten: die Taufe als das Zeichen der Jüngerschaft und das Mahl als die Feier der Jüngergemeinschaft. Und doch kommt gerade an diesen beiden wichtigsten Grenz- und Gemeinschaftszeichen der Christenheit heraus, daß es offenbar nicht möglich ist, die

48 1 Kor 14, 23 ff.
49 2 Kor 12,2.

Christenheit als ganze oder irgendeine einzelne Kirche als eine Kultgemeinschaft zu definieren – als eine durch ihren veranstalteten Gottesdienst ausgesonderte und um diesen her zusammengeschlossene Glaubensgemeinschaft. Die sachliche Priorität des gelebten Glaubens, das finale Gefälle vom feiernd sich darstellenden auf den gelebten Glauben hin hat gerade auch dies zur Folge, daß alle kultischen Markierungen nicht wirklich als Grenzzeichen, sondern nur als Anzeichen für das Dasein von Kirche gelten können. Die Kirche kann nicht ohne Taufe, Gottesdienst und/oder Mahlfeier sein, wird aber durch diese nicht definiert, weder im Wesen noch in der geschichtlichen Erscheinung. Das Christentum ist zugleich größer und kleiner als jede beschreibbare Kirche, auch wenn es allein durch die Kirche in die Geschichte kam, nur durch sie geschichtlich als solches aktionsfähig ist und sich ohne sie nicht darin erhielte.

So steht man immerfort vor der Doppelgesichtigkeit der gottesdienstlichen Grenzmarkierungen: die Taufe scheint die Grenze zu weit hinauszuschieben, um als Grenzzeichen der Jüngerschaft gelten zu können. Gleichwohl ist sie gerade weit genug, um die vielen getrennten Kirchen sichtbar miteinander zu verbinden. Und noch immer wirkt sie auch nicht weit genug: zu jeder Zeit hat man eingestehen müssen, daß es auch ein ungetauftes Christentum mit Glauben, Gnade und Heil in diesem gegeben hat und noch gibt. Die Mahlfeier scheint die Grenze zu eng zu ziehen, wenn die Gemeinschaft der Glaubenden an der Gemeinschaft der – wie häufig eigentlich? – Kommunizierenden enden sollte. Sie spielt weithin die Rolle eines Sonderrituals für den innerkirchlichen Kern – sofern man sie nicht wie in der Messe als die Aktion der Amtskirche zelebriert, die hier ihr Zentralmysterium coram publico darstellt, gleichviel, wie viele nur mit den Augen und wie wenige auch mit dem Mund kommunizieren. Zugleich ist diese innere Grenze eng genug, um solche Christen, die sich mit ihrer Taufe und ihrer Kirchenzugehörigkeit und dem (gelegentlichen) Hören der Predigt begnügen, beunruhigend zu stimulieren. Und schließlich ist auch diese Grenze wieder nicht eng genug gezogen, wenn sie wirklich den Kreis der wahren Gläubigen, der wahren geistlichen Kirche umschreiben sollte: kaum jemals weist man jemand zurück, und wenn, dann trifft es nur selten die richtigen Leute[50].

Man hat es also, wenn man der aus- und abgrenzenden Funktion nachdenkt, die der Kult in jeder Religion wahrnimmt, gerade beim christlichen Gottesdienst mit einem höchst eigenartigen Sachverhalt zu tun. Mit einer Grenzziehung, die zugleich Grenzöffnung ist. Statistisch und organisatorisch kann man das Erscheinungsbild der konkreten konfessionellen christlichen Kirchentümer ohne Zweifel als Kultgemeinschaft definieren. Sie

50 Immer wieder beachtlich ist, schon von den Titel-Stichworten her, die Problematik, die P. Schempp 1949 in seinen beiden Aufsätzen über „Die Verweltlichung der Taufe“ und „Die Verkirchlichung des Abendmahls“ angesprochen hat (wiederabgedruckt in seinen Gesammelten Aufsätzen, hrsg. v. E. Bizer, München 1960, S. 146 ff u. 159 ff.)

sind sozusagen die Einzugsgebiete jeweils einer ganz bestimmten, konfessionell ausgeprägten und für dieses Kirchengebiet repräsentativen Gottesdienstform. Sie erscheinen als „potentielle Kultusgemeinschaft": die Mitgliedschaft in ihnen ist gleichbedeutend mit dem Anrecht darauf, in allen Bedarfsfällen persönlicher oder kasueller Art nach dem geltenden konfessionellen Ritus kultisch versorgt zu werden.

Und auch in theologischer und geistlicher Hinsicht wird die Bedeutung des Gottesdienstes in ihnen überall als groß und grundlegend betrachtet. Man sucht das geistliche Leben einer Kirche, die Frömmigkeit ihrer Glieder, ihre sittebildende Kraft fast immer auch und vornehmlich im Spiegelbild ihrer Gottesdienste zu erfassen. Das IV. Laterankonzil hat schon 1215 mit der jährlich einmaligen Beicht- und Kommunionpflicht sozusagen das Existenzminimum regulär katholischer Kirchlichkeit oder Kirchenchristlichkeit festgelegt. Die evangelischen Kirchen haben es bei mehr appellativen Beschreibungen protestantischer Kirchenchristlichkeit bewenden lassen und bei der Betrauung mit öffentlichen kirchlichen Ehrenämtern erwartet, daß die Betreffenden „sich zu Wort und Sakrament halten"; sie haben die freiere oder engere Auslegung dieser Erfordernisse der Praxis überlassen. Die Kirchen können nicht ohne ihre Rituale sein.

Man hat aber in der theologischen Bewertung der tatsächlichen Teilnahme am Gottesdienst in keinem Stück die starken eigenen Grundsätze voll verwirklichen können und durchhalten wollen. Ihre Heils-Unerläßlichkeit hat man nicht einmal beim Taufsakrament streng und ohne jede Einschränkung zu lehren, geschweige denn zu praktizieren vermocht. Die ermäßigte Seligkeit oder Unseligkeit der ungetauft verstorbenen Kinder war und blieb immer ein problematisches kirchliches Lehrstück und trug mehr zur Rettung orthodoxer Prinzipien als zum Heil der Glaubenden bei.

Die Heils-Unerläßlichkeit des – wie seltenen oder wie häufigen? – Kommunizierens hat man im strikten Sinn weder gelehrt noch irgendwo ernstlich praktiziert. Nicht an der Verachtung durch Vernachlässigung, sondern erst an der Verachtung durch aggressive Bestreitung bekam die kultische Grenzziehung, wenn überhaupt, ein spürbares abweisendes Profil. So ist zwischen problematischer Unentschlossenheit und glücklicher Inkonsequenz zuletzt doch der Sachverhalt durchschlagend geblieben, daß die Kirche zwar Rituale braucht, der Ritus aber den Christen nicht macht[51]

51 „Der Ritus macht den Christen. Indem er sich dem Vollzug der Amtshandlungen unterzieht, ist er ex opere operato Christ. Die Mechanik der Amtshandlungen produziert fortlaufend Christen, die ohne Christus leben. Die Amtshandlungen bauen und erhalten eine fiktive Kirche" R. Bohren, Unsere Kasualpraxis, eine missionarische Gelegenheit? in: ThExNF 83, München 1960, S. 19. Diese berühmt gewordene Polemik hat sicher das Verdienst, die Diskussion um die kirchlichen Amtshandlungen und um den Pfarrer als „Zeremonienmeister" kräftig in Bewegung gebracht zu haben. Die von Poseidons Dreizack zerteilten Wogen gehen seitdem in einem Meer gleichbleibender Probleme besonders hoch. Wenn man sich die Frage vorlegt, wann wohl ein Christ anfängt, ohne Christus zu leben, und wie sich die Grenzen zwischen einer richtigen und einer fiktiven Kirche im Gelän-

und die rituelle Teilnahme immer ein höchst problematischer Ansatzpunkt für kirchenzuchtliche Abgrenzungsmaßnahmen ist.

Die gottesdienstlichen Rituale stellen kirchliche Unterscheidungsmerkmale dar, die diese zugleich relativieren. Denn in Wirklichkeit wird mit ihnen ja überall eine breite Zone kirchlichen Lebens abgesteckt, die sich von der Taufe über den Gottesdienst der Gemeinde bis zur Mahlfeier erstreckt und diese Bewegung zur Grundrichtung christlichen Lebens macht. Nach außen bleibt diese Zone wegen der extensiven kirchlichen Gültigkeit der Taufe überall offen, nach innen muß man sie wegen der unterschiedlichen Intensität der Gottesdienst- oder Abendmahlsteilnahme und wegen deren ebenso unterschiedlicher Bewertung ebenfalls überall offen lassen. Was diese Zone des kirchlichen Lebens in den einzelnen Kirchentümern unterscheidet, das sind – stellenweise sehr tiefgehende – Verschiedenheiten in ihrem Verständnis, die eine verschiedene Ausformung und eine verschiedene Praxis zur Folge haben können und sich vor allem in Lehrunterschieden teils neben-, teils gegeneinander artikulieren. Sie sind für die Kirchen von größerer Bedeutung als für die Glaubenden. Sie sind Sprachgrenzen kirchlicher Frömmigkeit, mit teilweise scharfen, teilweise verschwimmenden Rändern und mit der ganzen geschichtlichen Hinterlastigkeit, die solchen Sprachgrenzen überall eignet. Sie sind aber keine zwischenkirchlichen Glaubensgrenzen[52].

Sie grenzen insgesamt die große Familie des kirchlich formierten Christentums mit den breiten, nach außen wie nach innen überlappenden Randstreifen der von ihm selber erzeugten „Christlichkeit" von der nichtchristlichen Religionswelt und in der teils außer-, teils nach-, teils gegenchristlich sich entwickelnden menschheitlichen Lebenswelt ab. Sie zeigen aber auf Schritt und Tritt, daß es für die „veranstalteten", d. h. für die verwaltbaren Grenzen der Kirche nur relative und problematische Kriterien gibt.

Das kommt eindrucksvoll selbst dort zur Geltung, wo eine christliche Gemeinschaftsbildung ihre Grenzen durch den Gedanken der Nachfolge Christi und durch entschlossenen Eifer um diese scharf profiliert. Der Vater und Mutter hassen und Pietätspflichten vernachlässigen heißt, wenn sie die Nachfolge hindern, erweist sich im selben Atemzug als der Zöllner und Sünder Geselle. Die Grenzen der Jüngerschaft geltend machen heißt immer auch, die Schranken vieler geltender, für heilig gehaltener Ordnungen un-

de der kirchlichen Organisation und der menschlichen Biographien zutreffend einzeichnen läßt, fangen manche Schwierigkeiten an, die es wahrscheinlich nicht bloß den allezeit Ängstlichen nicht leicht erscheinen lassen, das vom Vf. erhoffte „Tapfere" mit Gewißheit zu tun.

52 Die Diskussion um die Interkommunion ist die vielleicht aktuellste Illustration dafür, wie relativ und wie schmerzhaft zugleich kultische Abgrenzungen zwischenkirchlicher Art sein können: man kann eine inklusive Interkommunionspraxis lehrmäßig nicht guten Gewissens begründen; man kann aber die exklusive Praxis, bei der man's einstweilen beläßt, lehrmäßig ebenso wenig mit letzter Glaubensgewißheit, mit definitivem Ernst vertreten.

gültig machen. Entschlossene Nachfolge kann keine verschlossenen Haltungen produzieren.

Auch das Bekenntnis der lutherischen Reformation bringt diese Schwierigkeiten kirchlicher und kultischer Grenzziehungen deutlich zum Ausdruck. Es hat in Predigt und Sakramentsfeier die hinlänglichen Anzeichen für das Grundgeschehen von Kirche und für deren Vorhandensein gesehen. Man wollte damit keine strukturelle Abgrenzung fixieren, sondern mit jenem berühmten „satis est“ eine Fülle äußerer Grenzmarkierungen, die sich mit geschichtlichem Schwergewicht mehr und mehr durchgesetzt hatten, aufheben und alles auf einen nach außen und innen sich je und je auch wieder öffnenden Prozeß der Selbstabgrenzung durch Konsensgewinnung konzentrieren[53]. Der Lehrkonsens, nicht das Lehrdekret ist so für diese Kirchengestalt zum dauernden Risiko und zur entscheidenden Chance und der Gottesdienst zu einem hervorragenden Exponenten für beides geworden. Die Frage nach der Lehrinstanz wurde damit zu ihrem kritischen Punkt, das Festhalten an diesem Kriterium zur Nahtstelle für einen evangelischen Umgang mit Ritualen und das antiritualistische Mißverständnis jenes Kriteriums nicht selten zur Ursache für einen blinden Fleck auf diesem Gebiete.

Der abgrenzende Trend, der im Kultischen liegt, hat die christlichen Kirchentümer, die sich um ihren Gottesdienst herum organisiert und in diesem repräsentativ dargestellt haben, zu so etwas wie kirchlichen Sprachgebieten werden lassen. Die Grenzen zwischen ihnen sind Sprachgrenzen typischer kirchlicher Frömmigkeitsausprägungen. Das ist eine völlig normale und unvermeidliche historische Entwicklung. Sie bedeutet keine Aufhebung, nicht einmal eine Einschränkung der menschheitsweiten Ausrichtung des christlichen Glaubens; sie bezeugt und konkretisiert vielmehr gerade seine Kraft zur Universalität und ist zugleich eine notwendige Folge des ihm eigenen Drängens auf gelebte Verwirklichung.

Der aus seinem historischen, kulturellen und religiösen Ursprungsort aufbrechende christliche Glaube ist in die ihm vorliegenden Sprach- und Kulturwelten hineingewachsen: in der spätjüdischen ist er fast ohne örtliche Spuren verschwunden; in der hellenistischen hat er sich erst im griechischen Sprachraum – mit syrischen, kleinasiatischen und ägyptischen Varianten – und dann im lateinischen Sprachraum mit Einschlägen aus Nordafrika, aus Rom, aus Oberitalien, bald auch aus Gallien eindrucksstark ausgeformt. Überall mußten sich dabei im Gottesdienst am nachhaltigsten seine Ausdrucksformen und Glaubensformeln einspielen

53 Man erinnere sich an die mit Recht berühmt gewordene Passage Conf. Aug. art. VII, hier in lat. Fassung:“ . . . Et ad veram unitatem ecclesiae satis est consentire de doctrina evangelii et de administratione sacramentorum. Nec necesse est ubique similes esse traditiones humanas seu ritus aut ceremonias ab hominibus institutas . . .“ (Und ist nicht Not zur wahren Einigkeit der christlichen Kirche, daß allenthalben gleichformige Ceremonien, von den Menschen eingesetzt, gehalten werden).

und einschleifen, meist von regionalen Vorgegebenheiten und von lokalen Zufälligkeiten her mitbestimmt. Hier mußte ein Kontingent beständiger Formelemente dafür sorgen, daß der Glaube intern wiederholbar, begehbar und auch nach außen hin wiedererkennbar blieb.

So bildet der Gottesdienst so etwas wie eine Sprachinsel oder wie eine Metropole im betreffenden kirchlichen Sprachgebiet, eine Ausdruckswelt aus Worten und Gesten von starker Ausstrahlungskraft; ein Codierungssystem für den Austausch und die Darstellung, das immer festere Prägung erfährt und darin seine zunehmende Kraft und Bedeutung bekommt. Die so gefundenen Formen und Formeln wandern dann mit dem weiter expandierenden Glauben in benachbarte, später in ferne und fernste Sprach- und Kulturwelten ein, wirken dort erst wie fremder Import, teilweise aber auch bald oder später als kultur- und sprachmitgestaltende Faktoren. Sie sehen sich früher oder später mit dem Problem der ,,indigenisation" konfrontiert: wie weit können sie Ausdruck des einst an seinem Ort aufgebrochenen christlichen Glaubens bleiben und wie weit können sie zugleich am neuen Ort einheimisch werden und sich der einheimischen Ausdrucksmittel bedienen? Wie weit müssen sie auf Identitätssicherung durch Insulierung der mitgebrachten Ausdruckswelt bedacht sein, wie weit müssen oder können sie Identitätsrisiken eingehen und durch Infiltration und Inkarnation in der vorgefundenen Lebenswelt Identität zugewinnen? Irgendwann müssen wohl die genuinen Impulse des Glaubens überall auf das Risiko hindrängen, muß sich seine Universalität im Zugewinn neuer Formen bewähren, muß sein mitgebrachtes ,,Codierungssystem" sich in den neuen Kontexten ,,ausarbeiten" lassen.

Wenn man den Gottesdienst konkret als organisierendes, erschließendes und damit auch begrenzendes Zentrum für jeweils ein typisches ,,Sprachgebiet" christlichen Glaubens und christlicher Kirchenfrömmigkeit ansehen kann (wobei also nicht an die Volkssprache, sondern an die Verwandtschaft im Ausdrucksempfinden von Glaube und Frömmigkeit gedacht ist), – dann wird noch einmal verblüffend deutlich, wie der christliche Glaube gerade auch seine Sprachgebiete nicht abstecken kann, ohne sie nicht zugleich auch wieder zu öffnen. Das Ineinander von Abgrenzung und Öffnung, das für jede Formierung christlicher Glaubensgemeinschaft kennzeichnend und wesentlich ist, hat auch im christlichen Gottesdienst das Ineinander zweier Codierungssysteme erst angelegt und dann immer stärker auch ausgeprägt: man bekommt es früh und immer mehr mit einem binnensprachlich verfestigten sowie mit einem sich zur Publikumssprache hin öffnenden Code zu tun.

In den Zeiten des Glaubensaufbruchs und des erst zu erringenden weiterreichenden Einflusses mußte sich das kirchliche Kommunikationssystem erst einmal als solches selbst elaborieren; als Ablagerungen, als restringierte Festbausteine ergaben sich dabei gewissermaßen nebenher und in Anlehnung an vorliegendes und mitgebrachtes Formelgut gewisse Veranstaltungselemente der gottesdienstlichen Kommunikation. In Phasen der

Konsolidierung der Kirche, in einem von ihr beeinflußten, mehr oder weniger monolithischen kulturellen Kontext konnten und mußten dann auch in ihren Gottesdiensten die Elemente des restringierten Codes, die eingespielten, eingeschliffenen, beständigen und wiederholbaren Formen und Formeln vorherrschend bleiben. Zumal dort, wo, wie in der lateinischen Sprachwelt, diese dem festen, knappen, prägnanten und verbindlichen Ausdruck ohnehin eine natürliche Präferenz zukommen ließ – die Fixierung des römischen Meß-Kanons und die knappe Prägnanz der Leonianischen Kollektengebete könnten als Beispiel dienen. Jeder Überschritt des christlichen Glaubens in einen anderen kulturellen Kontext mußte dann wieder die elaborierenden Elemente des kirchlichen Gottesdienstes interessant machen und jede erneute Konsolidierungsphase wiederum auf die restringierten Bestandteile rekurrieren. Das Übergreifen des christlichen Glaubens auf die fränkisch-germanische Welt, der Aufbruch der Reformation, in dem sich der Anbruch der Neuzeit ankündigte, der Eindruck der Aufklärung, in der sich dieser vollendete, die verwirrende Vielschichtigkeit der nachmodernen Welt, das wachsende Selbstbewußtsein nicht-abendländischer Traditionen: all dies wurde zum Abenteuer des christlichen Glaubens und forderte auch in seinen Gottesdienstformen vermehrt die elaborierten und elaborierenden Elemente heraus. Umgekehrt haben die konstantinische Ära, das hohe Mittelalter, die nachtridentinische Zeit und alle orthodoxen und neoorthodoxen Epochen im Abendland immer ein restringiertes gottesdienstliches Verhalten befördert und dann prompt Frömmigkeitsbewegungen hervorgerufen, denen die Dominanz des Rituellen nicht genügte: Mönchtum, Mystik, Erweckungen aller Art.

So scheint sich aus der unvermeidlichen kultischen Organisation und aus der wurzelhaften geschichtlichen Herkunft des kirchlichen Glaubens und aus seiner wesenhaften Zuwendung zur Geschichte mit einiger Notwendigkeit oder mindestens Plausibilität jene Grundstruktur des Gottesdienstes zu ergeben, die für ihn weithin bezeichnend geworden ist: das – wie immer im einzelnen gewichtete und geregelte – Zusammenspiel fester und freier Elemente, von denen die einen einen restringierten Code darstellen, die andern einen elaborierten Code ausbilden.

Gefahren und Chancen treten in beiden Richtungen je nach der geschichtlichen Lage heraus. In einem Gottesdienst, der das „ewige Evangelium"[54] feiert, muß sich etwas Verläßliches, Wiedererkennbares und Bestärkendes, etwas von Heimatgewähr und einer abgeschirmten Distanz widerspiegeln. Denn der Glaube, der sich auf die dort bezeugte Zuwendung Gottes verläßt, hat zwar kein geruhsames, aber auch kein bloß aufgeregtes Leben zur Folge. Wo jene „Zuwendung Gottes", die man da feiert, in einer verchristlichten Szene als die grundlegende religiöse Selbstverständlichkeit, als Obrigkeitsreligion, als das offiziell anerkannte Heilsmysterium und die Kirche als dessen vollziehende Repräsentanz vorausgesetzt werden kann, wird sich der Gottesdienst immer in festen, abgegrenzten und in sich

54 Apc 14,6.

ruhenden Formen vollziehen. Da kann er sich, fast paradox, als eine Art Arkandisziplin öffentlich präsentieren, die Kirche sich als Bestandteil des Heilsmysteriums feierlich in ihm darstellen und die öffentliche Reverenz erwarten – denn potentiell sind ja alle insgesamt „Eingeweihte". Klassisch geschieht dies in der lateinischen Messe mit dem schweigenden oder gemurmelten Hochgebet auf dem Höhepunkt, an dem das Kirchenvolk mit den Augen teilnehmen kann. Je mehr es jedoch um das öffentliche und allgemeine Einverständnis kritisch bestellt ist, desto mehr werden dann auch diese Feierrituale als abweisende Arkandisziplin, als restringierter Code empfunden – es gibt dann immer mehr Außenstehende, und deren Empfinden kann sich dann immer mehr auch der Teilnehmer selber bemächtigen.

Aber auch wo sich die „wahre" Kirche in einer ganz und gar nicht-konstantinischen Situation als kleine Herde, als eine Elite von Herausgeretteten fühlt, wird sie ihren Gottesdienst als gruppenintimes Arkanum begehen. Da wird leicht der Eindruck aufkommen, man feiere dort seine religiöse Vorzugsstellung hinter verschlossenen Türen in dem nur Eingeweihten verständlichen Code einer religiösen oder eschatologischen Geheimsprache. Denn die anspruchsvolle Ausschließlichkeit einer sektenhaften „Kirche" ist nur das Pendant zur anspruchsvollen Einschließlichkeit einer Universalkirche.

So oder so wird, wo die selbstverständliche Vorwegzustimmung entfällt, ein Gottesdienst, der die Zuwendung Gottes zu den Menschen zu feiern unternimmt, nach einladenden, die Teilnehmer stärker einschließenden und sich ihnen klarer erschließenden Elementen verlangen – nach einem laut und deutlich gesprochenen Hochgebet, nach einfacher Verständlichkeit in der Muttersprache, nach einem zureichenden, beweglichen Wortteil neben dem sakramentalen Ritenvollzug mit seiner überlieferten Symbolik. Das persönlichste Erleben der hier begangenen Kommunion wird dann zugleich das Kommunikationsgesetz der ganzen Begehung auf den Begriff bringen: „für euch – und für viele"!

Was die geschichtlichen Epochen prägt und verwandelt, das prägt und verwandelt auch das Selbstverständnis der Kirchen und den kommunikativen Habitus ihrer Gottesdienste. Sie werden nicht auf die verläßlichen und sich wiederholenden Elemente, auf die Erinnerung an die zeitüberdauernde und tragfähige, heilstiftende Zuwendung Gottes zum vom Unheil bedrohten Leben der Menschen verzichten können, sei's in Gestalt großer Rituale, sei's in der Reduktion auf ein biblisches Gedenken und das Herrengebet; sei's im Hochamt oder im Brudermahl. Je mehr die gottesdienstliche Situation der Kirchen insular wird, desto mehr wird es darin dann auch um den Brückenbau gehen müssen, damit die hier bezeugte und gefeierte Zuwendung Gottes zum Leben nicht Rezitation bleibt, sondern im zeitgenössischen Schicksal erfahrbar wird.

Da wird es dann nicht nur beim restringierten Rollenspiel bleiben können. Da werden die Elemente eines persönlich geprägten, dialogischen, problembewußten, Versuch und Irrtum riskierenden Sprachverhaltens mehr Raum und Gewicht erfordern. Da wird es stärker um die Selbsterschließung des gefeierten Glaubens im öffentlichen Schicksal der Zeit gehen müssen. Da werden Veranstalter, Vorsprecher und Vorbeter nicht nur als Träger festgeschriebener Rollen, sondern als Einzelpersonen mitzuwirken haben. Da wird eben dadurch auch allen Teilnehmern die Freiheit gewährt werden müssen, sich in eigener Person und mit ihren eigenen Auffassungen in dem, was der Gottesdienst will und begeht, wenn nicht mit ausdrücklichen Worten ein-, so doch mit innerer Freiheit unterzubringen. Da wird sich aus der Begegnung schematisch gewordener traditioneller Antworten mit gegenwärtiger Lebenserfahrung ein sensibleres und differenziertes Nachdenken ergeben müssen[55].

Nur Institutionen, die sich nicht allein durch ihre jeweilige, aktuelle Leistungsfähigkeit legitimieren müssen, können die dazu nötige persönliche Freiheit geben und wagen. Das Lebensinteresse des Gottesdienstes

55 Noch einmal B. Bernstein, aaO: „Ausgebaute Codes entstehen . . . in Kulturen oder Subkulturen, die das „Ich" stärker betonen als das „Wir". Sie entstehen, wenn persönliches Interesse des Gesprächspartners nicht vorausgesetzt werden kann. Je weniger die Aufmerksamkeit der Hörer vorausgesetzt werden kann, desto mehr sind die Sprecher gezwungen, ihre Aussagen zu verdeutlichen und sie ausdrücklich und spezifisch darzustellen. Bedeutungen, die allein dem Sprecher klar und auf seine Herkunft bezogen sind, müssen so ausformuliert werden, daß sie der Zuhörer versteht. Diese Notwendigkeit zwingt den Sprecher, mehrere syntaktische Alternativen zu wählen, und sie fördert auch die Differenzierung seiner Wortwahl. Ein ausgebauter Code veranlaßt den Sprecher, sich in bezug auf das, was übermittelt werden soll, auf die anderen einzustellen. Er muß erkennen und berücksichtigen, daß seine Hörer andere Erfahrungen haben als er selbst" . . . (S. 112 f.) „Das Sprachverhalten ist also einerseits vom Rollensystem und andererseits davon abhängig, ob personengebundene oder objektgebundene Bedeutungen übermittelt werden . . . In offenen Rollensystemen entstehen personenbezogene ausgebaute Codes sowie objektbezogene ausgebaute Codes, und in geschlossenen Rollensystemen entstehen personenbezogene sowie objektbezogene eingeengte Codes" (S. 114) „ . . . Die Frage nach den allgemeinen gesellschaftlichen Kräften, die die Entwicklung eingeengter und ausgebauter Codes und ihrer beiden Sprechweisen beeinflussen, führt uns wahrscheinlich auf zwei Ursachen. Sie formen Kultur- und Rollensysteme der vier wichtigsten Sozialisierungsfaktoren: der Familie, der Alters- bzw. Freundesgruppe, der Schule und der Arbeit. Ein Hauptmotiv für den Übergang vom eingeengten zum ausgebauten Code liegt in weitergehenden Differenzierungen der Arbeitsteilung. Hierdurch ändern sich sowohl die Ausprägungsformen beruflicher Rollen als auch ihre sprachliche Grundlage. Die beiden Arten von ausgebauten Codes (personen- bzw. objektbezogene Codes sind damit gemeint) können sehr wohl durch eine Umwandlung der Sachwertwirtschaft in eine Dienstleistungswirtschaft beeinflußt werden. Der Wechsel von Warenwirtschaft zu Dienstleistungswirtschaft kann die Entwicklung der personenbezogenen Sprechweise eines ausgebauten Codes sehr fördern. Die zweite Hauptursache für die Ausprägung eines Codes ist wahrscheinlich die Struktur des zentralen Wertsystems. Pluralistische Gesellschaften neigen zu deutlicher Ausrichtung ihrer ausgebauten Codes auf personenbezogene Sprechweisen, während monothematisch wertorientierte Gesellschaften eher die Ausrichtung auf eine sachbezogene Sprechweise unterstützen . . ." (S. 115 f.).

besteht darin, unabhängig vom Wechsel der Personen und Situationen den Zusammenhang mit dem Ursprung des Glaubens zu wahren und darzustellen. Er ist zugleich die Grundlage für die gottesdienstliche Freiheit. Am Brückenschlag zwischen dem überlieferten Glauben und dem gegenwärtig erlebten Schicksal liegt viel. Er darf nicht den Charakter einer zusätzlichen und aufgesetzten Bemühung persönlicher Willkür bekommen. Es geht bei ihm um die beiden Seiten desselben Lebensvorgangs, um das Ausatmen nach dem Einatmen. Darum bleiben im Gottesdienst die transsubjektiven Deutungsmodelle, Symbole, Verhaltensmuster und Lehrzusammenhänge wichtig. Darum will er zu einem Zusammenspiel führen, das sie zugleich tragfähig und verwandlungsfähig machen soll. Es ist nicht zu sehen, wie im Grundgefüge des repräsentativen Gottesdienstes in der Christenheit irgendwo ein solches Beieinander freier Möglichkeiten der Sprache und der Formen mit vorgeprägten, gebundenen Gestaltelementen je ganz zu entbehren sein sollte. In der Praxis läßt sich die Notwendigkeit beider Codierungssysteme und oft auch die zeitbedingte Erwünschtheit des einen vor dem andern immer leicht zeigen, eine grundsätzliche Vorrangigkeit des einen vor dem andern jedoch schwerlich einsichtig machen[56].

Die großen christlichen Konfessionen haben, von ihrem jeweils verschiedenen historischen Aufbruch und ihrem epochalen Auftrag her geprägt, die beiden gottesdienstlichen Codes besonders akzentuiert und dann auch prompt deren jeweils besondere Problematik erfahren. Im „elaborierten" System ist es der stets drohende Verfall an die Zeit: Vorübergehendes wird zum Kairos erhoben; man repetiert die alle bewegenden Tagesord-

56 Man kann sich natürlich darüber Gedanken machen, ob die seit vielen Jahrhunderten herrschende und eingeübte Grundstruktur des christlichen Gottesdienstes mit dem spannungsvollen In- und Nebeneinander fester symbolischer und freier, interpretierender Elemente nicht die Fantasie für andre Modelle abblockt. Als extremes Gegenmodell ließe sich etwa ein Gottesdienst als enthusiastisches happening denken. In ihm wäre dann die Ausnahme von der Regel die einzige Regel. Er schlösse dem Grundsatz nach jede institutionelle, geschichtliche Kontinuität aus. Freilich: käme es dann nicht auf den verschlungenen Pfaden der Assoziationen doch wieder zu einem starken Zufluß quasiinstitutioneller, Kontinuität importierender Faktoren? Der Vorrat der Sprache ist begrenzt, der Vorrat an Zeichen noch mehr: so gut wie alles ist schon einmal dagewesen und erinnert daran. Vermutlich hat sogar die Glossolalie so etwas wie eine Grammatik. Wo die Dauerveränderung zum Lebensbedürfnis wird und man jede Fixierung als unwillkommen betrachtet, will man alles und jedermann den Ekstasen des Zufalls überlassen. Es zeigt sich jedoch, daß gerade auch die enthusiastischen Expressionen oder Explosionen weitgehend von ihren Wiederholungen leben. Macht man sich dies klar, dann bekommen diesen manchenorts vielgerühmten oder in ihrem Fehlen vielbeklagten Erscheinungen gegenüber auch die sogenannten handfesten „pragmatischen" Begründungen eine gewisse theologische Dignität. Man mag überhaupt fragen, ob die verbreitete Neigung, pragmatische Begründungen z. B. im Zusammenhang mit dem Gottesdienst erst dann ernstzunehmen, wenn sie zusätzlich in theologische Begründungszusammenhänge eingebaut sind, wirklich der theologischen Verantwortung und nicht vielmehr ihrer Selbstüberschätzung entstammt.

nungspunkte erbaulich; fromme Charismatiker, Virtuosen der psychologischen und rhetorischen Einflußnahme machen die Gottesdienste zu ihrer Tribüne. Dogmatische Schulmeinungen und politische Vormeinungen können verabsolutiert und als biblisch begründete Überzeugungen ausagiert werden. Aus engagierter Leidenschaft des Glaubens kann unversehens ein Fanatismus von Überzeugungen werden. Das kirchliche Leben kann hektisch und der Gottesdienst kurzatmig werden.

Im „restringierten" System kann der Gottesdienst von der Zeitentrücktheit bedroht sein: man feiert ein kultisches „Heute Gottes", ohne nach seiner kritischen Gegenwärtigkeit und seiner prophetischen Zukünftigkeit weiterzufragen. Die schwache persönliche Stimme kann fast ganz hinter der starken Stimme der Kirche verschwinden und damit manche zarte Ermutigung unterbleiben. In der altüberkommenen Feierform kann sich der Wunsch verbergen, Geborgenheit in einer antizipierten heileren Welt zu erleben – oder die allzu anspruchsvolle Überzeugung, hier die unerschütterlichen Grundsätze und Maßstäbe jeder guten Welt- und Lebensordnung zu verwalten und zu präsentieren.

Im übrigen hat man es in den Gottesdiensten der beiden beherrschenden abendländischen Konfessionen immer mit einem bewußten Zusammenspiel beider Codierungssysteme zu tun. Es stehen sich da nicht ein reiner Sakramentsgottesdienst und ein reiner Wortgottesdienst gegenüber. Auch eine streng rituelle Meßfeier ohne Predigt läßt nicht bloß mit ihren wechselnden Propriumsteilen die „kirchliche Zeit" ein: sie gibt auch in ihren Fürbitten der aktuellen Gegenwart Raum. Und auch ein Predigtgottesdienst, der sich gänzlich der viva vox evangelii verpflichtet weiß, hat und braucht Rituale und kann sich bis in seine Formulierungen hinein der Ritualisierung selber nie völlig erwehren[57]. Der restringierte Code wirkt rituell: wer ihn beherrscht, kann meist auch die Gruppe, die sich in ihm verständigt, fast unbemerkt manipulieren. Aber gerade im besonders stark traditionsgetragenen religiösen Bereich setzt auch die Standardisierung der im elaborierten Code vorgebrachten Aussagen früh und meist unbemerkt ein. Dann aber können auch ganz „elaboriert" klingende Wortrituale im Dienst eines instinktsicher gruppendynamisch wirksamen Sprachverhaltens stehen – und sich manchmal sogar zugleich mit einer paradoxen Polemik gegen die Gefahren der Gruppendynamik verbinden.

Das Zusammenspiel der beiden Codierungssysteme im christlichen Gottes-

57 Die zuweilen enragiert geführte Prioritätendiskussion hinsichtlich des theologischen Ranges oder Vorranges von Wort oder Sakrament ließe sich vielleicht durch die Beobachtung um eine Nüance schwieriger und weniger hitzig machen, daß man es dabei ja nicht mit zwei kategorial geschiedenen, sondern in beiden Fällen, auf die gebrauchten Codes gesehen, mit gemischten Vollzugsweisen einer Kommunikation des Evangeliums zu tun hat und daß deshalb wohl mehr über die jeweilige instrumentale Dienlichkeit und geschichtliche Notwendigkeit der beiden Kommunikationsweisen als über qualitative und substantielle Prioritäten in der Vergegenwärtigung des Heilsnotwendigen auf die eine oder die andere Weise nachzudenken wäre.

dienst kommt sicherlich auch den verschiedenen und wechselnden Hörerbedürfnissen zugute. Wen die Predigt nicht anspricht, den kann vielleicht die Liturgie etwas trösten, und umgekehrt. Sicher machen sich stets auch die persönlichen Grenzen dessen bemerkbar, der den Gottesdienst hält, dem manchmal beides nicht gleich nahe liegt und dem sicher nicht jedesmal beides gleich gut gelingt. Doch ist diese zweipolige Grundstruktur des Gottesdienstes in der Sache und nicht durch verschiedene Teilnehmergruppen begründet oder solchen gewidmet. Es mag soziale und bildungsmäßige Präferenzen geben, doch liegen sie keineswegs fest. Die jeweiligen, nicht vorhersehbaren psychischen Affinitäten der Teilnehmer zum einen oder anderen von den beiden Codierungssystemen im Gottesdienst sind mit Sicherheit größer als ihre vorgeprägten sozialen Affinitäten[58]. Es sind dieselben Menschen, die bald mehr nach Gemeinschaft und Anhalt an festen, einfachen Formen suchen, bald mehr nach überzeugender Orientierung, gewissensstarken Appellen oder tröstendem Zuspruch verlangen. Gerade auch Teilnehmer aus der sogenannten gehobenen Bildungsschicht wünschen sich nicht selten vertraute Formen – weniger aus Gewohnheit, als weil sie die Unzulänglichkeit vieler „Elaborate" stärker empfinden. Und umgekehrt sind oft auch sogenannte „einfache" Menschen der Schlagworte überdrüssig und möchten sich sorgfältiger orientieren. Bald braucht man die gottesdienstliche Situation, bald kann auch eine soeben erlebte Situation nach einer Antwort verlangen.

Was die herkömmliche Grundkonstellation des Gottesdienstes so stark macht, ist, daß sie Kontinuität und Konkretheit beweglich verbinden kann. Die in solchen Formen vollzogene und gefeierte Kommunikation des Evangeliums kann bald mehr nach Offenheit und bald mehr nach Geschlossenheit hin tendieren. Rituell Geformtes und restringiert Codiertes kann die abgeschlossene Gültigkeit und den Anschluß an die Vergangenheit, was gepredigt und was gebetet wird, kann die Offenheit für die Gegenwart und für das Kommende deutlicher machen. Es muß nicht so sein: Rituelles wie das Herrengebet kann auch befreiend sein, weil es die Art des Einverständnisses für den Einzelnen offen läßt. Was gepredigt wird, kann mit gestanzten Formeln der Fachsprache oder einer kraftlos gewordenen Frömmigkeitssprache die Zuhörer ganz in die Enge führen. Gerade die konfessionell ausgeformten Grundtypen christlichen Gottesdienstes mit ihrer Geschichte bis in ihre heutigen Entwicklungen hinein sind zu einem Bilderbuch dafür geworden, wie dicht hier Stärken und Schwächen jeweils beisammen liegen. An eine prästabilierte Harmonie im Zusammenspiel beider Komponenten ist nirgends zu denken. Wo man zum Gelingen des Gottesdienstes das Kommen des Geistes erbittet, muß man diesem die

58 Freilich funktioniert das nicht immer: Das Mißvergnügen am einen kann gelegentlich auch das Vergnügen am andern verhindern. Im übrigen darf daran erinnert werden, daß ein berühmter protestantischer Theologieprofessor im Blick auf den Gottesdienst vor allem beim Gedanken an die Predigt Unbehagen empfand – er meinte nicht, daß sich der anspruchsvollere Hörer notfalls an ihr schadlos halten könne, sondern sagte, es stünde meist so mit ihr, daß man sie eben ertrage.

Freiheit lassen, seine Akzente selber und einseitig zu setzen. Rituelles ist ihm nicht verschlossen, Gepredigtes nicht auf ihn abonniert.

In der neueren ökumenischen Diskussion wird ein Kirchenverständnis erwogen, das weniger stark an den vom Gottesdienst her bestimmten Sprachgrenzen der konfessionellen Christlichkeit ausgerichtet ist, mit denen man dort ja in erregender und bemühender Weise zu tun hat. Es wird vielmehr versucht, jede christliche Glaubens- und Kirchengemeinschaft unter den Leitbegriffen von martyria, diakonia und koinoonia als Zeugnis- und Dienstgemeinschaft zu beschreiben. Es scheint dies eine Definition zu sein, die die Kirchen- oder Glaubensgemeinschaft nicht bloß umschreibt und abgrenzt, sondern gleichzeitig öffnet. Es wird beschrieben, wozu sie da ist, statt sie zu definieren: als eine Hilfsgemeinschaft mit unbeschränkter Haftung, in der einer des anderen Lasten mitzutragen berufen wird, vorzugsweise im Kreis der Glaubensgenossen[59], aber tendenziell zu jedermanns Wohl, wenn auch nicht nach jedermanns Wunsch. Geht es dabei doch um eine menschliche Zuwendung, die sich in Hingabe und Widerstand an der göttlichen Zuwendung orientiert, um so in allem das erschienene Heil und darin auch das besser verstandene Wohl zu bezeugen.

Es könnte sein, daß diese Beschreibung der Kirche es besser verhüten kann, daß der kirchliche Gottesdienst als die Zitadelle erscheint, die sich in einem ausgegrenzten Heilsbereich zu behaupten versucht. Es könnte sein, daß sich darin die epochal veränderte Situation der Kirchen und des christlichen Glaubens deutlicher ausdrückt; daß der Gottesdienst als symbolische Kommunikation einer Zeugnis- und Dienstgemeinschaft seine Verschlossenheit leichter überwinden kann, ohne die ihm innewohnende und von ihm ausgehende Kraft zu verlieren.

59 Gal 6,2 und 10.

Siebtes Kapitel

Zum Gottesdienst heute
– Situationen und Chancen

7.0 Gottesdienst und Geschichte

Symbolisierung und Ritualisierung sind uns jetzt als zwei überaus bedeutsame, grundlegende und umfassende, ineinandergreifende Elemente menschlichen Weltverhaltens entgegengetreten. Sie begegnen nicht nur dort, wo sich religiöse Welterfahrung ihren Ausdruck verschafft. Sie treten dort aber besonders deutlich ans Licht. Sie erscheinen als die tragenden anthropologischen Faktoren jeden religiösen Kultes.

Der religiöse Kult gehört formal zu dem breiten Spektrum solcher menschlicher Kommunikationsveranstaltungen, die in einer Gemeinschaft zur Erschließung und Bestätigung der dort für zentral wichtig gehaltenen Erfahrungen und erfahrungsgeprägten Werthaltungen dienen und die man dort deshalb als Institutionen verankert, um deren Austausch und Weitervermittlung zu gewährleisten. Natürlich geschieht solche Weitervermittlung auch sonst auf vielen Kanälen, direkt und nebenbei: im familiären Zusammensein; in zufälligen Begegnungen, bei allen möglichen Erlebnissen. Das kann auch auf diesen Kanälen sehr wirksam und folgenschwer werden oder auch folgenlos bleiben. Aber wo immer Menschen ihre Menschlichkeit darin sehen, die Weitergabe des Lebensnötigen nicht nur dem Instinkt der Arterhaltung oder dem Zufall zu überlassen, da schaffen sie sich die Institutionen, die der Lebensgestaltung und Lebensbewältigung dienen; in denen man weitergibt, was man tut und wie man es tut und meist auch, warum man es tut. Der religiöse Kult stellt vermutlich so etwas wie ein Urmodell in der Reihe derartiger Institutionen dar.

Überall präsentieren sich im Kult Traditionen, die man als bewahrenswert und zur Erhaltung des „Glaubens" als lebensnotwendig betrachtet. Überall legt man Wert darauf, die überlieferten Erfahrungen kennen zu lernen. Man hofft, so der eigenen Gegenwart besser entsprechen zu können. So gibt man im Kult in der Folge der Generationen überkommene Handlungsmuster, Symbole, Texte und die in diesen vorformulierten Einsichten weiter. Man will sie nicht nur bewahren, sondern ihren Einflußbereich weiter ausdehnen – auf Nachfahren und „Beisassen". Man kommt dann in neue Situationen mit ihnen und sieht sich genötigt, sie unmerklich oder auch merklich zu ändern und formuliert sie je nach Vermögen und meist etwas zögernd teils um, teils auch neu. Wo dies nicht gelingt, macht der Kult bald nicht bloß, wie er soll, einen traditionellen, sondern einen archaischen Eindruck. Er erinnert noch an das gute Altüberlieferte, lobt es, überliefert es aber nicht mehr. Dann lassen veränderte Lebensverhältnisse ihn schon bald als Ballast empfinden, der sich erübrigt, und den Wunsch nach Neuem entstehen. Alle kultischen Institutionen laufen Gefahr, daß ihre Rituale und Texte, wenn sich die Lebens- und Denkweisen wandeln, Einbußen in ihrem symbolischen „Mehrwert", in ihrer unmittelbaren Verweisungskraft erleiden. Entweder werden sie selber dem Leben der Zeitgenossen oder ihrem Empfinden ganz fremd. Sie bedürfen dann einer Reform, und sie sind lebensfähig, solange sie auch reformfähig sind. Wenn die Diskrepanzen zu groß geworden sind, dann wird es freilich gelten, in veränderten Formen die alte Verweisungskraft neu zu gewinnen. Aber dazu bedürfte es einer Reformation, eines neuen Elementarwerdens der alten und gültigen Wahrheiten und Erfahrungen. Dazu wird man breiter und tiefer ansetzen müssen als bei kultischen Formen und Feiern, diese freilich auch nicht auslassen können.

Unzweifelhaft ist der christliche Gottesdienst eine kultische Kommunikationseinrichtung: ihm sind Funktionen der Traditionswahrung und -vermittlung um des gegenwärtigen Lebens willen zugedacht. Er steht deshalb stets unter der Spannung, die überall auftritt, wo alte Glaubensüberlieferung ihre bleibenden Wahrheitsinteressen in neuen Lebensumständen und in einem veränderten Lebensgefühl wahrnehmen und hilfreich erneuern will. Mit Ritualisierungen und Symbolisierungen hat man es im christlichen Gottesdienst auf Schritt und Tritt zu tun, in seinen Grundgestalten wie in jedem Einzelstück. Diese beiden Elemente sind die tragenden Medien der Kommunikation, die dort stattfindet. Unzweifelhaft lebt auch der christliche Gottesdienst von den Glaubenserfahrungen aus der Vergangenheit, die zu ihm geführt haben, soll diese erinnern und so begehen, daß sie zur gegenwärtigen Lebensbewältigung helfen. Deshalb bekommt man es aber in ihm nicht nur mit den beiden anthropologischen Elementen zutun, mit Symbolen und Ritualen, sondern in diesen zugleich mit historischen Fakten. Ein Stück weit hat der christliche Gottesdienst auch dies mit jedem Kult jeder konkreten, positiven Religion größeren Stiles gemeinsam. Jede ist ein historisches Gebilde, entsteht in der konkreten Geschichte und gehört auch zu ihr, zu einer oder zu mehreren Phasen. Jede empfängt in ihr ihre Hauptsymbole, hat in ihr ihre Blüte- und ihre Verfallszeiten, ihre Auswirkungen und Nachwirkungen. Überall wird all dies vor allem am Kult anschaulich. Er gehört zur Gattung eines von Etikette und Konventionen geregelten, traditionsgeleiteten, also geschichtlich geprägten Kommunikationsverhaltens[1] und trägt als eine auf Dauer gestellte Einrichtung die Stigmata seiner konkreten Geschichte sehr lange, im Kernbestand unverlierbar, mit sich herum.

Im christlichen Gottesdienst ist freilich alles in einer eigenartigen, qualita-

1 Auch die Etikette besitzt Ansätze für ein Ordinarium und ein Proprium; die Alltagsrituale kennen einen Satz fester standards und einen Spielraum für ihren Gebrauch. Die Kunst des zeremoniellen Verhaltens besteht gerade nicht im steifen, penibIen und bloß korrekten Einhalten eines Reglements, sondern in einem situationsangemessenen, in allem wesentlichen verhaltenssicheren, in der Anwendung spielerisch freien, eleganten Gebrauch.

tiv anderen Weise von Anfang an durchgehend mit der Geschichte verknüpft, geradezu von ihr durchtränkt. Die Geschichtsverflochtenheit des christlichen Glaubens besteht nicht nur in seiner geschichtlichen Herkunft, die er weder verleugnen darf noch loswerden kann. Sie besteht in einem qualifizierten Geschichtsbezug, zu dem es nur noch im Judentum, im Israelglauben Vergleichsmöglichkeiten und Entsprechungen gibt. Er ist auf eine Geschichte bezogen, die für ihn nicht nur historisch, sondern theologisch maßgeblich ist, die für ihn und die christlichen Kirchen grundlegend bleibt und die sie alle samt ihren Gottesdiensten auch weiterhin ständig bewußt und vorsätzlich an der Geschichte teilnehmen läßt.

Für den christlichen Glauben ist seine Begründung in der Geschichte grundlegend, unaufhebbar und unüberholbar. Für den christlichen Glauben ist aber auch seine Beteiligung an der Geschichte wesentlich und unaufgebbar. Die Geschichte, auf die er sich zu seiner Begründung beruft, ist zu seiner geschichtlichen Berufung geworden. Mit der Formel „Kommunikation des Evangeliums" bringt man sowohl die geschichtliche Begründung des Christentums wie seine geschichtliche Sendung auf den Begriff. Man formuliert damit das Christentum selbst als einen Geschichtsprozeß: man benennt den dynamischen Kern, der diesen Prozeß in Gang gebracht hat und ihn mit all seinen Formen und Fehlformen im Gang hält. Man muß vielleicht sogar sagen, daß überhaupt erst das Christentum als weltgeschichtliches Instrument der Kommunikation des Evangeliums ein umfassendes Geschichtsbewußtsein als universalen Horizont menschlicher Lebensgestaltung und ein differenziertes Verständnis der Traditionsvorgänge in der menschlichen Kulturwelt ermöglicht hat. Mindestens hat es das Empfinden für die Notwendigkeit, Überliefertes je auf neue Weise wieder lebendig werden zu lassen, ungemein befördert.

Die Kommunikation des Evangeliums ist die generelle Thematik alles dessen, was die Christenheit formell und informell, offiziell und persönlich in der Menschheit vertreten und vermitteln will. Die Formen des veranstalteten Gottesdienstes, die die Kirchen sich in ihrer Geschichte geschaffen haben, so ähnlich oder so verschieden sie im einzelnen sein mögen, stellen allesamt Rituale dar für die symbolische Kommunikation des Evangeliums, als die der christliche Gottesdienst verstanden werden will. Sie sind das konkret gestaltete Ergebnis der Bemühungen, die Ursprungsgeschichte des Christentums im Gedächtnis zu bewahren und darin lebendig zu erhalten, und zwar in den Ausdrucksmitteln je ihrer Epoche und unter den Bedingungen, die diese den Lebensäußerungen und dem geschichtlichen Engagement der Kirchen jeweils auferlegt hat.

Der veranstaltete Gottesdienst in der Christenheit ist darum bemüht, die Herkunftsgeschichte des Glaubens als Hoffnungsgeschichte für seine jeweilige Zeit zu entfalten. In dieser Weise gehören die kirchlichen Gottesdienste der Christenheit zum Geschichtsprozeß des Christentums selber. Sie sind Stationen der Distanz zu ihm und der Anteilnahme an ihm. Sie haben ihn überall miterlitten und auch überall an ihm mitgewirkt.

7.1 *Der Gottesdienst als Indikator der kirchlichen Lage*

Der Gottesdienst ist keine theologische Konstruktion, kein Gedankengebilde. Die innere Nötigung des Glaubens, der Gott ehren und dienen will, führt zu einer äußeren gottesdienstlichen Praxis. Die persönliche Frömmigkeit verlangt danach, sich zu äußern; gemeinschaftlich geteilter Glaube braucht und schafft sich Formen, in denen der gemeinsame Glaube das Gemeinschaftsleben beeinflussen kann und die Glaubenden selber sich vergewissern können. So erwächst die gottesdienstliche Praxis aus elementaren Bedürfnissen, in denen sich dann natürlich auch die mit ihnen entstehenden und sich im Lauf der Zeit klärenden Konzeptionen immer besser zu verwirklichen suchen. Wer seine rituellen und symbolischen Formen und Vorgänge betrachtet und nachzeichnet, sieht sich dabei nicht bloß mit Liturgiegeschichte konfrontiert. Auch nicht bloß mit jener immer wiederkehrenden, grundlegenden, das Christentum tragenden und in ihm zu erinnernden Glaubensgeschichte. Er begegnet dieser vielmehr jeweils in ganz konkreten und kontingenten Phasen im Geschichtsprozeß des kirchlichen Christentums. Bei jedem Versuch, den christlichen Gottesdienst zu verstehen, zu erklären, kritisch zu betrachten oder zu verbessern, hat man ihn in einer konkreten Phase, hat man ein Stück vom Geschichtsprozeß des Christentums selber vor sich. Dazuhin ist jeder dabei immer schon und von vornherein von einer bestimmten, in diesem Geschichtsprozeß selber entstandenen Auffassung des Gottesdienstes und seiner Aufgaben geleitet und muß also deren Bedingungen mit reflektieren. Sowohl die konkrete jeweilige Gottesdienstgestalt wie auch das jeweils leitende Gottesdienstverständnis ist immerdar ein Produkt aus der kirchlichen Lehre und der kirchlichen Lage.

Der veranstaltete Gottesdienst ist eine Lebensäußerung des kirchlichen Christentums, ein Bestandteil der kirchlichen Institution. In ihm kommt die Lehre der Kirche zum Ausdruck: wie das jeweilige Kirchentum, das er repräsentiert, geworden ist und wie es sich selber versteht, was es sein will und was es tun will. In ihm kommt auch die Lage der kirchlichen Institution zum Ausdruck: wie dieses Kirchentum als ganzes und mit seinen Gottesdiensten jetzt dran ist.

Jede Kirche braucht eine Lehre über sich selbst, Leitvorstellungen zur Verständigung darüber, was sie ist, was sie sein soll und was sie tun muß. Aber nur weil es „Kirche" in kirchlichen Institutionen schon gibt, sind Lehren zur Verständigung über ihr Wesen und Wollen, sind ekklesiologische Theorien möglich und nötig. Sie bleiben unvollständig, sie werden sehr leicht zu einem Album der Postulate, wenn sie sich nicht mit der konkreten geschichtlichen Lage der Kirche vermitteln lassen. Nicht ihre spekulative, sondern ihre empirische Erbaulichkeit ist die Probe auf alle ekklesiologischen Visionen.

Man kann die kirchliche Institution als ein Instrument des Zeugnisses und des Dienstes definieren; als Instrument der Kommunikation des Evangeliums. Aus ihrer Ursprungsgeschichte soll eine Geschichte des Glaubens, der Liebe und der Hoffnung entspringen, zur Beunruhigung, zur Hilfe und zum Heil vieler Menschen. Im Werkzeug der kirchlichen Institution soll so, durch „martyria" und „diakonia" das institutionelle und überinstitutionelle Wesen der Kirche aufscheinen, auf dem sozial und politisch zerrissenen Boden der Menschheitsgeschichte soll die Kirche als Ort der Gemeinschaftserfahrung („koinoonia"), als Geschichte der communio sanctorum (der sancti dank der sancta) deutlich werden, in der Menschen durch die Zeichen des Heils zu Gott und zu einander finden. Durch das Bekenntnis der Kirche soll das Verständnis der Kirche, soll die Lehre der Kirche jeweils mit der Lage der Kirche vermittelt und in diese umgesetzt werden: es macht konkret und sagt programmatisch, auf welche Art und gegen welche Entstellungen die Kirche das, was sie nach ihrer Lehre sein will und sein soll, jetzt, in dieser derzeitigen Phase sein muß und sein kann; bis einschneidende Änderungen oder die Summe latenter Wandlungen nach neuen, veränderten Konkretionen verlangen.

Die Lehre von dem, was den Gottesdienst nötig macht, was er sein soll und wie er es sein kann, gehört überall mit der Lehre von der Kirche zusammen. Die communicatio evangelii, die den instrumentalen Sinn der kirchlichen Institution definiert, definiert auch die gottesdienstliche Zentralfunktion. Die communio sanctorum, die in der Kirche als ihr Wesen aufscheinen soll, ist auch die Mitte der gottesdienstlichen Gemeinschaft: als Gemeinschaft der Glaubenden und als Kommunionsfeier. Und auch hier gilt, daß das Leben der Lehre vorangeht: nur weil es den veranstalteten Gottesdienst der Kirche in vielen gottesdienstlichen Veranstaltungen der Kirche schon gibt, sind Lehren zur Verständigung über das, was er sein soll und sein kann, möglich und nötig geworden. Nur weil es Liturgien gibt und zu ihnen kommen mußte, mußte es auch zu liturgischen Theorien kommen. Und alle liturgischen Theorien gingen ins Leere, wären ein Stück l'art pour l'art und machten den Gottesdienst selber ein Stück weit dazu, wenn sie sich nicht mit den Bedingungen der kirchlichen Lage und in ihnen realisieren ließen. Der veranstaltete Gottesdienst ist das repräsentative Zentralstück der kirchlichen Praxis. In ihm sucht das Selbstverständnis der Kirche, das, was sie sein will und sein muß, nach der Gestalt und dem Ausdruck, in denen sie dies derzeit, in ihrer konkreten Lage, sein kann und sein soll – bis öffentliche und unterschwellige Wandlungen auch hier nach Veränderungen, nach neuer Gestaltung verlangen.

Das macht die gottesdienstliche Praxis nicht nur, wie jegliche Praxis, zur Nagelprobe auf die Funktionalität der sie leitenden Theorien. Es macht sie vor allem zu einem fast seismographisch empfindlichen Indikator dessen, was in der kirchliche Lage sichtbar oder unterirdisch vor sich geht. Es besteht ein so enger Zusammenhang zwischen der Art, wie sich der Gottesdienst darstellt, und der geschichtlichen und gesellschaftlichen Lage der Kirche, in der er dies tut, daß man seine Notwendigkeit, seinen Sinn, seine Absichten und Möglichkeiten nicht isoliert in einer Gottesdienstlehre für sich erörtern kann, sondern nur im Zusammenhang mit dem Kirchenverständnis, das in ihm praktiziert wird, und im Rahmen der kirchlichen Lage, in der dies geschieht. Nur wenn man deren Bedingungen mitreflektiert, fällt auf die Beharrlichkeit und auf die Veränderlichkeit der Gottesdienstformen ein erhellendes Licht. Es hat wenig Sinn, dem Wunschgebilde noch so wohlbegründeter Leitvorstellungen vom Gottesdienst unentwegt Postulate für seine Reformen zu entnehmen, die sich nicht mit seinen Formen vermitteln lassen. Und es wird auch nur so möglich, seine häufige kritische oder pseudokritische Denunziation, er sei die Veranstaltung religiöser Illusionen und ein Wahngebilde, mit der Erfahrungswirklichkeit zu konfrontieren und zurechtzurücken. Und es wird schließlich so auch möglich, die empirische Beobachtung seiner Funktionen und Wirkungen samt den „Weissagungen", die sich aus den Tabellen seiner kommunikativen Potenzen und Defizite, seiner Teilnehmerfrequenzen und -erwartungen ergeben, nüchtern und unerschrocken zur Kenntnis zu nehmen und so die theologischen Erwartungen an ihn und die kirchlichen Befürchtungen über ihn an der erkennbaren Lage zu überprüfen.

Dabei dürften zwei Einsichten grundsätzlich bedeutsam sein. Zum einen: man kann die tatsächliche, öffentliche und geistliche Bedeutung der gottesdienstlichen Veranstaltungen in einer bestimmten kirchlichen Lage nicht am Maß ihrer offiziellen, staatlichen und gesellschaftlichen Anerkennung, Vorzugsstellung oder Duldung ablesen. In Zeiten der äußeren Bedrückung kann gerade der Gottesdienst seinen Teilnehmern so viel bedeuten, daß sie dafür ihr Leben riskieren. Selbst wenn er nur innerhalb von privaten Wänden gehalten werden kann und hinter verschlossene Türen verbannt wird, haben diese Wände oft besonders viele und besonders empfindliche Ohren und kommt manchmal unverhofft vieles auch den Abwesenden und der Öffentlichkeit durchs Schlüsselloch zu Ohren. Der underground hat schon immer die Diktatoren geängstet. Und umgekehrt kann er manchmal gerade in Zeiten der öffentlichen Anerkennung und Bevorzugung und der unbehinderten Feierlichkeit seiner Vollzüge so wenig bedeuten, daß er fast nur noch als frommes Alibi dient, um das religiöse Gesamtversagen zu verdecken. In solcher Lage hat dann oft gerade die schneidende Kultkritik aus prophetischem und reformatorischem Mund die wirkliche Bedeutung, die der Gottesdienst haben könnte, erst richtig herausgestellt.

Zum andern: wenn sich zwischen den Erwartungen, die die Theologie an den Gottesdienst vorweg programmiert, und zwischen dem, was die gottesdienstliche Wirklichkeit davon einlöst, ein tiefer Graben auftut, dann steht nie nur der Gottesdienst mit seiner Formenwelt und seinen Veranstaltungsdaten in Frage. Dann hat man es mit einer kritischen Lage des kirchlichen Christentums und des kirchlich vertretenen Christenglaubens im ganzen zu tun. Der scharfe Gegensatz zwischen theologischer Programmatik und gottesdienstlicher Wirklichkeit, der uns heute, oft nur mühsam verschleiert, zu denken gibt und zu schaffen macht, muß in einem weiteren Rahmen als in dem der Gottesdienstlehre allein bedacht und angegangen werden.

7.2 *Der Gottesdienst – Institution in der Krise?*

Daß die gottesdienstliche Praxis vielerorts problematisch erscheint, ist keine Neuigkeit. Man steht oft unter dem Eindruck einer schleichenden Krise.

Was die Kirchen dem Gottesdienst zuschreiben, und auch was man im Gottesdienst, agendarisch und frei, über ihn sagt und von ihm hört, bewegt sich auf hohem Niveau. Bekenntnisschriften, Kirchen- und Lebensordnungen, exegetische und systematische Arbeiten über den Gottesdienst, Pastorallehren und Dienstanweisungen stellen seinen theologischen Rang und seine hohe Bedeutung für die Kirchen und für die Gemeinden nachdrücklich und einhellig heraus. Überall gilt er zweifellos als die Zentralveranstaltung der Kirche und stets wird er von sehr hohen Ansprüchen begleitet.

Es ist aber vor jedermanns Augen, daß den eindrucks- und anspruchsvollen kirchlichen und theologischen Sätzen eine sehr viel anspruchslosere sonntägliche Wirklichkeit gegenübersteht. Nicht selten ist sie bedrückend.

Man muß sich dann freilich sogleich fragen, inwieweit dies eine neue Erscheinung ist und ob man eigentlich das Hauptproblem des Gottesdienstes heute in seinen Teilnehmerzahlen erblicken soll. Ist der kritische Zustand des Gottesdienstes, das Mißverhältnis zwischen Anspruch und Wirklichkeit, zwischen Lehre und Praxis wirklich so neu? Ist dieser Gegensatz zwischen dem gottesdienstlichen Selbstverständnis und dem gottesdienstlichen Augenschein nicht seit langer Zeit groß? Vielleicht ist das Neue heute eher dies, daß jetzt die äußeren Entwicklungen ein bisher oft mühsam genug verdecktes Mißverhältnis vollends unübersehbar gemacht haben – auch in Kirchengebieten, in denen man bislang noch glaubte, gut und gern darüber hinwegsehen zu können? Vielleicht ist also gar nicht die Krise des Gottesdienstes das Neue der heutigen Lage, sondern nur ein verschärftes Bewußtsein davon?

7.2.1 *Abnehmende Teilnahme, zunehmende Isolierung*

Man bleibt im Vorfeld der Probleme, solange man nur und in erster Linie an die Zahlen der Gottesdienstteilnahme denkt. Der Anteil der Kirchenmitglieder, die einigermaßen regelmäßig am Gottesdienst teilnehmen, ist schon lange verhältnismäßig gering. Er ist allerdings seit einigen Jahren im kräftigen Abnehmen begriffen, oft sozusagen „zusehends“. Er ist jetzt vielleicht immer noch rückläufig, unbeschadet der örtlichen Gewohnheiten und der persönlichen Konstellationen, die die Durchschnittsstatistik immer wieder nach oben, aber auch nach unten hin variieren.

Beunruhigender noch dürfte die deutliche soziale Verengung der Teilnehmerschichten sein – auch sie keine neue Erscheinung. Aber besonders häufig beklagt man es, wie wenig der Gottesdienst üblicherweise von einer wirklichen Glaubensgemeinschaft zum Ausdruck bringt, wie wenig er für eine lebendigere, konkrete Gemeinschaft leistet. Man ist beeindruckt von der geringen kommunikativen Potenz einer Veranstaltung, die um der Kommunikation des Evangeliums willen geschaffen wurde. Freilich muß man zu diesem Desiderat alsbald anmerken, daß auch die Zahl derer nicht klein ist, die im Gottesdienst weniger nach persönlicher Gemeinschaft als nach privater Erbauung verlangen und gern anonym bleiben wollen. Es ist manchen frommen und weltfrommen Besuchern des Gottesdienstes willkommen, daß man sich hier auch als Publikum fühlen und benehmen und darin die eigenen Glaubensversuche, Glaubensbedürfnisse, Glaubensbeziehungen und Fehlanzeigen unterbringen kann, ohne sich abfragen und reglementieren lassen zu müssen. Und mancher, der nach Gemeinschaft verlangt oder sie in der Kirche vermißt, vermißt sie im Gottesdienst nicht; nicht weil sie dort partout nicht zu finden wäre, sondern weil er oft gerade dort in concreto vor dieser Gemeinschaft zurückschreckt.

Der Gottesdienst ist für viele Kirchenmitglieder in der Tat, so scheint es, völlig oder fast völlig entbehrlich geworden. Unter diesen ist freilich eine große Gruppe von solchen, die ihn gerne erhalten wissen wollten (theoretisch in modernen, praktisch dann meist doch am liebsten in den vorhandenen Formen), auch wenn sie ihn selbst nicht besuchen: als eine Möglichkeit, deren sie sich in einem Ernstfall bedienen könnten. Mit dieser Entwicklung folgt der Gottesdienst im protestantischen Raum der Entwicklung der Abendmahlsteilnahme nach: eine Feier, die zwar als nötig beteuert, aber nicht auch so erlebt wird, bekommt den Charakter einer freiwilligen Sonderleistung, einer frommen Zusatzbemühung.

In dieser Entwicklung wird etwas sichtbar, was, wie es scheint, fast alle großen christlichen Kirchen betrifft. Es könnte sogar zu einem Problem für andere große Religionen geworden sein. Die ursprünglichen vitalen Potenzen der großen Religionen und ihrer Institutionen, ihre kulturellen Erziehungs- und Gemeinschaftsleistungen sind großenteils von dem Kulturboden aufgesogen worden, auf dem sie erwachsen sind – wenn auch teilweise mit bedeutenden Erträgen. Manches ist, wie es immer geschieht, ganz versickert. Andres scheint in Kavernen religiöser Subkultur oder Gegenkultur abgesunken zu sein. Das kann ein Prozeß der Verpuppung sein, der hoffen läßt, oder eine Alterserscheinung, die bedenklich stimmt, oder eine alarmierende Verfallserscheinung. Jedenfalls muß man sich fragen, ob sich heute die religiöse Szene in der Christenheit nicht auf weite Strecken so darstellt: Alles, was vom Christentum nicht in die allgemein anerkannten oder zugrundegelegten Wertvorstellungen, in den common-sense christlicher Selbstverständlichkeiten eingegangen ist; alles, was irgendwie als etwas besonders Christliches darüber hinaussteht – besondere Offenbarungsansprüche für Spitzensätze der theologischen Glaubenslehre, besondere Beteiligungsansprüche hinsichtlich der gottesdienstlichen oder der kirchengemeindlichen Praxis, Zumutungen konkreter, nichtkonformer, sozialer und politischer Aktivitäten: all dies steht in einer oft auffallenden Isolierung da. Entweder wird es als kirchliche Zumutung abgelehnt, oder wird es an der Kirche gerade besonders vermißt. Entweder sieht man darin institutionell den Ausdruck profilierter Kirchlichkeit, oder es erscheint subkulturell als Ausdruck intensiverer Religiosität oder eines besonderen, christlich motivierten sozialen Gruppenengagements.

Auch die konfessionellen Besonderheiten des Gottesdienstes fallen für das allgemeine Bewußtsein weitgehend unter die Kategorie dessen, was über das Allgemeine und Selbstverständliche „hinaussteht“: man überläßt diese institutionellen Besonderheiten der kirchlichen Verwaltung und solchen Gruppen, die sich damit noch engagiert oder enragiert identifizieren mögen. Man betrachtet aber die Pflege eines ausgeprägt konfessionellen Lebens und seiner Besonderheiten im allgemeinen nicht als das, was die Gottesdienstteilnahme begründet, trägt oder besonders anziehend und verpflichtend macht. Es ist die „Kirchlichkeit“ der Christen, die sich darin profiliert. Sie kann sich konkret nicht anders als konfessionell oder denominationell profilieren. „Kirchlichkeit“ aber wird als ein eigenartig isoliertes Phänomen gesehen und ziemlich ambivalent beurteilt: fast wie ein Charakterzug oder wie ein ererbter Lebensstil, den man akzeptieren muß, respektieren kann, aber nicht sonderlich attraktiv findet. Christliche „réligion civile“ sieht in der Kirchlichkeit ein Zuviel an institutioneller Zumutung und im subkulturellen christlichen Gruppenengagement ein Zuviel an religiöser oder sozialer Verpflichtung. Christliches Gruppenengagement dagegen sieht in der „Kirchlichkeit“ ein Zuviel an institutionellem Aufwand und ein Zuwenig an geistlicher Verbindlichkeit; an der christlichen „réligion civile“ beklagt man dann das Fehlen von beidem. Von beiden Seiten aus wird so „Kirchlichkeit“ nicht ohne Selbstgefälligkeit als „bloße Kirchlichkeit“ angesehen; als Erfüllung konfessioneller Normen, die darüber hinaus nur geringe Tragweite haben.

Die Auswirkungen des veranstalteten christlichen Gottesdienstes auf die Lebensgewohnheiten, die familiären und öffentlichen Sitten und auf das persönliche und das gesellschaftliche Verhalten scheinen, soweit man dies äußerlich nachprüfen kann, im großen und ganzen gering zu sein. Unterschwellig wird man seine langfristigen Einwirkungen auf das Bewußtsein der Teilnehmer und seine indirekten Auswirkungen auf ihre Umwelt freilich nicht für ganz unerheblich ansehen können[2]. Er wird allerdings wesentlich stärker wirksam im Sinn des beharrlichen Festhaltens an überkommenen Wertvorstellungen gegenüber kollektiven Zeitströmungen

2 Daß man so oft und so beredt darüber Klage führt, daß der Gottesdienst nur stabilisierend wirke, spricht mindestens unfreiwillig gegen die manchmal damit verbundene These von seiner völligen Irrelevanz.

als im Sinn des Einübens neuer Denk- und Verhaltensweisen. Daß die Kirchen geachtet werden und ihr Gottesdienst stattfindet, paßt in die Landschaft der geltenden Werte hinein. Aber das Gespenst der privaten Sonderwelt, der religiösen Isolierstation und der öffentlichen Belanglosigkeit kauert oft unter den Kirchenbänken; die Multiplikation von Trivialitäten schafft keine besondere kommunikative Kompetenz. Das gilt nicht bloß dort, wo man in einer insularen religiösen Sprachwelt verharrt, sondern auch und fast mehr noch, wo man sich mit fortschrittlichen Randbemerkungen an fast allem, was jetzt gerade „dran" ist, beteiligt.

Für ihren Gottesdienst sind die Kirchen zweifellos selber zuständig. Daß er in ihre alleinige institutionelle Verantwortung fällt, ist die vielleicht am wenigsten umstrittene Einsicht, was den kirchlichen Gottesdienst angeht. Aber im Grund ist auch diese unbestrittene Überzeugung zugleich ein Spiegelbild der Isolierung, die ihn bedroht: man plaziert ihn im Abseits des öffentlichen Interesses, indem man die kirchliche Alleinzuständigkeit für ihn konzediert. Daß er pietätvoll behandelt wird, ist fast ebenso selbstverständlich wie daß „man" nicht hingeht. Es ist möglich, daß auch diese Rücksichtnahme allmählich entfällt. Es kann Hand in Hand damit gehen, daß auch die Abwanderung aus dem Raum jener traditionellen und institutionalisierten Sprache, in dem die Rede von Heil und Erlösung als sinnvoll verstanden wird und in dem noch christlich-dogmatische Grundorientierungen vorliegen, sich beschleunigt[3]. Das Leiden am aufgezwungenen, nicht überbrückbaren Abstand des Gottesdienstes vom Leben, in dem die Entscheidungen fallen, kann quälend sein. Es sollte freilich die Erinnerung nicht ganz verdecken, daß der abständige Ort für den Gottesdienst nicht bloß ein Verbannungsort sein muß: ganz ohne Abstand greift jede Anteilnahme zu kurz.

3 Vgl. Religionsgespräche/Zur gesellschaftlichen Rolle der Religion, hrsg. v. H. E. Bahr, Luchterhand 1975. „Ich weiß nicht, wieviele heute noch solche ja eigentlich dogmatischen Orientierungen haben, aber ich meine sicherlich so 1/5 bis 1/3 der Gesellschaft" (Krohn, aaO S. 18). „Praktische Fragen behandelt man natürlich immer in einer traditionsbestimmten Sprache. Und es mag sein, daß die wesentlichen Prädikate ... einer solchen Sprache – das, was Sie hier vielleicht Sinnkonzeptionen nennen – also einer Sprache, in der man von Erlösung sprechen kann, einer Sprache, in der sowohl Glück wie Leid in Beziehung gesetzt werden können zu Kategorien wie Heil und Erlösung, vielleicht Ausschnitte aus einer der verschiedenen Traditionssprachen der religiösen Überlieferung darstellen. Es kommt dann darauf an, ob es in der auf eine bestimmte Lebenspraxis bezogenen Rede in einer bestimmten Situation noch akzeptabel erscheint, daß man in einer Sprache redet, in der solche Grundbegriffe wie Heil und Erlösung auftreten. Oder ob man sagt: wenn du das so sagst, dann kann ich darin das, was ich möchte, nicht ausdrücken, ich kann mich darin nicht wiedererkennen. Deshalb können wir die diskursive Rede auch als Medium der Traditions f o r t bildung in dem Sinne verstehen, daß man sich über die Akzeptabilität solcher Sprachen verständigt" (J. Habermas, aaO S. 21 f.).

7.2.2 *Die Abschwächung der konfessionellen Besonderheiten*

Wo man es nur mit *einer* Kirche zu tun hat und die Verwaltung der geltenden Religion und der anerkannten Gesinnung durch sie unbestritten ist, hat ihr Gottesdienst einen hohen, repräsentativen Rang. Er erinnert, sanktioniert und dekoriert die geltenden Werte. Nur in öffentlichen Konfliktsituationen bekommt er dann schärfere Konturen und die Teilnahme an ihm, sonst eher selbstverständlich und zu nichts verpflichtend, vermehrtes religiöses Gewicht.

Die Kirchentrennung infolge der Reformation hat dem kirchlichen Gottesdienst ein neues Profil verschafft: das konfessionelle. Sie ist ja gerade durch die Änderungen im Gottesdienst unwiderruflich geworden. Aus der Teilnahme am Gottesdienst wurde jetzt das Bekenntnis zum neuen Bekenntnis. Das Nebeneinander verschiedener christlicher Gottesdienste und die konfessionellen Rivalitäten mußten zunächst die Frage nach dem wahren christlichen Gottesdienst in erregender Weise einschärfen – für das reformatorische Gottesdienstverständnis war sie zur Leitfrage geworden. Sollte es im Gottesdienst primär um die sakramentale Verankerung christlicher Moral im Wurzelboden der Frömmigkeit oder primär um die Gewissensunterrichtung durch die Predigt, um ein christliches Verhalten in der Freiheit des Glaubens in Welt und Beruf und Gemeinde gehen?

Die Gewöhnung an die konfessionellen Unterschiede und der Abschluß der Reformationsgeschichte mit einer mehr oder weniger gewaltsamen konfessionellen Flurbereinigung entschärfte die Rivalität der Gottesdienste bald wieder. Sie nahm auch der darin lauernden Frage, welches der (allein?) wahre und welches der verfälschte oder verfälschende Gottesdienst sei, viel von der Brisanz, von der religiösen Leidenschaft und dem drohenden Fanatismus, die sich mit ihr verbinden konnten. Allerdings halten gerade die Gottesdienste der christlichen Kirchen die konfessionellen Abgrenzungen und Verschiedenheiten nach wie vor überall am nachhaltigsten aufrecht und bringen sie immer wieder jedermann neu zum Bewußtsein. Die politischen und kulturellen Entwicklungen haben die konfessionelle Gebietsaufteilung unterhöhlt, ausgewaschen und an vielen Orten durch eine bunte Gemengelage ersetzt. Das hat nicht wenig dazu beigetragen, daß einige Vorurteile, die sich im schiedlich-unfriedlichen Nebeneinander einnisten konnten, sich spürbar ermäßigt haben: sie hielten der Realitätsprüfung durch den Augenschein nicht mehr stand. In konfessionell gemischten Gebieten ist die gottesdienstliche Atmosphäre neuerdings meist sehr viel gastfreundlicher und auch probierfreudiger geworden.

Über das Auf und Ab von Annäherung und Abstandnehmen hinweg ist aber eine veränderte Grundstimmung und im Zusammenhang damit eine veränderte Bewertung der konfessionellen Verschiedenheiten überhaupt und vor allem im Gottesdienst unverkennbar: man akzeptiert sie jetzt weitgehend in historischer Nüchternheit als institutionelle Schranken. Man akzeptiert auch die Tatsache, daß die offiziellen Kirchen sie überall im Sinn ihrer Traditionen weiterzupflegen und zu verwalten geneigt sind.

Man kann ja die Augen nicht davor verschließen, daß das tatsächliche Gewicht der konfessionellen Besonderheiten, gerade auch wie sie sich im gottesdienstlichen Leben darstellen, für die Ausprägung verschiedener Frömmigkeitstypen sehr groß ist und daß erfahrungsgemäß veränderte Theorien daran kaum etwas ändern. Aber darüber hinaus hat sich die konfessionelle Trennschärfe in gleichem Maß abgeflacht, in dem die ökumenische Vielzahl und Vielartigkeit christlicher Kirchen und Gottesdienste nicht bloß theoretisch stärker bewußt, sondern auch durch das Näherrücken der Regionen und Kontinente und durch die Medien lebendig anschaulich wurde.

Unausgestanden und manchmal auch uneingestanden blieb freilich die Frage nach der Bewertung der hier vorliegenden, ererbten Gestaltungs- und Lehrunterschiede ohne Antwort zurück. Protestantische Theologen werden heute weniger leicht geneigt sein, von der katholischen Messe auf den Spuren reformatorischer Spitzensätze als von einer „vermaledeiten Abgötterei" zu sprechen[4]. Umgekehrt werden katholische Theologen eher geneigt sein (und vielleicht auch sein müssen!), die Insuffizienz protestantischer Abendmahlsfeiern – neben der großen ökumenischen Bedeutung der kaum einhellig lösbaren Amtsfrage – mit kritischen Vorbehalten anzumahnen. Doch im ganzen bleibt es wohl unwiderruflich dabei, daß sich die engagierten theologischen Verwerfungsurteile nicht mehr zur leidenschaftlichen Sache der Gläubigen machen lassen werden. Gegenüber dem wachsenden weltanschaulichen Pluralismus und Indifferentismus werden die konfessionellen Profilierungen der Gottesdienste oft mehr als Störung und Hemmung eines nötigen gemeinchristlichen Angebots und als eine Zumutung, als eine lästige Schranke empfunden. Als anregende konfessionelle Vielfalt kann man sie vielleicht noch gelegentlich, als anstachelnde Frage nach dem wahren Gottesdienst und dem wahren Glauben wird man sie kaum mehr erleben. Dazu sind sie jetzt viel zu sehr zur Sache eines historischen Schicksals, eines überkommenen Loses geworden.

Die ökumenische Bewegung hat schon lange eine ihrer Daueraufgaben darin gesehen, nach Wegen zu suchen, die die zwischenkirchlichen Gemeinsamkeiten stärker bewußt machen und sofern möglich auch mehr gottesdienstliche Gemeinschaft verwirklichen könnten. Auch unter den Kirchenmitgliedern finden Versuche mit gemeinsamen Gottesdiensten auf beiden Seiten in jenen Kreisen, die für Gottesdienste praktisch noch an-

4 Heidelberger Katechismus 1563, Frage 80: „... Und ist also die Messe im Grund nichts andres, denn eine Verleugnung des einigen Opfers und Leidens Jesu Christi und eine vermaledeite Abgötterei". Lt. epd-Nachrichtenspiegel Nr. 14 vom 6.4.1977 hat das Moderamen des Reformierten Bundes beschlossen, den anstößigen Schlußsatz der Frage 80 des Heidelberger Katechismus in allen Neuauflagen mit folgender Fußnote zu versehen: „Der Katechismus spricht hier die harte Sprache des Kampfes, der in der Reformationszeit um die rechte Lehre geführt wurde. Der Gegensatz der Auffassungen über die römisch-katholische Messe und das evangelische Abendmahl besteht auch heute noch. An die Stelle der Verdammung ist aber das ökumenische Gespräch zwischen den Kirchen getreten".

sprechbar sind, ein freundliches, manchmal sogar ein warmes oder erleichtertes Interesse. „Tu, felix Austria, nube" – die Mischehen werden zum Ferment einer liturgischen Symbiose. Dieses freundliche Interesse bleibt zwar zumeist noch ebenso sporadisch wie die entsprechende gottesdienstliche Praxis. Denn von einer neuen Praxis wird man erst dann reden können, wenn sie nicht mehr als neu, sondern als selbstverständlich empfunden wird. Immerhin steckt hinter dem Interesse mehr als bloß der Reiz des Neuen. Es wird da immer auch etwas virulent von dem Unbehagen darüber, daß Unterschiede zu scharfen Trennungen führen sollen, ohne daß deren Schärfe jedermann hinreichend einleuchtend gemacht werden kann. Eine neue Praxis hat es nie leicht gegen eine alte Gewohnheit; bis sie sich einbürgert, dauert es lange. Daß sich die konfessionellen Unterschiede in den Gottesdiensten einebnen sollten, ist weder anzunehmen noch auch ohne weiteres zu wünschen. Ihre Bewertung wird aber vom christlichen common-sense, wie es scheint, relativiert, und auf die Länge wird diese Entwicklung vermutlich entscheidend bleiben.

Wenn der Gottesdienst inzwischen auch auf ökumenischen Weltkirchenkonferenzen zu einem eigenen Thema geworden ist, dann ist dies allerdings nicht bloß die Fortsetzung einer ökumenischen Dauer- und Fleißaufgabe gewesen. Es ist vielmehr unter dem Eindruck einer viel tiefergehenden Krise geschehen, von der der Gottesdienst in den meisten großen Kirchentümern betroffen zu sein scheint. Der Eindruck derselben schwerwiegenden Krise hat die Liturgie auch zu einem zentralen und folgenreichen Verhandlungsgegenstand auf dem 2. Vatikanischen Konzil gemacht und den Gottesdienst zu einem sorgenvollen Thema auf evangelischen Kirchentagen werden lassen. Man hat dort – nicht ohne Erfolg – versucht, das Verständnis für gottesdienstliche Reformen zu vermehren. Auch nach vielen schwungvollen Anfangsversuchen und nach der unvermeidlichen Phase der Ernüchterung bleibt diese Aufgabe gestellt. Es hat sich bestätigt, daß hier vieles zu tun und einiges zu ermöglichen ist. Freilich muß sich damit auch die andere Einsicht verbinden, daß die derzeitigen Schwierigkeiten mit dem Gottesdienst sich nicht alleine mit Gottesdienstreformen beheben lassen.

7.2.3 Die Vielgestalt der Motive und der Erwartungen

Für viele ist die Nichtteilnahme am Gottesdienst so selbstverständlich geworden, daß diese Gewohnheit auch dort nahezu grundsätzlichen Charakter besitzt, wo sie, wie in der Mehrheit der Fälle, durchaus nicht auf den artikulierten und bewußt vollzogenen Entschluß einer grundsätzlichen Ablehnung zurückgeht. In der Regel dürfte mit dieser negativen Gewohnheit freilich eine zunehmende Entfremdung vom christlichen Glauben verbunden sein; mindestens wird der Abstand von seinen amtlichen Ausdrucksformen als erheblich empfunden. Das Gros verharrt noch in jener ungeklärten, aber nicht unstabilen Allgemeinchristlichkeit, zu deren Selbstverständlichkeiten es gehört, daß man die institutionelle Mitgliedschaft aufrechterhält, die kirchlichen Erziehungshilfen für die Kinder voll oder partiell übernimmt, im Bedarfsfall die kasuellen Dienste der Kirche beansprucht und sich keineswegs an irgendwelchen regelmäßigen Aktivitäten der kirchlichen Praxis beteiligt.

Die Motive für eine regelmäßige oder abgestufte Gottesdienstteilnahme sind nicht schlüssig aufzuhellen und auch nicht bündig auf Schichten und Altersgruppen zu verteilen. Man kann sie nur einigermaßen grob aufrastern[5]. Familiengewohnheiten, Erziehung, Einzelerlebnisse, persönliche Verbindungen können nach beiden Richtungen wirken. Wo es zu stärkerer kirchlicher Praxis kommt, lassen sich fast immer auf einem oder mehreren dieser Sektoren positive Vorgänge eruieren. Aber auch wer die kirchliche Werte-Repräsentanz in der Gesellschaft im allgemeinen bejaht, nimmt deshalb noch lange nicht regelmäßig am Gottesdienst teil. Wer aus dem Gottesdienst abwandert, tut es nicht unbedingt deshalb, weil ihn die Teilnehmerrolle zu wenig befriedigt, die ihm dort angesonnen und agendarisch unüberwindbar gemacht wird; weil man also mit dem sonst eifrig vertretenen Wunsch nach mehr Mitsprache gerade im Gottesdienst so wenig auf seine Kosten kommt[6].

Was sich mit Sicherheit feststellen läßt, ist, daß der Gottesdienst gerade für den Kreis seiner regelmäßigen oder sporadischen Teilnehmer nicht bloß ein Ort erhebender Erlebnisse, guter Gewohnheiten, heimatlicher Empfindungen, nicht selten auch massiver Enttäuschungen ist, sondern daß er für sie alle einen Treffpunkt ganz unterschiedlicher, teilweise auch ganz widerspruchsvoller Erwartungen darstellt.

Generell muß man sehen, daß alle Erwartungen an den Gottesdienst von ihrer Zeit mitformuliert werden. Sie sind einbezogen in das breite Spektrum der zeitgenössischen Hoffnungen, in deren Schubkraft und in ihr Erlöschen. Sie können sich selber so sehr widersprechen, daß sie in ein

5 Sozialempirische Beobachtungen können u. a. dazu helfen, daß man persönliche Bedürfnisse nicht allzubehend verallgemeinert. Auch ist hier selbstverständlich die Erinnerung angebracht, daß man sicher nur weniges in Sachen Gottesdienst zwischen Labrador und Sri Lanka, Moskau und Buenos Aires, San Franzisko, Johannesburg und Drontheim auf einen globalen Nenner bringen kann. Die Regionalisierung der liturgischen Kompetenzen, die man auf dem 2. Vatikanischen Konzil beschlossen hat, ist ein Signal dafür.

6 E. E. Bahr (Religionsgespräche . . ., aaO S. 23) spricht einmal von einer „kindhaften Fütterungshaltung", aus der herauszutreten sehr schwer sei. Daß der Wunsch nach engagierter aktiver Mitsprache im Gottesdienst außerhalb relativ kleiner und theologisch besonders beteiligter Kreise wie etwa in den Studentengemeinden sehr verbreitet wäre und nur auf Anstöße warte, und daß der Abschied vom herkömmlichen Gottesdienst bei vielen wirklich darin begründet wäre, wird man kaum annehmen können. Angesichts des Gottesdienstes gibt es wohl nicht bloß infantile Versorgungswünsche, sondern auch eine verständliche Abneigung gegen die Zumutung allzu globaler Verantwortlichkeiten und gegen inkompetentes Gerede sowie ein natürliches Empfinden dafür, daß hinter dem rezeptiven Gefälle des Gottesdienstes etwas mehr als ein abklingendes patriarchalisches Zeitalter stehen könnte.

und demselben Gottesdienst unmöglich eingelöst werden können. Sie können auch so beschaffen sein, daß sie kein Gottesdienst einlösen kann, weil sie ganz an seinem eigenen Sinn und seinen Absichten oder Möglichkeiten vorbeigehen.

Wo man an den Predigtgottesdienst als an das gottesdienstliche Grundmodell gewöhnt ist, pflegen sich die Erwartungen hauptsächlich auf das Glaubenszeugnis zu richten, das er ablegen oder darstellen soll. Er sollte eine Zufluchtsstätte für Bedrängte, Ermüdete, vom Leben gekränkte Menschen sein können, von der Luft der Freude und der Gewißheit erfüllt, nicht von Zweifeln angekränkelt und von Problemdiskussionen verunsichert. „Dort die Ruhe zu finden, in der man von sich selber ausruhen kann, um dann neue Kraft zu gewinnen, ist zumindest eine von seinen Funktionen"[7].

Für manche schließt dies in der Regel den Wunsch nach gebührendem Abstand zum Tagesgeschehen ein, für andre den Wunsch, gerade im Angesicht des Tagesgeschehens dort gewißmachende Hilfe zu finden.

Sicher soll der Gottesdienst nicht nur ein rettendes Ufer für Schiffbrüchige sein und für manches Strandgut des Lebens, das dort – selten genug – angeschwemmt wird. Er soll Stätte der Zuflucht und der Gewißheit auch für Menschen in der Vollkraft des Lebens und in der Freude ihrer Lebenserfolge sein können. Das macht ihn notwendig auch zu einem Ort der Gewissensbeunruhigung und des Diskurses. Man will sich auch in seinen Zweifeln ernstgenommen, in seinen Lebensschwierigkeiten verstanden sehen. Man möchte in ein besseres Verständnis des Glaubens und gleichzeitig auch des Zeitgeschicks eingewiesen werden, eines nicht ohne das andre, und keines von beidem nur autoritär. Manchen wird es zur Hilfe, wenn sie Bekanntes bestätigt finden, wenn ein häufig gebrauchter Vorrat an Worten und Zeichen sich oft wiederholt. Für andre beginnt die Hilfe erst dort, wo der Prediger, der den Gottesdienst hält, sich in persönlich riskierten Worten und Formeln um ein von ihm selber und mit dem zeitgenössischen Denken nachzuvollziehendes Verständnis des Glaubens bemüht, oder wenn er nicht bloß Glaubensvorstellungen erörtert, sondern auch von Dingen spricht, die man tun oder lassen oder bessern sollte[8].

Besonders widersprüchlich sind die Erwartungen an den Gottesdienst, die die Gemeinschaft betreffen. Viele möchten sich dort von Gott, aber auch von den Menschen verstanden, angenommen und aufgenommen erfahren. Sie möchten mehr Gemeinschaft entdecken als nur jene steife Freundlichkeit, wie sie im Auditorium unter den Besuchern eines gemeinsam interessierenden Lehrvortrags herrscht. Andern ist eine Gemeinschaft mit

7 E. Jüngel, Anfechtung und Gewißheit des Glaubens oder wie die Kirche wieder zu ihrer Sache kommt – Kaiser-Traktate 23, München 1976, S. 31.

8 Wo die Gewissensbeunruhigung allzu allgemein und global bleibt, da verbindet sie sich nur zu leicht mit dem Eindruck des eigenen Unvermögens und Ungenügens und führt dann zu nichts.

eher bescheidener Wärme willkommen, die niemand zu nahe tritt und auch den Wunsch respektiert, für sich bleiben zu wollen. Sie sind argwöhnisch gegen Gefährdung durch kollektive Neurosen und gegen Zwangsverpflichtungen zu gemeinsamen Vorurteilen. Den einen ist die gottesdienstliche Gemeinschaft zu minimal, wenn sie sie an ihrem christlichen Anspruch messen. Für andere stellt sie, gerade weil sie auch Abstand und Freiheit ermöglicht, die einzig erträgliche und dem Glauben angemessene Form religiöser Gemeinschaft dar.

Schließlich wollen nicht wenige widersprüchliche Erwartungen die Kirche als Dienstgemeinschaft in ihren Gottesdiensten manifest werden sehen. Dahinter kann das Wissen stehen, wie verhängnisvoll es ist, wenn der gefeierte und der gelebte Gottesdienst sich nicht mehr entsprechen. Eine Ungeduld, die den Glauben ehrt: man möchte gemeinsam und wirksamer tätig werden, den breiten, garstigen Graben zwischen der Innerlichkeit und der tätig wahrgenommenen Verantwortung, zwischen vita contemplativa und vita activa, zwischen Wort und Tat zuschütten helfen. Man ist es leid, als Einzelner nach dem Gottesdienst mit allen guten Vorsätzen wieder allein gelassen zu werden. Beunruhigte und vom Zeitgeschick umgetriebene Zeitgenossen wollen oft einfach auch wissen, was der Gottesdienst nützt für die Fragen, in denen sie selbst engagiert sind; ob man ihn dem Ewiggestrigen zurechnen muß oder ob er auch neue Gedanken und Ziele freisetzen kann. Stalins Frage nach den Divisionen des Papstes wird man zwar kaum so massiv an die Kirche und ihren Gottesdienst herantragen wollen. Aber daß er auch auf seine Brauchbarkeit für die eigenen Ziele getestet wird, und daß besonders die Stärke der Predigt in dieser Hinsicht zu ihrer akuten Gefährdung werden kann – wer wollte und könnte dies von der Hand weisen! Mancher beklagt am Gottesdienst, daß er fast immer die alten und gleichen Dinge bestätige – man sähe lieber die eigenen Ziele bestärkt.

Was man nach dem Gottesdienst tun muß, steht in der freien Gewissensentscheidung der Glaubenden und ist von ihnen mit guter Vernunft zu ermitteln. Der Gottesdienst kann mit dem, was er von seinem Abstand aus anspricht, die Gewissen schärfen; die Predigt kann Vorschläge machen, aber keine Entscheidung erzwingen. Es muß keine Flucht vor Konflikten und vor im Glauben verantworteter konkreter Parteinahme sein, wenn sich viele vom Gottesdienst auch einen Urlaub von ihrem Pflichtenheft und von ihrem gehäuften Leistungssoll erhoffen. Gerade das Abstandschaffen kann die erstaunlichsten Folgen haben: daß man nicht mehr so leicht der Manipulation durch geschickte Informatoren oder den Dilettantismen des Gutgemeinten, aber unzureichend Durchdachten verfällt; daß man auf dem vieldurchfurchten Boden der unabwendbaren Pflichten und der oft so schwierig wahrzunehmenden freien Möglichkeiten mutiger und bedächtiger Tritt fassen kann ...

Man kann kaum einer dieser gegenläufigen Erwartungen ihr Recht bestreiten. Man kann nur feststellen, daß ein einzelner Gottesdienst nie mit ihnen allen zurechtkommen kann. Z. T. spiegeln sie wider, welchen Erwartungen der kirchliche Gottesdienst lange Zeiträume hindurch nachzukommen versuchte. Z. T. spiegeln sich in ihnen aber auch die mittlerweile so stark veränderten Verhältnisse wider: die gewandelte öffentliche Stellung der Kirche, die verschwundenen kirchlichen und christlichen Selbstverständlichkeiten, die gesteigerten Ansprüche an die kirchliche Glaubwürdigkeit, das Wissen um die ökumenische Vielzahl der christlichen Gottesdienste.

Wie immer man die Krise, von der der kirchliche Gottesdienst heute vielfach bedroht scheint, ihre Gründe, ihren Tiefgang, ihre Prognosen beurteilen mag: der Zustand ihrer Gottesdienste macht die Anfrage an die Kirchen dringlich, unter welchen kirchlichen – und keineswegs nur: unter welchen liturgischen! – Leitvorstellungen sie ihre heutige gottesdienstliche Praxis überdenken und gegebenenfalls auch verändern wollen, um ihrer wieder gewisser und froher zu werden.

7.3 Der Gottesdienst – Institution im Übergang

Auch wenn der Zustand der Gottesdienste und vor allem der Teilnahme an ihnen mancherorts beklagenswert, andernorts alarmierend, in nicht wenigen Gegenden bedrückend und in einigen Landstrichen und Großstadtgebieten schlicht desolat ist, wäre es vielleicht ein erster, weiterführender Schritt, sich daran zu erinnern, daß es die raison d'être der Kirche in der Geschichte ist, „Institution im Übergang" zu sein[9]. Für die gottesdienstliche Praxis und für die Vorstellungen, nach denen man es mit ihr hält, ist es jedenfalls von großer Bedeutung, in welchen konkreten Übergängen man die Kirchen heute begriffen sieht.

7.3.1 Kirche im weltanschaulichen Pluralismus – das veränderte Umfeld des Gottesdienstes

Das erste, was hier zu verarbeiten ist, ist ein tiefgehender Wandel in der Einstellung zur Kirche als der institutionellen Vertretung der christlichen Religion. Er scheint weniger von den dort vertretenen Glaubensinhalten verursacht zu sein; er scheint viel mehr ein Stück der ganz allgemein kritisch gewordenen Einstellung gegenüber jeder Art von institutionalisierter Autorität zu sein, die für die heutigen Gesellschaftsentwicklungen kennzeichnend ist. Doch wird dieser Wandel freilich begleitet und nicht unerheblich verschärft durch einen gleichzeitigen Prozeß sprachlicher und prak-

9 Als W. D. Marsch sein Buch über die Kirche „Institution im Übergang" überschrieb (Göttingen 1970), wollte er darin den Ertrag der Kirchenreformbewegungen verarbeiten, hat also vor allem an diese Übergangsepoche gedacht. Man wird aber darin auch eine grundsätzliche Ortsangabe für die Kirche in der Geschichte sehen dürfen, ähnlich wie etwa schon Luther auf den Spuren der Mystik den irdischen status jedes Christen als ein transire, als phase mysticum, als transitus beschreiben konnte – z. B. Schol. Hb 9,24 – W 57, 217 f., oder Gl Rm 8, 21 – W 56, 80.

tischer Entfremdung. Große Teile der christlichen Sprachwelt und viele Selbstverständlichkeiten religiöser Praxis, zumal das persönliche Gebet, wirken auf immer mehr Zeitgenossen zunehmend fremd und insular, trotz aller sprachlichen und praktischen Brückenschläge, die man kirchlich mit Eifer versucht. Wo sich Sitten nicht mehr von selbst übertragen, bleibt auch der zugehörige Sprachraum zurück. Es scheint, daß die äußere Distanz zur Kirche, die man für die „Arbeiterklasse" seit langer Zeit feststellen und hinnehmen mußte, sich nun auch auf die (mittleren?) Bildungsschichten ausdehnt, und in diesen kann dann die innere Distanz zur Kirche sehr rasch noch größer und radikaler werden, weil der dortige Bildungszuschnitt überwiegend kognitive Standortbestimmungen verursacht und diesen dann nicht sehr viele affektive Pietätsbindungen entgegenstehen.

Das Umfeld der Kirchen und ihrer Gottesdienste wird hierzulande überwiegend vom weltanschaulichen Pluralismus bestimmt. Den kann es freilich in Wirklichkeit nirgends ganz uneingeschränkt geben. Geschichtlich gewordene Grundüberzeugungen und Wertvorstellungen prägen überall schon von vornherein das Verständnis der Freiheiten, die dann die Staats- und Gesellschaftsverfassung jeweils gewähren und schützen soll. Die Glaubens- und Gewissensfreiheit gehört nahezu überall mindestens theoretisch zu den anerkannten und hochgehaltenen Werten: niemandem soll aus seiner religiösen Überzeugung ein Nachteil erwachsen, solange diese keine gemeingefährlichen Folgen nach sich zieht. Wo sich die Staaten mit ideologischem Nachdruck bestimmten sozial- und gesellschaftspolitischen Programmen verschreiben, wird die religiöse Glaubens- und Gewissensfreiheit, besonders was die religiöse Praxis angeht, allerdings sehr restriktiv ausgelegt. Wo die politische Emanzipation von übermächtigen kirchlichen Einflüssen nur mit Mühe erfolgt oder erfolgt ist, da pflegt dann die „laizistische" Gesinnung, die dort zumeist die „réligion civile" beherrscht, bei allem Respekt vor christlichen Grundwerten nicht ohne Animositäten gegenüber allen mißtrauisch registrierten kirchlichen Ansprüchen zu bleiben; eine Erinnerung mehr daran, daß und wie sehr man die praktische Glaubensfreiheit oft gerade den Kirchen abringen mußte. Anderwärts hat sich, zum Teil durch das Nebeneinander der Konfessionen begünstigt, die Stellung der Kirchen in Staat und Gesellschaft organischer, ohne eklatanten Bruch oder ideologisch-politische Gegenbewegungen, entsprechend den Lebens- und Denkbedingungen der Neuzeit entwickelt und verändert. Dort ist dann der weltanschauliche Pluralismus, die Gleichberechtigung der Überzeugungen vor dem Gesetz, die wachsende Toleranz in erster Linie einer paritätischen Behandlung der christlichen Konfessionen zugutegekommen. Darüberhinaus hat sich dort, im Einklang mit der überwiegenden Zustimmung zu den christlichen Grundwerten in der Gesamtbevölkerung und unbeschadet der garantierten und praktizierten Glaubensfreiheit eine Art Meistbegünstigungsklausel zugunsten der kirchlichen Arbeitsbedingungen im Erziehungswesen, in der Finanzgebarung und in der öffentlichen Rücksichtnahme ergeben. Unter diesem schützenden Dach spielt sich hierzulande weithin auch das gottesdienstliche Leben der

Kirchen ab. Und so sehr solche öffentlichen Vorgaben und Begünstigungen nicht bloß historisch verständlich und rechtlich verankert sind, sondern sich auch nach wie vor erwiesenermaßen im Einklang mit einem verbreiteten common-sense befinden, so sehr tragen sie doch dazu bei, daß es nicht überall hinreichend deutlich bewußt wird, wie stark sich in Wahrheit mit der veränderten geistigen und religiösen Lage auch die inneren Bedingungen für die gottesdienstliche Praxis der Kirchen verändert haben.

Die veränderte Lage hat sich zuerst auf die Teilnahme am Gottesdienst ausgewirkt. Nicht nur so, daß der gesellschaftliche Konformitätsdruck mehr und mehr wegfiel: sie bekam faktisch eine andre Bedeutung. Die christianisierte Gesellschaft konnte lange im christlichen Gottesdienst die repräsentative Darstellung dessen sehen, was für jedermann vor Gott und den Menschen als rechtens zu gelten hatte. Unbestritten begegnete man dort dem religiös verankerten und sanktionierten System der geltenden, mindestens der offiziell für gültig erklärten Werte. In der gottesdienstlichen symbolischen Kommunikation konnte dieses System sich widergespiegelt finden, zwar in konfessionell spezifisch verschiedenen Lichtbrechungen, aber im ganzen doch ohne besondere interpretatorische Anstrengungen. Der Gottesdienst brauchte dazu nur in seinen überkommenen Formen stattzufinden. Die Teilnahmefrequenz war meist relativ hoch, aber sein öffentlicher und religiöser Rang hing nicht von der Beteiligung ab, sondern war mit ihm selber gegeben. Dieser Rang verringerte sich auch nicht erkennbar, wenn sich ihm etwa Arme, Hochbegüterte oder Hochgebildete da und dort entzogen, was im einzelnen recht frühzeitig einsetzte und später dann allerdings große, fast die ganzen Schichten betreffende Ausmaße annahm.

Unter dem Überhang überkommener Geltungen teilweise verdeckt scheint der Gottesdienst häufig noch immer eine tonangebende Stimme bei der Durchsetzung der öffentlichen und der persönlichen Werte zu sein. In Wirklichkeit ist er jedoch zu einer Stimme unter anderen in der gesellschaftlichen Diskussion strittiger Werte geworden. Was er vertritt, kann zwar oft nicht mit Widerhall, aber doch meistens mit stillschweigender Zustimmung rechnen – solange er im Rahmen der anerkannten Stimmungen und Gesinnungen bleibt. Er wird aber kaum mehr dazu benötigt, diese zu formulieren. Fällt er aus diesem Rahmen heraus, dann wird allerdings aus Widerhall schnell Widerspruch, manchmal in heftigen, leidenschaftlichen Formen, die eine tiefe Enttäuschung oder Verletzung verraten – den Bruch einer stillschweigenden, unausgesprochenen Verabredung, auf der die verläßliche Ruhe der allgemeinen Zustände beruht.

M. a. W. der Gottesdienst hat zwar noch manches von den kirchlichen und theologischen Ansprüchen und den gesellschaftlichen Erwartungen an sich, die für ihn einmal selbstverständlich gewesen sind. Aber je mehr sich die von allen erlebte Wirklichkeit aus der ihr hier zugedachten religiösen Verankerung löst und der Ausdeutung von dorther entzieht, desto weniger ist er der ihm von Haus aus zugedachten religiösen Hauptfunktion gewachsen, nach der er die allgemeinen Lebensverhältnisse und die besonderen

Erlebnisse sowohl der einzelnen wie der ganzen Gemeinschaft umgreifen, deuten und in einem Weltbild verankern, symbolisch integrieren sollte.

So scheint der Gottesdienst von einigen, teilweise schon unterhöhlten einstigen Selbstverständlichkeiten zu leben. Wenn seine Geltung einst weitgehend in sich selber ruhte, dann muß die Teilnahme an ihm jetzt immer mehr einen anderen Rang bekommen. War er vorher relativ unabhängig von der Größe der Teilnehmerzahlen, dann wurde die Teilnahme jetzt zum Ausdruck bewußter Wertschätzung. Sie wurde zu einem bewußten christlichen Bekenntnisakt, der weniger die Konfession betrifft als vielmehr den Wunsch ausdrückt, die Stimme des christlichen Glaubens im Streit um die geltenden Werte beachtet wissen zu wollen[10]. Das hat Folgen für die Atmosphäre und das Ansehen des Gottesdienstes: er wird in neuer Weise von Art und Zahl der Beteiligung abhängig. Die öffentliche, kirchenamtliche Darstellung dessen, was als christlich gelten soll, bekommt jetzt zusätzlich Züge einer veranstalteten Selbstdarstellung derer, die sich mit Ernst und Entschiedenheit um ein besseres, ausdrückliches, kirchliches Christentum bemühen. Der regelmäßige Teilnehmerstamm versteht sich als die Sammlung der praktizierenden Christen. Man wird sich des Unterschieds von den Gruppen derer bewußt, die bloß fallweise und gelegentlich teilnehmen wollen. Man weiß nicht so recht, wie man diese Gruppen bewerten soll. Man weiß es auch nicht beim großen Kontingent solcher Kirchenmitglieder, für die ihre Parole, sie hielten es mit dem „praktischen Christentum", zum Signal für das beinahe grundsätzliche kirchliche Nicht-praktizieren geworden ist.

Wie sie meist unbemerkt den Charakter der Gottesdienstteilnahme beeinflußt, so wirkt die veränderte Situation auch in anderen Hinsichten auf den Gottesdienst ein. Da sich in ihm seine hergebrachten Strukturen, sein überkommenes Selbstverständnis, seine früheren, frömmigkeitsprägenden Leistungen immerzu mit den Wirkungen einer sich stark verändernden Lage überkreuzen, wird man mit definitiven Feststellungen vorsichtig sein müssen und lieber auf deutliche Entwicklungstendenzen hinweisen sollen. Muß der Gottesdienst unter solchen Umständen nicht mehr und mehr wieder zur Feier einer umgrenzten Glaubensgemein-

10 Seitdem gewinnen auch Gottesdienste als Großkundgebungen Gewicht. Die Teilnehmerzahlen unterstreichen ihre Bedeutung. Man bekennt sich demonstrativ durch seine Teilnahme zu den Bestrebungen ihrer Veranstalter. Die Demonstration kann innerkirchlich adressiert sein und zum Ausdruck bringen, daß man „Kirche in der Kirche" nicht bloß einfach sein will, sondern daß man mit diesem Anliegen auch als eine Gruppe beachtet werden möchte, mit der gerechnet werden muß. Oder sie kann öffentlich adressiert sein und zeigen, daß man „Kirche für die Menschen" in ihrem zeitgenössischen Geschick sein möchte und dies auch sein kann. Es ist ebenso natürlich wie problematisch, daß bei gottesdienstlichen Demonstrationen in innerkirchlichen Auseinandersetzungen das beabsichtigte Bekenntnis auch Züge eines Kampfes um die Macht in der Kirche annehmen kann. Bei gottesdienstlichen Demonstrationen nach außen geht es zwar auch um Beachtung, aber schwerlich um Macht – dies wäre auch völlig vergeblich; so haben es diese leichter, geistlich integer zu bleiben.

schaft und zur Darstellung ihrer besonderen Glaubensanschauungen werden? Muß er sich dann nicht immer stärker darauf ausrichten, die Festigkeit und den geschlossenen Glaubensstand seiner Teilnehmer zu bezeugen, als darauf hin, sich als ein offenes, feierndes Angebot jener Hilfen zu verdeutlichen, die von den Kräften des Glaubens ins Leben vieler Menschen gelangen können? Und muß sich dies nicht auch auf die Selbstdarstellung des Gottesdienstes nach außen, auf seinen argumentativen Charakter auswirken? Wo der weltanschauliche Pluralismus nicht bloß das gesellschaftliche Umfeld der Kirchen bestimmt, sondern als selbstverständliche Prägung des zeitgenössischen Denkens im Gottesdienst selber präsent und bewußt wird, da verstärkt sich unwillkürlich die Interpretationserwartung, die auf dem Gottesdienst liegt. Da wird die Zumutung anstrengend und unausweichlich, den hier gefeierten und bezeugten Glauben im Gespräch mit dem zeitgenössischen Denken zu verdeutlichen. Da wird etwas von der vollklimatisierten Luft wissenschaftlich-technischer Rationalität im Gottesdienst spürbar, in seinem symbolischen Sprachraum, und da können mythische Erklärungsversuche als rein poetische Redeweisen ohne genaue inhaltliche Tragkraft erscheinen. Wie sollte sich auch das gehäufte Einzelwissen, das sich zu keinem geschlossenen Weltbild mehr fügen will, symbolisch verdichten und zusammenschauen lassen, in einer Atmosphäre, in der fast nur noch die kritischen Analysen gedeihen?

Zweifellos werden da nicht bloß Rückfragen nach der Denk-Würdigkeit des christlichen Glaubens dringlich; da wartet auch die Frage nach der Glaub-Würdigkeit solcher Glaubensüberzeugungen auf eine haltbare Antwort. Kann es im Pluralismus der geltenden Werte überhaupt noch eine symbolische, repräsentative Wertrepräsentanz geben? Ist hier nicht ein Zustand erreicht, in dem es nur noch präsentative, teilintegrierende, aber keine repräsentativen, universal integrierenden Symbole mehr geben kann?

Wo der weltanschauliche Pluralismus nicht von einem stark christlich bestimmten Grundkonsens über die tragenden Werte unterfangen und gemildert ist; wo er Ausdruck eines bewußt kritischen und distanzierten Verhältnisses zur Kirche und dem von ihr vertretenen Christentum ist und sie deshalb ganz und gar in der Rolle einer Gruppe sieht, die ihre Meinungen und Interessen unter konkurrierenden anderen Gruppen vertreten muß; vollends wo sich hinter dem Pluralismus ein gegenkirchlicher oder auch gegenchristlicher Affekt verbirgt: da kommt zum Vorschein, wie sehr die umfassende Werte-Repräsentanz im christianisierten Zeitalter die Kirche gefährden kann. Die pauschale Verklärung der herrschenden Verhältnisse wird dort ihre Dauergefahr. Im weltanschaulichen Pluralismus können die Kirchen sich wieder klarer als Institutionen im Übergang sehen. Die gesellschaftliche Situation spielt ihnen dort mindestens wieder die Möglichkeit, oft auch die Nötigung zu, sich darauf zu besinnen, daß sie vielleicht auch noch etwas anderes als den jeweils erreichten Wertkonsens darzustellen und zu bestätigen haben. Im christlichen Glauben steckt vieles, was den herrschenden Meinungen widerspricht. Im christianisierten Zeitalter mußte dieses Widerspruchspotential unkenntlich oder zu einer Sache der Innerlichkeit werden; es konnte sich jedenfalls fast nur als Zustimmung zu dem äußern, was die Gesellschaft ohnedies abwies.

Unter veränderten weltanschaulichen Voraussetzungen kann eine Rolle auf die Kirchen zukommen, an die ihre Mitglieder nicht gewöhnt sind und mit der sie gerade im Gottesdienst am wenigsten zu rechnen pflegen. Die Situation ist heute schwieriger zu durchschauen als während der Episode der brutalen weltanschaulichen Diktatur. Noch immer und aufs neue wirkt es auf viele bestürzend, wenn an einem Ort, an dem man so lange nur Zustimmung gewohnt war, Widerspruch ausgedrückt und der Widerstand des Gewissens zur Sprache gebracht wird. Wo immer sich christliche Kirchen in weltanschaulichen Antagonismen behaupten müssen, in der Luft einer feindseligen Ideologie, da kann ihr Gottesdienst auch und gerade bei ganz traditionellem Vollzug ein eindrucksvolles Profil und eine starke religiöse Ausstrahlungskraft bekommen. Er verkörpert dann ganz von selbst eine Widerstandsposition gegen das un- oder gegenchristliche Denken und Handeln der Umwelt. Dann wirken konfessionelle Differenzen ganz unerheblich; aus der Gottesdienstteilnahme als solcher wird ein profilierender Bekenntnisakt.

Wenn es den Kirchen zum Beispiel im Zeichen der Versöhnung auch um mehr Einheit in der Völkerwelt gehen muß, geraten sie unausweichlich zwischen die unversöhnlichen Gegensätze, die die Völker zertrennen. Wo immer sich christliche Liebe dem Unheil, das die Menschen vermeidbaren und unvermeidlichen Übeln unterwirft, zuwendet, führt dies dazu, daß nicht mehr alles als selbstverständlich hingenommen wird. Das schlägt auf die Gottesdienste durch. So kann der weltanschauliche Pluralismus ihrer Umwelt die Kirchen von einer Integrationsbemühung entlasten, der sie unter diesen Umständen nicht mehr nachkommen können, und sie in eine Widerspruchsrolle hineindrängen, die niemand an ihnen gewohnt ist. Daß ihnen dann manche den Rücken kehren, kann darin seinen Grund haben, daß die einen das nicht wollen oder daß andere dies in vermehrtem Maß von ihnen wünschen. Der Gottesdienst gerät so unter verstärkten Legitimationsdruck. Die Kirchen sehen sich dann auch in ihm mit der Frage konfrontiert, wie sie sich für das, was sie jetzt in Zustimmung oder Widerspruch zu vertreten haben, kognitiv und spirituell, vor dem Evangelium und durch ihren Lebensstil ausweisen können.

7.3.2 Der kirchliche Gottesdienst und die Frage nach seiner Glaubwürdigkeit

Der stille Verfall vieler gesellschaftlicher Vorgaben und die verlorene Selbstverständlichkeit ihrer Stellung im öffentlichen Leben ist ein Hauptkennzeichen der veränderten Lage der Kirchen. Der Pluralismus der Weltanschauungen und Werte hat sie mit ihrer ganzen Praxis dem Sog vieler widersprüchlicher Erwartungen ausgesetzt. Sie werden zwar nicht überall und in jedem Fall laut, in keinem Fall alle zugleich oder alle in gleicher Stärke. Sie stellen jedoch die Kirchen fast überall unter einen dauernden, latenten Legitimationsdruck. Denn im Brennpunkt aller Erwartungen steckt die Frage nach der Glaubwürdigkeit des kirchlichen Glaubenszeugnisses und der Kirche selbst als einer Zeugnis- und Dienstgemeinschaft.

Diese Frage wird angestachelt durch das schier allgegenwärtige Wissen von der Vielzahl der Kirchen und der Verschiedenheit ihrer Gottesdienste. Genausogut oder noch besser weiß jedermann um die Vielzahl ganz anderer Werthaltungen und Einstellungen und um deren weite Verbreitung außerhalb der sogenannten „kirchlichen Kreise". Das läßt vor allem den unregelmäßigen Gottesdienstteilnehmern – ganz ähnlich wie den Betroffenen bei den kasuellen gottesdienstlichen Handlungen – ihr kirchliches Schicksal, ihre Geburt im Geviert einer bestimmten christlichen Konfession und ihrer gottesdienstlichen Traditionen – immer wieder in seiner historischen und biographischen Zufälligkeit bewußt werden. Die Frage, was diese Kirche nun eigentlich glaubwürdig und zu einem wichtigen Faktor im eigenen Leben mache, liegt da sozusagen überall in der Luft.

Sie wird unterstrichen dadurch, daß man überall noch ihre Stellung als Trägerin öffentlicher Mitverantwortung (oder ihren Anspruch darauf) und die Nachwirkungen vieler positiver gesellschaftlicher Vorgaben und respektvoller Vormeinungen beobachten kann und auch selbst unter diese gerät. Im Grund möchte man sich, trotz kritischer Nebengeräusche, meist gern ihrer traditionellen Wertschätzung anschließen und fragt sich unwillkürlich, ob man es mit Überzeugung und ohne Vorbehalt tun kann. Das heißt aber wiederum, daß man nach ihrer Glaubwürdigkeit fragt.

So stößt man immerzu auf diese Frage nach der Glaubwürdigkeit des christlichen Glaubens und der kirchlichen Glaubensgemeinschaft. Die Engagierten hoffen es und die Abwartenden warten darauf, daß die Kirchen mit dem Glaubenszeugnis, auf das sie sich und zu dem sie die Menschen berufen, glaubwürdig werden. Und selbst wo eine schon zur Gewohnheit gewordene Enttäuschung, ein habitualisiertes Mißtrauen das Verhältnis zur Kirche bestimmt, steckt noch etwas von dieser Grunderwartung darin und läßt die Enttäuschung manchmal besonders skeptisch oder spöttisch werden: die vermißte Glaubwürdigkeit der Kirche legitimiert insgeheim für die Distanzierten ihren Abstand zu dieser. Wer sich absetzt, der rechnet gewissermaßen „ausdrücklich" nicht mehr damit; wer auf Gegenkurs geht, macht sozusagen die letzte Probe darauf, daß sich in der verworrenen weltanschaulichen Szene oder im kalten ideologischen Krieg aus dem organisierten Kirchenwesen doch wohl keine sehr überzeugende Glaubens- und Dienstgemeinschaft herauskristallisieren werde.

Die Frage nach der kirchlichen Glaubwürdigkeit konzentriert sich besonders stark auf den kirchlichen Gottesdienst. Er wird zwar im „freien Protestantismus“ als geordnete Routineveranstaltung vielfach kraß unterschätzt, und er wird ja auch, letzten Endes, fast nur im Notstand, im casus confessionis et necessitatis, in seinem vollen Gewicht wahrgenommen. Aber das Wissen ist nirgends ganz verschüttet, daß er einiges mit der Glaubwürdigkeit der Kirche zu tun hat; daß er ein Fenster ist, durch das hindurch man etwas von dieser erkennen kann, oder vielleicht auch ein Indiz für ihr Fehlen. Zwar macht die institutionelle Beharrlichkeit des Gottesdienstes stets wieder Eindruck. Die Macht der Gewohnheit erweist sich gerade in rituellen Vollzügen immer wieder als erstaunlich widerstandsfähig und oft auch als verblüffend unempfindlich. Dennoch richten sich, zumal im evangelischen Raum, immer wieder viele Erwartungen darauf, hier nicht bloß ein Zuviel an Worten, ein leeres Gerede anzutreffen, sondern das Wahre, Richtige, heute und immer Notwendige – sodaß die Stimme des Herrn von damals für heute und morgen überzeugend und glaubwürdig wird[11]. Denn hier wird von der Kirche sozusagen ins Schicksal geredet: wo und wie immer Schicksalsfragen die Menschen allgemein und persönlich treffen, da treffen sie auch die Kirche; da lassen sie ihre Gottesdienste nicht unberührt, da fordern sie deren Glaubenszeugnis heraus.

Der Gottesdienst kann nie allein dafür einstehen. Er wird vielmehr als Veranstaltung selber unglaubwürdig, wenn nicht in ihm und vor und nach ihm auch die Kirche glaubwürdig wird, die ihn zu verantworten hat. Und da tritt es noch einmal eindrucksvoll heraus, daß die Zeit sich gewandelt hat und es mit einem pauschal zugestandenen Respekt vor der Kirche allein nicht mehr getan ist. Beeindruckt von der Pluralität der Kirchen, mißtrauisch gegen institutionell abgesicherte Autoritätsansprüche, in einem vom Christentum stark geprägten, aber nicht mehr von den Kirchen durchweg gesteuerten Raum der Lebensentscheidungen will man nun immer wieder einmal die kirchlichen Stellungnahmen, Vorschläge oder Ratschläge auch im Einzelfall ausdrücklich begründet und bestätigt sehen. Man wünscht ihre öffentlich-rechtlich verankerte Mitverantwortung und ihre weitgehend noch akzeptierten Vorrechte nicht bloß institutionell abgesichert, sondern religiös profiliert und geistlich legitimiert zu sehen. Man will von ihr nicht bloß wissen, wo sie zustimmen kann und wo sie widersprechen muß. Man will wissen, warum sie dies tut. Ihre Begründungen müssen einleuchten,

11 Lk 10, 42. Wie das hier zu Hörende, zu Bedenkende und dann auch zu Tuende als das eine Notwendige, als das gute Teil Christi einleuchtend wird und sich als solches erweist, dafür gibt es keine institutionelle und keine rituelle Bürgschaft. Es ist ja nicht von der Hand zu weisen, daß der Gottesdienst dies nicht als solcher gewährleisten kann. Man kann statt des Wahren und Notwendigen dort auch sehr Willkürliches und ganz Beliebiges, statt der „Stimme des Meisters“ auch „institutionell gesicherte Belanglosigkeiten“, statt klärender und die Gewissen befreiender Worte auch fanatisierende Reden zu hören bekommen. Mancher votiert gern mit der Feder für den Reichtum des Gottesdienstes und zögert dann doch, sein Votum auch mit den Füßen ebenso regelmäßig zu unterstreichen: die Risiken des Mißlingens sind besonders im Predigtgottesdienst immer gegeben, nicht selten groß und gelegentlich chronisch.

um die Gewissen befreien zu können. Und damit sie nicht nur Argumente verwaltet, hat die Rückfrage nach ihren Werken ihr Recht. Sie soll das Zeugnis vom Dienst der Versöhnung auch durch ihre diakonischen Tätigkeiten ausweisen und unterstreichen.

Und wie man von der eigenen Kirche will, daß sie mit ihrem ganzen Leben wie in ihren einzelnen Lebensäußerungen glaubwürdig wird, so ist man bereit, dasselbe auch bei anderen Kirchen zu akzeptieren, wo immer sich derlei erkennbar in ihnen begibt. Die denominationellen Propria behalten zwar ihre Gewohnheitsrechte, verlieren aber unter dem gemeinsamen Legitimationsdruck an Überzeugungskraft. Christliches Leben und christlicher Glaube wollen quer durch die Konfessionen hindurch einleuchtend werden. Die geistliche Glaubwürdigkeit wird wichtiger als die konfessionelle Stimmigkeit.

Gerade von den ökumenischen Erfahrungen aus stellt sich immer dringlicher die Frage, was ihre gottesdienstlichen Besonderheiten für die Glaubwürdigkeit der Kirchen bedeuten. Um diese Glaubwürdigkeit der Kirchen geht es, wie jedermann sieht, in sehr vielen Lebensbereichen; die gottesdienstlichen Unterschiede wirken dann häufig eher hemmend als fördernd. Denn in nicht wenigen Punkten können die Kirchen heute viel leichter zu einer einhelligen Selbstdarstellung und zu einem einträchtigen Dienst an den Nöten der Menschheit kommen als gerade auf dem Gebiet ihrer Gottesdienste. Dort ist die institutionelle Beharrlichkeit oft mit den überkommenen Vorurteilen im Bunde, scheinen die amtlichen Gewissensbedenken häufig höher zu sein als sie unter den Gläubigen sind. Wenn aber die Glaubwürdigkeit der Kirchen von den Trennungen in ihrer gottesdienstlichen Praxis eher beeinträchtigt als vorangebracht wird, dann stellt sich offenbar nicht so sehr die Verschiedenheit der Gottesdienstformen und -lehren als vielmehr deren Bewertung immer schärfer als eine Kernfrage für die Theologie wie auch für die Frömmigkeit heraus.

Glaubwürdigkeit kann man nicht veranstalten. Jedes Glaubenszeugnis bleibt zuletzt schutzlos. Man kann es oft ohne viel Anstrengung unglaubwürdig, aber durch keine zusätzlichen Anstrengungen vorsätzlich glaubwürdig machen. Glaubwürdigkeit bleibt eine Begebenheit. Sie ist kein erzieltes Ergebnis, sondern muß sich ereignen. Daß sie eine komplexe Begebenheit ist, zu der mehrere Faktoren gehören, das kommt in den zeitgenössischen Erwartungen an die Kirchen dadurch zum Ausdruck, daß sie sich nicht nur an den kirchlichen Gottesdienst oder an die kirchliche Liebestätigkeit richten, sondern an die Kirche als ganze. Und das findet sein Echo im Selbstverständnis der Kirche, die sich selber als eine Zeugnis- und Dienstgemeinschaft definiert und zu erfahren geben will. Sie kann mit ihrem Zeugnis nicht glaubwürdig werden ohne Dienst und Gemeinschaft. Sie kann aber auch in ihrem Dienst und in ihrer Gemeinschaft nicht glaubwürdig werden an ihrem Zeugnis vorbei. Und wer nach ihrer Glaubwürdigkeit fragt, hat deshalb ein Recht darauf, seine Blicke auch und gerade auf ihre Gottesdienste zu richten[12].

7.3.3 Großkirchliche Gottesdienstpraxis

Wenn man unvereinbaren Erwartungen nachkommen will, ist das Ergebnis immer enttäuschend. Der Gottesdienst in der Christenheit steht häufig in dieser Gefahr, und seine Glaubwürdigkeit kann darunter erheblich leiden.

Es fällt auf, daß es vor allem die offiziellen und regulären gottesdienstlichen Veranstaltungen der großen Kirchen sind, deren Anblick nicht selten den Eindruck einer schleichenden Krise hervorruft. Die Vermutung liegt nahe, daß die Schwierigkeiten, mit denen sie offensichtlich zu schaffen haben, nicht allein die Kirchen und die von ihnen vertretene Religion betreffen. Es könnten hier auch Verschiebungen im zeitgenössischen gesellschaftlichen Bewußtsein mitwirken, die weit über das Christentum und sogar über die organisierten Religionen hinausreichen. Großinstitutionen, deren Rang vor allem in ihrem Alter und in den Traditionen begründet ist, die sie verwalten und repräsentieren, scheinen ganz allgemein von einer Haltung betroffen zu werden, der mehr an der Funktionalität als an der Repräsentation gelegen ist.

Vielleicht treffen hier zwei kritische Faktoren zusammen, die einen Trend verstärken, dem gegenüber viele persönlichen Bemühungen im Einzelfall

12 „Wir müssen aufhören, uns des Reichtums zu schämen, der uns in Gestalt des Gottesdienstes anvertraut ist. Der Gottesdienstbesuch mag noch so gering sein. Wir sollten davon ausgehen, daß schon das Angebot eines Gottesdienstes ein in unserer Welt sich ganz und gar nicht von selbst verstehender Reichtum ist. Von diesem Reichtum und nicht von unserem selbstverschuldeten Defizit her sollten und dürfen wir uns verstehen. Und wenn wir es tun, wird dies unbestreitbar: entscheidendes Ereignis kirchlicher Praxis ist und bleibt der christliche Gottesdienst. Von ihm her gewinnen alle anderen Aktionen und Passionen des christlichen Lebens ihre Funktion und Bedeutung, in denen dann wir Gott und Menschen zu dienen haben. Und das, so gut es nur geht! Keine Frage, daß die Abwesenheit menschlicher Gerechtigkeit, das Fehlen der Freiheit des Geistes und des Leibes, die Vergewaltigung der Wahrheit in der Ferne und in nächster Nähe dazu nötigt, mit Gott zusammenzuarbeiten zum Besten der Welt. Aber das Beste der Welt ist noch immer nicht unser Heil, das ganz allein darin besteht, daß wir uns von Gott dienen lassen, der sich mit unserer Schuld, unsrem vielfältigen Versagen, kurz: unserer Sünde beladen läßt und uns eben dadurch von uns selber befreit. Unser notwendiger Dienst an der Welt wird zum moralischen Krampf, wenn wir nicht zugleich die – ich wage das Wort – Demut haben, uns unsererseits von Gott dienen zu lassen. Und das geschieht nun einmal vorzüglich im christlichen Gottesdienst, in dem wir auf Gott h ö r e n und so aus der Dimension angespannter Tätigkeit in die Dimension kreativer Empfänglichkeit versetzt werden" E. Jüngel, aaO S. 30 f. Daß man in redlicher Bemühung und unaufgekündigter Treue weiterhin gewissenhaft das Verordnete tue, ist auch in kritischen und bedrückenden Phasen stets ein beherzigenswerter Ratschlag. Freilich sind mit diesem Appell und dem Eingeständnis manchen selbstverschuldeten Defizits die Fragen noch nicht vom Tisch, mit welchen objektiven, strukturellen, mentalen Schwierigkeiten der kirchliche Gottesdienst heute fast überall zu schaffen hat und wie man mit den tiefen Diskrepanzen zwischen überkommenen Gegebenheiten und gegenwärtigen Möglichkeiten und auch zwischen alten und neuen Erwartungen besser zurechtkommen kann.

sich als zu schwach erweisen: Man empfindet große öffentliche Institutionen weithin viel mehr als ein Gegenüber denn als Einrichtungen, in denen man sich selber ungebrochen mitrepräsentiert fände, und taxiert sie oft schlicht nach ihren jeweiligen Leistungen für den eigenen Bedarf[13]. Und man kann heute fast nirgends mehr mit Symbolen von umfassender Integrationskraft rechnen, in denen die zeitgenössische Welterfahrung als solche sich aufgehoben und ausgedrückt fände. Die überkommenen Sonntagswerte integrieren das Leben nicht mehr. Religiöse Erklärungen erscheinen weitgehend als „Überbau": religiöse Praxis stellt sich den meisten als eine Welt für sich dar, die Interessenten ad libitum zur Verfügung gestellt wird. Und das Christentum hat oft mehr Mühe, als sich manche seiner wortgewaltigen Vertreter eingestehen, den Beweis dafür anzutreten, daß es sich mit ihm, mit seinen Erklärungen und mit seiner Praxis anders verhalte. Die kritische Distanz gegenüber dem repräsentativ-Institutionellen und die verkümmernde oder gefährdete Tragweite und Tragfähigkeit, vielleicht auch einfach die Abnützung zahlreicher Glaubens-Symbole wirken wohl dahin zusammen, daß sich (auch) die Gottesdienste als repräsentative symbolische Kommunikationsveranstaltungen entleeren. In dem Maß, in dem die Symbole des Gottesdienstes, z. B. die großen Themen des Credos, nur noch auf Doktrinen, auf Glaubensanschauungen, und nicht mehr zugleich auch auf unmittelbare Sachverhalte der Welt- und Lebenserfahrung, auf die mitgemeinte Hintergründigkeit der erfahrenen Lebenswirklichkeiten verweisen, verlieren sie ihre Doppelsinnigkeit, ihren „symbolischen Mehrwert", ihre eigentliche symbolische Kraft. Sie bringen kirchliche Glaubensdaten zum Ausdruck, sind aus Symbolen zu Abzeichen verflacht; ihre Fähigkeit, auf einen „Sinn hinterm Sinn" zu verweisen und so zu einem erwartungsvoll offenen Leben anzuleiten, geht zurück. Der Gottesdienst kann dann einen leise nostalgischen Unterton, eine Affinität zu den Älteren bekommen nach dem Motto: „früher besagte er für uns mehr". Man erlebt ihn dann häufig als eine Routineveranstaltung mit überhöhten Ansprüchen, von denen man den Eindruck hat, daß sie nicht mehr voll eingelöst werden.

Das Gottesdienstkonzept, das sich in der Christenheit vorherrschend durchgesetzt hat, ist ein Exponent seiner eigenen, weltgeschichtlichen Erfolge geworden (und mit diesen im Schwinden). Die Stationen, auf denen sich die großen Traditionsgestalten des kirchlichen Gottesdienstes herausge-

13 Die ungeheuer ernüchterte, fast rein utilitaristische Einstellung gegenüber dem Staatswesen ist hier ein wohl besonders erregendes Beispiel. Romantisierende Staatsverklärung und diktatorischer, schrecklicher Mißbrauch der staatlichen Hoheitsrechte hat eine verständliche, aber dennoch bedenkliche und oft wenig bedachte Allergie gegen die unvermeidliche Inanspruchnahme solcher Hoheitsrechte erzeugt. Solche Allergien verlieren nichts von ihrer praktischen Bedenklichkeit, wenn man sie mit utopischen Vorstellungen legitimiert. Denn nicht wegen der unzweifelhaften Güte und Schönheit solcher Utopien werden die staatlichen Hoheitsrechte benötigt und in Anspruch genommen, sondern damit nicht alles mögliche Gute und Schöne utopisch bleibt.

bildet haben, sind nicht bloß Momente der inneren kirchlichen Konsolidierung, sondern immer zugleich auch Schritte in die Öffentlichkeit hinein gewesen; in eine Öffentlichkeit, die der Kirche immer vollständiger offenstand, und die in wachsendem Maß der kirchlichen Durchgestaltung, der christlichen Sitte und des öffentlichen religiösen Zeremoniells bedurfte. Die gottesdienstliche Praxis der Christenheit ist von dem Augenblick an, in dem ihre Formen öffentlich greifbar wurden, mindestens ansatzweise eine „großkirchliche" Praxis gewesen und dies über die längsten Zeiträume ihres Bestehens hinweg auch geblieben. Das lag in der Natur der Sache und im Interesse der institutionellen Bestandserhaltung, nachdem die Kirche die Großorganisation zur öffentlichen Verwaltung der religio licita geworden war. Man konnte aber für dieses großkirchliche Konzept auch auf sehr ursprungsnahe Anstöße aus dem Evangelium selber verweisen. Die Universalität der dort eröffneten Berufung aller Menschen in die Kindschaft Gottes und in die Bruderschaft des Gekreuzigten, über alle trennende Unterschiede hinweg[14] drängte die Zeugen dieses Glaubens immer ins Weite.

Sie stand in unmittelbarem Zusammenhang mit der Forderung nach öffentlicher Verständlichkeit der gottesdienstlichen Reden, die Paulus dem elitären Enthusiasmus der „Sprachenredner" entgegenhielt[15]. Die sakramentale Begrenzung des Leibes Christi war von ihm primär inklusiv und nicht exklusiv konzipiert. Auch wo die Evangelien mit dem Ruf in die Nachfolge die Glaubenden zur Entschiedenheit mahnen, machen sie doch zugleich den Horizont der Reichs-Gottes-Erwartungen weit. Jedenfalls ist das „großkirchliche" Konzept wenn nicht die einzige, so doch die geschichtlich durchschlagende Mustervorlage des christlichen Gottesdienstes geworden: der von der amtlichen Kirche veranstaltete, „abgehaltene" Gottesdienst für alle, die daran teilnehmen mußten, sollten oder wollten; der Gottesdienst als veranstaltetes Heilsgeschehen in der kirchlichen Heilsanstalt.

Natürlich geht diese großkirchliche Praxis wie auch das heilsanstaltliche Verständnis der Kirche besonders gut mit den Sakramentsvorstellungen zusammen, die sich in der Zeit der Alten Kirche heranbildeten und die dann die mittelalterliche Kirche so stark beherrschten. Doch ist diese Praxis nicht nur durch die Sakramentslehre möglich, sondern auch durch die Erfordernisse der kirchlichen Lage nötig geworden. Es galt ja nicht, die geistliche Reichweite der Kirche in amtliche Formen zu bringen; es galt vielmehr, die amtliche Reichweite der Kirche mit geistlichem Leben zu füllen.

Als in der Reformationszeit ein anderes Kirchenkonzept ausformuliert wurde und weithin eine andere kirchliche Lage gegeben war, und also dort die sakramentalen und heilsanstaltlichen Vorstellungen keineswegs

14 Gal 3, 27 f.
15 1 K 14, 22 f.

mehr dabei leitend waren, da brachte doch der nach wie vor und nun von neuem gegebene kulturelle, politische und gesellschaftliche Erziehungsbedarf es mit sich, daß auch die neuentstandenen Partikularkirchen sich in ihrer Praxis, vor allem in ihrem Gottesdienst, weiterhin so „großkirchlich" verhielten wie es vordem die Universalkirche tat: sie traten in ihrer jeweiligen Region in deren Fußtapfen. Die Hauptfunktion, die die Geschichte der Religionen dem öffentlichen Kult überall zuweist, blieb auch hier das Beherrschende: die öffentliche Repräsentanz der von den Konfessionsangehörigen geteilten religiösen Gesinnungen und Werte.

Die Öffentlichkeitsgeltung und -orientierung des kirchlichen Gottesdienstes wird zwar den Aufgaben, die das Christentum als die anerkannte und bevorrechtigte Religion übernehmen mußte, und dahinter auch in etwa der universalen Bedeutung der christlichen Glaubensbotschaft gerecht. Sie zwingt ihn deshalb auch mehr oder weniger nachdrücklich zu festen und repräsentativen Formen. Doch wird diese Öffentlichkeitsorientierung dann auch in mehrfacher Hinsicht sein Schicksal: sie drängt die Möglichkeiten persönlicher Intimität stark zurück. Sie zieht der konkreten Gewissensunterrichtung spürbare Schranken: was öffentlich ist, muß auch allgemein bleiben. Die öffentliche Wertrepräsentanz und der erhobene Öffentlichkeitsanspruch lassen selten ein echtes Gemeinschaftsleben entstehen: die Darstellung von Gemeinsamkeiten ist noch längst nicht die Herstellung einer Gemeinschaft. Wo nur erklärt wird, was jedermann denkt, wird eine weitergehende Gemeinschaft für überflüssig erklärt. Wo die Öffentlichkeitserwartungen den kirchlichen Gottesdienst umlagern, da wird dieser rasch vom Zustimmungszwang überschattet. Der Gottesdienst bekommt dann mit den Schwierigkeiten, Nein zu sagen, zu schaffen: was über den schon erreichten und hier vorauszusetzenden christlichen Wertkonsens hinausgeht oder ihm gar widerspricht, auch im Interesse des Besseren, das kommt hier nur schwer zu Gehör. Der Streit um eine genuinere Erfassung des Christlichen wird in diesem Rahmen nur allzuleicht entschärft, ehe er richtig beginnt. Die öffentliche Geltung des kirchlichen Gottesdienstes wird zum erfolgreichsten Anwalt seiner affirmativen und integrativen Tendenzen und kann gerade so seine eigene Glaubwürdigkeit empfindlich gefährden. Sie kann dazu führen, daß manche dieses Regelmaß an Zustimmung zu den Verhältnissen satt bekommen und dem Gottesdienst fern bleiben. Sie kann dazu führen, daß sich irrationale Vorurteile festsetzen wie die, daß die Kirche die Kanonen segne, auch wenn sie's schon längst nicht mehr tat. Sie kann auch dazu führen, daß die Getreuen davonlaufen, wenn dann doch einmal unerwarteter Widerspruch laut wird.

Die kritischen Punkte „großkirchlicher" Praxis werden also im selben Maß deutlich, in dem die großkirchlichen Positionen in der Gesellschaft überhaupt ihre Selbstverständlichkeit eingebüßt haben: er biete fiktive Glaubensdarstellung ohne ausreichende Deckung in der realen Erfahrung, sei Volkspädagogik zugunsten des Bestehenden, sei gemeinschaftsschwach, von zuviel Amtlichkeit, zuviel Allgemeinheit, von zuviel „religiösem Überbau" geprägt.

Gerade weil dies so deutlich heraustritt, wird man demgegenüber kräftig zu unterstreichen haben, worin vielleicht noch auf lange hinaus die positive Bedeutung einer solchen großkirchlichen Gottesdienstpraxis besteht. Kann nicht das Festhalten an einer einheitlichen, erkennbaren, von Kontinent zu Kontinent übertragbaren Grundgestalt christlichen Gottesdienstes und kirchlicher Repräsentation, ja schon die erkennbare Suche danach in den ökumenischen Bemühungen, mitten in einer auseinanderstrebenden Völkerwelt, in den zu Zerreißproben drängenden Zeittendenzen eine hohe symbolische Bedeutung besitzen oder wiederbekommen? Die Faszination der römische Messe als kirchliches Einheitsband zum Beispiel hängt ja durchaus nicht bloß an ihrem Alter, erst recht nicht an der lateinischen Sprache – sonst könnte man heute nicht regional davon abgehen. Sie liegt vielmehr daran, daß hier ein global vollziehbares Grundritual vorliegt, das kirchliche Identität und symbolische Realität verkörpert.

Es liegt nicht an der Gleichförmigkeit des Rituals als solcher, so wichtig und nötig leicht erkennbare Signale einer tragenden Gemeinsamkeit in den Gottesdiensten im ökumenischen Horizont sein dürften und ja meist auch in der Mindestgestalt des überall gleichen Herrengebetes vorliegen. Es liegt noch viel stärker daran, daß die „Amtlichkeit" großkirchlicher Gottesdienstpraxis, der repräsentative Charakter, der Vollzug fester Formen bei näherem Zusehen gerade keine bürokratische Verengung bedeutet, sondern eine freiere, offene Praxis ermöglicht. Man kann und muß diese Gestaltung und dieses großkirchliche Verständnis des Gottesdienstes im Rahmen eines entsprechenden kirchlichen Gesamtverhaltens und als dessen Ausdruck ansehen, als ein von Dienst- und Gemeinschaftsangeboten begleitetes Zeugnisangebot. Man sucht die Menschen, die sich dem Christentum und den Kirchen noch nicht mit Entschiedenheit selber entziehen, die in stark abgestuften Graden Beziehungen zu ihnen unterhalten, auch wenn diese über längere Strecken oft fast wie erloschen erscheinen, nicht bloß als das anspruchslose „Kirchenvolk" religiös nach Wunsch oder eignem Programm zu verwalten. Man sucht sie auch nicht mit dem entsprechenden Sendungs- und Selbstbewußtsein als Missionsobjekte anzugehen. Vielmehr sucht hier die Kirche sich all diesen Menschen mit dem Instrumentarium der (von ihnen ja mit unterhaltenen) kirchlichen Organisation immer wieder als etwas deutlich zu machen, das mehr als bloß organisierte Religion ist: als „geschehende Kirche", als Zeugnis- und Dienstgemeinschaft des Glaubens. Im klaren Wissen um die Vielzahl der christlichen Kirchen und die Vielgestalt christlicher Glaubens- und Lebensbemühungen und auch um die oft sehr problematischen und immer unzulänglichen Auswirkungen der kirchlichen Dienste. „Großkirchliche" Praxis begegnet den Menschen ohne schematische Vorstellungen von ihrer erwünschten Kirchlichkeit oder Christlichkeit und lieber diakonisch als im Gefühl des eigenen geistlichen Vorsprungs. Sie nimmt sie für den Glauben, der ihnen zugewandt ist, und auch für dessen Widerständigkeiten in Anspruch. Sie läßt es aufmerksam, aber ohne Argwohn darauf ankommen, ob, wieviele und welche kirchlichen Verbindlichkeiten sich daraus ergeben. Dies muß nicht zur Heiligsprechung eines problematischen Christentums, zur marktgerechten religiösen Versorgung und zu einer bloßen „Betreuungskirche" führen. In diesen Selbstbezeichnungen eines häufig geäußerten Argwohns drückt sich nicht immer nur engagierte Wachsamkeit, sondern oft auch etwas verzerrend Überzeichnendes aus. Wer sich zur Liquidation volkskirchlicher Strukturen berufen fühlt, sollte auf das Pathos der Tempelreinigung und eines geistlichen Gerichtsvollziehers besser verzichten. Auch eine großkirchliche Praxis in der Volkskirche kann längst nicht mehr bloß eine autoritäre Verwaltung des öffentlich sanktionierten und für alle verbindlich erklärten Glaubens sein wollen. Ihre „offene Praxis" einer gewissenhaften Betreuung kann auch Ausweis jener Haushalterschaft sein, in der treu erfunden zu werden die Kirche nicht schändet und um ihr Profil bringt. Sie kann auch etwas von jener bedingungslosen Zuwendung Jesu zum menschlichen Schicksal in all seinen Verfallenheiten wahrnehmen, in der er sich hingeben konnte, ohne sich aufzugeben.

7.3.4 *Gruppengemeinschaftliche Gottesdienstpraxis*

Die institutionellen Formen des christlichen Gottesdienstes sind in demselben Maße geschichtlich deutlich geworden, in dem sie und die Kirchen selbst sozusagen öffentlichkeitsfähig wurden. Die Ansätze dazu, die sich in der Urchristenheit feststellen lassen und in den neutestamentlichen Schriften und bei den apostolischen Vätern durchscheinen, sind sozusagen noch vorinstitutionell. Einzelnes erscheint schon fixiert: Bekenntnisformeln, Hymnen, Gebete und Akklamationen, Perikopen- und Homilieansätze. Man kann vermuten, daß die gottesdienstlichen Zusammenkünfte jeweils einem von Lokaltraditionen mitbestimmten Schema folgten. Aber in den entscheidenden Grundfragen, etwa nach einem besonderen Wortgottesdienst, nach Gebetszusammenkünften, Agapen, Abendmahls- und Eucharistiefeiern, nach einer Taufordnung usw. ist zunächst, wie es scheint, keine definitive Klarheit zu gewinnen, weder über die Fakten noch über die Entwicklungen. Man kann weder bestimmte Gottesdiensttypen und ihre Rituale heraustreten sehen noch ein Bedürfnis danach erkennen, diese einheitlich oder verbindlich zu machen. Und man muß damit rechnen, daß bei der Fixierung der urchristlichen Überlieferungsdokumente wie in jedem Traditionsprozeß auch nicht wenige Praxisvarianten teils zufällig, teils absichtlich weggefiltert wurden.

Was abgesehen von liturgischen Einzelansätzen klar zum Vorschein kommt und auch einleuchtet, ist, daß das Selbstverständnis und die Selbstdarstellung der werdenden Christenheit eine Spannung aufweist, die sehr tief geht, sich von ihren Ursprüngen her verstehen läßt und ihre Mitgift durch alle Zeitalter hindurch geblieben ist. Die Christenheit entstand als ein Jüngerkreis, der aber zugleich der Keim des neuen Gottesvolks sein sollte.

Sie wußte sich als das wahre Israel und zugleich zur Vorhut einer neuen Menschheit berufen. Sie bildete Nachfolgegruppen, die aber vom Glauben an die Nähe der Herrschaft Gottes und für deren alles umfassenden Anbruch lebten. Sie entstand in Häusern und drängte auf Straßen und Plätze. Mit dem Namen, unter dem sie sich mehr und mehr formierte – ekkläsia – konnte man sich versammelnde Hausgemeinden bezeichnen, aber auch die Glaubenden einer ganzen Stadt, einer ganzen Region bei ihrer Versammlung oder auch grundsätzlich in ihrer Zusammengehörigkeit. Man konnte aber auch die Glaubenden überhaupt darunter verstehen: die in Länder und Kontinente zerstreute, nur „im Geist", in der Anrufung Gottes im Namen seines Sohnes vereinigte, aber nach Sprache, Herkunft, nationaler und sozialer Geschichte, nach ihrem Ergehen und bald auch nach den ziemlich verschiedenen Formulierungen ihres Glaubens getrennte Kirche.

Diese Christenheit kann die Universalität ihrer Glaubensberufung nicht aufgeben, ohne sich selbst aufzugeben. Sie kann aber auch nicht auf die Intimität ihrer Glaubensgemeinschaft verzichten, ohne sich selbst zu ent-leiben. So ist es zu verstehen, daß sie in ihrer Geschichte, nicht nur in der Ursprungszeit, sondern auch, je größer sie wurde, immer wieder mit der Bildung von Gruppengemeinschaften und dem Ruf nach solchen zu tun hatte. Dies ist zwar nie eine problemlose, aber immer eine besonders wichtige konstruktive ekklesiale Realität gewesen. Es gab und gibt Gruppengemeinschaftsbildung von kommunitärer oder ordensähnlicher Art, die sich vor allem auf ihre verbindliche Glaubensgemeinschaft selbst konzentrieren und allenfalls von da aus dann ansteckend und auch erneuernd auf das übrige Kirchenwesen im ganzen einwirken wollen. Große Reformbewegungen haben diese Wurzel gehabt. Es gab und gibt kirchliche Gruppenbildungen, die vor allem an der Tradition orientiert, aber zugleich immer auf die ganze Kirche bezogen sind – etwa um eine bis zur Unkenntlichkeit expandierende Kirche daran zu erinnern, wie sie Kirche bleiben könne. Man kann sich dabei exklusiv als „Kirche in der Kirche" fühlen oder intensiv „Kirche für die Kirche" sein wollen. Es gab und gibt auch Gruppengemeinschaftsbildungen, zahlenmäßig meist schwächere, die unter wechselnden Leitbildern die Kirche für akute Menschheitsnöte und -probleme besonders verpflichten und für Zukunftsentwicklungen öffnen wollen. Sie sollte nicht Kirche für sich bleiben, sondern Kirche für die Menschen werden. Mund der Unmündigen, Fürsprecher der Rechtlosen, und so das Evangelium konkret bezeugen: eine Weise des Christentums, in der sich eine äußerste Ausweitung der kirchlichen Praxis mit einer äußersten Intensivierung der Nachfolge Jesu verbinden kann.

Das gruppengemeinschaftliche Kräftefeld ist eine sehr bewegte und unruhige ekklesiale Realität. Man trifft auf die Frömmigkeit der „Stillen im Land", auf die Lautstärke von Bekenntnisbewegungen, auf das Selbstgefühl fortschrittlicher Lobbys, die als pressure-groups wirken möchten.

Vom rein geistlichen Dienst an der Kirche über den Kampf um die Macht in der Kirche bis zur institutionellen Selbstentäußerung der Kirche, von der missionarischen Bekehrung der Heiden bis zur evangelistischen Bekehrung der Christen, von der Kirchenreform bis zur Gesellschaftsreform kann sich die Palette der Zielangaben erstrecken. Man kann schlicht etwas von der Vielfalt der Charismen darstellen wollen. Man kann ein Modell der engagierten Freiheit des Glaubens verkörpern wollen. Man kann im enragierten Widerstand gegen innerkirchliche Pluralitäten und Pluralismen, Parteiungen oder Gruppierungen sich selber als agiles Beispiel dessen, was man nicht sein will, als ein Stück des kirchlichen Pluralismus vorzeigen. Wo immer im großkirchlichen Gefüge und in der großkirchlichen Gottesdienstpraxis die eigene Frömmigkeit sich nicht ausreichend wiederentdecken konnte, biblische Forderungen nicht hinreichend beachtet oder menschliche Grundbedürfnisse nicht wirklich befriedigt erschienen, da fanden sich in der Regel auch Gruppen zusammen, die teils unprätentiös, teils großkirchenkritisch, teils überhaupt kirchenkritisch sich dieser Mängel annehmen wollten.

Daß sich daraus eine andere gottesdienstliche Praxis mit teilweise anderen als den großkirchlichen Möglichkeiten ergibt, liegt auf der Hand. Vor der Ausbildung der ja – bis zur communio sub una – ungemein stark an das öffentlich Praktikable angepaßten Meßfeier gab die Gruppengemeinschaft dem Mahlgottesdienst und den Agapen eine besondere häusliche Atmosphäre – dies ist auch heute noch eine ihrer besonders anziehenden Stärken. Im häuslichen Kreis bedarf es sicher keines „großen" Zeremoniells mehr; immerhin bedarf es dort durchaus auch des sicheren Schutzes eines einfachen und doch heraushebenden Rituals. Gerade wenn man am alltäglichen Ort das Nicht-Alltägliche zu erleben sich anschickt, muß es rituell vor der Nivellierung, der Einebnung ins Banale und in diesem Sinn vor einer falschen Profanisierung geschützt werden.

Wo in gruppengemeinschaftlicher christlicher Praxis der kircheneigentümliche Öffentlichkeitsanspruch weitgehend entfällt, da bleibt man auch abseits der öffentlichen Neugier. Die Teilnehmerzahlen verlieren an Interesse, der einzelne Teilnehmer hat den Vorteil davon: er ist bekannt, sieht sich angenommen und erfährt persönlich, daß seine Teilnahme für wichtig gehalten wird. Allerdings ist dann auch alles viel stärker auf das sozusagen hausinterne oder gruppeninterne Gemeinschaftsleben bezogen. Doch da man sich und das gemeinsam Erlebte dort auch ohne viele Worte viel besser kennt als im großkirchlichen „Auditorium", ist auch für die Symbole der gottesdienstlichen Kommunikation in diesem Rahmen sozusagen mehr Leben anschaulich zugegen. Wenn die Anstrengung, einen öffentlichen Wertekonsens repräsentieren zu müssen, entfällt, sprechen die hier gebrauchten Symbole, Metaphern und Verhaltensformen die überschaubaren Lebensgewohnheiten unmittelbar an. Im konkreteren Kontext bringen auch die Symbole als „konkrete Individualitäten" ihre Symbolik konkreter zum Klingen; der interpretatorische Aufwand bleibt klein[16]. Jedes Übermaß an intellektueller Interpretation kann ja die „Wohnlichkeit“ eines Gottesdienstes empfindlich beeinträchtigen. Auch findet das Gewissen in einem sehr reichen Angebot an Denkmustern und Deutefiguren nur zu leicht das erwünschte Alibi, um sich den darin enthaltenen und auch empfundenen Anspruch doch noch vom Leibe zu halten.

Die positiven Möglichkeiten der gruppengemeinschaftlichen Praxis sind immer wieder verlockend. In allen christianisierten wie in allen nachchristlichen Epochen schwelt ja die Frage nach einem authentisch gelebten Christentum überall unter der Decke der verbrauchten christlichen Selbstverständlichkeiten. Der Ruf nach mehr religiöser Verbindlichkeit findet dann bei vielen ein Echo, die von der „großkirchlichen“, angeblichen oder auch wirklichen Unverbindlichkeit enttäuscht sind. Die Gelegenheit zur persönlichen Mitbeteiligung weit über das großkirchliche, festgeschriebene, dürftige Rollenheft hinaus nimmt in kleinen Gruppengemeinschaften zu, die spirituellen Erwartungen können ebenso wie die gemeinschaftlichen Integrationshoffnungen höhergespannt werden. Die Lücken der großkirchlichen Praxis scheinen sich hier endlich zu schließen: es gibt dann – hoffentlich – mehr Lebensverbundenheit, mehr konkreten Nächstendienst, ein klares Bekenntnis, ein überzeugendes Einverständnis, deutlichere (und oft nur allzu willkommene!) Möglichkeiten der Abgrenzung, die das eigene Selbstgefühl und das Wirgefühl steigern. Es gibt eine gemeinsame Frömmigkeitssprache, die zum Heimatdialekt werden kann.

Aber die von Luther befürchtete Gefahr der „Rotterei“ heftet sich dieser Praxis auf Schritt und Tritt an die Fersen. Denn Gruppengemein-

16 Derlei hatte wohl Luther vor Augen bei seinen berühmten, hypothetischen Erwägungen zu einer „dritten Weise“ des christlichen Gottesdienstes neben der gereinigten lateinischen und deutschen Messe (Vorrede zur Deutschen Messe 1925, W 19, 72 ff): eine schlichte Ordnung mit den nötigsten Stücken, eine namentliche, persönliche Verpflichtung, eine ernsthafte Gemeinschaftspraxis mit persönlicher Ermahnung und Zucht, offene Grenzen zum alltäglichen Gottesdienst der guten Werke, wenig Liturgie („nicht viel gesenges“), „eyn kurtze feyne weyse mit der tauffe und sacrament halten und alles auffs wort und gebet und die liebe richten“. Den vordergründigsten Einwand hat Luther, wie sattsam bekannt, gleich hinzugefügt: „ich hab noch nicht leute und personen dazu; so sehe ich auch nicht viel, die dazu dringen“. Die gewichtigere Warnung folgt etwas später nach: man soll dies nicht anstiften, wenn's nicht von selber geschehen will – „auff das nicht eyne rotterey draus werde“. Und der theologisch entscheidende Vorbehalt (gegenüber der völligen Selbstbefreiung der Glaubenden von jeder äußeren Gottesdienstordnung oder -verpflichtung) steht gleich am Eingang der Vorrede: daß die Christen ihren Gottesdienst zwar „ym geyst“ haben und keiner äußeren Ordnung dazu bedürften; daß man den Gottesdienst und gerade auch seine pädagogisch und aesthetisch angereicherten Formen um derer willen gebrauchen und ordnen müsse, „die noch Christen sollen werden odder stercker werden“; daß aber jeder Christ ohne Ausnahme dann doch des veranstalteten Gottesdienstes bedürfe: „Gleych wie eyn Christen der tauffe, des worts und sacraments nicht darff als eyn Christen, denn er hats schon alles, sondern als eyn sunder“.

schaft bedeutet ganz unvermeidlich zunehmende Bindung an die Gruppe und wachsende Abhängigkeit von ihr. Gruppenleitende Autoritätspersonen können nicht selten sehr viel gewichtiger, manchmal sogar sehr viel bedrückender sein als Amtspersonen im institutionellen Gegenüber je werden können. Man erlebt dann gerade die Gottesdienste der Gruppengemeinschaft als deren starke Bestätigung. Auch die Antriebe nach außen, die „Sendungspotentiale" bleiben auf den Rahmen der Gruppe bezogen; die Freiheit des Glaubens kann sich aufs Hereinholen in die eigenen Gruppenanschauungen verengen, das Gruppeninteresse, der Gruppen-Klerikalismus kann penetranter als jeder großkirchliche Klerikalismus werden. Wenn die Gruppen sehr groß sind und die Gestalt von Kirchenparteien annehmen, ziehen schismatische Gefährdungen herauf; die Drohung mit dem Schisma wird zum bewußten und unbewußten Druckmittel in den Auseinandersetzungen. Wenn sie klein bleiben, können die Gruppen Zuflucht im kirchlichen Untergrund suchen und mit ihren Gruppensymbolen unter die „Kellerkinder" der überzivilisierten Gesellschaft geraten und im Dunkel der archetypischen Szene manche Pseudomorphosen erleiden.

Die Defizite der traditionellen Praxis und das Verlangen nach mehr christlicher Glaubwürdigkeit verschaffen den gruppengemeinschaftlichen Bestrebungen immer wieder ihre starke christliche Legitimation, auch über ihre oft sehr einseitigen und ausgeprägten Besonderheiten hinweg. Aber wo immer die gottesdienstliche Praxis vor allem die eigene Gruppengemeinschaft bestätigt, da kommt dies oft darin zum Vorschein, daß der christliche Output dann kleiner wird. Ihre Verbindlichkeit macht den Freiheitsraum schmäler; ihre Vorbildlichkeit schüchtert die Kleinmütigen ein.

7.3.5 Leben mit zwei Kirchenkonzepten

Mit einer „großkirchlichen" bzw. einer „gruppengemeinschaftlichen" Gottesdienstpraxis sind nicht zwei liturgisch ausgeformte und agendarisch festgelegte Gottesdiensttypen gemeint. Es wäre auch abwegig, sich dafür idealtypische Modelle auszudenken. Das gottesdienstliche Leben schafft sich seine Modelle selber. Es geht nicht aus erdachten Konzeptionen hervor und folgt diesen auch nicht. Schematisierungen und Vereinheitlichungen sind immer sekundäre Phasen in der Geschichte der Gottesdienste gewesen: zuerst werden private oder lokale, namhafte oder anonyme Agenden praktiziert; dann fängt man an, sie zu ordnen. Wenn die Ordnung gelingt, macht die mit Nachdruck auferlegte Einheitlichkeit eine Zeitlang Eindruck; dann stößt sie wieder an ihre Grenzen. Die Menschheitsentwicklungen richten sich nicht nach den kirchlichen Institutionen. Wenn sich diese nicht weiterbewegen, gehen die allgemeinen Entwicklungen an ihnen vorbei.

Die Szenerie möglicher christlicher Gottesdienstformen ist überaus bunt. Es ist kaum vorstellbar, daß hier noch viele neue Veranstaltungstypen und

Einzelformen ausgedacht werden könnten, zu denen sich nicht im ökumenischen Querschnitt oder im kirchengeschichtlichen Längsschnitt liturgische Entsprechungen fänden. Die Darstellungsweisen sind allerdings durch die technische Entwicklung der Medien enorm gesteigert; die gottesdienstliche Kommunikation kann mehrdimensional ausgebaut, Intimes und Kleingruppentypisches kann im Großformat miterlebt (?), mindestens mit-veröffentlicht werden.

Aus der Fülle der möglichen und denkbaren Feierweisen mehr intimer oder mehr offizieller Natur ragen seit eh und je die großen Rituale der großen Kirchen modellhaft hervor. An ihnen erwachsen in der Regel die ordnenden Vorstellungen, mit denen man die Fülle der Erscheinungen und ihre elementaren Absichten sowie die Art ihrer Ausgestaltung zu begreifen versucht. Man wird da auf das Bei- und Ineinander von festen und beweglichen Formteilen aufmerksam, auf die Stücke der Erinnerung und diejenigen, die der Anrufung gelten (Anamnese und Epiklese), auf die Elemente des Betens und Feierns (der Interzession) und auf die des Hörens und Lehrens (der Interpretation).

Es läßt sich beobachten und gut begreifen, daß großkirchliche Praxis sich mit Vorliebe der festen, ausgebauten Formen bedient. Ihr repräsentativer Charakter verlangt nach der großen, ihre mindestens indirekt volkserzieherische Absicht nach der guten und anziehenden Form. Sie sucht feste Formen, um Generationen überdauern zu können. Sie braucht eine Symbolik, die nicht alles ausdeutend festlegt, um sich die nötige Offenheit für die vielen zu bewahren, die sich darin unterbringen können und wollen. Ebenso leicht läßt sich beobachten und begreifen, daß ein schlichterer Predigt- oder Gebetsgottesdienst der gruppengemeinschaftlichen Gottesdienstpraxis näherkommt. Man kann damit dem, was in einer konkreten Versammlung und in ihrem augenblicklichen Ergehen die Menschen erfüllt und bewegt, sensibler gerecht werden. Nicht von ungefähr ist in der Fluchtlinie von Luthers durch die Predigt bestimmten Gottesdienstkonzeption die „dritte Weise" des Gottesdiensts aufgetaucht, in der sich alles aufs einfachste auf Gebet, Wort und Liebe konzentrieren sollte.

Trotz dieser Affinitäten sind daraus keine zwingenden liturgischen Grundmodelle für die eine oder andere Praxis abzuleiten. Eindrucksvollstes Beispiel ist immer wieder, daß sich die fast ganz durch-ritualisierte Meßfeier, ein beinahe ideales Muster großkirchlicher Kultusgestaltung, auch für kleine Gruppen und kleinste Kreise intimisieren läßt[17]. Denn gerade auch in der familiären Intimität braucht eine gottesdienstliche Feier den Schutz

17 Die katholische Messe erscheint unter großkirchlichen Leitvorstellungen als Hochamt in Kathedralen und Dorfkirchen; sie erscheint gruppengemeinschaftlich etwa in einer Pfadfindergruppe oder bei den Früh- oder Abendmessen in einer arbeiterpriesterlichen Wohngemeinschaft. Dieser geniale Gottesdiensttypus kann also unter großkirchlichen und gruppengemeinschaftlichen Leitvorstellungen praktiziert und in ihnen einheimisch werden. Die Atmosphäre, die dazu gehört, stellt sich ein und sorgt dafür, daß sich die unterschiedlichen Schwerpunkte jeweils selber zur

herausgehobener Form: sie will umgrenzt sein vom Gruß und vom Abschlußwort, sie sollte sozusagen abgesteckt werden durch den Eingangs- und Ausgangssegen. Und auch das dabei zu Beredende braucht offen oder insgeheim seine „Texte", braucht wie das Gewebe die Einschüsse einer anderen, sonntäglichen, meditativen Sprachgestalt, um aus dem Abstand dem, was alltäglich gebraucht wird, näherzukommen. Und umgekehrt haben die Erfordernisse der kirchlichen Lage und die überindividuelle Bedeutung der öffentlichen Gewissensunterrichtung im Glauben von Anfang an dafür gesorgt, daß der protestantische Predigtgottesdienst sich nicht zur formlosen Häuslichkeit herab-, sondern zur formellen und institutionellen Öffentlichkeit, zur doctrina publica hinaufstilisieren ließ. Es gilt also nicht einfach die Regel: das große Feier-Ritual für den großkirchlichen, das bewegliche Wort-Modell für den gruppengemeinschaftlichen Gottesdienst. Beide können beiden Leitvorstellungen angepaßt und für sie gebraucht werden.

Es ist darum auch nicht an eine alternative Praxis zu denken: als ob in den großen Kirchentümern nur die großkirchliche, in den kleineren Kirchengebilden nur eine gruppengemeinschaftliche Praxis herrschend oder angezeigt wäre. Unterscheidungen nach der Größenordnung relativieren sich rasch: was in einer bundesdeutschen Klein- oder Mittelstadt als kleine christliche Gruppe erscheint, ist u. U. in den USA eine große Denomination. Auch die überwiegend in kleinen Gemeinden existierenden Glaubensgemeinschaften können zuweilen große gottesdienstliche Veranstaltungen haben. Und auch große Kirchentümer begehen Gottesdienste nach feierlichen, von der Patina der Jahrhunderte überzogenen Agenden in kleinen Dorf- und Filialkirchen, in denen jeder Besucher den anderen kennt. Auch in Siedlungs- und Stadtkirchen kann dies bei den nachgerade sehr ausgedünnten Teilnehmerzahlen der Fall sein. Und auch das umgekehrte tritt ein: daß man in stark besuchten Gottesdiensten, die nach strengen agendarischen Vorschriften ablaufen, eine fast gruppengemeinschaftliche Wärme zu spüren bekommt, während in Gottesdiensten mit einem knappen Dutzend in den Kirchenbänken verstreuter Besucher sich eine äußerst kühle, großkirchliche Veranstaltungsluft aufs Gemüt legen kann. Nicht die agendarische Form, sonder die äußere und die innere Lage entscheidet darüber, welche Art von gottesdienstlicher Praxis jetzt naheliegt, angezeigt oder überhaupt möglich erscheint.

Und auch dies muß zu den beiden Möglichkeiten großkirchlicher bzw. gruppengemeinschaftlicher Gottesdienstpraxis angemerkt werden: sie

Geltung bringen. Man muß nicht mehr an jene Schwelle zwischen der missa catechumenorum und der missa fidelium denken: der ursprüngliche Sinn dieses Einschnittes im Ritual ist es ja gewesen, sozusagen vom offenen zum geschlossenen Leitbild überzuwechseln. Jetzt ist in der Gestalt der (oder des) zelebrierenden Priester(s) in der ganzen Feierform, wenn man so sagen will, die geschlossene Kirche in der offenen Kirche immer präsent; der Kelchvorbehalt für den Priester unterstreicht dies symbolisch mit Nachdruck.

kennzeichnen in ihrem spannungsvollen Nebeneinander, in der fast gegensätzlichen Weise, in der sie sich oft unter denselben Formen darstellen können, die Kirche als „Institution im Übergang". Und auch dabei handelt es sich nicht in erster Linie darum, einen kirchengeschichtlichen Übergang, eine Phase, eine Epochenschwelle zu bezeichnen – etwa das Ende der großkirchlichen Ära des Christentums und seinen Übergang in eine andere, informellere Phase. Vielmehr ist auch im Blick auf die beiden Konzepte gottesdienstlicher Praxis eher eine grundsätzliche Ortsangabe, eher so etwas wie eine Wesensbeschreibung der Kirche gemeint: man findet sie immerfort in einem solchen Übergang vor. Sie zeigt sich bald in einer mehr gruppengemeinschaftlichen, bald in großkirchlicher Selbstdarstellung, zwischen beiden Möglichkeiten hin und herschwankend, bald auch mehr auf dem Weg von der einen zur andern begriffen. Wo immer sie erscheint, tut sie es als Institution im Übergang, als ein Kompromißwesen. Von orthodoxen und von enthusiastischen Vorkämpfern der Reinheit der Kirche können treffliche Anstöße für das Leben der Kirche ausgehen, doch stellt auch die optimale Reinheit der Lehre die Reinheit der Kirche nicht her. Solange sie in der Relation von promissio und fides lebt, unter der Berufung zum Glauben, im Vertrauen auf Christi Verheißung, und d. h. solange die Zeit der Geschichte währt, bleibt sie ein Kompromißwesen, das sich teils gruppengemeinschaftlich und teils großkirchlich, bald mehr auf die eine, bald mehr auf die andere Weise zu verwirklichen sucht.

Freilich, so wie sich in den liturgischen Formen Affinitäten zur einen oder zur anderen Selbstdarstellung ergeben, so kann man im Blick auf die kirchliche Lage Verschiebungen in diesem Übergangswesen feststellen, die etwas mit einem Epochengefälle zu tun haben können. Die Kirchen können nur noch in seltenen Fällen heute so wie durch lange Jahrhunderte das Verwaltungsmonopol über die öffentlich sanktionierten, privilegierten und eindeutig anerkannten religiösen Überzeugungs- und Wertsysteme für sich in Anspruch nehmen. Sie können fast nirgends mehr mit der früheren, unbestrittenen Selbstverständlichkeit für deren öffentliche und persönliche Durchsetzung tätig werden. Sie erscheinen als Organisationen bestimmter religiöser Überzeugungen, hinter denen zum Teil noch eine unklare Mehrheit, teils auch schon ganz klar eine Minderheit steht; sie interagieren in ihren „alten Ländern" im abendländischen Einflußbereich fast überall mit einem nicht leicht zu durchschauenden und aufzuteilenden, ziemlich gemischten christlichen und nachchristlichen Publikum. Die Mehrheiten sind, soweit noch vorhanden, volkskirchlich abgeflacht: je größer die Mehrheit, desto kleiner die Überzeugtheit. Vor allem fällt ins Gewicht, daß die ökumenische Vielzahl der Kirchen jetzt jenem „Publikum" deutlicher vor Augen steht und stärker bewußt ist, als dies früher der Fall war. Das läßt sie instinktiv als eine Gruppe mit mehr oder weniger verwandten, aber auch unterschiedlichen Überzeugungen erscheinen, in der man teils gemeinsame, auf die Allgemeinheit bezogene, teils auch massive körperschaftliche Eigeninteressen verfolgt. Dies ist mit dem reformatorischen Bruch so noch nicht klar bewußt geworden – das nachkonstantinische, großkirchliche Kirchenverständnis hat auch in den Partikularkirchen lange Zeit sehr stabil überdauert. Doch sind inzwischen viele großkirchliche Selbstverständlichkeiten auf vielen Gebieten der kirchlichen Praxis im Rückgang begriffen oder schon weggebrochen. Der Gottesdienst der großen Kirchen hat fast noch am meisten vom nachkonstantinischen Charakter der großkirchlichen Praxis an sich. Er trägt so etwas wie einen Anspruch auf öffentliche Beachtung gewissermaßen vor sich her, auch wenn das „Publikum" ihn mehr duldet als in Gebrauch nimmt und die öffentliche Beachtung sich weithin auf einen milden polizeilichen Störungsschutz zwischen 9.30 h und 10.30 h ermäßigt hat.

Nicht in den Gottesdienstformen, den Liturgien, und auch nicht in erster Linie in den Inhalten, die der Gottesdienst feiert, in den Theologien, spielen sich heute, so scheint es, die entscheidenden Verschiebungen ab. Wenn nicht alles trügt, dann gehen die ausschlaggebenden Entwicklungen in jenem schwer zugänglichen Bereich vor sich, auf dem es sich, soziologisch gesprochen, um den gesellschaftlichen Rang des Gottesdienstes, sozialpsychologisch um das Bedürfnis danach und theologisch ausgedrückt um die Erfahrung der Notwendigkeit des Gottesdienstes handelt; religionskritisch gesehen um eine anscheinend erschlaffende oder erlöschende Vitalität religiöser Praxis, religionsphänomenologisch um die geringe unmittelbare Expressivität dieser symbolischen Kommunikation, die sich so oft entweder als ein fremd oder als ein geheimnislos gewordenes Mysterium präsentiert.

Nun kann man aber keineswegs sagen, die Entwicklung laufe schlicht auf ein Ende der großkirchlichen Ära und der „großkirchlich" praktizierten Gottesdienste zu; es sei das Gebot der Stunde für die Kirchen, sich auf der ganzen Linie auf eine gruppengemeinschaftliche Praxis einzulassen und auch im Gottesdienst sich ganz darauf einzustellen, – so nahe sich dieser Eindruck oft legt. Gerade auf dem gottesdienstlichen Gebiet wird dies nämlich nicht bloß durch den dort noch starken, wenn auch wahrscheinlich abnehmenden nachkonstantinischen Geltungs-Überhang erschwert und verlangsamt. Es wird da vielmehr auch durch einen gegenläufigen, hoffentlich zunehmenden ökumenischen Entwicklungstrend durchkreuzt. Die Entwicklungstendenzen in der Weltchristenheit laufen eben nicht einfach von großkirchlichen Grundmodellen auf gruppengemeinschaftliche Parzellierungen zu. Sie lassen auch einen Trend erkennen, der von der überall sichtbaren kirchlichen Pluralität, von Kleingruppen, Großgruppierungen und Kirchentümern nicht zur Großkirche zurück-, sondern zur ökumenischen Gemeinschaft weiterdrängt.

Das läßt sich auf vielen Gebieten der kirchlichen Praxis beobachten, keineswegs nur auf den besonders umstrittenen politischen und gesellschaftspolitischen Sektoren. Auch die gottesdienstliche Praxis spielt hier durchaus keine eindeutige, sondern eine ganz ambivalente Rolle. Denn so sehr es die gottesdienstlichen Besonderheiten sind, die viele kirchentrennenden Barrièren in den Organisationen und in den Gemütern aufrichten; so sehr die noch immer unüberwindlichen Trennungen in der Mahlfeier deren symbolische Tragfähigkeit und Tragweite schmerzlich verringern: innerhalb dieser konfessionellen Schranken erinnert der so oder so gefeierte christliche Gottesdienst als ganzer und erinnert vieles einzelne in ihm stärker als alles sonstige an die tatsächliche, ökumenische Zusammengehörigkeit der Getrennten. Die „zwecklose" Anbetung Gottes im Namen des einen, gekreuzigten Herrn ist eine so starke Gemeinsamkeit in der zweckverplanten und interessenzerklüfteten menschlichen Gesellschaft, daß sie auch die getrennten Abendmahlstische überragt. Wo immer (getrennte) Christen ihren Gottesdienst feiern, da machen sie etwas von ihrem (gemeinsamen) Konsortium mit den Engeln vor Gottes Thron wahr[18]. Das ist leider oft eine Vertröstung, aber gottseidank auch eine ekklesiale Realität.

So muß man festhalten: gerade der Gottesdienst erinnert gegenüber dem Sog zur gruppengemeinschaftlichen Parzellierung unaufhörlich daran, daß es mit solcher Parzellierung nicht getan ist und damit auch sein Bewenden nicht haben kann; daß jedenfalls die Selbstabschirmung nicht deren Sinn bleiben darf. Die Ökumene bringt alte Kirchen mit solchen in Austausch, die keine konstantinische oder nachkonstantinische Vergangenheit hatten, denen die Tradition anspruchsvoller Öffentlichkeitsgeltung fremd blieb. Bei einer solchen ökumenischen Konstellation kann es von vornherein nicht um eine Rückentwicklung zur Einheitskirche gehen. Da kann auch das Ziel nicht mehr „Kircheneinheit" heißen. Da wird vielmehr die Suche nach mehr Kirchengemeinschaft zum gebotenen Weg. Und da wird dann auch klar, daß man es beim großkirchlichen und beim gruppengemeinschaftlichen Praxisaspekt mit zwei Leitvorstellungen zu tun hat, die beide wesentlich und notwendig sind, obwohl sie in vielen Hinsichten praktisch unvereinbar bleiben und nicht in einander aufgehen können. Die eine, die gruppengemeinschaftliche Praxis, zielt auf reale Zusammengehörigkeit, auf mehr Konformität und Verbindlichkeit, auf intensivere Glaubensgemeinschaft. Wie sollte dieses Ziel und die ihm entsprechende Praxis für eine Kirche entbehrlich sein? Großkirchliche Praxis zielt darauf, auf dem Boden eines Grundkonsenses, der je und dann auch gemeinsames Handeln und Feiern ermöglicht, die Kirche in extensivem Sinne zu einer Glaubensheimat für viele zu machen. Wie sollte eine Kirche in ihrer Praxis dieses Ziel je ganz aus den Augen verlieren dürfen?

Es sind zwei Zielsetzungen, die sich durch nichts erzwingen lassen, denen das organisierte Verhalten der Kirchen nur dienstbar gemacht werden kann, aber auch muß, die beide nur in der Freiheit des Glaubens in, mit und nebeneinander erstrebt und näherungsweise erreicht werden können. Ihre speziellen Gefahren sind leicht zu erkennen: daß man die geist-

18 „Von zwölf Perlen sind die Pforten an deiner Stadt; wir sind Konsorten der Engel hoch um deinen Thron" – EKG 121, 3 (ältere Fassung).

liche Gemeinschaft entweder durch zentrale Leitstellen einer großkirchlichen Organisation oder daß man die geistliche Konformität durch innere Uniformität abzusichern versucht. Auch bringt es Konflikte, wenn kirchliche und christliche Praxis ihre eine Sendung unter zwei so verschiedenen, jeweils nach bestem Wissen und Gewissen in der konkreten Lage festzusetzenden und einzuschlagenden Zielansprachen zu erfüllen versucht. Daß beide Zielsetzungen oft praktisch unvereinbar bleiben, setzt keine von ihnen ins Unrecht, gibt aber auch keiner von ihnen ein Vorrecht. Es wird Einrichtungen, Gruppen, Aktionen, Veranstaltungen, Organisationsformen geben, deren zentrales Interesse der Ermöglichung intensiver Glaubensgemeinschaft gewidmet ist, und andere, die sich der Suche nach extensiverer Glaubensheimat für die Christen verpflichtet wissen. Es werden dieselben überkommenen Praxisformen da und dort mit unterschiedlicher Zielvorstellung praktiziert werden. Die Frage ist brennend, ob sie in einer konziliaren Konzeption kirchlicher Gemeinschaft aufgefangen und für einander offengehalten und fruchtbar gemacht werden können.

Eine konziliare Konzeption hat mit der großkirchlichen Leitvorstellung die weitausgespannte Decke gemeinsam, unterscheidet sich aber davon durch den entschlossenen Verzicht auf jede einheitskirchliche Verlockung. Sie hat mit den gruppengemeinschaftlichen Zielvorstellungen die Suche nach größerer Menschen- und Lebensnähe, nach konkreter und partnerschaftlicher Verwirklichung des Christseins gemeinsam, unterscheidet sich aber von ihnen durch den entschlossenen Verzicht auf jede Verabsolutierung der eigenen Glaubensform und durch die Leidenschaft fürs Gespräch auf den Grenzen und über diese hinweg. Die Schwächen großkirchlicher Praxis mit ihrem „Publikum" und seiner fragwürdigen Christlichkeit sind vor Augen. Sie werden vom gruppengemeinschaftlichen Ansatz her wegen ihrer Unzulänglichkeiten oft so hart kritisiert, daß man darüber den Blick für ihre Stärken verliert: sie kann den Menschen mehr Zeit und mehr Atemraum lassen, auch den zögernden und zweifelnden Zeitgenossen, weil sie weniger Zeit für die Beschäftigung mit sich selber braucht.

Beide Konzepte sind Direktiven, keine Alternativen. In jener ekklesiologischen Sphinx, die den Namen „Volkskirche" trägt, läßt die Praxis eigentlich für beide Raum. Es gibt Zerreißproben, aber diese Spannung kann lebensvoll sein. „Kleinkirchliche" Praxis macht häufig den größeren geistlichen Eindruck; in ihren Augen erscheint die volkskirchliche Wirklichkeit oft nur noch als Zwittergebilde oder Missionsobjekt. Aber während die ecclesiola in ecclesia sich entweder mit urchristlichem Pathos nach rückwärts oder mit endzeitlichen Erwartungen – oder auch mit progressivem Eifer – nach vorwärts orientiert und häufig so oder so einem elitären Bewußtsein verfällt, hält die großkirchliche Praxis in aller Gebrochenheit etwas für die Kirche Lebensnotwendiges fest: nicht mehr die anspruchsvolle, aber die verheißungsvolle Universalität, ohne die das

Evangelium nicht mehr Evangelium ist. So hängt bei diesem In- oder Nebeneinander zweier Direktiven viel vom Gespür der Verantwortlichen ab: sie sollten merken, wo was am Platz ist. Und es ist deshalb wichtig, daß vor allem die Pfarrer, die selbstverständlich ihre persönlichen ekklesiologischen Leitvorstellungen haben, es wissen und zu ihrem amtlichen Habitus machen, daß ihr Amt sie in einen größeren Horizont als in den jener Gruppen stellt, in denen sie sich besonders einheimisch fühlen. Gerade der „großkirchlich" traditionsbestimmte Gottesdienst erinnert sie unaufhörlich daran, daß sie ohne Verleugnung der eigenen Einsicht und Meinung zu mehr als zu Parteigängern ihrer eigenen Gruppenbindung berufen werden. Man kann auch den Teilnehmern viele Enttäuschungen ersparen und ihre Urteilskraft stärken und ihre Gemeinschaftsfähigkeit fördern, wenn die konkreten Veranstaltungsstrukturen und -absichten und die eigenen Leitvorstellungen so abgestimmt werden, daß Klarheit darüber besteht, was man hier jeweils will und ob man es wollen kann. Sowohl in den sonntäglichen Gottesdiensten wie bei den kasuellen Gottesdiensthandlungen kann die Volkskirche im Handumdrehen in den Verdacht eines „Tuns als ob", einer institutionalisierten Hypokrisie geraten, sobald man z. B. kerngemeindliche Ansprüche und entscheidungskirchliche Kriterien unter großkirchlichen Vorgaben und Erwartungen zu praktizieren versucht. Dann steht der Pfarrer plötzlich vor der fatalen und unerfreulichen Alternative, ob er lieber den Zeremonienmeister oder lieber den Kirchenzuchtmeister spielen will. Wo Klarheit über die möglichen Leitvorstellungen und Besonderheiten gegenüber den eigenen Lieblingsvorstellungen herrscht, da darf es nicht auf eine extreme, da muß es auch nicht auf eine verwaschene, da kann es auf eine besonnene Praxis hinauskommen. Der großkirchliche Rahmen ohne eine gruppengemeinschaftliche, „kleinkirchliche" Füllung ergibt genauso ein Zerrbild von Kirche wie eine „kleinkirchliche" Entschiedenheit ohne die großkirchliche Weite. Das Mißtrauen gegen volkskirchliche Zwittergebilde vergißt leicht, daß die kirchliche Praxis unter allen denkbaren Leitvorstellungen immer einen Boden für Kompromisse darstellen wird – die einen mögen faul erscheinen, die andern gelingen: Kompromisse bleiben sie so oder so.

Wenn das Verlangen, gruppengemeinschaftliche Erfahrungen zu ermöglichen, sich an den traditionellen, großkirchlich angelegten Gottesdienst richtet, ist die Enttäuschung von vornherein mitprogrammiert. Mit einer mehrheitlich auf großkirchliche Praxis eingeübten Teilnehmerschaft kann man nur schwer gruppengemeinschaftliche Vorstellungen praktizieren. Der „großkirchlich" eingefahrene Gottesdienst kann nicht mehr Gemeinschaft herstellen als im großkirchlichen Rahmen von seinen Teilnehmern gelebt zu werden pflegt. Die dafür nötigen Formen einer verantwortlichen und selbständigen Mitbeteiligung aller oder vieler sind in ihm nicht oder nur ansatzweise vorhanden und auf keinen Fall im nötigen Ausmaß entwickelt – sie müßten sich auch auf die verantwortliche Mit-Vorbereitung erstrecken.

Wo die Leitvorstellungen klar sind und mit den jeweiligen Möglichkeiten vermittelt werden, kann das kirchliche Christentum jenes „gemischte Geschäft" bleiben, das es schon immer war, und muß doch nicht zwielichtig werden. Der christliche Gottesdienst kann dann sowohl mit den rituellen wie mit den beweglichen Stücken etwas davon deutlich werden lassen, daß sich Offenheit und Entschiedenheit nicht ausschließen müssen, sondern sich gegenseitig gesund erhalten. Das Verlangen nach mehr Verbindlichkeit ist ebenso unüberhörbar geworden wie das nach mehr Offenheit. Ein glaubwürdiger Brückenschlag zwischen beidem wird wahrscheinlich manches von jenem Modell lernen können, das sich jetzt immer wieder in und um die alte und die neue Kirche im burgundischen Taizé herum darstellt: eine Verbindung des Kommunitären mit dem Konziliaren; offene Verbindlichkeit und verbindliche Offenheit; die kleine Kirche, die nicht für sich, sondern für die größere lebt.

Man wird fragen, ob es wohl Mischformen geben kann – Gottesdienstformen, die die zentralen Interessen der beiden Leitvorstellungen, so verschieden sie sind, dennoch mit einander verbinden? Die Kirchenreformversuche der letzten 12 Jahre gingen ja Hand in Hand mit Versuchen der Gottesdienstreform. Sie haben auf vielerlei Weisen sich bemüht, einer größeren Spontaneität und mehr gruppengemeinschaftlichen Aktivitäten im kirchlichen Gottesdienst Raum zu verschaffen. Wahrscheinlich hat man dabei nicht immer mit dem nötigen Gewicht in Rechnung gestellt, daß generationenalte Gottesdienstrituale nicht willkürlich und überraschend veränderbar sind. Manchmal hat man auch die Erfahrung gemacht, daß sie anscheinend doch „noch nicht ganz tot" sind. In der weiten Runde der Ökumene gibt es zweifellos Gottesdienstformen und -feiern, die einiges hierzuland Unvereinbare wie selbstverständlich vereinbaren können: Gottesdienste, die für die betreffende Kirche repräsentativ sind und doch große Offenheit, menschliche Nähe und starke gemeinschaftliche Wärme miteinander verbinden[19]. Man ließe die ökumenische Situation der Kirche nicht recht fruchtbar werden, wenn man nicht aufmerksam auch die Anregungen und Erfahrungen der dortigen liturgischen „Seitenreferenten" aufnehmen würde. Doch haben manche Versuche deutlich gemacht, daß alles einfach Übernommene, nicht ins Eigene Umgedachte und Umgesungene meistens dann doch ein Fremdkörper bleibt. Die Sprache der Rituale und ihrer Symbolik bleibt in der Tat in aller Regel räumlich und zeitlich begrenzt. Negro-Spirituals in einem Gesamtritual aus der Agende der APU wirken allzuleicht als ökumenische Folklore. Gruppen, die in ihrer Werkstatt einen Gottesdienst für die Gemeinde vorbereiten, um die Aktivitäten der Sonntagsgemeinde durch ihr Vorbild und ihre Vorführung anzuregen, bleiben unvermeidlich ihr gegenüber, stehen alsbald vor dem Transfer-Problem[20]. Und so führen sie schließlich eben doch etwas vor,

19 Man kann sie z. B. in südamerikanischen Pfingstkirchen oder bei schwarzen Baptisten in den Vereinigten Staaten vermuten.

20 Vgl. dazu D. Trautwein, Lernprozeß Gottesdienst, Gelnhausen–Berlin 1972.

was den anderen dargeboten wird. Sie sind so etwas wie ein multiplizierter Pfarrer im Gottesdienst, nur daß sie in der etwas verwirrenden Vielfalt der Personen und Meinungen nicht so leicht wie dieser als ein konkreter Gesprächspartner für die Gemeinde haftbar zu machen sind. Die leise Paradoxie ist kaum zu umgehen, daß dann eben doch eine geschlossene Gruppe einen offenen Gottesdienst im geschlossenen Gottesdienst der (großkirchlich) offenen Sonntagsgemeinde vorführt. Wahrscheinlich erleidet die häufig gemachte Erfahrung nur wenige Ausnahmen: daß nötige und fruchtbare Neuansätze und -anstöße in den Gottesdienstformen sich kaum dazu eignen, ältere Rituale durch Zusätze attraktiver zu machen. Auch diese entwickeln sich fort, zum besseren oder schlimmeren. Doch braucht es viel Zeit und Behutsamkeit, sie weiterzuentwickeln. Neues hat sich, so scheint es, fast immer nur dort als lebenskräftig und entwicklungsfähig erwiesen, wo es sich seine eigenen Situationen hergestellt hat, sein eigenes Gesamtritual, seine eigene Zeit und seinen eigenen Teilnehmer- oder Mitspielerkreis. Familiengottesdienste sind ein Beispiel dafür. Der technische Fortschritt im Medienbereich macht es jetzt möglich, auch gruppengemeinschaftliche Formen und Rituale von sehr persönlichem und intimem Zuschnitt in ein größeres Veranstaltungsformat zu übertragen. Die „liturgische Nacht" auf dem Deutschen Evangelischen Kirchentag hat sich dieser Möglichkeiten bedient. Sie signalisiert in ihrem wohl kaum aus der Kirchentagssituation herauslösbaren Modell eine Möglichkeit, die bewährten Rituale, die sonst frommen oder weltlichen Massenversammlungen einen erschreckend einmütigen Mund verleihen können und sie erst richtig zur „Masse" machen, zu durchbrechen; Möglichkeiten einer vielstimmigen Einmütigkeit, einer freien, gelösten Gemeinschaft ohne Betretenheit und mit viel Turbulenz zu schaffen. Sie signalisieren einen Gottesdienst als enthusiasmierendes Massen-happening; kein übertragbares Modell, aber eine exemplarische Darstellung erstrebter Tendenzen. Es lebt vom rituellen Großrahmen, den der gesamte Kirchentag darstellt und der dafür eine tragende Atmosphäre bereithält. Das Problem bleibt die Wiederholung. Was wird aus dem happening, wenn es dokumentiert ist? Wird ein einmal Gelungenes dann zum Maß alles dessen, was man dann immer wieder versucht?[21]

21 Einen Versuch, die „Ortsgemeinde" unter dem ekklesiologischen Doppelaspekt einer großkirchlichen und einer gruppengemeinschaftlichen Praxis zu betrachten, habe ich unlängst unter dem Titel „Die Chancen der Ortsgemeinde", in: WuPKG 1/1972, S. 2 ff. bes. S. 10 ff. vorgetragen. – In andrem Zusammenhang und mit etwas anderer Durchgliederung weist auch D. Roessler auf die verschiedenen Kirchenkonzepte hin – Die Vernunft der Religion, München 1976, S. 109 f.: „Kirche gilt einmal als Fundamental-Institution . . . ‚Vater Staat' und ‚Mutter Kirche' sind hier als symbolische Eltern Grund und Bedingung einer jeden lebensfähigen Gesellschaft . . . Daneben steht . . . die Vorstellung, nach der die Kirche eine Institution unter anderen ist, gleichartig neben den Institutionen etwa des Rechtes oder der Bildung . . . in Konfessionen gruppiert, in Organisationen, Berufen und Ämtern greifbar . . . Die Kirche entwickelt die Neigung, Zugehörigkeit am Maßstab aktiver Beteiligung an den besonderen institutionellen Veranstaltungen

7.4 *Gottesdienst und Frömmigkeit – über Notwendigkeit und Sinn des veranstalteten Gottesdienstes*

In den meisten Gestalten des christlichen Gottesdienstes hat die Bibel einen bemerkenswerten Platz. Im evangelischen Gottesdienst liegt sie in absichtlicher Symbolik aufgeschlagen auf dem Altar, vor oder unter dem Crucifixus. Aber auch im katholischen Gottesdienst ist ihre Stellung bedeutsam: Grünewalds Isenheimer Karfreitagsbild stellt sie anschaulich dar, wenn er Johannes d. T. die aufgeschlagene Bibel in der einen Hand halten und mit der andern auf den Gekreuzigten deuten läßt. Beides kommt dort heraus: wie wichtig die Bibel dort ist – man kann das Heilsgeschehen der Kreuzigung Jesu nur aus den Weissagungen des Alten und aus dem Zeugnis des Neuen Testaments verstehen; und doch bleibt die Bibel und die sie auslegende Predigt „vorläufiger Dienst", der auf das Heilsmysterium hinweisen und seine Feier vorbereiten soll.

Die Bibel tritt nicht nur im christlichen Gottesdienst fast überall in Erscheinung: sie pflegt auch das Gottesdienstverständnis auf bemerkenswert verschiedene Weise zu beeinflussen. Alttestamentlich ist sie auf große Strecken ein Kultbilderbuch, eine Fundgrube großartiger, aber auch sonderbarer Rituale und Symbole, gleichzeitig freilich auch ein Dokument schärfster prophetischer Kritik am veräußerlichten Kultusbetrieb, und dann immer wieder ein packendes Zeugnis verinnerlichter Kultfrömmigkeit. Neutestamentlich kann sie zuweilen wie ein Lehrbuch erscheinen, das dazu anhält, in den Kultvorgängen und Vorstellungen aus dem Alten Bund Metaphern zu sehen für den einmaligen Heilsweg Jesu und auch für den alltäglichen Glaubensweg aller Christen. Insgesamt führt freilich kein Weg an der Einsicht vorbei; die Bibel weist stärker über die Gottesdienste, deren heiliges Buch sie geworden ist, hinaus als in sie ein. Sie weist auf den Heilsweg Jesu zurück, den sie bezeugt, und auf den Glaubensweg der Christen voraus, auf den sie sie ruft und für den der Gottesdienst selber nur eine Station, eine Ruhepause oder ein Aufenthalt sein kann. Sie will ja auch nicht bloß als heiliges Buch in der Kirche, sondern als Lesebuch in der Wohnung der Christen zu Haus sein – seit es den Buchdruck und den evangelischen Gottesdienst gibt.

Wenn man fragt, wie man es im Christentum anfänglich mit dem veranstalteten Gottesdienst gehalten habe, kann man drei recht verschiedene Antworten bekommen. Sie spiegeln sicherlich einen durch längere Zeiten hin nicht einhellig geklärten Problemstand wider. Sie spiegeln auch wider,

zu beurteilen, und sie gerät dadurch in tiefe Aporien mit dem eigenen volkskirchlichen Anspruch ... Als Konsequenz aus diesen Problemen versteht sich eine Auffassung, die ... in gleicher Weise von Verteidigern und Kritikern der Kirche vertreten wird: Kirche ist eine Minderheit, eine kleine Gruppe Engagierter und eigentümlich Überzeugter, ein weltanschaulicher Verein, der sich von der Gesellschaft im ganzen erheblich unterscheidet ... Für das Schicksal der Religion in der Neuzeit ist es charakteristisch, daß sie in keiner dieser Auffassungen von Kirche aufgeht."

wie eng die Einstellung zum veranstalteten Gottesdienst mit der jeweiligen Sicht der kirchlichen Lage und dem kirchlichen Selbstverständnis zusammenhängt. Kultus, ausgestalteter und – verführerisch – eindrucksvoller Kultus war für das werdende Christentum ja zunächst immer das öffentliche Schaufenster fremder, heidnischer – oder abgeschwächt auch jüdischer – Gottes- und Götterverehrung. Daß Götterbilder abzulehnen waren, wo man in der Menschheit Jesu das wahre Bild Gottes besaß, hatte das Christentum mit dem Judentum gemeinsam. Aber auch wenn im Judentum erst der Tempelkult, dann die synagogale Versammlung Mittelpunkt einer gesetzlich durchritualisierten Lebensweise war, mußte dies dem Christentum ebenso fremd bleiben wie die römische Kaiserverehrung als religiöses Symbol der Staatsbürgertreue oder wie mysteriöse Einweihungen als Zugangsriten zu einer geheimen, unverlierbares Leben garantierenden Gnosis. Von daher stand für die Christenheit jeder Kult, der ja in seiner Struktur und seiner Formenwelt zwangsläufig auf Anleihen aus dieser kultischen Welt kommen mußte, von vornherein unter Verdacht. Man spürte, wie leicht sich kultisches Begehen zum notwendigen und zum sicheren Mittel des Heilserwerbs hochstilisieren und verabsolutieren konnte. Das Kultische – eine abzulehnende Welt.

Die andre Antwort hieß dann: kultische Indifferenz. Das Kultische hat keine Heilsbedeutung; man braucht es daher nicht zu scheuen, wenn die Prioritäten klar bleiben. Sie gelten dem Glaubensgehorsam. Der Sabbat ist für den Menschen, die Versöhnung mit dem gekränkten Bruder und die Versorgung der notleidenden Eltern ist wichtiger als die Opfergabe; und wo Jesus erscheint, da ist mehr als der Tempel[22] – in dieser Haltung konnte man Kultisches jederzeit einer vernünftigen Bedarfsregelung überlassen. Das Neue Testament gibt keinen Codex liturgicus her.

Die dritte Antwort konnte ebensogut das Nein zum Kult wie die Indifferenz gegen ihn wie die Einrichtung eines christlichen Kultes begründen: die Frage nach dem wahren Gottesdienst ist für das Christentum zur zentralen Frage geworden. Wahrer Gottesdienst, das galt von Haus aus klar dem Vorrang des gelebten Glaubens vor dem gefeierten und gepredigten Glauben[23]. Die neutestamentlichen Sachverhalte sind klar. Wo Jesus Men-

22 Mk 2, 27, 3, 4; Mt. 5, 23 f. Mk. 7, 10–13; Mt. 12, 6.

23 „Die Dominanz des Ethischen gegenüber dem Kultischen ist eine der wesentlichen Einsichten, welche das frühe Christentum als Bestandteil seines Glaubens zu verteidigen hatte" F. Schupp, Glaube-Kultur-Symbol. Versuch einer kritischen Theorie sakramentaler Praxis, Düsseldorf 1974, S. 46 f. Es „wird . . . sehr deutlich, wie sich bei Jesus, in Aufnahme älterer Traditionen, die entscheidende Prägnanz der Symbole in ethisch-signifikantes Handeln verlegt" (aaO S. 229) . . . „Die Schwierigkeit liegt nun darin, daß es weder möglich ist, Jesus als radikalen Kultkritiker in Anspruch zu nehmen noch auch ihn als Begründer eines neuen Kults zu verstehen" (aaO 233). Und zustimmend wird nach H. Braun referiert: „Will man Jesu Stellung zur rituellen Reinheit und zum Sabbat charakterisieren, so wird man am zutreffendsten von Vergleichgültigung sprechen" (ebda 234). „In solcher Perspektive wird dann der außerkultische und a-kultische Todesort Jesu zum prägnanten Symbol der durch ihn vor sich gegangenen Kritik kultischer Handlungs- und Sinnprämissen

schen zur Nachfolge und zur Erwartung der Herrschaft Gottes berief, da war nicht an den Aufbruch einer neuen Kultusgemeinschaft gedacht. Und auch Paulus hat seine christlichen Gemeindeversammlungen in Korinth ebenso „unsakral" wie eine jüdische Synagogenversammlung betrachtet und die leibhafte Verfügbarkeit der Christen für den Willen Gottes als ihren „logischen" Gottesdienst ansehen wollen[24]. Das judenchristliche Erbteil hat diese Linie bloß unterstreichen können. Der Nachhall der prophetischen Stimmen blieb in den Ohren: sie verlangten nach Rechtsspruch im Tor statt nach Rechtsbruch, während die Priester den Tempel- und Opferdienst inszenierten und nur allzuoft falschem Tempelvertrauen Vorschub leisteten.

Freilich: die Priorität des Glaubensgehorsams konnte je länger desto weniger eine Alternative zur kultischen Praxis sein. Glaubens-Überlieferung und Glaubens-Gemeinschaft brauchen je länger desto mehr die bewahrende Form. Die geschichtlichen Notwendigkeiten setzten sich durch. Je älter, größer und öffentlicher die Kirche wurde, desto mehr Gewicht kam ihrem Gottesdienst als ihrer organisierenden und repräsentierenden Mitte zu. Die Praxis verschob fast unvermeidlich die Prioritäten. Die ursprüngliche Indifferenz und die Glaubensfreiheit gegenüber kultischen Formfragen und das grundsätzliche theologische Nein zur ritualgesetzlichen Praxis gingen zwar nicht völlig verloren. Die Bibel hielt diese Erinnerungen für die kirchliche Lehre bereit. Doch wurden sie mehr und mehr zu Fragen der Lehre, der theologischen Bewertung des Kultischen. Sie verhinderten, daß man im striktesten Sinn eine heilsverbindliche Kultpraxis lehrte. Sie konnten und wollten nicht verhindern, daß man in ziemlich striktem Sinn ein kirchenverbindliches christliches Kultwesen praktizierte. Denn das Kultische und das Ethische wurden, eng miteinander verzahnt, zum ausgewogenen Programm der kirchlichen Praxis, und dieses Programm hieß je länger desto klarer und seit Konstantin dann auch offiziell: öffentliche Erziehung zur christlichen Frömmigkeit. Kritische Anfragen gegenüber einer selbstgenügsamen kultischen Praxis und Freiheit gegenüber den Formen blieben im theologischen Arsenal gespeichert; eine potentielle Beunruhigung, die sich in kritischen und erneuernden Gruppen immer wieder zu Wort melden konnte. Aber im großen blieb das Kultische selbstver-

bzw. der durch sie strukturierten Erlebnisfelder." (aaO 236). – „Nun ist aber offensichtlich die Frage des Gottesdienstes nirgends derart radikal und zentral gestellt wie im Christentum. Auf seinen Ursprung gesehen, löste es eine so fundamentale Kritik am herrschenden Gottesdienstverständnis der Umwelt aus, daß sich sogar die Frage aufdrängt, mit welchem Recht und in welchem Sinne es überhaupt zur Ausbildung christlichen Gottesdienstes hatte kommen können. Und auf die Geschichte des Christentums gesehen, hat dann die Auseinandersetzung um das rechte Verständnis des Gottesdienstes die Sachproblematik in einer Schärfe herausgestellt, wie sie rein religionsgeschichtlich geurteilt beispiellos ist. An der Frage des Gottesdienstes wird darum nicht weniger als die Frage nach der Wahrheit des christlichen Glaubens selbst akut." G. Ebeling, die Notwendigkeit des christlichen Gottesdienstes, ZThK 2/1970 S. 233 ff.; wieder in: Wort und Glaube III, S. 537.

24 Rm 12, 1 f. Jak 1, 27.

ständlicher Bestandteil der frommen Moral, zu der man die Menschen erzog oder erziehen wollte.

Diese Entwicklung war unausweichlich. In dem Maß, in dem das Christentum die Rolle der öffentlichen Religion übernahm, wurde die Liturgie zur Bibel des Volks – zur einzigen, die es besaß und zu lesen vermochte.

So wird es erklärlich, „daß die Resakralisierung und die politische Indienstnahme des christlichen Kults seit der konstantinischen Periode offensichtlich ohne theologischen Protest vor sich gegangen ist, obwohl die neutestamentliche Tradition für eine solche Funktionalisierung des Symbols des Kreuzes Jesu keine Grundlage bot"[25]. Dadurch entstand „auch politisch eine Herrschaftsstruktur, für die es in der antiken Welt vorher kein Beispiel gibt. Seitdem . . . bildet . . . die Einheit der Lehre die Klammer des Imperiums . . . Das ist eine neue Form der Organisation politischer Macht von ungeheurer Durchschlagskraft: . . . die Herrschaft (wird) nicht nur auf die Rechtsordnung und die Verfügungsgewalt über die äußeren Machtmittel gestützt; sie ist jetzt auch Herrschaft über das Bewußtsein, und die Verwalter der durch das öffentliche Recht sanktionierten Lehre sind dazu berufen, diese Herrschaft über das Bewußtsein auszuüben. Es fällt uns heute leicht, dies zu kritisieren, aber es ist unwahrscheinlich, daß das Christentum ohne diese Transformation zur Weltreligion geworden wäre"[26]. Durch den beharrlichen Fortgang des Kultus konnte solche Herrschaft über das Bewußtsein, ausgeübt von der ersten

25 F. Schupp, aaO S. 52 f. Er vermutet dort, an Fr. Nietzsches Konfrontation zwischen Dionysos und dem Gekreuzigten und an Erwägungen über die Mysteriensprache anknüpfend, „daß das Christentum schließlich trotz der Zurückhaltung gegenüber der Mysteriensprache im sog. platonischen Denken in seiner Kultpraxis in zunehmendem Maß der Verherrlichung der Herrschaft aesthetischen Schein verlieh". Er sucht in diesem Dilemma mit Hilfe der Unterscheidung weiterzukommen, daß „das Christentum als ‚Platonismus fürs Volk' . . . ganz und gar nicht mit dem Evangelium als der Praxis Jesu identisch zu setzen" wäre und meditiert dann darüber, ob nicht im christlichen Kultdrama, durch das in die Geschichte der westlichen Kultur auch der aesthetische Ausdruck des Christentums eingeschrieben ist, der vom Gesetz verurteilte und getötete Jesus als Symbol eines auch die Teilnehmer an diesem Drama befreienden Lebens zu begreifen wäre, so daß die aesthetische Mimesis der Intention nach nicht auf politische Unterwerfung, sondern auf befreiende Praxis zugunsten des Rechts des Menschen überhaupt hinauslaufe. Im Christentum freilich, dessen Geschichte Aufklärung wie Unterwerfung enthält, sei es – nicht verwunderlich – bei einer ambivalenten und ungeklärten Bestimmung des Aesthetischen geblieben (l. c. S. 54). Es macht einige Mühe, in dem dichten Ineinander von Platon und Nietzsche, Dionysos und dem Gekreuzigten, Sophokles und Adorno, Aesthetik und Politik, Kultdrama und aesthetischer Mimesis, Praxis und Dialektik der Aufklärung, Kreuz und Befreiung den Faden der Plausibilität zu erhaschen.

26 G. Picht, Was ist Theologie? Stuttgart–Berlin 1977, S. 381; Picht fährt dort fort: „Rechtfertigt man die Rezeption der Metaphysik durch den Missionsbefehl, so muß man entsprechend auch dem konstantinischen Bund und der aus ihm hervorgegangenen mittelalterlichen Kirche eine heilsgeschichtliche Notwendigkeit zugestehen," und erörtert anschließend den „Zusammenhang zwischen dieser Herrschaftsform und der metaphysischen Gestalt der Theologie" (l. c.).

Erziehungs- und Bildungsmacht im Imperium ebenso selbstverständlich wie wirksam werden. Die kritische und theologische Selbstkontrolle der gottesdienstlichen Praxis wurde dann aber ganz von selber Sache solcher Gruppen, die sich weniger um das extensiv als um das intensiv integrierende Kirchesein kümmerten und in Klöstern, Kommunitäten, Observanzen oder Sekten in der äußeren oder inneren Absonderung von der repräsentativen Kirche lebten.

Wie schnell sich dieselben geschichtlichen Notwendigkeiten auch unter anderen Umständen durchsetzen konnten, kam – im kleineren geschichtlichen Format – in und nach der Reformation heraus. Luther wollte die Christen nicht nur in die geheimnisvollen Schätze der Kirche und deren geheimnisvolle Austeilung einüben und zu ihren gehorsamen Empfängern machen: sie sollten wieder das tägliche Leben als den Ort ihrer täglichen, praktischen Buße und ihren profanen Beruf als den Raum ihres Gottesdienstes ansehen lernen. Sie sollten in der Freiheit des Christenmenschen unterrichtet werden und den kirchlichen Gottesdienst in diesem Kontext verstehen und lieben lernen. Aber als dann die lutherischen Magistrate und Obrigkeiten mit den öffentlichen Sitten vor allem auch den Kirchgang durch ihre Stadtwächter oder andere Aufsichtspersonen kontrollieren ließen, blieb wenig genug von jenem freiheitlichen Kontext übrig. Im Verzicht auf einheitliche Zeremonien erhielt sich zwar etwas von der kultischen Indifferenz im neutestamentlichen Zeugnis. Ansonsten aber pflegte der obrigkeitliche Druck auf der Gottesdienstpraxis nicht nur den bibelfrommen Protest, sondern vor allem das Autonomiebedürfnis des aufgeklärten Bürgersinnes zu provozieren.

7.4.1 Öffentlichkeit als Offenheit

Man kann nicht alles, was sich kritisch zur gottesdienstlichen Praxis der Großkirchen geäußert hat oder noch äußert, auf Anstöße aus der Bibel zurückführen. Vermutlich ist es ein allgemeines Gesetz, mit dem alle Institutionen zu tun haben, die der Verwaltung der öffentlichen Gesinnungen dienen, daß sie teils Widerspruch gegen diese Gesinnungen und damit gegen sich selber erzeugen, teils auch vom Wunsch nach deren intensiverer Verwaltung und Wahrnehmung begleitet werden. Nicht jeder kirchliche Nonkonformismus ist eo ipso biblisch begründet. Was immer sich im kirchlichen Bereich auf Seitenwegen, in Nebenkratern, in denominationellen Absonderungen und in der theologischen Erörterung kritisch bemerkbar macht, hat in der Regel Motive, die sich aus vielerlei Quellen speisen. Bewußte und unbewußte Reaktionen auf gesellschaftliche Entwicklungen wirken fast überall mit.

Im gesamten Gesellschaftsbereich hat sich inzwischen das ganze institutionelle Gefüge mehr und mehr auseinanderbewegt. Man hat sich in der Politik, in der Geselligkeit und in der Bildung gegenüber den kirchlichen Institutionen selbständiger gemacht. Meist ist dies unter Mitnahme erheblicher Grundbestände an christlicher Gesinnung erfolgt[27]. Die kirchliche Herrschaft über das Bewußtsein hat sich jedenfalls weithin erschöpft. Die institutionelle Kooperation dauert zwar noch an und ist beträchtlich. Sie erfolgt jedoch im Bewußtsein der je eigenen Selbständigkeit und mit einem starken und selbstverständlichen Bedürfnis nach dieser. Die äußeren Gesellschaftsentwicklungen und die in der Überschrift „Säkularisierung" verschlüsselten Tendenzen befördern mit oder ohne die darin wirksam werdende Religionskritik die Auseinanderentwicklung noch weiter.

In dem Kooperationsmodell, das das alte Integrationsmodell abgelöst hat, ist auch viel gegenseitiges Mißtrauen mitinstitutionalisiert. Man kann jetzt nicht mehr unbesehen voraussetzen, daß die Kirchen die öffentlich erwünschte Gesinnung vertreten. Sie kritisieren diese zuweilen, soweit es die Umstände erlauben; soweit sie dies unmöglich machen, setzen sie sich stillschweigend ab. Umsomehr gelten die Absichten dann dem Ziel, die kirchliche Gesinnung der Christen zu pflegen. Doch machen die Kirchen dabei die Erfahrung, daß auch diese längst nicht mehr einhellig ist: Begeisterung für zeitgemäße Strömungen und Bestrebungen, Verunsicherungen durch diese und trotzige Abkehr von ihnen überkreuzen sich in den Kirchen genau so wie um sie herum. Sichtbarstes Indiz für dies alles: das öffentliche Interesse am öffentlichen Gottesdienst hat sich unübersehbar gelockert. Es ist in weiten Bevölkerungskreisen einem völligen Desinteresse gewichen. Und es zeigt sich auch in den „kirchlichen Kreisen" unter den Kirchgängern oft mehr und mehr von einem außengesteuerten Gruppeninteresse beeinträchtigt. Der regelmäßige Mitvollzug dieses Ausdrucks des kirchlichen Lebens ist in der Summe sehr viel geringer geworden. Der sporadische Kirchgang hält immerhin einigermaßen vor. Die Gründe für die Enthaltung vom Kirchgang wie auch für seine Aufrechterhaltung sind kaum artikuliert und nicht leicht zu beurteilen[28].

In dieser veränderten Lage können, so scheint es, die Integrationskräfte des Gottesdienstes mehr und mehr in das Spannungsfeld der verschiedenen kirchlichen Leitvorstellungen geraten. Volkskirchliche und gruppengemeinschaftliche Ziele und Erwartungen wirken sich nicht nur als befruchtende

27 „Ich glaube sogar, daß die moderne Kultur heute bereits Werte einschließt, die ich christlich nenne, und Zeichen von Verbindungen zum Transzendenten. Darauf gründet sich die Hoffnung auf mögliche Wandlung. Auf der anderen Seite erscheinen mir die Kirchen entartet und verderbt . . . Tatsache ist, daß die Kirchen heute übrig geblieben sind mit einer zerfallenden Kultur, die geistig und ästhetisch der herrschenden weltlichen Kultur unterlegen ist . . . Und die Erneuerung, die in Politik und Haltung (sc. der Kirchen) sich zeigt, ist zum großen Teil dem weltlichen Beispiel und der weltlichen Kritik zu verdanken. Ich glaube kaum der einzige zu sein, der fürchtet, daß beim gegenwärtigen Stand der Kirchen ein christliches Getto in vieler Hinsicht weniger christlich wäre, als seine weltliche Umgebung." So Charles Davis (röm. kath.) in dem Sammelband „Gottesdienst in einem säkularen Zeitalter" hrsg. v. K. F. Müller, Kassel/Trier 1972, S. 39.

28 Man vgl. dazu noch einmal die Befunde, die wir im ersten Kapitel dargestellt und erörtert haben.

Zweigleisigkeit, als positive Möglichkeit aus, sondern können auch als kirchliche Zwiespältigkeit erscheinen. Es wird mehr und mehr zur Aufgabe, in ihrem Nebeneinander, zuweilen auch Gegeneinander nach möglichst wenig frustrierenden Koexistenzmöglichkeiten zu suchen[29]. Dem Gottesdienst kann da bei wachsender Einsicht der Hauptbeteiligten eine wichtige Aufgabe zukommen. Der Versuch, ihn zu einem Ort gegenseitiger Achtung und des Gehörs für einander und so zu einer Stätte der Einübung

29 M. Josuttis, Praxis des Evangeliums zwischen Politik und Religion, München 1974, macht dort S. 142 ff. darauf aufmerksam, daß meine unter „dem damals grassierenden Stichwort Pluralismus" angeregten Vorstellungen von einem gleichberechtigten Nebeneinander verschiedener Gottesdienstweisen vordergründig und formal blieben angesichts der in diesen enthaltenen tiefen Gegensätze im Verständnis des Evangeliums. Daß solche Gegensätze vorliegen und zu Konflikten führen, war und ist jedem Beobachter der kirchlichen Szene klar. Daß es nur um ein Angebot verschiedener Formen für die entsprechenden Liebhaber oder „Besucherströme" ginge, ist auch damals nicht meine Meinung gewesen – meine Vorstellungen zielten vor allem auf die innere Einstellung der Beteiligten zu den vorliegenden Verschiedenheiten. M. Josuttis setzt jetzt, das heute grassierende Stichwort von der Konfliktbewältigung aufgreifend, seine Hoffnungen auf einen „repressionsfreien Reflexionsdialog für die Konfliktbewältigung in der Kirche" (157). Dieser sollte nicht in den Kemenaten der Konsistorien als Zerrbild eines seelsorgerlichen Gesprächs zwischen Oberkirchenräten und Kandidaten oder Vikaren vor sich gehen; kirchliche Verwaltungsbehörden sollten keine Lehrentscheidungen treffen müssen und dürfen. Wo und wie freilich die dafür zu entwickelnden Verfahren stattfinden sollten, bei denen „die Beteiligten sich als gleichrangige Partner gegenüberstehen und von daher zu Kompromissen gezwungen werden" (156), bleibt einstweilen noch dunkel. Das Stichwort Pluralismus; es wird auch verdienstvoll theoretisch durchgearbeitet. Leider können die Theorien keine Konfliktbewältigung leisten; hier muß immer die Praxis selbst zusehen, wie so etwas aussieht. Es ist nicht recht zu sehen, ob es da eine andre Alternative gibt als die zwischen einer Koexistenz in Kompromissen und einem Dissens, der zu Trennungen führt. Und jedes Verfahren zur Bewältigung setzt eine Mentalität voraus, die jenes Minimum an Pluralismus enthält, das dazu bereit macht, einen solchen Dialog überhaupt erst einmal aufzunehmen und die Positionen nicht so zu verabsolutieren, daß es gar nicht erst zum Konflikt, sondern gleich zum Schisma kommt. Wie gut oder schlecht die Verfahren zur Konfliktregelung eingerichtet sein mögen (auch ein Oberkirchenrat muß nicht zwingend von echter Seelsorge ausgeschlossen sein, bloß weil er einer Kirchenbehörde angehört): einstweilen werden so oder so die strittigen, verschiedenen Gottesdienstformen weitergehen, wird diese „Konfliktbewältigung" nur in Extremfällen zu einer Verfahrensfrage werden und im Notfall eine Frage der kirchlichen und theologischen und psychologischen Einsicht und nicht zum wenigsten auch eine Frage der Bildung bleiben, wird es also ziemlich genau auf jenes Pluralismuskonzept hinauskommen. J. wird ja sicher nicht meinen, daß die von ihm klassifizierten und unterschiedlich bewerteten verschiedenen – kultischen, kerygmatisch-politischen und kreativen – Gottesdienstauffassungen und die ihnen zugehörige Praxis erst auf dem Verfahrensweg einer offiziellen Konfliktregelung ihr Nebeneinander-Vorhandensein zu legitimieren oder zu ermöglichen hätten. Um die „Konfliktbewältigung", sie so oder so zu einem erträglichen oder wenn möglich fruchtbaren Nebeneinander zu bringen, wird es auf jeden Fall gehen. „Vielleicht könnte hier Toleranz – die soziologische Übersetzung des Wortes Geduld – ganz besondere Bedeutung gewinnen", schrieb der katholische Inder Raimondo Panikkar in dem in Anm. 27 erwähnten Sammelband S. 62.

in die lebendige Freiheit evangelischer Glaubensfrömmigkeit zu machen, bedarf keineswegs zwingend der – wahrscheinlich illusorischen – Beteiligung aller divergierender Gruppen an ihm. Er bedarf in erster Linie der Weisheit der Liebe und der geistlichen Anspannung; er ist ein Problem seiner geistlichen Atmosphäre und darin nicht ohne Verheißung.

Konkret könnte dabei der Kanzeltausch, meist nur im Interesse der kollegialen Entlastung gepflegt, einen fast programmatischen Stellenwert bekommen, z. B. wenn man dem in Predigtgesprächen vor- oder nacharbeiten würde. Leider wird er oft nach engen Gruppeninteressen und sehr selektiv gehandhabt und ist nicht frei von Rivalitätsgefühlen. Die Reinheit der Lehre, mit der man dies häufig begründet, kann auch der Verwechslung mit einer Gleichförmigkeit der Lehrformeln Vorschub leisten und den Hörern die Fragen ersparen wollen, die man sich selber vom Leib halten will.

Jede mehrgleisige gottesdienstliche Praxis, die dieser Lage und diesen Absichten Rechnung tragen will, bleibt in jeder Kirche eingespannt in die Bedingungen ihrer besonderen Lage. Das mögliche Angebot kann durch die gesellschaftlichen Gegebenheiten erleichtert oder eingeschränkt werden. Die konkrete Gestalt der verschiedenen Gottesdienste wird von den geschichtlichen Vorgegebenheiten, von den kultischen Traditionen des Kirchenwesens noch einmal kräftig geprägt und begrenzt. Vermutlich wird aber das Maß der innerkirchlichen Offenheit für eine fruchtbare und spannungsvolle Vielfalt überall in engem Zusammenhang stehen mit dem Maß der zwischenkirchlichen Offenheit. Man wünschte gern, daß beides in erfreulichem und unverkrampftem Zunehmen wäre. Denn das Gewicht der allen gemeinsam gestellten Grundfragen, die im Kern allesamt der Möglichkeit von Glauben und Kult in der säkularisierten Welt gelten[30],

30 Außer dem oben in Anm. 27 genannten Dokumentationsband einer ökumenischen Gottesdienstkonsultation vgl. auch „Kult in der säkularisierten Welt" von Fischer, Müller-Schwefe u. a., Regensburg 1974. Die beiden katholischen Beiträge zur ökumenischen Konsultation aus der Feder von Ch. Davis und R. Panikkar enthalten besonders viele Gedanken, die sich mit unsern eigenen Beobachtungen und Überlegungen berühren und teilweise auch über sie hinausgehen. Davis vertritt die These: „es gibt keine moderne Form des Gottesdienstes, weil der Gottesdienst selber in der modernen Welt überholt und der christliche Glaube ein Zustand der Abweichung von der Kultur der Gegenwart ist" (25). Trotz Gitarren und Volksgesängen, trotz Umgangssprache und kameradschaftlicher Ungezwungenheit bleiben zeitgenössische Formen des christlichen Gottesdienstes häufig lehrmäßig und ästhetisch verarmt und künstlich (S. 22). „Für den christlichen Gottesdienst bedeutet dies, daß es keine gegenwärtige Möglichkeit einer Liturgie im üblichen Sinne des Wortes gibt. Ich meine selbstverständlich eine lebendige moderne Liturgie . . . moderne Christen können zusammen Gottesdienste feiern; sie können aber keine Liturgie schaffen . . . müssen ohne Liturgie auskommen" (40 f.). D. sieht, daß es schwierig ist, wenn das Beisammensein nicht gutmütig, banal und leicht formlos sein soll, sondern – gerade in den kleinen Glaubensgemeinschaften, deren „Netz . . . die angemessene Form für die Kirche in der heutigen säkularisierten Welt" sei (43) – eine Gemeinschaft, deren Grundlage ausdrücklich der Glaube an Christus ist und die sich zu Gott im Gottesdienst hinwendet. Es geht darum,

ist größer als das der meisten innerkonfessionellen und innertheologischen Einzelfragen. Für das Wachsen solcher Offenheit kann der besondere und beherzte Umgang mit der Pluralität von Gottesdienstformen und -angeboten von Bedeutung sein. Nur darf es dabei nicht um das reichere Marktangebot und um die Suche nach den anziehenden Formen zu tun sein, sondern um gelebte Experimente darüber, wie der christliche Glaube, als Echo der Zuwendung Gottes zum menschlichen Leben, die in Jesus Gestalt und Ereignis geworden ist, einen zugleich konkreten, in diese Gemeinschaft integrierenden, wie auch universalen, in die umfassendere Gemeinschaft dieses Glaubens weiterverweisenden Ausdruck zu finden vermag.

Das entscheidende Erfordernis ist dann also nicht die Variationsbreite der gottesdienstlichen Veranstaltungen, sondern die Fähigkeit der verantwortlich Mitbeteiligten, über Konfliktzonen hinweg komplementär zu denken und sich zu verhalten. Kein Gruppenprogramm reicht für das Ganze. Dies umso weniger, je mehr es sich als *das* Programm für *die* Kirche vorstellen will und die Kirche ausschließlich für seine Leitvorstellung „reklamiert“[31]. Hier kommt heraus, wieviel ekklesiale Realität

den Glauben (mit)zuteilen, und es ist nicht leicht, auf dieser Ebene anderen ohne den Schutz einer unpersönlichen Institution zu begegnen“ (41).

31 D. Roessler, aaO S. 118 f. arbeitet mit dem interessanten Vergleich der „Institution“ Kirche auf der einen Seite, die sich als professionalisierte Religion darstellt, und einer Mehrzahl von „Gesinnungsgemeinschaften“ auf der anderen Seite, in denen sich unter dem Generalnenner kirchlicher Gesinnung die konservativen und die kritischen, die liberalen und die progressiven, die evangelikalen, fundamentalistischen und politischen Tendenzen kirchlicher Frömmigkeit gruppieren. Die „Institution“ Kirche steht amtlich-professionell gut für das Ganze der Mitgliedschaft, „auch für die Ansprüche der Religion, die sich nicht als identifizierbare Gesinnungsgemeinschaft konstituiert. Sie bleibt zuständig für die Wahrnehmung der allgemeinen Religion, und zwar aus Gründen, die in ihr selbst liegen . . . Recht oder Unrecht von Kirchenmitgliedschaft wird nach evangelischen Grundsätzen nicht von Menschen und nicht auf dieser Erde beurteilt. Die Gesinnungsgemeinschaften können deshalb, wollen sie diesen Grundsätzen treu bleiben, die Institution nicht ausschließlich für sich selbst reklamieren“. Andererseits wird aber sowohl an der Institution wie an den Gesinnungsgemeinschaften selbst deutlich, daß die bloße religiöse Bestandsverwaltung in jedem Fall aller Vitalität der Religion ein Ende bereiten würde. Die „Institution wird nur durch eine Beteiligung erhalten, die intensiver ist als die Regel“. Auch ihre professionellen Diener rekrutieren sich ja aus einer Gesinnung, „deren Normen nicht ohne Grund für besondre gehalten werden“. Die Gesinnungsgemeinschaften sind also in der Kirche „ebenso lebensnotwendig wie es auch . . . die Professionalisierung der Religion ist . . . Ohne kirchliche Religion gingen gerade der allgemeinen Religion alle Möglichkeiten der Wahrnehmung verloren“. So ergibt sich also der spannungsvolle Tatbestand, daß die „Institution“ die „Gesinnungsgemeinschaften“ notwendig braucht und daß sie zugleich dafür sorgen muß, daß diese die Institution nicht in Besitz nehmen wollen. Hier bleibt es eine offene Frage, wie die Vertreter der professionalisierten Religion, die sie sich zum Beruf gewählt haben, hinterher in dieser mit der „Gesinnung“ verfahren, aus der sie sich doch rekrutiert haben. Können sie von dieser Gesinnung noch Gebrauch machen oder müssen sie sich statt dessen „die allgemeine Religion“

die Berufung zur Freiheit der Söhne Gottes im Glauben, die die Glaubenden überall geltend machen, gewinnt, oder ob sie bloß ein epitheton ornans, eine Fassade bleibt, hinter der sich eine sehr ängstliche Weise von Glaubensgewißheit, manchmal vermischt mit geistlicher Arroganz und sektiererischer Befangenheit, behauptet.

Das Nebeneinander einer verschieden orientierten, kirchlichen und auch gottesdienstlichen Praxis, auf dem Boden einer gemeinsamen, sie aber nicht einenden Grundbeziehung auf das Evangelium, ist zwar längst in ökumenischer Breite zum allgemeinen kirchlichen Zustand geworden, aber längst noch nicht ebenso deutlich ins allgemeine kirchliche Bewußtsein getreten. Daß der Gottesdienst die repräsentative örtliche Selbstdarstellung aller kultfähigen und dann auch kultpflichtigen Glaubensgenossen, wilhelminisch gesprochen „die Parade des Volkes Gottes vor ihrem obersten Kriegsherrn" wäre, stellt allerdings schwerlich ein kirchliches Wunschprogramm dar. Von den Ansätzen des neutestamentlichen Gemeindeverständnisses her sollten sich hier die Glaubenden ungeachtet ihrer Verschiedenheiten versammeln. Da sollte nicht Mann und nicht Frau, nicht Jude noch Grieche, nicht Knecht noch Freier, nicht Reicher noch Armer sein, wenn sie vor Gott im Namen Jesu erscheinen. Aber offensichtlich kommt jetzt heraus, was die Macht der Sitte früher verdecken konnte: daß das volkskirchliche Kirchspiel mit pastoralen Seelsorgebezirken viel mehr eine religiöse Verwaltungs- und Versorgungseinheit als eine gottesdienstlich integrierte Gemeinde darstellt. Im einzelnen kann das von Ort zu Ort etwas wechseln. Schlimmstenfalls spiegelt der Gemeindegottesdienst die polarisierenden Gruppeninteressen und -vorurteile wieder. In anderen Fällen läßt ihn der Besucherschwund zu einem Unternehmen einer definierten Teilnehmergruppe einschrumpfen, mit vielleicht noch leise durchlässigen Rändern. Vielleicht bringt er auch in der Mehrzahl der Fälle noch etwas von der hoffnungsvollen ekklesiologischen Differenz zum Ausdruck, daß sich der Kreis der potentiellen Kirchgänger doch noch nicht völlig mit der ortskirchlichen „Kerngemeinde" deckt.

Hinter dieser Entwicklung steht nicht bloß ein religiöser Verfall, sondern

zu eigen machen, um die Institution als etwas gesichtslose professionals und wie eine Agentur mit etwas allgemeinen und formalisierten Interessen zu betreiben? Es wird nicht ohne weiteres klar, wie dann die Institution wirklich mehr sein kann als ein Verband von Gesinnungsgemeinschaften, eine Art öffentlicher Spielwiese für diese. Umso klarer wird allerdings, daß dann zum „geistlichen Beruf" außer der persönlichen Gesinnung ein hohes Maß an sittlichem Ernst und wissenschaftlichem Interesse, kurz ein erhebliches Maß an „Bildung" gehören muß (man wird dabei an Schleiermachers Postulate für die Geistlichen denken), um sowohl mit der eigenen wie mit andersartiger christlicher Glaubensgesinnung und Frömmigkeit auf kirchlich verantwortliche und religiös ernsthafte Weise umzugehen. Und vielleicht muß man unter diesem Gesichtspunkt auch das Bestreben kirchlicher Gesinnungsgemeinschaften überdenken, sich unter dem Motto Gesinnung contra Institution eigene Ausbildungsstätten für den geistlichen Beruf zu schaffen.

auch etwas, was man positiv werten muß. Denn wo immer der Kult in organisierten Religionen gesellschaftlich integrierend wirkt, da sind immer auch gesellschaftliche Zwänge wirksam. Den Einbußen an Integrationskraft im kirchlichen Gottesdienst helfen jetzt immer weniger gesellschaftliche Zwänge auf die Beine. Strittige, ineinander nicht aufhebbare Leitvorstellungen werden in ihm nicht mehr unterdrückt. Das ist eine Chance der Freiheit. Da kann vor das Bedürfnis nach eindrucksvollen Zahlen und nach Geschlossenheit die Frage treten, ob die Beteiligten ihre Einheit auch in der Verschiedenheit ihrer Ausdrucks- und Vorstellungsweisen sehen und suchen können und der conformitas Christi mehr zutrauen als einem kirchlichen oder geistlichen Konformitätsdruck.

Die Öffentlichkeit des christlichen Gottesdienstes in der Gesellschaft ist immer ein Problem der Integration der Religion in der Gesamtkultur. Sie fällt mit dieser grundsätzlich dahin. Sie ist dann auch nicht mehr postulativ herzustellen. Sie muß dann als (geistliche) Offenheit gelebt und durchgehalten werden. Es zeigt sich je und je, daß sie damit von der gesellschaftlichen Öffentlichkeit nicht abgesperrt ist und mehr Freiheit gewinnen kann, scheinbare Selbstverständlichkeiten der Gesellschaftsreligion zu korrigieren[32].

Das Bestreben, den Gottesdienst für viele anziehend zu machen und ein breites Spektrum der kirchlichen Mitgliedschaft und der Hörweite des öffentlichen christlichen Wortes in ihm darzustellen, ist natürlich und der Kirche wesensgemäß. Sie wird schwerlich aus freien Stücken oder falsch verstandenem Eifer darauf verzichten. Der Gottesdienst ist zwar – liturgisch und theologisch – nicht als eine missionarische Einrichtung gebaut, auch wenn er in der Kirchengeschichte entscheidend zur Glaubensverbreitung beigetragen hat, einfach dadurch, daß seine Feier anziehend war. Aber wo immer es um Kommunikation des Evangeliums geht, muß und will Offenheit herrschen. Nur akute Verfolgungszeiten zwingen ihn ins Versteck – und geben ihm dadurch zuweilen eine besondere öffentliche Ausstrahlungskraft. Grundsätzlich gibt es, auch wo sich die Öffentlichkeit ihm gegenüber verschließt, keinen christlichen Geheimgottesdienst. Er will und soll das, was er feiernd begeht, vielen zugänglich machen. Wer ihn besucht, soll sich vergewissern können, wie weit und wie tief sein glaubendes Einverständnis mit dem Gefeierten geht. Das muß auch die gruppengemeinschaftliche Gottesdienstpraxis, das muß jede Ausschau nach neuen Symbolen bedenken. Sie können nicht nur

32 R. Müller-Schwefe, Pastorale Perspektiven für den christlichen Kult, in: Kult in der säkularisierten Welt (vgl. oben Anm. 30) weist dort S. 112 darauf hin, manche Forderungen nach „öffentlicher Liturgie“ seien „freilich blind gegenüber der Religion der Gesellschaft und streuen ihr Körnchen Weihrauch“; er bezieht sich dabei auf Formulierungen von H. E. Bahr und – vorsichtiger – von P. Cornehl in dem von beiden herausgegebenen Band „Gottesdienst und Öffentlichkeit“, Hamburg 1970, S. 73 bzw. S. 181.

konventionelle Chiffren zur innerkirchlichen Selbstverständigung sein. Die Ausdrucksmittel dieser Kommunikation sind zwar überall kulturell gebunden, aber die darin ausgedrückten Interessen müssen universal erkennbar bleiben.

Hier gibt es allerdings ein konkretes Problem: setzen die Sakramente der gottesdienstlichen Kommunikation nicht verbindliche Grenzen? Die Taufe schlägt den weitesten Kreis, das Abendmahl, wie es scheint, den engsten: man muß getauft sein, um es feiern zu dürfen[33]. Die Kirchengeschichte hat freilich zu einer eigenartigen Entwicklung geführt. Sie hat, durch den Siegeszug der großen Reichskirche, aus der Taufe, dem Sakrament der Abgrenzung, das Sakrament der schier grenzenlosen Einverleibung werden lassen. Und sie hat im Gegenzug dann aus dem Abendmahl, in dem alle Gläubigen ihre Glaubensgemeinschaft begehen sollten, mindestens im nichtkatholischen Raum eine Sonderfeier für besonders bekenntnisfreudige kirchliche Christen gemacht. Ob es gut war, das Abendmahl hinter so vielen Voraussetzungen einzuschließen und es schließlich zu einer Prämie für hervorgehobene Frömmigkeit werden zu lassen; ob es gut war, seine Versagung zum Instrument für kirchenzuchtliche Sanktionen zu machen, das steht beides schon fast nicht mehr dahin: die Geschichte hat darüber ein unüberhörbares, herbes Urteil gesprochen. Jedenfalls ist die Verschlossenheit der Abendmahlsfeier, prinzipiell nicht beabsichtigt und praktisch auch nicht voll durchführbar, tatsächlich dann doch sehr wirksam geworden. Mit ihr hat man sowohl ein schmerzlich

33 A. v. Harnack hat das Problem auf seine Weise zugespitzt und so formuliert: „Man kann nicht angeben, an welchem Punkte das Mysterienunwesen in die Religion des Geistes und der Wahrheit hätte eindringen können, wenn das Abendmahl nicht vorhanden gewesen wäre. Diese Handlung mit ihren Elementen ... hat den Anknüpfungspunkt für die folgenschwerste Entwicklung gegeben", Dogmengeschichte Band II, S. 421, Anm. 1, Freiburg 1888². Gleichviel ob man mit Harnack die Gefährdung der Kirche durch das Mysterienunwesen beklagt oder anders als er von der großen positiven Bedeutung des Abendmahls für die Christenheit überzeugt ist: das Problem der Arkandisziplin hat die kirchlichen Abendmahlsfeiern und den kirchlichen Gottesdienst in der Tat nicht bloß wie ein Schatten, sondern oft wirklich als Schatten begleitet. Noch einmal Ch. Davis, aaO S. 46 f.: „Die Praxis des frühchristlichen Gemeinschaftsmahles bestand noch bevor die eucharistische Theologie des Neuen Testaments entwickelt wurde, um ihr einen Sinn zu geben. So war die Eucharistie ein Ereignis, nämlich ein Gemeinschaftsmahl, das religiöse Konventionen und gesellschaftliche Unterschiede außer acht ließ, das von der Urgemeinde als typisch christlich erwählt und allmählich mit einem großen christlichen Gewicht befrachtet wurde. Die Gestalt seines Ritus, das Brotbrechen und der Kelch des Heils, wurde aus dem bekannten jüdischen Brauch übernommen. Heute ist die Eucharistie nicht mehr eine Handlung, die im Leben wurzelt und die Bedeutung Christi und seiner Wirkung auf die Welt darstellt. Sie ist ein Ritus ohne Beziehung zum Leben, ein Ritus, der für uns kulturell tot ist. Welche Gelegenheiten oder Anlässe gibt es im Rahmen des modernen Lebens, die geeignet wären, das Gewicht des christlichen Sinnes zu tragen, das jetzt mit der Eucharistie verbunden ist? Das, meine ich, ist die grundlegende Frage für die Erneuerung der Eucharistie".

beschädigtes Stück kirchlicher Lebenswirklichkeit wie ein zwischenkirchlich, innerkirchlich, theologisch und gemeindepraktisch ungelöstes Problembündel durch Generationen vererbt.

Dennoch hat die Alte und die Mittelalterliche Kirche – selbst in den Zeiten, in denen die „missa fidelium" nicht bloß eine liturgische, sondern auch eine unter den Teilnehmern praktizierte Zäsur darstellte, stets daran festgehalten, daß es einen Totalausschluß aus der Kommunikation des Evangeliums auch für todsündige Büßer nicht geben darf. Die Reformation ist ihr darin gefolgt und hat von daher ihr Mißtrauen gegen das Konventikelwesen begründet und lange bewahrt. Die veränderte Lage hat die Religion in den Augen der Öffentlichkeit mittlerweile als Privatsache abgestempelt. Auch großkirchlich verstandener Gottesdienst kann sich nicht mehr auf einen einklagbaren Öffentlichkeitsanspruch berufen. Doch wird jeder Gottesdienst seinen Charakter als Veranstaltung symbolischer Kommunikation des Evangeliums darin bewahren müssen, daß er unter Verzicht auf ein anspruchsvolles Verhalten unentwegt an der Offenheit für die öffentlichen Interessen, am offenen Zutritt zu ihnen, und an der eigenen, uneingeschränkten öffentlichen Zugänglichkeit festhält. Dies gilt also in gleichem Maß für die Menschen, die teilnehmen wollen, wie für die Probleme, denen er sich zuwenden will oder muß. An dieser Offenheit hängt zu gleichen Teilen sein evangelischer und sein ökumenischer Charakter. Und diese Offenheit muß die großkirchliche wie die gruppengemeinschaftliche Gottesdienstpraxis kennzeichnen, wenn nicht verbinden. Auch bei den letzteren, notorisch kleinen und unauffälligen Gemeinschaften entscheidet sich ihr Charakter an der Offenheit und der Gastfreundschaft, zu der sie imstand sind – manchmal eindrucksvoller als man es im großkirchlichen Rahmen ist. Damit konzentriert sich dann freilich sehr viel auf das Problem der verbalen und gestischen gottesdienstlichen Sprache: auch wenn die säkularisierte Gesellschaft den Gottesdienst und die Religion zur Privatsache macht, darf die Sprache des Gottesdienstes keine „Privatsprache" werden. Nur wenn es keine rituelle Verschlossenheit gegenüber den wechselnden und den grundlegenden Lebensproblemen und keine symbolische Abgeschlossenheit gegenüber der umliegenden Sprachwelt gibt, in der sie heranstehen, kann auch die Gruppengemeinschaft dem Gefälle zur elitären Gruppenverschlossenheit wirklich entgehen[34].

34 Manche Berichte von Basisgemeinden und Kommunitäten wirken gerade durch deren geistliche Gastfreundschaft und ökumenische Brüderlichkeit und die Verbindung von kultischer Ernsthaftigkeit und Unbefangenheit so bestechend. Vgl. J. Chr. Hampe: Unübersehbare Komponente der Gesellschaft: Hollands Kommunen und Basisgruppen, in: Radius 3/1976, S. 32 ff. „Den heilsam ernüchterten Gottesdienst von Menschen, die das Evangelium den Mitmenschen nicht abgekürzt, aber auf einfache Sinnfälligkeit gebracht sehen wollen, finden wir, immer anders gestaltet, im ganzen Lande. In einer Stube im Reihenhaus, in einer stilvollen Halle wie im Haarlemer Rosenstock-Huessy-Haus, in der Baracke, die sie

7.4.2 Feiern und Lehren

In jedem Gottesdienst trifft man – das trat uns jetzt ständig entgegen – Vorgegebenes und Aufgegebenes an. Vorgegebenes: eine geschlossene Sprachwelt, fixierte Texte, einen festen Formenkreis, geregeltes Verhalten, eine mehr oder weniger ausgestaltete Symbolik, den überlieferten, bekanntgemachten, zum Bekenntnis gewordenen „Namen". Damit ist Aufgegebenes verbunden: geschlossene Sprachwelt will offener Sprachraum werden. Texte wollen ausgelegt und ausgeführt, feste Formen beweglich gemacht, alte Symbole neu interpretiert werden. Starres Regelverhalten will lebendig begangen, der einst in der menschlichen Tiefe empfangene und zur göttlichen Höhe erhobene Name aufs neue in der menschlichen Tiefe als der hilfreich erhöhte Name angebetet werden[35]. Immer kann es dabei geschehen, daß das Feste und Vorgegebene die Teilnehmer heimatlich aufnimmt oder befremdlich abstößt. Immer kann das Aufgegebene und Versuchte den Teilnehmern den Zugang erschließen, sie aber auch unsicher machen oder fernhalten.

Diese unaufhebbare Grundspannung läßt sich in jeder Gestalt des christlichen Gottesdienstes auffinden. Sie stellt sich in seinem Gefüge und seinem Geschehen auf verschiedene Weisen dar. Sie erscheint nirgends idealtypisch ausgewogen. Die geschichtliche Lage, die vorherrschenden kirchlichen Leitvorstellungen und die beteiligten Individuen setzen die Akzente oft sehr verschieden. Sie bleibt aber sein Merkmal. Sie macht ihn zu einem lebendigen Geschehen und zu einer dauerhaften Institution, eines nicht ohne das andere. Sie ist das Geheimnis seiner Lebensdauer. Sie sorgt ebenso dafür, daß er nicht unkenntlich wird in der Fülle und im Wandel des Lebens, aber auch, daß er nicht unbeweglich hinter dem Fortgang des Lebens zurückbleibt. Sie ist notwendig, um den Gottesdienst offen zu halten.

Was geht inhaltlich in diesem Gefüge vor sich? Welches Geschehen soll diese Struktur lebendig und offen halten? Man wird, vieles vereinfachend, zwei elementare Vorgänge nennen müssen. Zwei Geschehenskategorien, die miteinander verkoppelt sind und das Existenzminimum, sozusagen das kleinste gemeinsame Vielfache aller möglichen oder denkbaren christlichen Gottesdienst-Veranstaltungen darstellen. Es sind die Vorgänge des Feierns und des Lehrens.

herrichteten, im Laden und im Fabriktor treffen wir, um die Kernmannschaft der Kommune geschart, neutestamentliche Hausgemeinden, die den kompliziert gewordenen christlichen Kult auf die Elemente reduziert sehen möchten, die noch Jesu Fußspur verraten: Eucharistie, das Fest der Freude und der Freunde; statt Belehrung und Predigt der Dialog aller; keine vorgeformten Gebete; keine Auflagen religiöser Verpflichtungen, keine Gesten, die der modernen Welt fremd sind. Man sitzt im Kreis, Angesicht zu Angesicht." Vgl. auch den Bericht desselben Autors über die Integrierte Gemeinde München: Romantik der Gruppen – Nüchternheit der Gemeinde, in: Radius 1/1975, S. 29 ff.

35 Cf. Ph 2,5 ff.

Auch im Blick auf diese beiden Elementarvorgänge ist in der gottesdienstlichen Wirklichkeit wiederum nicht mit idealtypischer Ausgewogenheit zu rechnen. Die großen christlichen Konfessionen haben auch darin ganz unverkennbar sehr verschiedene Schwerpunkte gesetzt; so verschieden, daß sie sich bislang offensichtlich nicht überbrücken lassen. Der Katholik feiert die Messe, der Protestant geht zur Predigt. Damit ist genannt, was jeweils faktisch das Hauptgewicht besitzt und was nur Begleitfunktion hat oder notfalls auch wegbleiben kann.

Die konfessionellen Schwerpunkte liegen fest, aber der individuellen Gestaltung ist in diesem Rahmen ein beträchtlicher Spielraum gelassen – freilich nicht ohne daß sich nicht auch in der Geräumigkeit dieses Spielraums die konfessionellen Unterschiede sehr typisch bemerkbar machten. Im Meßgottesdienst kann die Predigt in entsprechenden Situationen großer Herausforderung durchaus zu einem Erlebnis werden. Sie kann die Feiernden umtreiben, begleiten, sogar zu politischen Entscheidungen veranlassen. Und auch im evangelischen Predigtgottesdienst können die Teilnehmer die Abendmahlsfeier als Höhepunkt empfinden – sei's weil eine mißlungene Predigt sie dessen besonders bedürftig machte, sei's weil eine gelungene Predigt ihnen die Feier erschlossen und nähergebracht hat.

Wichtiger als der Blick auf die konfessionellen und individuellen Varianten ist aber eine andere Einsicht. Man darf diese beiden Elementarvorgänge des Gottesdienstes keineswegs auf seine bleibenden Strukturelemente aufteilen wollen. Das Ritual verbürgt nicht die gelungene Feier und reklamiert auch nicht alles für sich, was zum Feiern gehört. Und die Predigt kann weder die gelungene Lehre verbürgen noch das einzige und das ganze sein wollen, was im Gottesdienst „lehrt". Und ebenso wäre es viel zu einfach, im Ritual nur eine Handlung, im Wort nur eine Erklärung zu sehen. Gewiß kann und muß man zuweilen die rituelle Handlung mit Worten deuten – sie sollte immer erklärbar sein, ohne erklärungsbedürftig zu werden. Umgekehrt können aber auch die zu sprechenden Worte sozusagen die Handlung in der Handlung sein; sie können erst gültig machen, was man dort tut (man denke an die Taufformel!). Dann veranschaulicht der gestische Ritus, was man mit Worten ins Werk setzt. Beim Segnen etwa ist das segnende Wort die Segenstat; die Segensgeste begleitet, illustriert und adressiert nur genauer, was das Segenswort sagt.

Man muß daher sehen, daß sich die strukturelle Grundspannung des Gottesdienstes nicht allein in dem Bei- oder Nebeneinander von Feier- und Lehrelementen ausdrückt und wiederholt. Sie wiederholt sich auch in diesen beiden Elementarvorgängen selber. Es ist durchaus nicht so, daß nur das freie Wagnis des Redens zum Lehren hilft oder daß Rituale und Regeln ausschließlich zum Feiern bestimmt wären. Auch Rituale können und sollen lehren. Das Lehren kann nicht auf feste Stücke, Texte, Credoaussagen, dogmatische Begriffe verzichten; auch die theologischen Schemata, die jeder hat, übernimmt oder entwickelt, der im Lehramt steht, gehören dazu. Und auch zum Feiern gehören verläßliche Regeln und Rituale, mit denen sich jeder vertraut machen kann. Da ist immer beides von der gemeinsamen Spannung durchzogen. Unterm Joch des gestrengen Zeremoniells kann die Freude des Feierns verkümmern; aus dem vertrauten Umgang mit guten Formen kann sich ein wohltuender Spielraum spontaner Freiheit und kleiner Vertraulichkeiten entwickeln. Im Bann strenger Formen kann das Lehren vertrocknen oder steif und feierlich werden; doch können sie auch zum Schutzraum für freies Reden und gelöstes Feiern werden. Und doch sollte das Lehren nicht feier-lich und das Feiern wennmöglich nicht lehr-haft ausfallen. Auf jeden Fall gibt die heilsame Lehre, die Tatsache, daß es sie gibt, genug Anlaß zum Feiern, und umgekehrt gibt die Feier Gelegenheit, auf die heilsame Lehre zu hören und sich ihrer zu freuen.

Die Konfessionen haben ihre Akzente in ihren Gottesdiensten schier überdeutlich gesetzt. Sie haben auch dazu geführt, daß man fast immer Ritus und Feier, Lehre und Predigt mit einander gleichzusetzen versucht ist. Die Stärke des einen ist die Schwäche des andern. Je länger und einseitiger man auf beiden Seiten die eigenen Stärken hervorkehrt, desto deutlicher treten dann unfreiwillig auch die jeweiligen Schwächen ans Licht.

7.4.2.1 Gottesdienst und Glaubenslehre

Die „reine Lehre des Evangeliums und die rechte Verwaltung der Sakramente" – das waren die Stichworte, nach denen man sich bei den Gottesdienstreformen der Reformationszeit richten wollte. Es sind keine festlichen Stichworte, selbst wenn man die negativen Belastungen abzieht, die heute alles Doktrinäre und alles Administrative überlagern. Es sind auch keine neuen Stichworte. Vor allem in der abendländischen Christenheit erscheint der Gottesdienst seit dem frühen Mittelalter weitgehend als eine Aufgabe kirchlicher Administration. Daß er überall, wo immer dies möglich und nötig war, regelmäßig stattfinden konnte, war das Hauptziel der großkirchlichen, parochialen Organisation. Daß er überall im Sinn der kirchlichen Intentionen stattfand, dafür hatten in der Praxis die bischöflichen Leiter der Diözesen zu sorgen. Und die Theologie entwickelte für solche kirchliche Verwaltung des Kultus vor allem in ihrer Sakramentslehre sehr in die spekulativen, aber auch sehr in die praktischen Einzelheiten gehende Lehrsysteme. Ja man muß wohl über die gottesdienstliche Praxis hinaus feststellen, daß in der abendländischen Christenheit seit den Tagen der Kirchenväter die „Lehre" für die ganze Gestaltung und Weitergabe des Christentums eine besonders herausragende und dominierende Rolle gespielt hat.

Die Rolle der Doktrin in der Christenheit ist sicher in einem Wesenszug des Christlichen selber begründet, sie hat aber diesen zugleich in nicht unproblematischer Weise weiterentwickelt und akzentuiert. Didache ist im Neuen Testament etwas anderes als dann später die doctrina christiana in der Theologie. Das Lehren Jesu ist wie im zeitgenössischen Judentum auf Überlieferungen bezogen, auf das, was den Alten gesagt ist. Und es zielt auch genau so wie dort auf ein angemessenes Verhalten. Allerdings auf ein Verhalten, wie es der nahen, menschheitsweit zu erwartenden Gottesherrschaft entspricht. Daß im Christentum etwas zu lehren sei, dies und die Ausrichtung des zu Lehrenden auf ein dem Glauben gemäßes Verhalten blieb für die Kirche wesentlich. Aus dem lehrenden Jesus wurde der zu lehrende Christus, aus seinem geschichtlichen Weg die Manifestation der menschennahen und menschheitsweiten Gottesherrschaft. Aber eben dies war nun erst recht zu erinnern und zu lehren. In einem Erinnerungsakt, der sich durch alle drei Zeiten erstreckte; in einem Lehrvorgang, der nicht bloß vergangene Fakten übermitteln, zeitlose Wahrheiten aussprechen oder Lehrsätze feststellen, sondern zum Leben aus Glauben helfen sollte. Er sollte dem Glauben seine tragende Herkunft, der Liebe die Gegenwart und der Hoffnung ihre Verheißungen zeigen.

Solches Lehren konnte sich auf ein Lehrsystem hin entwickeln, das nach Art gnostischer Heilslehren darüber Aufschluß gab, wie es sich mit der Welt und dem Bösen, mit dem Leben und mit der Vergänglichkeit, mit dem menschlichen Leib und der menschlichen Seele verhalte und wie man zum ewigen Leben gelange. Dann verdankte man der Geschichte Jesu vor allem die Eröffnung solcher „Gnosis" und den biblischen Geschichten vielleicht noch einige Gleichnisse und Allegorien, die den heilsamen Erkenntnisweg anschaulich machten. Jenes Lehren konnte sich auch auf ein Lehrgesetz hin entwickeln, das nach Art des alten Israelgesetzes festsetzte, wie sich das Volk des neuen Bundes verhalten sollte, um in den Genuß des ewigen Lebens zu kommen. Dann war die Geschichte Jesu die Autorisierung des neuen Bundesverhaltens und all dessen, wie hier zu leben und was hier zu glauben war. Man konnte also, auf den Flügeln der „Lehre", z. B. unter eher neuplatonischen Einflüssen durch mitreißende und über sich selbst hinausführende Einsichten sich der Unsterblichkeit nähern; oder man konnte nach dem Muster der Stoa im disziplinierten und gekonnten Umgang mit den Gütern des Lebens mit der eigenen Sterblichkeit besser fertig zu werden versuchen.

Nach beiden Richtungen blieben Gefahren genug für die christliche „Lehre" bestehen und wurden zuweilen akut, als das abendländische Christentum in der Schule der Kirchenväter seine Glaubens-Summe mehr und mehr als eine „Lehre" bestimmte. Man verhielt sich da ganz nach der Art der Philosophenschulen; nur hatte man eben die „wahre Philosophie" anzubieten; die „sacra doctrina", wie dann das von der Scholastik beherrschte Mittelalter das kirchlich verwaltete Heilsgut definierte. Das war natürlich gerade für die Entwicklung der theologischen Lehrsysteme sehr förderlich; es hat dem Hauptstrang des abendländischen Verständnisses des

Christentums überhaupt seinen prägenden Stempel aufgedrückt[36]. Man hielt so an der konkreten Geschichte fest, der sich der christliche Glaube verdankt; man tat es in Gestalt einer Glaubenslehre, die sich auf die Bibel berief und eine „Christologie“ zu ihrer Mitte machte. Man erkannte jener Geschichte dadurch ihre universale Bedeutung zu. Es war wohl der von der geistigen Lage im Abendland her gebotene und angebotene, naheliegende und vielleicht auch einzig mögliche Weg, die Glaubensgeschichte, die sich auf Jesus berief, umfassend zur Geltung zu bringen[37]. Freilich ein Weg, der stets die Gefahr in sich schloß, daß diese Glaubensgeschichte hinter der Glaubenslehre zurücktreten oder in ihr verschwinden konnte[38].

36 „Nicht die liturgische Feierlichkeit als solche, sondern das wahre Wort als Auslegung der Hl. Schrift qualifiziert den Gottesdienst zu dem, was er sein soll“ M. Josuttis, aaO S. 159. Man möchte hinzufügen, daß es der Liturgie nicht nur um „liturgische Feierlichkeit als solche“ zu tun ist. Die anschließenden Ausführungen des Vf. machen klar, daß es ihm beim „wahren Wort“ nicht um die Alternative zur liturgischen Feierlichkeit geht, sondern um die spannungsvolle Unterscheidung zwischen theologischer Vokabel und theologischer Sache – die im vorgegebenen Namen, in der vorgestellten Konzeption des Evangeliums besteht, beispielsweise in der gesellschaftskritischen Absicht und Potenz des Evangeliums, die es von der Religion unterscheide. Die Differenzierungen zeigen, daß es bei der spannungsvollen Struktur des veranstalteten Gottesdienstes nicht um eine Alternative zwischen liturgischem Feierwort und auslegendem wahrem Predigtwort zu tun sein soll, sondern um ein Spiel mit verteilten Rollen, das die theologische „Sache“, die vorgestellte Konzeption des Evangeliums herausbringen und herausstellen soll. Wenn es wahres, lebendiges Wort bleiben soll, muß es jeder rituellen Erstarrung wehren; wenn es nicht der Willkür und der Beliebigkeit verfallen soll, muß es sich an feste Wahrheitskriterien halten können. So bleibt das „wahre Wort“ im Vorsprung vor jeder liturgischen Feierlichkeit, aber im Wechselspiel mit der Sache, die sich (auch) in der feierlichen Liturgie verkörpert.

37 G. Picht, Theologie, was ist das? Stuttgart 1977, S. 41: „Wenn Augustin mit größter Selbstverständlichkeit von einer „doctrina christiana“ spricht, übernimmt er einen lateinischen Wortgebrauch, in dem doctrina die Summe der Lehrinhalte der verschiedenen philosophischen Schulen bezeichnet (doctrina Academicorum, doctrina Pythogorae). Auch heterodoxe, haeretische und nichtchristliche Lehren werden von ihm als „doctrinae“ bezeichnet. Bemerkenswert an diesem Begriff ist der Umstand, daß er überhaupt verwendet wird. Der „Glauben“ an die griechischen oder römischen Götter hätte nie als doctrina bezeichnet werden können, denn diese Religionen hatten keine „Lehre“. Wenn also die Kirchenväter den christlichen Glauben als eine „doctrina christiana“ bezeichnen, lösen sie diesen Glauben aus dem Zusammenhang der heidnischen Religionen heraus und setzen ihn statt dessen in Analogie zu den Lehrsystemen der Philosophen-Schulen. Dieses Verständnis dessen, was Glauben sei, bestimmt das ganze Schicksal der europäischen Theologie“.

38 G. Picht, aaO vertritt die interessante „These, daß alle großen Etappen der christlichen Theologie in Europa sich aus dem bewußt vollzogenen Eintritt des Glaubens in die Gegenwart einer universalgeschichtlichen Situation ergeben haben“ (213). Er verdeutlicht dies (212 f.) so: „Die christliche Glaubensbotschaft hat einen universalen Charakter ... Die ... beiden vorchristlichen Formen der Universalität sind die Universalität griechischer Welterkenntnis und die Universalität des Imperium Romanum. Der eschatologische Glaube der „regula fidei“ konnte sich geschichtlich nur inkarnieren, wenn es gelang, die griechische Welterkenntnis und die römische Weltherrschaft mit dem Geist des Glaubens zu durchdringen. Das geschicht-

Im Gottesdienst der mittelalterlichen Kirche war vom konkreten christlichen Lehren zwar oft nicht sehr viel zu bemerken: das Lehren hielt mit den Gezeiten der Predigtgeschichte Schritt, und diese hatte oft Ebbe. Doch darf diese Feststellung nicht den Eindruck erwecken, als habe man es erst seit der Reformation im christlichen Gottesdienst mit einer lehrenden Kirche zu tun. Der Charakter eines Gottesdienstes entscheidet sich nie allein an der Struktur seiner Liturgie, sondern zu gleichen Teilen am Kontext der kirchlichen Lage. Auch wo die mittelalterliche Kirche nur die Messe feiern und ihre Rituale verwalten ließ, begegnete in ihr doch immer die lehrende Kirche, stand sie als Lehrinstitution handgreiflich vor Augen: als die doktrinäre und autoritäre Instanz, die die geltenden Doktrinen verwaltete und darüber wachte, wie über diese zu denken und nach ihnen zu leben war. Die kirchliche Doktrin war der Rechtsboden für die Frömmigkeit. Und was die Reformation mit der pura doctrina evangelii anmahnte, das war nicht die fehlende Lehre und schon gar nicht die fehlende Lehrautorität, sondern etwas ganz anderes: das lebendige Wort und das befreiende, gegenwärtige Gotteshandeln in diesem.

Die Texte, mit denen die kirchlichen Lehrsysteme und die kirchlichen Gottesdienste umgehen, enthalten Erzählungen und Ermahnungen und

liche Resultat dieser Inkarnation des Glaubens in griechische Metaphysik und in die imperiale Ordnung des kaiserzeitlichen Rechts nennen wir „Kirche" ... „Im Blick auf Augustins Doktrin und seine universalgeschichtliche Glaubenskonzeption heißt dies, auch ihren „Synkretismus" zu akzeptieren: „Synkretismus. Dieses Wort hat in unseren Ohren keinen guten Klang. Aber es bezeichnet das Wachstumsprinzip der Weltreligionen. Wenn man die universalgeschichtlichen Gehalte christlichen Glaubens ernst nimmt, wird man nicht daran Anstoß nehmen dürfen, daß die Theologie von Augustin zu wesentlichen Teilen auf ‚heidnischen' Fundamenten errichtet ist" (33 f.). Picht variiert seine Grundthese dann noch einmal und führt sie zu einer aufregenden Fragestellung weiter: „Das Denken der griechisch-römischen Welt, in die durch Jesus von Nazareth das Evangelium einbrach, war von zwei großen geistigen Mächten beherrscht: der hellenistischen Philosophie und der Rhetorik. Aus dem paulinisch-ökumenischen Verständnis des Missionsauftrags ergab sich die Notwendigkeit, das Evangelium in eine Sprache zu übersetzen, die einer von diesen beiden Mächten geprägten Öffentlichkeit verständlich sein konnte. Deshalb hat sich der christliche Glaube sehr früh in zwei Grundformen artikuliert: in einer Lehre, die mit den Lehren der hellenistischen Philosophenschulen konkurrieren konnte, und in einer Predigt, die sich bis heute in jenen Formen der Redekunst entfaltet, welche die griechisch-römische Rhetorik ausgebildet hatte. Wenn Lehre und Verkündigung in der Predigt noch jetzt als Grundformen der Bezeugung des Glaubens gelten, stehen wir im Bann einer Tradition, die nicht aus dem Evangelium selbst hervorgegangen ist, sondern schon dem Urchristentum durch die antike Welt, in der es sich ausgebreitet hat, vorgezeichnet war. Heute an einem Wendepunkt der Geschichte, wo das gesamte europäische Kulturgefüge ins Wanken gerät und die Zahl der Christen in der Dritten Welt größer geworden ist als die Zahl jener Christen, die – wenigstens dem Namen nach – noch dem europäischen Kulturbereich angehören, muß sich die Frage stellen, ob die Verschmelzung des christlichen Glaubens mit den Denk- und Redeformen von Philosophie und Rhetorik seinem inneren Wesen zu entsprechen vermag, oder ob hier schon in der ältesten Geschichte der Kirche ein Bruch angelegt war, der sich später verhängnisvoll ausgewirkt hat" (247 f.).

Gesetze, aber nur selten auch gleich schon Doktrinen. Sie sind geschichtlich geprägt. Sie erinnern damit an ein bleibendes Problem der lehrenden Kirche zu jeder Zeit und in jeder Gestalt. Die Transformation der konkreten Herkunftsgeschichte des christlichen Glaubens in eine „Lehre" ist nicht der einzige Weg, auch nicht der allein zureichende Weg, um ihr gerecht zu werden, sie sozusagen auf Dauer zu stellen und sie gültig und wirksam zu machen. Die Christologie ist nicht das einzige Vehikel der Christusgeschichte. Man wird immer wieder aufmerksam auf „die Inkompatibilität zwischen der Manifestation Gottes in der Geschichte und der Struktur einer widerspruchsfreien Lehre"[39]. Am „Lehren" sind alle Stücke der „Liturgie" mitbeteiligt[40]. Gebete, Glaubens- und Schuldbekenntnisformeln, Hymnen, Lesungen, Segensworte und die Feier des Mahles vollziehen auch Lehre, setzen sie um, enthalten etwas von ihr und sind langfristig für sie von Bedeutung. Aber sie sind andere, unmittelbarere Weisen, in jene Geschichte einzutreten, die die Lehre interpretierend erinnern und vergegenwärtigen, für die sie die Hörenden öffnen soll. Jene Geschichte, an die der Glaube sich hält und die ihn für Gegenwärtiges wie für Kommendes öffnet, geht sozusagen weiter und ist zur Stelle, wo man sie lehrend interpretiert. Sie ist und tut dies aber auch, wo man betet, bekennt, segnet, das Mahl feiert; sie geht auch darin gewissermaßen weiter. Nur sind es dort andere Weisen, an ihr beteiligt zu werden. Auch diese sind keineswegs zwingend, so wenig wie die Lehre. Sie können leerer Ritualvollzug bleiben. Aber sie sind jede auf ihre Weise offener, nicht so ausdeutend und ausgedeutet wie die interpretierende Lehre, ungenauer in der begrifflichen Lehrvermittlung, aber intensiver als symbolische Kommunikation. Sie sind nicht so abhängig von der kognitiven Geschicklichkeit und Empfänglichkeit der Beteiligten. Sie sind auch nicht so leicht störbar durch das Gelingen oder Mißlingen der Lehre. Und so können diese Weisen der gottesdienstlichen Kommunikation gerade auch das Lehren selber an reichere Möglichkeiten erinnern. Sie halten die Türen in Sprachräume hinein offen, die die Intellektualität des Lehrens nicht zusperren darf. Sie können dafur sorgen, daß weder der Gottesdienst als ganzer noch das „Lehren" in ihm unter die Diktatur der Rhetorik gerät und von der Kunst der Prosarede und der dialektischen Argumentation ganz beherrscht wird. Statt der sophistischen Uberredungskunst zu verfallen, sollte das „Lehren" im Gottesdienst – die „Darstellung des Glaubens in Begriffen" – sich mit der Philosophie in der dialogischen Mühe um die Erfassung der Wahrheit üben

39 Picht, aaO S. 73. P. führt diese Inkompatibilität kritisch am Beispiel des Kanonbegriffs durch, durch den das Evangelium zum Gesetz gemacht werde.

40 Sie sollten deshalb zum wenigsten auch unter der Kontrolle des Lehrens bleiben. Gebete sollten beileibe nicht predigen, so wenig wie Meditationen, aber sie sollten auch nicht den verkehrtesten Lehren Unterschlupf geben. Die Sorglosigkeit frommer Aestheten geht hier gelegentlich weit. Wenn die Stimmen der Liturgie zugleich auf politische Relevanz bedacht sein wollen, können die Folgen weittragend sein; die Rückfrage nach dem, was sie „lehren", wird dann so vordringlich wie die Warnung vor allzu sorglosem Engagement.

und zugleich der Poesie Raum gewähren, um auch mit Hilfe der metaphorischen Sprachwelt der Gleichnisse, der Weisheitssprüche und der geformten Erzählungen der zu lehrenden, heilsamen Wahrheit näherzukommen[41].

Nicht daß sie die Predigt als „Lehre" definierte, war also das Neue an der Reformation, so folgenreich sich diese Definition dann auf den Charakter der Predigt auswirken konnte. Auch vor der Reformation ging es, wo immer gepredigt wurde, stets um die kirchliche Doktrin: die Predigten wurden immer unter der bischöflichen Ermächtigung als kirchenleitende Äußerungen der kirchlichen Lehrautorität vorgebracht, sei's als deren kräftiger Ausfluß, sei's auch als deren äußerst verdünntes Rinnsal. Das Neue an der Reformation war eher, daß sie die pura doctrina evangelii in die „Predigt" verlegte und diese damit zum Zentralgeschehen im Gottesdienst machte. Es war ein Schritt vom Institutionellen zum Aktuellen, von der kirchlichen Lehranstalt im Hintergrund zur hörenden Gemeinde, die alle Lehre vor Ort beurteilen sollte. So entsprach es ja auch der konkreten Lage, in der die Kirchen der Reformation entstanden. Aus der gesetzlichen Absicherung und der autoritativen Verwaltung der Lehre wurde das Wagnis ihrer auslegenden Vergegenwärtigung als eines die Gewissen konkret befreienden, sie unterrichtenden und sie tröstenden Wortes. Aus der Hinführung auf die Darbietung des Sakraments, die darauf vorbereiten sollte und konnte, aber nicht mußte, wurde die Darbietung des Evangeliums selber, die von der Sakramentsfeier gefolgt und begleitet sein sollte und konnte, aber nicht mußte.

Wo man das aktuelle kirchliche „Lehren" in die Predigt verlegt, hofft man auf das unmittelbare, das gegenwärtige Leben berührende und treffende Wort. Daß die Predigten lehren sollten, das beschreibt ihre Aufgabe auf eine nüchterne, einlösbare und konkrete Weise. Die Predigt ist von Elementen des Feierns umgeben, ist immer auch ein Stück Liturgie. Sie sollte aber nicht selber „liturgisch" erscheinen oder „festlich" sein wollen. Aus Festpredigten werden sehr leicht Verschönerungsreden. Aber auch hier gilt: nicht an der Attitüde des Predigers, sondern an dem im Kasuellen konkret gelingenden Wort entscheidet sich je und je der Charakter der Predigt.

Die Predigt muß auch nicht „prophetisch" sein wollen. Prophetie ist eine anspruchsvolle Bezeichnung. Sie benennt ein Charisma, das man weder zur amtlichen Ausstattung des Predigers noch zur normalen Kanzelerwartung machen kann[42]. Was auf der Kanzel zu leisten ist, kann und soll glaubens-

41 Noch einmal G. Picht, aaO S. 249: „Der Spannung zwischen Dichtung und Prosarede entspricht noch heute in unseren Gottesdiensten die Spannung zwischen Liturgie und Predigt. Denn die meisten Gebete der christlichen Kirchen und ihrer Liturgien sind den Psalmen entnommen; die Psalmen aber sind Dichtungen. Umgekehrt beginnen seit Homer die griechischen Dichter ihre Gedichte mit einem Anruf der Gottheit. Dichtung ist ihrem Ursprung nach Gebet".

42 Man muß diesen Vorbehalt machen, auch wenn man annehmen muß, daß in der langen Reihe der neutestamentlichen Wort-Dienste gerade die „Propheten" vermutlich der späteren kirchlichen Predigtaufgabe am nächsten kommen.

und lebensbehilfliche, seelsorgerliche und so auch lehrreiche Orientierung abgeben. Es soll den Glauben so verstehbar machen, daß er gelebt werden kann, und es soll das Leben so ansehen lehren, daß es im Glauben gewagt werden kann. Der bloße Anspruch macht keinen Propheten und das Außergewöhnliche bleibt selten. Wo sich heute echtes prophetisches Charisma äußert, da werden meist andere Medien zu suchen und zu finden sein als die seit langem verengte Kanzelöffentlichkeit. Dennoch behält das schlichte „Lehren" gerade im Gottesdienst seine Würde und bekommt manchmal dort sogar einen besonderen Glanz. Es besteht in der redlichen Bemühung, die Spuren, welche Erfahrung und Glauben vieler Menschen in der Vergangenheit für uns hinterlassen haben, und in denen wir alle wandeln, „mit Gegenwart auszufüllen"[43]. Der Prediger will als solcher ein Symbol für die „unsre Gegenwart betreffende Aktualität des Wortes Gottes" sein[44]. Er ist in jedem Fall ein Symbol dafür, daß es ein Reden gibt, das zur Zeit und zur Unzeit mit dem Anspruch auftreten kann, „heilsame Lehre" zu sein[45].

Solches Reden oder „Lehren" kann zum Ort werden, an dem das konkrete, ungestüm herandrängende, nicht schon kirchlich aufbereitete Leben hereingeholt wird in den Raum des fragenden und des nachdenkenden Glaubens. Es kann nahe an die konkreten Nöte und die gebotenen Dienste heranführen[46], auch wenn es weder Taten gebieten noch selbst inszenieren noch in ihnen aufgehen kann[47]. Solches Lehren kann auch im institutionellen Normalfall des Predigtmonologs die Hörenden dialogfähiger machen, wenn ihm die rechte Art gelingt, die Probleme des Lebens und des Glaubens zu besprechen. Diese Normalgestalt des Lehrmonologs hat gewiß historische und pragmatische Gründe für sich und ein ganzes Rudel

43 „Denn wir wandeln in Spuren, und alles Leben ist Ausfüllung mythischer Formen mit Gegenwart" – Thomas Mann, Josef und seine Brüder. Zit. nach H. J. Baden, Heimkehr zum Mythischen – die spurbare Gnade in Thomas Manns Josef-Roman, in: LMH 5/75 S. 246.

44 So P. Althaus, nach O. Händler, Die Predigt, Berlin 1960, S. 6.

45 1 Tim 1,10; 2 Tim 4,3 f.; Tit 1,9; 2,1.

46 Behindertenfahrstühle, im Gottesdienst aufgestellt und zur versuchsweisen Benützung angeboten, sind, wie der Düsseldorfer Kirchentag es erleben ließ, eine solche eindringliche Erinnerung.

47 Zum theologischen Problem des oft gegen das Wortzeugnis ausgespielten Tatzeugnisses beherzigenswert und prägnant E. Jüngel, aaO S. 29: „Dem fundamentalen Mangel in der Christologie korrespondiert die ethische Engführung in der Anthropologie. In dem Maße, in dem Christus nur Vorbild ist, ist der Mensch nur noch als zum Handeln verpflichteter Täter bekannt, der selber keine andere Ressource hat als sich selbst. Charakteristisch ist jenes vielzitierte, aber ganz und gar unbiblische Appellwort: ‚Christus hat keine Hände. Unsere Hände sind seine Hände'. Das Wahrheitsmoment dieses falschen Satzes soll nicht geleugnet werden. Wer von Christi Händen angerührt, geschützt und gesegnet wird, dem werden die eigenen Hände stark zur Tat, der wird spontan tätig – und zwar nicht etwa nur, um so zu bezeugen, was ihm widerfahren ist, sondern vielmehr, um zu helfen, wo es nötig ist. Eben dadurch, *daß* er hilft, ist er ein Zeuge Jesu Christi. (Nicht aber hilft er, *um* damit dessen Zeuge zu sein)".

didaktischer Einwände sich gegenüber. Man kann auch, ohne auf die Gestalt des lehrenden, sich aber eben auch unterredenden Jesus zurückzuverweisen, in der Sache und in der Form geltend machen, daß das Lehren dem bewegten Leben immer zunächst einmal gegenübertritt, um es zu reflektieren und zu resümieren, und daß es gerade vom Abstand her sich dann umso intensiver wieder auf das Leben hinbewegen will und auch kann.

Lehren ist schwer. Bei der guten Vergegenwärtigung des lehrenden Wortes der Predigt wirken stets viele Faktoren zusammen, wie auch bei seinem Mißlingen: Die Eigenart des jeweiligen biblischen Textes, das vorgegebene Thema des Kirchenjahrs, die persönliche Einschätzung der „homiletischen Großwetterlage", die politische und die theologische Gruppenverhaftung, die Frömmigkeitsbindungen, die unmittelbaren kasuellen Eindrücke, die Tageserlebnisse, die häuslichen Sorgen, die Sprachfähigkeit und die Berufsroutine: die Imponderabilien des gottesdienstlichen Lehrens sind zahlreich und nie völlig zu überblicken. Wer da nichts Haltbares aus dem Abstand zu sagen hat, der verfällt sehr rasch dem Haschen nach Aktualitäten. Diese vielen menschlichen, kirchlichen und theologischen Risikofaktoren verlangen sozusagen vom ersten Tag der Konsolidierung dieses Gottesdiensttyps mit der Predigt in seiner Mitte nach theologischer Selbstkontrolle. Und das muß dann fast zwangsläufig immer heißen: sie verlangen nach amtlicher Absicherung. D. h. dieser Gottesdiensttyp bringt nolens volens vom ersten Tag an den Ruf nach dem Monopol des öffentlichen Lehrens mit sich, nach dem institutionalisierten und behördlich visitierten Predigtamt. Der Prediger muß da zwangsläufig und nahtlos in die Rolle seines priesterlichen Vorgängers eintreten und zum fast alleinverantwortlichen Leiter des Gottesdienstes werden. Das Vorrecht, das die Weihe dem Priester verlieh, besorgt jetzt dem Prediger seine Theologie, seine Kenntnis der reinen Lehre und die rechtmäßige Einsetzung in das Predigtamt[48]. Aber braucht man für das amtliche „Lehren" nicht mehr als den amtlichen Schutz? Braucht man da nicht das Widerlager objektiver Kriterien, um sich auch vor der eigenen und jeder fremden Willkür in der Sache zu schützen? Wo aber fanden sich die Maßstäbe dafür, wie es jetzt „einträchtiglich, nach reinem

48 Der Prediger „hält" den Gottesdienst und verantwortet ihn. Er ist dazu ausgebildet und „rite vocatus". Er hat Recht, Pflicht und Macht, die beweglichen Stücke des Gottesdienstes, vor allem die Predigt, eigenverantwortlich zu formulieren. Der Gemeinde als ganzer wird gleichfalls die Macht und das Recht zuerkannt, darüber zu urteilen. Ob sie auch kann, was sie darf und soll, und wie sie dazu befähigt wird, ist eine andere Frage. Jedenfalls hat sie im Gottesdienst kaum und sonst wenig Gelegenheit, diese „Macht" zu betätigen. Und wo sie ihr Recht in Anspruch nimmt, wird alsbald wichtig, daß auch der Prediger gegen Willkür und Vorurteile geschützt wird — ein ebenso schwerwiegendes wie schwer zu lösendes Problem! Man erinnere sich an den programmatischen Buchtitel aus dem ekklesiologischen Frühling der Reformation: Das eyn Christlich versamlung odder gemeyne recht und macht hab, alle lere tzu urteylen und lerer tzu beruffen, eyn und abtzusetzen, Grund und ursach aus der schrifft. Martinus Lutther" W 11, 408–416, 1523.

Verstand, lauts des Evangelij" mit der Verwaltung der doctrina publica und der Sakramente zu halten wäre?

Gerade eine Lehre, die die drängenden Nöte der Gegenwart aufs Gewissen nimmt, darf sich von ihnen nicht betäuben und fortreißen lassen. Das Lehren, das hier zu leisten ist, soll nicht zum verwaschenen Gerede, zu einem religiösen „Irgendwie" werden, bei dem man sich mit einer verschwommenen, mehr dubiosen als numinosen Symbolik beschwichtigend an den Problemen vorbeidrückt. Es sollte den Gottesdienstteilnehmern haltbare Glaubenssymbole vermitteln. Die Spuren, die es mit Gegenwart auffüllen will, müssen verweisungsstark bleiben und dürfen sich nicht verwischen. Muß man deshalb nicht gerade dort, wo das Lehren zum Schwerpunkt des Gottesdienstes gemacht wird, um des guten, beweglichen Lehrens willen für ein festes, beharrliches Gegenüber besorgt sein, um „Liturgie"? Im Grundsatz ist hier jedenfalls gar nichts zu trennen: den Namen, der hier alles trägt, muß man ausrufen, damit man ihn anrufen kann. Wer in diesem Namen betet oder handelt, muß auch von ihm reden. Da verlangt eins nach dem andern: man muß die Geschichten berichten, durch die der Glaube kam, um mit diesem umgehen zu können, und man muß die Umgangssprache kennen, um den Glauben in den täglichen Umgang zu bringen.

Die amtliche Absicherung der Lehre kann den Gottesdienst um seine spontane Lebendigkeit bringen und die Laienchristen verstummen lassen. Nur zu leicht verschwindet das persönliche Zeugnis in der amtlichen Rolle, das gewissensdringliche Wort im lehrbegrifflichen Vokabular, das dann zum ausschlaggebenden Legitimationshorizont gemacht wird. Aus der Lehre wird dann bald ein selbstgenugsames homiletisches Selbstgespräch, ein Ritual reiner Lehre, die sich ex opere operato weitervermitteln soll; ein traditionelles Rezitativ oder die autoritative Mitteilung der approbierten Problemlösungen. Die Kanzel verwandelt sich aus einer Warte des „Spähers" in einen Wechselschalter für theologische Richtigkeiten.

Eine großkirchliche Gottesdienstpraxis kann auf die „Amtlichkeit" ihres Lehrens ebensowenig verzichten wie auf die fixierte liturgische Geformtheit ihrer Feiergestalt. Sie wird deshalb auch die Gefahren, die darin liegen, nicht grundsätzlich ausschließen können. Sie können sich zuweilen wie zwei Mauern um den großkirchlichen Gottesdienst legen. Er wird dann mehr zum Denkmal seiner institutionellen Beharrlichkeit als des darin verwalteten und entbundenen Lebens. Seine Bedeutung für das kirchliche Glaubensleben oder für dessen Erneuerung bleibt dann in solchen Zeiten gering. Sie bleibt dann fast ganz auf die in ihm bewahrte Erinnerung, auf die Verläßlichkeit seines Stattfindens und auf die Offenheit des Zugangs zu ihm beschränkt.

Der „amtlichen" Gefangenschaft des großkirchlichen Gottesdienstes kann man schwerlich mit strukturellen Reformen abhelfen; mindestens nicht unmittelbar. Denn alle Versuche mit einer anderen Lehrgestalt, mit anderen Leitungs- und Beteiligungsstrukturen („Gottesdienst im Gespräch"[49]) entstammen dem Arsenal der gruppengemeinschaftlichen Gottesdienstpraxis – sieht man von der vorbereiteten Vielstimmigkeit kirchlicher Großveranstaltungen wie etwa des Kirchentags ab, wo die „Amtlichkeit" durch die sorgsame Vorbereitung innerhalb der Toleranzgrenzen gehalten und die Vielstimmigkeit durch die Seltenheit der Veranstaltung selber ermöglicht wird. Andere Leitungs- und Beteiligungsstrukturen für den großkirchlichen Gottesdienst müßten erst einmal im gruppengemeinschaftlichen Milieu einen hohen Grad von Bekanntheit und Selbstverständlichkeit gewonnen haben, um auch großkirchlich vielleicht ebenso selbstverständlich werden zu können. Denn der großkirchliche Sonntagsgottesdienst lebt ganz und gar von der Routine, die seine verläßliche Veranstaltung ermöglicht, und von der Offenheit, die eine unangestrengte Teilnahme an ihm erleichtert. Was die „amtliche" Gefangenschaft des großkirchlichen Gottesdienstes und die Phasen seiner geringen Kraft und Bedeutung für die Christenheit immer wieder überwinden kann, das kann man kaum von der Veränderung seiner Formen erwarten. Das ist voraussichtlich nur von dem Gewicht zu erhoffen, das das gottesdienstliche „Lehren" durch die Herausforderungen des sich wandelnden Lebens und durch Gehorsam, Vollmacht, Einsicht und Glaubenskraft der beauftragten Zeugen je und je in ihm bekommen kann.

Die „förmliche" Gefangenschaft des großkirchlichen Gottesdienstes und des „Lehrens" darin, seine Gefangenschaft in einer bald mehr und bald weniger abständig wirkenden liturgischen Feiergestalt erfordert nun freilich Reformen, mit denen man ihr in Grenzen abhelfen kann. Daß liturgische Formen und Formulierungen ihre sprachliche und gestische Selbstverständlichkeit einbüßen können, ist augenfällig. Freilich fällt ebenso auf, wie unersetzlich und unübertrefflich manches vom ältesten liturgischen Gut ist und bleibt. Es ist meist eine sehr flache Vernunft, die alles modernisieren möchte, und auch in der Reformgeschichte der Liturgien kommt oft an den Tag, daß man für nichts so schnell Ersatz braucht wie für den Ersatz. Auf diesem Feld gilt jedenfalls für die großkirchliche und für eine gruppengemeinschaftliche Praxis ein sehr verschiedenes Zeitmaß.

In den Phasen geringer Ausstrahlung des großkirchlichen Gottesdienstes pflegt viel vom sich erneuernden Leben der Christenheit sich in die kleineren, manchmal auch quer zu den Großorganisationen der Konfessionen oder der Parochien liegenden Gruppierungen zu verlagern. Nicht in ihnen allen wird es so etwas wie kultische Weisen des Feierns geben; auch nicht in allen das Bedürfnis danach. Wo es sie gibt und sie gewünscht werden,

49 Vgl. „Gottesdienst im Gespräch" Hrsg. Wacker-Seiz, Sammlung Kirchenreform Band 3, Stgt 1969. Oder D. Trautwein/Roessler, Für den Gottesdienst, Gelnhausen/Berlin 1968–1972[3]. Vgl. auch die zahllos dokumentierten Gottesdienstversuche in neuer Gestalt aus dem knappen Jahrzehnt der Gottesdienstreformbewegung.

leben sie teilweise von den liturgischen Reminiszenzen der großkirchlichen Gottesdienstpraxis. Ob und wie weit sich dort haltbare neue liturgische Muster ergeben, steht noch dahin. Sowohl die innere Lage der Beteiligten wie manche Zeittendenzen und der alltägliche Formen- und Sprachverschleiß lassen die Aufgabe überaus schwierig erscheinen. Große Formen, die man nachahmen könnte, sind unnatürlich im kleineren Lebenskontext; aber auch reine Spontaneität kann zu anstrengend sein und fordert den einzelnen allzu schutzlos heraus. Der Bedarf nach mit- und nachvollziehbaren Formen des Feierns stellt sich überall dort ein, wo diese Feiern sich auch für andere, noch nicht Zugehörige öffnen sollen und man sie dazu einladen will. Da dies eine elementare Notwendigkeit ist, an der sich übrigens auch der christliche Charakter der ganzen Gruppengemeinschaft entscheidet, muß sich die gruppengemeinschaftliche Gottesdienstpraxis mit dem Problem ihrer Formen tatsächlich befassen. Was sich daraus ergeben wird, ist noch nicht zu prognostizieren. Die vermutlich geringe Lebensdauer all dieser Gemeinschaftsbildungen, ihre hohe Situationsempfindlichkeit und ihre Anfälligkeit für wechselnde Interessen und Zusammensetzungen läßt kaum Liturgien, allenfalls elementare liturgische Spurenelemente erwarten. Auch der Verfestigungsfaktor durch regelmäßige Wiederholung bleibt vermutlich gering, da die verbindliche Regelmäßigkeit gerade kein zwingendes Strukturmoment solcher Praxis darstellt. Die relativ große Unbeständigkeit in den Formen samt der spürbaren Selektivität in der personellen Gruppierung und die weitgehend fehlende Anonymität wird vermutlich jede derartige Praxis immer wieder vom leisen Heimweh nach großkirchlicher Festigkeit und geräumiger Offenheit begleitet sein lassen, gerade was ihre Feiergestaltung angeht. Denn christliche Frömmigkeit wird auch unter dem starken Eindruck intimer Glaubensgemeinschaft nie völlig vergessen können, daß das neutestamentliche Gleichnis für ihre Hoffnung das *Große Abendmahl* ist.

So viel sich erkennen läßt, sieht man denn auch de facto die gruppengemeinschaftliche Gottesdienstpraxis wesentlich stärker und erfolgreicher und auch anregender als in Fragen der Feiergestaltung in den Formen des Lehrens wirksam werden. Da werden oft ansprechend teils meditativere, teils dialogischere, mehrstimmige, zwanglosere, konfliktoffenere, risikofreudigere Annäherungen an die verpflichtende Wahrheit des Glaubens für heute und morgen erprobt. Was da entgegenzunehmen ist, wird nicht bloß mitgeteilt, sondern mit den andern geteilt.

Im großkirchlichen Gottesdienst ist es oft ein Indiz dafür, daß eine Liturgiereform ansteht, wenn das gottesdienstliche Lehren immer größere Teile seiner Kraft und seines Volumens darauf verwenden muß, die liturgischen Formen miterlebbar zu machen. Es muß freilich nicht immer so sein, daß dann die liturgischen Formen völlig verstummt wären und ihre Selbstverständlichkeit gänzlich verloren hätten. Es kann auch so sein, daß dann das Lehren selbst flach und geschwätzig geworden ist und sich deshalb von jenen Formen so weit entfernt hat. Wortreich verbesserte Rituale sind häufig der nächste, selten der beste Ausweg[50]. Die Lehre wird dann zu einem Deute-Ritual. Die ernsthaften Schwierigkeiten aller großkirchlichen Liturgiereformen liegen aber gar nicht so sehr an der Macht der Gewohnheit, und also bei denen, die das Vertraute nicht aufgeben wollen, so gewiß man den Wohnwert ererbter Feiergestalten wohl kaum überschätzen kann. Sie liegen auch nicht allein in der theologischen Sorge um die sachliche Kontinuität in den kirchlichen Lehr- und Feiergestalten. Die Kirchengeschichte belegt die Erfahrung allerdings reichlich, daß es nicht gut ist und der Kirche schlecht ansteht, sich „von jedem Wind der Lehre bewegen und wiegen" zu lassen und stets nach dem Neuen zu greifen[51]. Die Hauptschwierigkeiten in jeder Reform der großkirchlichen Liturgien hängen vielmehr fast immer mit den elementaren Problemen zusammen, mit denen die kirchlichen Doktrinen selber im Wandel der Zeiten gleichzeitig und meist schon vorher zu schaffen haben. Wenn Liturgien veraltet wirken, dann stehen stets abständig gewordene Lehrgehalte dahinter. Die Frage der liturgischen Erneuerung ist in erster Linie eine Frage der Glaubenslehre und macht sich, wo man dies übersieht, meist in Kürze als solche bemerkbar. Was noch nicht katechismusfähig geworden ist, ist auch noch nicht liturgiefähig geworden. Und sicherlich spielt bei den katechetischen wie den liturgischen Schwierigkeiten herein, daß die heutige Sprache so viele Differenzierungen und Nuancen ausdrücken kann. Sie gibt die Konturen für einen liturgischen Holzschnitt nur ungern noch her.

Die Predigt, als Inbegriff gottesdienstlichen Lehrens, scheint, in solche Spannungen hineingezerrt, in einer bemerkenswert schwierigen Lage zu sein. So wenig man dies bestreiten kann, so wenig darf man jedoch darüber vergessen, wie sich gerade inmitten von so vielen Schwierigkeiten eine besondere Chance des gottesdienstlichen Lehrens anbietet und Gewicht bekommt. Eine Chance, die von den berechtigten Feststellungen zur bedenklichen kommunikativen Struktur der Predigt wie auch zu ihren geringen Möglichkeiten, die Meinungen ihrer Hörer zu ändern, nur wenig beeinträchtigt wird. Sie kann jetzt immer weniger bloß noch der Umschlagplatz sein, auf dem der Prediger seine erlernte Theologie weitergibt. Sie wird immer mehr zu einem Ort, wo er im heilsamen Gedränge dazu herausgefordert wird, sich selber produktiv am lebendigen Überlieferungsprozeß des christlichen Glaubens zu beteiligen. Dieser Prozeß spielt sich gewiß nicht allein auf der Kanzel ab, wahrscheinlich nicht einmal vorrangig dort. Aber der Gottesdienst ist ein hervorgehobener Testfall. Und wegen seiner

50 Besonders die verbal oft ausufernden Abendmahlsvermahnungen können betroffen machen und bedenklich stimmen. Ob sie der orthodoxen Lehrgenauigkeit Ausdruck geben oder umgekehrt dem Verlangen nach vernünftiger Frömmigkeit oder nach einer dogmatisch ganz unbeschwerten Feier: sie pflegen die Feiernden selten gewisser oder froher zu machen. Unter dem Diktat der theologischen Ausdeutungen sind die Zäune ums Abendmahl für die Glaubenden immer höher geworden. Nicht bloß die theologische Lehre, auch die Frömmigkeit hat ein Gewissen, das zuweilen erschrickt, wenn die erstere sich ereifert.

51 Eph 4,14; Hb 13,9.

immer noch relativ hohen Zugänglichkeit und Wiederholbarkeit ist er sogar ein besonders wichtiger Testfall dafür. Er ist jedenfalls eine Stelle an der Front, an der wachsam dagegen angegangen wird, daß christliche Glaubenssymbole nicht bloß als Idole wirken und unhaltbare Zustände rechtfertigen sollen und ihr eigenes Hoffnungspotential verkümmern lassen. Er wird immer wieder zur Nagelprobe auf die sprachliche Kommunikabilität des Evangeliums heute. Es kommt in ihm unvermeidlich zum Vorschein, ob die reine Lehre des Evangeliums bei sich selbst und in der Vergangenheit bleibt oder heute als heilsame Lehre angenommen werden kann. Er wird zum immer erneuten Erfahrungsversuch darüber, wie sich alte, artikulierte Glaubensgewißheit mit gegenwärtiger Welt- und Lebenserfahrung vermitteln läßt. Er bleibt ein Ort, der die Prediger und ihre Predigt gefährdet und fördert und ihre Hörer herausfordern kann[52]. Er bleibt nicht bloß ein institutioneller, sondern ein existentieller Lebensvollzug der Kirche. Denn wer die fragenden Menschen nicht ernst nimmt, nimmt auch das Evangelium nicht ernst.

7.4.2.2 Die Feier des Glaubens

Ein Ritual ist kein Redekonzept: es strukturiert einen verbalen oder gestischen Handlungsverlauf; es steckt einen Raum, eine Situation für diesen Handlungsverlauf ab und macht ihn darin wiederholbar. „Der Ritus ist institutionalisiertes Verhalten“[53]. Ein besonderes Verhalten ohne Zweifel; nicht die zur Gewohnheit gewordene reine Zweckmäßigkeit. Eine Einrichtung, die etwas hervorhebt: nicht den reinen Ausnahmezustand, das überraschend Exzeptionelle, sondern das erwartbare Besondere. Ein Vor-Entwurf, der das Verhalten davon entlastet, sich in der besonderen Situation erst ganz neu selber entwerfen zu müssen.

Das Ritual ist ein doppelgesichtiges Wesen: es ermöglicht den Fortgang des Lebens an Stellen, an denen es zu stocken droht. Und es hält das Leben gleichzeitig an, schafft Aufenthalt in der bewußtlosen Eile, in der es sich fortwährend selber entzieht. Das Ritual verdichtet das Leben zur unübersehbaren Ausdrücklichkeit, steigert das Bewußtsein dessen, was jetzt zu erleben ist. Soweit es selbst Träger, Vehikel sinngebender Überzeugungen ist, macht es ohne Erklärung bewußt, daß diese Überzeugungen das Leben auch jetzt und noch weiterhin in Verläßlichkeit tragen.

52 G. Ebeling, Die Notwendigkeit des christlichen Gottesdienstes, in: WuG III, 537: „Das Wort, das den Menschen in seinem Personsein trifft und das darum Gottes Wort heißt, weil es ihn letztgültig angeht und freispricht, steht nicht beliebig zur Verfügung. Es ist überliefertes Wort, doch nicht im Sinne einer starren fixierten Größe, sondern als ein lebendiges Überlieferungsgeschehen, das sich in der Existenz von Kirche fortpflanzt. Als Christuszeugnis wird es weitergegeben durch den Leib Christi. Das ist der primäre Lebensvollzug des Leibes Christi, innerhalb der Menschheit dieses Wort durch ständig erneuerte Erfahrung und Bezeugung weiterzugeben und so im Vollzug von Gottesdienst zu existieren.

53 D. Roessler, die Vernunft der Religion, S. 32.

Vor allem die religiösen Rituale geben den Überzeugungen, die sie tragen, in der Gesellschaft, für die sie gelten, unmittelbar Ausdruck. Meist tun sie dies im Zusammenhang mit gewissen Lebenserfahrungen, die zugleich allgemein und für die Betroffenen etwas besonderes sind. Es sind vor allem diejenigen Erfahrungen, die man an den prägnanten Lebensschwellen und in extremen Grenzsituationen macht. Die Christenheit hat zwar nicht von Haus aus Rituale dafür entwickelt; sie hat dann aber doch nicht umhin gekonnt, dies zu tun: Rituale, die es mit Grenz- und Schwellenerlebnissen aufnehmen, sie feiernd begehen helfen, wo sie schön und erhebend sind, und ihnen standhalten helfen, wo sie schwer und rätselvoll scheinen. Rituale, die gerade in diesen Erlebnissen etwas widerspiegeln, etwas in sie hinein-spiegeln sollten von der Kraft und der Überzeugung des gemeinsamen christlichen Glaubens. Sie sollten dort Hilfen zum Feiern sein.

Aber vor solchen Lebensschwellen war in der Christenheit etwas andres zu ritualisieren. Fand nicht ihr Glaube selbst und als solcher von Anfang an sozusagen in ritueller Gestaltung seinen Eingang in ihre Geschichte: in der Gestalt von Erzählungen und von Handlungen, die ihn zugleich erinnerten und gegenwärtig machten? Galt es nicht, diesen Gestaltungen ihre Situation, ihren geregelten Ort zu bestimmen? Da waren nicht Lebenssituationen mit Hilfe des Glaubens rituell zu bewältigen. Da waren Situationen rituell herzustellen, deren Anlaß, Thema, Zweck und Ziel der Glaube selbst und nichts anderes war. Situationen, in denen der Glaube seine eigene Bedeutung thematisierte, das mit ihm identische Bedürfnis nach Glaubensgemeinschaft und Glaubensweitergabe auffing, ausdrücklich machte und zufriedenstellte. So entsprechen die christlichen Gottesdienstrituale inhaltlich den im Glauben selbst angelegten Innovationen; in ihren Formen knüpfen sie an vorhandene Kultmuster an. Ihr Anlaß ist in der Regel kein besonderes Erlebnis, keine spezielle Erfahrung. Sie haben keinen besonderen Anlaß – außer der Besonderheit des Glaubens selber, der sich in ihnen darstellen will. Sie stehen zwecklos im zweckverplanten Leben. Sie können sich um die besonderen Erlebnisse ihrer Teilnehmer annehmen und auf diese eingehen. Aber ihr Anlaß liegt in ihnen selbst. Die Themen, nach denen sie ihren Veranstaltungszyklus dann gliedern, sind Variationen ihres einen, eigensten Themas. Sie sind Rituale für Feiern, zu denen man sich im Namen Jesu und unter dem Zeichen seines Kreuzes versammelt. Man versammelt sich, um des dort erschienenen neuen Lebens aus Glauben zu gedenken, es zu feiern, seiner inne zu werden, es in der eigenen Lebensgeschichte und in der gegenwärtigen Zeitgeschichte weitergeschehen- und weitergelten zu lassen.

Das Christentum ist mit dem so entstandenen und geregelten Gottesdienst in seiner Mitte zu einer Weltreligion geworden. Es hatte und hat sich um die Sitten und die Gesittung anzunehmen, um das Einzelerleben, das Gruppen- und Volksleben und um alle drängenden Menschheitsprobleme. Es tat und tut dies mit seinen religiösen Ritualen, seinen religiösen und charitativen Einrichtungen, mit seiner Gewissensunterrichtung, mit vielen

Anstößen zur Rechtsgestaltung, zur Bildung, zur Kunst, mit Kritik, mit Protest und mit Hoffnungsimpulsen, teils auf selbstlose Weise, teils um seinen Einfluß zu mehren, teils kompromißlerisch, teils radikal, teils auch entstellend. Der kirchliche Gottesdienst ist eine dieser Weisen, sich um das Leben anzunehmen. Vermutlich diejenige, die durch ihr bloßes Vorhandensein die kirchliche Organisation als solche und die kirchlichen Einrichtungen im besonderen zusammenhält (gleichviel ob und wie man sich daran beteiligt) und sie von innen her legitimiert. Die Relevanzfragen, die seine Aus- und Einwirkungen im einzelnen nachmessen und ihre Geringfügigkeit registrieren, greifen in der Regel zu kurz und am Kernpunkt vorbei: er ist die Pfahlwurzel für die Kirchen als religiöse Großorganisationen, wo und wie immer er mit einiger Regelmäßigkeit stattfinden kann.

Soweit man sehen kann, hat sich der kirchliche Gottesdienst in der Geschichte von Anfang an – bei nicht völlig zu klärenden Ursprungsverhältnissen – in zwei Hauptrichtungen entwickelt. Einmal auf einen stärker vom Lehren bestimmten Gottesdienst zu, der auf sensible und artikulierte Teilnahme am Tages- und Zeiterleben hin tendieren mußte und an die Teilnehmer einige Ansprüche stellte. Zum andern auf einen stärker auf das Feiern, konkret: auf die Mahlfeier konzentrierten Gottesdienst hin, der mehr sich selber, die kirchliche Gemeinschaft, ihre Einheit und ihre umfassende Integration im Blick haben mußte. Das „Lehr-Modell“ mußte dann unwillkürlich mehr auf einen verantworteten und sich verantwortenden Glauben, auf christliche Bildung abzielen, auf das konkrete Bekenntnis in der Zeit und das exercitium fidei in der Welt; es mußte mit einer Kirchenvorstellung arbeiten, die sich durch Definitionen, durch erstrebte Konsense und erlittene Dissense begrenzte. Das andre, das Feier-Modell mußte dann ebenso unwillkürlich auf den schönen Gottesdienst, auf die kirchliche Frömmigkeit, auf das sacrificium fidei zugunsten der Welt und auf Weltverwaltung und Weltmitgestaltung abheben; es mußte mit einer Kirchenvorstellung leben, die sich durch die gottesdienstliche Praxis, durch Kommunion und durch Exkommunikationen abgrenzte. Natürlich sind diese Modelle damit schematisch gezeichnet. Die gottesdienstliche Praxis besteht aus Abwandlungen und aus Vermischungen beider Modelle. Doch hebt auch die kirchengeschichtliche Wirlichkeit die angedeuteten Schwerpunkte hinlanglich deutlich heraus. Sie können zur Klärung des Praxis-Verhaltens beitragen.

Theologisch hat man die beiden Hauptrichtungen vorzugsweise unter der Überschrift „Wort und Sakrament“ erörtert[54]. Dem Betrachter der Liturgiegeschichte treten die Grundmodelle manchmal frappierend eindrücklich entgegen. Wo die Lehre den Gottesdienst bestimmt, da wird aus dem Ritual tendenziell eine didaktische Disposition. Die historische Kontinuität erzwingt zwar in der Regel Mischformen, und das Abendmahl kann ja

54 Einige evangelische Grundlinien dazu findet man knapp zusammengestellt in W. Trillhaas, Evang. Predigtlehre München 1964, 5. Auflage S. 12–16: Zum Verhältnis von Predigt und Liturgie – zum Verhältnis von Wort und Sakrament.

nirgendwo außer Betracht bleiben. Aber seine Feier wird dann doch im wesentlichen zu einem zusätzlichen Akt, der das Gelehrte veranschaulichen und das erreichte Lernziel bestätigen soll. Es wird zu einer Dublette, ohne die es notfalls auch geht, und seine liturgische Gestaltung läßt es als eine Art Lehr-Sakrament erleben. Das Wort schafft den Glauben, das Abendmahl wird zum Bestandteil der kirchlichen Ordnung[55]. Umgekehrt, wo das Mahlgeschehen, als Eucharistie oder als Meßfeier, die Mitte des Gottesdienstes darstellt, wird aus dem Ritual – trotz aller Zufälle bei der Entstehung und beim Zusammenwachsen der Einzelstücke – eine dramatische Vergegenwärtigung des Heilgeschehens selber von hoher symbolischer Aussagekraft und geringer didaktischer Durchsichtigkeit; ein Mysterium, das zum Mitfeiern besser disponiert als alle rational leichter eingänglichen Dispositionen. Der Glaube begegnet im Mahl der „Sache", die er verehrt. Die Predigt kann sich ohne jedes geistliche Übersoll mit den Fragen der Vorbereitung, der Einstimmung oder der Kirchenordnung befassen.

Wahrscheinlich ist es der Erörterung des Verhältnisses von „Wort und Sakrament" nicht bloß gut bekommen, daß sie so lange im Banne der mittelalterlichen Fragestellungen verblieb. Das Interesse an der res sacramentalis und an ihren effectus, an ihrer Gültigkeit und Heilswirksamkeit, bestimmte die Diskussionen. Luther hatte darüber hinaus auch nach ihrem usus, nach Brauch und Nutzen fragen wollen. Vielleicht würden die Zäune um das „gelehrte" oder meditierte biblische Wort wie um das gefeierte Mahl etwas durchlässiger werden, wenn man nicht nur nach den Bedingungen ihrer Auswirkungen auf den Heilsstand der Christen, sondern vor allem nach denen ihrer Einwirkungen auf die Glaubenserfahrung der Christen fragte und sie dann als ebenbürtige, komplementäre Medien der Glaubensvermittlung und des Gemeinschaftserlebens beurteilte und erschlösse. Die Theorien kämen damit der Praxis sicherlich näher. Wenn das Abendmahl nur verdoppelt, was die Predigt ohnedies leistet, wird es eine zusätzliche Leistung frommer Kirchlichkeit bleiben und an seiner zunehmenden Entbehrlichkeit mitwirken. In der Gruppengemeinschaft oder als eigenständige gottesdienstliche Feiergestalt kann es vielleicht mehr Würde und symbolische Kraft wiedergewinnen als durch den Ruf nach dem sog. „Vollgottesdienst", für den viele gute Gründe sprechen, gegen den sich aber sicherlich auch nicht bloß die Protestantengewohnheiten sträuben. Die Formen symbolischer Kommunikation lassen sich nur durch das Erleben, nicht durch agendarische Maßnahmen wiederbeleben. Der Meßgottesdienst ist nicht von ungefähr so ritualistisch, der Predigtgottesdienst nicht von ungefähr so penetrant kerygmatisch geworden. Ein Gottesdienst, der die Stärken beider Modelle ohne deren Schwächen in sich vereinigte, ist

55 „Das Verstehen von Symbolen . . . wird nicht vererbt, sondern erlernt. Ohne das Erlernen von Symbolverständnis bleibt von Eucharistie und Abendmahl nur ein Kurzvortrag, gefolgt von der Andeutung einer Mahlzeit in sentimentaler Stimmung" H. J. Helle, Symboltheorie und religiöse Praxis, in: J. Wössner, Religion im Umbruch, Stgt 1972, S. 214.

vermutlich eine löbliche Konstruktion. Wie kurz oder lang der Weg zu ihrer ebenso löblichen Verwirklichung ist, steht einstweilen dahin. Die kasuelle Praxis der Kirche, problematisch und nötig, oft hyperkritisch denunziert, oft unkritisch gelobt, aber auch die Erfahrungen mit der sonntäglichen Gottesdienstpraxis, von der manchmal ähnliches gilt, zeigen immer wieder, daß auch ein Predigtgottesdienst nicht bloß zu einer Lehrveranstaltung oder zu einer Feierlichkeit, sondern zu einer menschlich bewegenden Feier werden kann. Wo dies gelingt, kann er oft stärker bewegen als es dort der Fall ist, wo ein ehrwürdiges und gekonnt zelebriertes Ritual eine Feier ohne lebendiges Wort inszeniert. Dennoch wird es ein intensives Nachdenken wert sein, wie weit wohl das protestantische liturgische Axiom – kein Gottesdienst ohne Predigt – es auf die Länge und in der Masse den evangelischen Christen schwer gemacht hat, die Dimension des gottesdienstlichen Feierns zu bewahren, und was hier getan werden kann, um sie vermehrt wiederzuentdecken und zu stärken[56].

Einstweilen wird man die Stärken und die Gefahren eines ganz zentral auf den Gedanken und die Atmosphäre des Feierns ausgerichteten Gottesdienstes vornehmlich an Hand von Gottesdienstformen aus der weltweiten Christenheit zu betrachten und zu erwägen haben. Wir halten uns als an das nächstliegende noch einmal an die Feier der Messe. Der Meßgottesdienst ist zweifellos in imponierender, fast rücksichtsloser Weise ganz auf das eigentümliche christliche Thema ausgerichtet, auf das Geschehen, von dem der christliche Glaube herkommt und lebt. Was immer die Feiernden dabei denken, wohin ihre Gedanken abschweifen mögen: was sein Thema

56 Sehr zugespitzt weist G. Picht, aaO S. 251 darauf hin, daß auch in der christlichen Kunst und Musik ein beträchtliches Gegenüber zur predigenden Kirche entstanden ist. Ich gebe wenigstens einige Spitzensätze wieder: „Lehre ist Darstellung des Glaubens in Begriffen. Sie wird pervertiert, wenn das Verhältnis sich umkehrt und der Begriff zum Inhalt des Glaubens gemacht wird. Predigt ist Darstellung des Glaubens in rhetorischen Formen. Sie ist eine unter vielen Möglichkeiten, die Verkündigung zu bezeugen. Aber es ist eine Pervertierung der Predigt, wenn sie selbst als Verkündigung gilt und nicht als bloßes Medium dessen verstanden wird, was das Wort „Verkündigung" eigentlich meint . . . Denn Predigten gibt es viele, ihre Subjekte sind die Prediger. Aber es gibt nur Eine Verkündigung, und deren Subjekt ist einzig Jesu Christus . . . Neben Lehre und Predigt gibt es aber noch ganz andere Gestalten der Darstellung des Glaubens. Die christliche Kunst und die Musik bezeugen durch die Jahrhunderte hindurch das Evangelium auf eine ebenso ursprüngliche und wesentliche Weise wie Dogmen und ‚Verkündigung' in der Predigt. Ich scheue mich nicht, die Überzeugung auszusprechen, daß jene Auslegung des Evangeliums, die uns im Kirchenbau und in der Plastik, bei Rembrandt oder bei Bach entgegentritt, der Hermeneutik durch die Schriftgelehrten unermeßlich überlegen ist. Auch dieses wahrzunehmen, muß man erst lernen. Auch hierzu bedarf es einer Unterweisung . . . so müßte man, womit ich einverstanden wäre, auch das Kunstwerk als eine ‚Lehre' bezeichnen. Denn ein Kunstwerk ist in der Tat die einzigartige und in Begriffen schlechterdings nicht darzustellende Gestaltung eines Gedankens. Aber auch hier darf man die Darstellung mit dem, was in ihr dargestellt wird, niemals verwechseln. Gegen diese Verwechslung richtete sich das Bilderverbot, das man auch auf die Darstellung des Glaubens in Begriffen und auf seine Darstellung in rhetorischen Formen anwenden könnte".

und seine Mitte ist, darüber kann niemand im unklaren sein. Wie kritisch man im einzelnen ihre rituelle Gestaltung beurteilen mag: sie grenzt einen Feierraum aus im bewegten Gewühl des Lebens. Da muß man sich nicht unter Anspannung darauf besinnen, daß die Alltagserfahrungen trotz ihres berechenbaren Verlaufs grundsätzlich unabschließbar bleiben und daß es mehr als das dort zu Hantierende gibt: einen größeren Horizont, der mit anderen Maßstäben und mit größeren Hoffnungen besetzt ist. Da sieht man sich vielmehr von vornherein vom Hantierbaren weggeholt und auf einen anderen Boden gestellt, den jener größere Horizont überspannt: das Ritual stellt den Boden dar, der hier zu „begehen" ist, und seine Symbolik das durchlässige Dach, das sich über ihm wölbt. Das „sonntagssprachliche" Ritual macht das – oft wiederholte – Geschehen in seiner Nichtalltäglichkeit, in seiner Besonderheit kenntlich. Man ist in dieses Geschehen durchs bloße Dabeisein einbezogen, noch ehe man oder wie immer man sich persönlich zu ihm verhält[57].

Hier wird nicht der Grad der persönlichen Identifizierung erfragt und bewertet, hier zehrt man von vorgegebenen Identitäten. Hier können die vielen Verschiedenen wirklich verschieden bleiben, hier kann schon das Zuschauen selig machen. Dieses Ritual besitzt einen ungewöhnlichen, integrierenden Sog in der ganzen Breite großkirchlicher Mitgliedschaft. Es steht auf sich selber und führt jeden vom Bedrängenden und Gegebenen auf das endgültig Vor-Gegebene zurück. Das Tagesgeschehen beeinträchtigt die Feier nur wenig: man geht da im Leben vom Leben weg und verliert es doch nicht aus den Augen. Auch hängt die „Wohnlichkeit" dieser Feier nur wenig ab von einer gelingenden Interpretation oder vom Ausmaß des Verstehens der Kommunikanten: in der Substanz sind ja die Regeln unverändert, nach denen man sie seit Menschengedenken vollzieht. Und doch herrscht hier eine kluge, nötige und kühle Distanz. Nicht zwischen den Feiernden und nicht gegenüber dem alltäglichen Leben – sie ist in die Feier selber verlegt und von hoher symbolischer Bedeutung: die Gegenwart Gottes in der Feier bewahrt einen unberührbaren Kern; das dramatisch erinnernd vollzogene Opfer wird von den Geweihten hinter den Schranken bewacht und bewahrt. Vor den Schranken kann sich dann umso ungezwungener eine achtungsvolle Unbefangenheit ausbreiten. Da kommt und geht das gläubige Volk. Da bewegt man sich wie die Kinder der Mutter Kirche im eigenen Haus. Die ernsten und frohen Geschäfte des Lebens sind nahe, das schuldbelastete Leben, aber auch der gesellige Jahr-

57 Es ergibt sich da eine eigenartige Veranschaulichung für das, was H. G. Gadamer die Macht der Geschichte über das endliche, menschliche Bewußtsein genannt hat: „Die Erhellung der Situation, in der wir uns gegenüber der Überlieferung befinden, ist nie vollendbar! Geschichtlich sein heißt, nie im Sich Wissen aufgehen" (Wahrheit und Methode S. 285) „Wer versteht, ist immer schon einbezogen in ein Geschehen, durch das sich Sinnvolles geltend macht – in ein Spiel. Wir sind als Verstehende in ein Wahrheitsgeschehen einbezogen und kommen gleichsam zu spät, wenn wir wissen wollen, was wir glauben sollen" (ebda 465).

markt. Was da vorne für viele gefeiert wird, ist sich seiner selber so sicher, daß es sich mit fast allem verknüpfen läßt; es kommt den Lebenden und, wie man hoffen darf, auch den Toten zugute.

Was immer hier zurückzufragen sein mag: der symbolische Mehrwert des Rituals kommt dabei auf erstaunliche Weise zum Tragen. Dieses Ritual dieser Feier verleiht wirklich das Gefühl, um es mit einer klassischen Formulierung zu sagen: „jemandem anzugehören und jemand zu sein"[58].

Kritische Rückfragen liegen nahe genug. Große Rituale lassen überall auch den Ritualismus gedeihen, mit allen seinen unreflektierten oder auch abergläubisch berechnenden Varianten[59]. Macht sich die Amtskirche hier nicht auf liturgischem, statt auf geistlichem Weg unentbehrlich, mit der Autorität der Geweihten? Das großkirchliche Feier-Ritual läßt sich auch gruppengemeinschaftlich praktizieren, ruft aber von sich aus gewiß keine solchen Gemeinschaftsbildungen und Aktivitäten hervor, sondern bindet sie nur großkirchlich an. Seine geschlossene Form läßt alle Grade der Frömmigkeit zu, läßt aber den Spontaneitäten wenig Raum und kann ein passives kirchliches Teilnahmeverhalten befördern. Und so deutlich die Feier ihr Thema bewahrt, kann nicht gerade der rituelle Vollzug es dann doch wieder allzuleicht aus einer Berufung zum Heil zu einem Heilsmittel werden lassen, das nicht mehr das Leben der Glaubenden formt, das die Gläubigen vielmehr für ihre Ziele gebrauchen wollen? Und ist dieses Feierritual nicht hervorragend dazu befähigt, das zeitliche Leben des ewigen zu vergewissern und das natürliche Leben in der Übernatur zu verankern und mit deren Kraft zu vervollkommnen – aber wenig dazu, auch der Unruhe, die aus dem Evangelium kommt, zum Vehikel zu dienen? Wird da nicht fast immer nur die eigene Unvollkommenheit und besonders die eigene

58 Erik H. Erikson, Die Ontogenese der Ritualisierung, in: Psyche Heft 22/1968, S. 485. Auf diese Stelle des mit Recht vielzitierten Aufsatzes bezieht sich u. a. auch G. M. Martin, Fest und Alltag, Stgt 1973, S. 68. Das Herz des Vfs. schlägt etwas einseitig für eine messianische Kirche als progressive Subkultur. Die Großkirchen und die eher bürgerliche Religion, die sie zweifellos mit hervorgerufen haben und für die sie mit aufkommen müssen, bleiben allenfalls als sehr tolerante Behälter für radikal verschiedene Gottesdienste und Gemeindefeiern in jenem kritischen Schatten zurück, aus dem der anregende, messianisch-gruppengemeinschaftliche Vortrupp aufbricht. Man sieht sich dann etwas alleingelassen mit der Frage, wie von dem subkulturellen Kirchenfrühling einer messianisch befreiten Zone und von den dort praktizierten Verhaltens- und Feiernormen ohne großkirchliche Multiplikatoren in einem nennenswerten Umfang die erhofften Auswirkungen auf den gesellschaftlichen Alltag ausgehen könnten.

59 Es handelt sich dann zum Teil noch um andere Gruppen von „Ritualisten" als jene, die von der katholischen Synoden- und der lutherischen Gottesdienstumfrage zur Diskussion gestellt wurden (Vgl. oben im Ersten Kapitel passim). Man wird ziemlich sicher damit rechnen müssen, daß empfundene und eingestandene kognitive Dissonanzen teilweise auf eine bewegtere innere Haltung hinweisen als man sie sonst unter Ritualismus versteht. Rituelle Partizipation bejaht eine emotionale Beziehung, die eigenen Rechtes ist und nicht unbedingt nach kognitiver Reorganisation, nach Abbau der empfundenen Lehr-Diskrepanzen verlangt.

unzulängliche Kirchlichkeit Unruhe machen? Das alles sind Fragen, die grundsätzliche Gefahrenpunkte monieren. Man wird sie nur nachdenklich, bescheiden und selbstkritisch stellen können. Denn wenn man die Praxis der messefeiernden Kirche betrachtet, dann hat sie zweifellos Mittel und Wege gefunden, die manche dieser Gefahren entschärfen und ihnen kräftig entgegenwirken. Und wenn man die Praxis der predigthörenden Kirche bedenkt, dann liegt die Frage nicht fern, ob es in ihrem kirchlichen Leben trotz ihrem anderen Gottesdienstmodell um die geschilderten kritischen Stellen so entscheidend weniger kritisch bestellt ist. Das entkräftet die kritischen Rückfragen nicht. Es erinnert aber einmal mehr daran, daß die Probleme, unter denen heute der kirchliche Gottesdienst fast überall leidet, nicht nur ihn selber betreffen, sondern viel tiefer gehen. Der Versuch, mit ihnen besser zurechtzukommen, wird zwar die Gottesdienste nicht auslassen dürfen, aber auch nicht nur bei ihnen einsetzen und sich auf keinen Fall auf sie beschränken können.

Die Versuche zu einer Gottesdienstreform, die in den letzten Jahren viel Eifer und Leidenschaft, guten Willen und Geschicklichkeit mobilisiert haben und denen man trotz ihres unvermeidlichen Erlahmens eine langfristige Nachwirkung wünschen und zutrauen kann, haben ganz unterschiedliche Zielvorstellungen und Gestaltungskonzepte entwickelt. Sie sind gewiß nicht bloß von dem Bestreben geleitet gewesen, das Gottesdienstangebot für das vielgestaltige Spektrum der Kirchenmitglieder zu verbreitern. Es standen auch nicht nur die alarmierenden Statistiken und die leeren Bänke dahinter. Man stellte die Folgenlosigkeit vieler Gottesdienste fest; den breiten Graben, der sie von der politischen und gesellschaftlichen Wirklichkeit trennt. Man sah ihre konfessionelle Verengung und, zumal unter Jugendlichen, ihre parochiale Austrocknung. Man konstatierte Rituale einer reinen Lehre, die höchstens noch erbaulich verinnerlicht wurde, eine fest ausgeformte geistliche Versorgungsstruktur, die manche Bereitschaft zum Mittun und einige schöpferische Fantasie, die bereitlag, nicht abholte. Und man hatte vor allem die große Gemeinschaftsschwäche dieser Gottesdienste zu beklagen – wahrscheinlich ohne sich selber zu fragen, wieviel mehr an Gemeinschaft sie wirklich darstellen könnten oder ob dieses verspürte Defizit nicht am Ende der Deckname für ein tieferes Defizit war – für die Tatsache, daß die dort vertretene Sache viele nicht mehr hinreichend ergriff? Man konnte sehr viel Kritik an der abständigen Sprache der Rituale, Gebete und Lieder festmachen – auch dies zweifellos ein Indiz eines tieferen Mangels. Was immer man aber an alten Ritualen vereinfachen wollte oder an neuen Ritualen entwarf; wie immer man dabei die Aufsätze der Ältesten durch die Aufsätze der Jüngsten komplizierte; wie überzeugend oder wie artifiziell die Elaborate gerieten: im Grund sollte es immer um mehr Gemeinschaft, um mehr Ausstrahlung in die Gesellschaft und um mehr Beteiligung in, aber auch vor und nach den veranstalteten Gottesdiensten gehen. Der Widerstand gegen die Hypertrophie eines zu anspruchsvollen oder zu wirklichkeitsfernen und in jedem Fall eines zu ungeselligen Lehrens wuchs an[60]. Positiv gewendet: es ging weithin um die Wiederentdeckung dessen, was am Gottesdienst feiernswert wäre. Es ging um die Wiederherstellung eines gottesdienstlichen Feierns, das sich weder auf die rechte Sakramentsverwaltung beschränken noch von seinen eigenen Ritualen feierlich einzwängen lassen sollte.

Wo der Wunsch nach dem „gefeierten" Glauben sich als Alternative zum „gelehrten" Glauben versteht, ist die Gefahr nicht von der Hand zu weisen, daß dabei nicht nur die Lehre, sondern auch der Glaube den kürzeren zieht. Dennoch bleibt wohl die Parole von der Feier des Glaubens ein Stichwort, an dem sich viel von der Zukunft des kirchlichen Gottesdienstes entscheiden dürfte. Es wäre ein Gottesdienst, der auch das Gemüt wieder in sein Recht einsetzt; der über der Anstrengung des Begriffs nicht die Verwurzelung in der Seele vergißt; der nicht bloß Beziehungen fordert, sondern auch fördert. Es wäre ein Gottesdienst, der dazu helfen sollte, daß der Glaube Gemüt behält und das Gemüt nicht den Glauben verliert.

„Feiern" setzt nicht unbedingt eine festliche Stimmung voraus, aber es kann sie zuweilen erzeugen. Was es voraussetzt, das ist in der Regel ein Gegenstand, eine Erinnerung, ein Wunschziel, ein Sachverhalt, kurzum ein „Thema", das für Geist und Gemüt eine nennenswerte Bedeutung besitzt. Sie muß groß genug und auch öffentlich und gemeinschaftlich so akzeptiert sein, daß es erwünscht und sinnvoll erscheint, dieses „Thema" zu feiern und zu begehen. Was das „Feiern" weiter voraussetzt, ist eine Gemeinschaft, die über das „Thema" ähnlich denkt, zum wenigsten eine Gemeinsamkeit des Empfindens, und in der Regel auch eine zumindest schon ansatzweise vorliegende Feiergewohnheit in dieser, oder Feiermodelle in der sozialen Umgebung, die nachahmenswert scheinen. Es kann das Thema, der Gegenstand sein, der das Feiern immer wieder veranlaßt. Es kann auch die Gemeinschaft als solche sein, die das Feiern am Leben hält. Je stärker sich die Gemeinschaft selber empfindet, umso mehr kann das „Thema" dahinter verblassen und zum zufälligen Anlaß werden. Es ist dann im Grund sie selber, die sich da feiernd begeht; sie feiert dann ihren Wert, den sie für ihre Mitglieder besitzt, oder die Wertschätzung, die ihr öffentlich entgegengebracht wird und deren man sich jetzt feiernd wieder vergewissert.

60 „Der Protestantismus ist eine höchst intellektualisierte Religion. Der Talar des Geistlichen ist das Professorengewand des Mittelalters ... Professoren sind in erster Linie Autoritäten aufgrund ihrer Fähigkeit zu logischer und wissenschaftlicher Beweisführung ... Der Geistliche ist Prediger, nicht Priester, und Predigten wenden sich zunächst an den Intellekt. Aber die ... Massen brauchen Symbole ... heilige Wirklichkeiten, die von der subjektiven Eignung des Geistlichen unabhängig sind (Bibel, Dogma, Heiligenlegenden, Feier- und Alltagsriten, Symbole, die dem Dasein allgemein und von der Geburt bis zum Grab ... Sinn geben; die Kirche selbst, ihre Vertreter – was blieb davon erhalten?). Die protestantische Erziehung mit ihrer rationalen und moralistischen Grundhaltung war zwar fähig, Einzelpersönlichkeiten heranzubilden, versagte aber völlig bei der Erziehung der Massen" (H. Looff, aaO S. 169 f.).

Etwas feiern können meint also im sozialen Aspekt: gerne dort sein, wo dies gefeiert wird. Wo man selbst jemand sein kann, da gehört man auch gerne dazu, und wo man gerne dazugehört, da kann man auch selbst jemand sein. Und im emotionalen Aspekt meint Feiern eine Weise des Erlebens, in der das Sich-Erinnern und das Sich-Wünschen sich miteinander verschlingen. Es ist mit dem Träumen verwandt und für Fantasien und Tagträume offen, aber nicht selbstvergessen und in sich versunken, sondern seines sozialen Ortes bewußt: eingebettet in die Schön-Wetter-Luft der gelebten und demonstrierten Lebensbejahung. So streift die Wirklichkeit feiernd sich das Sonntagskleid ihrer besseren Möglichkeiten über; auf das Bruchstück des Einzelteils fällt etwas vom Glanz des ergänzenden Ganzen. Daß man dazugehört und jemand sein soll, darin deutet sich etwas an von einem Geltenkönnen und Geltendürfen, das im Sein der Person selber und nicht in ihrem Leistungs-, Nutz- und Verbrauchswert begründet ist. Es bleibt allerdings daran gebunden, daß man die Feier-Rolle gut mitspielen kann.

Wenn etwas feiern heißt: gerne dabei sein, wo etwas gefeiert wird, dann läßt dies mit Vorliebe an eine Gemeinschaft denken, in der man sich kennt, zu der man gerne gehört, weil man dort etwas gilt. So ist auch – kirchlich – die Suche nach neuen und besseren Feiergestalten meistens vom Leitbild einer Gruppengemeinschaft gesteuert. Auch dort bedarf das Feiern der Regeln, des Rollenspiels. Es muß aber gerade dort in der Atmosphäre einer großen Zwanglosigkeit bleiben; es muß etwas ausdrücken und sich vom bloß Alltäglichen abheben, ohne zur Feierlichkeit zu erstarren. Man ist sich so nah, daß man die schützenden Formen braucht, und es doch nur schwer ertragen kann, wenn sie sich selbständig machen[61].

Gruppen werden sich schwerlich Liturgien und Feier-Rituale schaffen wollen und schaffen können. Was sie aber finden könnten, das wären vielleicht Alltags- und Feier-Elemente eines Lebens- und Frömmigkeitsstils, die zu Bausteinen guter Feiergewohnheiten werden und sich dann viel-

61 Man vgl. dazu noch einmal Ch. Davis, Gottesdienst in einem säkularisierten Zeitalter, S. 45: „ ‚Ritus' bedeutet heute Wiederholung, Routine und Pflicht. Aber richtig verstanden ist religiöser Ritus das Durchbrechen der Gewohnheiten des Alltags mit seinen Pflichten durch eine Feier in bestimmter Form. Eine gestaltete Feier mit einer festgelegten Form, die allgemeiner Brauch ist, steht den Christen in der gegenwärtigen kulturellen Wüste . . . nicht zur Verfügung. Es gibt aber keinen Grund, warum sie nicht die wesentliche Bedeutung der christlichen Feier, nämlich freudiger Ausdruck der christlichen Ereignisse zu sein, wiederentdecken sollten. Dafür ist es wohl besser, jede feste Regelmäßigkeit zu vermeiden und die Feier zum echten, besonderen Ereignis zu machen, zu etwas, das sich aus einem bestimmten Geschehen ergibt oder wenigstens aus einem allgemeinen Gefühl, es gebe Anlaß für eine Feier. Solche Feiern können verhältnismäßig häufig stattfinden, wären aber in einem persönlichen Lebensrhythmus verankert und nicht von einem äußeren Zeitplan bestimmt. Es ist auch besser, eine Feier im voraus zu durchdenken und zu planen, wie eine gute Party, die vielleicht in der heutigen Zeit das beste Modell einer christlichen Feier bietet. Auf diese Weise finden Ideen Erprobung, die es vielleicht verdienen, unter Christen weithin Gebrauch zu finden".

leicht auch zu Bauelementen für größere Feiergestaltungen weiterentwickeln könnten. Denn die menschliche Nähe in der Gruppengemeinschaft kann auch zur Enge werden, und alles Feiern ist seinem Wesen nach gastfreundlich: so steckt in den kleineren Feiern ein potentielles Verlangen nach der größeren Feier. Das Wissen um die größere Freiheit, die das größere Ritual gewährt, macht die großkirchlichen Rituale so stark.

Rituale bringen selbst kein neues Feiern zustande, vielmehr wird neues Feiern seine Rituale selber hervorbringen müssen. Sie können das Feiern aber umso besser fördern, je mehr sie es zu einer unprätentiösen und guten Gewohnheit werden lassen und ein unangestrengtes Dabeisein ermöglichen.

Der Glaube kann nicht mitgeteilt werden, ohne daß er „gelehrt" wird: man muß die Geschichten, die um den Namen Jesu kreisen, weitererzählen und die göttliche Sendung, die sich in diesem Namen verkörpert, erläutern. Es bedarf der geordneten Gelegenheiten dazu. Der Gottesdienst ist eine davon, vielleicht die älteste. Der Glaube will auch gelebt werden. Wer sich durch ihn belehren läßt, wird mitbeteiligt an dem, was er jetzt und hier tun heißt. Der Glaube ist nicht ohne das christliche Tun, er ist aber mehr als das, was er die Christen tun heißt und was sie tun können. Er ist eine Weise zu sein, dazusein, getragen zu sein und tragen zu können. Dies nicht als Zustand, sondern als Werdestand und als „Wartestand". In jedem Fall als eine solche Weise, dazusein, die über die intellektuelle Begrenztheit der lehrhaften Vergegenwärtigung des Glaubens wie über die engagierende Unbegrenztheit und Uferlosigkeit aller tätigen christlichen Glaubensverwirklichung weit hinausragt. Seine Weise, „dazusein", ist die Frömmigkeit, wie sie als tragende Lebenskraft und gestaltender Lebensstil aus dem Glauben entspringt und ihn in seiner lehrenden, handelnden und seiner feiernden Daseinsweise umfängt. Feiernd erscheint da der Glaube vor und nach allem Lehren und Handeln in seiner elementaren Daseinsgestalt. Ja in seinem innersten Wesen ist der Glaube selber ein „Feiern": feiernd erholt er sich von den Belehrungen, die er braucht und häufig empfängt, und von den Herausforderungen zum Handeln, denen er sich verschreibt und doch nicht nachkommen kann. Feiernd dankt er für die Freiheit, daß er sich nicht durch sein Handeln oder sein Lehren rechtfertigen muß. Und gerade wenn sie sich nicht an dem orientiert, was sie für die Gesellschaft abwirft und leistet, leistet die Frömmigkeit sicher am meisten für sie.

„Frömmigkeit" bezeichnet den persönlichen und gemeinschaftlichen Lebensstil, in dem der Glaube sich ausdrücken will. Die Geschichte der Frömmigkeit ist immer auch eine Geschichte ihrer Gefahren, hauptsächlich ihrer Selbst-Gefährdung gewesen. Das gilt im doppelten Sinn dieses Wortes: sie kann sich selbst und sie kann auch das Selbst sehr gefährden. Denn frommer Lebensstil kann schnell in ein hohes Maß von Gesetzlichkeit umschlagen und zur Überbewertung frommer Details und zur sklavischen Bindung an diese führen. Aus der Frömmigkeit kann eine sehr ungemütliche Sache werden. Sie kann lieblos, fanatisch, exklusiv und problemverschlossen sein. Sie kann zur Zwingburg für Andersempfindende und zur Trutzburg der Selbstgewißheit hinter der Fassade der Glaubensgewißheit entarten. Die Frömmigkeit und die Macht bleiben in Kirche und Welt nur selten lange im Segen beisammen. Wenn die Macht orthodox wird, verknöchert die Frömmigkeit an den Sanktionen, mit denen sie sich durchsetzen will.

So müssen Glaube und Frömmigkeit sich wechselseitig davor bewahren, daß sie nicht apokalyptischer Anspannung, enthusiastischem Überschwang, gnostischer Spekulation oder rationalistischer Unterkühlung erliegen und unmenschlich werden. Der Gottesdienst kann dabei große Bedeutung gewinnen. Er hat auf den Spuren der biblischen Bilderwelt eine metaphorische Sprachwelt erschaffen. Er hat sie in Gebeten gepflegt, in Liedern einfältig und begnadet weiterentwickelt. Diese Sprachwelt erlaubt es, daß man sich dem Glauben auch ohne den Umweg über komplizierte Problemklärungen und die Überanstrengung des Begriffs nähern und in ihm verweilen kann. Sie prägt sich den Glaubenden ein: Gebete, Lieder, das aufgenommene und gesungene Bibelwort. Lex orandi – lex credendi: so können Symbole des Gottesdienstes zum Lebensgeleit werden. Sie bleiben „symbolisch" – Vorstellungen, in die jeder sich selber einbringen kann, in denen er sich selbst unterbringen muß, um auf seine Weise in ihnen zu leben. So verhindern sie es, daß die religiöse Sprache zum bloßen Verständigungsmittel der Religionsausübung herabsinkt. Zur ritualistischen Praxis verkümmert der Gottesdienst, wenn er den Teilnehmern keine Symbole, sondern bloß noch fertige Antriebskonserven mitgeben will.

Frömmigkeit, die ihren Lebensstil auslebt, läßt sich als eine symbolische Lebensauffassung oder als „innerliche Symbolhaltung" beschreiben[62]. Die symbolische Kommunikation des Gottesdienstes haftet mit der Handlungs- und Bildersprache ihres Rituals und ihrer Symbolik in den Gemütern und begleitet sie mit ihren Weiterverweisungen durch den Alltag. Die Stärke dieser religiösen Sprache ist ihre transrationale Geräumigkeit. Sie sorgt dafür, daß sich jeder in ihr seinen eigenen Platz suchen muß, ihn aber auch finden kann. Gerade weil sie der Frömmigkeit ihre äußere, aber auch ihre innere Gestalt geben, sind Symbole und Rituale entscheidende Vektoren der Tradition. Wo nur die Lehre die Tradition definiert, wird sie starr. Sie bleibt lebendig, wo sie zur Heimat wird, in der man weiterzuleben vermag. Der Gottesdienst hilft so dazu mit, daß der Glaube zu einem Lebensstil wird und daß die Frömmigkeit eine Beheimatung findet. Denn Vertrauen lebt gern im Vertrauten, und Heimat gibt es nicht ohne Heimatgefühl. In der Dauerreflexion und unter Dauerbelehrung kann der Glaube nicht einheimisch werden. Weil er der christlichen Frömmigkeit zu einem

62 Vgl. W. Nigg, Des Pilgers Wiederkehr, Hamburg 1966, S. 72 f. zu Bunyan und seiner berühmten „Pilgerreise", in der „eine symbolische Lebensauffassung von ungewöhnlicher Stärke lebendig geworden ist" und mit ihrer „Doppelausstrahlung . . . gelehrte und ungelehrte Leser in gleicher Weise umfaßt".

Lebensstil und zu einer Beheimatung hilft, behält der christliche Gottesdienst als symbolische Kommunikation für diese – in welcher Form auch immer – eine große Bedeutung.

7.5 Gottesdienst in der Gegenwart Gottes.

Christlicher Gottesdienst als eine Weise symbolischer Kommunikation wird verbal und gestisch im Medium religiöser Ausdrücklichkeit, religiöser Sprache vollzogen. „Die Sprache des christlichen Glaubens ist – wie jede religiöse Sprache – durchweg metaphorisch . . . (Sie) . . . teilt die Eigenart religiöser Rede, Wirkliches so auszusagen, daß ein Mehr an Sein zur Sprache kommt“[63]. Damit wird zunächst ein anthropologischer Sachverhalt festgestellt. Er gilt für jede gottesdienstliche Praxis, gleichviel ob im großkirchlichen oder im gruppengemeinschaftlichen Rahmen. Man muß die Eigenart der symbolischen Kommunikation, der religiösen Ausdrücklichkeit, der metaphorischen Rede verstehen, um zu begreifen, was der Gottesdienst leisten und was man füglich von ihm erwarten kann. Das Medium der religiösen Ausdrücklichkeit, in dem sich der Gottesdienst darstellt, besitzt „metakommunikative“ Qualitäten[64]: der Gottesdienst zielt darauf ab – und diese Qualitäten ermöglichen es ihm –, Transzendenz in Lebensnormen wirksam werden zu lassen[65].

Symbolische Kommunikation bringt Symbolisches ins Spiel. Symbole werden zwar für bestimmte Zwecke gebraucht, aber meist nicht für diese geschaffen; sie werden aus einem allgemeinen kulturellen Vorrat entnommen und bekommen dann in dem Kommunikationsgeschehen, in dem sie gebraucht werden, ihre konkrete Bedeutung. Darum erfüllen sie auch in der Regel nicht nur die eng umgrenzte Funktion, die ihnen dort momentan zugedacht ist: sie wirken weiter, tiefer und länger. Man kann sie auch „als ‚öffentliche‘ oder (da nicht ad hoc produziert) als ‚menschheitsge-

63 E. Jüngel, Metaphorische Wahrheit. Erwägungen zur theologischen Relevanz der Metapher als Beitrag zur Hermeneutik einer narrativen Theologie. In P. Ricoeur/ E. Jüngel, Metapher, München 1974, S. 121.

64 „. . . ich könnte mir vorstellen, daß wir für die Aufklärung unserer selbst über die Bedingungen, die unser Leben menschenwürdig machen, vielleicht auf Theologen nicht verzichten können . . . Sie haben noch eine Sprache, die appellative und metakommunikative Qualitäten hat, die wir uns als Sozialwissenschaftler gar nicht mehr leisten können. Vielleicht kann diese Sprache das in Bewegung setzen, was man in Bewegung setzen müßte, um das Übergreifen von selbstobjektivierenden Interpretationssystemen zu verhindern. Die andere Dimension, in der Theologen vielleicht nicht ersetzt werden können – darüber kann ich nicht viel sagen – ist der Bereich individueller Tröstung. Und der dritte Bereich ist vielleicht eine Form quasi politischer Praxis“ J. Habermas in Religionsgespräche . . . S. 29.

65 „Eine Transzendenz ohne normative Beziehung zur Welt gleicht einer Transzendenz, die ihre wirkende Kraft verloren hat“ H. Jonas, Zwischen Nichts und Ewigkeit. Zur Lehre vom Menschen, Göttingen 1963 S. 17 – zit. bei F. Schupp, aaO S. 60.

schichtliche Phantasien' bezeichnen"[66]. Sie bedeuten jedenfalls mehr als private Wunschphantasien. Sie spielen den einzelnen jene Sinnwelt zu, der sie angehören; eine Sinngebung, die von vielen andern geteilt wird oder geteilt wurde. Sie stellen ihnen damit einen Legitimationsrahmen zur Verfügung, der – gleichviel ob religiös oder nichtreligiös orientiert – ihnen auch helfen soll und vielleicht kann, Grenzerfahrungen und -erlebnisse zu bestehen[67]. Darin liegt zugleich auch der Grund, weshalb der Mißbrauch symbolischer Kommunikation so gefährliche Folgen haben kann: ihre „metakommunikativen" Qualitäten machen gerade die religiöse Sprache zu einem äußerst versuchlichen Manipulationsinstrument[68].

Das Medium der symbolischen Kommunikation sagt also als solches noch nichts darüber aus, mit welcher religiösen Wirklichkeit, mit welcher Sinnwelt, mit welcher Art von Gotteserfahrung der Gottesdienst in concreto zu tun gibt; so wenig wie der Gebrauch religiöser und metaphorischer Sprache als solcher. Ob hier die christliche Gotteserfahrung zum Ausdruck gebracht wird, liegt nicht an den – auch dafür unumgänglichen – Aus-

66 H. G. Heimbrock, aaO S. 89, unter Hinweis auf J. Scharfenbergs Unterscheidung zwischen öffentlichen und privatisierten Symbolen.

67 „. . . daß die symbolische Sinnwelt Ordnung in die Einstellung zu der jeweiligen Erfahrung bringt, . . . auch dort noch . . ., wo gesellschaftliche Institutionen dies nicht mehr zu leisten vermögen . . . ob . . . mit oder ohne Rückgriff auf mythologische, religiöse oder metaphysische Interpretation der Wirklichkeit . . ." Es zeigt sich, „daß sich bei solchen Symbolwelten die Frage ihrer Geltung an ihrer Funktion, ihrer Effizienz in Hinsicht auf die Integration der Erfahrung erweist" . . . (und daß sie) „auch noch einen Sinnrahmen für Grenzerfahrungen . . . abgeben müssen . . . unabhängig . . . von ‚religiösen' oder ‚nichtreligiösen' Qualifikationen, weil diese . . . Unterscheidung sich der entscheidenden Funktion der Symbolwelten gegenüber als sekundär erweist. Diese Feststellung kann jedenfalls vor kurzschlüssigen Folgerungen warnen, die etwa das ‚Ende der Metaphysik' mit dem ‚Ende des Symbols' gleichsetzen oder die ‚Profanität' mit ‚Symbolzerfall' identifizieren". F. Schupp, aaO der damit wichtige Gedanken aus P. Berger/ Th. Luckmann, Die gesellschaftliche Konstruktion der Wirklichkeit, Frankfurt 1969 aufnimmt.

68 H. D. Bastian, Kommunikation S. 112 f. zitiert aus F. Hebbels Tagebüchern: „Ich halte es für ruchlos, den Willen des Menschen anzuspannen, . . . wenn man seine Erkenntnißkräfte nicht zugleich im entsprechenden Maaß zu steigern . . . die dumpfen Gefühle, die man in ihm erregt, nicht in allgemeine Ideen aufzulösen und diese . . . nicht durch bessere Nägel als die der Autorität . . . in seinem Kopf zu befestigen weiß; es heißt eine Dampf-Maschine aus ihm machen und sie ohne Conducteur auf die allgemeine Fahrstraße schicken". „Nichts ist gefährlicher, als ein geheizter Mensch, der sein Feuer nicht aus den Adern zieht, sondern aus der Trunkenheit . . . die aus dem Enthusiasmus entspringt". Und gerade die Diener des Wortes müßten sich „. . . ein wenig besinnen, ob sie in den Herzen einen Grad von Wärme erwecken dürften, der den des Lichts in den Köpfen überstiege". Vgl. auch F. Steffensky, Glossolalie, Zeichen, Symbol, in: JLH 1972, S. 90 f. Er erörtert Reformmöglichkeiten, die die Symbolfähigkeit der Gemeinde fördern könnten, und warnt dabei vor einer Vermischung der Sprachfunktionen: „. . . an die Information angehängte Bibelzitate verderben sie zur Suggestion. Da das Gebet die eindeutigste Stelle zur Selbstformulierung des Menschen ist, haben Informationen in ihm kaum einen Platz . . ."

drucksmitteln. „Das Verhältnis von Glaube und Religion entscheidet sich am Gebrauch der Metapher, nicht aber am metaphorischen Gebrauch von Wörtern“[69]. Das entscheidende im christlichen Gottesdienst ist nicht seine anthropologische Ausdrücklichkeit, sondern seine theologische Orientierung: die spezifische Gottesbeziehung und Gotteserfahrung, die er zum Ausdruck bringen und wieder ermöglichen will. Es geht nicht um Reaktivierung des religiösen Bewußtseins, um eine Wiedereinholung des zweckverplanten Lebens in seinen unabgeschlossenen Horizont, um seine Integration in einen weiterverweisenden und legitimierenden Sinnrahmen religiöser Provenienz[70]. Derlei wird mit impliziert sein. Es geht aber um eine eindeutig orientierte Symbolik. Der christliche Gottesdienst ist so zwingend orientiert, wie die Räume, die man für ihn gebaut hat. Der Horizont, in den er das Leben der Teilnehmer hereinholt, ist nicht abgeschlossen, aber lesbar be-„schriftet“. Bei der symbolischen Kommunikation, die hier stattfindet, wird nicht nur gefeiert, sondern immer auch etwas Bestimmtes „gelehrt“, sei's unmittelbar durch Elemente des Lehrens, sei's durch die liturgischen Sedimente, in denen so viel davon steckt. Die „Lehre“ ist in die Feierformen der Frömmigkeit eingegangen, in denen sich hier der Glaube „feiernd“ erlebt.

Die besondere „Sache“ des christlichen Glaubens gibt dem Gottesdienst nicht nur die orientierende Mitte, sondern auch seine Offenheit. Der (geschichtliche und religiöse) Rang dieser „Sache“ läßt es nicht zu, sie nur als Privatsache oder Winkelsache zu feiern; sie ist eine Sache für alle Welt. Im verbalen Konzentrat ist diese „Sache“ der Name Jesu, auf den der Gottesdienst sich beruft, den man dort anruft, zu dem da die Menschen gerufen werden. Die historische Gestalt, die seinen Namen trägt, ist in

69 E. Jüngel, l. c. – dieser Satz steht zwischen den beiden oben bei Anm. 63 zitierten Sätzen.

70 „Anthropologische Konstanz ist ... noch kein theologisches Argument“ F. Schupp, aaO S. 243. „Der Aufforderung, sich aufs neue der Welt der Symbole, des Spiels und der Feier zuzuwenden, kann meiner Meinung nach nur zugestimmt werden, wenn es sich ... um einen *gedeuteten* Umgang handelt (Sperrung von J. Sch.), der sich auf einer neuen Bewußtseinsstufe vollziehen muß“ J. Scharfenberg, Symbole des Glücks ... aaO S. 20. Ein naiver Umgang ist deshalb verboten, weil die tief unbewußte, mächtige Herrschaft symbolischer Vorstellungen viele Christen in einer unhaltbar gewordenen Vorstellungswelt festhalten und ein neues Realitätsbewußtsein heute „den symbolischen Gehalt plus das Bewußtsein des symbolischen Charakters des Symbols selber umfassen“ muß, damit der Glaube nicht wieder in „infantile oder juvenile Denk- und Empfindungsstrukturen“ regrediert (ebda). „Der Theologe wird deshalb einen bewußten, deutenden, verantwortbaren Umgang mit den Symbolen der Überlieferung anstreben. Er wird sich dazu – wie es die Theologie immer getan hat – derjenigen Materialien und Mittel bedienen, die die menschliche Selbstinterpretation auf allen Kulturgebieten zur Verfügung stellt“ (ebda S. 22). Für J. Sch. heißt dies: Deutung in einem kritischen Dialog mit den Mitteln und Materialien auch der Psychoanalyse; sie käme sachlich auf einen Kampf gegen das Überwiegen der Elemente des Tragischen hinaus. Man würde gerne sehen, wie sich in solchem Streit das Evangelium erfahrungsdeutend und -verändernd zur Geltung bringt.

ihrer Erscheinung und mit ihrem Ende zu einem vielgesichtigen und zugleich fast bildlosen „Inbild“ geworden, dessen orientierende Kraft und berufende Macht im Gottesdienst immer wieder von neuem erfahren werden kann. Und im symbolischen Konzentrat ist das Bild seines Endes zu dem Zeichen geworden, das im Gottesdienst alles beherrscht: zum Leitzeichen, hinter dem sich der Horizont öffnet wie der Chor hinter der Vierung der Kathedralen, und von dem her das Licht ins Langhaus fällt, in dem die Glaubenden kommen und gehen. Wo das Symbol des Kreuzes im Gottesdienst steht, da verweist es nicht nur darauf, wem hier geglaubt wird; da entscheidet sich auch an ihm, was hier geglaubt wird: es wird zum Sachkriterium jeder hier statthaften metaphorischen Rede[71].

Das Kreuz erzählt eine Geschichte. Wenn es eines Belegs für die Eigenart des christlichen Gottesdienstes und dahinter des christlichen Glaubens überhaupt bedürfte, dann wäre sie in dem Zeichen zu sehen, das zu seinem Hauptsymbol wurde. Dieses Zeichen soll ja nicht nur an den Namen eines Religionsstifters und an dessen betrübliches Ende erinnern. Es ist zum aufschließenden Symbol dieses Glaubens geworden, zum maßgeblichen Ausdruck und Inbegriff jener Lebensorientierung, die dieser Glaube mit sich gebracht hat. Dieses Symbol ist nicht dem kulturellen Vorrat mensch-

71 „Jede theologische Metapher muß sich mit dem Kreuz Jesu Christi vertragen können. Dieses Kreuz wird aber von den Christen als Wende der Welt (Gogarten) geglaubt. Als Wende der Welt betrifft es die ganze Welt. Von daher versteht es sich, daß die auf Gott zu übertragenden fremden Wörter von überall her geholt werden können, wenn sie sich nur durch den Glauben an den Gekreuzigten einholen lassen“ (E. Jüngel, Metapher S. 117). „Es zeigt sich jetzt, in welchem Sinne die biblische Hermeneutik zugleich ein Sonderfall der ... allgemeinen Hermeneutik und ein einzigartiges Phänomen ist. Sie ist ein Sonderfall, weil das neue Sein, von dem die Bibel spricht, nur in der Welt dieses Textes zu suchen ist, der ein Text unter anderen ist. Sie ist ein einzigartiger Fall, weil alle Einzelreden auf einen Namen bezogen sind, der Schnittpunkt und Maß der Unvollkommenheit aller unserer Rede von Gott ist, und weil dieser Name mit dem Sinn-Ereignis, das als Auferstehung gepredigt wird, unlöslich verbunden ist“ (P. Ricoeur, Philosophische und theologische Hermeneutik, in: Metapher usw. S. 42 f.) Der Sinnrahmen, in den im christlichen Gottesdienst gerade und nur mit Hilfe dieser Texte einzuweisen ist, ist die „Sache“ dieser Texte, d. h. „die Welt, die der Text vor sich entfaltet“. ‚Und diese Welt richtet – insbesondere als dichterische und fiktive „Literatur“, „eine Distanz gegenüber der alltäglichen Wirklichkeit auf, auf welche die Umgangssprache zielt“. Sie eröffnet eine andere Wirklichkeit, die des Möglichen – d. h. „vom Sinn der Gottesherrschaft her, die nicht von uns kommt, ergeht ein Aufruf an unsere wesenhaften Möglichkeiten“. ‚So wird konkret vom biblischen Text seine Seinswelt, seine Sache entfaltet, wird „über Gefühle, Bestimmtheiten, Glauben oder Unglauben ... der Weltentwurf gestellt, der in der Sprache der Bibel neue Welt, neuer Bund, Gottesherrschaft, Wiedergeburt heißt“. So kommt es von dieser „poetischen“ Dimension des Textes her, vor der „Objektivität“ des vom Text entworfenen neuen Seins zu einem neuen Sichverstehen des Menschen, in dem sich schließlich sein eigenes Selbstsein verändert – und zwar betrifft dies dann den Menschen in allen Dimensionen seines Daseins – den kosmologischen wie den weltgeschichtlichen, den anthropologischen wie den ethischen und den personalen Dimensionen (P. Ricoeur, aaO S. 40–43).

heitsgeschichtlicher Phantasien entnommen worden. Da ist nicht ein allgemeines Lebensgesetz, ein hintergründiger Lebenssachverhalt am Beispiel einer besonderen Lebensgeschichte verdeutlicht und veranschaulicht worden. Da ist diese besondere, konkrete Geschichte zur ausschlaggebenden, maßgebenden Deutefigur für alle vorder- und hintergründigen Sinnverworrenheiten im menschlichen Dasein gemacht und bestimmt und so dem kulturellen Vorrat „menschheitsgeschichtlicher Phantasien" übereignet worden. Da wird nicht Weltweisheit aufgedeckt: da stoßen Weisheit und Kreuz zusammen. Da wird die Gotteserfahrung auf die „Torheit des Kreuzes" festgelegt und unter diesem Zeichen zur rettenden, siegreichen Weisheit für viele gemacht. Da wird die jüdische Herausforderung eines Zeichens der rettenden Gegenwart Gottes in der Geschichte angenommen und zugleich die Erwartung, die sich damit verbindet, ad absurdum geführt. Da wird den Theorien des griechischen Weisheitsverlangens die historische Praxis des leidenden Gottes entgegengestellt als die neue und wahre Möglichkeit, weise zu werden.

Das Kreuz erzählt eine Geschichte. Seine Geschichte: eine fremde Leidensgeschichte von einem, der Äußerstes zu erleiden hatte. Sie wird zur Zumutung und zur Fremdbestimmung für den Glauben, der sich an ihr orientieren soll. Sie wird noch befremdlicher durch die Bedeutung, die man ihr zuschreibt, die sie für viele, für alle besitzen soll. Es kommt aber von den Erfahrungen mit dieser Geschichte, daß man sie erzählt und immer weitererzählt. Die Haupterfahrung mit dieser Geschichte ist, daß sie nicht einfach fremd und befremdlich bleiben muß: eine Geschichte, die an die Brutalität des Leidenmüssens erinnert und die man am besten verdrängt, weil es dafür so viele bedrängende Beispiele und keine Lösungen gibt. Diese Geschichte wird vielmehr auch anders erfahren: nicht nur so, daß sie uns eine fremde Bestimmung und Orientierung unseres Lebens aufzwingt, die wir erleiden, sondern auch so, daß sie aufdeckt, woran wir leiden, und uns, indem sie uns wahr macht, auch frei macht für neue Lebensmöglichkeiten, die sie in sich trägt. Sie wird auch so erfahren, daß da, in der großen Verlassenheit dieses Leidenden, gegen sie und sogar durch sie auch Glaube, Hoffnung und Liebe als das gültig gemacht und vollbracht worden sind, worauf man sich immer verlassen soll und auch kann. Sie wird auch erfahren als die Geschichte der Selbstentäußerung Gottes in seine äußerste Verborgenheit hinein, die gerade dort die Tür zu einer Geborgenheit öffnet, in der wir alles weit überwinden können um dessetwillen, der die Liebe zu uns gebracht hat. Sie kann sich erweisen als eine solche „Fremdbestimmung", die uns gerade zu unsrem eigensten Leben ermächtigt und frei macht. Als die Gegengeschichte Gottes in dieser Welt gegen den selbstverständlichen Sog und die Automatik ihrer Selbstbehauptungsgesetze, die zuletzt doch nur zu nichts führen können.

So ist das Kreuz zum Symbol geworden. Zu einem Zeichen, das in einen weiterführenden Sinn verweist. Es ist die Erhöhung dieses Gekreuzigten, die in der Symbolisierung des Kreuzes Jesu ausdrücklich wird. Es ist zum

Symbol geworden, das will sagen, daß es nicht bloß Erinnerungszeichen bleibt, das über eine fremde Leidensgeschichte informiert. Daß es Symbol geworden ist, heißt, daß diese Leidensgeschichte weiterverweist auf die Gegengeschichte der Liebe, die sich auf Gott verläßt und sich so noch im letzten, in der völligen Selbsthingabe vollendet. Dieser Doppelsinn, diese Liebesgeschichte in der Leidensgeschichte, macht aus dem Kreuz jenes Symbol, an dem sich das Leben aus dem Glauben orientieren und festmachen, in das es sich einholen lassen, dem es sich nachgestalten, durch das es weise gemacht werden kann.

Wenn das Kreuz zum Symbol, zum christlichen Hauptsymbol geworden ist, dann hat man nicht „nur ein Symbol" aus ihm gemacht. Die Redensart „nur ein Symbol", die sich fast unwiderstehlich mit dem Symbolbegriff einstellt, ist vielleicht nirgends so unangebracht und so falsch wie im Blick auf das Kreuz. Als Abschwächung ihrer Realität wäre der Ausdruck „Symbol" der grausamen Wirklichkeit dieser Leidensgeschichte völlig unangemessen. Und als Zurücknahme in ein bloßes Bild oder eine Idee wäre der Ausdruck „nur ein Symbol" gänzlich unangebracht für die heilsame Kraft, Bedeutung und Realität jener Glaubens- und Liebesgeschichte, die sich in dieser Leidensgeschichte und quer zu ihr ereignet hat. Gerade weil dieses In- und Gegeneinander einer Leidens- und Liebesgeschichte in Sachen Gottes, in Vertretung Gottes die Wirklichkeit und die Doppelsinnigkeit dieser konkreten Geschichte ist, die das Kreuz Jesu erzählt, gerade deshalb ist das Kreuz zum dichtesten und umfassendsten Symbol des christlichen Glaubens in der Menschheit geworden. Daß sie so zum Symbol werden konnte, ja mußte, zur unumkehrbaren Orientierung und zum unverlierbaren Zeichen des christlichen Glaubens, belegt gerade die Dichte und Unumstößlichkeit ihrer Realität. Symbolum crucis – spirans resurrectionem: dies ist hier die allein angemessene Aussage zur Sache.

Der unauflösliche Zusammenhang des Kreuzessymbols mit der Kreuzesgeschichte macht dieses Symbol allerdings zu einem eigenartigen Fremdling im Raum der Menschheitssymbole, im Bereich ihrer mythischen und metaphorischen Sprache. Es ist und bleibt historischer Import unter den vielen andern Symbolen, die allesamt als kulturell ausgeprägte Produkte der schöpferischen Phantasie aus dem Nährboden kulturspezifischen Welterlebens entsprungen sind und von diesem Boden her ihre Sinngebung und in ihm auch ihre Reichweite empfingen. Das Kreuzessymbol hat sich seinen kulturellen Nährboden jedoch selber geschaffen – im Kulturraum der lateinisch sprechenden abendländischen Christenheit und in dem verwandten und zugleich verschiedenen Kulturraum der griechisch sprechenden Ostkirchentümer. Das Kreuzessymbol ist in diesen beiden Kulturräumen zu einem sehr dominierenden, ungewöhnlich ausstrahlenden Faktor der Kulturgestaltung geworden.

Es nimmt auch unverkennbar am Schicksal aller Symbole teil. Einmal widerfährt ihm wie ihnen das Los des Konkretionsverlustes: je länger Symbole im Gebrauch sind, desto mehr können sie dann zwar die Einschränkungen ihrer kulturellen Begrenztheit übersteigen und austauschbar, fast zu quasibegrifflichen Größen werden. Aber sie werden damit auch zwangsläufig immer abstrakter und büßen dann weithin ihre Gemütswerte, ihre Mehrschichtigkeit und ihre Ausstrahlungskraft ein[72]. Zum andern sind alle Symbole vom allmählichen Absterben bedroht: wenn ihre Zeit um ist und sie nicht mehr unmittelbar sinnträchtig erscheinen, dann greifen sie nicht mehr und sterben ab. In etwa kann dies auch das Symbol des Kreuzes betreffen, soweit dies seine Verflochtenheit mit Kultur und Sitte und sein Bewußtwerden oder Bewußtbleiben betrifft. Das Kreuz-Symbol hat sich unermeßlich weit ausgebreitet und wird oft in einem ganz abstrakten oder fast nur noch technischen Sinne gebraucht[73]. Und es wandert mancherort unverkennbar immer mehr aus den kulturellen Gewohnheiten oder

72 F. Steffensky, aaO S. 85: „Im Katholizismus ist der Umgang mit dem Symbol relativ geglückt" ... Doch „bedroht den katholischen Symbolgebrauch die römische Idee der Universalität der Geltung des Symbols. Symbole aber haben, sofern sie lebendig sind, einen festen sozialen Ort und damit eine Beschränkung ihrer Geltung. Je universaler ein Symbol verständlich ist, desto weniger hat es eine spezifische Situation, desto weniger emotionale Intensität hat es. Ein Symbol in Südamerika mit einem eigenen politischen, sozialen und kulturellen Geltungsbereich kann nicht übertragen werden z. B. in eine Situation in Deutschland. Trotzdem hat sich im Katholizismus gegen die Normierung von oben ... eine gestische Fähigkeit erhalten, ein affektives Klima, das die Rigidität des nur Bewußten überwindet".

73 S. Langer, aaO S. 279 f. „Von manchen Symbolen – nicht nur von Worten, sondern von anderen Formen – kann man sagen, sie seien mit Bedeutungen ‚geladen'. Sie haben Symbol- und Anzeichenfunktionen in großer Zahl, die zu einem Komplex integriert sind, so daß leicht alle zugleich sympathetisch mit der einen, gerade aktuellen Funktion heraufbeschworen werden. Das Kreuz ist ein solches ‚bedeutungsgeladenes' Symbol: das tatsächliche Instrument von Christi Tod und daher ein Symbol des Leidens; ihm als wirkliche Bürde auferlegt und wirkliches Erzeugnis menschlicher Arbeit und auf Grund von beidem ein Symbol der von ihm auf sich genommenen moralischen Bürde; ferner ein altertümliches Symbol mit kosmischer Konnotation für die vier Punkte des Tierkreises; ein ‚natürliches' Symbol für Wegkreuzungen (es dient auf unsern Fahrstraßen als Warnungszeichen vor einer Straßenkreuzung) und daher für Entscheidung, Krise, Wahl; auch ein Zeichen für Durchkreuztwerden, d. h. für Frustration, Widerwärtigkeit, Schicksal; und schließlich ist das Kreuz für das künstlerische Auge eine menschliche Gestalt. Alle diese und noch viele andere Bedeutungen schlummern in dieser einfachen, vertrauten, sinnerfüllten Form. Kein Wunder, daß es eine magische Form ist! Sie ist geladen mit Bedeutungen, die alle menschlich und emotional und in vager Weise kosmisch sind, integriert in der Konnotation des ganzen religiösen Dramas von Sünde, Leiden und Erlösung. Doch verdankt das Kreuz zweifellos viel von seinem Reichtum dem Umstand, daß es die physischen Attribute eines guten Symbols besitzt: es läßt sich leicht herstellen – auf Papier zeichnen, aus Holz oder Stein errichten, aus kostbarem Stoff als Amulett formen, als rituelle Geste läßt es sich erkennbar mit dem Finger beschreiben. Seine Eignung als Symbol ist so offensichtlich, daß wir trotz seiner heiligen Konnotationen keine Scheu haben, es rein weltlich, diskursiv zu benutzen; als plus-Zeichen, oder, schräg gestellt, als mal-Zeichen, auch zur Markierung auf Wahlzetteln und zu vielen anderen Arten des Anmerkens. Es gibt in unserem Denken viele bedeutungsgeladene Symbole, obgleich wenige mit so vielverbreiteten Rollen wie das Kreuz".

Selbstverständlichkeiten aus. Wenn es nur noch eine Chiffre für einen dogmatischen Sachverhalt ist und nicht mehr zugleich das „Kreuz der Wirklichkeit" aufzuschließen vermag, dann wird die Wirklichkeit des Kreuzes schwerlich ein „Kreuz in Wirksamkeit" bleiben[74].

Man muß dem aber zweierlei hinzufügen. Einmal: das Universalwerden des Kreuzessymbols ist nur nebenbei, aber nicht in seinem Kern ein Vorgang, der alle Symbolik betrifft: daß die Symbole im Lauf der Zeit sozusagen in die Breite gehen und dann fast notwendig ausdünnen müssen. Es ist vielmehr eine klare Folge der Menschheitsbedeutung, die der Kreuzesgeschichte zukommt. Das Kreuz kann, wie die Geschichte zeigt, in manche Kulturräume eingehen und dort eine Schlüsselbedeutung bekommen. Es will aber grundsätzlich in sämtliche Kulturräume einwandern, wo dies irgend möglich ist. Denn es trägt schon in seinem Ursprung die menschheitsweite Bestimmung in sich. Darin liegt jetzt, so scheint es, auch eine neue Chance für sein symbolisches Leben. Denn in der enger zusammengerückten Menschheit scheinen die Lebens- und Überlebens-Chancen heute mehr und mehr in einer global verklammerten und global verantworteten Lebensweise zu bestehen. Dazu aber müßten jetzt erstmals in einem ganz umfassenden Sinn dieses Wortes menschheitsgeschichtliche Phantasien erweckt und global verhaltensorientierende Symbole für die species homo sapiens entdeckt und gefunden werden, die den fortschreitenden Zerfall in nationale und religiöse Gruppen, in Kultur- und Sprachräume, in Wirtschafts- und Machtblöcke und damit in feindselige „Pseudospecies" aufhalten, wenn nicht überwinden könnten[75]. Vielleicht käme so an den Tag, wie weit das Christentum mit seinem Hauptsymbol nicht nur der Moderne, sondern vor allem sich selber vorausliegt und daß die Christenheit ihm im Grund nur nachkommen kann, wenn sie universal und ökumenischer wird.

Zum andern: das Absterben des Kreuzessymbols kann für einen Kulturraum schicksalhaft werden. Es kann ein Zeichen sein für das Versickern christlicher Sitte und Gestalthaftigkeit überhaupt, zu dem es gerade in den alten Ländern der Christenheit überall kommen kann und gelegentlich auch schon gekommen ist. Die Christenheit selber kann aber das Kreuzessymbol

74 Vgl. ZRP 1976, Themaheft 4: Didaktische Aspekte des Symbols, und dort bes. P. Schwarzenau, Symbole in der Theologie, S. 196 ff., vor allem S. 201 f. mit Hinweis auf Rosenstock-Huessy's berühmtes Stichwort vom „Kreuz der Wirklichkeit".

75 E. H. Erikson, aaO S. 500: „Möglicherweise werden in Zukunft neue Formen des Numinosen und Richterlichen, des Dramatischen und Ästhetischen aus einem neuen Geist entstehen, der eine Identifikation der ganzen menschlichen Spezies mit sich selber und ein universales Verantwortungsgefühl für jedes geplante und zur Welt gebrachte Kind umschließt. Jetzt leben wir in einer Übergangszeit der Verfremdung, denn es ist doch so, daß die hier besprochenen Ritualisierungen ihre zwingenden Aspekte zu einem großen Teil einer Periode der menschlichen Evolution verdanken, als noch die Pseudo-Spezies dominierte. Wird vielleicht eine umfassende menschliche Identität aufräumen mit der Notwendigkeit, die Identitäten und Vorurteile der vielen Pseudospezies zu stärken, so wie auch eine neue, universellere Ethik die alten Moralismen überwindet?"

samt der ganzen zu ihm gehörenden Begleitsymbolik schwerlich verlieren. Nicht nur, weil es „immer noch einer universalen Meditation fähig ist“ und „mit der Heraufkunft dieses unseres Hauptsymbols immer noch unausgetragene Bedeutung und damit ein werdender universaler Sinn, der uns „welthaft“ einbezieht, auf uns „zukommt“[76]. In der Christenheit könnte das Kreuzessymbol im Grund nur mit ihr selber absterben — wenn in ihr zugleich die Geschichte des Kreuzes, die es erzählt und zum Symbol gemacht hat, völlig verstummte. Wenn das Symbol des Kreuzes seine selbsttätige Sprachkraft verliert, bleibt es als liturgische Abbreviatur in der Kirche. Es erzählt dann dort noch seine Geschichte, weil sie dort zur Sache gehört. Aber es kann dort ein Symbol im Wartestand bleiben: es übersteigt dann die Begriffe nicht mehr, die man sich von ihm gemacht hat. Dann wird man lernen müssen, seine Geschichte neu zu erzählen. Und oft genug wird sich dann zeigen, daß man die Geschichte von dem, was das Kreuz gewesen ist, als Gegen-Geschichte erzählen muß gegen die Geschichte von dem, was aus dem Kreuz geworden ist: ein Kreuz ohne den Gekreuzigten. Ein Kreuz, das „sein“ Gedächtnis verloren hat. Ein Kreuz, das nichts mehr von dem Gott sagt, „der auf das Niedrige siehet“. Das nichts mehr zu wissen scheint davon, daß hier der Gott, der sich selbst zu den Erniedrigten erniedrigt hat und an und mit den Leidenden leidet, „erhöht“ worden ist. Das um so lauter daran erinnert, was für eine Macht aus dem Christentum geworden ist: das Zeichen einer in der Kultur mitgestaltenden, in der Politik mitregierenden, Geister und Gemüter beherrschenden Macht zum Guten und zum Bösen. Ein Kreuz für Kreuzzüge, Inquisitionen und Hexenverbrennungen; ein Kreuz zur kirchlichen Dekoration und zum frommen weltlichen Schein; ein Zierrat auf der Krone von Fürsten und Kirchenfürsten, eine leere oder beschwörende Geste; ein kostbarer oder verspielter Kleiderschmuck, ein Amulett. Kurzum ein Symbol, dessen symbolische „Macht“ genau davon lebt, daß sie sich nicht mehr artikuliert, daß man es nicht mehr erzählen läßt, was es sagen will, und es nicht mehr interpretiert. Ein Symbol, das fein oder grob in der Idolisierung begriffen ist.

Aber die Geschichte, die zu ihm gehört, bleibt ihm auf den Fersen, und wo es sie am ungeniertesten verschweigt, da kann sie sich plötzlich kritisch und intensiv in Erinnerung bringen. Die eine Geschichte, die es bezeichnet, ist mit vielen Geschichten verflochten und bringt sie je und je mit. Alle Geschichten der Bibel: ihre Gottesgeschichten und ihre Menschengeschichten, die Israel- und die Jüngergeschichten, die Glaubens- und die Sündergeschichten. Alle diese Geschichten, Erzählungen, Reden, Weisheitssprüche, Gebete, Dichtungen, Weissagungen geben mit dem Geheimnis Gottes zu schaffen. Sie entspringen aus einer Gottesbeziehung und geben sie zu erkennen und verhindern zugleich, daß diese zu einem fertigen Gottesbild, zu einem abgeschlossenen Gottesbegriff gerinnt. Sie bilden den „God-

76 Vgl. P. Schwarzenau, aaO S. 22.

-Talk“ der Bibel, sie spiegeln Weisen und Richtungen wider, in denen Gott sich erfahren ließ und läßt, und in denen er dennoch entzogen bleibt[77].

Wo das Kreuz, in diesen Kontext, in den ganzen biblischen God-Talk verflochten, seine Geschichte zu erzählen beginnt, da läßt diese Gott am Ort seiner größten Verfinsterung anwesend sein. Da scheint hinter dem verschlossensten Dunkel eine nicht mehr auszulöschende Helligkeit hervor. Denn da bekommt das Subjekt Gott, das Wort, das so viele Bedeutungen auf sich zieht und in sich vereint, und das mit dem Mäander dieser Bedeutungen so etwas wie einen geheimnisvollen, unser Leben umschließenden, es aber nicht abschließenden, nicht in seiner Endlichkeit einschließenden Horizont bildet, ein klares Prädikat: das der sich opfernden Liebe, die stärker ist als der Tod[78]. Da wird eine unumkehrbare Richtung, eine Lebens-Richtung vom Horizont her erhellt: die des Verzichts auf den himmlischen Glanz, der Bruderschaft mit den Leidenden und Verlassenen, mit der abhängigen und bedürftigen, sündigen und sterblichen Kreatur; die der Feindschaft gegen alles, was erkannt oder unerkannt das Vertrauen und die Liebe zerstört und untergräbt. Da wird Gegenwart Gottes erfahren als Zuwendung zum beschädigten Leben in tragender Mitmenschlichkeit; als Berufung zu einem Menschsein, das dieser Zuwendung entspricht, auf sie antwortet und so in seine eigene Wahrheit gelangt.

Wo das Kreuz seine Geschichte erzählt, da müssen alle statischen, seinshaften Gottesvorstellungen den Horizont freigeben. Da wird Gottes Gegenwart in dem Dunkel hell, in dem der Mensch Jesus leidet und handelt. Es ist das epochale Geschick des theologischen Denkens heute, daß es sich

77 Ich schließe mich hier an P. Ricoeur, aaO Philos. und theol. Hermeneutik S. 42 an: für die biblische Redeweise ist die Stellung, welche die Gottesbeziehung einnimmt, spezifisch. Sie ist „in den vielfältigen Bedeutungen impliziert ..., die mit den literarischen Formen der Erzählung, der Prophetie, des Hymnus, der Weisheit usw. zusammengehören. ‚God-Talk‘ – mit McQuarrie zu sprechen – entsteht aus dem Gegensatz und der Übereinstimmung dieser Einzelreden. Der Gott, auf den man sich bezieht, ist zugleich der Einheit stiftende Punkt der verschiedenen Reden und das Maß ihrer Unvollkommenheit. In diesem Sinne hat das Wort Gott nicht die Funktion eines philosophischen Begriffs ...“ Es besagt mehr. „Es setzt den durch das ganze Kraftfeld der Berichte, der Prophetien, der Gesetzestexte, der Hymnen usw. gebildeten umfassenden Kontext voraus. Das Wort Gott zu verstehen heißt, dem Richtungspfeil seines Sinnes zu folgen. Unter dem Richtungspfeil seines Sinnes verstehe ich seine zweifache Fähigkeit, alle aus den Einzelreden hervorgegangenen Bedeutungen zu vereinen und einen Horizont zu eröffnen, der sich dem Abschluß der Rede entzieht“.

78 P. Ricoeur, aaO. Das „Wort Christus ... fügt der doppelten Funktion des Wortes Gott (sc. alle jene Einzelbedeutungen zu vereinen und damit einen unabschließbaren Horizont zu eröffnen) das Vermögen hinzu, alle religiösen Bedeutungen in einem Grundsymbol zu inkarnieren: im Symbol der sich opfernden Liebe, der Liebe, die stärker ist als der Tod. Die Predigt des Kreuzes und der Auferstehung vermag dem Wort Gott eine *Dichte* zu geben, die das Wort Sein nicht in sich schließt. Ihre Bedeutung enthält den Begriff seiner Beziehung zu uns als Beziehung der Gnade und unsrer Beziehung zu ihm als ‚unbedingt Angegangene‘ und vollkommen ‚Dankbare‘ “.

auf dem Boden und im Horizont heutigen Fragens nicht mehr als Gehäuse überzeitlicher Wahrheiten darstellen und in einem solchen abschließen kann; daß es die Wahrheit selbst jetzt als Geschichte erfährt und begreift. Auch und gerade das Interesse an Jesus zielt nicht auf Wesensdefinitionen und Qualifikationen substanzhafter Art, sondern auf seine Person in ihrer Geschichtlichkeit – und zu dieser gehört auch sein Verständnis des Daseins, der es bestimmenden Kräfte. Der Welthorizont, in dem sie sich bewegt und das Leben begreift und neu orientiert, und der von der Gottesbeziehung bestimmt ist, von der Erwartung seiner Gegenwart und seines Kommens, gehört mit zu dieser „Person" und ihrer Geschichte. Das Interesse an Jesus gilt der Geschichte, die sich da ereignet hat; es sucht darin das Geheimnis der Gegenwart Gottes wahrzunehmen. Jesus „als ganz geschichtlicher Mensch, aber nicht ohne das Licht und den Trost Gottes, der von ihm her über aller menschlichen Geschichte leuchtet"[79] – so wird hier das Geheimnis Gottes als Praxis und Passion erzählend erschlossen und erfahrbar gemacht. So, in dieser vorgegebenen, geschehenen, weitererzählten Geschichte; in diesem Handeln und Leiden[80], in der „Praxis Jesu"[81], in „Interaktionsmustern"[82]: als tätige und leidende Zuwendung, die sich Gott und den Nöten der Menschen ausliefert.

Wo das Kreuz so seine Gottesgeschichte erzählt, da wird es zur unerbitt-

79 B. Welte, Jesus Christus und die Theologie, in: G. Picht, Was ist Theologie S. 338.

80 F. Schupp, aaO S. 242 erinnert an die Gegenüberstellung von Griechentum und Christentum bei Schelling: „Die Ideen einer auf Anschauung des Unendlichen im Endlichen gerichteten Religion müssen vorzugsweise im Sein ausgedrückt sein, die Ideen der entgegengesetzten, in der alle Symbolik nur dem Subjekt zugehört, können allein durch Handeln objektiv werden. Das ursprüngliche Symbol aller Anschauung in ihr ist die Geschichte". F. Schupp zieht dann für sich selber das Fazit: „Die einzige wahre und ursprüngliche Objektivität des Christentums ist daher seine geschichtliche Handlung, d. h. Praxis. Nur in ihr kann der Glaube seine ‚symbolische Prägnanz' erhalten" (213).

81 Ders. „Der wahre ‚Gottesdienst' besteht in der Übernahme der Praxis Jesu" (S. 239). Eine Formulierung, die der Nüancierung und Abgrenzung gegen die Mißverständnisse, die sie hervorruft, bedürfte. Der wahre Gottesdienst könnte darin bestehen, daß die Praxis Jesu unser Leben zu tragen und zu öffnen und so darin praktisch zu werden beginnt.

82 Y. Spiegel, Szene und Symbol – Verkündigung und Forschung 1/1975 S. 19 ff. resümiert seine Sammelbesprechung auf S. 68 f. so: „Bürgerlich-individualistische Tradition läßt uns immer noch religiöse Symbole, biblische Gestalten, Reformatoren und Revolutionäre als Personen vorstellen. Es ist die innere Gesinnung, Verantwortlichkeit und Gewissen, die die protetantische Persönlichkeit ausmachen, konstituieren. Demgegenüber übernehme ich als grundlegende und umfassende Anregung . . ., Symbole und Gestalten nicht als Personen, sondern als Interaktionsmuster zu verstehen, die auf eine bestimmte Interaktionsform als dem (!) ‚Wesen' des Menschen verweisen. Diese Einsicht ist der Theologie seit längerem bekannt, aber nicht systematisch reflektiert, daß Gott nur an seinem Handeln zu erkennen sei. Die Neubewertung der Gleichnisse Jesu, der Passionsgeschichte und der ‚narrativen Theologie' weist in die gleiche Richtung: Will man den lebenspraktischen Bezug von Theologie erkennen, muß man den Handlungsmustern nachgehen, die in ihr beschrieben werden".

lichen Gegensymbolik gegen jede Religion oder Religiosität, die nur das Leben verklären, das Dasein überhöhen, den Weltzustand mit Idolen befestigen und die Rätsel des Bösen mit Illusionen beschwichtigen will. Da wird aber nicht auf die menschliche Abhängigkeit von dunklen Schicksalsmächten und Zufällen abgehoben; da wird viel mehr an das Verhängnis nicht selber aufzuhebender Schuld, an die menschliche Vergebungsbedürftigkeit und daran erinnert, daß dem menschlichen Leben seine ganze Wahrheit eröffnet und zugestellt wird, wo die Liebe seine Berufung zum wahren Leben wird. Und für beides, für die Konfrontation mit der Wahrheit des eigenen Lebens und für die Berufung zum wahren Leben gilt wohl in gleicher Weise der Satz: „Wahr zu sein ist mehr als zu sein“[83].

Und wo das Kreuz seine Gottesgeschichte erzählt, da muß diese auch immer wieder die Gottes- und Weltbilder durchlüften, um- oder abbauen, die sich fast unausweichlich in der Christenheit selber ergeben und dann oft mehr der Wahrung des frommen Scheins als der Erscheinung der wahren Frömmigkeit dienen. Das Symbol des gekreuzigten Gottes macht kritisch gegen den Wunsch nach dem Übervater und nach Geborgenheit in einem Stück oder Stückchen der heilen Welt; es macht kritisch gegen Herrschaftsgelüste, die den Sieger über Sünde und Tod zum innerweltlichen siegreichen Herrscher verwandeln wollen. Es macht auch wachsam gegen selbstgenügsame Gottesdienste, gegen gedankenlose Konfliktscheu, fromme Problemangst und eine Frömmigkeit, die nur um sich selbst kreist; gegen den Wunsch nach erbaulicher Ruhe und gegen die Hektik, die das „Consummatum est“ des Kreuzes vergißt. Es läßt den Gekreuzigten, der brüderlich mit seinen Brüdern leidet, die konkrete Auslegung des Pantokrators bleiben, der in und über der Kirche thront. Es hält daran fest, daß die Liebe, die leiden kann, nicht allmächtig ist, und daß dennoch die Allmacht Gottes in ihr an ihrem Werk ist.

Die Gottesdienste der oekumenischen Christenheit erzählen und begehen das Geheimnis der Gegenwart Gottes auf recht unterschiedliche Weise. Die verschiedenen Denk- und Erlebensweisen, die äußeren Einflüsse und die inneren Möglichkeiten haben mit der Gestalt der christlichen Frömmigkeit auch deren Selbstdarstellung im Gottesdienst von Anfang an mit bestimmt, und im Gegenzug haben die Gottesdienste dann auch ihrerseits die Frömmigkeit immer stärker geprägt. In der ostkirchlichen Liturgie stimmt der auferstandene Christus den Jubel der erneuerten Schöpfung als deren Erstling mit seinen Gläubigen an. Sie wissen sich in der Gegenwart des sie erneuernden Geistes versammelt. Von dorther kommend können sie dann ihr Leben in der alten Schöpfungswelt im Geist ihrer überwindenden Hoffnung gelassen ertragen; in jedem heiligen Menschen, in jeder ungewöhnlichen Begebenheit können sie ein leuchtstarkes Anbruchszeichen, eine Vorwegnahme der großen Erneuerung, der diese Welt entgegensieht, und des Geistes, der schon in ihr wirkt, begrüßen. In jeder Feier der Messe

83 E. Jüngel, Metapher S. 121.

erinnert die Kirche an die Wiederinbesitznahme der gefallenen Schöpfung durch die Menschwerdung und die Selbsthingabe des Gottessohnes. Die Kirche wird dabei unter den Gläubigen und vor der Welt als die Gemeinschaft dargestellt und gefeiert, die selbst mit zum Gottesgeheimnis gehört und die jetzt die Welt mit dem Herrenrecht der sich opfernden Gottesliebe zu ihrem besten verwaltet. Im evangelischen Gottesdienst soll das Kreuz seine Geschichte vom Gottesgeheimnis im Glaubensweg der mit und an den Menschen, durch sie und für sie leidenden Liebe Jesu erzählen. Die Glaubenden, die sich auf diesen Glaubensweg begeben und ihm anvertrauen, können die Freiheit zu einem brüderlich aufmerksamen Leben gewinnen, das seine Kräfte nicht mehr zur Selbstbehauptung, Selbstrechtfertigung oder Selbstvervollkommnung verbraucht, sondern die eigenen Grenzen und die der andern erträgt, sich dem zuwendet, was diese brauchen, um in einfallsreicher und hoffender Liebe der alle tragenden Wahrheit der Liebe Gottes und seinen guten Möglichkeiten zu dienen.

Der Seitenblick auf die Gottesdienste der oekumenischen Christenheit hat, wie verkürzt und standortbestimmt auch immer, immerhin eines gezeigt: wie verschieden in diesen Gottesdiensten die Gottesgeschichte des christlichen Glaubens sich darstellen und ihre Konturen herausstellen kann. Das läßt alsbald weiterfragen, wo denn eigentlich jeweils im Gottesdienst diese Glaubensgeschichte erzählt und herausgestellt wird. Offenbar ist dabei nicht an einen einzelnen Vorgang, an einen Erzählakt zu denken. Vor allem nicht nur an die Predigt als das frei interpretierende Wort im liturgischen Rahmen. Alle Gottesdienste erzählen ja jene Glaubensgeschichte, gleichviel, ob eine Predigt zu ihnen gehört, sie darin dominiert oder ob sie entfällt und was immer sie für das Ganze bedeutet. Ganz offenkundig ist es der Gottesdienst als Gesamtritual, der die Gottesgeschichte des Kreuzes erzählt. Er variiert als ganzer fortwährend sein Thema: er bekennt den Namen des Gekreuzigten, ruft ihn an und aus, geht mit ihm um, berichtet, erzählt seine Geschichte. Er sucht ihn predigend allen Mitfeiernden nahe- und interpretierend ins drängende Heute zu bringen. Er lobt ihn und gibt ihn als Segenswort und im Segenswort weiter. Der Name des Gekreuzigten ist der kleinste gemeinsame „Text" jeder Predigt genau so wie aller liturgischen Stücke. Der „God-Talk" der Bibel ist der Gesamttext, der Horizont, in den dieser Name gehört und auf den er verweist und der selber auch auf ihn verweist. Der Gott, auf den man sich im christlichen Gottesdienst immer bezieht, „ist zugleich der Einheit stiftende Punkt" aller einzelnen Stücke und Texte *und* „das Maß ihrer Unvollkommenheit"[84]: kein Stück oder Text kommt ihm ganz nach, und in keinem geht er ganz auf.

Der christliche Gottesdienst ist der liturgische God-Talk des christlichen Glaubens. Seine Grundgestalten entsprechen den Gestalten der Frömmigkeit, die er in der Geschichte ausgeprägt hat. Das Ereignis des Kreuzes Jesu und die Geschichte von dem sich in aufopfernder Liebe hingebenden Gott

84 P. Ricoeur, cf. Anm. 77.

hat dem biblischen God-Talk seine besondere, neue, verändernde Dichte gegeben; die Auferweckung Jesu hat diese Geschichte zum entscheidenden „Sinn-Ereignis" im biblischen God-Talk gemacht[85]. Darum hat auch der liturgische God-Talk der Christenheit in jener Feier seine größte kommunikative Dichte und seine volle symbolische Prägnanz bekommen, die das Gedächtnis der sich opfernden Gottesliebe begeht. Darum gehört zu ihm aber auch die „Lehre", das darin mitgestiftete Glaubenszeugnis, das diese Liebe als Sinn-Ereignis, als göttliche Sinnstiftung weiterträgt. Durch sie kann aus dem christlichen Gottesdienst die Anstiftung zu einem sinnerfüllten Leben in Brüderlichkeit und tragender Mitmenschlichkeit werden.

So wird der christliche Gottesdienst, wo und wie immer, als „narrative Liturgie" begangen. Nicht umsonst sind die verba testamenti als worthafte Verdichtung der hier zu erzählenden Gottesgeschichte und sind die Mahlfeiern als deren gestisches Konzentrat zu seinem liturgischen Zentrum geworden.

„Narrative Liturgie" ist kein Widerspruch in sich selbst. Erzählen ist kein freischwebendes Fabulieren, sondern ein Reden, das sich an seinen Erzählfaden bindet. Das Erzählen ist ein Ritual, wahrscheinlich dessen liebenswürdigste Form. Vielleicht wissen dies die Kinder am besten. Sie wollen, daß sich das Erzählte stets so begibt, wie es sich immer begab. Es muß nicht wörtlich sein, aber verläßlich. Wenn es verläßlich und wenn es die Hauptsache bleibt, dann macht auch die (fabulierende) Ausgestaltung Vergnügen.

Im Gottesdienstritual, in seiner weiterverweisenden Symbolik, drückt sich das Geheimnis der Gegenwart Gottes aus: der offene Horizont der sich opfernd hingebenden Liebe. Der feiernde God-Talk der Liturgie spannt diesen Horizont über den Feiernden und ihrem ganzen Leben von gestern, von heute und morgen aus. Er tut dies mit den überkommenen Glaubenssymbolen. Der lehrende God-Talk des Gottesdienstes muß darüber wachen, daß aus den überkommenen Glaubenssymbolen des Gottesdienstes nicht die Idole einer scheinhaften Geborgenheit werden. Er muß sich darum bemühen, daß das Leben der Feiernden in seine Wahrheit vor Gott und vor die offenen Möglichkeiten Gottes heute und morgen gelangt. Im Gottesdienst kann, wie im Glauben, aus dem Raumgewinn Gottes im Leben ein Seinsgewinn für die Glaubenden werden[86].

7.5.1 Hören – Beten – Handeln: der symbolische transitus

Die Christenheit hat kein Kultgesetz aufrichten wollen. Sie hat den Glaubensgehorsam, die Praxis gelebten Glaubens als ihren „Gottesdienst im

85 S. Anm. 71.

86 Ich greife hier noch einmal auf die sehr dichten Schlußthesen aus E. Jüngel, Metapher, aaO S. 121 u. 122 zurück; insbesondere auf die Thesen 18 und 22. In These 24 wird dann die Bitte um den Heiligen Geist, und doch wohl das Gebet überhaupt, als ein metaphorisches Ansprechen Gottes bezeichnet.

Alltag der Welt" betrachtet und alle Christen in gleicher Weise dazu berufen[87]. Die Indifferenz gegenüber den kultischen Formen und deren religiöser Hochschätzung, die man bei Jesus beobachten kann und die Paulus am grundsätzlichsten begriffen hat, ist auffällig. Sie war polemisch gemeint und galt der Freiheit des neuen Glaubens. Kultgesetze zeichnen Heilswege aus, die die Frömmigkeit dann genau und sicher beachten kann. Kultgesetzlich gesicherte Heilswege grenzen Glaubensgemeinschaften ab, die sich auf diese festlegen lassen. Von beidem setzte der christliche Glaube sich ab, solange und wo immer er sich als Berufung zur alle und alles umfassenden Freiheit der Söhne Gottes verstand. Die religiösen und rassischen, sprachlichen und kulturellen, politischen und sozialen Grenzen verloren nicht ihre Realität, aber ihren Rang vor dem Programm des neuen Gottesvolks in der angebrochenen neuen Gotteszeit.

Dennoch gab es von Anfang an in der Christenheit gottesdienstliche Zusammenkünfte. Man hielt sie ab, wo und wie immer sie sich ergaben. Es gab keine allgemeinverbindlichen Ordnungen für sie, sondern viel Mannigfaltigkeit und anscheinend durchgehend die Freiheit, sich an Naheliegendes anzuschließen, gleichviel ob dies der religiös ganz verschiedenkarätigen Atmosphäre der Synagoge, der Mysterienkulte, der populären Philosophenschulen oder der kommunalen Praxis entstammte. Und es gab dann bald Regelungen, die der Vernunft des Glaubens gegenüber dem Überschwang des Glaubens Rechnung tragen sollten. Daß sich alle an diesen „Gottesdiensten" beteiligten, brauchte man nicht zu gebieten: es war weithin ebenso selbstverständlich wie das große Ausmaß der aktiven Mitbeteiligung vieler. Die Sorge war eher, wen man ausschließen müßte. Wo man sich nicht zu fürchten hatte, blieb alles unverschlossen. Wer sich von den Gottesdiensten entfernte und es nicht unter Druck und aus Angst tat, gab entweder den christlichen Glauben ganz auf oder suchte nach Konventikeln, die ihm noch christlicher schienen. Wo die Gemeinde klein war, konnten sich alle versammeln; wo sie größer war, fehlten die Räume dazu: man blieb dann in einigen Häusern. Größere wie auch kleinere Zusammenkünfte hat es ganz natürlicherweise sicher früh schon gegeben. Ob es mehrere „Schemata" für die Zusammenkunft gab, für Gebet, Mahl, Lehre und Taufe, wieviele es waren und wie sie gestaltet waren, läßt sich nicht sicher ermitteln. Die verschiedenen Glaubensauffassungen taten ein übriges, um das frühchristliche gottesdienstliche Bild bunter und auch riskanter zu machen.

87 Vgl. E. Käsemann, Gottesdienst im Alltag der Welt. Exegetische Versuche und Besinnungen II, Göttingen 1964, S. 198–204: Der wahre Gottesdienst der Christen erfolgt in ihrem leiblichen Gehorsam; er gibt den kultischen Temenos grundsätzlich preis, bringt heilige Zeiten und Orte um ihren Sinn, läßt die Lehre vom Gottesdienst mit der christlichen Ethik zusammenfallen und die im kultischen Sinn privilegierten Personen ihr Daseinsrecht verlieren. „Das allgemeine Priestertum aller Gläubigen, im ganzen Umfang ihres Handelns gefordert und sich bekundend, erscheint nun als der eschatologische Gottesdienst, der jedem anderen Kult ein Ende setzt" (S. 201).

Zunehmende Vereinheitlichung war sicher ein ganz normaler Entwicklungsprozeß, der einsetzte, lange bevor die Notwendigkeit öffentlicher Selbstdarstellung und die Aufgaben einer religio licita den Kirchen zufielen. Der Glaube war zu tradieren, die christliche Lebensart zu normieren, die Herausforderung der kulturellen Bildung zu akzeptieren. Amt und Lehre waren gefordert, den theologisch vertretbaren christlichen Synkretismus nicht zu einer allgemeinen Religionsvermengung entarten zu lassen. Der Gottesdienst wurde damit zugleich der gegebene Multiplikator für die werdenden Theologien.

Die kultische Freiheit der Aufbruchszeit ist nicht eine Freiheit vom Gottesdienst, sondern eine Freiheit im Gottesdienst, eine Freiheit von seiner gesetzlichen Praxis gewesen. Sie ist schon in der ersten Generation nicht leicht zu erringen und durchzuhalten gewesen; sie fiel den Späteren sicher nicht leichter. Wenn sie auch mit Schwerpunkt und vorsätzlich dem alltäglich zu lebenden Gottesdienst gelten sollte, so wird man doch annehmen müssen, daß sie vor allem der jeweils konkreten Gemeinschaft *im* Gottesdienst zugute kam. Vermutlich ist die gottesdienstliche Gemeinschaft sowohl durch ihre Formen wie vor allem durch ihre Menschlichkeit einer der wichtigsten Faktoren bei der stürmischen Ausbreitung des Christentums und beim Durchhalten der harten Bedrängniszeiten gewesen.

Von solcher Freiheit blieb nach der konstantinischen Wende nur wenig übrig. Die eine Kirche für das eine Imperium mußte zwangsläufig auch zu dem einen Gottesdienst führen. Die Einheit erstreckte sich zunächst nicht auf den agendarischen Wortlaut: der kannte durchs ganze Mittelalter hindurch verschiedene Typen und zahlreiche regionale Varianten. Umsomehr drückte die Einheit sich aus in seiner sozusagen imperialen, repräsentativen Struktur und darin, daß die Beteiligung jetzt für alle zur kirchlichen, von Sanktionen bedrohten Sonntagspflicht wurde; dem Anspruch nach – in concreto mochte es sich oft sehr anders verhalten.

In der repräsentativen Struktur zeigte es sich, daß die Kirche die Würde der politischen Gewalt in der Öffentlichkeit religiös sanktionierte und sich mit ihr spannungsvoll in die Verwaltung der öffentlichen Belange teilte. In der Verpflichtung zum Gottesdienstbesuch kam zum Ausdruck, daß der kirchliche Gottesdienst durch lange Zeiten hindurch fast konkurrenzlos das Hauptinstrument der religiös-moralischen Volkserziehung und das anregende Zentrum der ganzen Kulturgestaltung geworden war. Beide Tatsachen, die Struktur und die allgemeine Verpflichtung, erwiesen, wie gut die symbolische Integration des ganzen Imperiums im kirchlichen Lehr- und Glaubenssystem gelungen war. Andersartige Gottesdienstvorstellungen blieben ganz marginal und traten nur dort in Erscheinung, wo man auch andere Kirchenvorstellungen hatte: an den Grenzen zu Schisma und Häresie.

In der Reformation hat sich zwar die Struktur und die Intention des Gottesdienstes spürbar verändert, doch hat sich sowohl seine öffentliche Funktion wie das äußere Bild und die kirchliche Sonntagspflicht lange

Zeit wenig gewandelt, sieht man von den Perioden des katastrophenbedingten, ruinösen Sittenverfalls ab, der dann alle betraf: der Gottesdienst repräsentierte in den Landeskirchen die Integration des christlichen Glaubens im Leben als ganzem, und die Unterrichtung der Gewissen, die in ihm erfolgte, stellte die wieder gekräftigte Autorität für das allgemeine Verhalten dar.

In dieser Hinsicht hat nun mittlerweile die Geschichte die Möglichkeiten wie die Funktionen des Gottesdienstes in der Christenheit zwar mit kräftigen Unterschieden im einzelnen, aber im ganzen doch überall, weltweit und unwiderruflich verschoben. Es hat wenig Sinn, vergangenes geschichtliches Epochengeschick zu kritisieren. Es hätte gar keinen Sinn, vergangene Situationen wiederherstellen zu wollen. Die autoritative Herrschaftsgestalt der kirchlichen Organisation, die auch die Anspruchsgestalt ihrer Gottesdienste mitgeprägt hat, existiert fast nur noch in gesellschaftlichen Reminiszenzen, aber kaum mehr in Fakten, die noch zu Buche schlagen. An die Stelle der religiösen Sinnintegration sind konkurrierende, eher private Sinnangebote getreten für solche Bereiche und solche Menschen, die offensichtlich noch ihrer bedürfen. Der Rückgang (nicht das Erlöschen!) der großkirchlichen Bastionen und Funktionen in der Öffentlichkeit fällt heute ebenso auf und ins Gewicht wie die fortschreitende Öffnung des oekumenischen Horizontes. Die Kirchen scheinen jetzt durch die allgemeinen Entwicklungen unaufhaltsam auf eine den Ursprüngen nähere Dienstgestalt zurückgebracht zu werden[88].

Die Christenheit kann ihre – an der Geschichte des Gekreuzigten orientierte, durch das Kreuz sozusagen „stigmatisierte" – Symbolik im Streit um die sinn- und hoffnungstiftenden Werte jetzt nur noch als Angebot vorbringen. Ihre eigenen, großen Glaubensüberlieferungen verleihen ihr dabei ein großes Gewicht; die Last ihrer religiösen Herrschaftsgeschichte steht ihr dabei ebenso wuchtig im Wege. Außer der geistigen hat sich auch die kommunikative Szenerie in der Gesellschaft ungemein stark gewandelt. Informationen aus Traditionen aller Art, auch christlicher oder kirchlicher Herkunft, finden jetzt vielerlei direkte und indirekte Vermittlungskanäle, auf denen sie oft in gekonnter, mehrdimensionaler, polyvalenter Manier vorgebracht werden. An die Stelle der schlichten Entgegennahme von autoritativen Mitteilungen ist jetzt häufig das Annehmen, Ablehnen oder Zerreden in Diskussionen getreten. Die Kehrseite ist allerdings, daß man jetzt pausenlos mit derlei versorgt wird, daß dies die geistige Konsumentenmentalität wieder steigert und daß die allgemeine Abhängigkeit von den namhaften und noch mehr von den anonymen Meinungsmachern unheimlich zunimmt. Der christliche Gottesdienst hat in der Öffentlichkeit

88 Es klingt zwar sehr geheimnislos, was das Wesen der Kirche angeht, trifft aber trotz aller verkehrten Beimischungen wie „Leistung" und „Betrieb", die ja auch ein kirchliches Unwesen beschreiben können, doch etwas richtiges, wenn man in der Sprache der verwalteten Welt die Kirchen heute durchweg als Dienstleistungsbetriebe betrachtet.

viele Rivalen bekommen. Er kann sich zwar auch in bescheidenem Umfang der formellen Hilfe durch neue Medien bedienen, die ihm große Veranstaltungen und auch in diesen noch manchen intimeren Kommunikationston erlauben. Er kann – medial – den Rivalen aber nichts Ebenbürtiges entgegensetzen; er kann ihnen nur sein Eigenstes an die Seite stellen.

Es gibt viele Formen und Wege der Vermittlung christlichen Glaubens und christlicher Lehre: vom Einzelgespräch und den signifikanten charitativen Hilfen über Schulen und Seminare, über die Theologie bis zu den Großveranstaltungen, zu den Massenmedien und zur Literatur. Der Gottesdienst steht vor der Frage nach seinem glaubensbehilflichen eigenen Beitrag. Sie spitzt sich zu auf die – angesichts der Kirchen- und Liturgiegeschichte fast kuriose, angesichts der neutestamentlichen Sachverhalte jedoch beinahe dubiose – Frage nach der christlichen Möglichkeit, Dienlichkeit, Eigenart oder gar Notwendigkeit kultischer Glaubensvermittlung und Glaubensfeier. Dem christlichen Gottesdienst wird jetzt die radikale Frage gestellt, wo er bleiben will, wenn man in einer säkularen Zeit Kult überhaupt als nicht mehr vertretbar oder nur noch als Überbleibsel empfindet. Und im protestantischen Raum hat ja ohnedies unter dem Eindruck mancher neutestamentlichen Fragen jede Bemühung um den Gottesdienst immer ein wenig als Suche nach einem Kult ausgesehen, der gar kein Kult sein sollte[89].

89 W. Adam, Gottesdienst in einem säkularisierten Zeitalter, läßt seinen Beitrag, aaO S. 136 f. in folgendem Epilog ausklingen: „. . . dann ist die entscheidende Frage heute die, ob eine realistische Hermeneutik im Kontext unserer Situation, die . . . mit der Chiffre ‚säkulares Zeitalter' gekennzeichnet wurde, eine Veranstaltung ‚Gottesdienst' zuläßt, ob also ‚Gottesdienst' in der traditionellen Form eine Möglichkeit für uns ist, ‚Christus' zu sagen . . . Schließlich müssen wir ja feststellen (zum mindesten dies!), daß genau der ‚Rahmen', in den ‚Gottesdienst' hineingehört und in dem er entstanden und bis heute geschichtlich bestimmend geblieben ist, nicht mehr existiert und auch nicht wiederhergestellt werden kann . . . Wir schulden der Welt Gottes Wort, – das kann heute nicht heißen: Proklamation oder Nachvollzug von ‚heilsgeschichtlichen Tatsachen' in Predigt und Liturgie, damit Aufforderung zum Glauben an die Worte (verba) und zum Nachvollzug ‚heiliger Handlungen'; sondern es muß heißen: Christus geschehen lassen im Alltag der Welt, weil er das Wort Gottes ist, ihm, dem Irdischen nachfolgen, leben, was er lebte, so daß alter alteri Christus fit – daß einer dem andern ein Christus werde. Schuldig sind wir der Welt die koinonia mit denen, die Christus nötig haben, weil sie sonst nicht Menschen sein können. Schuldig sind wir ihnen solidarisches Handeln. Dies ist der von uns geforderte ‚Gottesdienst' ". Die Frage läßt sich wohl nicht unterdrücken, wo man eigentlich dazu motiviert wird, einer dem andern ein Christus zu werden; wo man lernen kann, wie man das macht und wie man mit seinem (immerhin gerade dabei doch wohl möglichen!) Versagen dann fertig wird; wie man lernen und unterscheiden lernen kann, wo die Solidarität Christi anfängt und wo die bloße Spießgesellenschaft aufhört. Werden theologische Literatur und kirchliche Gutachten dazu genügen? Wird es der Religionsunterricht und die Jugendarbeit, werden es die Vorbilder leisten? Wenn es gilt, das Signal des irdischen Jesus so zu entschlüsseln, daß man ihm, dem Irdischen, nachfolgen kann, „weil er das Wort Gottes ist", wird mit solcher Begründung nicht das getan oder ersetzt, was der ‚Gottesdienst' tun will und umfassender,

Großkirchliche Gottesdienstpraxis folgt meist der Neigung zur kultischen Steigerung, gruppengemeinschaftliche der zur Verringerung. Aber wenn in einer Gruppengemeinschaft bei einer Zusammenkunft, einer Lagebesprechung oder dergleichen dann das Brot gebrochen und der Wein gereicht wird, nicht nur weil man jetzt essen und trinken will, sondern weil die Erinnerung an das Mahl Jesu dahintersteht – sei's das Letzte Mahl oder das Zöllner- und Sündermahl; oder wenn dort nach Informationen, die zum Handeln bewegen sollen, gebetet wird: ist dies dann schon Kult in nuce, oder ist es noch kein Kult? Womit fängt der Kult an? Man wird Kultphänomene von ihrer Bewertung unterscheiden müssen. Wer um eines Engagements willen, zu dem ihn der Glaube veranlaßt, auf Distanz geht, um dafür zu beten oder um sich an den Mut und die Geduld und die Solidarität Christi zu erinnern, der macht eine kultische Zäsur, tut etwas Expressives, gibt einem sacrum ausdrücklich Raum – ohne das eine als heilig und das andere als bloß profan zu bewerten.

Wie man über die Möglichkeit und die Eigenart des Gottesdienstes denkt, hängt vermutlich damit zusammen, wie man die Eigenart des Glaubens versteht und das Ziel und die Möglichkeiten des Christseins bestimmt. Wenn der Glaube im Erkennen zum Ziel kommt und vor allem aus christlichen Glaubensanschauungen besteht, wächst er bald über die gottesdienstliche Praxis hinaus. Philosophisches, spekulatives, mystisches und enthusiastisches Christentum lassen die kirchliche Praxis und ihren Gottesdienst gern und rasch hinter sich, sieht man von kasuellen Bedarfsfällen ab. Im Kultischen haben die Gnostiker den bloßen Pistikern immer schon gerne das Feld überlassen, und ein aufgeklärtes christliches Bildungsbürgertum macht in der Regel vom Gottesdienst sparsam Gebrauch. Das Christentum wird dann leicht zu einer Theorie gehobener Humanität, an der das Christliche immer unauffälliger wird, freilich meist ohne aus ihm ganz zu verschwinden[90].

motivierender tun kann als die argumentierende Lehre: Transzendenz in Lebensnormen verwandeln? Was fällt weg, wenn man ihn aus der Fülle solcher Vermittlungsweisen herausbricht? Kasuelle Rituale sind ebenso wenig „möglich" wie der traditionelle Gottesdienst. Sie sind Nachvollzug frommer Handlungen in Fällen, in denen sie konventionell benötigt werden; sie bleiben, wie es scheint, wenn auch noch so vermenschlicht, gerade als kultische Handlungen nötig. Sie vertreten etwas, was auf andere Weise schwerlich ersetzt werden kann. Auch in der technisierten Sprachwelt kann man auf metaphorische Sprache, auch in einem säkularisierten Zeitalter auf symbolische Kommunikation nicht wohl verzichten.

90 F. Schupp erörtert en passant am Beispiel der Sakramentslehre des Berengar von Tours eine Haltung, die den massiven Dogmatismus der Volksüberzeugung überließ, für die die Sakramente und die Inkarnation vorwiegend didaktische Bedeutung besaßen und der Glaube im wesentlichen auf einen Bildungsvorgang im Menschen hinauskam (aaO S. 132–136). Er verdeutlicht aber dann vor allem an Hegel, an Hand der Phänomenologie des Geistes und der Vorlesungen über Ästhetik I, wie die freie Subjektivität die „Religion der Kunst" und mit ihr den Kult hinter sich läßt, wo immer der Gott in das in seinem Wesen befriedigte Selbstbewußtsein eingekehrt ist und dort seine Stätte gefunden hat. Denn die darin Gestalt gewordene „Objektivität des Glaubens" ist dann „gleichsam verzehrt",

Ähnlich verhält es sich, wenn der Glaube in seiner eigenen Praxis sein Ziel hat und in seiner tätigen Selbstverwirklichung aufgehen will. Das sogenannte praktische Christentum bürgerlich-moralischer oder politischer oder sozialkritischer Provenienz stellt die christliche Ethik heraus und zählt den Kult zum frommen Brauchtum oder zur religiösen Ästhetik. Es kann sich dafür auf gewichtige Stimmen der alt- wie der neutestamentlichen Kultuskritik berufen. Man kann sich auch darauf berufen, daß es beim Symbol der „Auferstehung des Fleisches" – analog zur materiellen Umwandlung der sakramentalen Materie – darum gehe, den Materialismus des Christentums wieder zur Geltung zu bringen: eine Eschatologie, von der Ludwig Feuerbach etwas geahnt hat. Darum also etwa, „die Befreiung des Geistes vom Primat der materiellen Bedürfnisse im Stande ihrer Erfüllung zu suchen" (Adorno). Die christliche Symbolik wird dann vor allem im ethischen Handeln signifikant und der wahre Gottesdienst ist „die Übernahme der Praxis Jesu" – wobei die Übernahme seines Handlungsmodells nicht möglich erscheint ohne eine Neuordnung des Gesellschaftsmodells. Denn wo immer die christliche Symbolik zu ihrer Wirkung kommen will, da sucht sie vor allem den gesellschaftlich geformten Erlebensraum in einen Raum „herrschaftsfreier Kommunikation" zu verwandeln[91]. Über den Gottesdienst wird im praktischen Christentum also nicht sehr viel anders gedacht wie im spekulativen.

Aber wo man das Kreuz seine Geschichte erzählen läßt, da werden die Möglichkeiten und die Ziele des Christseins noch einmal anders bestimmt; da wird der Glaube und das Leben im Glauben, so scheint es, etwas anders ver-ortet. Gewiß führt diese Geschichte und der ihr folgende Glaube zu einem neuen Bewußtsein, zu einer anderen Sicht des Lebens, zu einer neuen Schau der Welt: man denkt dann oft und in vieler Hinsicht anders darüber. Aber der Glaube geht nicht darin auf; er wird nicht abgelöst durch ein neues Bewußtsein. Das veränderte Denken des Glaubens sieht das Leben nicht in ein hierarchisches Sinngefüge eingefügt und von diesem wie von einer überzeitlichen Wahrheit umfangen; in einer zum „selbstobjektivierenden Interpretationssystem"[92], zum Idol und zur Ideologie erstarrten „Lehre", von der Philosophie entworfen und von Jesus geweiht. Das Denken des Glaubens bleibt bezogen auf in der Zeit erfahrene und erfahrbare, sinnstiftende Wahrheit, die sich nicht einfangen läßt

der Inhalt nun ohne sie zum Eigentum des Subjekts geworden; das freie Denken ist jetzt der geistige Kultus. Es geht in unsrer fortgeschrittenen Zeit mit dem Kult genauso wie mit dem Kunstwerk: wenn der vollkommene Inhalt in den Kunstgestalten vollkommen herausgetreten ist, „so wendet sich der weiterblickende Geist von dieser Objektivität in sein Inneres zurück und stößt sie von sich fort. Solch eine Zeit ist die unsrige" (S. 277–279).

91 So wiederum F. Schupp l. c. teilweise im Anschluß an die „Negative Dialektik" von Th. W. Adorno; vor allem S. 217 und S. 239, doch wären die beiden Kapitel „Materialismus als hermeneutisches Problem" und „Symbolische Prägnanz im Hyletischen" hier heranzuziehen.

92 Vgl. Anm. 64.

in einem doktrinären System, sondern sich wahrnehmen läßt in der Geschichte[93].

Und gewiß führt jene Geschichte, die das Kreuz Jesu erzählt, und der ihr folgende Glaube zu einer anderen Praxis, zu einem anderen Verhalten im Leben gegenüber den Menschen, aber auch gegenüber den Verhältnissen, unter denen sie leben. Aber der Glaube geht in dieser Praxis nicht auf und auch nicht darin unter; er wird nicht abgelöst durch seine tätige Selbstverwirklichung in einer neuen Praxis. Und die neue Praxis des Glaubens fällt nicht zusammen mit der Arbeit am Programm und an der Verwirklichung eines herrschaftsfreien Gesellschaftsmodells, von der Wissenschaft abgesegnet und von Jesus geweiht. Sie will wohl Zwänge abbauen und Freiheit vermehren. Sie bleibt aber unaufhebbar bezogen auf den Gottes- und Menschendienst der sich hingebenden Liebe Jesu, zu dem auch Gebet und Leiden gehören: das „mein Gott, warum hast du mich verlassen?" und das „Vater, in deine Hände . . ." Die Praxis des Glaubens übernimmt nicht die Praxis Jesu, um sie weiter- und zur Vollendung zu führen, als ob jemand dies könnte und so, als wäre das „consummatum est" nicht schon von ihm gesprochen! Sie nimmt an ihr teil, wie man das Kreuz auf sich nimmt – das Kreuz der Wirklichkeit auf den Schultern der Liebe.

93 Man muß anstelle des Vernunftbegriffs der „Metaphysik" die „Zeit" als Horizont des Seins begreifen: „Gedacht werden kann nur, was in der Zeit ist". „. . . Und doch können wir etwas von dem, was weder wahrgenommen noch gedacht werden kann, immerhin ahnen", weil im Medium der Transparenz der Zeit Erfahrungen auftauchen, die hinter den Horizont unsres Denkens zurückverweisen. Um die Sphäre solcher Erfahrung zu charakterisieren, spreche ich die Worte aus: ‚Segen', ‚Liebe', ‚Gnade'. Nach den restriktiven Regeln der Logik läßt sich nicht sagen, was diese Worte bedeuten . . . Wie über unser Gesichtsfeld Licht und Schatten streichen können, deren Herkunft uns unsichtbar bleibt, so streicht hier über das Feld unsrer zeitlichen Erfahrung, was unserem Denken unzugänglich ist. In menschlicher Rede sprechen wir davon durch Gleichnisse. Eine andere Weise, davon zu sprechen, gibt es nicht . . . „Wenn aber die Zeit der Horizont des Seins ist, widerspricht die Rede von der ‚zeitlosen' Wahrheit sich selbst. Was sich als zeitlos ausgibt, kann dann nicht wahr, was wahr ist, kann nicht zeitlos sein. Das gilt jedenfalls von der Wahrheit des Denkens. Es gilt von jedem möglichen Logos der Theologie . . . Einen Zugang zu der uns möglichen Wahrheit des Denkens gewinnen wir – wenn Zeit der Horizont des Seins ist – nur, wenn es uns gelingt, in jene Sphäre durchzubrechen, in die uns unsre Verantwortung verweist: in die wirkliche Gegenwart der geschichtlichen Situation, in der wir leben . . . Denn die Zeit ist niemals festgestellt: sie ist immer offen für die Zukunft. Im Denken entspricht dieser Struktur die reine Form der offenen Frage. Das Fragen ist jene Gestalt des Denkens, in der sich uns der Horizont für alles eröffnet, was in der Zeit hervortreten kann. Ein solches Fragen ist nicht von der Erwartung geleitet, daß seine Offenheit durch eine sogenannte Antwort wieder zugestellt wird. Es greift über alle möglichen Antworten hinaus, und gerade dadurch, daß es sich durch keine Antwort zum Schweigen bringen läßt, ist es der Wahrheit geöffnet . . . Wer eine Antwort mit nach Hause nehmen will, hat, wie mir scheint, weder die heutige geschichtliche Lage unseres Denkens noch jene Gehalte verstanden, von denen die Theologie redet". G. Picht, aaO S. 27–30. Man kann kaum umhin, bei dieser durch keine Antwort zum Schweigen zu bringenden Offenheit der Gehalte, von denen die Theologie redet, an ihre „Symbole" zu denken.

So fällt der Glaube nicht mit seinem neuen Bewußtsein und nicht mit seiner neuen Praxis zusammen: er ist im Übergang zwischen beiden ver-ortet. Er ist metaphorische oder transitorische Existenz, Dasein im Übergang. Kein „neues Sein", sofern dies zu statisch, als geistlicher Besitzstand, als unverlierbarer seelischer oder praktischer Habitus und nicht als ein „Sein im Werden" aufgefaßt würde. Vielleicht sagt man besser: ein neues Da-Sein, eine neue Weise, dazusein in der Zeit und in der Geschichte; Präsenz im Präsens Gottes, Dasein in einem symbolischen transitus. Beteiligt werden am Sakrament und Exempel Christi, Einbezogensein in das sinnstiftende Gottesabenteuer der sich opfernden Liebe. Diese transitorische Daseinsweise des Glaubens ist darum „symbolisch", weil sie unter dem eschatologischen Vorbehalt der noch nicht aufgedeckten Wahrheit Gottes steht, von ihr erfaßt und auf sie verweisend, auf der „Brücke", und weil sie zugleich von der eschatologischen Verheißung der doch schon erschienenen Wahrheit Gottes sub tecto crucis, unter der Hülle des Kreuzes, lebt. Beides, der eschatologische Vorbehalt und die eschatologische Verheißung über der neuen Daseinsweise des Glaubens kommt darin zum Ausdruck, daß sie stets angewiesen bleibt auf die metaphorische Gottesrede der Theologen[94] und auf die symbolische Kommunikation – z. B. des Gottesdienstes.

Der symbolische transitus des Glaubens ist keine Einbahnstraße. Er führt den Glauben vom Hören zum Beten und vom Beten zum Handeln; er treibt ihn aber auch immer wieder vom Handeln zum Beten und vom Beten zum Hören zurück. Der Glaube ist, um es aufs schlichteste zu sagen, immer dies alles zugleich: hörender, bittender und tätiger Glaube. Und wenn man von allen Formen absieht, aus denen der christliche Gottesdienst sich zusammensetzt und die seinen Verlauf bestimmen; wenn man sich ganz auf die inneren Vorgänge konzentriert, die sich in ihm abspielen und überlagern, und auch diese aufs schlichteste ausdrücken will: dann ist der Gottesdienst selber nichts andres als Einübung des Glaubens ins Hören, Beten und Handeln. Er ist die glaubensbehilfliche Einrichtung einer symbolischen Kommunikation eines Glaubens, der sein Leben und Wesen selber in einem symbolischen transitus hat.

Im Gottesdienst nimmt der Glaube Distanz. Wo Kult ausdrücklich wird, schafft er auch Abstand, eine große oder kleine Zäsur. Wenn alles Kult sein soll, kann nichts mehr Kult sein[95]. Man kehrt da den Rücken zur Welt. Man lebt für die Inverbationen des Glaubens. Der Gottesdienst ist

94 In den theologischen Metaphern kommt Gott so zur Sprache, daß er mit den Mitteln der Welt in der Welt Raum gewinnt – jenen Raum, den er in Jesus Christus beansprucht hat. Diese Sprache schärft den Wirklichkeitssinn, erweitert den Horizont der Welt, läßt uns ihre Probleme, Konflikte und Werte schärfer erfassen, weil sie den Menschen auf mehr anspricht, als wirklich ist. Indem der Mensch so zur Wahrheit gebracht wird, wird dieser „Raumgewinn" Gottes zum welterneuernden Seinsgewinn für die Glaubenden, denn „wahr zu sein ist mehr als zu sein" E. Jüngel, Metapher, S. 121 f.

95 Vgl. R. Panikkar, Gottesdienst in einem säk. Zeitalter, S. 79.

„Zeit für das Hören“[96]. Man hört auf die Traditionen und Interpretationen des „God-Talks“, von dem der christliche Glaube herkommt; auf die Geschichten, die des näheren oder ferneren zur narratio crucifixi gehören, zu dem, was man sich von dem gekreuzigten Christus erzählt[97].

Der Gottesdienst fragt nach dem hörenden Glauben. Es gibt vielerlei Weisen, an ihn und damit an die unaufgebbare Bedeutung der vita contemplativa für das christliche Leben zu erinnern. Das Gebet und die stille Betrachtung gehören dazu; das Studieren – die Mühe des theologischen Erkennens und der geistlichen Produktivität, die Mühe um das christliche Wort; aber auch das Gespräch, zu dem man sich Zeit nimmt und in dem man dem anderen Zeit läßt. Das Hören des Glaubens ist die nachdenkliche Wurzel der Poesie, die die Metaphern des Glaubens erschafft. Es ist auch ein Schutzbrief für den Nächsten, dessen Fehlen man in der Polemik oft schmerzlich entdeckt.

Doch geht es beim hörenden Glauben stets auch um das Glaubensgehör für den tätigen Glauben. Denn was hier gehört, beschaut und beschrieben wird, das wendet die Hörenden alsbald wieder mit dem Gesicht zur Welt. Wo immer der Glaube sich selbst formuliert, da wird auch die Welt mitformuliert. Er redet von Gott „mit den Mitteln der Welt“, um ihn hier Raum gewinnen zu lassen. Wer vom Kreuz Jesu erzählen will, der muß auch das „Kreuz der Wirklichkeit“ miterzählen. Er muß ihrer Gottverlassenheit standhalten. Er muß auch den verklärenden Schein illusionärer Symbole abbauen. Er muß die Hörenden in ihrer Scheingeborgenheit in archaischen und infantilen Vatersymbolen und Wunschphantasien stören. Er kann sie nicht einfach in die größeren Potentialitäten des Lebens einweisen oder mit solchen beschwichtigen[98]. Er muß ihnen die Metaphern des Glaubens, das Symbol des Kreuzes und die Gleichnisse mit ihren Extravaganzen und Seltsamkeiten als „heuristische Fiktionen“ zumuten. Er muß ihnen in via crucis, auf dem Weg der sich ans Sinnlose und Verlorene hingebenden Liebe zur metanoia, zur „Umkehr der Einbildungskraft“, zur Verwandlung der Leitbilder, zu neuer Sinnfindung und damit zu einer Neubeschreibung der Wirklichkeit helfen[99]. Wo die Geschichte des zum Symbol gewor-

96 „Die Christenheit ist dazu berufen, Ort *der* Freiheit zu sein, die eine Freiheit zur Liebe und zum Dienen ist. Damit aus dieser Freiheit Taten folgen, muß dafür Sorge getragen werden, daß die Freiheit gewahrt bleibt. Als verkündigte und zugesprochene Freiheit bleibt sie aber nur gewahrt, wenn das Hören dem Tun vorgeordnet bleibt. Darum bedarf es des Gottesdienstes als einer Inanspruchnahme von Zeit für das Hören. Das bedeutet für das Tun nicht Zeitverlust, sondern Zeitgewinn.“ G. Ebeling, in: WuG III, S. 551.

97 „Die Grundform der christlichen Existenz ist und bleibt also die Gemeinschaft von Hörern des Wortes“ E. Jüngel, Anfechtung und Gewißheit des Glaubens, München 1976 S. 31.

98 Vgl. P. Ricoeur, Die Interpretation, Kap. IV, 5: „Wert und Grenzen einer Psychoanalyse der Religion“ S. 643 ff. und H. G. Heimbrock, Phantasie und christlicher Glaube S. 100 ff., Kap. 4.3: „Paul Ricoeur: Die Geschichte des Symbols als Reifung des Wunsches“.

99 Vgl. P. Ricoeur, Stellung und Funktion der Metapher in der biblischen Sprache,

denen Kreuzes erzählt und gehört wird, da geht die Destruktion jeder verzerrten religiösen Symbolik Hand in Hand mit der Poetik der neuen Glaubenssprache, die den Glauben in seinen symbolischen transitus, in seine neue symbolische Da-Seinsweise einweist.

Im Gottesdienst geht der Glaube auf Abstand und nimmt, überspitzt formuliert, sogleich wieder Abstand davon: er nimmt da Abstand und Anteil zugleich. Im Gottesdienst kehrt man der Welt den Rücken und sieht ihr zugleich, im Spiegelbild des Gekreuzigten, voll ins Gesicht. Man lebt von den Inkarnationen des Glaubens. Der Gottesdienst ist Anlaß zum Beten und gibt dazu Zeit. Im Gottesdienst nimmt man sich die Zeit, zu beten.

Die Geschichten vom gekreuzigten Jesus führen im Gottesdienst vom Erzählen zum Meditieren, zur meditatio crucis. Man informiert sich nicht bloß über die einzigartige Leidensgeschichte; man meditiert das Symbol, zu dem sie geworden ist und wird dadurch einbezogen in dieses sinnstiftende Glaubensgeschehen im Abgrund einer gottverlassenen Welt. Der betende Glaube läßt alles Gehörte, Gesehene und auch alles ihm „Ein-Gebildete" ein. Er ist metaphorisches Verhalten, Dasein im symbolischen transitus par excellance: wo man betet, will man mehr einlassen als jetzt schon da ist. Beten kommt nicht aus Begriffen und ergeht sich auch nicht nur in solchen; es ist ein Ergreifen, das aus Ergriffenheit kommt. Symbole sind Bilder, die tiefer als alle Begriffe ins Leben hineinreichen, es ergreifen und auf es einwirken können[100]. Darum sind die Idole auch so gefährlich.

Gott kann in Wahrheit kein Gegenstand werden. Darum kann man nicht ihn, sondern immer nur Zeichen meditieren, die auf ihn weiterverweisen. Das Kreuz ist ein Symbol von harter, geschichtlicher Gegenständlichkeit. In seiner historischen Härte destruiert es alle göttlichen Vater-Idole. Aber es erleuchtet eine Finsternis, in deren dunkelster Mitte Jesus zu Gott als zu seinem Vater gebetet hat. Die Theologie des Kreuzes und nur sie kann

in: Ricoeur/Jüngel, Metapher S. 45–70. Zitiertes dort S. 61 f. und S. 68 ff. Nicht unter dem hermeneutischen, sondern im apologetischen Aspekt macht P. Tillich auf die Verzerrung aufmerksam, die den Symbolen in allen Religionen ständig widerfahren kann: „Die Feststellung, daß die religiöse Sprache symbolisch sei, ist ein Gemeinplatz geworden. Aber weniger verbreitet ist die Erkenntnis, daß die religiöse Sprache Wahrheit in ihren Symbolen ausdrückt, eine Wahrheit, die in keiner anderen Sprache ausgedrückt und mitgeteilt werden kann. Am wenigsten verbreitet ist die Erkenntnis, daß viele Irrtümer in der Religion und viele Angriffe auf die Religion aus der Vermengung von Symbolsprache und gegenständlicher Sprache herrühren. Diese Vermengung muß von jedem, der sich Gedanken über die Religion macht, besonders beachtet werden. Denn sie ist nicht nur ein Versagen des Intellekts, sondern auch ein Symptom für die dämonische Verzerrung, die sich in allen Religionen findet: die Verzerrung, durch die das Göttliche zu einem Objekt neben anderen gemacht wird und der Mensch als Subjekt die Macht erhält, im Erkennen und Handeln darüber zu verfügen" (Symbol und Wirklichkeit, Vandenhoeck & Ruprecht 1962. S. 21 f.).

100 S. dazu auch bei O. Händler, die Predigt, Berlin 1960, S. 159 und 171 über die Meditiation von Bildern und Symbolen, vor allem im Anschluß an C. G. Jung: „Symbole als Hilfe zur Loslösung von bloßer Begrifflichkeit".

– auf ihre eigene Weise – das Vatersymbol restituieren und rekonstruieren: als das Bild des zur Ohnmacht depotenzierten Vaters, der sich voll Erbarmen zu den Erniedrigten selber erniedrigt, sich ganz entäußert und sich ihnen hingibt. Wo man es vom Gebet Jesu lernt, im Namen Jesu zu Gott als zu unsrem Vater im Himmel zu beten, da gibt man zugleich seine eigenen Allmachtsphantasien und seine Über-Ichphantasien dahin. Da kann es, durch den Glauben, in den Tiefen des menschlichen Selbstverständnisses zu einer Angstbefreiung, zur Hingabe an die leidensfähige Liebe und zu einer Reifung der eigenen Wünsche kommen[101].

Der bittende Glaube bedeutet gerade nicht den Rückzug des Glaubens und der Kirche aus der Geschichte. Er artikuliert im Gebet die Nöte der Zeit, die ihn bedrängen. Lehrend zertrennt, handelnd zerstreut sich die Kirche in ihrer Geschichte; betend versammelt sie sich zur Fürsprache für ihre Zeit. So wie sich im Hören der Alltag der Christen im Gottesdienst einstellt, so stellt sich beim Beten der Gottesdienst ein im Alltag der Christen. Gerade mit ihren Gebeten und mit jenen Feiern, die man nur betend begehen kann, mit den beiden Sakramenten, bleibt die Kirche in der Geschichte, geschieht sie weiter in ihrer Zeit, was immer um sie herum noch geschehe. Als Versammlung der betenden Kirche hat ihr Gottesdienst – gleichviel in welcher Art er praktiziert wird – seine eigene Dignität. Der Konsens im Gebet, ob nun zwei oder drei oder tausend drin eins werden – steht hoch über dem Dissens in der Lehre, oft leider allzuhoch freilich. Georg Picht hat das schöne Wort von der betenden und feiernden Christenheit im kirchlichen Gottesdienst „als der historia abscondita der christlichen Kirche im Raum der Kirche" geprägt[102]. Gerade die betende Kirche

101 S. in Anm. 98.
102 G. Picht, aaO S. 382 ff. „Die Tradition, in der sich die wahre Geschichte der Kirche durch alle Konfessionsspaltungen hindurch in ihrer Kontinuität erhält, ist weder die Tradition der Lehre noch die Tradition der Institutionen, sondern die Tradition des Gebetes, in der die unteilbare Einheit der Kirche Jesu Christi bewahrt bleibt, selbst wenn die Institutionen zerbrechen und die verschiedenen Denominationen sich in Religionskriegen zu vernichten trachten. Die Gemeinschaft des Zeugnisses, in dem geschichtlichen Sinn, den ich dem Bezeugen einer Lehre entgegensetze, und die Gemeinschaft des Gebets geben dem Begriff „Ökumene" seinen Sinn ... als Zeugnis- und Gebetsgemeinschaft ... (ist) die Ökumene heute Wirklichkeit, auch wenn sie sich institutionell nicht zu organisieren vermag. Vom Zeugnis und Gebet nicht zu trennen sind die Sakramente der Taufe und des Abendmahls ... Im Sakrament gewinnt Gestalt, was für das Denken undurchdringlich ist, und was die Sprache nicht erreichen kann: dadurch entsteht überhaupt erst der Raum der Kirche ... Die Sakramente müssen Handlungen sein, ... weil das Geschehen selbst, also die Geschichte, die ‚historia abscondita' der christlichen Kirche sich im Raum dieser Kirche ereignet ... Durch ihre Beziehung auf den Tod am Kreuz und die ... Auferstehung sind die Sakramente an den ... Menschen Jesus von Nazareth gebunden ... an die wirkliche Geschichte, nicht an die Darstellungsformen metaphysischer Lehre. Sie sind die Bürgschaft für alles, was im christlichen Glauben über die Lehre und die Verkündigung in menschlicher Rede hinausreicht und ihn in der Wirklichkeit von Geschichte verankert. Sie sind das Riff, an dem das Boot der Philosophie und aller theologischen Imita-

ist die geschehende Kirche. In der Geschichte der Kirchen und im Streit um ihre Leitbilder bleibt das Gebet im Namen und mit den Worten Jesu ihre letzte Kontinuität mit sich selbst: es ist ein Anruf Gottes in ungemein symbolstarken Worten, die sich schon im selben Augenblick, in dem sie laut werden, zugleich ins Nicht-mehr-zu-Sagende transzendieren. Wer es zum Schibboleth irgendeiner Epoche machen will, daß der Gottesdienst in ihr seinen Sinn verliere, der müßte nachweisen, daß der Glaube auch nicht mehr zu beten braucht und zu beten vermag. Das Gebet ist der Gottesdienst im „Steno"-gramm; es ist Rufen in der Bedrängnis des Herzens und kann zu seiner Befreiung führen.

Im Gottesdienst geht der Glaube auf Abstand, nicht um weniger tätig zu sein, sondern um besser handeln zu können. Er ist selbst ein Stück Praxis inmitten der Welt, wenn auch nicht in ihrem Alltag, so doch für diesen. Im Gottesdienst wird der Glaube zum Handeln ermutigt. Er ist Zeitgewinn für die Werke. Man feiert in ihm die Inspirationen des Glaubens. Der Gottesdienst wendet sich aller Welt zu: er feiert die Zuwendung Gottes, die der Glaube in alle Welt tragen soll[103].

Denn im Gottesdienst wird die Geschichte vom gekreuzigten Jesus erzählt und sein Kreuz meditiert, weil die Auferweckung dies zu einem Symbol und die Selbsthingabe des Gekreuzigten an die Sünden und Nöte der Welt zu einem Ereignis gemacht hat, das alte Hoffnungen wiedererweckt und neuen Lebenssinn stiftet. Der christliche Gottesdienst ist Bekenntnis zur Auferweckung des gekreuzigten Jesus, confessio resurrectionis. Es geht ihm um eine wirksame Darstellung dieses Bekenntnisses, um Anstiftung und Ermutigung zu seiner Verifikation in der geschichtlichen Lebens- und Tageswirklichkeit. Es geht ihm um seine signifikante Symbolik im tätigen Handeln; um eine Praxis der Hoffnung, die in den stigmata des Gekreuzigten auch die vestigia seiner Auferstehung aufscheinen läßt.

Man kann vielleicht solche vestigia, solche Spuren schon in der historia abscondita des christlichen Gottesdienstes selber erkennen. Sie stellen sich freilich dem Augenschein selten eindrucksvoll dar und schlagen sich auch kaum in den empirischen Umfragerastern nieder. Aber verblüfft nicht schon seine unbegreifliche Dauerhaftigkeit in der Geschichte immer aufs neue – trotz aller guten und bösen Gerüchte aus weltlichem und aus geistlichem Munde, die ihn immer wieder umgeben? Verblüfft es nicht, daß er auf so langen Strecken nicht nur die Fossilien eines vergangenen

tionen von Philosophie zerbricht ..." Auch P. Tillich hat das Sakramentsproblem als entscheidend für die Frage nach der Möglichkeit protestantischer Verwirklichung bezeichnet: „Ein völliges Verschwinden des sakramentalen Elementes (das nicht dasselbe ist wie die einzelnen Sakramente) würde zu einem Verschwinden des Kultus und schließlich zu einer Aufhebung der Existenz der sichtbaren Kirche führen", aaO S. 49.

103 G. Picht, aaO S. 384: „Kirche ist Welt. Kirche ist zugleich mehr als Welt. Aber was in der Kirche mehr als Welt ist, führt dazu, daß die Kirche ihrem eigenen Weltsein nicht ausweichen kann".

Glaubens tradiert hat, daß ihm vielmehr das Einheimischwerden in vielen Formen, Kulturen und Lebensräumen gelang und auch immer wieder gelingt? Es sind dies Argumente im Vordergrund und e silentio. Und doch sind es Argumente für einen erstaunlichen Tatbestand, den die Kritiker meist nicht beachten.

Der Gottesdienst kann auch selber ein unscheinbares Stück weit zum Nächstendienst und darin zu einem vestigium resurrectionis werden: wenn Menschen sich dort akzeptiert finden. Wenn eine großkirchliche Gottesdienstpraxis sich wirklich als Schutzzone und als Raum der Verschonung für den leistungsverplanten und meinungsmanipulierten Einzelnen erweist. Oder wenn in gruppengemeinschaftlicher Gottesdienstpraxis Menschen entdecken, daß man sie sieht, auf ihr Wort wartet und hört, sie ein Stück weit in ihrem Leben zu begleiten und ihnen am eigenen Leben Anteil zu geben bereit ist. Oder wenn sich Entzweite bei der Feier des Mahls als Versöhnte wiederbegegnen.

Der Glaube besinnt sich im Gottesdienst. Er handelt dort nicht in der Welt. Verliert der Gottesdienst die Welt aus dem Blick, dann werden auch seine Symbole stumpf und seine Rituale feierlich und unmenschlich werden. Dann verwaltet er nur noch seine eigenen Reliquien. Dann bekennt er nicht mehr die Auferstehung des Gekreuzigten, sondern nur noch ein leeres Grab. Hat der Gottesdienst nur noch die Welt im Blick, dann kann er kaum ihrer bedrängenden Hektik entgehen und leicht den Fanatismen verfallen. Dann kann der Glaube zum drohenden, das Gebet zum religiös manipulierenden Hintergrund für die eigenen Absichten werden.

Im Gottesdienst sieht der Glaube der Welt im Spiegel des Crucifixus voll ins Gesicht. Das Licht, das ihn dort seine Welt schärfer, wahrer und besser sehen lehrt und ihn ins Handeln begleitet, will ihn heute, so scheint es, auf wenigstens drei starke Fährten verweisen, die das Bekenntnis zur Auferweckung des gekreuzigten Jesus und der christliche Gottesdienst in den Steppen und den Kulturlandschaften, den Arbeitswüsten und den Friedhöfen der Menschheit gebahnt haben.

Die eine Fährte ist in der Universalität der Zuwendung Gottes zu sehen, die das Kreuz symbolisiert und die sich im christlichen Gottesdienst ausdrücken will. Sie tritt heraus im Geist der Versöhnlichkeit, im beharrlichen Blick auf das Ganze, in der umfassenden, welthaften Art, in der hier der hörende Glaube seine tragende Mitmenschlichkeit allen zuwenden will, ohne nach den Gesellschaftssystemen, nach Nationen, Rassen, Schichten und Klassen, nach Religionen, nach Vorurteilen, nach Reich oder Arm, nach Insidern oder nach Außenseitern zu fragen. Sie wendet sich überallhin, wo die Liebe gebraucht wird. Sie kann auch die Lebensverhältnisse nicht ausklammern, die das menschliche Elend vermehren. Sie schreibt den Frieden auf ihre Fahnen und macht die Versöhnung zum Faktor der Weltpolitik.

Die andere Fährte ist in der Beweglichkeit und der Offenheit der Zuwendung Gottes zu sehen, die sich im Kreuz symbolisiert und im Gottesdienst ausdrücken will. Sie tritt heraus in der Brüderlichkeit und der Aufmerksamkeit auf die Gefährdungen und die Chancen der Menschen und der Menschlichkeit im Wandel der Zeit, mit der der bittende und der feiernde Glaube hier seine tragende Mitmenschlichkeit den Menschen zuwenden will. Er sucht sie in Angebote hilfreicher und konkreter Gemeinschaft umzusetzen, damit sich die Menschen nicht in Kollektiven verlieren oder in ihrer Einsamkeit isolieren. Die „Leidenschaft für das Mögliche"[104] steckt als vestigium resurrectionis in solcher Mitmenschlichkeit; nicht jene „Kunst des Möglichen", die sich gerne mit allem abfindet, was bequem zu erreichen ist, sondern die Beharrlichkeit und die Ungeduld, die die Perspektiven der Hoffnungen Gottes in den Grenzen der Gegenwart bis zum äußersten ausloten und ihnen nachkommen will. Sie nimmt den unentrinnbaren, raschen Wandel der Gegenwart wahr, in der die inneren Möglichkeiten des Menschen mit seinen äußeren nicht mehr Schritt halten können. Jenen Zeitwandel, der immer wieder spontane und neue Rituale des Protests und der Hoffnung, der Sicherung vor der Sinnlosigkeit hervorruft. Es scheint ein Wandel zu sein, der wohl das Sich-Wandeln zum geforderten Ethos der Zeit gemacht hat, aber die Richtung, in der es erfolgen müßte, noch sehr undeutlich läßt[105]. Von dieser Lage bedrängt, hält die Gottesdienst feiernde Christenheit heute Ausschau nach „neuen Rubriken", sofern sie sich nicht in vermeintlicher Glaubensgewißheit und in heimlicher Angst nur ans Überkommene klammert. Sie schaut aus nach Symbolen und Ritualen einer offeneren, konkreteren und zugleich universelleren Kommunikation[106]. Ihre Offenheit dafür lebt von der Hoffnung,

104 Der Ausdruck stammt von P. Ricoeur, Hermeneutik und Psychoanalyse, S. 281, zit. bei H. G. Heimbrock S. 113.

105 „In jedem Fall muß die Rolle spontaner Ritualisierung sowohl bei der konformistischen als auch bei der extremistischen Jugend erkennbar sein. Viel an der jugendlichen ‚Demonstration', privater wie auch öffentlicher, ist Dramatisierung eines spontanen Suchens nach neuen Formen künstlerischer oder ideologischer Ritualisierung, die von der Jugend selbst oder für sie erfunden wird; herausfordernd, spottend, seltener in Ausschreitungen, oft ganz aufrichtig versuchen solche neuen Ritualisierungen, der Sinnlosigkeit der bestehenden Konventionen entgegenzuwirken ... und die Unpersönlichkeit der Massenproduktion, die undeutlich gewordenen Werte und die Ungreifbarkeit der Zukunftsbilder zugunsten eines individuelleren oder eines wirklich gemeinsamen Lebens aufzuheben. Vor allem zeigen sie die Notwendigkeit, ganz neue Formen ritueller Bedeutung in einer Technologie zu finden, die sich so rasch wandelt, daß das Sich-Wandeln zum Ethos unserer Zeit geworden ist" E. H. Erikson, Die Ontogenese ... S. 497.

106 Die Gottesdienstreformbewegung der Sechziger Jahre hat dasselbe Schicksal wie andere weltliche Spontanbewegungen erlitten. Die Probleme, die sie benannte, bleiben dem traditionellen Gottesdienst weiterhin dringlich gestellt, und die wichtigsten Einsichten aus dem Erfahrungsprozeß, den die Reformversuche durchlaufen haben, werden ihn, so ist zu hoffen, weiterbegleiten. Zur Sache vgl. man den Schlußabschnitt in R. Panikkar, aaO S. 91–107 „Die neuen Rubriken". In einem Aufsatz „Viel Wissen, wenig Freude" entwickelt der Bischof der syrisch-orthodoxen Kirche in Indien, Paul Verghese die Vision einer neuen

daß die Menschen sie als wahrhaftig und hilfreich empfinden und daß der Glaube sich selbst und den Namen, der gestern und heute derselbe ist, darin wiedererkennt[107].

Die dritte Fährte ist in der diakonischen Solidarität der Zuwendung Gottes zu erblicken, die sich im Kreuz symbolisiert und im christlichen Gottesdienst ausdrücken will. Sie tritt in Erscheinung in der Sensibilität, die die Nöte der Zeit sieht und den Einzelnen nicht aus den Augen verliert; in der engagierten, personhaften, spontanen und unausgewogenen Art, in der der tätige Glaube der Zuwendung Gottes in tragender Mitmenschlichkeit praktische Konturen gibt. Der christliche Gottesdienst hat dem tätigen Glauben der Christenheit und den Christen die Stigmata und die Vestigia des Barmherzigen Samariters aufgeprägt. Metaphern können Ähnlichkeit stiften, symbolische Handlungen zu symbolischen Haltungen führen. Solange der christliche Gottesdienst die Gegenwart im Spiegel des Crucifixus anschauen lehrt, kann er sich nicht selbstgefällig mit seinen Vollzügen begnügen. Die Geschichte vom armen Jesus kann dann nicht hinter dem Pantokrator, sein Kreuz nicht im Schimmer der Auferstehung verschwinden. Der christliche Gottesdienst gibt mit dem Gott zu schaffen, der seine Transzendenz in seiner Kondeszendenz, sein Leben unter dem Zeichen des Todes, seine Hingabe unter den Balken des Hinrichtungsinstrumentes verbirgt und erschließt. Er verweist nicht auf einen Himmel und einen Gott

Reife der bedrohten Menschheit und der Durchbrüche, die diese verlange. Dazu gehört nach seiner Meinung auch eine „Umstrukturierung der Religionen". Ihre Praxis muß in einer Gemeinschaft verwurzelt sein. Diese muß 1. den mitmenschlichen Beziehungen größere Beachtung schenken als der korrekten Darstellung der Wahrheit. 2. dem Gottesdienst höhere Beachtung schenken als der Mission; ihn nicht herabwürdigen zur Schaustellung neuer Wortgymnastik oder zu Mätzchen, die nur Aufsehen erregen. Denn der Gottesdienst dient nicht irgendetwas anderem zur Hilfe und Vorbereitung, er ist selbst die höchste Form menschlicher Aktivität, in der der Mensch die wahre Quelle alles Seins und aller Güte anerkennt und sich ihrer Nähe freut. Und 3. das Wirken der Gemeinschaft in der Liebe, in der Anbetung und im Dienst (am Nächsten) weder übertrieben befangen betreiben noch zu strenger Ordnung unterwerfen. Zu strenge Ordnung, zu viel Befangenheit und Selbstbezogenheit zerstören die Spontaneität. V. denkt an spontaneres Gebet, bei dem der Betende nicht auf sich selbst aufmerksam macht (schwer zu verwirklichen!) und an weniger verbale Produktivität, rituelle, rhythmische, liturgische Aktion, Stille, Meditation, Kontemplation, Erfahrungen aller 5 Sinne und der körperlichen Bewegung. „Das Transzendente kann nur selten in Befangenheit und starrer Ordnung erfahren werden", in: Radius 2/1975 S. 31. Es bedürfte wohl mehr als nur einer Liturgischen Nacht, um derlei zu verwirklichen!

107 Der Schlußabschnitt bei E. H. Erikson, die Ontogenese . . . S. 501 lautet: „Selbstverständlich kann es keine Vorschrift für Ritualisierungen geben, denn jede echte Ritualisierung ist keineswegs nur etwas sich Wiederholendes und Vertrautes im Sinne einer Gewohnheit, sondern sie ist ontogenetisch verwurzelt und doch von überraschender Spontaneität: es ist eine unerwartete Erneuerung einer erkennbaren Ordnung im drohenden Chaos. Daher hängt die echte Ritualisierung von jener Mischung aus Überraschung und Wiedererkennen ab, welche die Seele des Schöpferischen ist, wiedergeboren aus dem Abgrund der Triebstörung, Identitätsverwirrung und sozialen Anomie".

„Irgendwo", in einem utopischen Land der unbegrenzten Möglichkeiten. Er verweist auf einen Gott und einen Weg der begrenzten und begrenzenden Möglichkeiten: auf jene Geschichte, die die Menschheit ihre neuen Möglichkeiten im Bild des von Gott ermächtigten Leidenswegs hoffender Liebe suchen läßt und sie ihnen dort unterbreitet.

Solange die symbolische Kommunikation im christlichen Gottesdienst diese Orientierung nicht verliert, kann sie auch das wirkliche Leben nicht völlig verfehlen. Solange die christliche Frömmigkeit als eine „innerliche Symbolhaltung" nicht die Transzendenz des ewigen Gottes erträumen, sondern die Kondeszendenz des leidenden Gottes und seine Möglichkeiten zurückspiegeln will, solange der Gottesdienst den Glauben im Hören, Beten und Handeln einüben hilft, wird er ihn nicht an denen vorbeigehen lassen, die ohne den Barmherzigen Samariter ihr Leben verlieren.

Literaturverzeichnis

Baden, Hans Jürgen: „Heimkehr zum Mythischen – die spürbare Gnade in Thomas Manns Josefs-Roman". LMH 14/1975, S. 245 ff.

Bahr, Hans Eckehard: „Auf der Suche nach authentischem Leben". radius 20/1975, S. 23 ff.

– (Hg.): „Religionsgespräche. Zur gesellschaftlichen Rolle der Religion." Darmstadt und Neuwied 1975.

Barth, Friedrich Karl / Grenz, Gerhard / Horst, Peter: „Gottesdienst menschlich." Taufe, Konfirmation, Abendmahl, Eheschließung, Beerdigung – eine Agende. Wuppertal 1973, 1974[2].

Bastian, Hans Dieter: „Kommunikation". Stuttgart 1972.

Battegay, Raymond: „Der Mensch in der Gruppe". Bern 1968[2].

Beres, David: „Symbol und Objekt". Psyche 24/1970, S. 921 ff.

Berger, Peter / Luckmann, Thomas: „Die gesellschaftliche Konstruktion der Wirklichkeit." Frankfurt 1969.

Berger, Rupert: Kleines liturgisches Wörterbuch. Freiburg 1969.

Bernstein, Basil: „Sprache, symbolisches Verhalten, soziale Schichtung". Otto Walter Haseloff (Hg): „Kommunikation". Berlin 1969, S. 108 ff.

–: „Studien zur sprachlichen Sozialisation". Düsseldorf 1972.

Bloch, Ernst: „Das Prinzip Hoffnung". Frankfurt 1959.

–: „Unsere Enkel fechten's besser aus – Hegel als Novum". idoc 10/1971, S. 45 ff.

Blumer, Herbert: Der methodologische Standort des symbolischen Interaktionismus". Arbeitsgruppe Bielefelder Soziologen (Hg.): „Alltagswissen, Interaktion und gesellschaftliche Wirklichkeit". Reinbek 1973, Band 1, S. 80 ff.

Bohren, Rudolf: „Unsere Kasualpraxis, eine missionarische Gelegenheit?" ThExNF 83. München 1960.

Bourdieu, Pierre: „Zur Soziologie der symbolischen Formen". Frankfurt 1970.

Braaten, Carl E.: „Die Bedeutung der Zukunft". EvTh 32/1972, S. 326 ff.

Brockmann, Gerhard / Stoodt, Dieter: „Schülerorientierung als Situationserschließung und Situationsbearbeitung". WuPKG 65/1976, S. 256 ff.

Brunner, Peter: „Zur Lehre vom Gottesdienst der im Namen Jesu versammelten Gemeinde". Leiturgia I, S. 83 ff. Kassel 1954.

Bürkle, Horst: „Spiritualität in der missionarischen Praxis". EvKomm 9/1976, S. 144 ff.

Cassirer, Ernst: „Philosophie der symbolischen Formen". Darmstadt 1973[6]

–: „Wesen und Wirkung des Symbolbegriffs". Darmstadt 1969.

Cornehl, Peter / Bahr, Hans Eckehard (Hg): „Gottesdienst und Öffentlichkeit". Hamburg 1970.

Cornehl, Peter: „Liturgik im Übergang – eine Zwischenbilanz" ThP 6/1971 S. 382 ff.

–: „Frömmigkeit, Alltagswelt, Lebenszyklus". WuPKG 64/1975 S. 388 ff.

Cox, Harvey: „Das Fest der Narren". Stuttgart 1970.

Daecke, Sigurd Martin: „Neue Konjunktur für den Geist". EvKomm 8/1975, S. 520 ff.

„Didaktische Aspekte des Symbols". ZRP 31/1976, Dortmund 1976.

Ebeling, Gerhard: „Profanität und Geheimnis". Wort und Glaube II, S. 184 ff. Tübingen 1969.

–: „Die Notwendigkeit des christlichen Gottesdienstes". ZThK 67/1970, S. 232 ff. Wort und Glaube III, Tübingen 1975, S. 533 ff.

Eliade, Mircea: „Die Religionen und das Heilige". Salzburg 1954.
Erikson, Erik H.: „Die Ontogenese der Ritualisierung". Psyche 22/1968, S. 485 ff.
Fischer, Balthasar u. a. (Hg.): „Kult in der säkularisierten Welt". Regensburg 1974.
Forster, Karl (Hg): „Befragte Katholiken – zur Zukunft von Glaube und Kirche. Auswertungen und Kommentare zu den Umfragen für die Gemeinsame Synode der Bistümer in der BRD", Freiburg 1973.
Frisch, Max: „Stichworte". Frankfurt 1976.
Fromm, Erich: „Die Herausforderung Gottes und des Menschen". Zürich 1970.
Gadamer, Hans-Georg: „Wahrheit und Methode". Tübingen 1975[4].
Gardavsky, Vítězslav: „Gott ist nicht ganz tot". München 1969.
Gerth, Hans / Mills, C. Wright: „Person und Gesellschaft". Frankfurt 1970.
Gödan, Heinz: „Die Unzuständigkeit der Seele". Stuttgart 1961.
Goffman, Erving: „Wir alle spielen Theater". München 1969, 1973[2].
–: „Interaktionsrituale – über Verhalten in direkter Kommunikation". Frankfurt 1971, 1973[2].
–: „Interaktion: Spaß am Spiel, Rollendistanz". München 1973.
Grimms Wörterbuch der Deutschen Sprache Band 10. 4. Abt. Art. „Symbol" und „symbolisch". Sp. 1377 ff.
Habermas, Jürgen: „Strukturwandel der Öffentlichkeit", Neuwied 1968[3].
–: „Legitimationsprobleme im Spätkapitalismus". Frankfurt 1975[3].
Hähnle, Walter: „Handlungsziel Familie". radius 20/1975, S. 31 ff.
Haendler, Otto: „Die Predigt". Berlin 1960[3].
Hampe, Johann Christoph: „Saat und Ernte, Frost und Hitze . . .". radius 20/1975, S. 36 ff.
–: „Romantik der Gruppen – Nüchternheit der Gemeinde". radius 20/1975, S. 29 ff.
–: „Unübersehbare Komponente der Gesellschaft: Hollands Kommunen und Basisgruppen". radius 21/1976, S. 32 ff.
Harbsmeier, Götz: „Daß wir die Predigt und sein Wort nicht verachten". München 1958.
Harnack, Adolf v.: Dogmengeschichte Band II. Freiburg 1888[2].
Heidelberger Katechismus 1563, hg. vom Reformierten Bunde für Deutschland, Neukirchen 1934[2].
Heiler, Friedrich: „Erscheinungsformen und Wesen der Religion". Stuttgart 1961.
Heimbrock, Hans-Günter: „Phantasie und christlicher Glaube". München 1977.
Helle, Horst Jürgen: „Symbol und Gottesdienst". H. G. Schmidt (Hg.): „Zum Gottesdienst morgen". Wuppertal 1969, S. 24 ff.
–: „Soziologie und Symbol". Köln/Opladen 1969.
–: „Symboltheorie und religiöse Praxis". J. Wössner (Hg.): Religion im Umbruch. Stuttgart 1972, S. 200–214.
Hoffmann-Axthelm, Diether: „Loisy's L'Evangile et l'Eglise", ZThK 65/1968, S. 291 ff.
Hollenweger, Walter: „Evangelisation gestern und heute". Stuttgart 1973.
Horkheimer, Max: „Bedrohungen der Freiheit". Stuttgart 1965.
Humboldt, Wilhelm v.: „Über die Verschiedenheit des menschlichen Sprachbaues und ihren Einfluß auf die geistige Entwicklung des Menschengeschlechts". Berlin 1836, Bonn 1960.
Jetter, Werner: „Der Kasus und das Ritual – Amtshandlungen in der Volkskirche". WuPKG 65 (1976) S. 208 ff.
–: „Die Chancen der Ortsgemeinde". WuPKG 66 (1976) S. 2 ff.
Jonas, Hans: „Zwischen Nichts und Ewigkeit. Zur Lehre vom Menschen". Göttingen 1963.

Josuttis, Manfred: „Praxis des Evangeliums zwischen Politik und Religion". München 1974.

Jüngel, Eberhard: „Anfechtung und Gewißheit des Glaubens oder wie die Kirche wieder zu ihrer Sache kommt". München 1976.

–: „Metaphorische Wahrheit. Erwägungen zur theologischen Relevanz der Metapher als Beitrag zur Hermeneutik einer narrativen Theologie". Ricoeur, Paul / Jüngel, Eberhard: Metapher. München 1974.

Jungmann, Josef Andreas: „Missarum Sollemnia". Freiburg 1962^5.

Käsemann, Ernst: „Gottesdienst im Alltag der Welt". Exegetische Versuche und Besinnungen Band II. Göttingen 1964, S. 198 ff.

Kairat, Hans: „Professions oder Freie Berufe". Berlin 1969.

Kant, Immanuel: Kritik der Urtheilskraft. Kant's Gesammelte Schriften, hg. von der Königl. Preuß. Akademie der Wissenschaften, Band V. Berlin 1913.

Kemp, Peter: „Phänomenologie und Hermeneutik bei Paul Ricoeur". ZThK 67 (1970), S. 335 ff.

Kerényi, Karl: „Umgang mit dem Göttlichen". Göttingen 1961^2.

Kleemann, Jürg: „Überredungsversuch für den Familiengottesdienst". WuPKG 64 (1975), S. 474 ff.

–: „Tradition-Situation-Kommunikation: zum Stellenwert von Predigthilfen am Beispiel der ‚Predigtstudien'. „didaktik der predigt". Münster 1975 (Comeniusinst.).

Kluge, Alexander: „Lebensläufe. Anwesenheitsliste für eine Beerdigung." Frankfurt 1974.

Kolakowski, Leszek: „Geist und Ungeist christlicher Traditionen". Stuttgart 1971.

Kraemer, Hendrik: „Die Kommunikation des christlichen Glaubens". Zürich 1958.

Krockow, Graf v., Christian: „Faszination durch Sport". radius 20 (1975), S. 19 ff.

Läpple, Volker: „Ansätze zur Ausbildung einer theologischen Theorie der Seelsorge". EvTh 35 (1975), S. 3 ff.

Lange, Ernst: „Zur Theorie und Praxis der Predigtarbeit". Beiheft 1 der „Predigtstudien", Stuttgart 1968.

–: „Predigen als Beruf", hg. von Rüdiger Schloz. Stuttgart 1976.

Langer, Susanne K.: „Philosophie auf neuem Wege – das Symbol im Denken, im Ritus und in der Kunst". Harvard 1942, 1951, 1957. Deutsch S. Fischer Verlag 1965.

Leeuw, van der, Gerardus: „Phänomenologie der Religion". Tübingen 1956^2.

–: „Der Mensch und die Religion". Basel 1941.

–: „Sakramentales Denken". Kassel 1959.

–: „Vom Heiligen in der Kunst". Gütersloh 1957.

Lochman, Jan Milič: „Rechtfertigung in einer gnadenlosen Zeit". EvKomm 8 (1975), S. 523 ff.

Loof, Hans: „Der Symbolbegriff in der neueren Religionsphilosophie und Theologie". Kantstudien Erg. Heft 69. Köln 1955.

Lorenz, Konrad: „Das sogenannte Böse". Wien 1963.

Lorenzer, Alfred: „Symbol, Sprachverwirrung und Verstehen". Psyche 24 (1970), S. 895 ff.

–: „Sprachzerstörung und Rekonstruktion". Frankfurt 1973.

Lüthi, Kurt: „Erfahrung mit Kunst als Fundort der Theologie". ZEE 19 (1975), S. 73 ff.

Lukatis, Ingrid: „Gottesdienstbesuch und religiös-kirchliche Sozialisation" – materialien der pastoralsoziologischen arbeitsstelle Hannover, 1976.

Luther, Martin: „Von Ordnung Gottesdiensts in der Gemeine" (1523). W 12, S. 37 ff.

–: „Das eyn Christlich versamlung odder gemeyne recht und macht hab, alle lere zu urteylen . . ." (1523). W 11, S. 408 ff.

—: „De servo arbitrio" (1525). W 18, S. 600 ff.
—: Vorrede zur Deutschen Messe 1526. W 19, S. 72 ff.
Malinowski, Bronislaw: „Magie, Wissenschaft und Religion". Frankfurt 1973.
Marhold, Wolfgang: „Die Gesellschaft im kirchlichen Bewußtsein". ZEE 17 (1973), S. 359 ff.
Marsch, Wolf-Dieter: „Institution im Übergang". Göttingen 1970.
Martin, Gerhard Marcel: „Fest und Alltag". Stuttgart 1973.
Mead, George Herbert: „Geist, Identität und Gesellschaft". Frankfurt 1973.
Mensching, Gustav: „Toleranz und Wahrheit in der Religion". Siebenstern TB 81, 1966.
Mezger, Manfred: „Der Glaube an den Ritus". Lehmann, Johannes (Hg.) „Ist der Glaube krank? " Stuttgart 1966, S. 39 ff.
Mitscherlich, Alexander und Margarete: „Die Unfähigkeit zu trauern". München 1967.
Mörsch, Emma: „Symbol, Repräsentanz, Primärprozeß", Psyche 30 (1976), S. 503 ff.
Müller, Karl-Ferdinand (Hg): „Gottesdienst in einem säkularisierten Zeitalter". Kassel-und Trier 1971.
Müller-Schwefe, Hans Rudolf: „Pastorale Perspektiven für den christlichen Kult". Balth. Fischer u. a. (Hg.) „Kult in der säkularisierten Welt". Regensburg 1974, S. 102 ff.
Nigg, Walter: „Des Pilgers Wiederkehr". Hamburg 1966.
Oschlies, Wolf: „Überwundene Religion?". EvTh 35 (1975), S. 438 ff.
Ott, Heinrich: „Symbol und Wirklichkeit. Über das symbolische Sagen und die Wirklichkeit des Unsagbaren". ThLZ 99 (1974), S. 562 ff.
Picht, Georg: „Was ist Theologie? " Stuttgart 1977.
Pross, Harry: „Die Macht und die Meinungen – wozu sollen die Medien der Kommunikation dienen? " LMH 14 (1975), S. 656 ff.
Raiser, Konrad: „Identität und Sozialität. G. H. Meads Theorie der Interaktion und ihre Bedeutung für die theologische Anthropologie". München und Mainz 1971.
Rau, Gerhard: „Gottesdienst und Lebenswirklichkeit". WuPKG 64 (1975), S. 181 ff.
Ricoeur, Paul: „Die Interpretation – ein Versuch über Freud". Frankfurt 1974.
—: „Philosophische und theologische Hermeneutik". Ricoeur / Jüngel: Metapher. München 1974, S. 24 ff.
—: „Stellung in Funktion der Metapher in der biblischen Sprache". Ricoeur / Jüngel: Metapher, S. 45 ff.
Rieß, Richard: „Die Krisen des Lebens und die Kasualien der Kirche". EvTh 35 (1975), S. 71 ff.
Ringeling, Hermann: „Natürliches Recht – sozialanthropologische Vorfragen einer Familienethik". ZEE 19 (1975), S. 261 ff.
Rössler, Dietrich: „Der Arzt und das Recht des Kranken". EvKomm (1976), S. 78 ff.
—: „Die Vernunft der Religion". München 1976.
Scharfenberg, Joachim: „Das Leiden am Leitbild der Ehe". EvKomm (1971), S. 130 ff.
—: „Art. „Symbol". „Psychologie für Nichtpsychologen" (Hg. Hans-Jürgen Schultz). Stuttgart 1974, 1975², S. 330 ff.
—: „Kommunikation in der Kirche als symbolische Interaktion". Becher, Werner (Hg.): Seelsorge-Ausbildung. Göttingen 1976. S. 33 ff.
—: „Psychologische Voraussetzungen von symbolischer Interaktion der Kirche" in „Zeichen des Heils" (Hg. Wiener und Erharter). Wien 1975.
Schempp, Paul: „Die Verweltlichung der Taufe". Gesammelte Aufsätze, München 1960, S. 146 ff.
—: „Die Verkirchlichung des Abendmahls". Gesammelte Aufsätze, S. 159 ff.
Schiwy, Günther u. a. (Hg): „Zeichen im Gottesdienst". München 1976.

Schleiermacher, Friedrich Daniel: Praktische Theologie (Hg. Jacob Frerichs). Berlin 1850.

Schlesinger, Max: „Geschichte des Symbols". Berlin 1912.

Schmidtchen, Gerhard: „Zwischen Kirche und Gesellschaft. Forschungsbericht über die Umfragen zur Gemeinsamen Synode der Bistümer in der BRD. Freiburg 1972, 1973[2].

—: „Gottesdienst in einer rationalen Welt". Religions-soziologische Untersuchungen im Bereich der VELKD. Stuttgart und Freiburg, 1973.

Schmidtchen, Gerhard / Seitz, Manfred: „Gottesdienst und öffentliche Meinung". Stuttgart, voraussichtlich 1977.

Schröer, Henning: Lebenszeichen der Literatur in tödlicher Zeit". DtPfBl 75 (1975), S. 548 ff.

Schupp, Franz: „Glaube – Kultur – Symbol. Versuch einer kritischen Theorie sakramentaler Praxis". Düsseldorf 1974.

Schwarzenau, Paul: „Symbole in der Theologie". ZRP 31 (1976), S. 196 ff.

Seydel, Otto: „Spiel und Ritual". WuPKG 66 (1971), S. 507 ff.

Siefer, Gregor: „Heilsbedürfnis und Zeichenerfahrungen heutiger Menschen". Wiener und Erharter (Hg.): „Zeichen des Heils". Wien 1975. S. 7 ff.

Sperber, Dan: „Über Symbolik". Frankfurt 1975.

Spiegel, Yorick: „Szene und Symbol". VuF 20 (1975), S. 49 ff.

—: „Der Gottesdienst unter dem Aspekt der symbolischen Interaktion". JLH 16 (1971), S. 105 ff.

Steffensky, Fulbert: „Glossolalie – Zeichen – Symbol". JLH 17 (1972), S. 80 ff.

Stryker, Sheldon: „Die Theorie des symbolischen Interaktionismus. Eine Darstellung und einige Vorschläge für die vergleichende Familienforschung". Kölner Zeitschr. f. Sozialpsychologie, Sonderheft 14/1970, S. 49 ff.

Tillich, Paul: „Systematische Theologie". Stuttgart 1966.

—: Gesammelte Werke Band V. Stuttgart 1966.

—: „Symbol und Wirklichkeit". Göttingen 1962.

Trautwein, Dieter: „Lernprozeß Gottesdienst". Gelnhausen–Berlin 1972.

Trautwein, Dieter / Roessler, Roman: „Für den Gottesdienst". Gelnhausen–Berlin 1968, 1972[3].

Tucholsky, Kurt: „Ein Pyrenäenbuch". Reinbek 1962.

Vajta, Vilmos: „Die Theologie des Gottesdienstes bei Luther". Göttingen 1954[2].

Verghese, Paul: „Viel Wissen, wenig Freude". radius 20 (1975), S. 25 ff.

Vogt, Theophil: „Erwachsenenbildung in der Kirche". EvTh 36 (1976), S. 365 ff.

Volp, Rainer: „Das Kunstwerk als Symbol". Gütersloh 1966.

—: „Auf dem Weg zu einem neuen Symbolverständnis". Kunst und Kirche 34 (1971), S. 181 ff.

—: „Liturgie als soziales Verhalten". WuPKG 64 (1975), S. 28 ff.

Wacker, Gerhard / Seiz, Paul-Gerhard: „Gottesdienst im Gespräch". Stuttgart 1969.

Wiener, Josef / Erharter, Helmut: „Zeichen des Heils. Leitideen künftiger Sakramentenpastoral". Wien 1975.

Winter, Friedrich: „Seelsorge an Sterbenden und Trauernden". Göttingen 1976.

Wölber, Hans-Otto: „Die Eigenart des Auftrags". LMH 14 (1975), S. 88 ff.

Personenregister

Sachregister